建築・都市・環境デザインのための
モデリングと最適化技術

Modeling and Optimization Technology
for
Architectural, Urban and Environmental Design

2015

日本建築学会

表紙デザイン

西　田　建　一
（西田商会）

まえがき

従来、設計や制御と呼ばれる行為は、対象の精密かつ正確な解析に基づいて行われることが一般的であった。しかし、精密で正確であることを追及すると、往々にして多大なコストの要求に直面する。さらに、扱う対象が大規模で複雑になると、多大なコストをつぎ込んでも求める精密さ、正確さが必ず得られるとは限らない状況が現れてきた。これに対して、精密さや正確さにある程度目をつむり、低いコストで、扱い易く、かつ頑健性のある設計を行おうという動きがある。その代表がファジィ理論でありソフトコンピューティングである。本書は、現代の複雑に入り組んだ問題に取り組もうとする人に、ソフトコンピューティングという有力な道具を提供するための書である。

ソフトコンピューティングを使うか否かに限らず、問題解決の第一歩は、広い世の中から興味のある事象や現象、対象物等を切り出し、それを何らかの方法で表現すること、すなわちモデル化することである。対象とする事象、現象、物等をモデル化することにより、そのモデルを使って現象を再現したり、説明したり、あるいは将来を予測したり、望ましい将来を実現するために必要な制御方法を明らかにするなどのことができるようになる。従来、このモデル化は微分方程式や積分方程式などの数式を用いて行われることが多く、昨今は前述した問題に直面しつつあった。これに対して、本書の前半ではこの問題を解決する手段の 1 つとして、ソフトコンピューティングを用いたモデリングを解説し、建築や関連分野における実施例を紹介する。

一方で、設計、制御の多くは最適化と呼ばれる問題に帰着される場合が多い。何らかの動力を使って移動することを考えてみよう。投入するエネルギーを小さくすると、目的地に到達するまでの時間が長くなる。時間を短くしたければ投入エネルギーを増やさなければならない。このように、あちらを立てればこちらが立たずという状況で、投入エネルギーと時間の両者とも程々満足できる、最適な状態を実現することが設計や制御における重要な課題の 1 つである。

さて、あちらとこちらが 1 対 1 の場合は両者の関係を精密かつ正確に記述できることもあるだろう。しかし、あちらとこちらの数が多くなり、それぞれが相反する利益を主張し始めると、精密なモデルを作って最適化を図ることは至難の業になる。そこで最近注目されているのがメタヒューリスティクスと呼ばれる最適化手法である。厳密な最適解は求められないが、現実的な計算時間内で与条件を満たす解を見つける事ができるということで注目され、今も進化を続けている技術である。本書の後半ではこのメタヒューリスティクスを集めて網羅的に解説し、こちらも建築や関連分野における実施例を紹介する。

本書は、本会情報システム技術委員会ソフトコンピューティング小委員会の委員が中心となり、内容を充実させるために一部は委員以外の方にも執筆をお願いして作り上げたものである。ソフトコンピューティング小委員会の前身である知的システム研究小委員会から通算すると、「知的システムによる建築・都市の創造」(1998 年、技報堂出版)、「やさしくわかる建築・都市・環境のためのソフトコンピューティング」(2005 年、丸善)、「実践 やさしくわかる建築・都市・環境のためのソフトコンピューティング」(2009 年、丸善) に続く 4 冊目の出版になる。種々の議論があったが、4 冊目にしてタイトルから知的システム、ソフトコンピューティングの文字が消えることは、歴史の流れを感じさせるものである。かつてソフトコンピューティングと呼ばれた技術は、1 つの言葉で括られる状況を脱し、それぞれが周辺領域を取り込んで大きく発展しているのが、この主な理由である。本書ではその中でも発展の著しいモデリング技術と最適化技術に特化し、この分野の最新の技術と実施例を提供することができたと考えている。

次に、本書の構成について簡単に説明しておく。本書は大きくは、第 1 部「モデリング技術」と第 2 部「最適化技術」からなっており、各部はいくつかの章から構成されている。

第 1 部「モデリング技術」は、以下の 6 つの章から構成されている。

第 1 章「避難行動のモデリング」: 避難行動分野でのファジィ利用の可能性について検証し、さらに同じ手法を人同士の衝突回避にも適用できることを示し、実務レベルのシミュレーションへの適用を通して群集避難行動への応用の可能性を考える。
第 2 章「ファジィ理論と色彩」: 色彩についての簡単な解説を行い、ファジィ理論をどのように色彩へ適用するかについて実際のファジィシステムを用いて紹介し、加法混色に基づくことで客観的なシステムを構築することが可能であること等を示す。
第 3 章「個体ベースモデル—創発的なシステム解析モデル」: 個体ベースモデルと呼ぶ系内の局所的な作用をそのままモデル化して、系全体を創発的に記述する数学モデルを紹介し、それを微生物混合培養系(microcosm)に適用した例について述べる。
第 4 章「メッシュアナリシスと土地利用」: セルオートマトンとネットワーク分析に関連して、メッシュデータで構成される土地利用の配置パターンやネットワークの把握手法について説明する。
第 5 章「1/*f* ゆらぎと快適空間制御」: 夏季冷房時は 4 台の扇風機を操作して 1/*f* ゆらぎ風を発生させ、冬季暖房時は 4 台のカーボンヒーターを操作して 1/*f* ゆらぎ放射熱を発生させ、その快適性の調査や省エネルギー性の評価を行った結果を示す。
第 6 章「ワイヤロープ支持構造の健全性評価システム」: ワイヤロープ支持構造の現状について説明し，そこで顕在化してきている社会問題について言及する。さらに、その安全対策として提案されている健全性評価システムの事例などについて紹介する。
第 2 部「最適化技術」は、以下の 8 つの章から構成されている。
第 7 章「連続型多峰性関数の最適解探索」: PSO や ABC などの群知能アルゴリズムについて詳述し、高次元化する最適化問題に対応した ABC アルゴリズムの高精度化を紹介する。さらに数値実験を通して各アルゴリズムの解探索性を明らかにする。
第 8 章「PSO による構造最適化問題への応用」: PSO の計算手法について概説し、多峰性の目的関数を持つ最適化問題を例に最適解の探索性能について述べる。さらに、ホモロガス構造の創生問題等に PSO を適用した例について紹介する。
第 9 章「群知能（PSO・ABC）とロボット」: 群知能アルゴリズムを自律移動ロボットの誘導制御のための最適移動経路導出や歩行ロボットの歩行制御への応用とその手法について紹介する。
第 10 章「ABC とセンサーネットワーク」: 異なる複数の許容解を探索できるように拡張発展させたアルゴリズム(複数許容解探索型改良 ABC アルゴリズム)を紹介し、シンクノード群配置問題に対する有効性について説明する。
第 11 章「GA と SI によるシェルの構造形態創生」: GA と SI に、設計変数空間の多様性を考慮した優良解探索機能導入のスキームを説明し、2 変数関数のベンチマーク問題に適用した際の解特性の考察とシェル構造の形態創生例を示す。
第 12 章「SPEA2 と構造要素最適配置」: 鉄骨ラーメン構造に単一目的最適化（PfGA）と多目的最適化（SPEA2）の 2 つの手法を適用して、そのスパン割りや使用部材の断面設計を最適化するシステムを構築している。
第 13 章「障害物を回避する最短経路と柔らかい境界をもつボロノイ図」: 3 次元空間を離散化してそれをグラフに変換し、ノード間の最短経路を求める方法について解説し、適用事例として表題の例などを紹介する。
第 14 章「確率過程最適化法—複雑な多変数最適化問題への新たなアプローチ」: 初めに新しい最適化手法である「確率過程最適化法」の原理の解説を行い、手法の定式化を行う。続いて、いくつかの数値計算例を示す。
なお、付録として「用語集」を設けている。用語集の解説を参照することにより、やや難解な専門用語でも概略を理解でき、ひいては本文の理解を深められるように心掛けた。

最後に、各技術ならびにそれらの最新の動向を解説していただいた執筆者の皆様に厚く御礼申し上げます。本書の原稿を詳細に査読していただき、以って本書の内容をより良いものにしていただいた査読者の方々、また編集・出版にご尽力戴いた全ての方々に感謝いたします。

2015 年 1 月

日本建築学会

本書作成関係委員

―― （五十音順・敬称略） ――

情報システム技術委員会

委員長　三井和男

幹　事　猪里孝司　大崎　純　倉田成人　下川雄一

委　員　（省略）

ソフトコンピューティング小委員会

主　査　新宮清志

幹　事　本間俊雄　丸山能生

委　員　入江寿弘　宇谷明秀　江田敏男　菅野直敏　曽我部博之　鳶　敏和　中澤公伯　平塚聖敏　山邊友一郎

ソフトコンピューティング出版準備ワーキンググループ

主　査　丸山能生

幹　事　宇谷明秀

委　員　入江寿弘　新宮清志　曽我部博之　平塚聖敏

執筆担当者

五十音順

青木義男（日本大学）	第 6 章
石川芳男（日本大学）	第 3 章、第 14 章
入江寿弘（日本大学）	第 9 章
宇谷明秀（東京都市大学）	第 2 部の概要、第 7 章、第 10 章
江田敏男（建築ピボット）	第 1 部の概要、第 1 章
奥　俊信（大阪大学名誉教授）	第 13 章
新宮清志（日本大学名誉教授）	全体調整、まえがき、第 9 章
菅野直敏（玉川大学）	第 1 部の概要、第 2 章
曽我部博之（愛知工業大学）	第 2 部の概要、第 8 章
谷　明勲（神戸大学）	第 12 章
田畑昭久（日本大学）	第 6 章
鳶　敏和（有明工業高等専門学校）	第 5 章
中澤公伯（日本大学）	第 1 部の概要、第 4 章
中根昌克（日本大学）	第 3 章
本間俊雄（鹿児島大学）	第 2 部の概要、第 11 章
丸山能生（安藤ハザマ）	全体調整、まえがき
山邊友一郎（神戸大学）	第 12 章
吉田洋明（日本大学）	第 14 章

建築・都市・環境デザインのためのモデリングと最適化技術

目　次

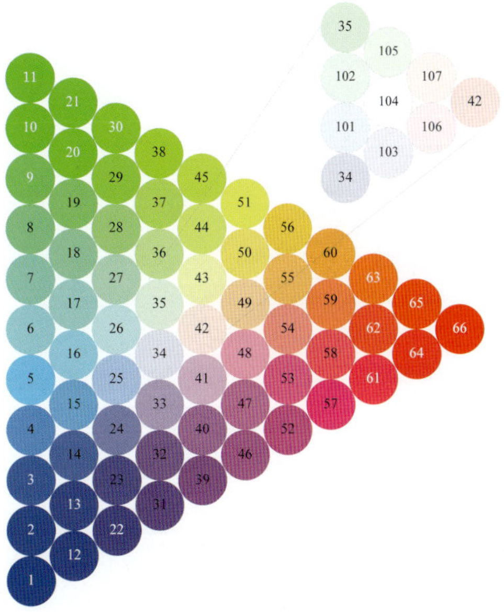

a　66 色のカラートライアングル

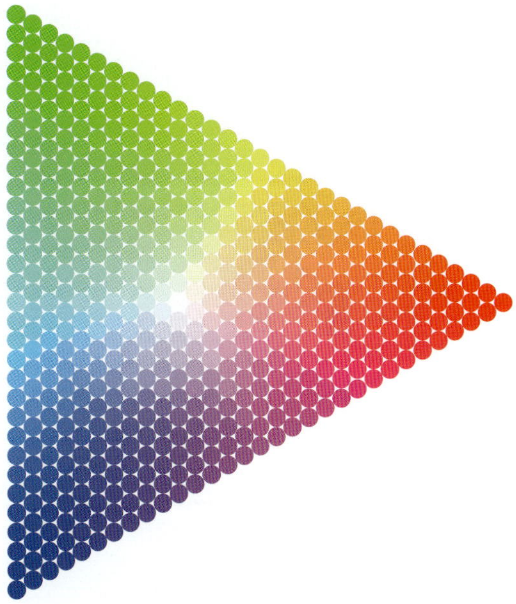

第2章　図27　496色のカラートライアングル（詳細図）（本文32ページ）

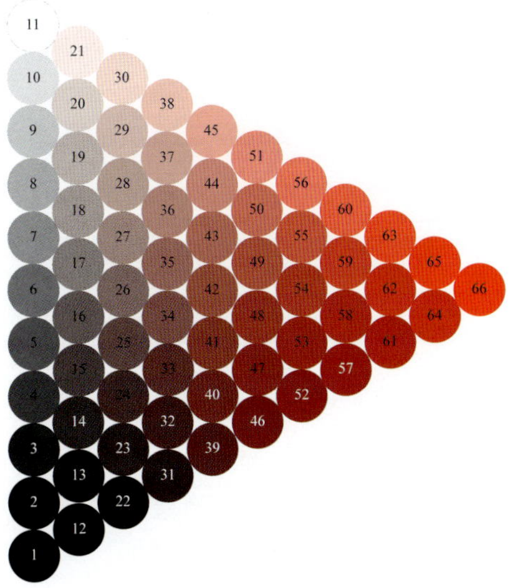

b　66 色のトーントライアングル

第 2 章　図 5　66 色のカラートライアングルとトーントライアングル（本文 19 ページ）

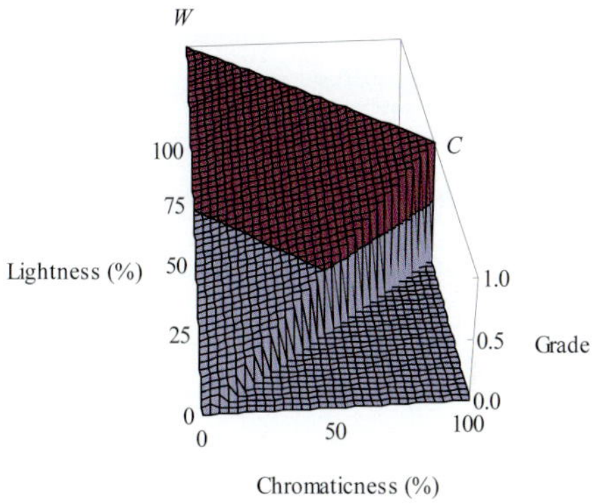

a　ファジィ集合(not black)

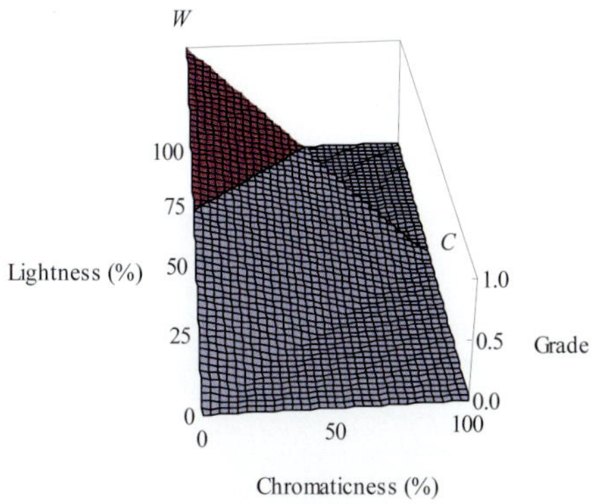

b　ファジィ集合(white)

第 2 章　図 18　主要色のファジィ集合（本文 26 ページ）

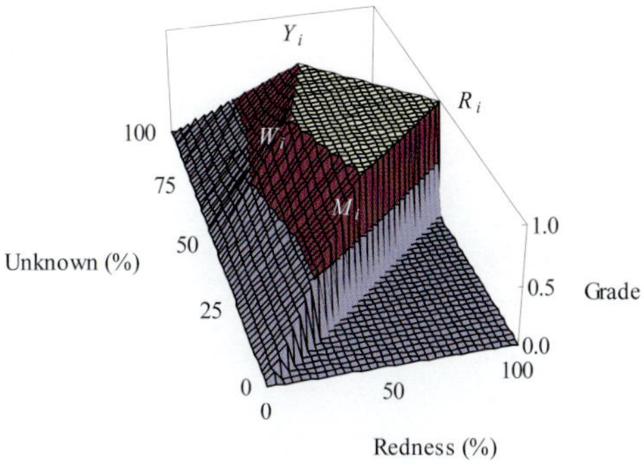

第 2 章　図 7　赤のファジィ集合（本文 19 ページ）

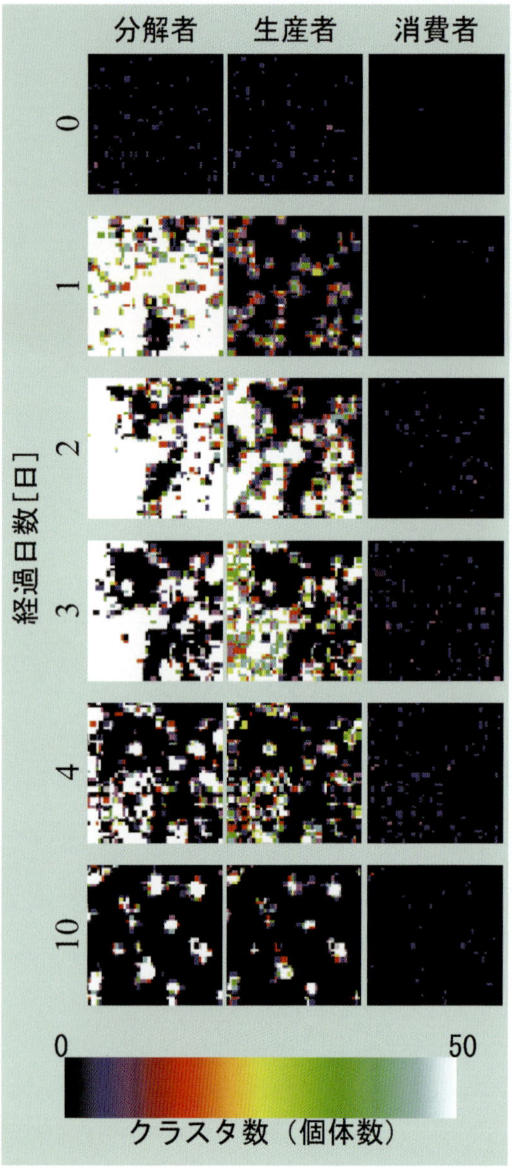

第 3 章　図 8　コロニーの形成過程（数値計算）
（本文43ページ）の一部
（この図は第3章図8から、それぞれ右下1/4を拡大しカラースケールで表示したものである。分解者および生産者においては個体クラスタ数、消費者は個体数分布が描かれている。）

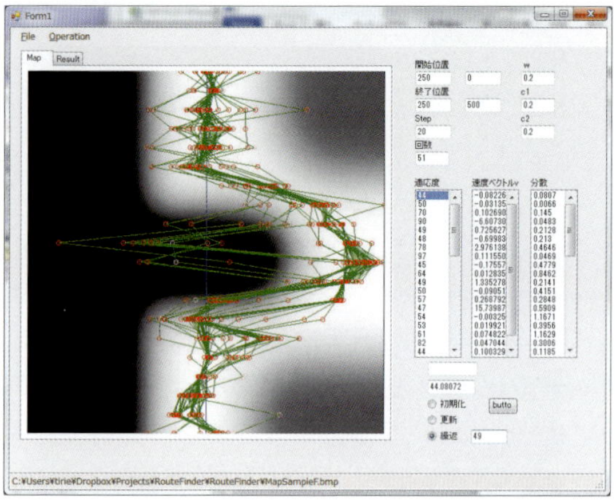

第 9 章　図 4　51 回試行時の経路の変遷
（本文 117 ページ）

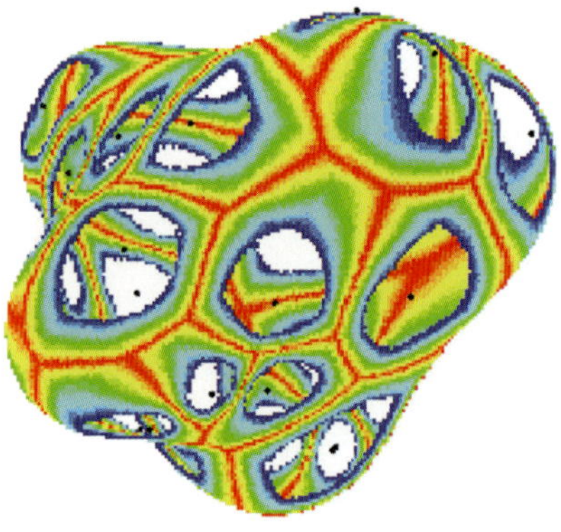

第13章　図37　自由曲面の離散ボロノイ図
(e) *ratio*≦0.500
（本文185ページ）

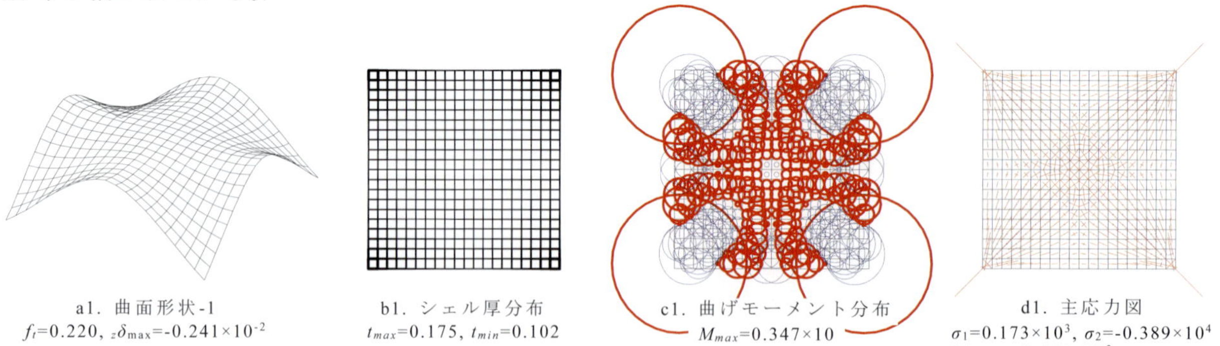

a1. 曲面形状-1
f_t=0.220, ${}_z\delta_{\max}=-0.241\times10^{-2}$

b1. シェル厚分布
$t_{max}=0.175$, $t_{min}=0.102$

c1. 曲げモーメント分布
$M_{max}=0.347\times10$

d1. 主応力図
$\sigma_1=0.173\times10^3$, $\sigma_2=-0.389\times10^4$
$Thrust=0.425\times10^3$

A. 構造形態 ISGA-1

第 11 章　図 16 ISGA による自由曲面シェル構造の形態例（SOP）単位: *m, kNm, kN/m²,* *kN*
（本文 154 ページ）

建築・都市・環境デザインのための
モデリングと最適化技術

第１部　モデリング技術

概　要

21 世紀を迎え、冷戦構造が崩壊して久しい社会はより複雑化し、予測不可能な自然現象が猛威を振るっている。現在の科学では説明の難しいこれら諸問題をモデル化し、可能な限り現実と同調させて問題の解決にあたるのがここで紹介する「モデリング技術」である。コンピューターの普及と性能の著しい向上に伴い、これまで実用化の難しかったロジックやモデルが実用に耐える速度で動き出し、課題解決のための制御や予測をより正確なものへと進化させている。

この第 1 部（第 1 章～第 6 章）ではモデリング技術を「ファジィ理論」、「セルオートマトン」、「ゆらぎ」、「ニューラルネットワーク」などを切り口としたシミュレーションやモデル解析で紹介する。

第 1 部の構成は以下の通りである。

第 1 章「避難行動のモデリング」では簡単なファジィプログラムを紹介すると共に、実際に行動シミュレーションにファジィを導入することで、人と人との衝突回避の動きが滑らかになり、現実の観測データに近づくことを紹介する。

第 2 章「ファジィ理論と色彩」では、カラートライアングル上とトーントライアングル上のあいまいな情報をファジィ推論することにより、その情報のあいまいさと可能性を表現する方法を紹介する。

第 3 章「固体ベースモデル－創発的なシステム解析モデル」では、クロレラやバクテリアの生活圏の変化を個々の局所的な作用規則を与えるだけで、高精度に再現できる手法を紹介する。

第 4 章「メッシュアナリシスと土地利用」では、土地利用の指標化にセルオートマトンを活用する試みを紹介する。指標として導きにくい有機的なものの判定への可能性を示唆している。

第 5 章「$1/f$ ゆらぎと快適空調制御」では、ゆらぎの特性を利用して空調という人工的な環境が引き起こすストレスを軽減させる方法の提案と、その評価を行っている。

第 6 章「ワイヤロープ支持構造の健全性評価システム」では、市街地のビル化に伴うエレベーターの増加にメンテナンス要員が追いつかない現状を踏まえ、エレベーターのワイヤロープの劣化発見に高性能磁気センサーとニューラルネットワークを利用して診断・予測の精度を上げる試みを紹介する。

第　1　章

避難行動のモデリング

概要　ファジィの持つ言葉での定義は、専門家とそうでない人との間にできる認識の溝を埋めるのに役立つ。本章では初めに、この分野でのファジィ利用の可能性について避難計算の「行動の動機」をファジィ化し、ファジィを使わない場合の結果と比較しながら、その効果を検証する。続いて、同じ手法を人同士の衝突回避にも適用できることを示し、最後に実務レベルのシミュレーションへの適用を通して、群集避難行動への応用の可能性を考える。

１．　はじめに

広域避難の分野では、避難行動は物理的要因以外の「判断」や「感情」などの知的要素が大きな要因となり、全体の動きに大きな影響を与えていると考えられている。

2011 年 3 月 11 日の東日本大震災を機に避難に対する関心が高まっている中、シミュレーションの精度を上げる手法としてファジィの利用は有効な手段の 1 つと考えられる。それは、ファジィの曖昧な定義が人間的であり、直感的に答えられる質問と回答をそのままプログラムに取り入れられるという点にある。

例えば、「あなたは目の前に火災が迫ってきたとき、何メートルで逃げますか？」、「何メートルまでなら逃げませんか？」という問いに「30m なら逃げる」「100m ならまだ逃げない」と答えることは普通の人にとってそれほど難しくはない。正しいかどうか以前に、質問がわかるかどうかが重要な問題になる。

「このプログラムは、人が 1700kcal/㎡ h 以上の輻射熱を受けたときに逃げるように組まれています。」という説明で何%の人が同意あるいは意見をいえるのかと考えると、ファジィを使った言葉の活用は、専門家と一般人、あるいは他分野の人との間にある溝を埋めるのに、都合のよい仕組みといえる。

本章では、この分野でのファジィ利用の可能性について避難計算の「行動の動機」部分をファジィ化し、ファジィを使わない場合の結果と比較しながら、その効果を検証する。一般に、「行動を自発的に行わせるモデル」の計算は容易ではないが、ファジィの利用で、個人の主観を客観的に表現できる仕組みを理解し、少ない情報操作（パラメーターと計算）で行動パターンに変化をつけられることを感じ取ってもらいたい。

前半で、市街地大規模火災を回避するプログラム例を示し、他の処理方法との違いを具体的に示す。

後半で、同じ手法を人同士の衝突回避にも適用できることを示し、最後に実際のシミュレーションへの適用を通して、群集避難行動シミュレーションへの応用の可能性について述べる。

人を個として考え、行動の積極性を加味した避難シミュレーションモデルは、これまでの「安全の可能性を保証する」ことに加え「危険の可能性を提示する」領域への第一歩であり、この歩みにファジィの貢献を期待したい。

２．　シミュレーションモデル

避難シミュレーションはこれまでに様々なモデルが提案されている。その中で、1 つの分け方として、「流体を模したモデル」と「個体を模したモデル」という分け方がある。

「流体を模したモデル」の難点は、人が量で扱われるので「3.6 人」というような不思議な人数が現れたり、道路には幅があるので、曲がれば外側の人の歩く距離が長くなるはずなのに、同じ歩行速度でも同時に到着したり、実例では、幅の狭いドアをみんなが同時に抜けようとして詰まることがあるのに、計算では起こらないなど、人を量で扱うことで無視される要因の中に影響が大きいと思われるものが多いことである。

しかし、この手法は、全体的に見れば、理想的に行動した場合の最善の数値を求められるので、数値による保証が容易なことから、「最も良い条件の下でも失敗してしまうような、劣悪な計画を排除する」という法的な判断基準策定には有効な手法である。

一方「個体を模したモデル」はマルチエージェントモデルに代表されるように、人を人としてモデル化する手法であり、流体では見落とされがちな、出口やコーナーでの「渋滞状況」、各人の「速度低下」や「取り残され」を細かく観察することが可能となる。

また、時代的な価値観の変化も見逃せない要素である。これまでの、可否を決めるだけの価値観から、起こり得る事象を映像化して見ることで、計画の問題点を探るような要求に対して、このタイプのモデルは有効である。

この個体モデルによる避難計算には、行動を規制する手法として、以前から「人は磁力のように反発しあう」、「歩行速度は摩擦係数と目的意識と反発係数で決定される」、「密度は歩行速度を制限する」、「坂を転がる」、「最短経路を通る」や「ネットワークの利用」[1)]、「メッシュの利用」[2)]など様々なモデルや手法が数多く提案されている。

これらの中には、計算機の能力を補う方法として、やむを得ず「密度」と「歩行速度」の関係のように、結果として表れる数値を原因として代入しているモデルもある。シミュレーションの結果が予定されてしまい、意味が無くなる恐れもある。今後、自身でモデルを構築する際には、これを理解し、慎重に扱うことは重要である。

この個体モデルの欠点として、想定や定義が多種多様に広がり、同じ事象を説明していても、結果に大きな差異が生まれるので、境界線を引いて「善し悪し」を決めることが難しい点がある。

また、計算負荷は大きく、実用に至らない場合も多い。これまでマシン性能が上がることを前提に問題視しない傾向にあったが、近年、性能向上の速度が鈍っていることは確実で、この5年間を見れば、コアの数は4個、クロックは3GHz前後のまま変化していない。5年前の予測では「クロックアップは期待できないが、コアの数は32個まで可能」となっていた。今、この種の高負荷なソフトに対し、プログラミング手法を考え直して、スーパーコンピュータやマルチコアコンピュータに対応させることが必要な時代にあるのかもしれない。

3. 大規模火災を回避するファジィ適用モデル

ここでは、ファジィを具体的にシミュレーションに組み込む方法を理解するために、簡単なモデルを考える。

「人は火災を避けて目的地である避難場所に到達する」という状況を考えて、シミュレーションに必要な最小限の要素を考えたものが、図1である。理解のためのモデルなので、このモデル自体に実用的な有意性はない。

シミュレーション要因は「目的地」「大規模火災」「避難者」の3つ。避難者の行動を決めるパラメーターは「目的地に向かおうとする意識」と「火災から逃れようとする意識」になる。

「火災から逃れようとする意識」を火災の属性である「延焼の向き」と「火災までの距離」からファジィで定量化する。

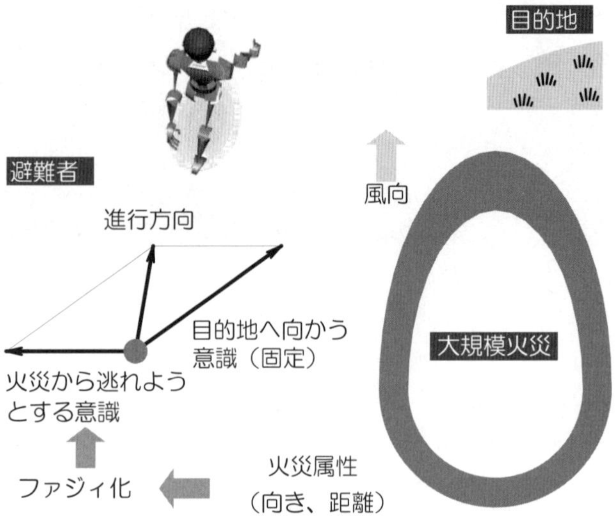

図1 シミュレーションモデル図

3.1 大規模火災のモデル化

均一な市街地における大規模火災の形状は、故浜田稔[3)]によれば、図1にあるように、風下に向かって卵型になると考えられている。

このように火災を面で扱うのは計算が複雑になるので、ここでは、図2に示すように、火災を小さな点に分解して、それぞれの点が浜田式にしたがって移動することで、火災面を表現するような、モデルを考える。

こうすることで、「向き」と「距離」を単純に定義する。1つの火災点から受ける影響を計算し、全体としては影響のある火災点全部の合計を意識として扱う。

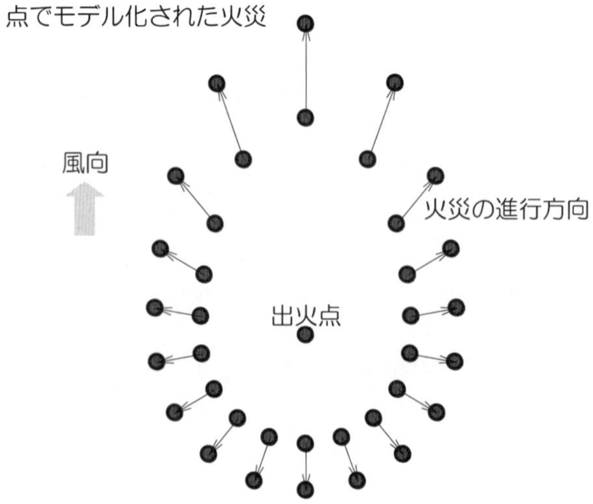

図2 大規模火災のモデル化

3.2　火災から逃れようとする意識

この計算には、火災の「向き」と火災までの「距離」の2つのパラメーターを使う。

火災の「向き」は、火災の進行方向と自分の位置関係で、向かって来ているのか、遠ざかっているのかを表す。

コンピュータを使う必要上、プログラミング言語の影響は必ず受ける。工学研究者がよく使う言語には「FORTRAN」「C++」「JAVA」などがある。

これらは既に安定した言語となっている。これらに共通した考えに「条件判断」と「関数」がある。更に、もう1つ「繰り返し」を加えると、プログラム規則の全てといっていい。

ファジィを使わないときのアプローチで普通に考えられるのは、IF THENによる「条件分岐」と、条件により分割された領域で「関数」を使う方法である。

これは、携わっている研究者にとってはコンピュータ的で、プログラミングし易いという理由から、よく使われる構造である。

ファジィを使ってもこの方法は同じく使える。違いは、ファジィの場合は、この部分のやり方が決まっていて、研究者の主観が入っていないか、入っていても表に出ている点にある。

ファジィを使わない場合には、この部分に主観が入りやすく、複雑化と比例してブラックボックス化する傾向にある。

その部分が研究の対象となって、要素の配置や係数の決定そのものが研究成果となってしまうことも多い。

図3に書いた模式図は、非ファジィで2つの要素から意識を求める方法を説明する例である。この図で考えれば、「距離と意識の関係は距離の2乗に反比例する」とか「3乗」「1/2乗」とかを決めることが研究の目的になってしまい、そのためにアンケートが利用されたりする。答えを出す手法には「多変量解析」などの既存の確立した理論を使うことが多い。

ファジィはこの部分に「ファジィ理論」を使う。ある意味ブラックボックスであるが、それは公開されている。さらに、ファジィの出してくるものは、式の係数の値ではなく、意識強度そのものであるということは重要である。

ファジィを使うと、「どのくらい近いと人は逃げ出すのか」を決めることよりも、「そう仮定したらどうなる」という先の問題に目が行くようになる。仮定条件は後でじっくり詰めて行けば済む問題である。距離の決め方がわからないという不安も、決められないと計算できないという現実からも解放される。

また、プログラムに精通するほど、文章や表にしにくい仮定や規則を安易に記述してしまう傾向にあり、さらに、他人にはわかり難いものになっている。

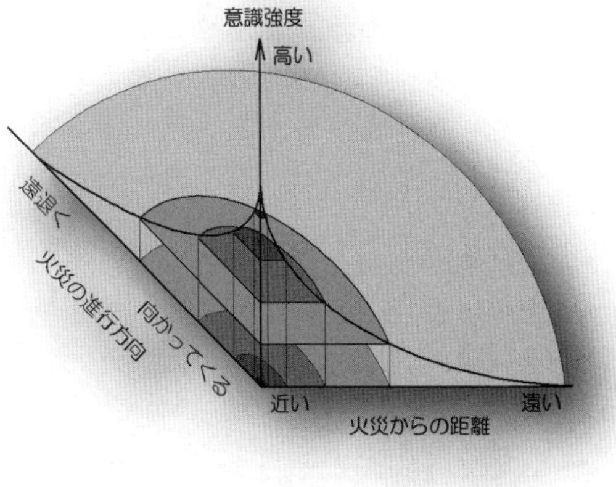

図3　意識解析の説明図

3.3　要素のファジィ化

「火災の進行方向」と「火災からの距離」について、適当なパラメーターを仮定してファジィ化する。

3.3.1　火災の向きと意識

ここでは「火災の向き」から受ける意識を「向かってくる」、「遠ざかる」と感じる程度をファジィ化して考える。それぞれの意識に対応するメンバーシップ関数には、最も単純な図4のような関数をあてる。

「向かってくると感じる強さ」は、角度0度で最大、角度90度で感じなくなるとした。その間は、直線補間して、このメンバーシップ関数として定義する。

「遠ざかると感じる強さ」のメンバーシップ関数は、45度で「遠ざかると感じる」ようになり、180度では絶対に「遠ざかると感じる」と定義する。

このメンバーシップ関数の45度や90度などの開始や終了角度の決定も、一般の人の意見で変えたり、適当に分布させたりすることで、より現実的なシミュレーションが可能になる。

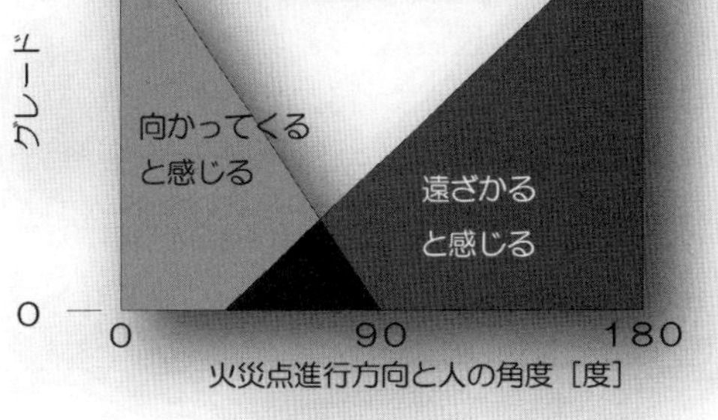

図4　火災の向きを決めるメンバーシップ関数

3.3.2　火災からの距離と意識

火災まで「遠い」と感じる距離、「近い」と感じる距離をファジィ化して図5のようなメンバーシップ関数を与える。

図5では500mを越えると「遠く感じる」人だけになり、「近く感じる」人はいなくなる。過去の事例やモデル計算から、都市大火にあっては、想定可能な最大クラスの火災であっても、300m離れれば危険な程度の輻射熱は受けないといわれている。

しかし、危険は無いが熱さは感じるので、多少の人は危険を感じると推測されるので、さらに200m(合計500m)離れた地点で、全ての人が遠いと感じ、「近いと感じる」人はいなくなると想定した。

「近い」と感じる最小距離に関しては、あまりに近すぎる場合は生存できないので、意識すること自体が不可能になり、いくつを最小距離とするかは問題であるが、ここでは100m以下では全員が「近いと感じる」ようにメンバーシップ関数を設定する。この距離の問題は、行動の制御にもう1つの要因として、行動能力を組み入れたときに、自然に解決されると考えられる。

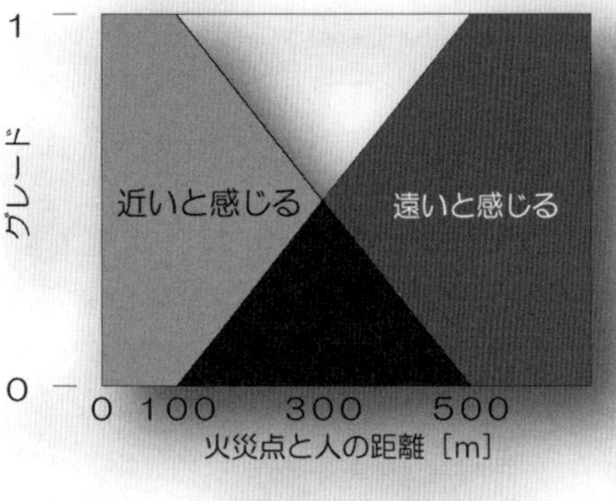

図5　火災からの距離を決めるメンバーシップ関数

3.3.3　推論規則

「火災から逃げようとする意識」の程度は、個人と火災の位置関係から推定する。通常の計算型では、この過程が十分に検討されて、すでに1つの関数または手続きで表される。

位置関係をファジィ化した場合は、簡単な推論を利用して、この「火災から逃げようとする意識の程度」を計算できる。推論規則をまとめたものが図6である。

図6で表現されているものは単なる言葉であり、このような言葉で対応を表現できるものを規則として作成し、後で値を与えて計算にもって行くことが、仕組み上簡単にできる点が、ファジィの特徴であり、感性的な部分である。

ファジィを利用した場合にこのような手続きが余計にかかるようにも見えるが、通常の計算方法でも、この推定の過程を十分に検討して、関数を組み上げる必要があるので、大差はない。さらに、計算式に組み込まれたパラメーターは直感的に是非の判断が難しい場合も多く、説明の簡単な点でもファジィの利用価値は十分に高いと考えられる。

		火災の向き	
		向かってくる	遠ざかる
距離	近い	意識は最大	意識する
	遠い	少し意識する	意識しない

図6　推論規則［火災を避ける意識の強さ］

図6の規則を定量化したものが図7である。メンバーシップ関数とともに表現してある。意識の程度を示す数値は「全く意識しない」をゼロ「最大限に意識する」を1としてノーマライズしたものを仮に与えたもので、特に根拠のある数値ではない。

ファジィ推論の具体的な計算方法には、図8に示すような「代数積・加算・重心法」[4)]を用いた。計算手順は、それぞれ2つのグレードの積をとり、それを高さとする台形の面積を4つ求め、その重心位置を計算するもので、この方法は計算が簡単で、極端な変動が少なく、速度制御等で多く使われている方法である。

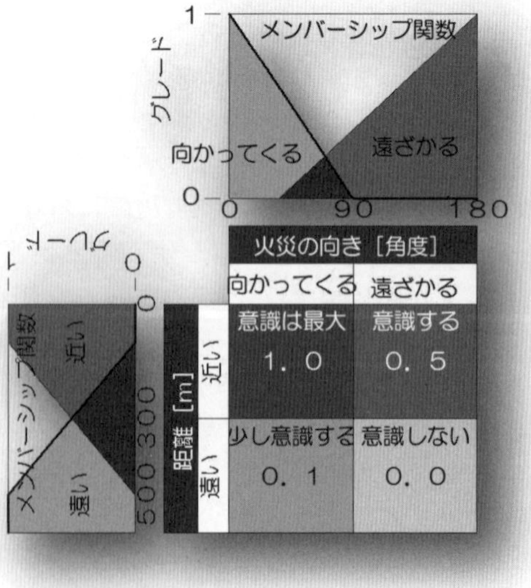

図7　メンバーシップ関数と意識強度

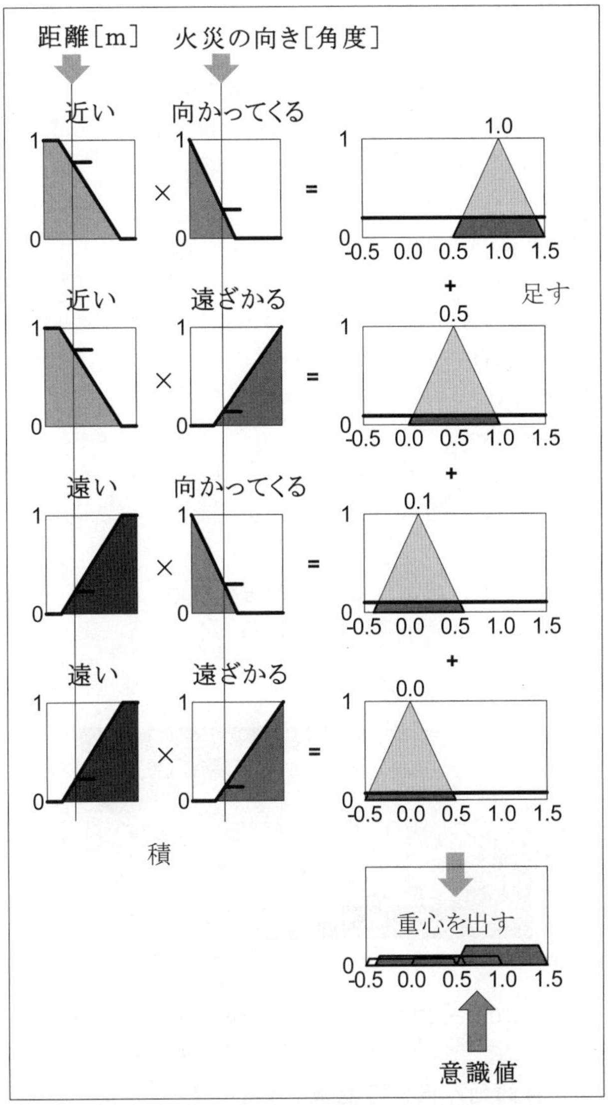

図 8　ファジィ推論　代数積－加算－重心法

3.4　火災から逃げる意識を求めるプログラム

工学系で使いやすいプログラム言語には、「FORTRAN」「C++」「JAVA」「BASIC」などがある。

どれも構文的には似ているので、簡単なプログラムであれば、読み解くのに難しさはない。

ここでは、最近影の薄い BASIC を使っているが、言語にとらわれず、計算の流れを読んでほしい。

3.4.1　ファジィ計算プログラム

グレードを返すメンバーシップ関数をそれぞれ、

Gn(d):距離 d を近いと感じるグレードを返す関数
Gf(d):距離 d を遠いと感じるグレードを返す関数
Gc(a):角度　a を向かってくると感じるグレードを返す関数
Gl(a):角度　a を遠ざかると感じるグレードを返す関数

とすれば、グレード同士の代数積は、

hnc=Gn(d)×Gc(a)　hnl=Gn(d)×Gl(a)
hfc=Gf(d)×Gc(a)　　　　hfl=Gf(d)×Gl(a)

となり、これを高さとする台形の面積は、

znc=hnc×(1 + (1 − hnc)) / 2
znl=hnl×(1 + (1 − hnl)) / 2
zfc=hfc×(1 + (1 − hfc)) / 2
zfl=hfl×(1 + (1 − hfl)) / 2

この面積に意識強度をかけて全体の重心を求めると、

Se=(znc×nc + znl×nl + zfc×fc + zfl×fl) / (znc + znl + zfc + zfl)

となり、これが「火災から逃げようとする意識の強さ」になる。

前述のグレードを返すメンバーシップ関数を BASIC で書くと、次のようになる。

1) 距離 d を近いと感じるグレードを返す関数

```
Function Gn(d As Double) As Double
    If d < 100 Then
        Gn = 1
    ElseIf d < 500 Then
        Gn = 1 - (d - 100) / 400
    Else
        Gn = 0
    End If
End Function
```

2) 距離 d を遠いと感じるグレードを返す関数

```
Function Gf(d As Double) As Double
    If d < 100 Then
        Gf = 0
    ElseIf d < 500 Then
        gf = (d - 100) / 400
    Else
        Gf = 1
    End If
End Function
```

3) 角度　a を向かってくると感じるグレードを返す関数

```
Function Gc(a As Double) As Double
    If a < 90 Then
        Gc = 1 - (a / 90)
    ElseIf a < 270 Then
        Gc = 0
    Else
        Gc = (a - 270) / 90
    End If
End Function
```

4) 角度 a を遠ざかると感じるグレードを返す関数

```
Function Gf(a As Double) As Double
    If a < 45 Then
        Gf = 0
```

```
    ElseIf a < 180 Then
        Gf = (a - 45) / 135
    ElseIf a < 315 Then
        Gf = 1 - (a - 180) / 135
    Else
        Gf = 0
    End If
End Function
```

このプログラムから得られる「火災から逃げようとする意識の強さ」を3次元グラフにしたものが図9である。

プログラムには単純な四則演算しか含まれていないが、結果は滑らかとは行かないまでも、曲面を思わせるものになっているのがわかる。

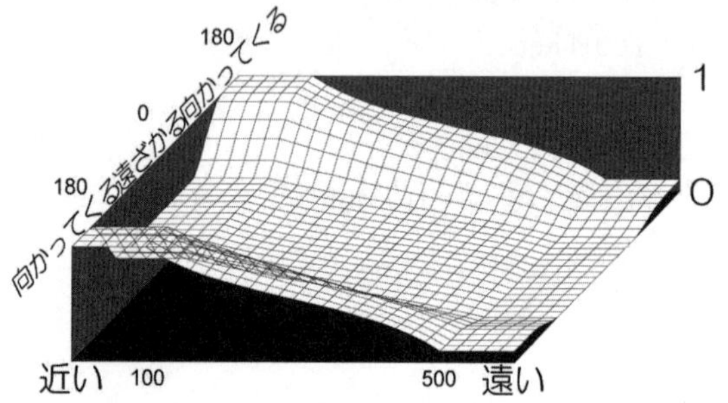

図9　ファジィによる火災から逃げる意識

3.4.2　ファジィでない計算プログラム

Gd(d)を距離 d のときの意識強度を返す関数

Ga(a)を角度 a のときの意識強度を返す関数

とし、「火災から逃げようとする意識の強さ」Se をその積で表す。

$$Se=Gd(d)\times Ga(a) \tag{1}$$

このとき、ファジィの設定に近い条件設定を考えて、距離に関しては、『距離が 100m 未満であれば意識は最大になり、距離が 500m を越えれば意識は最少となるようにして、意識は距離に比例して減衰する』とし、角度に関しては、『火災の進行方向と火災から見た自分の方向のなす角度が 90 度以上ある火災は意識しないようにし、意識は角度に反比例して増大する』と設定する。

各関数を BASIC で書くと、次のようになる。

1) 距離 d のときの意識強度を返す関数

```
Function Gd(d As Double) As Double
    If d< 100 Then
        Gd = 1
    ElseIf d < 500 Then
        Gd= (500 - d) / 400
    Else
        Gd= 0
    End If
End Function
```

2) 角度 a のときの意識強度を返す関数

```
Function Ga(a As Double) As Double
    If a <= 90 Then
        Ga = (90 - a) / 90
    ElseIf a < 270 Then
        Ga= 0
    Else
        Ga= (a - 270) / 90
    End If
End Function
```

このプログラムから得られる「火災から逃げようとする意識の強さ」を 3 次元グラフにすると図 10 になる。

図 9 のファジィ計算による意識と比べると、予想通りの単純な分布になっている。

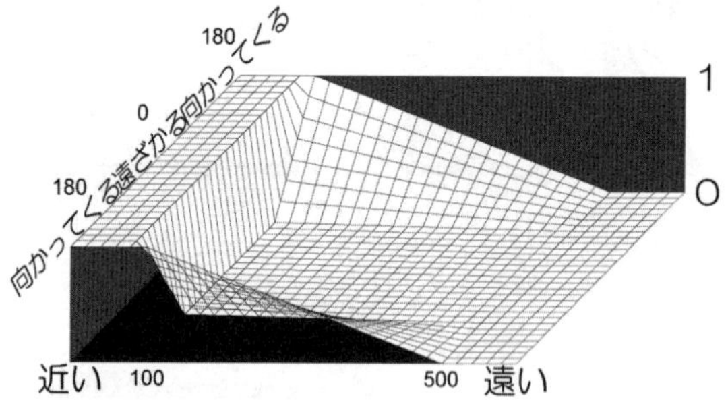

図 10　一次式による火災から逃げる意識

3.5　目的地へ向かう意識

簡素化のためにこの意識は一定であると仮定する。すなわち、図 11 のように目的地に向かって常に 1 の大きさの意識を想定する。

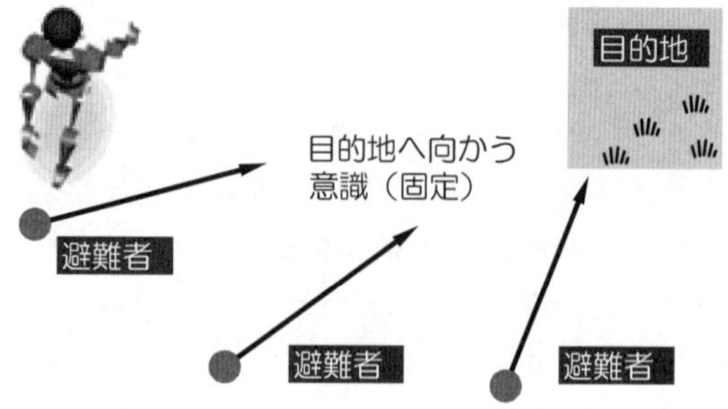

図 11　目的地へ向かう意識

4.　計算結果

シミュレーションはファジィ利用検討のためのモデルであり、結果自体にはあまり意味はないが、このケースでファジィ行動者の方がスムーズに火災を避けて目的地に向かっていることがわかる。

今回のプログラムではファジィの計算は単純式よりも時間がかかっていて、この点で不利であるが、実用に供するような複雑な行動シミュレーションでは、ファジィで計算した意識図の滑らかさに匹敵する行動パターンを計算させるために、数倍のコーディングを実際にしている経験から考えて、ファジィの計算速度の低下は、十分に代替が期待できるものである。

目的地に向かう意識を 1.0 として、火災から離れたいと思う意識を最大で 1.0 となるように設定して（表 1、図 12)、そのベクトルを合成して、進行方向を決定したときの行動軌跡は図 13 となる。

速度はそのベクトルの大きさに、通常用いられる避難歩行速度に近い値の 1.0m/秒をかけた値を用いた。速度変化を見るために歩行時間 2 分毎に印をつけてある。

シミュレーションの結果を比べると、単純式では火災に近く寄り過ぎたときに、ジグザグの不自然な歩行が見られるのに対して、ファジィ行動では滑らかである（図 13)。スタートしてから上に進んでいるのがファジィである。

これは、意識を数値化した 3 次元の面の滑らかさが反映するもので、実は単純数式であっても、もう少し手を加えれば滑らかな曲面は生成可能であるが、この曲面をあらかじめ予想することは困難であり、ファジィ計算の結果を見て単純式を変更することはできない。

この結果そのものがファジィの優位性を表すわけではなく、この後の、ケース 2、ケース 3 のシミュレーションがパラメーター1 つの変更で行える点がファジィの優位点と考えている。

同じことを単純式で実現しようとした場合を考えると、何をどう変えたら良いのかを、直感的には見出すのは容易ではないことが多い。また、複雑な関数や、難解な仮定が設定されると、その正しさを判断することも難しくなる。

それでは、ファジィの利用が信用に値するかというと、そうともいえない。『ファジィはもとから確実に論拠のあるパラメーターで計算しているわけではない』ので、この点は一般式と同じである。理論の後ろ盾はどんな手法を採用しても、その手法とは別に用意されるべきものである。

しかし、ファジィはこの隠蔽され易い主観的な部分をわかり易く前面に押し出すことによって、パラメーターの決定に、様々な判断を容易に取り入れることができるという利点がある。

以下、グレードだけを変えてみて、動きにどのような変化が現れるかを見てみる。

表1　意識値　ケース1

意識の程度		火災の向き［角度］	
		向かってくる	遠ざかる
距離［m］	近い	1．0	0．5
	遠い	0．1	0．0

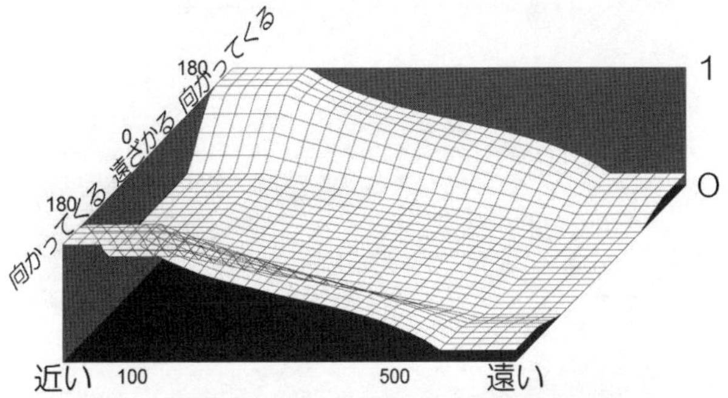

図 12　ファジィ計算による意識　ケース 1

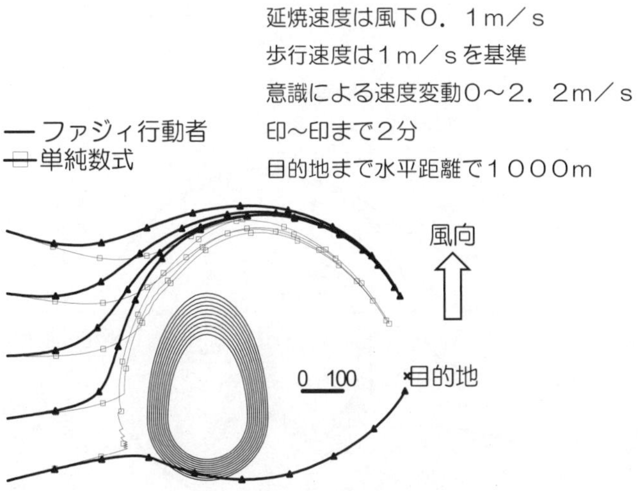

図 13　ファジィと単純数式行動者　ケース 1

4.1　向きを強く意識する設定

前述のケースに対して、「近い」ときは「遠ざかる」場合でも火災を強く意識させたシミュレーションを示す。

遠ざかる意識の程度を 0.5 から 0.9 に引き上げて強く意識させると（表 2、図 14）、行動は風上にも関わらず大きく迂回する行動が見て取れる（図 15）。

このように、簡単なパラメーター変更で、意識行動パターンをそれなりに変えられるのは魅力的な手法である。

表 2　意識値　ケース 2

意識の程度		火災の向き［角度］	
		向かってくる	遠ざかる
距離［m］	近い	1．0	0．9
	遠い	0．1	0．0

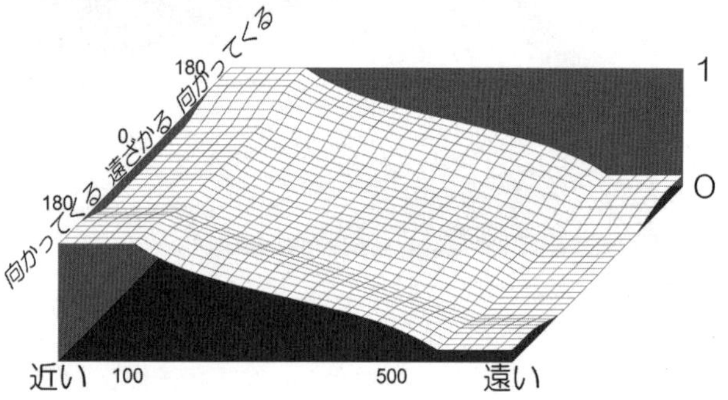

図 14　ファジィ計算による意識　ケース 2

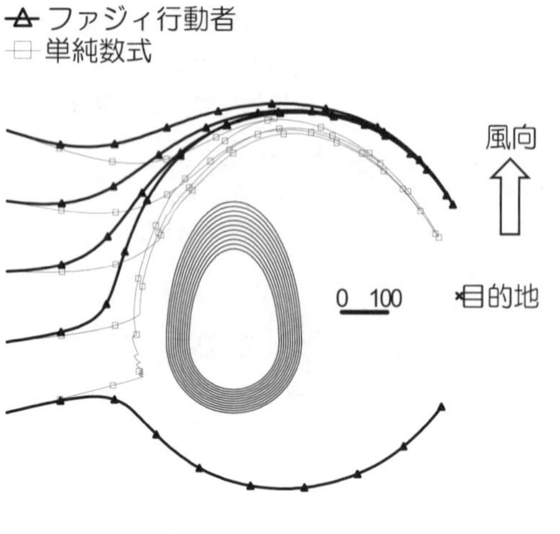

図 15　ファジィと単純数式行動者　ケース 2

4.2　距離を強く意識する設定

火災まで遠い近いに関わらず、風下風上を強く意識させた場合（表 3、図 16）のシミュレーションである。距離が遠くで、火災が向かってくる場合の意識程度を 0.1 から 0.5 に引き上げてみた。

風下に回った人がかなり火災を意識して、遠回りをしている様子が見て取れる（図 17）。

風上に回った人は、最初のケース 1 と同じ行動である。

表 3　意識値　ケース 3

意識の程度		火災の向き［角度］	
		向かってくる	遠ざかる
距離［m］	近い	1．0	0．5
	遠い	0．5	0．0

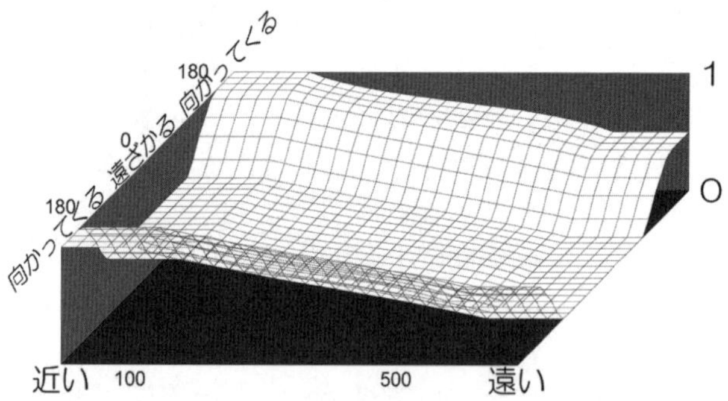

図 16　ファジィ計算による意識　ケース 3

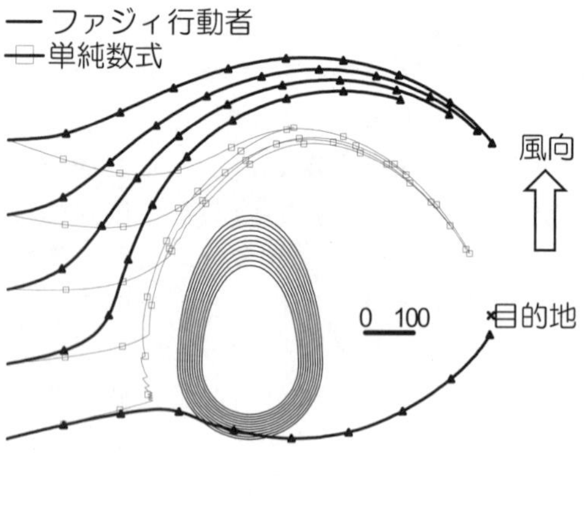

図 17　ファジィと単純数式行動者　ケース 3

5.　人同士の衝突回避

この節では、同じ対象物、つまり人同士の回避行動にファジィを適用して、衝突を考える。

衝突のきれいな回避は意外に難しい。知能の低さが大きな要因だが、これを高める術はなく、次善策として、似たような動きをする簡単な規則を考えることになる。これはあくまでも代替えであり、真実では無いことを忘れてはならない。

衝突で困るのは、同じもの同士は同じプログラムで動くので、お互いに同じ場所を取り合って、まったく動かなくなる「手詰まり」や、行ったり来たりを繰り返す「百日手」を起こしやすい。

プログラム的な解決策として、いくつかのパラメーターに「ばらつき」を持たせたり、「優先順位」を与えたりして、局面の打開を図るが、パラメーター設定や、方法の決定に正当性を与えるのが難しく、ブラックボックスになりやすい。

特にコンピュータの最大の長所にして、最大の欠点である、「デジタルである」ということによって生じる誤差の「隠蔽」に関しては、「説明のしようがない」というのが現状である。

このような「致命的な閉塞」状態に陥る前に、それぞれを適当なポジションで、若干でも非対称にできれば、全体として現実に近いように見えるシミュレーションに近づくことが期待できる。

ファジィは変化量に反発する磁石のような滑らかさを持たせやすく、その動きを制御しやすい特徴を持っているため、その特徴を生かして、「閉塞」の確率を下げる効果が期待できる。

5.1　要素

ここでも、「距離」と「角度」の２つの要素で考える。これらの要素は、意識の中でも具体性があり、影響も単純であることから選んだ。

人間であれば、相手の動きをある程度予測し、「ぶつかりそうだ」と判断すれば、回避行動に入る。ところがそんな人間でも、例えば混雑した流れの中では、回避行動が制限されるため、「ぶつかっても仕方がない」ような行動をとる人も多々見かける。

この判断がどう行われているかは相当に複雑で、自分自身にしても断定的に説明はできない。

こういう意識と行動のパラメーターを簡潔に説明していくことが、行動シミュレーションでは大切であるが、ここではこの検証は省略する。

相手を避けようとするベクトルは相手に向かって反対方向ではなく、自分の進む向きに対して 90 度、かつ相手と反対側に設定する。このベクトルの向きそのものもファジィで導くことができる。

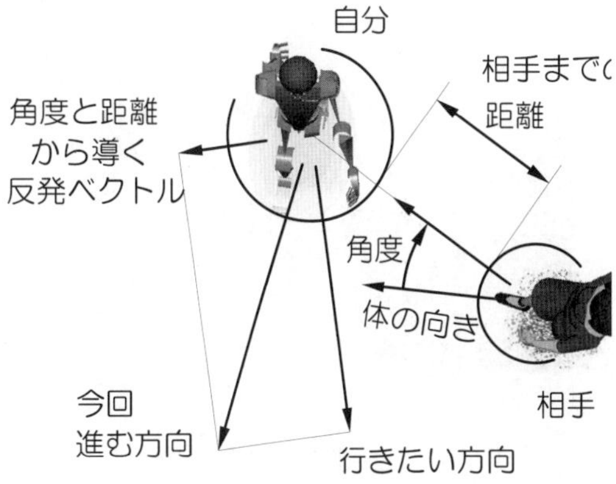

図 18　衝突回避モデル

5.2　衝突回避のためのメンバーシップ関数

「相手までの距離」と「相手から見える自分の角度」からメンバーシップ関数を組み立てる。

図 18 のように人を「円形」と考え、円の外周から外周までの距離を「相手までの距離」とする。

また、図 19 で示すように、「近い」と感じ始める距離を 1000mm、完全に「近い」と感じる距離を 0mm とする。反対に「遠い」と感じ始める距離を 0mm、完全に「遠い」と感じる距離を 1000mm とする。

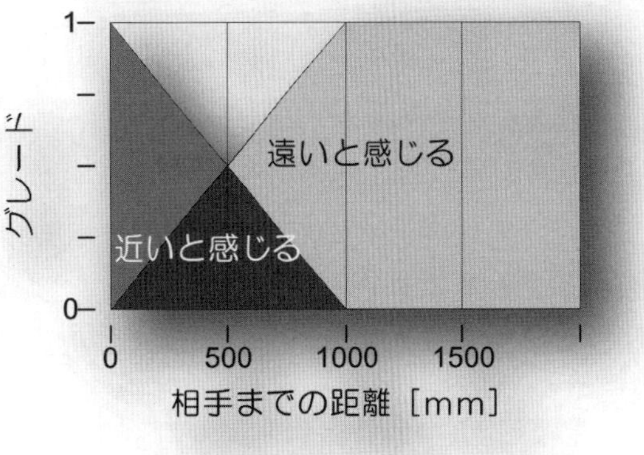

図 19　距離のメンバーシップ関数

図 20 の角度は「相手から見える自分の角度」をパラメーターに選ぶ（図 18)。一見逆に感じるかも知れないが、「自分から見た相手の角度」では、相手が近づいていても遠ざかっていても同じになり、指標にならない。向かってくるのは相手で、それを察知するのが自分だから、「相手から見える自分の角度」を指標にする。これも、実はこれだけでは足りないのは明らかだが、結果をみる限り、それほど外れてはいない。

「向かって来る」と感じる指標は、相手の向きを中心として、こちらが見える角度が 90 度で感じはじめ、0 度で最大になるとする。逆に「遠ざかる」と感じ始めるのは0度で、90度で最大になるとする。

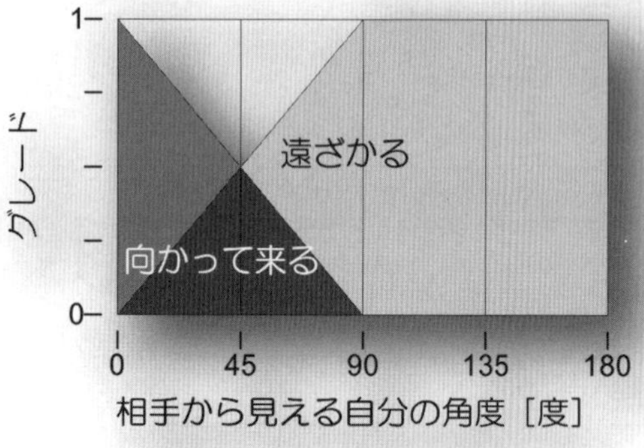

図 20　角度のメンバーシップ関数

近くにいて、こちらを向いている相手は強く意識し、遠くにいると感じる場合は、意識をしないように働く、**表** 4のような推論規則を設定する。

表 4　推論規則

意識程度		相手から見える自分の角度	
		向かって来る	遠ざかる
人と人の間の距離	近い	1.0	0.5
	遠い	0.0	0.0

5.3　衝突回避計算フロー

図21に衝突回避計算の基本的なフローを示す。衝突回避に関係する項目以外にシミュレーション上最低必要な「速度」は1m/秒と仮定。「向き」は目標地点を定め、そこへ向かう単位ベクトルで表す。

これが図18で示した「行きたい方向」のベクトルになる。これに、ファジィで得られた反発ベクトルを合成して、その場での「進むべき方向」を決定する。この例では、図21の移動処理は、合成されたベクトルを単位ベクトルに変換していないので、歩行速度は変動する。

反発するファジィ値は、周辺にいる相手全員に対して計算をすることができる。この数値をどう扱うかも1つの大きな問題ではあるが、ここでは、最大の値を1つ選択して、その値にしたがうように制御する。Aさんを気にしていたら、Bさんにぶつかるようなことが起こり得る想定であるので、ある意味人間的な設定なのかもしれない。

ファジィ部分の計算は、すべて同じメンバーシップ関数と推論規則を用いた。歩行速度や体サイズなど、ファジィ以外のパラメーターもすべて同じにしてある。実際には個人によって異なる設定をすることが多い。

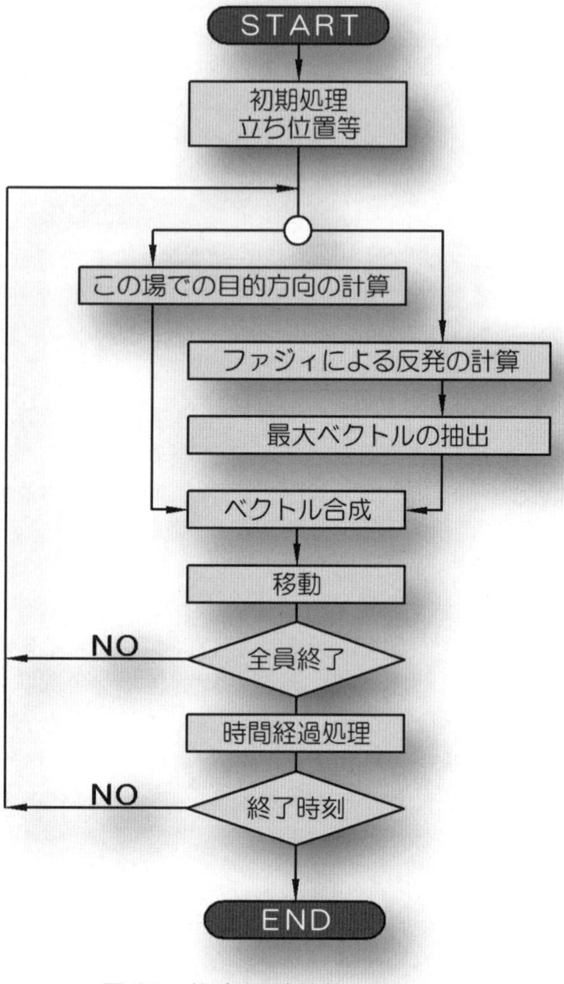

図 21　衝突回避計算フロー

5.4　ファジィ回避計算の結果

変更可能なパラメーターは10を超え、その組み合わせは多大になるので、ここでは、人数と意識強度の1つに焦点をあてた計算をし、動きを観察する。

シミュレーションの目的を、冒頭でも記述したが、法的な規制に使えるように、統制の取れたスムーズな動きを再現するのか、あるいは起こり得る障害を表現することにするのかで、結果の評価が変わってくる。ここでは特に目的を定めていないが、シミュレーション手法に起因する不手際を避けるという評価基準は根底にある。

6.　ファジィ利用の場合の回避の様子

前項のプログラムで、具体的にどういう動きをするのかを見てみる。塗りつぶした星（★）が目的地、左右の距離は5m、0.1秒刻みで表示してある。人の直径は40cmである。

6.1　1対1の衝突回避

図22は左右に1人ずつ置いて動かした結果を示す。きれいな避け方に見えるが、よく見ると、左右対称である。人であれば、どちらかが避けるのを見て、もう片方は、避けないことの方が多いように思う。しかし、避けていればその後への影響は少ない。シミュレーションの目的には反しないと考えられる。

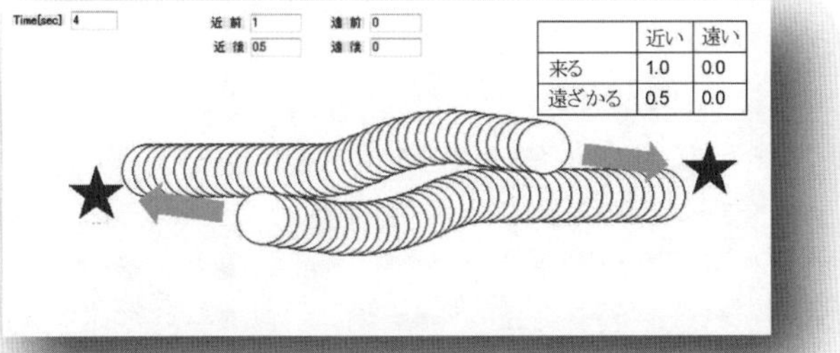

図22　衝突回避1対1

上の計算の「遠い＋向かって来る」に対する意識強度を0から0.25上げた設定にすると、図23のように開始直後から回避する様子が見て取れる。中央近くになったときに、「近い＋向かって来る」の意識が働きだし、さらに若干お互いを避けている。実際の世界でも、間近まで避けない人も、遥か彼方から準備する人もいる。このように、ただ1つのパラメーターを変更するだけで、個人の性格的特長を数値表現しているように見えることは、ファジィ推論の面白いところである。

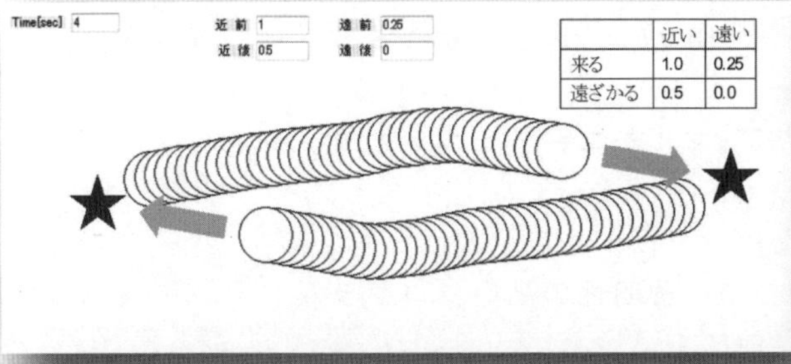

図23　遠くても意識

6.2　2対1の衝突回避

次に、右に2人並べて動かしてみた結果を図24に示す。避け方はやや機械的で人間味に欠けるが、一応衝突は回避している。

右の2人はお互いの距離が近いために、互いに離れるように進んで行き、正面の相手が近づいたときに、さらに左右に離れている。

すれ違った後、距離が十分に離れて、それぞれ目的地へ直進する。

最後に目的地へ入るときは、お互いを意識して、遠回りに入っていく様子も見られる。単純な設定の割には、それらしい動きが再現されていると考えられる。

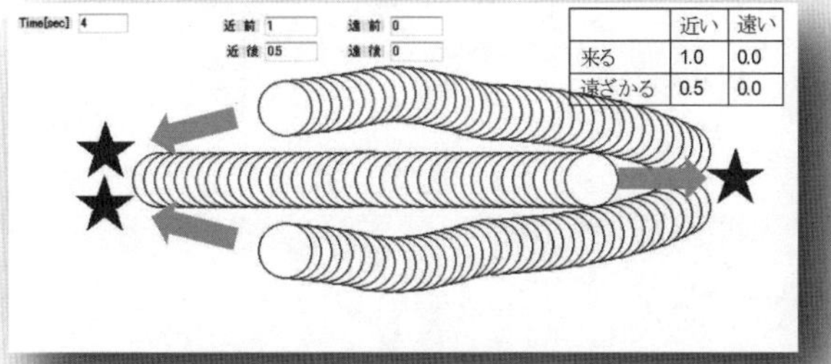

図24　衝突回避2対1

6.3　斜め前方の衝突回避

図25は斜め前方からの相手に対する回避行動シミュレーション結果を示す。

この一見不可解な回避行動の原因は、「右に見える相手を避けるには、左に回る」という計算前提があるため、人間なら簡単にできる「相手が右から来て、目の前を通過して左に抜けそうなときは、相手の後ろに回るために、右に回る」という判断ができないため、互いに相手の鼻先に進んでしまった結果である。

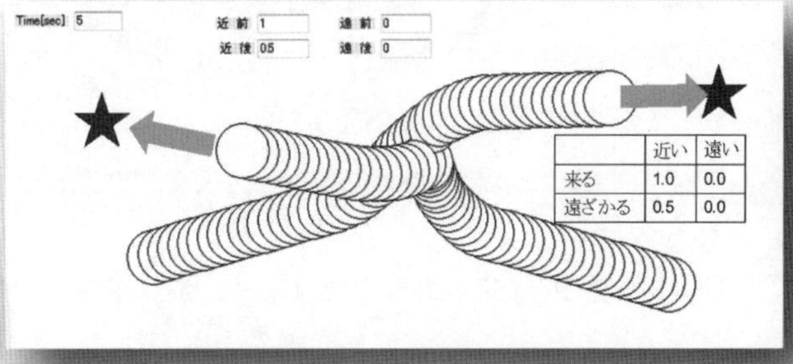

図25　斜め前方の衝突回避

7.　ファジィの有効性

入力におけるファジィの有効性に対し、結果としての有効性を、シミュレーションを通して検証する。

ファジィで制御した場合とそうでない場合でどのような違いが現れるのかを見るために、実際の事例でシミュレーションをしてみる。

非ファジィのソフトもそれなりに実戦をくぐり抜けてきたもので、特別ひどいものを用意したわけではない。ファジィ適用のソフトは、非ファジィのソフトの、最後の判断部分を置き換えたもので、それ以外は全く同じである。

7.1　行動シミュレーション事例

この例はある地下街をモデル化したもので、通路と店内には多めに人を配置してある（図 26、27）。

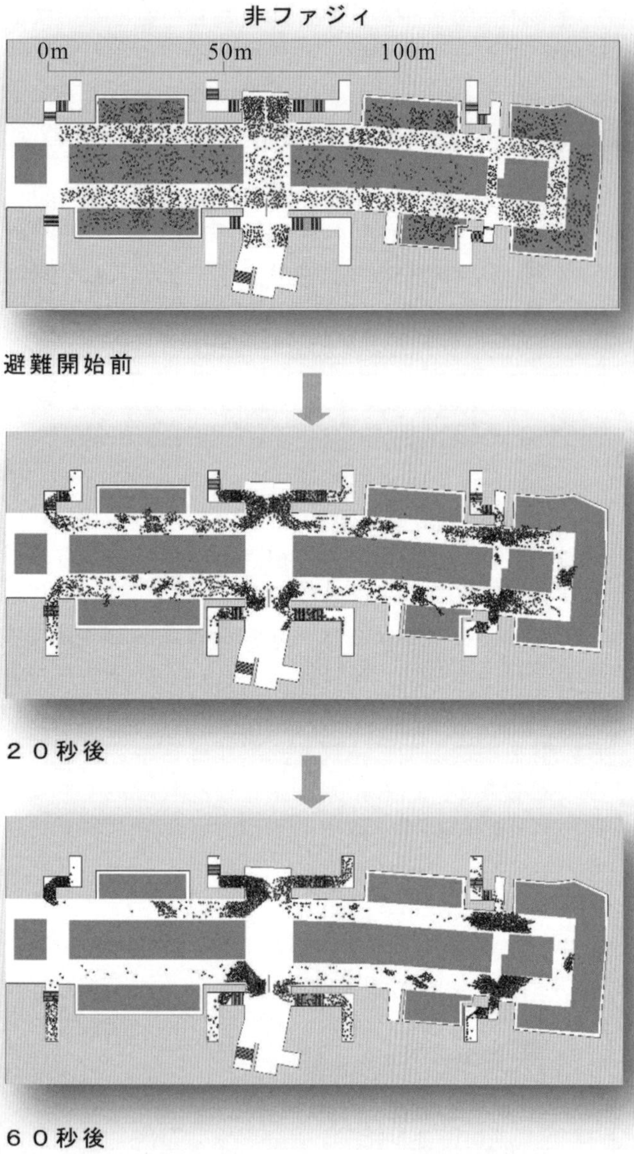

図 26　非ファジィのシミュレーション事例

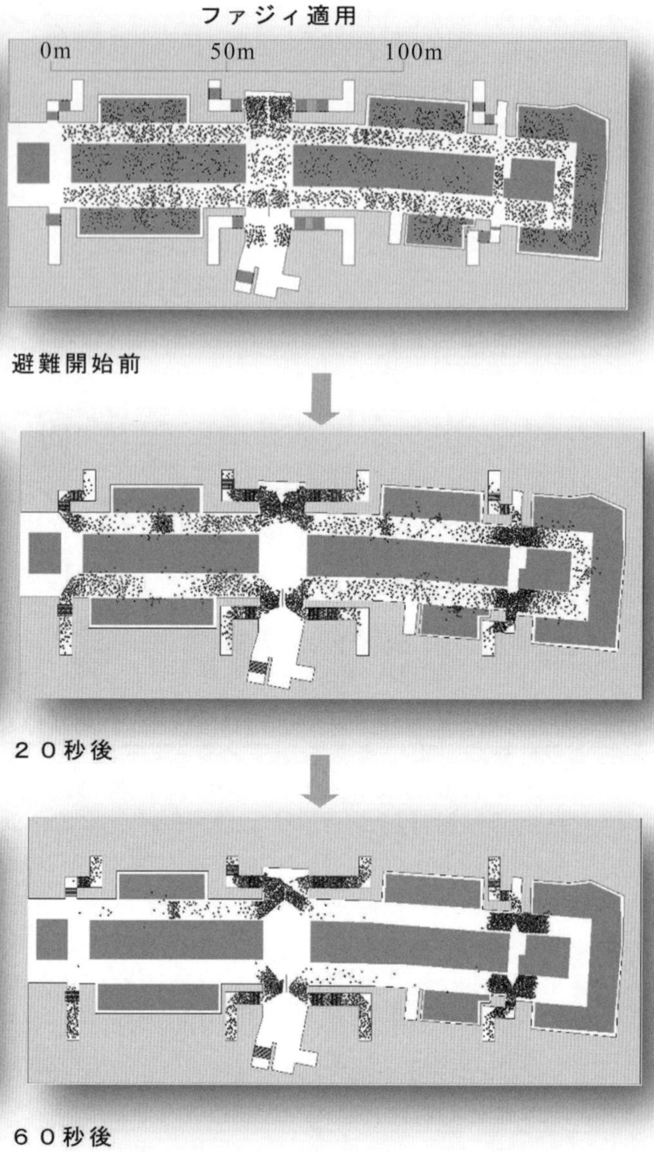

図 27　ファジィのシミュレーション事例

平均密度は通路込みで 0.6 人/㎡を超える非常に混雑した状態にしてある。

避難方向は最寄りの階段にしてあるが、中間地点付近では、30%程度の避難者に、あえて遠い方に向かわせている。逆行による大規模な衝突が発生するようにしたためである。

最初の 20 秒で、ファジィの方が均等に分散して、塊集団を作っていない様子が見て取れる。ファジィでない方はぶつかるまで避けないので、当たり前かもしれないが、こうして比較すると、違いがはっきりする。

60 秒後には、ファジィの方は避難完了者が多く、スムーズに行動していることが分かる。

7.2　マルチエージェントとファジィ

マルチエージェントとファジィは相性がいい。主な項目を以下に記す。

7.2.1　透明性の高いプログラム

前にも述べたが、通常のプログラミングでは、事細かに状況判断を入れてしまうと、いったいどういう動きをするのかが読みにくくなり、そのシミュレーションの特性がブラックボックス化してしまう。

実施ソフトに適用するには、このような問題を明確に説明し、シミュレーションの透明性を高める必要がある。

ファジィ理論であれば、「出口に近い」「混んでいる」と「出口に向かう」を適当に定める程度で閉塞を回避できるかもしれない。そして、この程度の仮定であれば、人が強度決定に介入可能であると考えられる。ここにファジィ理論の有効性が見て取れる。

7.2.2　行動規範と統計値

マルチエージェントの行動規範を設計するときに注意すべき点の 1 つに、原因と結果の混同がある。

マルチエージェント系のシステムでは、使える統計値は、単純で、原因に直結するものであるべきで、複雑な絡み合いの結果の値はいけない。結果はシミュレーショの結果として得るべきである。

「平均気温がここ 100 年で 1℃上がっている」という統計値は、結果であって、原因ではない。こういう値は使えない。どのように使っても、シミュレーションを誘導し、恣意的に結果を捻じ曲げる恐れがあるからである。

さらに大事な点は、シミュレーション結果が統計値と一致しなくても、シミュレーションを間違いとはいい切れないし、逆に統計的な値とシミュレーションの値が一致しても、シミュレーションが正しいことにはならないことである。

統計とシミュレーションは全く別のもので、安易にシミュレーションに統計値を入れてしまうと、本来シミュレーションが出せるはずの警告が抜け落ちる恐れがある。

結論として出したい数値を、条件として入れないように気を付けることはファジィの組み込みにおいても同様に注意すべき点である。

7.2.3　正面衝突で壁ができる様子

図 28 はファジィ理論適用の有無にかかわらず、うまく回避できなかった例で、幅 5m の道路の両側から 0.4 人/㎡の密度で動かした結果を示す。個々が勝手に回避しても回避しきれず、次第に小競り合いが大きくなり、壁ができてしまう。これを「シミュレーションの欠点」と捕らえるのではなく、「起こり得る問題」として考えると、この種のシミュレーションの利点が見えてくる。この壁ができるには 10 分以上掛かることもあったが、非ファジィでは 1 分前後で壁ができた。

7.2.4　密度と歩行速度の実験

図 29 はファジィを組み込んだ集団と組み込んでいない集団との「逆行」状態での速度を比較した図である。「逆行」は左右から入る人を徐々に増やして、そのときの密度(横軸[人/㎡])と平均速度(縦軸[m/秒])を測定してプロットしたものである。

ファジィ集団の方は、衝突前に滑らかに回避しているので、速度に差が出た。どちらが現実に近いかは何ともいえない。それぞれがモデルの個性であり特質なので、現実社会の個人の特性と同じと考えるしかない。しかしながら、このモデルによる違いは無視できないことがわかる。

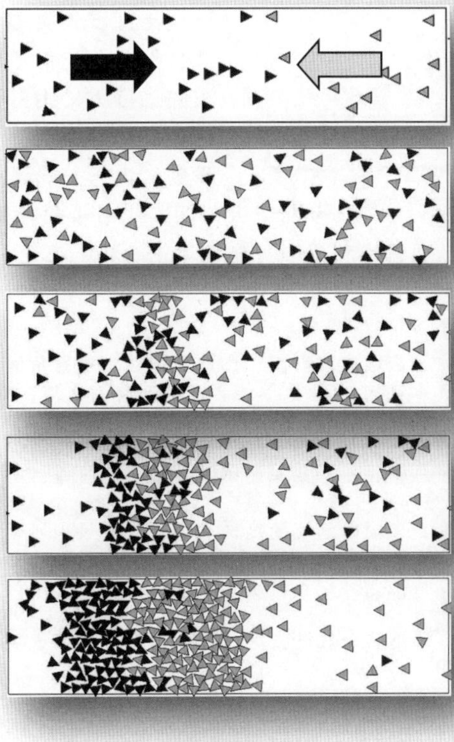

図 28　衝突回避失敗ケース

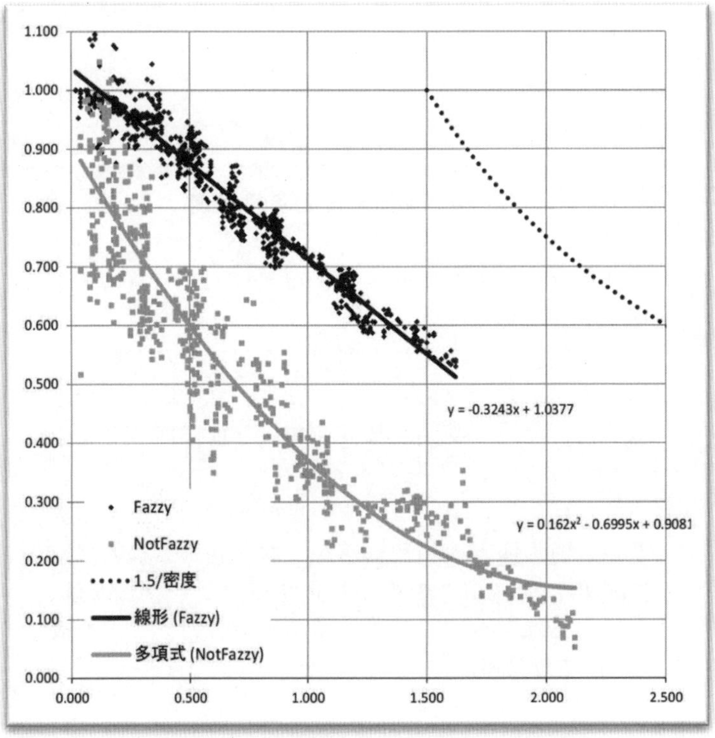

図 29　逆行状態でファジィ集団と比較

式(2)は従来からの歩行速度の式 [5),6)] である。1.5 は群衆流動係数と呼ばれ、観測値は 0.9~1.7 であるらしいが、避難の場合、1.5 が推奨されている。

歩行速度[m/秒]＝1.5 / 群衆密度[人/㎡]　　(2)

図 30 はそれぞれの比較である。同じ方向を目指す集団（以下「順行」）では約 4 人/㎡程度までは群衆歩行が可能といわれているが、このモデルでは、どんなに人を送り込んでも、2.5 人/㎡以上の密度にはならなかった。密度 2.0 人/㎡前後で一致するが、1.6 人/㎡以下、2.5 人/㎡以上で大きく食い違う。

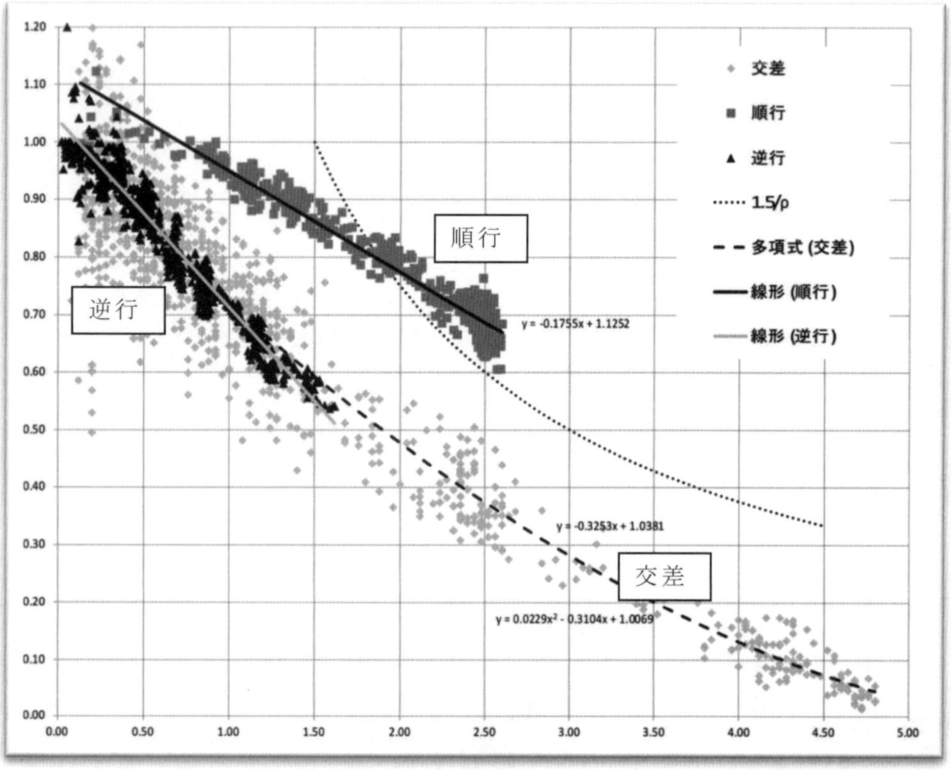

図 30　集団密度と歩行速度

「逆行」は衝突の壁ができた、約 1.5 人/㎡までプロットしてある。

「交差」は十字路の内部である。ほとんど動けないので、密度はどんどん上がって、4.5 人/㎡まで上がった。この「交差」は「逆行」とほぼ同じ分布を示している。

これはあくまで、このモデルの結果であって、実際の人間集団との相関は定かではない。伝統的な式(2)の歩行速度がこのモデルより速いということは、本当の人はもうすこしだけ頭が良いということを表しているのかもしれない。

8．　おわりに

我々工学者から見たファジィの利点として、「数式ではわかりにくい設定条件を、わかり易く表現できる」、「複雑な関数を考えなくとも、それらしい計算ができる」ことが挙げられる。

要因が増えた場合の推論規則の増加に対処する作業量と、非ファジィの関数作成や、手続きを求める作業量と比べてみて、その優劣が逆転することも十分考えられるが、問題によって使い分ければ、ファジィ理論が利用価値の高い技術である可能性は十分にある。

簡単なパラメーターの変更で、行動パターンをダイナミックに変更できる点は、建築家と精神分析医といった、領域を超えて問題を処理しなくてはならない場合に、共通のコンセンサスが得られ易いという特徴が生かせるであろう。

今回は避難シミュレーションで、ファジィ理論の利用の可能性を検討したが、これ以外の防災の分野でのファジィ理論の利用の可能性も十分に考えられる。

例えば、火災の拡大は自然現象であるが、実際には人による消防活動が関与して、その挙動に大きな影響を与えている。このような、人の関与する事象の解析にファジィ理論の利用の可能性は十分にあるといえる。

参考文献

1) 梶秀樹：広域避難計画における地区別避難危険度の算定、日本都市計画学会、学術発表会論文集、Vo.17、pp.559-564、1982
2) 松本博文、森脇哲男、江田敏男：大震火災時の避難シミュレーション、日本建築学会論文報告集、341 号、pp.142-149、1984
3) 浜田稔：火災の延焼速度について、火災の研究、第Ⅰ巻、相模書房、1951
4) 水本雅晴：ファジイ理論とその応用、サイエンス社、1988
5) 新版　建築防火教材、第 10 章 p116、日本火災学会、1980
6) 堀内三郎：建築防火論、p157, 朝倉書

第 2 章

ファジィ理論と色彩

概要　本章では初めに色彩についての簡単な解説を行う。ここでの色彩表示法は加法混色を用いている。ファジィ理論をどのように色彩へ適用するかについて実際のファジィシステムを用いて紹介する。一方、ファジィ理論はソフトコンピューティングの手法の 1 つで、唯一あいまいな情報の処理ができる特徴をもっている。さらにファジィ理論は主観でシステムを構築することができるという利点をもっているが、加法混色に基づくことで客観的なシステムを構築することが可能であることを示す。

1．はじめに

ファジィ理論(fuzzy set theory)を用いたあいまいさを表現する方法およびあいまいさを計算する方法[1]として、ファジィ理論の色彩への応用について詳しく述べる[2),3)]。

本章では、色彩情報の写像として加法混色を用いたカラートライアングル（color triangle）上でのファジィ表現手法およびトーントライアングル（tone triangle）上でのファジィ表現手法についての 2 つのファジィシステムを紹介する。

2．色彩のファジィシステム

色彩は色相と彩度と明度で表され、カラートライアングルは主に色相と彩度で、トーントライアングルは主に彩度と明度で表現される。これらのトライアングルを用いて図 1 の 2 つの色彩ファジィシステムが構築できる。図 1 で三角形中の color と tone はカラートライアングルおよびトーントライアングルを示している。上は色相のファジィシステム、下は色調のファジィシステムである。

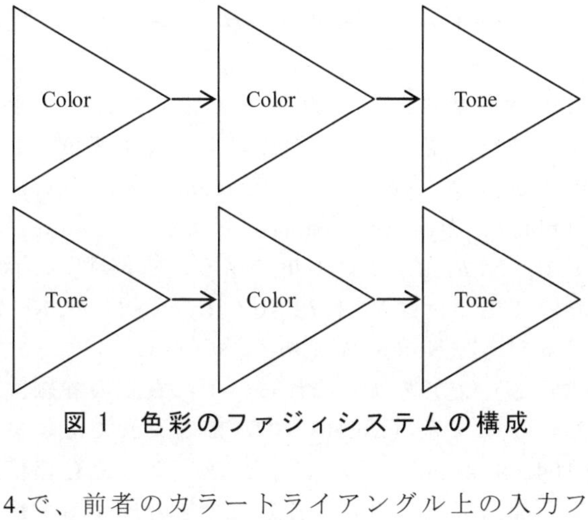

図 1　色彩のファジィシステムの構成

4.で、前者のカラートライアングル上の入力ファジィ集合（前件部）と円錐形のファジィ入力との関係を調べる[4),5)]。カラートライアングルは色相と彩度の関係を示し[6)]、主要色と白は同じトライアングル上に表現できる。4.でカラートライアングル上（7.でトーントライアングル上）のあいまいな色の集合を明らかにし、あいまいな色彩の属性情報の近似推論値を計算する。このファジィ理論的なアプローチはあいまいな色彩の情報処理やカラーシステムなどの応用に有効である。

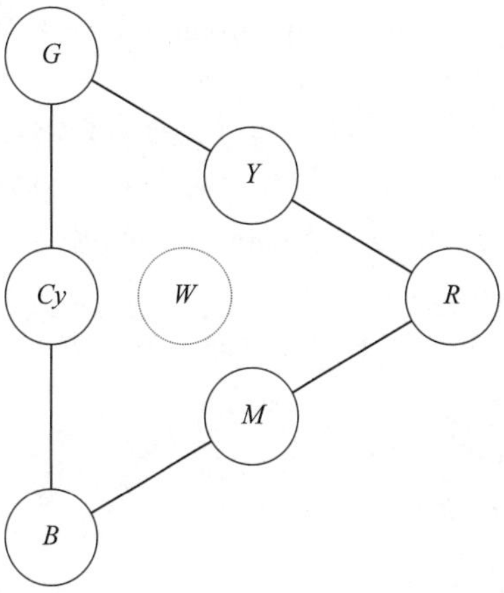

a　カラートライアングル

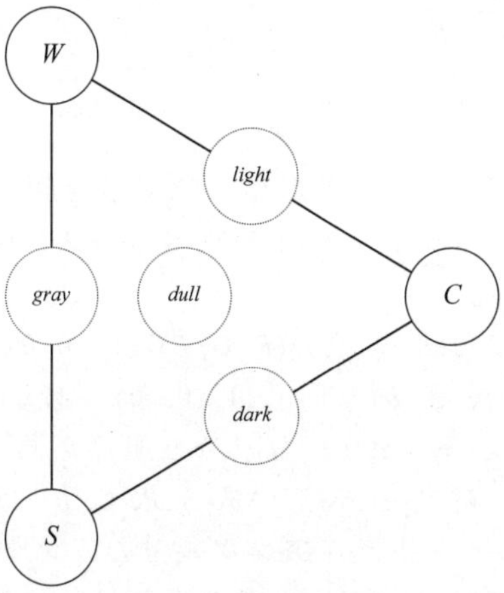

b　トーントライアングル

図 2　カラートライアングル（a）とトーントライアングル（b）の模式図

3．カラートライアングルと加法混色

加法混色は異なる2色あるいは3色の光を混ぜるときに起こる。赤（red）、緑（green）、青（blue）の3色の加法混色で全ての色彩 C をつくることができる。一般に色ベクトルは三刺激値（R：赤成分、G：緑成分、B：青成分）と呼ばれる量と方向により次のように示される。

$$\vec{C} = \vec{R} + \vec{G} + \vec{B} \tag{1}$$

これは RGB カラーモデル（color model）と呼ばれる。このコンセプトは平面図（図 2）によって表すことができる。

このカラートライアングル（図3ドット部分）上の座標$(r,\ g,\ b)$はさまざまな色彩を指定することができる。座標により与えられる位置は色をつくる R（赤成分）、G（緑成分）、および B（青成分）の量に対応している。カラートライアングルの中央を指定する座標は3原色を等量に混合した場合を表し、各成分が最大のとき白（W）になる。このような表記は色度図（chromaticity diagram）と呼ばれる。これは色相と彩度で表される[6)、7)]。カラートライアングル上で、R（赤成分）、G（緑成分）、および B（青成分）の比率が色彩を指定し、3 つの属性：赤み（redness）r、緑み（greenness）g、青み（blueness）b の和は 100%に等しい。

ここで、色ベクトルの方向のみを表すために色度 r、g、b は以下のようになる。

$$r = \frac{R}{R+G+B} \tag{2}$$

$$g = \frac{G}{R+G+B} \tag{3}$$

$$b = \frac{B}{R+G+B} \tag{4}$$

$$r + g + b = 1 \tag{5}$$

方向であるから三刺激値の比で示され、式(5)に示されるように和が 1 となる[8)]。表 5 は式(2)から式(5)を満足する。

図 3 で赤（red）の成分(R, G, B)は$(1, 0, 0)$ であり、三角座標$(r,\ g,\ b)$も同じ$(1,\ 0,\ 0)$である。また緑（green）と青（blue）も成分と座標が同じになる。たとえば、黄（yellow）の成分(R, G, B) は $(1, 1, 0)$であり、カラートライアングル上の三角座標(r, g, b)は $(0.5, 0.5, 0)$となる。このように図 4 a の 3 つの四角形 WMRY、WYGCy、WCyBM 上の色彩は図 2 a の 3 つの菱形 WMRY、WYGCy、WCyBM 上の色彩となり、これら全ての色は正三角形 RGB の中に示すことができる（表 5）。

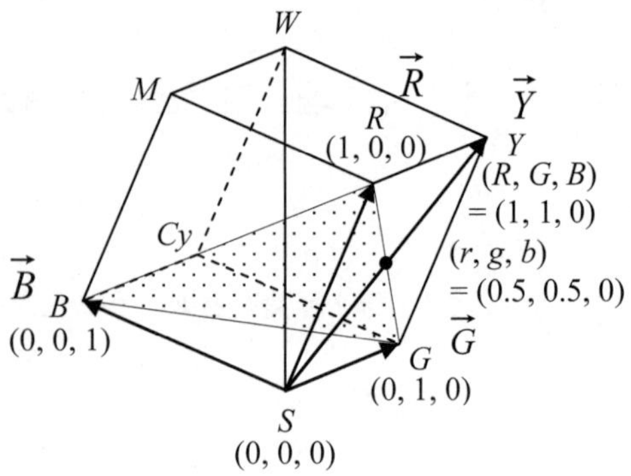

図 3 カラートライアングルと加法混色

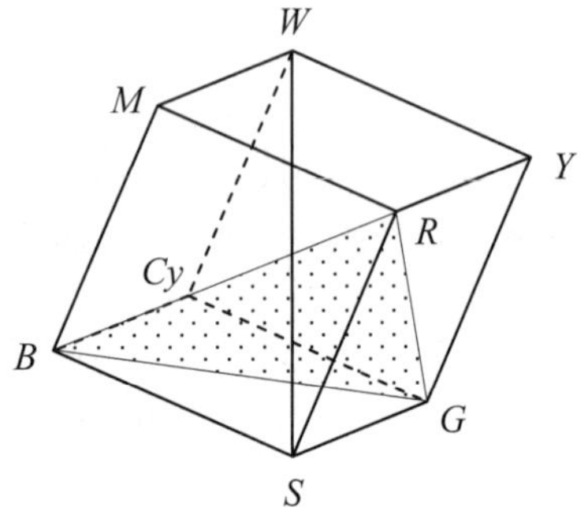

a 色立体中のカラートライアングル

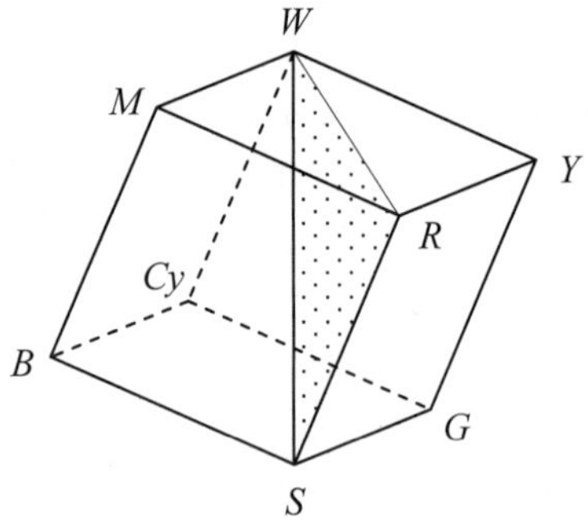

b トーントライアングル

図 4 色立体中のカラートライアングル（a）とトーントライアングル（b）

この章の前半では、カラートライアングル上の RGB システムを考える。図 2 のように主要色としての赤（red）、黄（yellow）、緑（green）、青緑（cyan）、青（blue）、赤紫（magenta）、および白（white）は $R, Y, G, Cy, B, M,$ および W のように省略する。図 5 において主要色は No.1: B, No.6: Cy, No.11: G, No.46: M, No.51: Y, No.66: R である。中心部分に、No.34, No.35, No.42 があり、これらの中に右上の詳細図にあるような 7 色（No.101-107）が含まれて、中央に No.104: W がある。つまり、3.3%区切りに色座標をとり、加法混色を用いて各色成分を合成すると白を含んだトライアングルができる。ただし、白を含むものを示すには 496 色が必要となる（図 27 参照）。

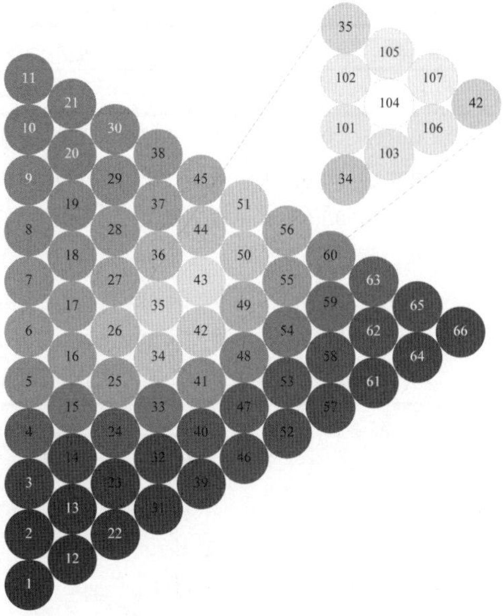

a　66 色のカラートライアングル

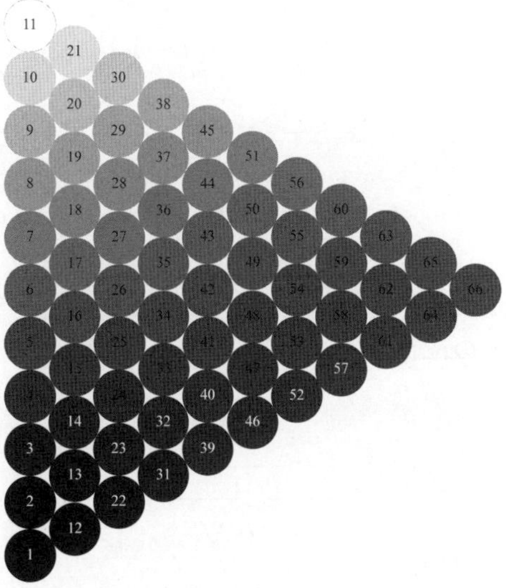

b　66 色のトーントライアングル

図 5　66 色のカラートライアングル（a）とトーントライアングル（b）（巻頭カラーページ参照）

4．色相のファジィシステム

図 6 はファジィシステムを表しており、カラートライアングル（$R_iG_iB_i$）の中線方向に平行な軸上に赤み（redness）r_i、緑み（greenness）g_i、および青み（blueness）b_i がある。図 6a では、赤みが増すと赤成分の度合い μ_k が縦方向に増加することを意味している。これが赤のファジィ集合を形成する（図 7）。

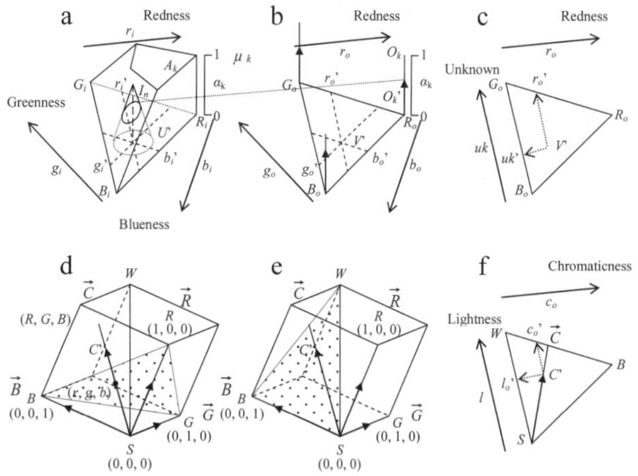

図 6　色相のファジィシステム

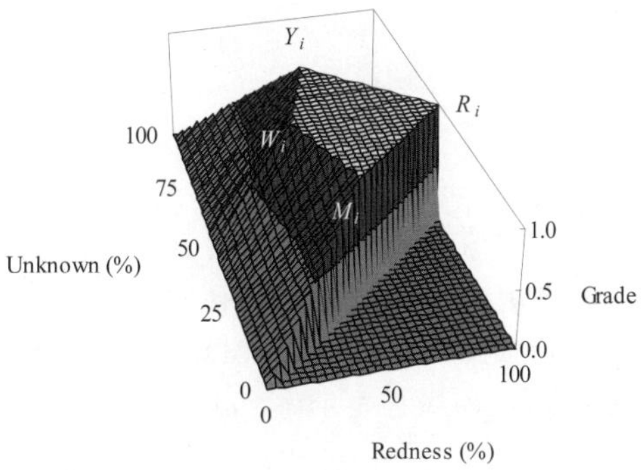

図 7　赤のファジィ集合（巻頭カラーページ参照）

また、このファジィシステムでは入力ファジィ集合(fuzzy set)A_k（前件部）、ファジィ入力 I_n、出力クリスプ集合(crisp set)O_k（後件部）、およびファジィ出力(fuzzy set)O'を示している。図 6a は三角座標(r_i, g_i, b_i)で、図 6b は三角座標(r_o, g_o, b_o)で、図 6c は座標(r_o, uk) で表されている。

ファジィルール(fuzzy rule)は次式のように示す。

$$R^k : if\ U\ is\ A_k\ then\ V\ is\ O_k \tag{6}$$

ここで、k はルール番号(k = 1, 2, 3)である。U = (r_i, g_i, b_i)は入力パラメータ、V = (r_o, g_o, b_o)は出力パラメータである。入力ファジィ集合 A_k（前件部）は頂点 R_i、G_i、あるいは B_i における三角錐台のような形状であり、ファジィ入力 I_n は円錐、出力クリスプ集合 O_k（後件部）は頂点 R_o、G_o、あるいは B_o におけるシングルトン（singleton）である。ファジィ集合 O_k' は縦矢印で示されている。もし入力が A_k であれば、出力は O_k である。

ファジィ推論(fuzzy inference)の方法は次のようである。ここで入力を $r_i = r_i$'、$g_i = g_i$'、$b_i = b_i$'とす

ると $U' = (r_i', g_i', b_i')$ となる。

1) ルール R^k の入力で、$\alpha_k = A_k(U')$、ここで $k = 1, 2, 3$ である。

2) ルール R^k の出力で、出力クリスプ集合 O_k はシングルトン（縦棒）である。

3) $O_k' = \alpha_k O_k$、ここで O_k' はファジィ集合（縦矢印）、また O_k はクリスプ集合（縦棒）である。ルール R^1, R^2, R^3 の最終推論結果は O' である。

$$O' = \alpha_1 O_1 \cup \alpha_2 O_2 \cup \alpha_3 O_3 = O_1' \cup O_2' \cup O_3' \qquad (7)$$

出力パラメータ $V' = (r_o', g_o', b_o')$ は三角座標上のファジィ集合 O' の重心（center of gravity）で、$V' = (r_o', uk')$ は普通の座標上のファジィ集合 O' の重心である。uk' は線分 BG 上の値（B からの距離）である。

赤の入力ファジィ集合 A_1（前件部）は次のメンバーシップ関数（membership function）により特徴付けられる。

$$\mu_1(r_i, uk) = r_i S_l; \quad r_i < \frac{1}{S_l} \qquad (8)$$

$$\mu_1(r_i, uk) = 1; \quad r_i \geq \frac{1}{S_l} \qquad (9)$$

ここで、S_l は射影（projection）の傾斜であり、0.02 から 0.03 の範囲とする（表 6 参照）。図 9 上の右上がりの 3 つの斜線の傾きを示す。uk は次のように制限される。

$$50 \geq uk \geq \frac{r_i}{2} \qquad (10)$$

$$50 < uk \leq -\frac{r_i}{2} + 100 \qquad (11)$$

ここで、$r_i \geq 0$ である。

また、緑と青のファジィ集合は赤のファジィ集合（図 7）を W_i 中心に 120 度ずつ回転したものであり、各メンバーシップ関数は式(8)と式(9)と同様な式により記述される。

図 7 は W_i を含んだ形のファジィ集合で示されている。この集合の上部平面は菱形のような形状をしている（表 1 と図 9 参照）。斜面の射影は式(8)で、平面の射影は式(9)で表される。

図 8a は B、Cy、M を含むカラートライアングル上の 21 色のファジィ入力（I_1–I_6, I_{12}–I_{16}, I_{22}–I_{25}, I_{31}–I_{33}, I_{39}–I_{40}, I_{46}）を示している（他の 45 色は描かれていない）。ファジィ入力は円錐形ファジィ集合で形づくられ、ファジィ集合は互いに重なり合っている。円錐形ファジィ集合の底面（円形）は隣の底面の中心を通るように作られている。図 8b は a の円錐形ファジィ集合に付けられた番号を示し、この番号は 0.5 レベル集合の上部に示されている。色名は No.1:B、No.6:Cy、No.46:M である。

表 1　主要色のメンバーシップ値 $\mu_k(r_i', g_i', b_i')$

Color	Color coordinate			Membership value μ_k		
	r_i'	g_i'	b_i'	$k=1$	$k=2$	$k=3$
B_i	0.0	0.0	100.0	0.00	0.00	1.00
Cy_i	0.0	50.0	50.0	0.00	1.00	1.00
G_i	0.0	100.0	0.0	0.00	1.00	0.00
M_i	50.0	0.0	50.0	1.00	0.00	1.00
Y_i	50.0	50.0	0.0	1.00	1.00	0.00
R_i	100.0	0.0	0.0	1.00	0.00	0.00
W_i	33.3	33.3	33.3	1.00	1.00	1.00

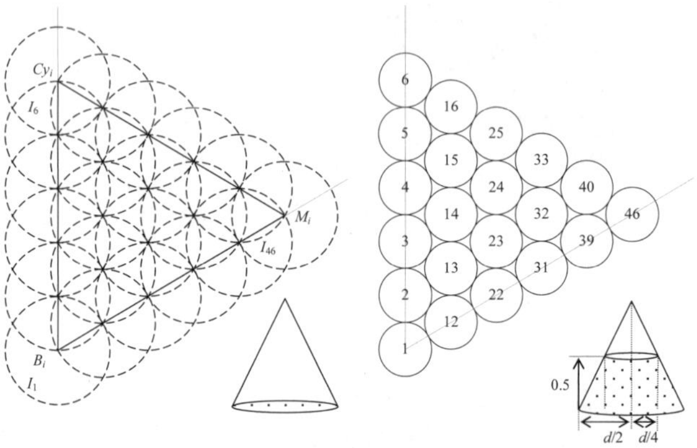

a　円錐形ファジィ入力の配置　b　0.5 レベル集合

図 8　カラートライアングル上の円錐形ファジィ入力の配置（a）と 0.5 レベル集合（b）

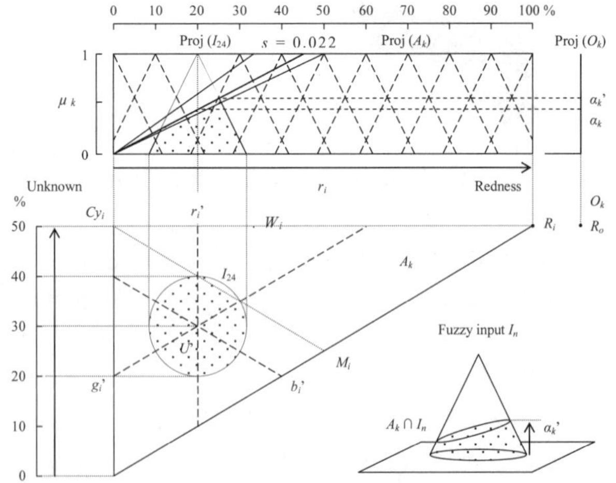

図 9　カラートライアングル上のファジィ集合（前件部）と円錐形ファジィ入力の射影

表 1 はカラートライアングル上の色の三角座標（color coordinate）における入力ファジィ集合 A_k のメンバーシップ値（membership value）μ_k (r_i', g_i', b_i')を示している。μ_k (r_i', g_i', b_i') は μ_k (r_i', uk') に等しい。式(8)と式(9)のメンバーシップ関数 μ_k は表 1 の 7 色 (R, Y, G, Cy, B, M, W) のメンバーシップ値に基づいている。この値はグレード（grade）として図 7 に示す。

図 9 は入力ファジィ集合 A_k（前件部）の底面としてカラートライアングル（下半分）を示し、あいまいな 66 色の円錐形ファジィ入力 (I_1–I_{66}) の単一色とその近傍色が示されている。赤（k=1）で、射影 Proj(A_k) の台形斜線部分は式(8)で示される。傾きが大きい直線 (S_l=0.03) は Cy_i (μ_k=0) と W_i (μ_k=1) 間の射影を、傾きの小さい直線 (S_l=0.02) は B_i (μ_k=0) と M_i (μ_k=1)（あるいは G_i と Y_i）間の射影を表している（表 1 と図 7 参照）。redness 軸上の Proj(I_{24})は下から投影することによりできる円錐形ファジィ入力 (I_1–I_{66}) の射影の 1 つである。この場合は傾き (S_l =0.022) が一致度の計算に使われている（表 6）。

ファジィ入力 I_n と前件部のファジィ集合 A_k の積集合は $A_k \cap I_n$ である（図 9 右下参照）。一致度 α_k'= Height ($A_k \cap I_n$)で決まる。Height は高さを求める関数である。もし入力がクリスプであれば、α_k'はダッシュのない α_k と書くことにする。Proj(O_k)は頂点 R_o における後件部のクリスプ集合 O_k の射影である（図 6b 参照）。O_k'＝$\alpha_k O_k$ は後件部の R_o、G_o、B_o における各重み（weight）と考えることができる。これら三角形の頂点にある 3 本の縦矢印を 1 つのファジィ集合とみなし非ファジィ化（de-fuzzification）することになる。図 6c は三角座標（図 6b）を普通の座標で表したものである。

図 6d は RGB 色立体であり、図 6b の各重みをベクトル空間に戻し、これらの合成ベクトルを作る。図 6e でこのベクトルを含むトーントライアングル（この例では直角三角形 BWS）を取り出し、図 6f のように正三角形に直すことで、トーントライアングル上の推論出力を示すことができる。ここで、トーントライアングルは CWS（図 2b）と同じ三角形で C が色相 B（blue）となっていることを示している。

5．色相のファジィシステムの出力

あいまいな色がファジィシステムに入ると何が起こるか見てみよう。このシステムはあいまいな色彩の入力データを単一色の出力データに変換することができる。たとえば、図 9 で No.24 の円錐形ファジィ入力は中心座標が U'=(r_i', g_i', b_i')=(20, 20, 60)、あるいは U'=(r_i', uk')=(20, 30)で、単位は%である。

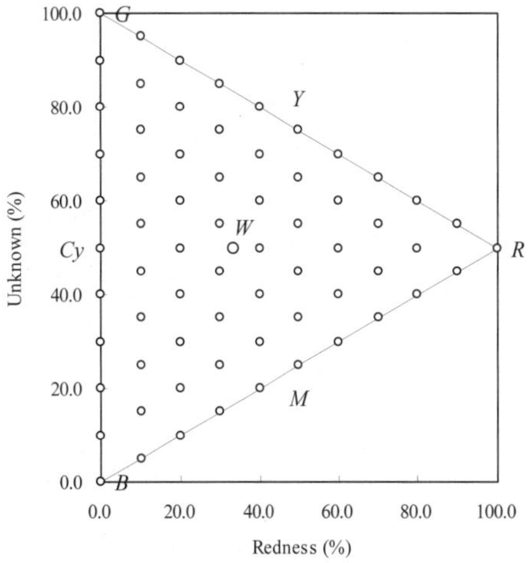

図 10　クリスプ入力とファジィ入力の中心位置

円錐底面の直径は d=23.0%であり、あいまいさを表す。この大きさは可変である。

このファジィシステムで入出力関係は非線形な情報処理を示す。

以前の研究 [9)、10)] で、ファジィ入力 I_n と前件部のファジィ集合 A_k との積集合（一致度）は前件部 A_k のエッジを含んでいるかどうかによって異なる。このエッジは非線形な情報処理に影響するが、ここでエッジ効果は考慮しない結果を示す。

図 10はクリスプ入力とファジィ入力（図 8の円錐）の中心位置を示している。図 11a は表 7 color output (r_o', uk') から得られる横軸 : redness の値 r_o と縦軸 : unknown の値 uk の関係を示している（図 6c 参照）。クリスプ入力（図 6a の円錐の中線）に対する出力を示している。ほとんどのクリスプ入力の座標とこのクリスプ入力に対する推論出力は異なることが分かる。ところが、R, Y, G, Cy, B, M の位置は変化しない。クリスプ入力に対する他の推論結果はカラートライアングルの中央に集まる。この効果はファジィ集合の（三角錐台のような）形状や重心の計算に依存する。この結果は以前の研究結果 [9)、10)] と異なる。すなわち、三角錐台のようなファジィ集合（前件部）を使うことによるクリスプ入力の集中効果は以前の研究 [9)、10)] の三角錐のファジィ集合（前件部）を使った結果では現れなかった。

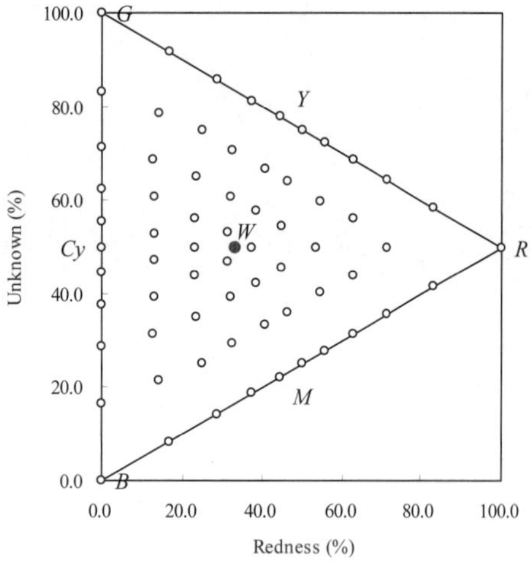

a クリスプ入力に対する推論結果

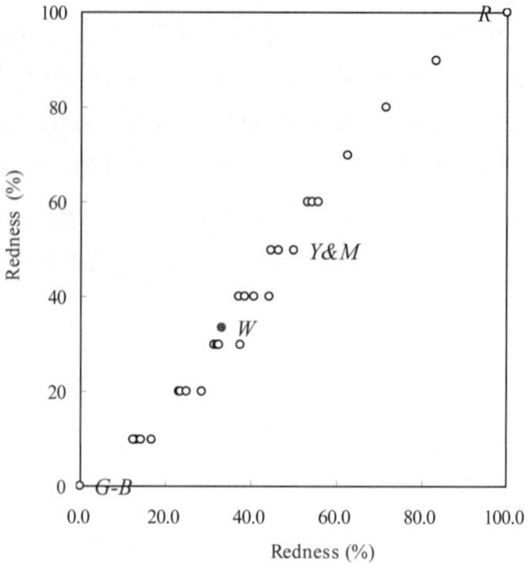

a クリスプ入力に対する入出力関係

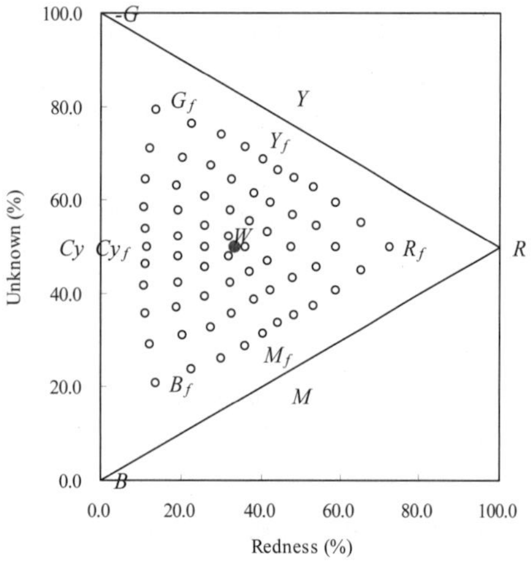

b ファジィ入力に対する推論結果

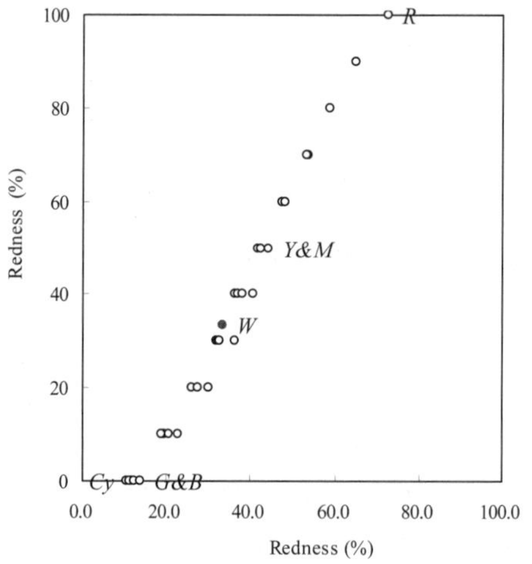

b ファジィ入力に対する入出力関係

図 11　クリスプ入力（a）とファジィ入力（b）に対する推論結果

図 12　クリスプ入力（a）とファジィ入力（b）に対する入出力関係

図 11b は表 8 color output (r_o', uk')から得られる横軸：redness の値 r_o と縦軸：unknown の値 uk の関係を示している（図 6c 参照）。ファジィ入力（図 6a の円錐）に対する出力を示している。ファジィ入力に対する推論出力はカラートライアングルの中央に集まる（添字 f はファジィ入力を示す）。クリスプ入力の推論結果とは明らかに異なり、ファジィ入力に対する結果が自然な変化を示している。

このファジィシステムにおいて（図 6）、カラートライアングルにあいまいな色彩を入力することで(a)、システムはクリスプな色彩情報（三角座標上の単一色）を出力し（b)、また普通の座標に色彩情報を示すことができる（c)。

次に、カラートライアングル（前件部）から新しいカラートライアングル（後件部）へ写像をすることで入出力関係を調べる。

図 12 は縦軸：入力の redness の値 r_i と横軸：推論出力 redness の値 r_o の関係を示している。入出力関係はクリスプ入力に対してもファジィ入力に対しても S 形（S shape）のわずかに非線形な特性を示す。しかしクリスプ入力に対する特性は原点をとおり、ファジィ入力に対しては原点を通らない。また推論出力（横軸）はクリスプ入力に対しては 100%、ファジィ入力に対しては 72.5%になる（図 11 参照）。W を中心に回転しているような S 特性の変化(傾き)があいまいさを示すと考えられる。

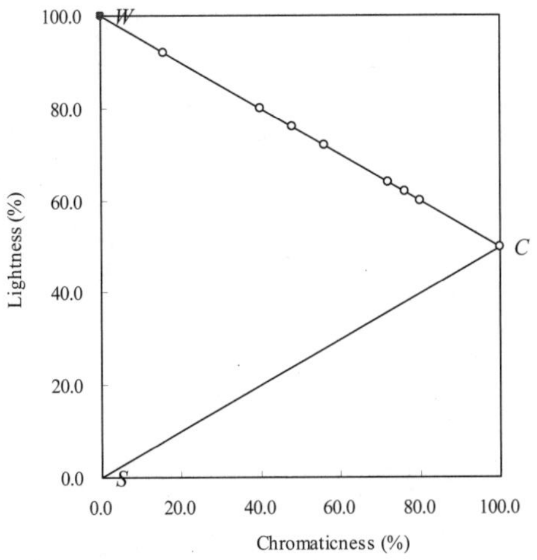

a クリスプ入力対する推論結果の変換

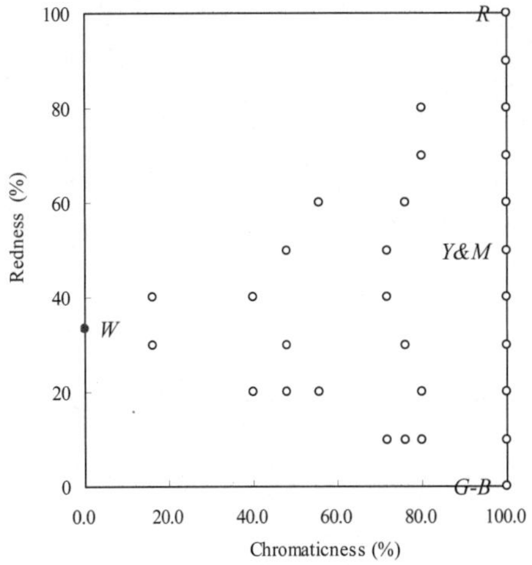

a クリスプ入力対する入出力関係

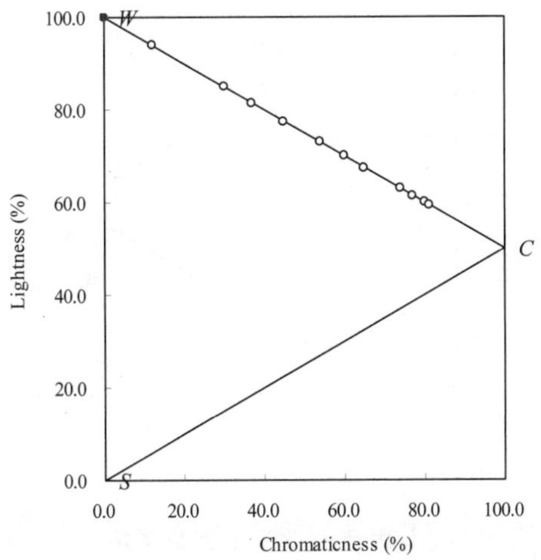

b ファジィ入力対する推論結果の変換

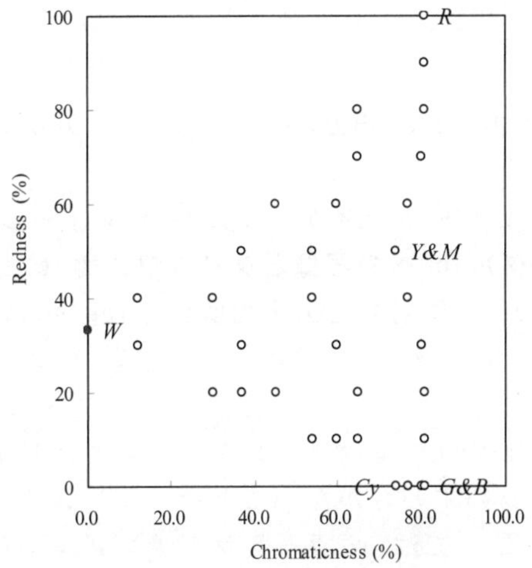

b ファジィ力対する入出力関係

図 13　クリスプ入力（a）とファジィ入力（b）に対する推論結果のトーントライアングル上への変換

図 14　クリスプ入力(a)とファジィ入力(b)に対する入出力関係

図 13 はトーントライアングル上の出力を示し、図 6f に対応している。図 13a は三属性が 0%のトライアングル上(図 5a の輪郭)にクリスプ入力があると、*C* 点で出力する。これはあいまいさがないことを示している。図 13b では *W*（0% chromaticness)の方向に移動することから、ファジィ入力に対してあいまいさは増している。

この入力はグレード(grade)が 1 である（図 6a)。高さを低くすることで、図 13 の CW 線分上からトーントライアングルの内側（線分の下）に入ることになる（図 6f 参照)。

図 14 は入出力関係（*leg shape*）を示している。縦軸に redness（入力）を、横軸に chromaticness（出力）をとると、入力として外側の大きなトライアングル上の色は彩度が高い、つまり chromaticness としての出力が大きいので、あいまいさが少ない。

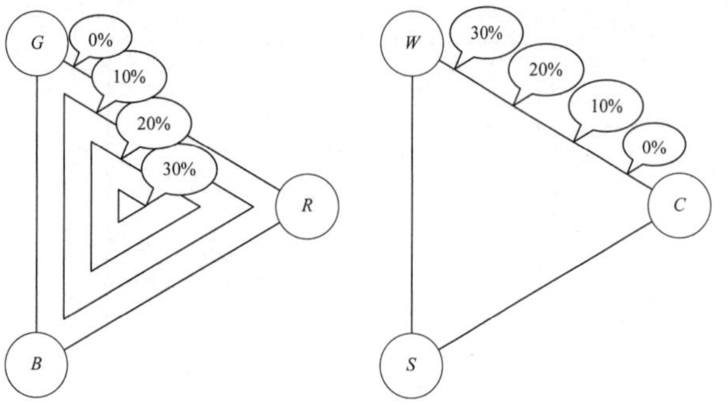

aカラートライアングル　bトーントライアングルへの写像

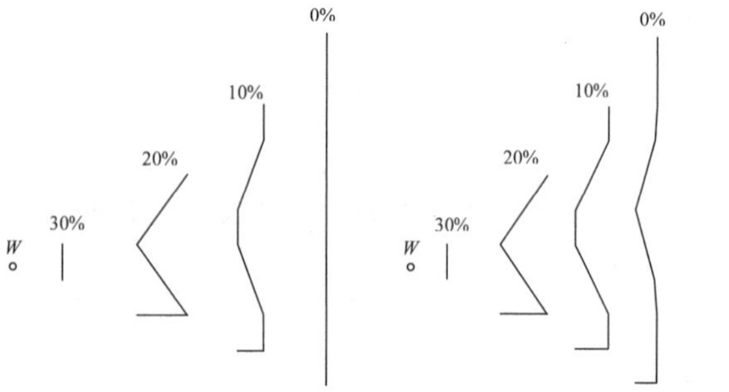

cクリスプ入力の入出力関係　dファジィ入力の入出力関係

図 15　カラートライアングル(a)からトーントライアングル(b)への写像とクリスプ入力(c)とファジィ入力(d)に対する入出力関係（leg shape）の模式図

図 14a の 0%トライアングルの入力に対する変換結果はあいまいさがないことを表している（図 13a 参照）。ここでは、カラートライアングルからトーントライアングルへのファジィ推論を示した。後件部として新しいカラートライアングル上に推論出力をするが、さらに、トーントライアングル（最終部）への変換をすることで新しい結果を示している（図 15 参照）[11)、12)]。カラートライアングル（前件部）からカラートライアングル（後件部）への推論は以前の研究で報告した [5)]。

7.でトーントライアングル（前件部）からカラートライアングル（後件部）を経て、トーントライアングル（最終部）へのファジィ推論を考えることにする。

6．色相のファジィシステムのまとめ

章の前半では、色彩への応用としてトーントライアングル上のクリスプ出力を引き出すファジィシステムを提案した。このようなファジィシステムはあいまいな色彩入力としての円錐形ファジィ集合の射影からメンバーシップのグレードを簡単に出すことができる。カラートライアングルは各々のグレードをもつ 3 つのパラメータ（重み）があいまいな色彩を示し、重心として単一色で示すことができる。

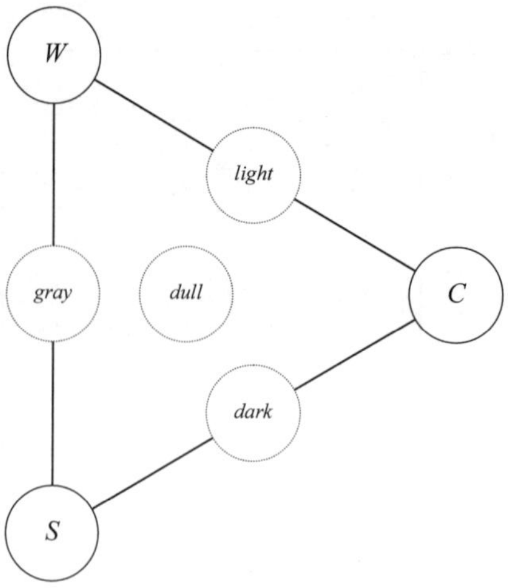

a トーントライアングル

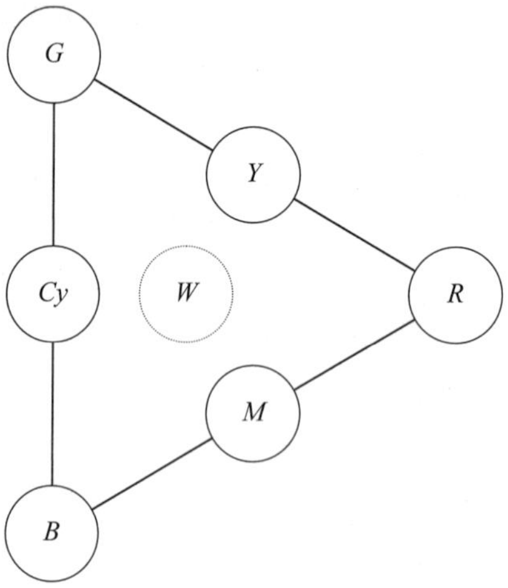

b カラートライアングル

図 16　トーントライアングル（a）とカラートライアングル（b）と主要色

さらに、トーントライアングルへの変換をすることで、カラートライアングルからトーントライアングルへの写像を示した。なお、color→color はわずかに非線形であり、color→color→tone は非線形である（図 1 上）。次に示すファジィシステムでは、トーントライアングル（前件部）から前述したカラートライアングル（後件部）への写像を考える [13)]。

7．色調のファジィシステム

本節では、前述した図 16 a のトーントライアングル上のファジィシステムを考える。

図 17 はファジィシステムを表しており、トーントライアングル（CWS）の中線方向に平行な軸上に色み（chromaticness）c、白み（whiteness）w、黒み（blackness）s がある。図 17a$_1$ では、黒みが増えると黒成分の度合い μ_j が縦方向に減少する。これが

not black のファジィ集合を形成する。図 17a2 では、白みが増すと白成分の度合い μ_j が増加する。これが white のファジィ集合を形成する。

また、このファジィシステムでは入力ファジィ集合 A_j（前件部）、ファジィ入力 I_n、出力クリスプ集合 O_k（後件部）、およびファジィ出力 O'を示している。ここでは、図 17a はトーントライアングル上の三角座標(c, w, s) で、chromaticness c、whiteness w、および blackness s の関係は、

$$c+w+s=1 \tag{12}$$

で表される。

図 17b は三角座標(r_o, g_o, b_o)で、図 17c は座標(r_o, uk_o)で表されている。図 17a1 と図 17a2 にある入力ファジィ集合を用いることで、主要色に関係したあいまいさを処理（推論）することができる。色みは彩度（saturation）に相当する。

ファジィルールは次式のように示す。

$$R^k : if\ U is\ A_j\ then\ V is\ O_k \tag{13}$$

ここで、k はルール番号(k=1, 2, 3)であり、r, g, b の各成分に対応している。A_j は入力ファジィ集合（前件部）で（j=1, 0)、O_k は出力クリスプ集合（後件部）である。この k は j と一対一に対応していない（表 2)。U=(c, w, s)は入力パラメータ、V=(r_o, g_o, b_o)は出力パラメータである。入力 U はトーントライアングル上に、出力 V はカラートライアングル上にある。入力ファジィ集合 A_j（前件部）は頂点 C、W、あるいは S における三角錐の形状であり、ファジィ入力 I_n は円錐、出力クリスプ集合 O_k（後件部）は頂点 R、G、あるいは B におけるシングルトン（縦棒）である。ファジィ集合 O_k'は縦矢印で示されている。もし、入力が A_j であれば、出力は O_k である。A_j と O_k の主な関係は表 2 に示されている。

表 2 は主要色のファジィルールを示している。3 つのルール(R^1, R^2, R^3)は 2 つのファジィ集合(A_1, A_0)で構成されている（図 18)。

ファジィ推論の方法は次のようである。入力を $c=c'$, $w=w'$, $s=s'$とすると、$U'=(c', w', s')$となる。

1)ルール R^k の入力で、$\alpha_k=A_j(U')$、ここで k と j の主な関係は表 2 に示される。

2) ルール R^k の出力で、α_k レベル集合は縦矢印で示される。

3) $O_k'=\alpha_k O_k$、ここで O_k'はファジィ集合（縦矢印)、また O_k は出力クリスプ集合（縦棒）である（図 17b)。ルール R^1, R^2, R^3 の最終推論結果は O'である。

$$O' = \alpha_1 O_1 \cup \alpha_2 O_2 \cup \alpha_3 O_3 = O_1' \cup O_2' \cup O_3' \tag{14}$$

出力パラメータ $V'=(r_o', g_o', b_o')$は三角座標上の

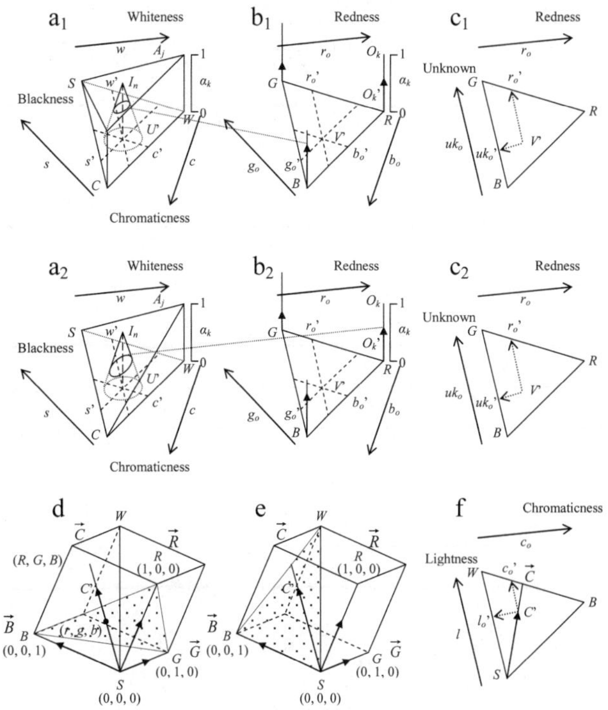

図 17　色調のファジィシステム

ファジィ集合 O'の重心で、V'=(r_o', uk_o') は普通の座標上のファジィ集合 O'の重心である。uk_o'は線分 BG 上の値（B からの距離）である。

表 3 はトーントライアングル上の入力ファジィ集合 A_j（前件部）のメンバーシップ値 $\mu_j(c', w', s')$を示し、メンバーシップ関数 μ_j は加法混色に基づいている。図 18（j=1, 0）においてメンバーシップ関数 μ_j はファジィ集合 A_j に対応している。

表 3 に示すように三角形の頂点 C 上のメンバーシップ値がファジィ集合の形状を決めている。たとえば、表 3 で色相を赤としたとき、赤（red）の成分(R, G, B)は(1, 0, 0) であり、この値が前件部の(A_1, A_0, A_0)に対応している。つまり、A_1 は C 上のメンバーシップ値が 1 であり、A_0 は 0 となる。ここでは、A_0 を 2 つ使うことになる。

表 2　主要色のファジィルール

Hue color	Input fuzzy set			Output crisp set		
	R^1	R^2	R^3	R^1	R^2	R^3
Red	A_1	A_0	A_0	O_1	O_2	O_3
Green	A_0	A_1	A_0	O_1	O_2	O_3
Blue	A_0	A_0	A_1	O_1	O_2	O_3
Yellow	A_1	A_1	A_0	O_1	O_2	O_3
Cyan	A_0	A_1	A_1	O_1	O_2	O_3
Magenta	A_1	A_0	A_1	O_1	O_2	O_3

表 3 主要色のメンバーシップ値 $\mu_j(c', w', s')$

Color	Color coordinate			Membership value μ_j	
	c	w	s	$j=1$	$j=0$
C	100	0	0	1.00	0.00
W	0	100	0	1.00	1.00
S	0	0	100	0.00	0.00

表 4 赤の RGB 成分に対応した 3 つのファジィ集合とメンバーシップ値

(R^1, R^2, R^3)	$(A_1,$	$A_0,$	$A_0)$	Color
(C, W, S)	(1, 1, 0)	(0, 1, 0)	(0, 1, 0)	
C	1	0	0	Red
W	1	1	1	White
S	0	0	0	Black
	R	G	B	

表 4 に赤のファジィ推論に必要な 3 つのファジィ集合(A_1, A_0, A_0)の関係を示す。W (white) と S (black) の各メンバーシップ関数は固定される。

図 18a は入力ファジィ集合 A_1 (not black) の、図 18b は A_0 (white) のファジィ集合を示している。ここで、not black のファジィ集合は blackness の増加に対してグレード(grade)が下がることを意味している。また、white のファジィ集合は whiteness の増加に対してグレード (grade) が上がることを示している。
図 19a はトーントライアングル上の 21 色のファジィ入力 $(I_{46} - I_{66})$ を示している。色名あるいは修飾語は dark (あるいは deep)、light (あるいは pale)、および C (maximal color)、入力ファジィ集合は円錐形ファジィ集合で形づくられ、そして、ファジィ集合は互いに重なり合っている。

図 19b は a の円錐形ファジィ集合に付けられた番号を示し、この番号は 0.5 レベル集合の上部に示す。色名と修飾語は No.46: dark (or deep)、 No.51: light (or pale)、 No.66: C (maximal color)である [7]。

図 20 は入力ファジィ集合 A_j (前件部) の底面をトーントライアングル (上半分あるいは下半分) として示し、66 色の円錐形ファジィ入力 $(I_1–I_{66})$ の 1 色 I_{54} (No.54) が示されている。入力ファジィ集合 A_1 (not black) において (a)、右下がりの斜線は S ($\mu_1=0$) と C ($\mu_1=1$) (あるいは S ($\mu_1=0$) と W ($\mu_k=1$)) 間の射影 (直角三角形) を、A_0 (white) において (b)、右上がりの斜線は W ($\mu_2=1$) と C ($\mu_2=0$) (あるいは W ($\mu_2=1$) と S ($\mu_2=0$)) 間の射影を表している (表 3 と図 18 参照)。blackness 軸上 (a) の射影 Proj(I_{54})は下から投影することによりできる円錐形ファジィ入力 $(I_1–I_{66})$ の射影 (二等辺三角形) の 1 つである。

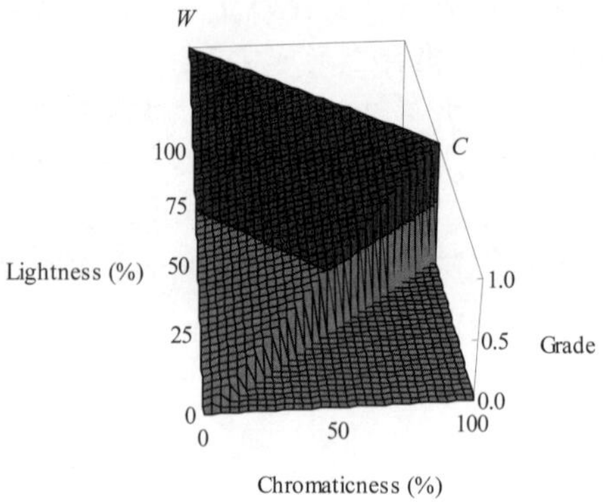

a ファジィ集合 (not black)

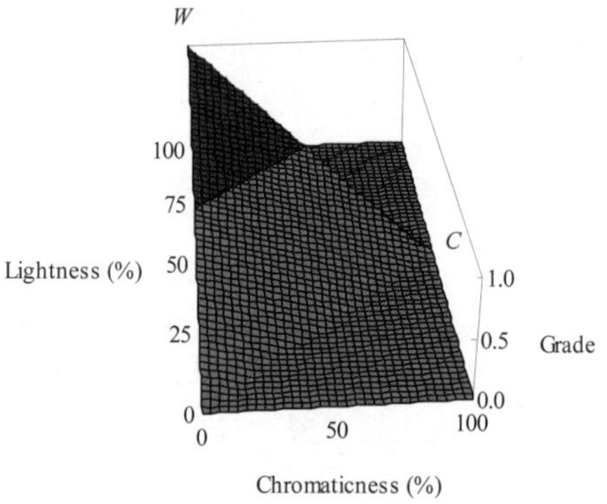

b ファジィ集合 (white)

図 18 主要色のファジィ集合 (a: not black、b: white) (巻頭カラーページ参照)

whiteness 軸上 (b) の Proj(I_{54})は円錐形ファジィ入力 $(I_1–I_{66})$ の射影の 1 つである。ここで、unknown 軸上 (uk_1 と uk_2) の三角形の射影 Proj(I_{54})は使用しない。主要色は以下のような式となる。
not black の入力ファジィ集合 A_1 (前件部) は次のメンバーシップ関数により特徴付けられる。

$$\mu_1(s, uk_1) = -0.01s + 1 \tag{15}$$

ここで、0.01 は射影の傾斜である (図 20a)。uk_1 (C-W 側) は次のように制限される。

$$50 \geq uk_1 \geq \frac{s}{2} \tag{16}$$

$$50 < uk_1 \leq -\frac{s}{2} + 100 \tag{17}$$

ここで、$s \geq 0$ である。white の入力ファジィ集合 A_0 (前件部) は次のメンバーシップ関数により特徴付けられる。

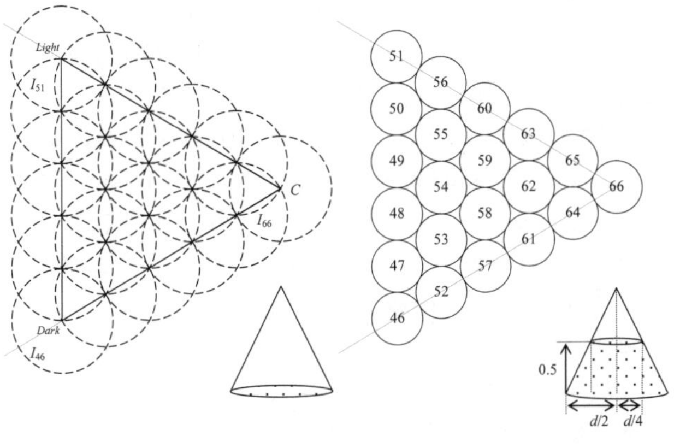

a 円錐形ファジィ入力の配置　b 0.5 レベル集合

図 19　トーントライアングル上の円錐形ファジィ入力の配置（a）と 0.5 レベル集合（b）

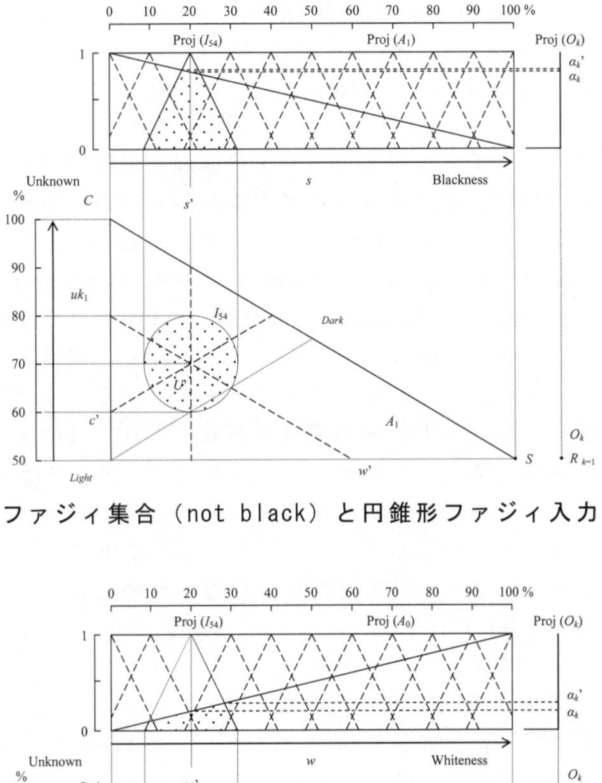

aファジィ集合（not black）と円錐形ファジィ入力

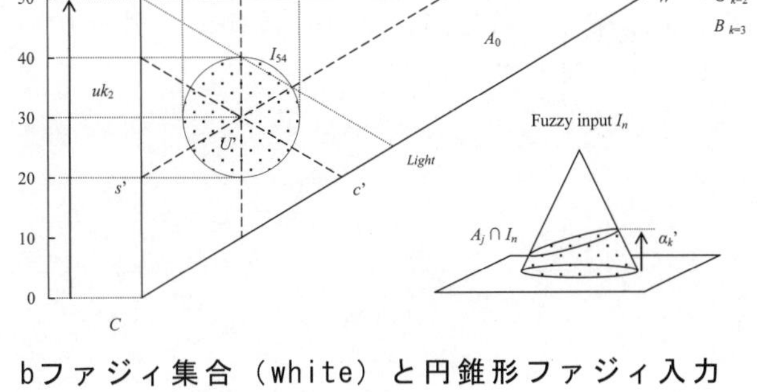

bファジィ集合（white）と円錐形ファジィ入力

図 20　トーントライアングル上のファジィ集合（前件部）と円錐形ファジィ入力の射影

$$\mu_0(w, uk_2) = 0.01w \tag{18}$$

ここで、0.01 は射影の傾斜である（図 20b）。uk_2 (S-C 側) は次のように制限される。

$$50 \geq uk_2 \geq \frac{w}{2} \tag{19}$$

$$50 < uk_2 \leq -\frac{w}{2} + 100 \tag{20}$$

ここで、$w \geq 0$ である。

あいまいな色がファジィシステムに入ると何が起こるであろうか。このシステムはあいまいな色彩のファジィ入力を単一色のクリスプ出力に変換することができる。

ファジィ入力 I_n と前件部のファジィ集合 A_j の積集合は $A_j \cap I_n$ である（図 20b 右下参照）。一致度 α_k'=Height ($A_j \cap I_n$)は積集合の高さで決まる。もし入力がクリスプであれば、α_k'はダッシュのない α_k と書くことにする。図 20a の R は赤（k=1）であり、図 20b の G あるいは B は緑（k=2）あるいは青（k=3）である。射影 Proj(O_k)は頂点 R、G、あるいは B における後件部のクリスプ集合 O_k の射影である（図 17b 参照）。O_k'＝$\alpha_k O_k$ は後件部の R_o、G_o、B_o における各重み（weight）と考えることができる。これら三角形の頂点にある 3 本の縦矢印をファジィ集合とみなし非ファジィ化することになる。

図 17d は RGB 色立体であり､図 17b の各重みをベクトル空間に戻し、これらの合成ベクトルを作る。図 17e でこのベクトルを含むトーントライアングル（この例では直角三角形）を取り出し、図 17f のように正三角形に直すことで、トーントライアングル上の推論出力を示すことができる。ここで、トーントライアングルは CWS（図 2b と図 16a）と同じ三角形で C が色相 B (blue) となっている。たとえば、No.54 の円錐形ファジィ入力は中心座標が U'=(c', w', s')=(60, 20, 20)であり、単位は%である。円錐底面の直径は d=23.0%であり、あいまいさを表している。この大きさは可変である。

8．色調のファジィシステムの出力

図 21 は主要色のファジィ推論結果を示している。図 21a は表 9 color output (r_o', uk_o')から得られる redness 軸上 r_o と unknown 軸上 uk_o の関係を示している。図 17c に対応した図 21a はクリスプ入力に対する推論出力を示している。クリスプ入力に対する推論結果はカラートライアングルの中央に集中する。この集中効果はファジィ集合の形状（三角錐）と重心の計算に依存することが分かる。すなわち、三角錐のファジィ集合（前件部）へのクリスプ入力に対

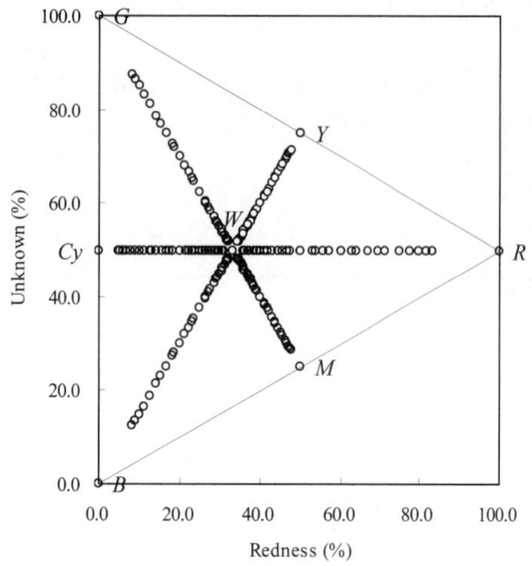

a クリスプ入力に対するファジィ推論結果

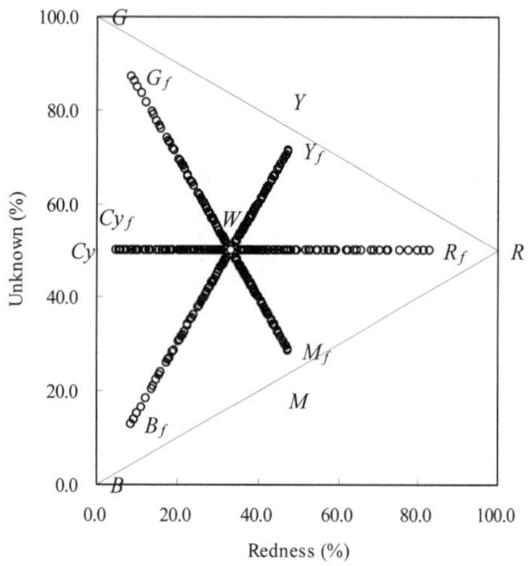

b ファジィ入力に対するファジィ推論結果

図 21　トーントライアングル上のクリスプ入力（a）とファジィ入力（b）に対するファジィ推論結果

する集中効果は以前の研究結果と同じである[9]。

図 21b は表 10 color output (r_o', uk_o')から得られる redness 軸上 r_o と unknown 軸上 uk_o の関係を示している。図 17c に対応したファジィ入力に対する推論出力を示している。ファジィ入力に対する推論結果も同様にカラートライアングルの中央に集中している。ただし、図 21a と異なり三角形の各頂点、各辺上には出力がない。図 21a のクリスプ入力に対する推論結果は図 21b のファジィ入力の座標と異なる。あいまいな色彩を入力することで、このシステムはクリスプな色彩をカラートライアングル上に表すことができる。

図 21 の推論結果が三角形の中線上にできるのは表 2 で示すように 3 つのルールを 2 つのメンバーシップ関数で算出し、2 つのルールを 1 つのメンバーシップ関数で受けもっているため、図 17b の 2 つの縦矢印（後件部）は高さが必ず同じになる。

図 22 と図 23 は入力としての chromaticness、white-ness、および blackness と出力としての redness の関係を示している。これはクリスプ入力（図 22）とファジィ入力（図 23）に対する出力である。2 つの入出力関係の形状を比較してみることにする。

図 23 の包絡線のような形状(図 23a: *R-dark-W-S*、*R-light-W-S*、図 23b: *W-light-R*、 図 25c: *S-dark-R*）は良く似ている。図 23 で whiteness の入力（*b*）と blackness の入力（*c*）が異なった特徴を示すのは、三角錐のファジィ集合の形状によっているためである。ファジィ入力による redness の推論出力は自然な形を示す（図 23）。しかし、これらとは対照的に前述のクリスプ入力による推論出力、特に 9 色は不自然な形を示している（図 22）。これは *S* から *C* までのメンバーシップ値 μ_0=0 が原因である（white のファジィ集合 A_0）。

トーントライアングル（前件部）からカラートライアングル（後件部）への推論は以前の研究で報告し[14)、15)]、カラートライアングルからトーントライアングルへの変換は前述の方法と同じである。

図 24 は色み（chromaticness）、白み（whiteness）、および黒み（blackness）の関係を図 17f のような色み（chromaticness）と明るさ（lightness）の関係で示している。図 24a のクリスプ入力に対する変換結果はクリスプ入力と同じ配置である。これらの結果は単純に見えるが、重要なことを示している。CW 線分上から外れる推論結果は図 17e の合成ベクトルが小さいことを示している。しかし、図 24b のファジィ入力に対する結果はあいまいさが反映され、全てが白（*W*）に寄っている。つまり、円錐の直径 *d* に依存することになる[16)]。

図 25 と図 26 はクリスプ入力とファジィ入力に対する入出力関係を示している。縦軸は入力の chromaticness、横軸は出力の chromaticness を示す。図 25a は線形であるが、図 26a は傾斜が異なり、あいまいさを表している。

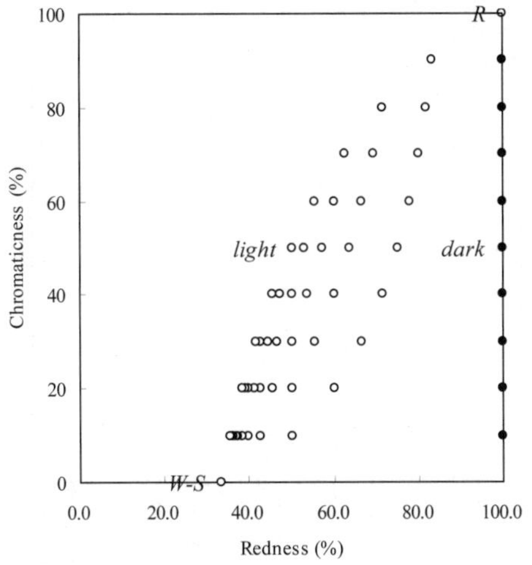

a　入力 chromaticness と出力 redness の関係

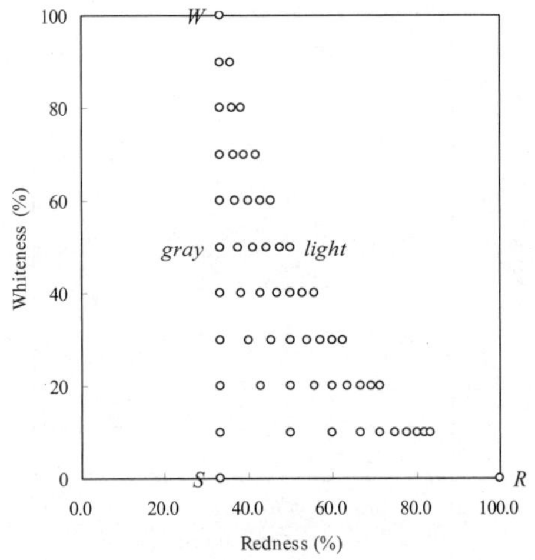

b　入力 whiteness と出力 redness の関係

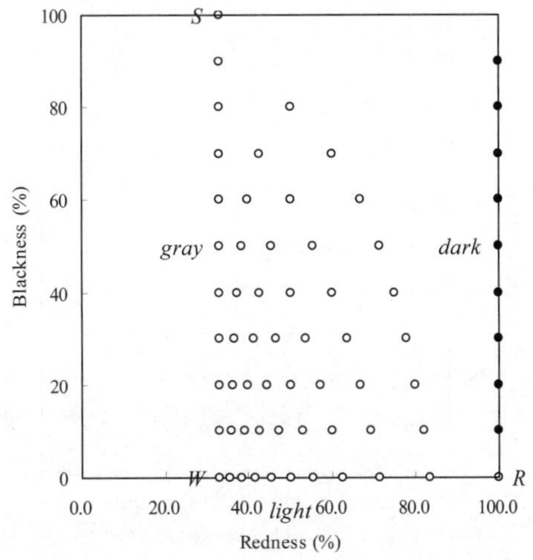

c　入力 blackness と出力 redness の関係

図 22　クリスプ入力による入出力関係

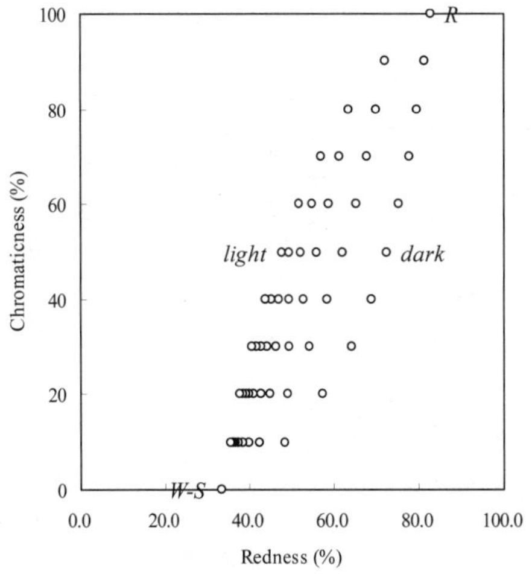

a　入力 chromaticness と出力 redness の関係

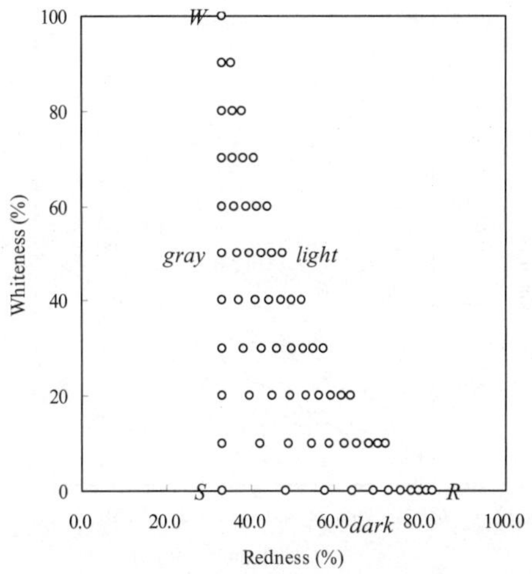

b　入力 whiteness と出力 redness の関係

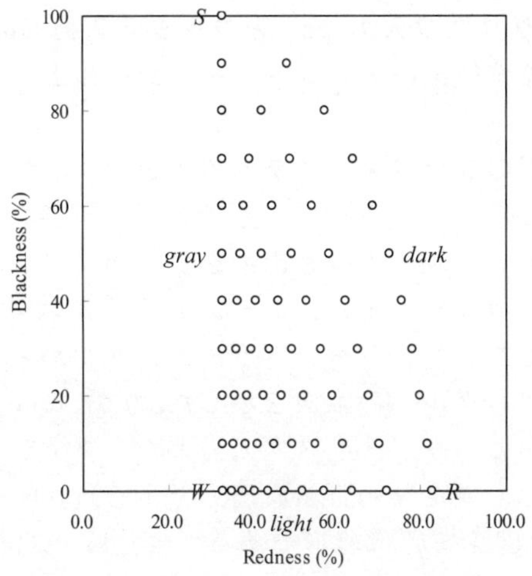

c　入力 blackness と出力 redness の関係

図 23　ファジィ入力による入出力関係

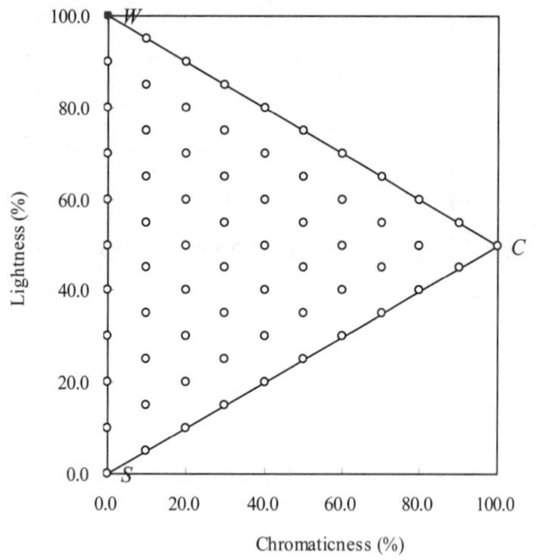

a クリスプ入力に対する推論結果の変換

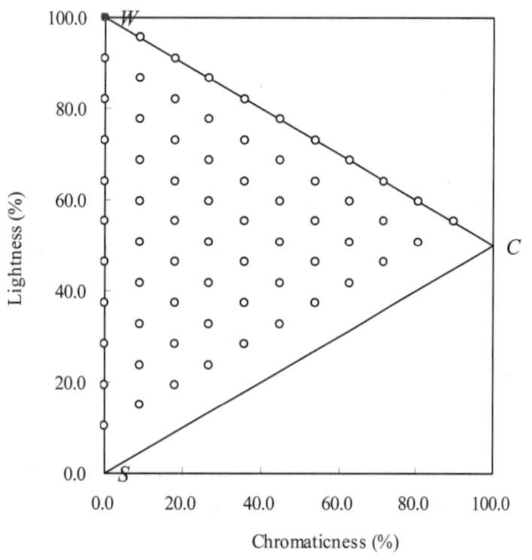

b ファジィ入力に対する推論結果の変換

図 24　クリスプ入力（a）とファジィ入力（b）に対する推論結果のトーントライアングル上への変換

9．色調のファジィシステムのまとめ

章の後半では、トーントライアングルからカラートライアングル上の推論出力を引き出すファジィシステムを示した。また、トーントライアングルへ変換をすることで、トーントライアングルからトーントライアングルへの写像を示した。なお、tone→colorは非線形であり（クリスプ入力より、ファジィ入力に対して変異がない自然な出力をする）、tone→color→tone（図 1 下）は線形である。

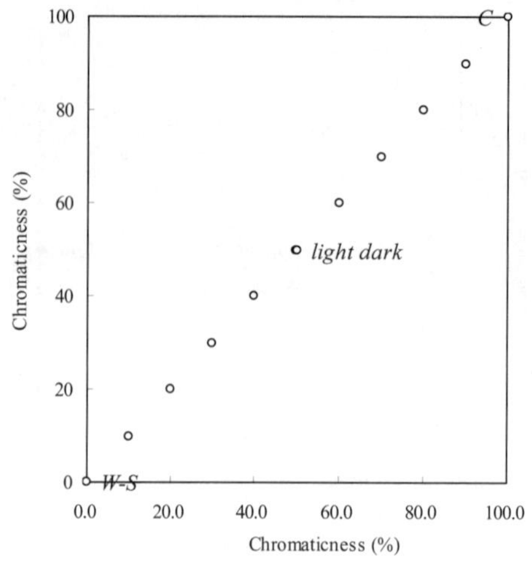

a　入力 chromaticness と出力 chromaticness の関係

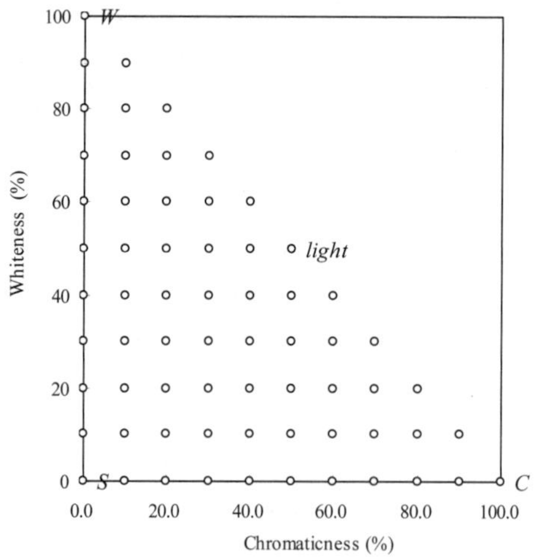

b　入力 whiteness と出力 chromaticness の関係

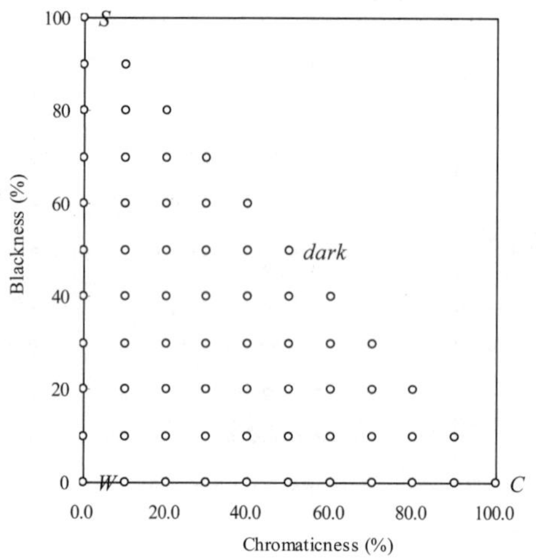

c　入力 blackness と出力 chromaticness の関係

図 25　クリスプ入力に対する入出力関係

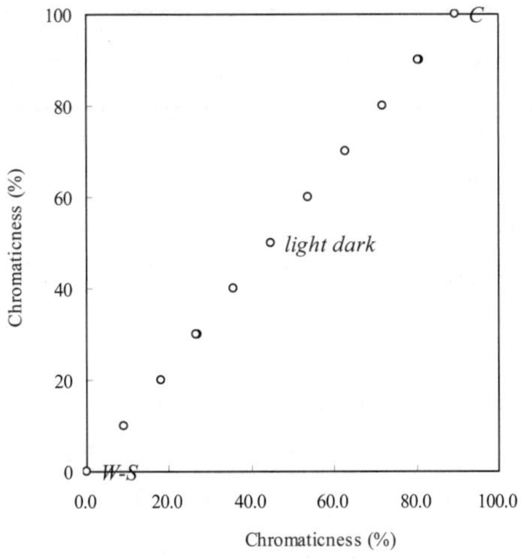

a　入力 chromaticness と出力 chromaticness の関係

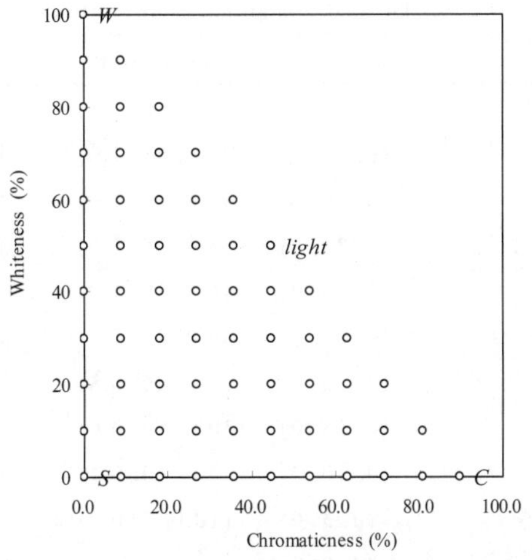

b　入力 whiteness と出力 chromaticness の関係

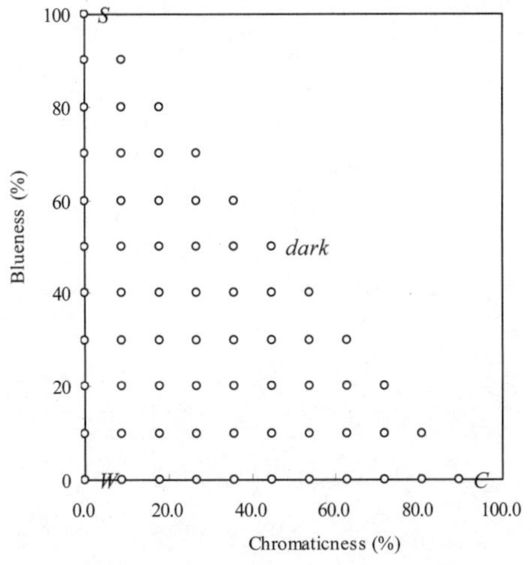

c　入力 blackness と出力 chromaticness の関係

図 26　ファジィ入力に対する入出力関係

１０．おわりに

スウェーデンの Natural Color System（NCS）は建築に利用され、色相を指定するのにファジィ集合(fuzzy set)に似た表現が使われている[17]。また、著者は NCS のトライアングル上でファジィ理論的な手法を用いることによりあいまいさをもつトーン表現を示している[9)、10]。しかし、ここでの問題点は加法混色の考え方を使わない、主観による色相、白、および黒の三角錐のファジィ集合を前件部に用いたファジィシステムとなっていることにある。

本章では、color→color→tone および tone→color→tone のファジィシステムを示した。これらのファジィシステムはあいまいな色彩入力としての円錐形ファジィ集合の射影からメンバーシップのグレードを簡単に算出することができる。カラートライアングル上で、各々のグレードとしての 3 つの成分（重み）があいまいな色彩を示し、単一色(重心)で示すことができる。さらに、2 つのシステムの後件部の重みをトーントライアングル上に変換し、新しい結果として、あいまいさは whiteness の方向、可能性は blackness の逆方向で表されることが示唆された。

現在、あいまいさを処理することができるのはファジィ理論だけである。主観でシステムを構築することができる点にファジィ理論のよさがあるといえる。ここで取り扱ったシステムは加法混色に基づくことにより、本来の特徴がファジィシステムに表現できれば主観を用いることもなく客観的なシステムとなっている。

将来、建物、芸術作品、工業製品などの重要な色彩情報(たとえば､人が受ける色彩のあいまいさ[18)、19)、20)]) を確かめるのに、これらのシステム[11)、12)、15)、16)、21)]が役立つことになると考えている。

付録

表 7 はカラートライアングル上のクリスプ入力の推論結果を 66 色中の 18 色の入出力関係で示している。クリスプ入力は入力（シングルトン）を三角座標(r_i', g_i', b_i')で表し、グレード(α_1, α_2, α_3)はクリスプ入力と赤、緑、青の各ファジィ集合との一致度、推論出力(r_o', g_o', b_o')は新しいカラートライアングル（後件部）上の三角座標で、推論出力(r_o', uk_o')は普通の座標で表している。さらに、推論結果をトーントライアングル上へ写像し、変換結果(c_o', l_o')として示している。

表 8 はカラートライアングル上のファジィ入力の推論結果であり、ファジィ入力は入力（円錐の中心）を三角座標(r_i', g_i', b_i')で表している。以下、表 7 と同様である。

表 9 はトーントライアングル上のクリスプ入力の推論結果を 66 色中の 18 色の入出力関係で示している。クリスプ入力は入力（シングルトン）を三角座標(c', w', s')で表し、グレード(α_1, α_2, α_3)はクリスプ入力と赤(not black)、緑(white)、青(white)の各ファジィ集合との一致度、推論出力（r_o', g_o', b_o')は新しいカラートライアングル(後件部)上の三角座標で、推論出力(r_o', uk_o')は普通の座標で表している。さらに、推論結果をトーントライアングル上へ写像し、変換結果(c_o', l_o')として示している。

表 10 はトーントライアングル上のファジィ入力の推論結果であり、ファジィ入力は入力（円錐の中心）を三角座標(c', w', s')で表している。以下、表 9 と同様である。

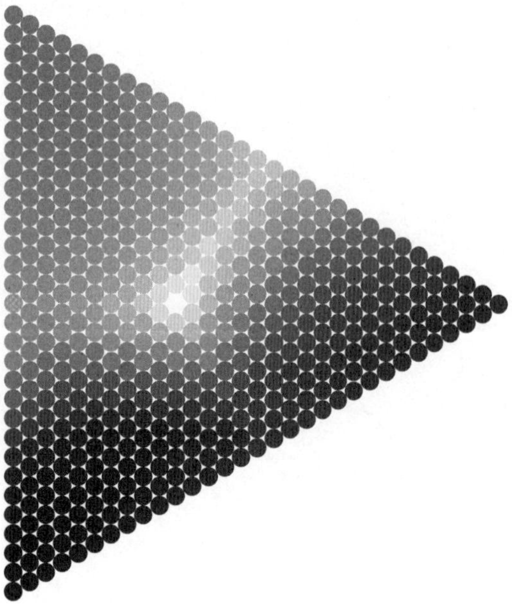

図27　496色のカラートライアングル（詳細図）
（巻頭カラーページ参照）

表5　主要色の成分と座標

Color	Component			Coordinate		
	R	*G*	*B*	*r*	*g*	*b*
Red	1	0	0	1	0	0
Green	0	1	0	0	1	0
Blue	0	0	1	0	0	1
Yellow	1	1	0	1/2	1/2	0
Cyan	0	1	1	0	1/2	1/2
Magenta	1	0	1	1/2	0	1/2
Orange	1	1/2	0	2/3	1/3	0
Lime	1/2	1	0	1/3	2/3	0
Brown	1	1/4	1/4	2/3	1/6	1/6
White	1	1	1	1/3	1/3	1/3

表6　赤のファジィ集合の射影と傾斜

Projection	Three dimensional coordinate (r, uk, μ)		
	Lower point	Upper point	Slope S_l
Cy-W	(0, 50, 0)	(33.3, 50, 1.0)	0.030
	(0, 45, 0)	(36.6, 45, 1.0)	0.028
	(0, 40, 0)	(40.0, 40, 1.0)	0.026
	(0, 35, 0)	(43.3, 35, 1.0)	0.024
	(0, 30, 0)	(46.6, 30, 1.0)	0.022
B-M	(0, 25, 0)	(50.0, 25, 1.0)	0.020
	(0, 20, 0)	(40.0, 20, 0.8)	0.020
	(0, 15, 0)	(30.0, 15, 0.6)	0.020
	(0, 10, 0)	(20.0, 10, 0.4)	0.020
	(0, 5, 0)	(10.0, 5, 0.2)	0.020
B	(0, 0, 0)	-	-

表 7　カラートライアングル上のクリスプ入力の推論結果

No.	Crisp input			Grade for crisp input			Inference output			Color output		Tone output	
	r_i'	g_i'	b_i'	α_1	α_2	α_3	r_o'	g_o'	b_o'	r_o'	uk_o'	c_o'	l_o'
1	0	0	100	0.00	0.00	1.00	0.0	0.0	100.0	0.0	0.0	100.0	50.0
2	0	10	90	0.00	0.20	1.00	0.0	16.7	83.3	0.0	16.7	100.0	50.0
3	0	20	80	0.00	0.40	1.00	0.0	28.6	71.4	0.0	28.6	100.0	50.0
4	0	30	70	0.00	0.60	1.00	0.0	37.5	62.5	0.0	37.5	100.0	50.0
5	0	40	60	0.00	0.80	1.00	0.0	44.4	55.6	0.0	44.4	100.0	50.0
6	0	50	50	0.00	1.00	1.00	0.0	50.0	50.0	0.0	50.0	100.0	50.0
7	0	60	40	0.00	1.00	0.80	0.0	55.6	44.4	0.0	55.6	100.0	50.0
8	0	70	30	0.00	1.00	0.60	0.0	62.5	37.5	0.0	62.5	100.0	50.0
9	0	80	20	0.00	1.00	0.40	0.0	71.4	28.6	0.0	71.4	100.0	50.0
10	0	90	10	0.00	1.00	0.20	0.0	83.3	16.7	0.0	83.3	100.0	50.0
11	0	100	0	0.00	1.00	0.00	0.0	100.0	0.0	0.0	100.0	100.0	50.0
-	-	-	-	-	-	-	-	-	-	-	-	-	-
46	50	0	50	1.00	0.00	1.00	50.0	0.0	50.0	50.0	25.0	100.0	50.0
47	50	10	40	1.00	0.28	0.88	46.3	13.0	40.7	46.3	36.1	72.0	64.0
48	50	20	30	1.00	0.52	0.72	44.6	23.2	32.1	44.6	45.5	48.0	76.0
49	50	30	20	1.00	0.72	0.52	44.6	32.1	23.2	44.6	54.5	48.0	76.0
50	50	40	10	1.00	0.88	0.28	46.3	40.7	13.0	46.3	63.9	72.0	64.0
51	50	50	0	1.00	1.00	0.00	50.0	50.0	0.0	50.0	75.0	100.0	50.0
-	-	-	-	-	-	-	-	-	-	-	-	-	-
66	100	0	0	1.00	0.00	0.00	100.0	0.0	0.0	100.0	50.0	100.0	50.0

表 8　カラートライアングル上のファジィ入力の推論結果

No.	Center of fuzzy input			Grade for fuzzy input			Inference output			Color output		Tone output	
	r_i'	g_i'	b_i'	α_1'	α_2'	α_3'	r_o'	g_o'	b_o'	r_o'	uk_o'	c_o'	l_o'
1	0	0	100	0.19	0.19	1.00	13.8	13.8	72.5	13.8	20.7	81.0	59.5
2	0	10	90	0.19	0.35	1.00	12.3	22.7	64.9	12.3	28.9	81.0	59.5
3	0	20	80	0.19	0.51	1.00	11.2	30.0	58.8	11.2	35.6	81.0	59.5
4	0	30	70	0.20	0.68	1.00	10.6	36.2	53.2	10.6	41.5	80.0	60.0
5	0	40	60	0.23	0.84	1.00	11.1	40.6	48.3	11.1	46.1	77.0	61.5
6	0	50	50	0.26	1.00	1.00	11.5	44.2	44.2	11.5	50.0	74.0	63.0
7	0	60	40	0.23	1.00	0.84	11.1	48.3	40.6	11.1	53.9	77.0	61.5
8	0	70	30	0.20	1.00	0.68	10.6	53.2	36.2	10.6	58.5	80.0	60.0
9	0	80	20	0.19	1.00	0.51	11.2	58.8	30.0	11.2	64.4	81.0	59.5
10	0	90	10	0.19	1.00	0.35	12.3	64.9	22.7	12.3	71.1	81.0	59.5
11	0	100	0	0.19	1.00	0.19	13.8	72.5	13.8	13.8	79.3	81.0	59.5
-	-	-	-	-	-	-	-	-	-	-	-	-	-
46	50	0	50	1.00	0.26	1.00	44.2	11.5	44.2	44.2	33.6	74.0	63.0
47	50	10	40	1.00	0.46	0.90	42.4	19.5	38.1	42.4	40.7	54.0	73.0
48	50	20	30	1.00	0.63	0.78	41.5	26.1	32.4	41.5	46.9	37.0	81.5
49	50	30	20	1.00	0.78	0.63	41.5	32.4	26.1	41.5	53.1	37.0	81.5
50	50	40	10	1.00	0.90	0.46	42.4	38.1	19.5	42.4	59.3	54.0	73.0
51	50	50	0	1.00	1.00	0.26	44.2	44.2	11.5	44.2	66.4	74.0	63.0
-	-	-	-	-	-	-	-	-	-	-	-	-	-
66	100	0	0	1.00	0.19	0.19	72.5	13.8	13.8	72.5	50.0	81.0	59.5

表 9　トーントライアングル上のクリスプ入力の推論結果

No.	Crisp input			Grade for crisp input			Inference output			Color output		Tone output	
	c'	w'	s'	α_1	α_2	α_3	r_o'	g_o'	b_o'	r_o'	uk_o'	c_o'	l_o'
1	0	0	100	0.00	0.00	0.00	33.3	33.3	33.3	33.3	50.0	0.00	0.0
2	0	10	90	0.10	0.10	0.10	33.3	33.3	33.3	33.3	50.0	0.00	10.0
3	0	20	80	0.20	0.20	0.20	33.3	33.3	33.3	33.3	50.0	0.00	20.0
4	0	30	70	0.30	0.30	0.30	33.3	33.3	33.3	33.3	50.0	0.00	30.0
5	0	40	60	0.40	0.40	0.40	33.3	33.3	33.3	33.3	50.0	0.00	40.0
6	0	50	50	0.50	0.50	0.50	33.3	33.3	33.3	33.3	50.0	0.00	50.0
7	0	60	40	0.60	0.60	0.60	33.3	33.3	33.3	33.3	50.0	0.00	60.0
8	0	70	30	0.70	0.70	0.70	33.3	33.3	33.3	33.3	50.0	0.00	70.0
9	0	80	20	0.80	0.80	0.80	33.3	33.3	33.3	33.3	50.0	0.00	80.0
10	0	90	10	0.90	0.90	0.90	33.3	33.3	33.3	33.3	50.0	0.00	90.0
11	0	100	0	1.00	1.00	1.00	33.3	33.3	33.3	33.3	50.0	0.00	100.0
-	-	-	-	-	-	-	-	-	-	-	-	-	-
46	50	0	50	0.50	0.00	0.00	100.0	0.0	0.0	100.0	50.0	50.0	25.0
47	50	10	40	0.60	0.10	0.10	75.0	12.5	12.5	75.0	50.0	50.0	35.0
48	50	20	30	0.70	0.20	0.20	63.6	18.2	18.2	63.6	50.0	50.0	45.0
49	50	30	20	0.80	0.30	0.30	57.1	21.4	21.4	57.1	50.0	50.0	55.0
50	50	40	10	0.90	0.40	0.40	52.9	23.5	23.5	52.9	50.0	50.0	65.0
51	50	50	0	1.00	0.50	0.50	50.0	25.0	25.0	50.0	50.0	50.0	75.0
-	-	-	-	-	-	-	-	-	-	-	-	-	-
66	100	0	0	1.00	0.00	0.00	100.0	0.0	0.0	100.0	50.0	100.0	50.0

表 10　トーントライアングル上のファジィ入力の推論結果

No.	Center of fuzzy input			Grade for fuzzy input			Inference output			Color output		Tone output	
	c'	w'	s'	α_1'	α_2'	α_3'	r_o'	g_o'	b_o'	r_o'	uk_o'	c_o'	l_o'
1	0	0	100	0.10	0.10	0.10	33.3	33.3	33.3	33.3	50.0	0.00	10.4
2	0	10	90	0.19	0.19	0.19	33.3	33.3	33.3	33.3	50.0	0.00	19.3
3	0	20	80	0.28	0.28	0.28	33.3	33.3	33.3	33.3	50.0	0.00	28.3
4	0	30	70	0.37	0.37	0.37	33.3	33.3	33.3	33.3	50.0	0.00	.37.3
5	0	40	60	0.46	0.46	0.46	33.3	33.3	33.3	33.3	50.0	0.00	46.2
6	0	50	50	0.55	0.55	0.55	33.3	33.3	33.3	33.3	50.0	0.00	55.2
7	0	60	40	0.64	0.64	0.64	33.3	33.3	33.3	33.3	50.0	0.00	64.1
8	0	70	30	0.73	0.73	0.73	33.3	33.3	33.3	33.3	50.0	0.00	73.1
9	0	80	20	0.82	0.82	0.82	33.3	33.3	33.3	33.3	50.0	0.00	82.1
10	0	90	10	0.91	0.91	0.91	33.3	33.3	33.3	33.3	50.0	0.00	91.0
11	0	100	0	1.00	1.00	1.00	33.3	33.3	33.3	33.3	50.0	0.00	100.0
-	-	-	-	-	-	-	-	-	-	-	-	-	-
46	50	0	50	0.55	0.10	0.10	72.7	13.6	13.6	72.7	50.0	44.8	32.8
47	50	10	40	0.64	0.19	0.19	62.4	18.8	18.8	62.4	50.0	44.8	41.7
48	50	20	30	0.73	0.28	0.28	56.4	21.8	21.8	56.4	50.0	44.8	50.7
49	50	30	20	0.82	0.37	0.37	52.4	23.8	23.8	52.4	50.0	44.8	59.7
50	50	40	10	0.91	0.46	0.46	49.6	25.2	25.2	49.6	50.0	44.8	68.6
51	50	50	0	1.00	0.55	0.55	47.5	26.2	26.2	47.5	50.0	44.8	77.6
-	-	-	-	-	-	-	-	-	-	-	-	-	-
66	100	0	0	1.00	0.10	0.10	82.9	8.6	8.6	82.9	50.0	89.7	55.2

参考文献

1) 向殿政男：ファジィのはなし，日刊工業新聞社，1994
2) 日本建築学会編：ファジィ理論 色彩への応用，第11章，実践 やさしくわかる建築・都市・環境のためのソフトコンピューティング，丸善，3月，2009
3) 菅野直敏：ファジィ理論の色彩への応用，日本建築学会シンポジウム「ソフトコンピューティングの最前線」，pp.43-56，東京，7月 2011
4) N. Sugano: Fuzzy set theoretical approach to the RGB color triangle, In: Knowledge-Based Intelligent Information and Engineering Systems (B. Gabrys, R. J. Howlett, and L. C. Jain, Eds.), Lecture Notes in Computer Science, Springer- Verlag, Berlin Heidelberg, Part III, LNAI Vol.4253, pp.948-955, Oct. 2006
5) N. Sugano: Fuzzy set theoretical approach to the RGB triangular system, Journal of Japan Society for Fuzzy Theory and Intelligent Informatics, Vol.19, No.1, pp.31-40, Feb. 2007
6) R. J. D. Tilley: Colour and optical properties of materials, An exploration of the relationship between light, the optical properties of materials and colour, John Wiley & Sons, New York, 1999
7) 川上元郎：色のおはなし，日本規格協会，1992.
8) A. Valberg, Light Vision Color, John Wiley & Sons, New York, 2005
9) N. Sugano: Fuzzy natural color system using membership function of triangular pyramid on color triangle. Biomedical Soft Computing and Human Sciences, Vol. 10, No. 1, pp.1-10, Dec. 2004
10) N. Sugano: Fuzzy set theoretical approach to achromatic relevant color on the natural color system. International Journal of Innovative Computing, Information and Control, Vol. 2, No. 1, pp.193-203, Feb. 2006
11) 菅野直敏：色相のファジィシステム -色相から色調へのファジィ推論-，日本建築学会・情報システム技術委員会，第35回情報・システム・利用・技術シンポジウム，H66，pp.367-371，東京，12月 2012
12) 菅野直敏：色相のファジィシステム —色相システムから色調システムへのファジィ推論—、計測自動制御学会 第40回知能システムシンポジウム，京都，pp.137-142, 3月 2013
13) N. Sugano: Fuzzy set theoretical approach to the RGB tone triangular system, Proc. of the IEEE Conference on Soft Computing in Industrial Applications, pp.72-77, Jun. 2008
14) N. Sugano: Fuzzy set theoretical approach to the tone triangular system, Journal of Computers, Vol.6, No.11, pp.2345-2356, Nov. 2011
15) 菅野直敏：色調のファジィシステム，計算工学講演会，Vol.17, F-8-4，計算工学会，京都，5月 2012.
16) 菅野直敏：色調のファジィシステム —色調システムへのファジィ推論—，計算工学講演会，Vol.18, H-1-1，計算工学会，東京，6月 2013
17) L. Sivik: Color systems for cognitive research. In: C. L. Hardin, and L. Maffi, (eds.): Color categories in thought and language. Cambridge University Press, New York, pp.163-193, 1997
18) N. Sugano, Y. Chiba: Fuzzy set theoretical analysis of the membership values on the RGB color triangle, Proc. of the IEEE International Conference on Systems, Man, and Cybernetics, pp.841-846, Oct. 2007
19) N. Sugano, N. Ashizawa, and H. Ono: Fuzzy set theoretical analysis of human membership values on the RGB tone triangle, Proc. of Joint 4th International Conference on Soft Computing and Intelligent Systems and 9th International Symposium on advanced Intelligent Systems, pp.1921-1926, Sep. 2008
20) N. Sugano, S. Komatsuzaki, H. Ono, and Y. Chiba: Fuzzy set theoretical analysis of human membership values on the color triangle, Journal of Computers, Vol. 4, No. 7, pp.593-600, July 2009
21) 菅野直敏：　色彩のファジィシステム，日本建築学会・情報システム技術委員会，第36回情報・システム・利用・技術シンポジウム，H52，pp.293-296，東京，12月 2013

第 3 章

個体ベースモデル
創発的なシステム解析モデル

概要　本章では、個体ベースモデルと呼ぶ、系内の局所的な作用をそのままモデル化して、系全体を創発的に記述する数学モデルを紹介し、それを微生物混合培養系（microcosm）に適用した例について述べる。個体ベースモデルはもともとセルオートマトンから発想を得ているが、マルチエージェントシステムに近い。このモデルは、複数の行動主体間に相互作用が存在する難しい問題を、簡単なルール（局所作用則）のみで解析できる強力なツールである。

1.　はじめに

本章で紹介する個体ベースモデルは、系内に存在する局所的な作用をそのままモデル化して、系全体を創発的に記述する数学モデルである。ここでは、それを微生物混合培養系（マイクロコズム、microcosm）に適用した例について述べる。個体ベースモデルはもともとセルオートマトン（cellular automaton、CA）から発想を得ている。CA では空間をセルに分割し、そこに局所作用則を記述することで系を創発する。このセルがもし移動できるとすれば、空間内を生物が移動し、そこかしこで相互作用を行っている生態系も記述できるのではないかと考えた [1]。この個体ベースモデルは、マルチエージェントシステム（multi agent system、MAS）と似ており、それと扱い方も似ている。すなわち、複数の行動主体間に相互作用が存在する難しい問題を簡単なルール（局所作用則）のみで解析できる強力なツールである。MAS よりも優れている点は、初めからさまざまな環境条件を拘束として加えることを前提にしており、そのような複雑な問題に対して適用が容易であることである。

個体ベースモデルは、さまざまな問題に対して適用可能である。たとえば、個体を人間個人とし、都市の混雑具合や地形情報（傾斜など）を環境情報として定式化すれば、都市現象の解析と応用や避難経路探索などの問題にも適用可能だと考えられる。

2.　マイクロコズムについて [2)、3)]

マイクロコズムは、数種類の微生物からなる水系生態系で、種の遷移や代謝均衡能などの特性を示す、単純ではあるが丸ごとの生態系である。マイクロコムは一度作成に成功すると、継代培養を繰り返すかぎり繰返し実験が可能であり、その実験結果には再現性がある。したがって、生物群集の研究や、化学物質（毒物など）の環境影響評価の研究に利用されている。このマイクロコズムには光の入射と熱の放射、すなわちエネルギーフローが存在する。よって、この系は熱力学的に非平衡であり、いわゆる複雑適応系の典型である。

マイクロコズムの極相期（最終平衡期）では、フラスコ底面に、生産者・分解者および消費者で構成された最大 3mm の直径の生物凝集塊（コロニー）が多数形成される。図 1 は実験におけるコロニーの様子であり、黒い凝集塊がコロニーである。このコロニーは一般的な生態系においても安定に寄与しているといわれているが、長らく数値計算にて再現できておらず、その生態学的な意義も不明確であった。

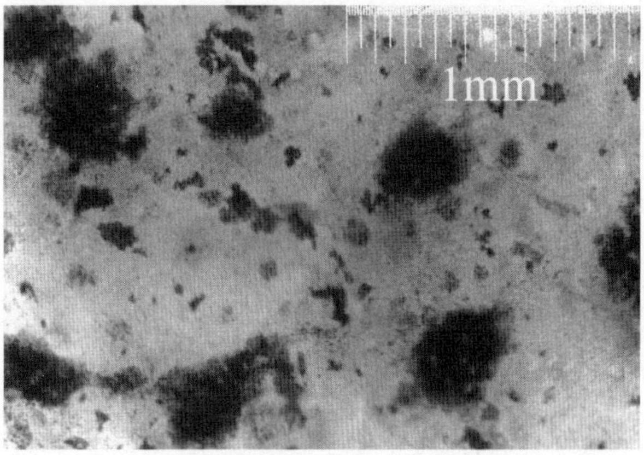

図 1　実験におけるコロニー

3.　個体ベースモデルによるマイクロコズムのモデル化

3.1　系の構成生物

本モデルでは、生産者としての「クロレラ」、分解者としての「バクテリア」、消費者としての「ロティファ（輪虫）」の 3 種類の微生物から成る、最小限の食物連鎖を構成する閉鎖生態系を想定した。実験においても、この 3 種類の微生物により、ほぼ永続的に共存できる。シミュレーションにおいても、これらの生物種の個体が、生物種ごとに決められたルールにしたがって活動することによって系を創発する。

また実験では、新しい培地への生物の植え継ぎ時に分解者の栄養である「有機栄養源」を散布する。この初期栄養は、分解者のみが吸収でき、生物に影響を与えない代謝生成物としてモデル化する。

各生物種間の相互作用を図 2 に示す。なお、この図は後に定義する培地モデル内の 1 セル内に全ての生物種および代謝生成物が存在しているとして表示している。この相互作用モデルでは、生物種間の直接的な捕食/被食関係のみならず、代謝生成物による環境的要因によっても、生物は影響を受ける。

図 2 に示した相互作用の詳細は以下のとおりである。まず、生産者（クロレラ）が明期に光合成により増殖し、そのとき代謝生成物（排泄物）を出す。この代謝生成物は分解者（バクテリア）の栄養源となるが、生産者自身、および消費者（ロティファ）には環境毒として働く。分解者は生産者と消費者の代謝生成物を吸収することで主に増殖し、そのときに代謝生成物を出す。この代謝生成物は、生産者にとっては栄養として、光合成を行っていない暗期に吸収されるが、分解者自身および消費者には環境毒として働く。消費者は生産者と分解者を直接捕食することによって増殖し、そのとき代謝生成物を出す。この代謝生成物は、生産者および分解者双方の栄養源となるが、消費者自身には環境毒として働く。

モデルとした 3 種の微生物のうち、クロレラは移動を行わないが、バクテリアおよびロティファはフラスコ底面を移動する。しかしながら、バクテリアの移動はロティファのそれに比べ微小であり、適切に計算格子を設定すれば無視することが可能である。そこで、本モデルでは消費者のみ空間の移動が可能であり、生産者と分解者は移動しないとした。

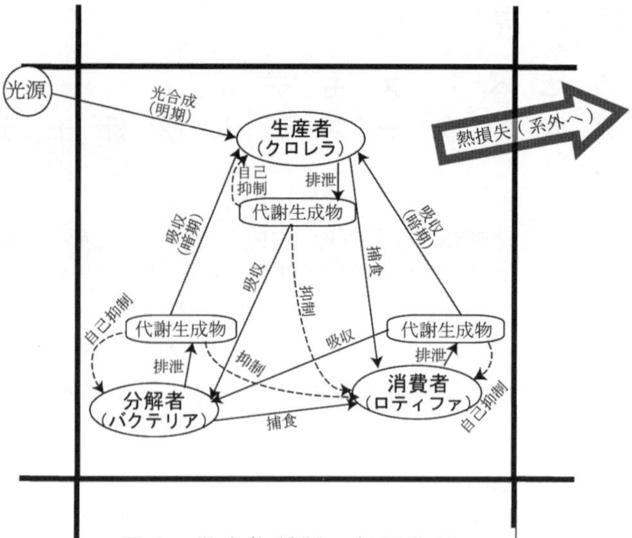

図 2　微生物種間の相互作用

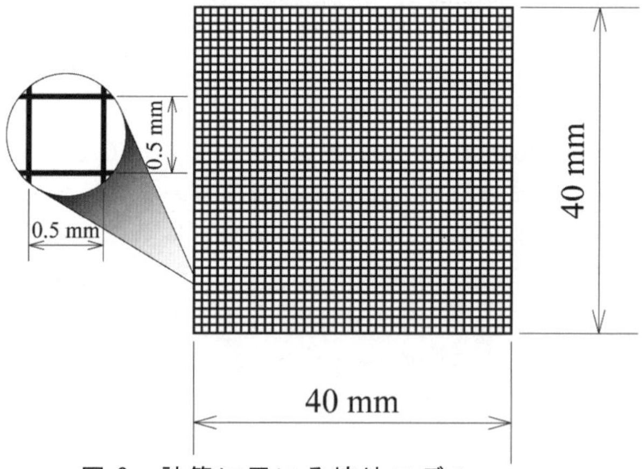

図 3　計算に用いる培地モデル

3.2　計算領域

生物の行動する培地は、実際の系では 3 次元的である。しかし系の極相期においては、生物はフラスコの底面に分布することが確かめられているため、本数値計算で用いられる培地（計算領域）は、80×80 個のセルに分割された一辺の長さが 40mm の 2 次元平面とした。すなわち、1 つのセルの一辺は 0.5 mm であり、これは消費者モデルのロティファの体長にほぼ等しく、バクテリアの移動を無視できうる大きさである（図 3）。また、境界の影響がない十分に広い培地の一部とするために、周期境界条件を課した。

一方、生物の代謝生成物（排泄物など）の物質は 3 次元的に拡散する。この高さ方向の代謝生成物緩衝効果は系の環境条件に大きく影響する。そのため、物質拡散に関しては計算領域を 3 次元的に扱い、高さ方向にも 60 セル（3cm）を設けた。この高さは、実験系における水面の高さと一致している。そして、平面方向には周期境界条件、高さ方向には壁面境界条件を課した。

3.3　生物個体のモデル化

3.3.1　個体の行動

全ての生物個体は、単位ステップ内に、決められた活動ルールに則って行動する。全ての個体の行動が終了すると、単位時間（5 分）を進めて、再び全ての生物が活動を行う。この単位時間はバクテリアの寿命を基に決定した。各個体の単位時間当たりの活動ルールは以下のとおりである。

①各個体が分裂に必要な条件を満たしているかどうかをチェックし、満たしていれば分裂によって増殖する。このとき、新しい個体は、ムーア近傍（現在のセルおよびそれに隣接する 8 セルの計 9 セル）の 1 つにランダムに配置される。分裂の条件については後述する。

②各個体は、自種および他種の代謝生成物による抑制作用を受ける。

③捕食者である消費者は明暗周期(系には 12 時間ごとの明期と暗期がある）に関わらず捕食を行う。暗期には、生産者および分解者は他種の代謝生成物を吸収する。明期には、分解者は他種の代謝生成物を吸収するが、生産者は光合成を行う。また、吸収した栄養量に比例して代謝生成物の排泄を行う。

④個体が移動可能な種である場合は､｢そのタイムステップでの移動回数が最大移動回数に達していない」かつ「③での捕食量および代謝生成物吸収量がその限界値に達していない」とき、その個体は培地上の移動を行う。このとき、ノイマン近傍（上下左右）のセルのどこかにランダムに移動する。移動後、再び①に戻る。

⑤基礎代謝による抑制作用(体力損耗)を受ける。

3.3.2　個体の分裂と死滅

個体の分裂および死滅を判断するため、各個体には｢体力｣と呼ばれる非負値の活動指数を定義した。この体力は生物が持つエネルギーに相当し、いわゆるバイオマスとなる。この値が 0 になったときにその個体は死滅し、逆に各個体は一定の体力（分裂体力：Em）に達すると分裂増殖を行う。この際、分裂した全ての個体の体力はそれぞれ初期体力（E_0）に初期化される。これらの体力は、死滅と分裂増殖の判定および後述する熱力学的指標の計算にのみ使用される。

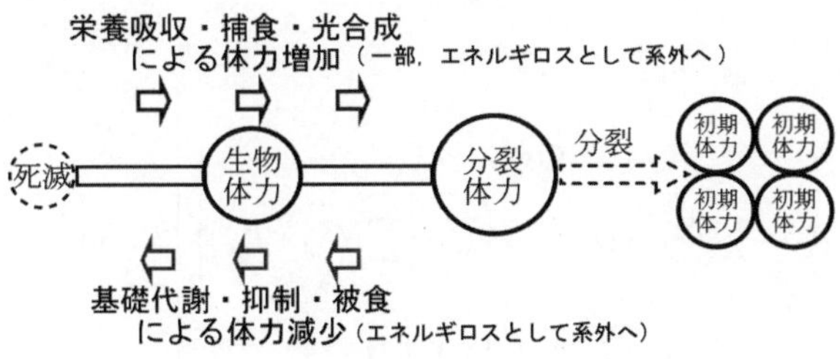

図 4　微生物の活動指数（体力）

図 4 に、体力の増減のルールを示す。各個体の体力は、代謝生成物吸収、捕食、光合成により増加する。このとき、被食された生物はその量に応じて体力を減少させる。また体力は、自分自身および他の生物の代謝生成物による抑制効果、移動、呼吸などの基礎代謝によっても減少する。体力値に比例して代謝能力が変わるといった作用は考えない。一方、ある個体が、捕食/被食、分裂、基礎代謝、移動などの活動をおこなうと、その体力をロスする。このロスを全生物にわたり合計すると、系全体から発生するその時点での熱損失（エネルギーロス）となる。これは温度一定（恒温槽）の環境下では系全体から発生する閉鎖系のエントロピー生成量 [4)]と比例する。このエントロピー生成量は、系内の生物活動の激しさを表す尺度と考えることができ、生物がどの程度余力を残して生命活動をしているかの指標となる。このため、これを熱力学的な安定性の指標として使用する。体力の単位は e.u.（energy unit）で表し、熱量との関係は、1 e.u. = 9.2×10^{-11} [kJ]となる。

3.4　計算モデルの定式化およびパラメーター設定

上記のルールを数式（個体ごとの差分方程式）として定式化する。そのとき、

$E_{\alpha a}(i, j, t)$：セル位置(i, j)、時刻 t における生物種αの個体番号 a の体力値

$F_{\alpha}(i, j, k, t)$：セル位置(i, j, k)、時刻 t における生物種αの代謝生成物量

である。また、本節において添字のαおよびβは種を表し、それぞれ d：分解者、p：生産者、c：消費者のいずれかが入る。この差分方程式では、生物の特徴を示す各パラメーター値が後に単位時間にわたっての変化量として求められるため、単位時間当たりの増加分として表記される。

3.4.1　生物体力の変化

時刻 t およびセル位置(i, j)における生物種αの個体番号 a の体力増加分は､以下の式で記述できる(ただし $k = 1$ はフラスコ底面を表す)。

$$\Delta E_{\mathrm{d}a}(i,j,t)=Tr_{\mathrm{d}}\left(C_{\mathrm{dp}}+C_{\mathrm{dc}}\right)_a-m_{\mathrm{dd}}F_{\mathrm{d}}(i,j,1,t)-D_{\mathrm{d}} \quad (1)$$

$$\Delta E_{\mathrm{p}a}(i,j,t)=Tr_{\mathrm{p}}\left(C_{\mathrm{pd}}+C_{\mathrm{pc}}+C_{\mathrm{photo}}\right)_a-m_{\mathrm{pp}}F_{\mathrm{p}}(i,j,1,t)-D_{\mathrm{p}} \quad (2)$$

$$\begin{aligned}\Delta E_{\mathrm{c}a}(i,j,t)=&Tr_{\mathrm{c}}\left(P_{\mathrm{cd}}+P_{\mathrm{cp}}\right)_a\\&-\left(m_{\mathrm{cd}}F_{\mathrm{d}}(i,j,1,t)+m_{\mathrm{cp}}F_{\mathrm{p}}(i,j,1,t)+m_{\mathrm{cc}}F_{\mathrm{c}}(i,j,1,t)\right)\\&-D_{\mathrm{c}}-b_{\mathrm{c}}M_{\mathrm{a}}\end{aligned} \quad (3)$$

ここで、Tr_αは生物種αの体力増加率、$m_{\alpha\beta}$は生物種βの代謝生成物による生物種αへの抑制係数、D_αは生物種αの単位ステップ当たりの基礎代謝量、C_{photo}は単位ステップ当たりの光合成による栄養吸収量、b_αは生物種αの 1 セルの移動による体力減少率、M_aは個体 a の 1 タイムステップ当たりの移動量である。また、$(C_{\alpha\beta})_a$は生物種αの個体 a の、生物種βの代謝生成物吸収量、$(P_{\alpha\beta})_a$は生物種αの個体 a の、生物種βの捕食量であり、以下で表される。

$$\left(C_{\alpha\beta}\right)_a = \mathrm{Min}\left[F_\beta(i,j,1,t),\ \left(C_{\alpha\beta\max}\right)_a\right] \tag{4}$$

$$\left(P_{\alpha\beta}\right)_a = \mathrm{Min}\left[E_\beta(i,j,t),\ \left(P_{\alpha\beta\max}\right)_a\right] \tag{5}$$

ここで、$(C_{\alpha\beta\max})_a$ は生物種αの個体 a の、生物種βの代謝生成物最大吸収量、$E_\beta(i,\ j,\ t)$はセル位置$(i,\ j)$、時刻 t における生物種βの個体全体の体力値の総計、$(P_{\alpha\beta\max})_a$ は生物種αの個体 a の、生物種βの最大捕食量であり、以下のように定義する。

$$\left(C_{\alpha\beta\max}\right)_a = \frac{F_\beta\left(i,j,1,t\right)}{\sum\limits_{\gamma}^{\gamma\in Cn_\alpha} F_\gamma\left(i,j,1,t\right)} C_{\alpha\max} \tag{6}$$

$$\left(P_{\alpha\beta\max}\right)_a = \frac{N_\beta\left(i,j,t\right)\cdot E_{0\beta}}{\sum\limits_{\gamma}^{\gamma\in Pn_\alpha} N_\gamma\left(i,j,t\right)\cdot E_{0\gamma}} P_{\alpha\max} \tag{7}$$

ここで、Cn_αは生物種αが吸収可能な代謝生成物種、$C_{\alpha\max}$ は生物種αの最大代謝生成物吸収量、Pn_αは生物種αが捕食可能な種、$P_{\alpha\max}$ は生物種αの最大捕食量、$N_\alpha(i,\ j,\ t)$はセル位置$(i,\ j)$、時刻 t における生物種αの生物数である。これらの捕食や物質吸収にかかわる式は「個体の最大捕食/最大吸収量以下の餌/物質量ならばそれを全部取り込むが、それ以上の場合は存在比に比例して吸収する」ことを表している。

3.4.2 代謝生成物濃度の変化

代謝生成物量の変化は「生物の排泄および栄養吸収による変化」と「物質拡散による変化」に分けられる。時刻 t、セル位置(i, j, k)における生物種αの代謝生成物濃度変化は以下の式で記述できる。

$$\Delta F_\mathrm{d}(i,j,k,t) = \sum_{l=1}^{N_\mathrm{d}(i,j,k,t)} \left\{e_\mathrm{d}\left(C_\mathrm{dp}+C_\mathrm{dc}\right)\right\}_l - \sum_{l=1}^{N_\mathrm{p}(i,j,k,t)} \left(C_\mathrm{pd}\right)_l \tag{8}$$

$$\Delta F_\mathrm{p}(i,j,k,t) = \sum_{l=1}^{N_\mathrm{p}(i,j,k,t)} \left\{e_\mathrm{p}\left(C_\mathrm{pd}+C_\mathrm{pc}+C_\mathrm{photo}\right)\right\}_l - \sum_{l=1}^{N_\mathrm{d}(i,j,k,t)} \left(C_\mathrm{dp}\right)_l \tag{9}$$

$$\Delta F_\mathrm{p}(i,j,k,t) = \sum_{l=1}^{N_\mathrm{c}(i,j,k,t)} \left\{e_\mathrm{c}\left(P_\mathrm{cd}+P_\mathrm{cp}\right)\right\}_l - \sum_{l=1}^{N_\mathrm{d}(i,j,k,t)} \left(C_\mathrm{dc}\right)_l - \sum_{l=1}^{N_\mathrm{p}(i,j,k,t)} \left(C_\mathrm{pc}\right)_l \tag{10}$$

ここで、e_αは生物種αの排泄率である。また、$N_\alpha(i,\ j,\ k,\ t)$はセル位置$(i,\ j,\ k)$、時刻 t における生物種αの生物数であるが、底面（$k = 1$）のときは前述の $N_\alpha(i,\ j,\ t)$と一致し、それ以外のときはゼロである。

また水系の生態系であるため、代謝生成物などには拡散作用が働く。この拡散は、通常の拡散方程式にしたがう。

$$\frac{\partial F_\alpha(x,y,z,t)}{\partial t} = D_\mathrm{c}\nabla^2 F_\alpha(x,y,z,t) \tag{11}$$

ここで、D_cは拡散係数であり、一般的な有機物に対する値である 1.0×10^{-5} [$\mathrm{cm^2/s}$]を用いる。上式は通常の中心差分で、単位時間の最後に解かれる。

3.4.3 光合成生産量および系全体のエネルギーロス量

本モデルでは、生産者のみが外部よりの光エネルギーを吸収することができる。よって系全体の生産量（エネルギー入力量）Q_prodは系内の生産者の数によって決まり、以下の式で記述できる。

$$Q_\mathrm{prod}(t) = \delta_\mathrm{light}\sum_{l=1}^{N_\mathrm{p}(t)}\left[C_\mathrm{photo}\right]_l \tag{12}$$

ここで、δ_lightは明期に 1、暗期に 0 を取る関数、$N_\alpha(t)$は時刻 t の生物種αの全生物数である。また、系全体のエネルギーロス量 Q_lossは以下のようになる。

$$Q_{loss}(t) = \sum_\alpha \sum_{l=1}^{N_\alpha(t)} \left[\begin{array}{l} D_\alpha + b_\alpha M_\alpha + \delta_i\left(E_\alpha - E_{0\alpha}\cdot Dn_\alpha\right) \\ +\left(1-Tr_\alpha-e_\alpha\right)\cdot\left\{\sum\limits_\beta\left(C_{\alpha\beta}+P_{\alpha\beta}\right)\right\} \\ +\sum\limits_\beta m_{\alpha\beta}F_\beta(x,y,z,t) \end{array}\right]_l \tag{13}$$

ここで、Dn_αは生物種αの分裂数である。また、δ_iはその個体が分裂を起こしたときのみ 1 となり、それ以外は 0 となる。上式の各項は、それぞれ「基礎代謝」、「分裂に伴うエネルギー損失」、「基礎代謝および移動に伴うエネルギー損失」、「吸収した体力から生物自身の体力増加分と代謝生成物に変換されたエネルギーを差し引いた残りのエネルギー損失」、さらに「抑制作用により失われたエネルギー損失」を表す。したがって上式は、このロスの全生物にわたる総和が系全体のエネルギーロス量となることを表す。

3.4.4　計算モデルのパラメーター推定

本モデルで必要となるパラメーター値は、個々の種を単独で培養する分画実験の結果[5)]を基に決定した。その際、ロティファは1個体ごとにパラメーターを推定しているが、クロレラとバクテリアについては 10^2 匹を1クラスタとして扱っている。またロティファは、卵を産むことによって増殖する。しかし、本モデルではモデルの簡単化のため、生物の増殖速度は分画実験の実測値を基にロジスティック曲線で近似し、その最大増殖率の値を用いた[5)]。また前述のとおり、バクテリアも移動できるが、その移動量は小さいので無視した。これらにより決定したパラメーター値を次ページ表1に示す。

4.　数値計算フローチャート

数値計算のフローチャートを図5に示す。ただし、このフローチャートはあるタイムステップ内のものを示しており、下まで計算が終わると時刻を更新して、再び入口から計算が始まる。

各タイムステップ内では、行動させる生物個体を選択する処理をしている。これは、何も考えずにループを組むと計算する個体の順番が固定されてしまい、計算結果が個体の行動順序（計算順序）に依存するという個体ベースモデル特有の問題が発生してしまう。そのため、個体が行動する順番がランダムになるように数値計算上の工夫をしている。実験と同じ状況とするために、マルチスレット化して時間の同期をとりつつ各個体に関しては無秩序に計算する方法もあるが、計算の再現性が確保できないため、計算順序のランダム化を選択した。

5.　計算結果の妥当性検証

数値計算が本当に系全体の振舞いを再現することができているのかを検証するために実験結果との比較を行った。比較は、実験的に計測することが可能である「個体数の時間履歴」、「生物凝集塊（コロニー）の形成」、「全エネルギー収支」、「撹拌からの再生」の項目について行った。

5.1　生物個体数の時間履歴

実験系における3種の生物密度の経時変化を図6に示す。実験では、初めにバクテリア（分解者）が培地のポリペプトンを栄養として爆発的に増殖し、それを追ってクロレラ（生産者）とロティファ（消費者）が増殖している。バクテリア、クロレラ、ロティファの個体数はそれぞれのピークを作った後、10日目以降はほぼ同じ値を保ち、この状態が100日以上続いた。

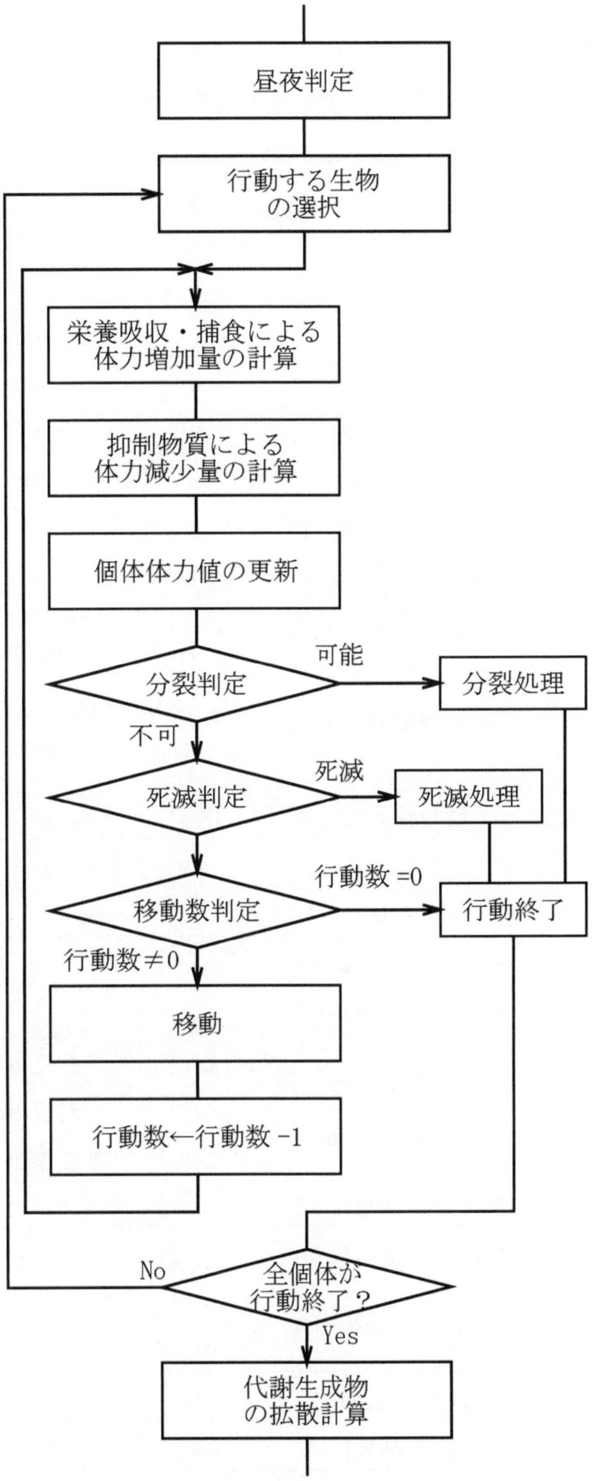

図5　計算フローチャート(1タイムステップ内)

一方、数値計算で得られた個体数の時間履歴を図7に示す。実験結果と比べると、遷移期の生産者の増殖速度が大きく、また定常状態に至るまでの時間が早いが、定常状態における各々の生物密度およびその比率は、実験値とほぼ一致していた。このため、表1の値が実験値をよく表していると判断した。

表 1　数値計算モデルの推定パラメーター値（変数名における生物種名を示す添字は省略）

設定項目	変数名	設定値			
名前	Name	分解者 （バクテリア） decomposer	生産者 （クロレラ） producer	消費者 （ロティファ） consumer	有機栄養物 peptone
生物種 ID	ID	0	1	2	3
代謝生成物 ID	FID	0	1	2	3
移動可否	–	OFF	OFF	ON	OFF
最大移動回数[回]	MMC	–	–	6	–
移動代謝量[e.u.]	b	–	–	0.10	–
初期個体散布密度[1/cell]	N_0	0.022	0.0165	0.00033	–
初期物質散布密度[e.u./cell]	F_0	0.000	0.000	0.000	11.350
初期体力[e.u.]	E_0	1.5	4.0	100.0	–
分裂体力[e.u.]	Em	6.0	32.0	400.0	–
分裂個体数[-]	Dn	2	4	2	–
セル内限界個体数[-]	Pd	50	50	50	–
摂取物質量上限[e.u.]	C_{max}	2.0	1.13131	–	–
摂取可能な代謝生成物	C[0]	生産者	分解者	–	–
	C[1]	消費者	消費者	–	–
	C[2]	有機栄養物	–	–	–
光合成係数[e.u.]	C_{PHOTO}	–	1.13131	–	–
捕食量上限[e.u.]	P_{max}	–	–	8.88889	–
捕食可能な生物種	P[0]	–	–	分解者	–
	P[1]	–	–	生産者	–
体力増加率[-]	Tr	0.45	0.45	0.45	–
排泄係数[-]	e	0.4	0.4	0.4	–
抑制係数[-]	$m_{\alpha d}$	0.001	–	0.00005	–
	$m_{\alpha p}$	–	1.1	0.0005	–
	$m_{\alpha c}$	–	–	30.0	–
基礎代謝量[e.u.]	D	0.00174	0.00198	0.0496	–

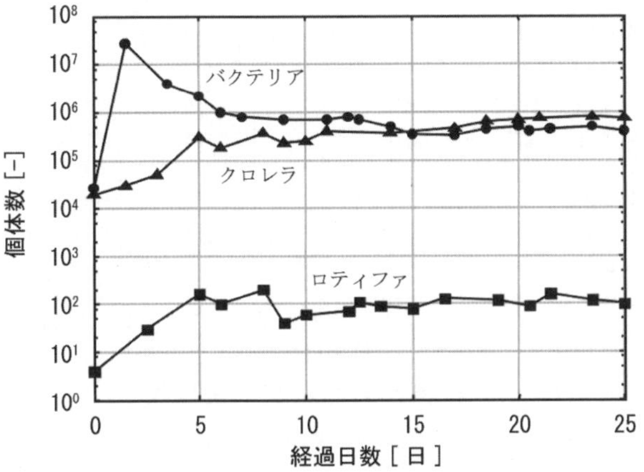

図 6　個体数の時間履歴（実験系）

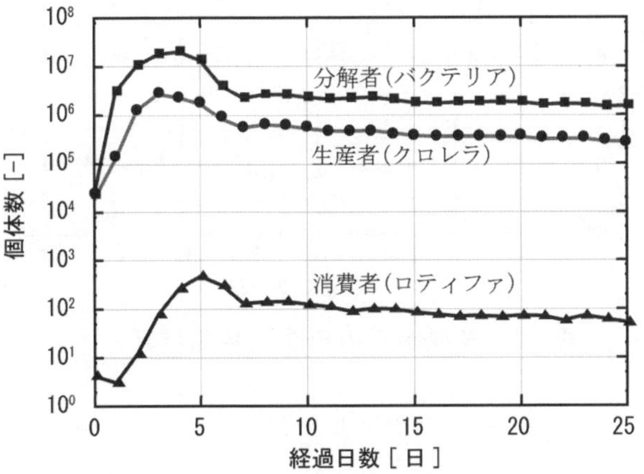

図 7　個体数の時間履歴（数値計算）

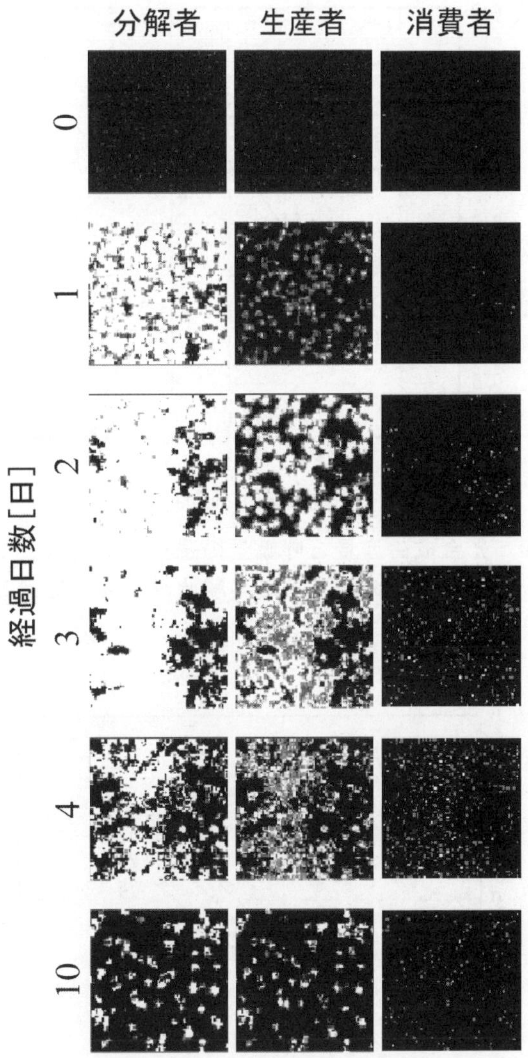

図 8　コロニーの形成過程（数値計算）
（巻頭カラーページ参照）

5.2　生物凝集塊（コロニー）の形成

実験において、培養開始後 10 日以上経過すると、最大 3 mm の直径を持つコロニーが多数出現する。数値計算においても、分解者と生産者が培地上全面へ増殖したのちに、島状の不均一な分布に変化した。その様子を図 8 に示す。この図 8 では便宜上 3 種の微生物を別途に表示しているが、実際には 3 者は重なり合い共生している。すなわち、分解者と生産者の生物密度の高い位置は互いに一致し、消費者のほとんどは、これらの島状分布の内部に留まっていた。これは、3 種の生物が互いに共生していることを意味し、実験結果（図 1）と同じである。したがって、この島状分布を自己組織化されたコロニーと見なした。これらのコロニーは、時間とともに、ゆっくりと拡大、分離、縮小、消滅の過程を繰り返した。

5.3　全エネルギー収支

実験において、系内のエネルギー生産量と消費量を直接計測することは難しい。しかし、系を駆動するエネルギーはクロレラの光合成を通じ系内に導入される。そして、光合成の産物として酸素が生産され、これが系内を循環することから、系内の溶存酸素量を計測することにより、系内のエネルギー循環量を見積もることが可能となる。図 9 に示すように、培養初期には、縦軸の酸素生産量（光合成生産量）と横軸の酸素消費量（呼吸量）は等しくない。しかし、個体数の安定した 10 日目以降からそれらの量が等しくなり、収支が合うようになった。また時間が経過するにつれて、生産量と呼吸量は同じ割合、すなわち収支が釣り合った状態で減少した。

一方、数値計算でも、着目する量は（したがって、単位も）異なるが、生産量とエネルギーロス量を計算することができる。その結果（図 10）は、遷移期における計算結果の挙動は実験値と異なる。しかし、生産およびエネルギーロスがともに過剰な状況から徐々に下がり定常状態に到る点、および定常状態でその収支が保たれている点で定性的に一致している。

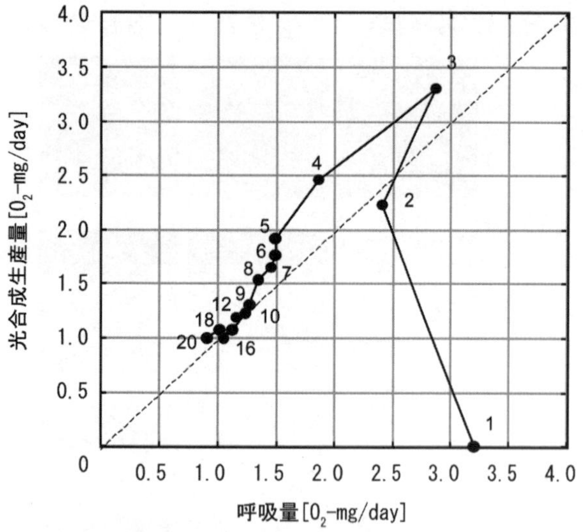

図 9　光合成生産量と呼吸量の遷移（実験系、プロット点横の数字は培養開始時からの経過日数）

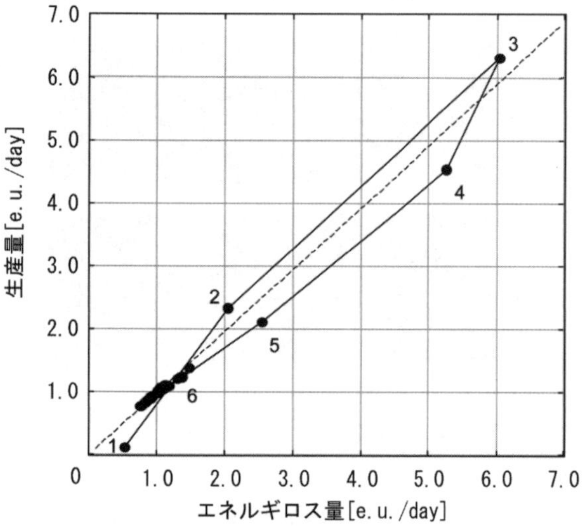

図 10 エネルギー生産量と消費量の遷移（数値計算、プロット点横の数字は培養開始時からの経過日数）

5.4　撹拌からの再生

外乱に対する系の動的反応をみるために、一旦形成されたマイクロコズムを撹拌して破壊し、コロニーが再形成される過程を検証した。培養開始より 15 日目に撹拌を行った結果が図 11 と図 12 である。実験における呼吸量（図 11）と数値計算におけるエネルギーロス量（図 12）は急激に増加した後に減少し、そしてほぼ一定となった。また、系の培地の様相として、コロニーが破壊され、培地上に散り散りになっていた生物たちは、この呼吸量/エネルギーロス量の減少に連動し、再び凝集しコロニーを再形成していた。

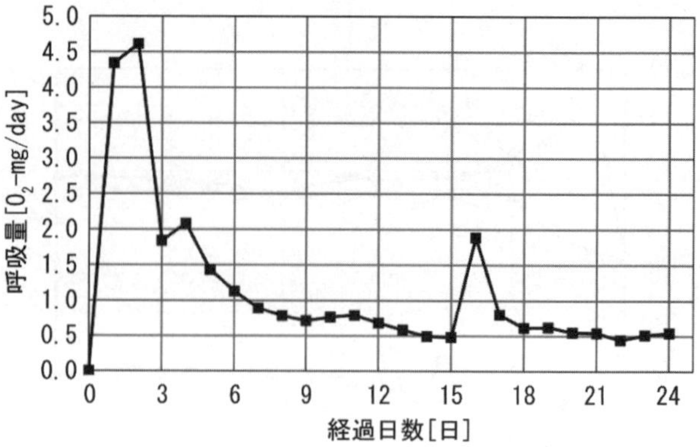

図 11　撹拌からの再生（実験系）

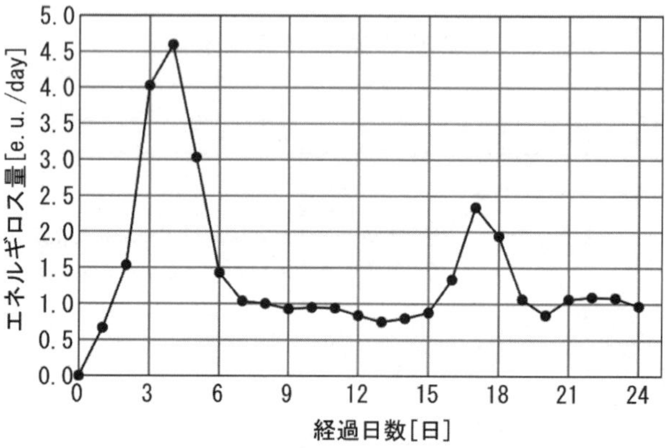

図 12　撹拌からの再生（数値計算）

以上より、本章で構築した数学モデルが実際のマイクロコズムをよく表していると判断した。

6.　数値計算より明らかになったこと [3)、6)]

前節で作成した数値計算モデルを用いて、さまざまな計算結果を得ることができ、興味深い結論を得てきている。ここでは、それらの中から「コロニー形成時における消費者移動量」と「コロニーを形成できる微生物の組み合せ」に関して紹介する。

6.1　コロニー形成時における消費者移動量

コロニーの形成過程は、消費者の探餌活動と捕食活動が大きな影響を持つ。そのため、唯一移動が可能な消費者が、コロニー形成過程において、実際に単位時間あたり何度移動したかをカウントした。その結果を図 13 と図 14 に示す。

図 13 は、コロニー形成過程における全消費者個体の移動回数の平均値を表したものである。過渡期では、時間の経過とともに消費者の移動回数が特徴的に変化していることがわかる。この期間を、(a) 0.0~0.25[day]、(b) 0.25~1.0[day]、(c) 1.0~3.0[day]、(d) 3.0~5.0[day]、(e) 5.0~6.0[day]、および (f) 6.0~7.0[day]の区間に分割したときの、各区間における移動量分布の推移を図 14 に示した。

比較的少数の生物個体が培地上にランダムに配置されている計算開始時の区間（a）では、消費者のほとんどは最大移動数（表 1 より、6 と設定されている）で移動する。これは、エサとなる分解者や生産者の個体数が少ないため、消費者が十分にそれらを捕食するためには、多くの移動が必要であるからだと思われる。しかし、培養開始後すぐに、有機栄養源を利用して分解者が爆発的に増えるため、区間(b)では最大移動数で動く消費者は激減する。この分解者の大増殖に遅れて、区間（c）では生産者が大増殖する結果、これら 2 種の生物によって培地は埋め尽くされる（図 8）。この状況では捕食のために移動する必要が無く、消費者の移動数の値は小さい値に収束する。その後の区間（d）、(e)、(f）では、最大移動数で移動する個体数が少しずつ増加する。これは、コロニーの形成がその原因であると思われる。詳述すると、コロニー形成後は、消費者にとってエサが豊富なコロニー内部と乏しいコロニー外部にエサの環境が 2 分される。そのため、移動を必要としないコロニー内部のグループと、多くの移動が必要なコロニー外部のグループに消費者も 2 分される。

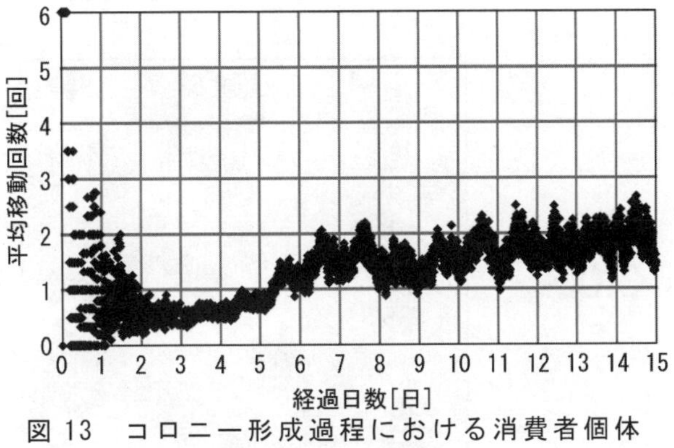

図 13　コロニー形成過程における消費者個体の平均移動回数（数値計算）

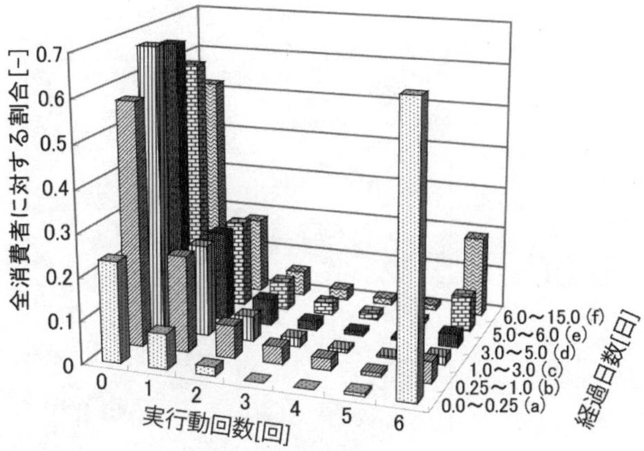

図 14　消費者の行動数の度数分布（時間変化）（数値計算）

6.2　コロニーを形成できる微生物の組み合せ

マイクロコズムを構成する 3 種の微生物間の共生は、それらの生物が有する特性のどのような範囲で可能であるか。これは大変興味深い問題であるにもかかわらず、これまで十分に検討されてこなかった。しかし、本章のモデルであれば生態構造を創発しつつ、パラメーターを変更することで生物種を簡単に変更することができる。変化させる生物種のパラメーターは、生物種の増殖速度およびエネルギー吸収速度とした。ここでは、生産者の栄養吸収速度を変化させた場合、およびに消費者の増殖速度を遅くした（分裂体力を大きくした）場合について述べる。

生産者のエネルギー吸収速度を増加させた場合には、図 15 に示すように全ての個体数が増えていき、最終的には培地上全体に生物種が存在する状況が発生した。この図 15 では、生産者、分解者が存在するところにプロットが存在し、図中の□印は消費者を表す。図の左の数値は、計算を行った生産者の栄養吸収速度と基準となるそれとの比である。これは、系内に莫大な栄養が供給されるようになるため、コロニーのような生態構造を構成しなくても生物たちが共存できるためであり、栄養が多くありすぎる湖で藻やバクテリアが大量発生する状況と同じである。分解者や消費者の栄養吸収速度の計算結果などと総合して、生産者の栄養吸収速度 1.2 倍まではコロニーが形成されたと判断し、それ以上ではマット状に広がりコロニーが形成されなかったと判断した。

一方、消費者の増殖速度を小さくした場合には、図 16 のとおり、コロニーは形成されているが、個体数が大きく変動する現象が現れた。この図 16 についても、生産者、分解者生物が存在するところにプロットが存在し、図中の□印は消費者を表す。また図の左の数値は、計算を行った消費者の分裂体力と基準となるそれとの比である。また、増殖速度が小さくなるにつれて、コロニーの連結がみられ通常の意味でのコロニーが形成されなくなるが、そのコロニーの面積も時間的に大きく変動する現象が見られた。

図 17 は 3 種の生物の個体数をそれぞれの軸にとり、個体数の 1 日平均を培養開始後 30 日目から 500 日目まで時系列順にプロットしたものである。この図からも 3 種の生物個体数が大きく振動しているのが見て取れる。さらに消費者の分裂速度を遅くすると、消費者の個体数が最も小さくなる時期に個体数がゼロとなってしまい、系を維持できなくなった。消費者の個体数が少なくなることで、一時的に他 2 種の個体数が大きくなるが、その後消費者が急激に増殖し、系を破壊してしまう。このように消費者の分裂速度を小さくしていくと、個体数が大きく振動し始

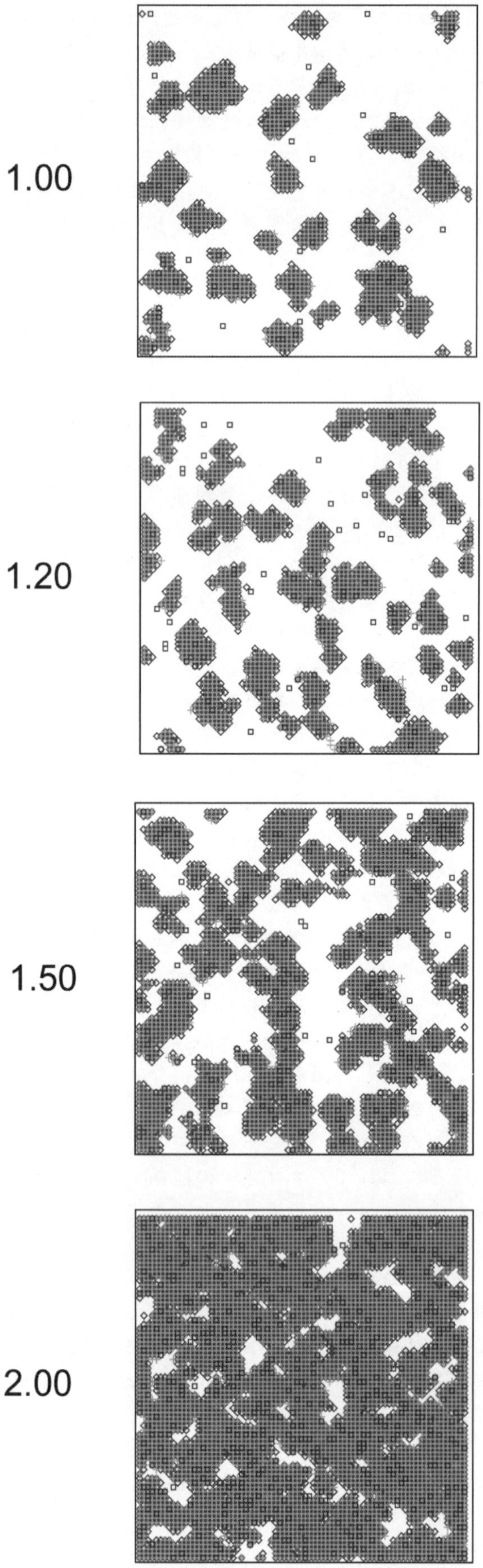

図 15　栄養吸収速度を増加させた培地の様子
（数値は増殖速度の基準値に対する比）

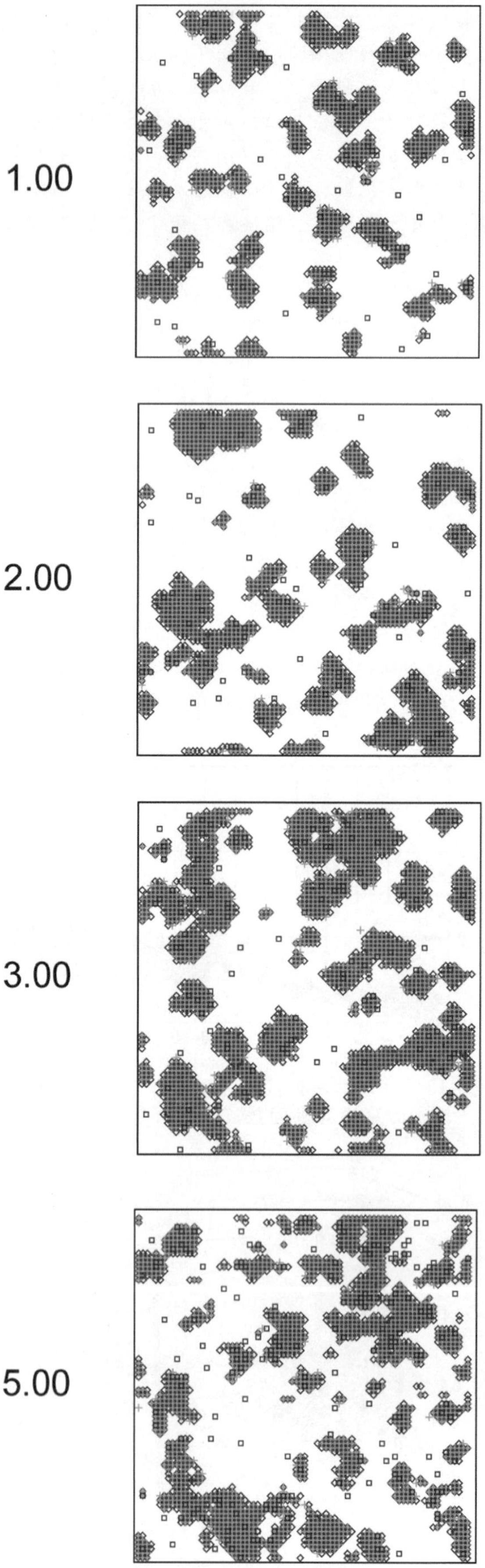

図 16　増殖速度を減少させた場合の培地の様子
（数値は分裂体力の基準値に対する比）

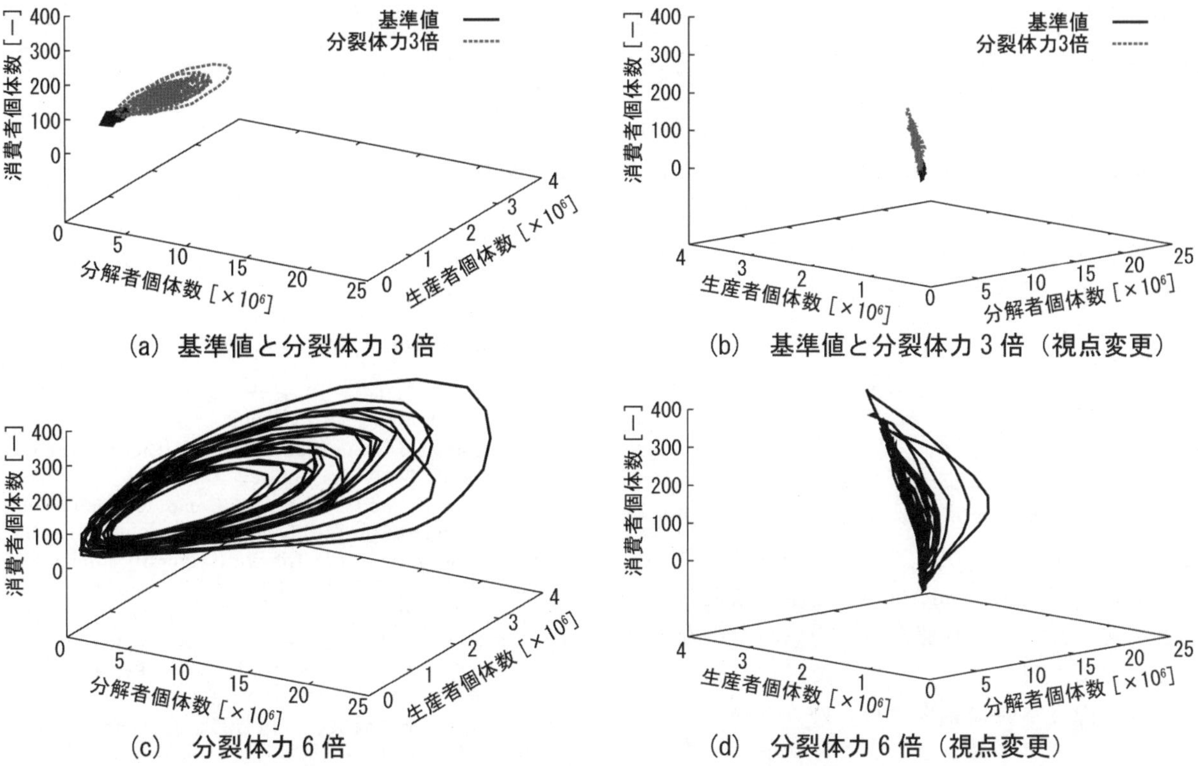

図 17　消費者の分裂体力を変化させた場合の 3 種の個体数アトラクタ軌跡

め、系が徐々に不安定化していくことが分かった。

また、生産者の栄養吸収速度を変化させたときにコロニーが形成されたかどうかを判断した基準を使って、これらの結果のコロニー形成の可否を判断すると、消費者の分裂体力が基準の 3.0 倍まではコロニーが形成されたと判断し、それ以上では通常のコロニーが形成されなかったと判断した。

複数種の生物のパラメーターを同時に変化させた場合を計算した。図 18 は分解者の分裂体力を基準値とし、生産者および消費者の分裂体力を変化させた場合の結果である。図 19 は、分解者の栄養吸収速度を基準値とし、生産者および消費者の栄養吸収速度を変化させた場合の結果である。

図 18 の消費者が脱離する領域は、安定した通常のコロニーが形成できない範囲にある。また、消費者が脱離する領域は、安定してコロニーが形成される領域よりも系のエネルギーロス速度が高くなっている。このように、3 種が脱離することなく共存するという意味での安定性および系の熱力学的安定性とコロニー形成の間には、深い関係があるといえる。

また図 19 より、分裂体力の場合と異なり、栄養吸収速度を変化させた場合には、系のエントロピー生成速度の値の変化幅が小さい。また、消費者の栄養取込速度を変化させても、エントロピー生成量にほとんど差が見られない。すなわち、コロニーを形成

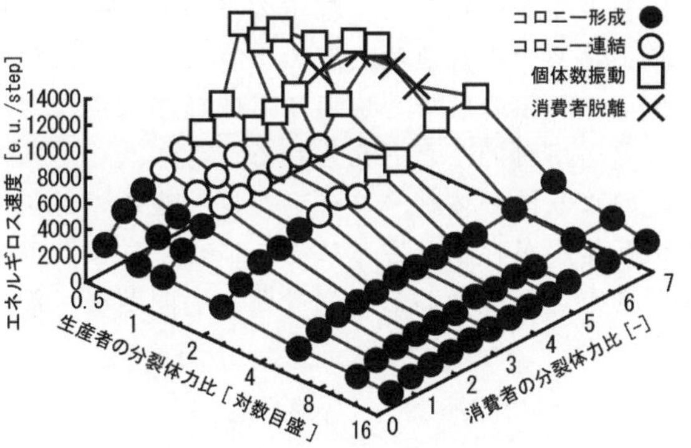

図 18　コロニー形成領域（分裂体力変化）

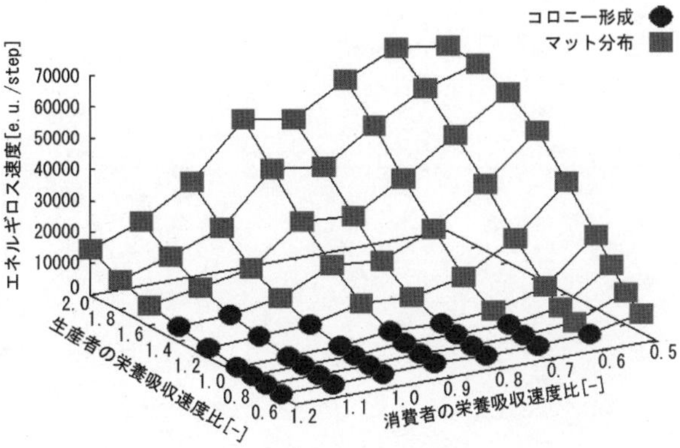

図 19　コロニー形成領域（栄養吸収速度変化）

するかどうかの相転移の条件に、分解者の最大栄養取込速度はほとんど影響しないといえる。

なおこの図18および図19は、分解者、生産者、および消費者のモデルとしたバクテリア、クロレラ、およびロティファの組み合わせのみならず、これらに似た機能を有する異種の生物であっても、この領域内の組み合わせであれば、3種の生物がコロニーを形成し安定した共生を保つことができることを示すものである。

7. まとめ

本章では、「個体ベースモデル」と呼ぶ、1つひとつの行動主体をそのままモデル化して、系全体を創発的に作成する数学モデルを紹介し、それを微生物混合培養系（microcosm）に適用した例を示した。そして、その計算結果がmicrocosmをよく模擬していることを述べたのち、数値計算から明らかになった事項を述べた。現在までに、本章で述べた結果以外にも、多くの有意義な結果を得ている[7)~10)]。

個体ベースモデルはもともとセルオートマトンから発想を得ているが、この数学モデルはマルチエージェントシステムのそれとほぼ同等となった。そのため、今回はmicrocosmに適用したが、別のさまざまな系に対しても適用することができる。たとえば、個体を人間や建物とし、都市の混雑具合や地形情報を微生物系での排泄物濃度のような形で定式化すれば、都市現象の解析と応用や避難経路探索などの問題にも適用可能だと考えられる。

このように個体ベースモデルは、複数の行動主体に相互作用が存在しさらにそこにさまざまな環境条件が拘束として加わるような難しい問題を、簡単な局所ルールのみで解析できる強力なツールとなりえる。この考え方が読者の解きたい問題の解決の一助になれば幸いである。

参考文献

1) 石川芳男、東海林直哉、杉浦 桂：人工生命理論による微生物生態系でのコロニー発生のシミュレーション. CELSS Journal、Vol. 9、No. 1、pp. 5-12、1996
2) 村上篤美、木下 実、石川芳男、吉田洋明、杉浦 桂：マイクロコズムの数学モデル（第1報）—コロニーの形成過程. Eco-Engineering、Vol. 16、No. 2、pp. 161-170、2004
3) 中根昌克：個体ベースモデルを用いた微小生態系の解析、日本大学博士論文、2008
4) Prigogine, I. : Introduction to Thermodynamics of Irreversible Processes、Wiley、1961
5) Kawabata, Z. and Kurihara, Y. : Computer simulation study on the nature of the steady state of the aquatic microcosm、Science Reports of the Tohoku University Fourth Series、Vol. 37、pp. 205-218、1987
6) 村上篤美、木下 実、石川芳男、吉田洋明、杉浦 桂：マイクロコズムの数学モデル（第2報）—コロニーの形成条件、系の安定性および効率、Eco-Engineering、Vol. 16、No. 2、pp. 171-180、2004
7) 中根昌克、王丸哲文、石川芳男、杉浦 桂：マイクロコズムの数学モデル（第3報）—系の多様性とその安定性、Eco-Engineering、Vol. 20、No. 1、pp. 19-25、2008
8) 石川芳男、杉浦 桂、中根昌克、王丸哲文：生態系における共存への自己組織化、科学基礎論研究、Vol. 36、No. 2、pp. 15-22、2009
9) 王丸哲文、中根昌克、石川芳男、杉浦 桂：マイクロコズムにおける消費者の増殖速度と系のエントロピ生成量との間に見られる相転移現象、Eco-Engineering、Vol. 21、No. 2、pp. 75-79、2009
10) 寺尾卓真、中根昌克、石川芳男、杉浦 桂：化学物質による生物の増殖速度の変化がマイクロコズムのエントロピー生成速度と物質循環構造に与える影響、Eco-Engineering、Vol. 25、No. 4、pp. 101-109、 2013

第 4 章

メッシュアナリシスと土地利用

概要　本章は、セルオートマトンとネットワーク分析に関連して、メッシュデータで構成される土地利用の配置パターンやネットワークの把握手法について説明したものである。隣接、近接するメッシュ間の関係性から配置パターンやネットワーク関係構造をモデル化し、土地利用の質を評価するとともに、ネットワーク上を移動するオブジェクトの動きに着目し、土地利用の有機的なつながりを表現した。

1.　はじめに

本章では、ラスターデータでモデル化された都市空間を対象として、セルオートマトンやネットワーク分析に関連した土地利用の配置パターンの評価と、その応用による土地利用間のネットワークについて検討する。

近年、市販 GIS（地理情報システム）や WebGIS の普及、パーソナルコンピュータの著しい高性能化により、視覚的にわかりやすいベクターデータによる公共地理空間情報が整備・公開され、マーケティングや都市計画等に広く用いられるようになった。一方、ラスターデータについても、単位領域ごとに空間をポテンシャル評価できる特性があり、土地利用分析を主とした諸分野で用いられてきた。最近では、水深や化学的指標が多用される海洋分野等でも用いられてきている。特に、標高や水深との関わりが深い津波防災対策でよくみられる。今日では、ベクターデータからラスターデータへの変換も市販 GIS によって瞬間的に変換できるようになり、より身近になっている。単位領域ごとに都市空間を捉えることができるラスターデータを用いて、ベクターデータでは表現と数値化が難しい土地利用間のネットワークを例にあげる。

2.　土地利用配置パターンと土地利用ネットワーク

2.1　土地利用の配置パターン

（1）隣接

都市解析の分野においては、ラスターデータ（メッシュデータともいう）を構成する隣り合うメッシュ間の関係から土地利用の配置パターンを求める手法が多数提案されている[1)~8)]。隣り合うメッシュ同士の関係性から土地利用の配置パターンを調べるこれらの手法は、｢局所的なルールに基づく相互作用を調べるための計算モデル：セルオートマトンに通ずる。

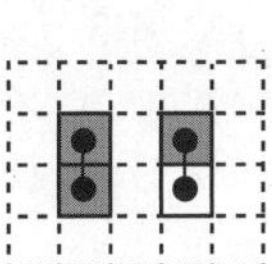

図 1　サンプル 1

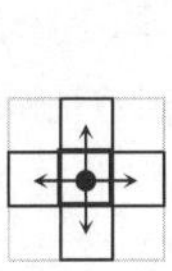

図 2　ノイマン近傍

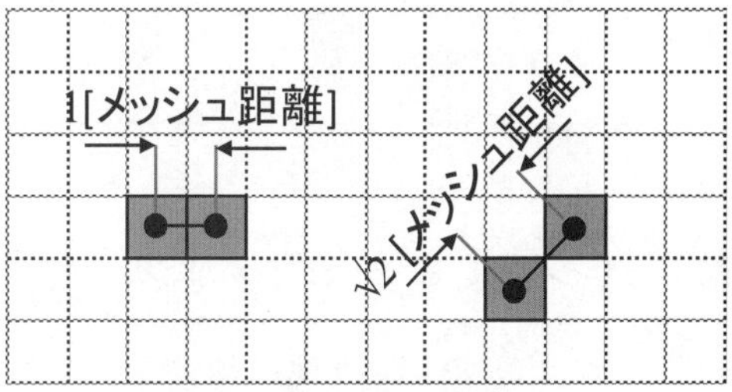

図 3　メッシュ距離

図 1 のようにメッシュ同士の隣接状態を「黒黒ジョインを引く」「黒白ジョインを引く」という[1)]。図 2 のように、あるメッシュから上下左右にある 4 つのメッシュをノイマン近傍と呼ぶが、1 つのメッシュから最大でこの 4 つのメッシュへジョインを引く場合と、周辺 8 メッシュ（ムーア近傍）へ引く場合がある。本章では、上下左右のメッシュまでの距離がメッシュサイズと一致して切りがいいので、ノイマン近傍を採用する。また、メッシュサイズを 1[メッシュ距離]と定義する（図 3)。

このように最大で 4 つのジョインを引けるわけだから、たくさんのメッシュが密集して配置していればいるほどジョインの本数は多くなり、メッシュの配置が疎であったり、細長い配置であったりすれば本数は減る。

このような特性を利用して、黒メッシュを緑地に見てとれば、都市空間内における単なる緑地の構成割合「量」だけではなく、緑地メッシュの配置パターンとして緑地メッシュ同士の隣接状況：ジョインの数量を求めることによって、緑地の「質」も数値化することができる。

例えば、いずれも総メッシュ数 48、緑地メッシュ数 15 の空間 A1 および空間 B1 に黒黒ジョインを引くと、図 4 のようになる。緑地メッシュの数は A1、B1 いずれも同数であるが、A1 の方が 1 つひとつの

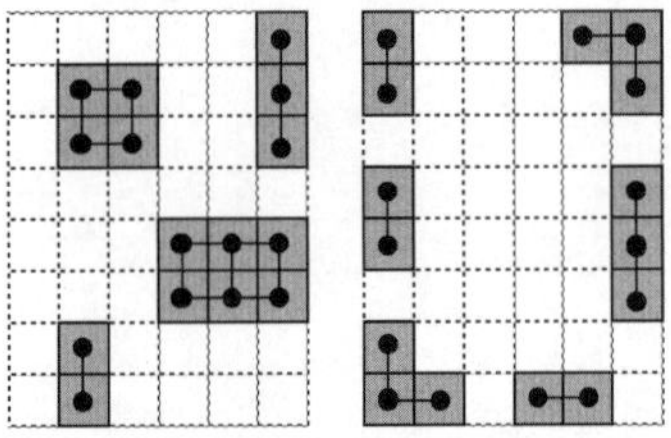

図 4　サンプル 2（黒−黒ジョイン）

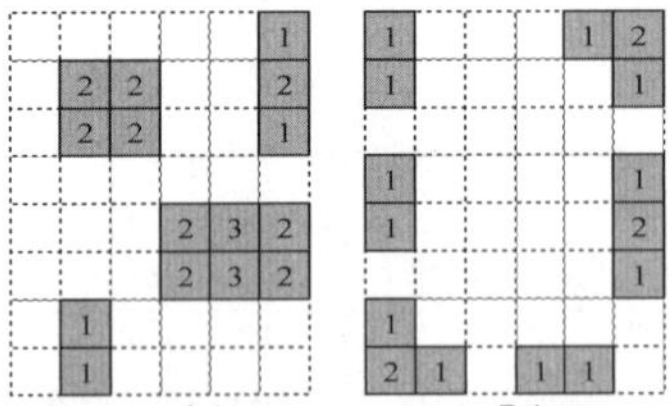

図 5　サンプル 2’（隣接メッシュ数）

緑地の塊が大きく、B1 の緑地は細長く、かつ周囲に寄っている。A1 は公園緑地、B1 は建物周囲の植栽に例えることができよう。ここで、計算機で算定することに配慮して、1 つひとつの緑地メッシュごとに隣接緑地メッシュ数を算定すると、図 5 のようになる。A1 の総数は 28 で平均 1.87、B1 の総数は 18 で平均 1.2 であった。隣接緑地メッシュ数の総数を 1/2 倍したものがジョインの本数にあたる。

隣接メッシュ数を算定することによって、上記の状態（A1 のほうが 1 つひとつの緑地の塊が大きく、B1 の緑地は細長い）を、その数量の差によって評価できた。A1 の緑地は B1 の緑地と比較して、隣接する緑地メッシュ同士が多く、受粉環境等において有利であり、すなわち、緑地としての「質」が高い状態にある。

（2）隣接と近接

しかし、図 6A に示されるようにメッシュ同士が隣接した状態でなく、図 6B のように少しだけ隔離した状態にあっても、図 6C と比較すれば、程度は低いながらもそのメッシュ間は影響を及し合っているであろう。2 メッシュ間の影響が距離の階乗に反比例すると考えるならば、2 メッシュ間の影響度は永遠にゼロには成り得ない。緑地の例に戻れば、緑地は単体としての緑地だけでなく、複数の緑地間の影響度を維持した連続性、生態系ネットワークも維持する必要があるとされている [8),9),10)]。緑地メッシュの隣接状況に加えて、図 6B や図 6C のように、一定の間隔で緑地メッシュが近接して配置されている状況からも、土地利用の配置パターンは評価される必要がある。

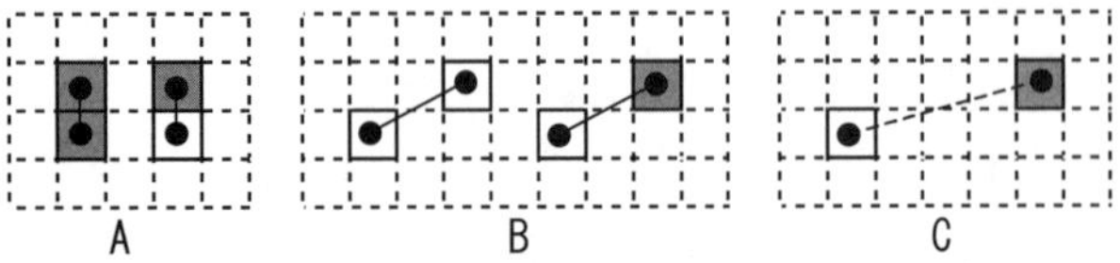

図 6　サンプル 3

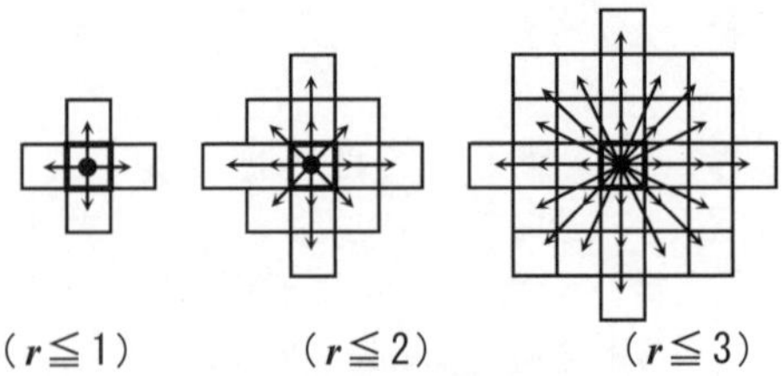

図 7　近傍領域の拡大

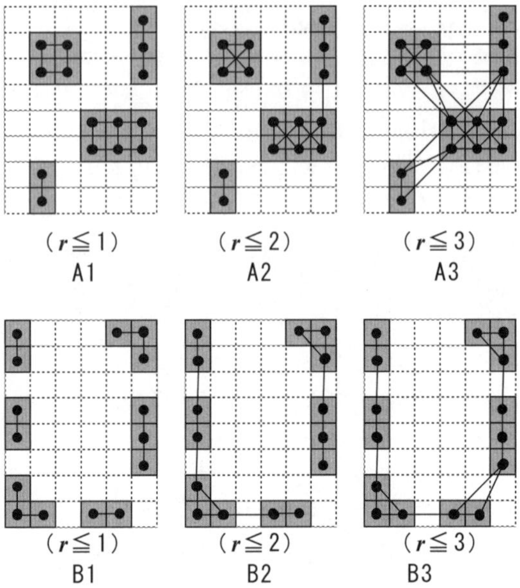

図 8　サンプル 4（リンク）

2.2　同用途土地利用の配置パターンの数値化

ここで、あるメッシュから半径 r [メッシュ距離] 内（近傍領域）に存在する別のメッシュを考える。近傍領域半径 r（以降単に r とする）を 1[メッシュ距離]から順次 3[メッシュ距離]まで拡張していくと、検討すべき近傍領域は図 7 のように拡大する。

図 8 は、$r \leqq 1$、$r \leqq 2$、$r \leqq 3$ として、それぞれの近傍領域に同用途土地利用メッシュが存在する対象メッシュから、同用途土地利用メッシュに向ってリンク（$r = 1$ 以降は隣接しているわけでないためジョインと区別した）を引いたものである。

リンク数の合計値とメッシュあたりのリンク数の平均値はそれぞれ、A1（$r \leqq 1$）: 28、1.87、A2（$r \leqq 2$）: 48、3.20、A3（$r \leqq 3$）: 76、5.07、B1（$r \leqq 1$）:18、1.20、B2（$r \leqq 2$）: 32、2.13、B3（$r \leqq 3$）: 52、3.47 となる（図 9）。均等な配置の A グループよりも周囲に細長く配置された B グループが全体的にリンク数の値が小さくなっていることに加えて、r の拡大にともない、それぞれのグループごとのリンク数

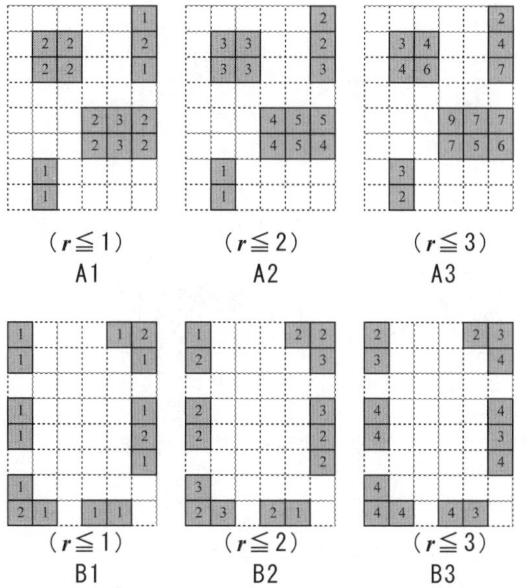

図９　サンプル４’（リンク数）

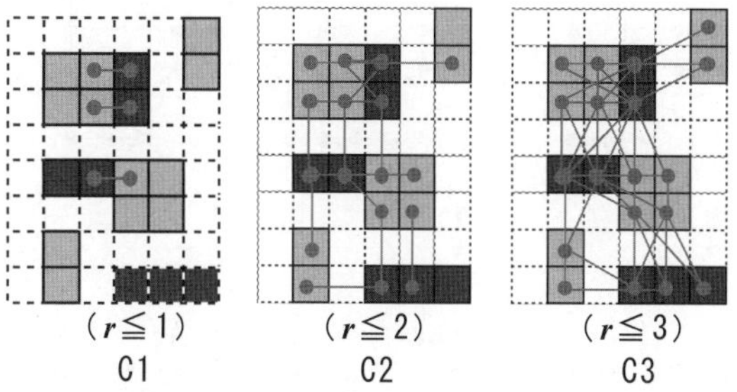

図10　サンプル５（リンク）

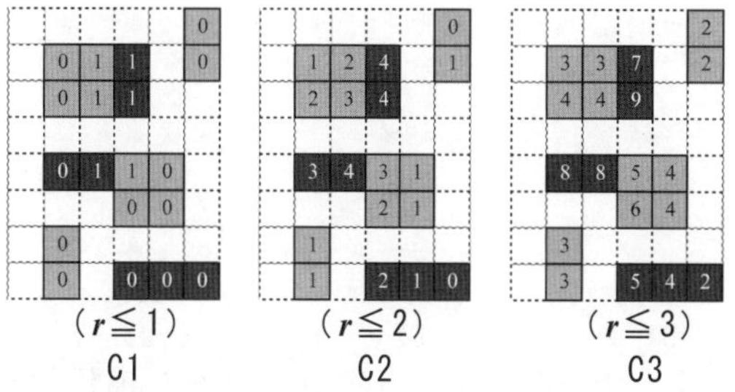

図11　サンプル５’（リンク数）

の値が大きくなっている。

また、Aグループでは、48メッシュの空間上に15の緑地メッシュが構成されているが、リンクによって緑塊が形成されると考えると、**r** ≦ 1では4つの緑塊、**r** ≦ 2では右の2つがリンクで結ばれて3つの緑塊となり、**r** ≦3では4つの全ての緑地メッシュがリンクで結ばれて1つの緑塊となった。Bグループでは、**r** ≦ 1では6つの緑塊、**r** ≦ 2では2つの緑塊、**r** ≦3で1つの緑塊となった。**r**の大きさの設定によって、緑地メッシュ群の塊としての評価が変わる。

2.3　異用途土地利用の配置パターンの数値化

メッシュデータでモデル化される都市空間は、工業用地、住宅用地、道路用地といった何種類かの土地利用属性から構成されている。同用途土地利用の配置パターンだけでなく、異用途土地利用の位置関係からなる配置パターンについても興味深い研究対象である。

例えば、異用途土地利用メッシュ同士が隣接したり、近接し、異用途土地利用間の距離[11]が短くなれば、そのメッシュ間の活動（通勤や通学、購買活動など）が活発化し、逆に大きくなれば活動は減じよう。このように異用途土地利用メッシュ間における経済活動に視点をおくと、住宅地→工業用地間での労働力の移動や、工業用地→商業・業務用地間の物資移動をモデル化することができる。ここでいうメッシュ間の移動は、自動車やトラックが移動するような動的なモデルではなく、動的な動きをポテンシャルとする長期的な視点にたった静的なモデルであると理解されたい。

同用途土地利用メッシュ間の関係を異用途土地利用メッシュ間の関係に置き換えて、あるメッシュを対象として近傍領域半径 **r** 内にある異用途土地利用メッシュの存在を数値化する。

同用途土地利用メッシュ間の配置パターンの場合と同様にして、**r** ≦ 1、**r** ≦ 2、**r** ≦ 3とした近傍領域内に異用途土地利用メッシュが存在する対象メッシュから、異用途土地利用メッシュに向ってリンクを引いた（図10)。

リンク数の合計値とメッシュあたりのリンク数の平均値は、それぞれA1（**r** ≦ 1)：6、0.32、A2（**r** ≦ 2)：19、1.89、A3（**r** ≦ 3)：86、4.53であった（図11)。C1では、リンクを生じさせているメッシュは48メッシュ中6メッシュだけあり、異用途メッシュの隣接は非常に少ないことがわかる。**r** の拡大にともないリンクは増加し、**r** ≦ 3で全てのメッシュでリンクが生じる。

また、**r** ≦ 3で、全てのメッシュがリンクされ、1つの塊になっていることがわかる。

このように、近傍領域半径 **r** の設定と隣接・近接メッシュとの関係性を数値化することによって、同用途土地利用メッシュ間の配置パターンを評価することができる。

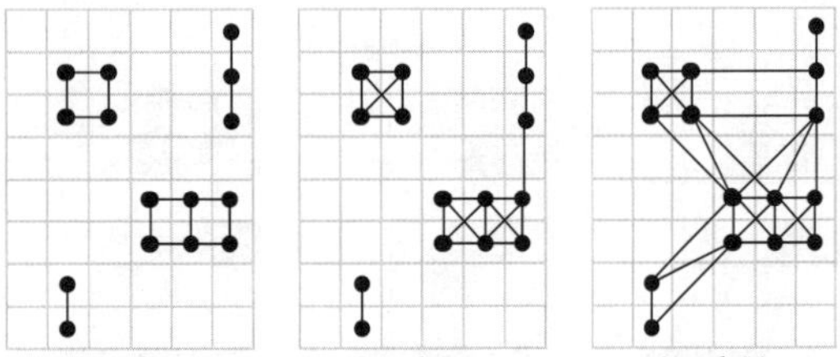

(r≦1)　(r≦2)　(r≦3)

A1　A2　A3

図 12　サンプル 4”（ネットワーク関係構造）

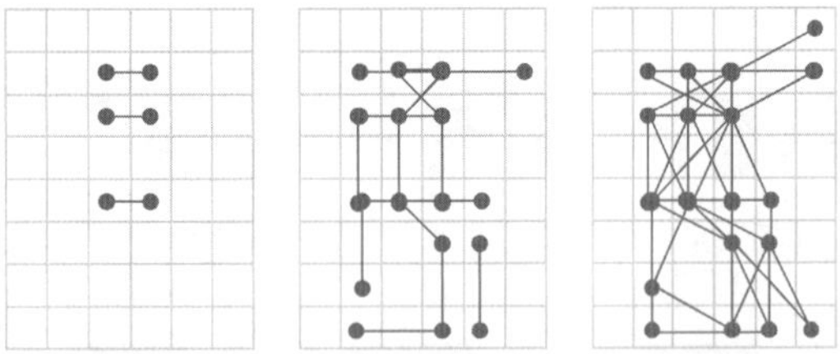

(r≦1)　(r≦2)　(r≦3)

C1　C2　C3

図 13　サンプル 5”（ネットワーク関係構造）

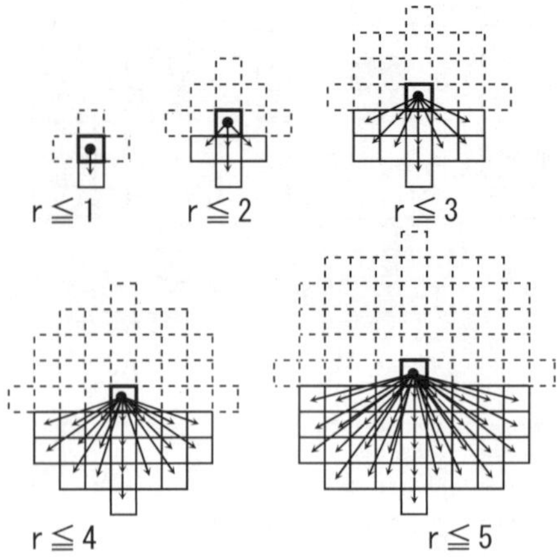

図 14　オブジェクトが移動する近傍領域

3.　土地利用ネットワーク

3.1　土地利用ネットワーク

土地利用空間上の人間や動植物の活動は、隣接空間や近接空間のみに限定されることはない。緑地上に生息する鳥類や昆虫類は、固体ごとに移動可能な距離圏内にある緑地に向かって次々と移動していく。これまで説明してきたような、土地利用の配置パターンの評価（地の評価）を応用し、隣接・近接するメッシュ間を次々と移動するオブジェクトの動きから、土地利用空間上のネットワークを考える。

そもそもネットワークという概念は極めて多義的であり、情報科学はもとより、数学、社会学、経営学等の領域で非常に重要な対象となっている。社会科学の領域でネットワークというときは、何らかの中間組織、あるいは主体間のダイナミックな「連結性」あるいは固定化されていない弱い「関係性」を意味している[12]。

グラフ理論やネットワーク分析の世界では、このような関係性や関係構造のことをネットワーク、それらを点（ノード）と線（リンク）の集合として抽象化したものを、グラフと呼ぶ。

上述のグラフ理論やネットワーク分析による定義では、図 8 と図 10 から、ノードとリンクを抜き出した”グラフ”が示す関係構造がネットワークということになる（図 12、図 13）。本章ではこれを土地利用ネットワークと呼ぶことにする。

3.2　土地利用ネットワーク上のオブジェクトの動き

3.2.1　近傍領域内のオブジェクトの動き

都市は、建築物や土木構造物、植物の集合体である都市空間と、人間や動物、物資、フェイストゥフェイス上の情報など（オブジェクトと呼ぶことにする）から成り立っており、しかもそのオブジェクトは個別の意志を持っているため、その動きや流れは電気回路を流れる電子のように一定の法則に基づかない場合が多い。都市空間でネットワークを考える場合には、ネットワークの関係構造を示すグラフとグラフ上を流れるオブジェクトの動きは、区別して考えるほうが適当であろう。

図 7 と同様に、土地利用メッシュデータ上におい

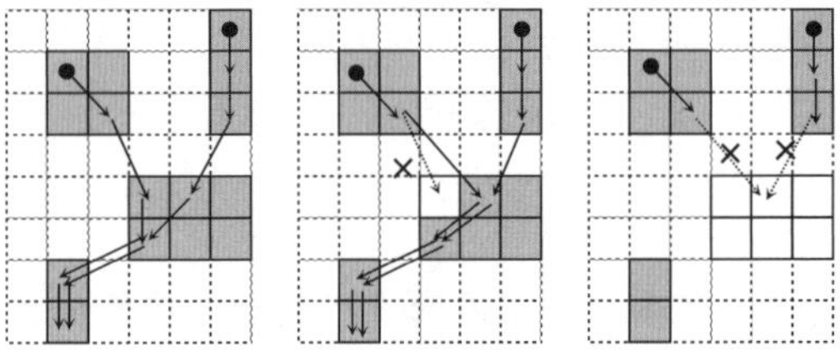

(r≦3)

Da　Db　Dc

図 15　サンプル 6（オブジェクトの動き）

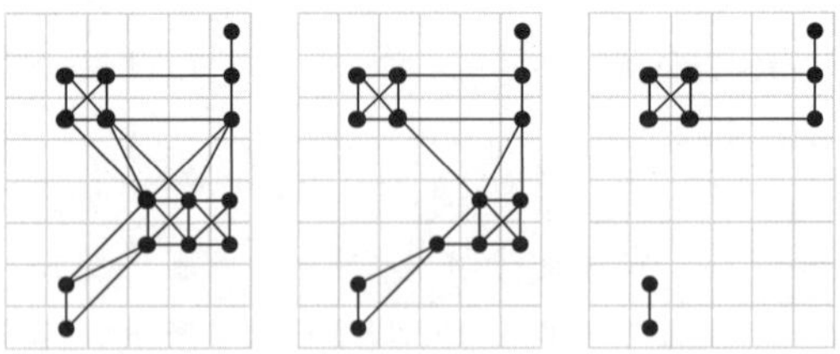

Da　Db　Dc

図 16　サンプル 6’（ネットワーク関係構造）

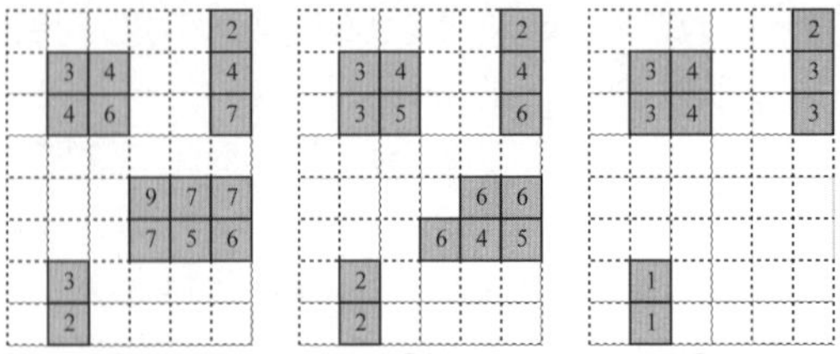

Da　Db　Dc

図 17　サンプル 6”（リンク数）

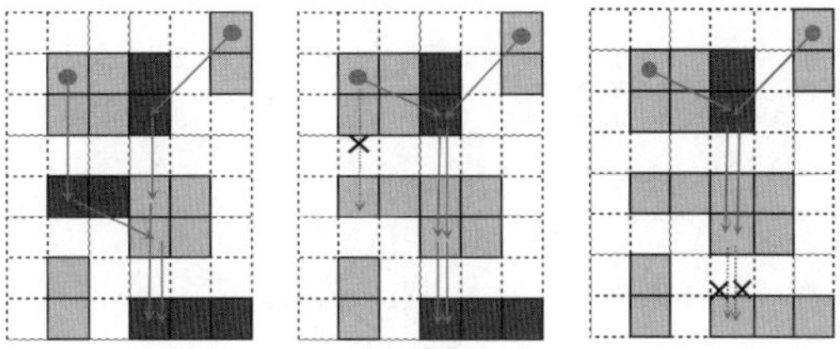

図 18　サンプル 7（オブジェクトの動き）

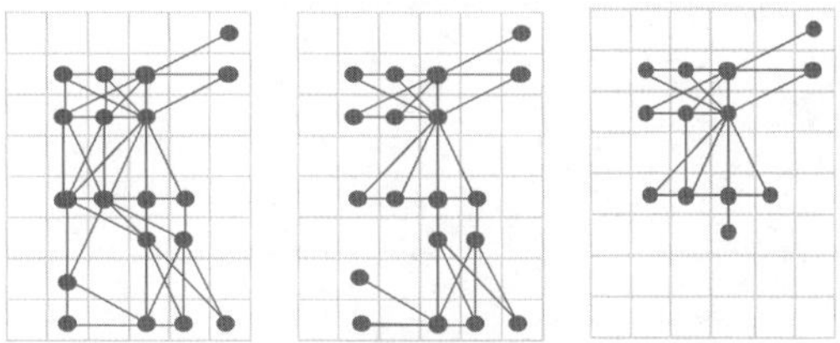

図 19　サンプル 7'（ネットワーク関係構造）

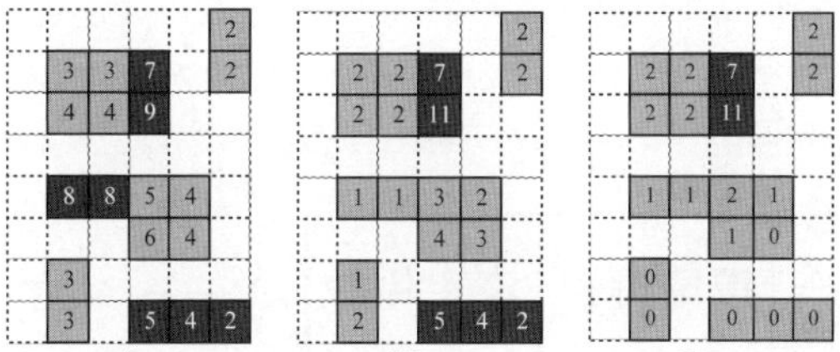

図 20　サンプル 7"（リンク数）

て、近傍領域半径 r を 1[メッシュ距離]から 5[メッシュ距離]まで順次拡張していくと、近傍領域は図 14 のように拡大する（実線メッシュ＋破線メッシュ）。近傍領域は対象メッシュから 360° 方向に存在するが、鳥類等のオブジェクトが北から南へ移動を試みることを想定し南側半分をオブジェクトが移動できるメッシュと設定した場合、移動先の同用途土地利用メッシュ及び異用途土地利用メッシュは図 14 実線メッシュのようになる。

3.2.2　同用途土地利用ネットワーク上のオブジェクトの動き

たとえば北から南へ移動する渡り鳥をオブジェクトとして、渡りの途中、採餌・休息場所に利用する緑地間の最大間隔を r として、半径 r 内にある南側の同用途メッシュに次々と移動する土地利用ネットワークとして考えることができる。

渡り鳥が移動する近傍領域を図 14 の r ≦ 3とし、渡り鳥を模した黒丸を上部両サイドから次々と移動させると、図 15Da のように、2 つの黒丸が下部メッシュに到達する。Db のように、中央のメッシュ群の一部を削除した場合には、右側の隣接するメッシュを迂回して下部メッシュに到達できるが、Dc のように中央部のメッシュ群全てを削除した場合は、到達できない。

この例の土地利用ネットワークのグラフを見てみよう。図 16Da から Db への変化では、ネットワークが切断されていないので、黒丸は到達できた。一方 Da から Dc への変化では、ネットワークが切断され、黒丸は到達できないのがわかる。

また、図 16Da から Db への変化では、ネットワークへの切断はされていないが、第 3 行第 3 列のリンク先の 1 メッシュが消滅したことによって、リンク数が 6 から 5 へ減少（総リンク数は 76 から 58 へ減少）しているため（図 17）、オブジェクトが移動できるルートが制限され、黒丸の軌跡の集中が起きている。緑地の減少による鳥類の異常発生等も、この事によって説明できるのではないだろうか。

3.2.3　異用途土地利用ネットワーク上のオブジェクトの動き

前述したような労働力や物資、情報の移動で成り立つ経済活動が移動する（この例では、厳密には移動ではなく「伝播」が適当であろう）近傍領域を図 14 の r ≦3 とし、北の都心から南の郊外への流れを想定して黒丸を上部両サイドから次々と移動させると、図 18 のようになる。図 19 はその異用途土地利用ネットワークの関係構造、グラフを表している。図 19Ea では、オブジェクトである黒丸が北から南へ到達しているが、Eb、Ec のように土地利用を変化させると到達できない。そのグラフである図 19Eb、Ec に示されるように、土地利用ネットワークが途中で狭窄していたり、消滅している。また、図 20 に示される通り、リンク数の減少が迂回や前進の阻害を促し、オブジェクト移動を制限している。

以上のように、土地利用ネットワーク上のオブジェクトのふるまいは、土地利用の配置パターン、近接・隣接メッシュへのリンク数から大きな影響を受ける。

4.　ケーススタディ

4.1　対象領域

ケーススタディとして、現実の都市空間をモデルとするメッシュデータを対象とし、分析を行う。千葉県船橋市・習志野市・八千代市付近の約 9600ha、100m メッシュ×9600 メッシュを対象とする（図 21）。土地利用属性データは国土地理院数値地図 5000（土地利用）首都圏 2000 年を用いた。図中の補助線は縦 30 メッシュごと、横 20 メッシュごとに引いてある。白メッシュは水域で、左下部分に東京湾に注ぐ江戸川がみられる。

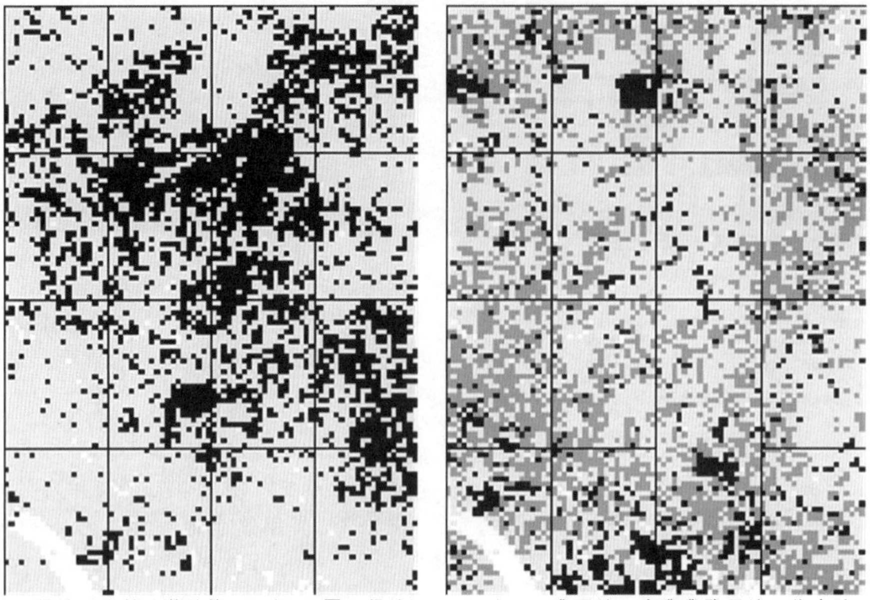

a:緑地（山林・荒地等+田+畑+公園・緑地）　　b: 工業用地、商業業務用地、住宅地

図 21 ケーススタディ—対象領域

表 1 ケーススタディ—リンク数

モデル	（メッシュ数）	リンク数		標準偏差	決定係数
		合計値	平均値		
a-3	2857	39,438	13.8	6.66	0.48
a-5	2857	104,882	36.7	16.9	0.46
b-3	3851	16,034	4.16	4.22	1.01
b-5	3851	47,236	12.27	11.12	0.91

図 21a は、緑地として国土地理院の分類[注1]の内、山林・荒地等、田、畑、公園・緑地を抽出したもので、9600 メッシュの内 2857 メッシュの黒メッシュがこれらに該当する。図中央と右下部分に大きな連担した緑塊（山林・荒地等、田、畑、公園・緑地）が見られる。

図 21b は、国土地理院の分類の内、都市的活動を表すメッシュとして工業用地、商業業務用地、住宅地（一般低層住宅地、密集低層住宅地、中高層住宅地）5 用途を抽出したものである。合計 3851 メッシュの黒メッシュ（工業用地）、濃灰色メッシュ（商業・業務用地）、薄灰色メッシュ（住宅地）がこれらに該当する。

4.2 土地利用の配置パターン

図 22 は、対象領域内のメッシュごとのリンク数（同用途土地利用メッシュ間、異用途土地利用メッシュ間）を視覚化したものである。

$r \leqq 3$、$r \leqq 5$ の同用途土地利用メッシュ間でのリンク数の平均値は、それぞれ 13.8、36.7 であり、$r \leqq 5$ のほうが 2.7 倍数値が大きくなっている。標準偏差を平均で除した値(決定係数)は 0.48($r \leqq 3$)、0.46（$r \leqq 5$）であり、ばらつきに大きな差はない。また図 22a－3、a－5 に示される通り、$r \leqq 3$ では一番大きな緑塊の中央でリンク数の値が高くなっているが、$r \leqq 5$ では中央の緑塊以外のメッシュでも値が高くなっている。このことはたとえば、半径 300m 範囲で花粉を飛ばすことができる植物の場合、中央部分の緑塊のみが生息域として有効だが、半径 500m 範囲で花粉を飛ばすことができる植物の場合、全領域にわたって有効な生息域とするといったように[注2]、植物学への応用が考えられる。

一方、図 22b－3 および b－5 は、異用途土地利用メッシュ間におけるリンク数を示している。$r \leqq 3$、$r \leqq 5$ でのリンク数の平均値はそれぞれ、4.16、12.27 であった。決定係数は 1.01（$r \leqq 3$）、0.91（$r \leqq 5$）であり、同用途土地利用の a－3、a－5 よりもばらつきが大きい。図 22b－3、b－5 いずれも、南部の海沿いで大きな値が集中しており、他の地域との差が大きくなっていることがわかる。

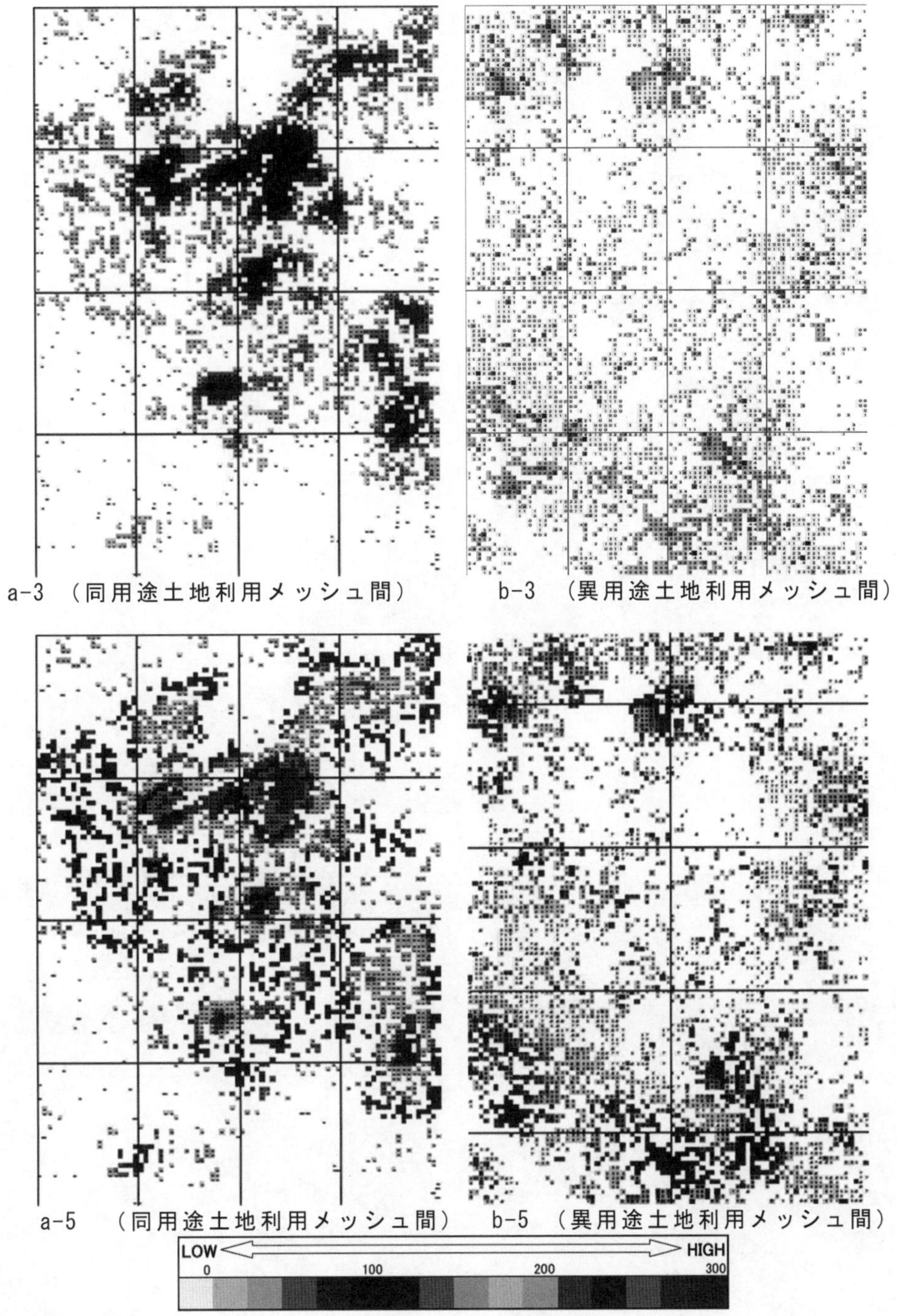

図 22　リンク数

4.3　土地利用ネットワーク

図 23 は、対象領域内における同用途（緑地）土地利用ネットワークおよび異用途（工業用地、商業業務用地、住宅地）土地利用ネットワークの関係構造（グラフ）を示したものである。図 23a－3 及び b－3 は $r \leqq 3$ におけるグラフを、図 23a－5 及び b－5 は $r \leqq 5$ におけるグラフをそれぞれ示している。図 23a－3 及び b－3 においては、対象領域全体としてネットワークがリンクされておらず、いくつかの塊に分離していることがわかる。一方、図 23a－5 及び b－5 においては、江戸川を挟んだ左下部を除き、全体としてネットワークがリンクしていることが把握できる。図 23a－5 および b－5 双方の土地利用ネットワークが、上端部から下端部までリンクされている。

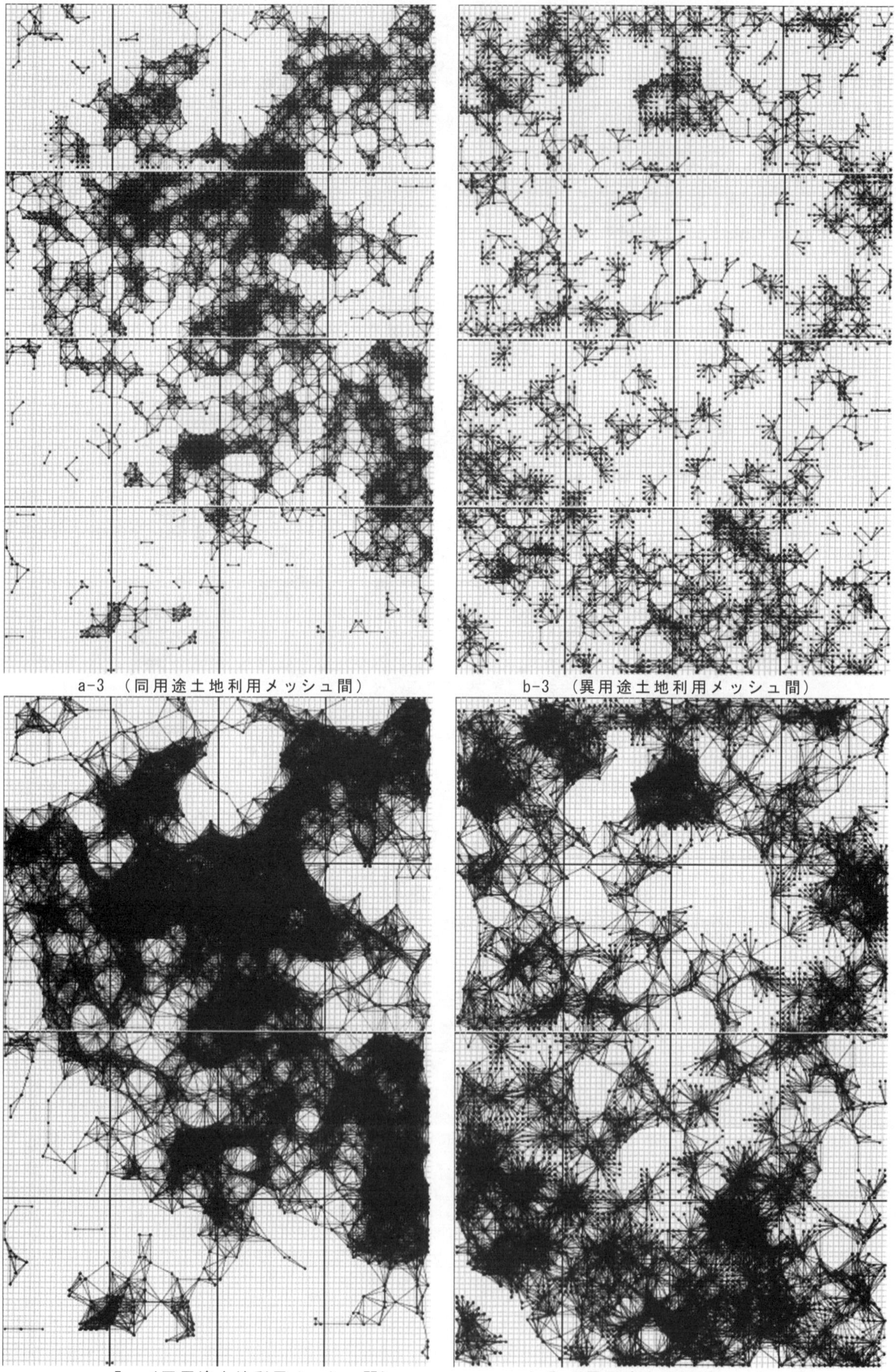

a-3　（同用途土地利用メッシュ間）　b-3　（異用途土地利用メッシュ間）

a-5　（同用途土地利用メッシュ間）　b-5　（異用途土地利用メッシュ間）

図 23　ネットワーク関係構造

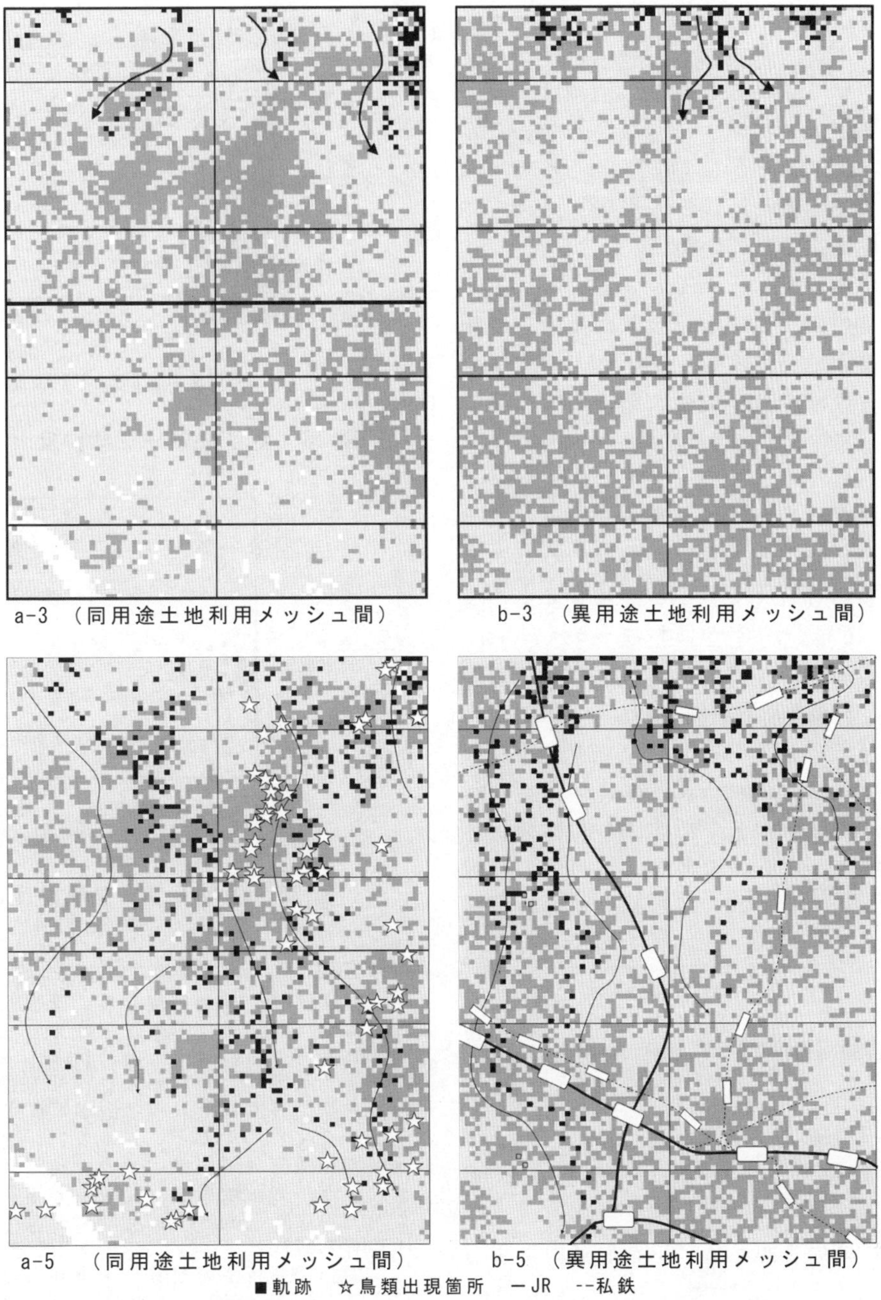

図 24　土地利用ネットワーク（オブジェクトの軌跡）

図 24 は、対象領域内における同用途（緑地）土地利用ネットワーク及び異用途（工業用地、商業業務用地、住宅地）土地利用ネットワークにおけるオブジェクトの移動の軌跡の一例を示したものである。ここでのオブジェクトは、これまで同様、鳥類（同用途土地利用間ネットワーク）、土地活力（異用途土地利用間ネットワーク）とした。ネットワーク上をオブジェクトが移動する近傍領域は、図 14 とした。

最北端にオブジェクトを投入し、r を 1 から順次拡大してシミュレーションを行ったところ、同用途土地利用ネットワーク、異用途土地利用ネットワークのどちらも、$r \leqq 5$ のシミュレートで最南端に到達した。このサンプル（図 21）のメッシュサイズと土地利用配置では、r =5 以上であれば、同用途土地利用ネットワーク、異用途土地利用ネットワーク上のオブジェクトが北から南へ到達する。

また、図 22 と、図 24 に示すそれぞれのオブジェクトの軌跡を比較すると、リンク数が大きな個所をオブジェクトが通過していることが伺える。大きなリンク数のメッシュの集積とオブジェクトの移動のしやすさが関係しているためと考えられる。一方、逆に、大規模開発等により緑塊が消滅し、リンク数の値が減少すれば、一気に南端への到達率が減少する可能性があることが予測される。特に、オブジェクトの軌跡が集中する中央部の緑塊の消滅は、オブジェクトの到達率の大きな減少につながるであろう。

図 24 には同時に、参考として鳥類出現箇所注 3)、また都市活力、商業活動や地価との影響を考えて鉄道との空間的関係性を示している。

同用途土地利用ネットワーク上のオブジェクトの軌跡は、東部で鳥類出現箇所と近接した場所に出現している。異用途土地利用ネットワーク上のオブジェクトの軌跡は、西部の JR 沿線に集中して出現している。

これらの結果から、ネットワーク上のオブジェクトの移動が頻繁に表れる箇所は、鳥類の出現に表出する緑地としての質の高さ、地価に表出する都市活力の高さが現れている箇所であると考えることもできる。図 25、図 26 は、$r \leqq 5$ におけるシミュレーションをそれぞれ 100 試行ずつ行った結果と、鳥類出現箇所アクセス距離、公示地価注 4)との空間解析結果（メッシュデータマップのオーバーレイ分析）である。ここでネットワーク軌跡度とは、シミュレーション試行ごとにオブジェクトが通過した回数をメッシュごとに数値化したものである。散布図の特性から、上述したマップ（図 24）から読み取れる関係性が読み取れる。

5．おわりに

以上のように本章では、メッシュデータで構成される都市空間上の土地利用のモデル化についての説明をした。特に、同用途及び異用途の、隣接及び近接するメッシュ間の関係性から、配置パターンやネットワーク関係構造の動きをモデル化した。

これら膨大の量の局所的なモデルを計算機によって数値化、ネットワーク上のオブジェクトの動きをシミュレートする事によって、都市空間全体の土地利用の質や、土地利用の有機的なつながりを表現する手法について論じた。

注

1) 山林・荒地等、田、畑・その他の農地、造成中地、空地、工業用地、一般低層住宅地、密集低層住宅地、中高層住宅地、商業・業務用地、道路用地、公園・緑地等、その他の公共公益施設用地、河川・湖沼等
2) あくまでソフトコンピューティング上の応用事例であり、本章の時点では植物学における正確な知見ではない事は了解されたい。
3) 千葉県レッドデータブック掲載貴重種の内、カテゴリーC 及び D に該当する鳥類の出現箇所をデジタル化した。
4) 国土数値情報　地価公示 2000 年版を使用した．

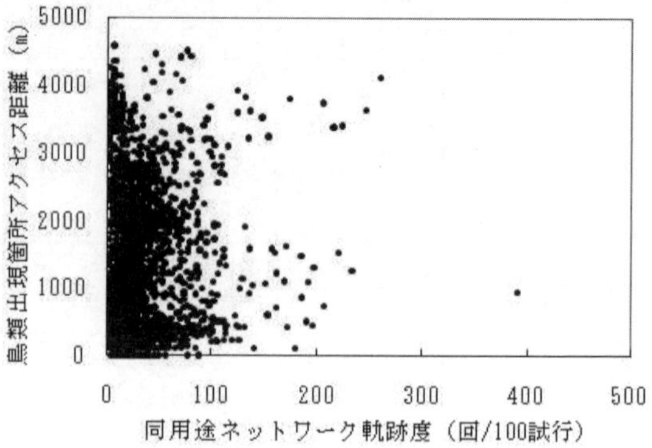

図 25　ネットワーク軌跡度と鳥類出現箇所

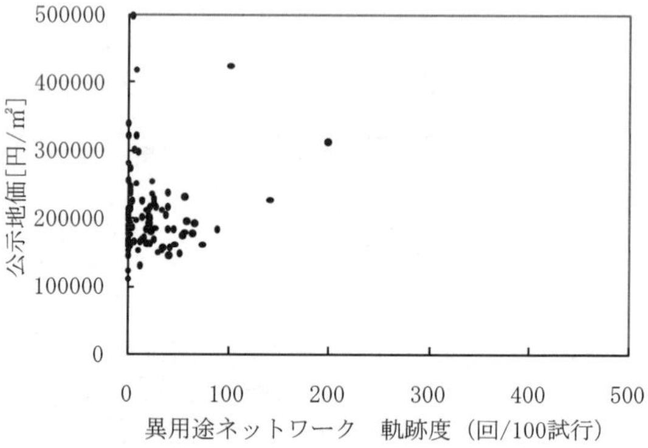

図 26　ネットワーク軌跡度と公示地価

参考文献

1) 小出治：土地利用混合度の適用並びにその検定、日本都市計画学会学術研究論文集、第 12 号、pp.79-84、1977
2) 玉川英則：土地利用の秩序性の数理的表現に関する考察、日本都市計画学会学術研究論文集、第 17 号、pp.73-78、1982
3) 腰塚武志・栗田治：メッシュデータを用いた人口推定と平均距離算出、第 19 回日本都市計画学会学術研究論文集、pp.319-324、1984
4) 青木義次：メッシュデータ解析の一方法としての空間相関分析法の提案、土地利用の連担性・共存性・排斥性の計量化への応用、日本建築学会計画系論文集、第 368 号、pp.119-125、1986
5) 吉川徹：メッシュデータに立脚した土地利用の集塊性の把握手法について、日本建築学会計画系論文集、第 495 号、pp.147-154、1997
6) 宮崎隆昌・中澤公伯：大都市沿岸域における土地利用上の環境評価システムに関する基礎的研究－京浜・京葉臨海工業地帯における土地利用混合度について－、環境情報科学論文集、第 12 号、pp.119-124、1998
7) 小林祐司・佐藤誠治・姫野由香・広中聡：緑地地域の特性把握と地域類型化に関する研究日本建築学会計画系論文集、 第 554 号、pp.227-234、2002
8) 小林優介・石川幹子：細密メッシュを用いた森林の集塊性の分析手法に関する研究、都市計画論文集 No.38、pp.619-624、2003
9) 小林優介・石川幹子：セルオートマトンを応用した森林のネットワークの分析手法に関する研究、都市計画論文集 No.39、pp.103-108、2004
10) 小林優介：ラスターＧＩＳを用いた森林の周縁部と

内部の分析手法に関する研究、ランドスケープ研究 69(5)、pp.781-784、2006a
11)　宮崎隆昌・板本守正・中澤公伯：大都市沿岸域における土地利用上の環境評価システムに関する基礎的研究（Ⅱ）－首都圏臨海部における土地利用用途の近接性・非近接性について、環境情報科学論文集、第13号、pp.119-124、1999
12)　出口弘：ネットワーク、日科技連出版社、p.260、1994

第 5 章

1/*f* ゆらぎと快適空調制御

概要　室内環境は均一な空間を作り出すことが求められてきた。しかし、人によって快適感が違うので、均一な空間では同じ空間にいる全員が快適とは限らない。空調設備においても、温度や気流速を変化させることで人に刺激を与え、さらに快適な空間を作り出す研究が行われており、“ゆらぎ”もその対象の1つである。ゆらぎの中でも1/*f*ゆらぎはその快適性が評価され、様々なものに応用されている。1/*f*ゆらぎを空調設備に応用することができれば、より快適な空間を作り出すことができると考えられる。本章では、夏季冷房時は4台の扇風機を操作して1/*f*ゆらぎ風を発生させ、冬季暖房時は4台のカーボンヒーターを操作して1/*f*ゆらぎ放射熱を発生させ、その快適性の調査や省エネルギー性の評価を行った結果について述べる。

1.　はじめに

室内環境は均一な空間を作り出すことが求められてきた。しかし、人によって快適感が違うので、均一な空間では同じ空間にいる全員が快適とは限らない。また、近年のOA化の進展によってテクノストレスなどの問題が顕在化し、さらに人に優しい環境が求められるようになってきた。空調設備においても、温度や気流速を変化させることで人に刺激を与え、さらに快適な空間を作り出す研究が行われており、“ゆらぎ”もその対象の1つである[1)]。なお、ゆらぎとは、ある平均的な量を中心とする変動をいう。

人にとって最も快適な空間は自然界といわれている。自然界の風・音など、様々なものの中にゆらぎが存在し、このゆらぎが人に快適感をもたらす源であることが明らかになってきた。ゆらぎは、1/*f*ゆらぎ、$1/f^2$ゆらぎ および $1/f^0$ゆらぎの3つに大別される[2)]が、その中でも1/*f*ゆらぎはその快適性が評価され様々なものに応用されている。主な応用例としては、マッサージ器[2)]・扇風機[3)]などがある。1/*f*ゆらぎを空調設備に応用することができれば、より快適な空間を作り出すことができると考えられる。しかし、1/*f*ゆらぎはパッケージエアコンなどに用いられる程度であり、オフィスや店舗など大型空調にはほとんど応用されていない。

既往の研究[4)]では、複数の吹出口を想定した扇風機を操作して、多方向からの1/*f*ゆらぎ風を発生させた。しかし、1/*f*ゆらぎ風を発生させただけで、その快適性の調査や省エネルギー性の評価は行われていない。また、夏季冷房時を想定したものであり、年間を通した1/*f*ゆらぎの応用が望まれる。

そこで、本章では、有明工業高等専門学校建築学科3階5年教室（以降、「5A教室」と呼ぶ）において、夏季は4台の扇風機を操作して得られた1/*f*ゆらぎ風の快適性の調査と省エネルギー性の評価を行い[5)]、冬季は4台のカーボンヒーターを操作して得られた1/*f*ゆらぎ放射熱の快適性の調査を行ったので、その結果について述べる。

2.　1/*f*ゆらぎ[文献6)、7)から抜粋]

ゆらぎをいろいろな周波数をもつ正弦波の重ね合わせとして表現し、⊿*f*という周波数幅の中にある成分波の合成振幅の2乗平均を*S*(*f*)・⊿*f*と表すことができる。ここで、⊿*f*を十分小さい値にしたときの*S*(*f*)を、元のゆらぎのパワースペクトルという。1925年 schottky効果（熱陰極から放出される飽和電子電流が印加する電界によって、さらに増加する現象）を調べているときに、低い周波数部分に異常に強い電流雑音があることが発見された。酸化物陰極を用いると、この雑音はかなり大きくなる。低い周波数で電流雑音が増大することから考えると、熱陰極からの熱電子放出は、完全にはランダムではないことが分かり、この低周波数に現れる電流雑音のパワースペクトルは、周波数*f*に反比例することから「1/*f*雑音」と呼ばれている。その後、真空管電流以外に炭素抵抗体に電流を流しても同型のスペクトルをもった電流雑音がみられた。さらに、半導体や半金属でも1/*f*雑音が発見された。

一方で、電荷や電流の存在と直接関係しないゆらぎ現象の中で、1/*f*型のスペクトルを持つものが発見され、それらを総称して「1/*f*ゆらぎ」と呼ぶようになった。

2.1　1/*f*ゆらぎ理論

図1は、各ゆらぎの特徴を表している。

パワースペクトルが周波数*f*に対して定数、すなわち$1/f^0$ゆらぎは完全に無相関な乱数系列として知られている。また、$1/f^2$ゆらぎは$1/f^0$ゆらぎを外力として運動するブラウン粒子、すなわち水中に浮かぶ花粉微粒子の速度のゆらぎスペクトルとして、統計力学的根拠が明確になっている。さらに、パワースペクトルが周波数 f の逆数、すなわち $1/f$ ゆらぎは抵抗に流れる直流電流のゆらぎとしてその存在が初めて知らされた。

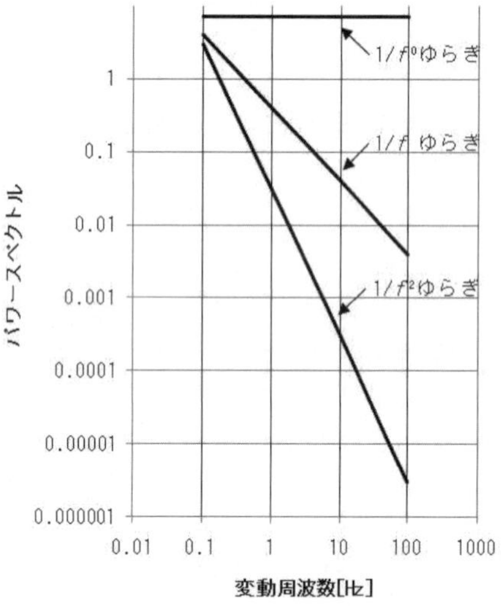

図１　各ゆらぎの特徴 [8)]

2.1.1　1/fゆらぎ

ゆらぎのデータをスペクトル解析（付録 1（高速フーリエ変換））して、横軸を周波数、縦軸をパワースペクトルとしてグラフを作ったときに、パワースペクトルが変動周波数 f の逆数に比例している場合、データが $1/f$ になる特性があるといえ、スペクトル解析する前のデータを $1/f$ の特性をもったゆらぎ、すなわち $1/f$ ゆらぎという。$1/f$ ゆらぎは、高原のそよ風や海辺の波の音等、人が快適に感じる様々な自然現象に含まれている。人は日常生活でいろいろなことを絶えず期待しているが、$1/f$ がある空間は、その期待に適度に応えたり、また期待を適度に裏切ったりする。人間が心地よいと感じる裏切りが、$1/f$ ゆらぎには存在するようである。

ある時系列データの n 回微分をとると、そのパワースペクトルは f^{2n} に比例し、n が負（積分を意味する）であっても成り立つ。したがって、$1/f^0$ ゆらぎの時系列データを 1 回積分することによって、パワースペクトルが $1/f^2$ に比例する $1/f^2$ ゆらぎが得られる。これを機械的に考えると、$1/f$ ゆらぎは $1/f^0$ ゆらぎを 1/2 回積分することで得られる [8)]。ここで、必要となる $1/f^0$ ゆらぎは、コンピュータに組み込まれている乱数を用いることができる。積分は、離散化した時間間隔 δ における $1/f^0$ ゆらぎの離散化データ（乱数データ）X_m の n 回微分を考え、形式的に積分に対応する式に変換したのが式(1)である（付録 2(式(1)の証明)）。ただし、$r = 0$ のケースでは、x_m の係数は 1 にする。

$$y_m = \varDelta^{-n} X_m = \delta^n \Sigma_{r=0}^{N} [n(n+1)\cdot\cdots\cdot\{n+(r-1)\}/r!]\cdot x_{m-r} \quad (1)$$

ここで、y_m は $1/f$ ゆらぎデータ、$\varDelta^{-n}$ はある関数に対する n 回の積分、X_m は $1/f^0$ ゆらぎの離散化データ（乱数データ）、δ は時間間隔、m は乱数データの第 m 番目、r は何時刻前かを表す値、n はゆらぎの記憶の消失の緩急をつかさどるパラメーター（減衰特性）、N はゆらぎの残響時間をつかさどるパラメーター（影響を受けるデータの数）を表す。式(1)の n に 1/2 を代入すると、式(1)は式(2)のようになる。

$$y_m = \varDelta^{-1/2} X_m = \delta^{1/2}[x_m + \{1/(2\times1!)\}\cdot x_{m-1} + \{1\times3/(4\times2!)\}\cdot x_{m-2} + \{1\times3\times5/(8\times3!)\}\cdot x_{m-3} + \cdots]$$
$$= \delta^{1/2}(x_m + 1/2\times x_{m-1} + 3/8\times x_{m-2} + 5/16\times x_{m-3} + \cdots) \quad (2)$$

式(1)から得られた $1/f$ ゆらぎは、図 2 に示すような、各々異なった初期振幅と減衰特性（指数関数の減衰）を持つ様々な緩和現象の重ね合わせとして説明することができる。

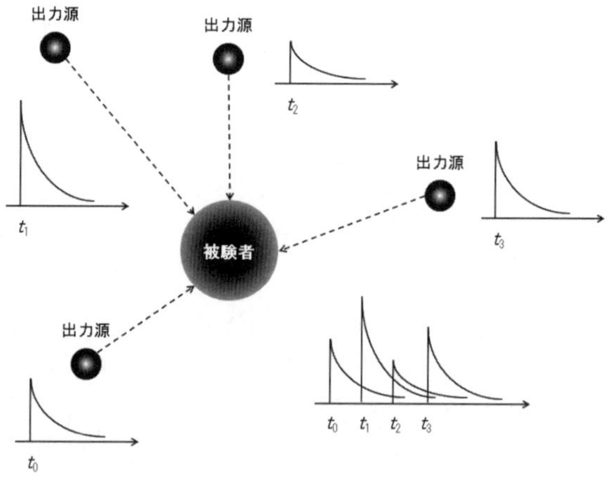

図２　1/fゆらぎ発生モデル

たとえば、草原の周囲で発生した風がある時間間隔で減衰していき、それぞれの風が発生する時刻を t_i とした場合、発生した風を合成すると図 3 のように表される。すなわち、草原で風を心地よいと感じるのは、合成された風が $1/f$ ゆらぎの特性を持っているからである。なお、n は、増加すればゆらぎの記憶の消失が緩やかになり、減少すればゆらぎの記憶の消失が急になる。一方、N は、大きければ大きいほどゆらぎらしさを現すものと考えられる。

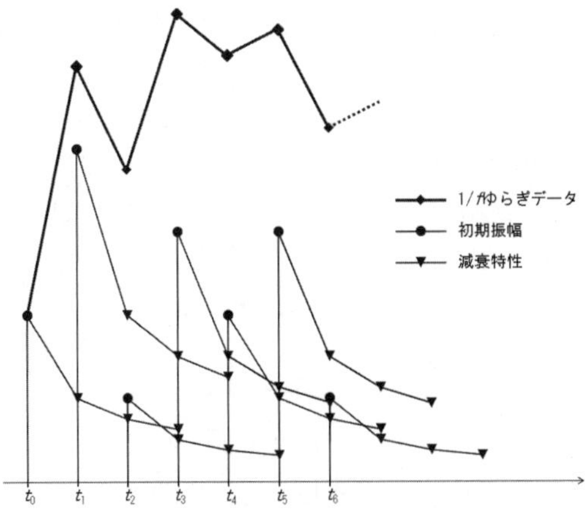

図 3　風の合成による 1/*f* ゆらぎ風

2.1.2　1/*f*² ゆらぎ

スペクトルの傾斜が f^{-2} になるゆらぎを $1/f^2$ ゆらぎという。人は常に物事を予測したがるが、$1/f^2$ ゆらぎの場合、予測が容易であり、それに接しているとやがて人は期待しなくなり、飽きてしまう。このように、$1/f^2$ ゆらぎは意外性がなく、退屈を感じさせるものであり、現在の状態が過去に起きた状態に強く依存する。なお、$1/f^0$ ゆらぎを 1 回積分することで $1/f^2$ ゆらぎになる。

2.1.3　1/*f*⁰ ゆらぎ

スペクトルの傾斜が f^0 になるゆらぎを $1/f^0$ ゆらぎ、または白色ゆらぎという。コンピュータに組み込まれた乱数が $1/f^0$ ゆらぎである。これは、全くランダムに生起し、相関が全くないゆらぎである。

2.2　1/*f* ゆらぎの近似度

付録 1（高速フーリエ変換）を用いて、ゆらぎのデータをスペクトル解析して、横軸に周波数、縦軸にフーリエ変換結果の（複素数の）絶対値をとるグラフを作成する。グラフは左右対称になっているが、左半分のみを使用する。横軸の左端は 0[Hz]となるが、左半分の右端（左右対称のグラフであれば中央になる）はサンプリング周波数の半分に対応する。たとえば、元のデータが 0.001 秒ごとに取得したものであれば、サンプリング周波数は 1 000[Hz]なので、グラフの右端は 500[Hz]となる。

1/*f* ゆらぎ近似度の評価には、直線回帰分析によって得られる回帰式の傾きを用いる。このとき、周波数帯域は、上限周波数 f_H を $1/(2\times\delta)$ に設定し、下限周波数 f_L を f_H/N に設定する。

3.　方法

3.1　1/*f* ゆらぎ風および 1/*f* ゆらぎ放射熱を発生させる装置

扇風機による 1/*f* ゆらぎ風を発生させる装置の概要を図 4 に示す。

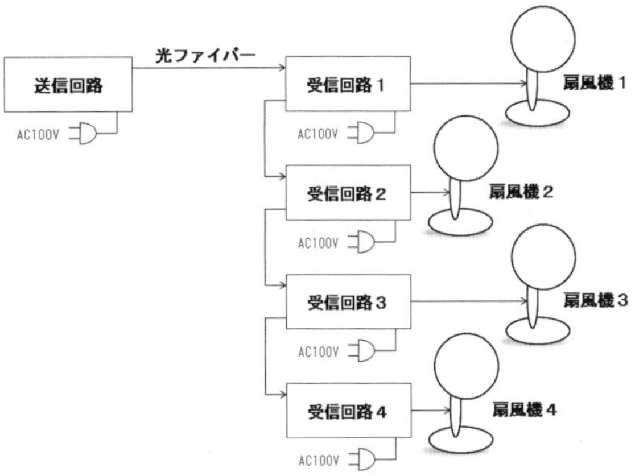

図 4　扇風機による 1/*f* ゆらぎ風を発生させる装置の概要

図 4 の送信回路で乱数データ $X_m=\{\cdots, x_{m-3}, x_{m-2}, x_{m-1}, x_m\}$ を発生させ、光ファイバーを介して 4 台の受信回路へ送信する。受信回路では、その乱数データを加工して減衰特性を作り、1/*f* ゆらぎデータ y_m を発生させる。y_m は、2.1.1 の式(1)から求められる。たとえば、式(1)に、$n = 1/2$、$N = 3$ を代入すると、y_m は式(3)で与えられる。また、式(3)から求められた y_m を図 5 に示す。

$$y_m = \Delta^{-1/2}X_m = \delta^{1/2}[x_m + \{1/(2\times1!)\}\cdot x_{m-1} + \{1\times3/(4\times2!)\}\cdot x_{m-2} + \{1\times3\times5/(8\times3!)\}\cdot x_{m-3}]$$
$$= \delta^{1/2}(x_m + 1/2\times x_{m-1} + 3/8\times x_{m-2} + 5/16\times x_{m-3}) \qquad (3)$$

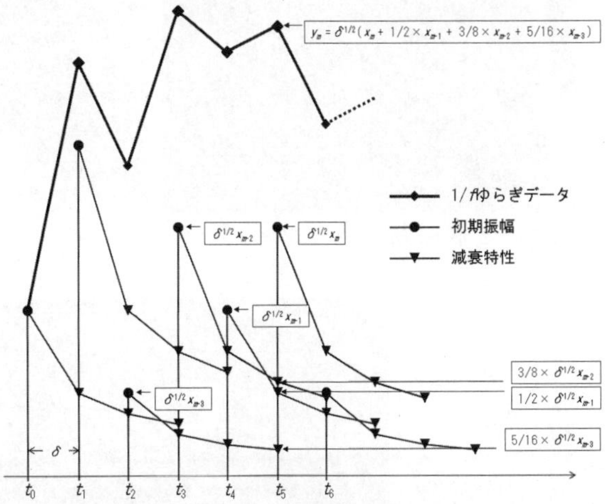

図 5　1/*f* ゆらぎデータ y_m

さらに、$\delta = 3$ を代入すると、式(3)は、式(4)のようになる。

$$y_m = \Delta^{-1/2}X_m = 3^{1/2}[x_m + \{1/(2\times1!)\}\cdot x_{m-1} + \{1\times3/(4\times2!)\}\cdot x_{m-2} + \{1\times3\times5/(8\times3!)\}\cdot x_{m-3}]$$
$$= 3^{1/2}(x_m + 1/2\times x_{m-1} + 3/8\times x_{m-2} + 5/16\times x_{m-3}) \qquad (4)$$

すなわち、送信回路および受信回路の時間間隔 δ を変更することで、風の強弱を変化させることができる。したがって、風量調整用ダンパーを備えた吹出口への応用を考える場合、減衰特性 n および時間間隔 δ を変換することで対応することができる [1]。ただし、複数の吹出口を持つ空調室を持つようなオフィスビルや学校に 1/*f* ゆらぎを用いることによってどのような効果を示すのかは分かっていない。

そこで、まず 5A 教室を対象として、無風・冷房時と、1/*f* ゆらぎ風・冷房時のランニングコストを比較する。次に、5A 教室において、扇風機による 1/*f* ゆらぎ風を体験してもらう被験者実験を行う。さらに、快適感についてのアンケート調査を行い、その結果から 1/*f* ゆらぎ風の省エネルギー性の評価を行う。なお、冬季を想定した 1/*f* ゆらぎ放射熱の被験者実験では、図 4 の扇風機の代わりに、カーボンヒーターを設置する。

1/*f* ゆらぎ風および 1/*f* ゆらぎ放射熱を発生させる装置の構成部品の外観を図 6 に示す。

3.2 扇風機による 1/*f* ゆらぎ風の省エネルギー性の評価

温湿度、気流速および温熱感の関係を図 7 に示す。

図 7 は、湿球温度 19[℃]の室内条件で冷房設定温度 26[℃]の無風（0.2[m/s]）の状態から、気流速を 0.5[m/s]に上げることによって、冷房設定温度が 28[℃]であったとしても、同じ体感温度（有効温度 23[℃]）を感じることを示している。

5A 教室の室内温度を 2[℃]下げるのに必要な熱量 q は、室内温度が 2[℃]低いことによる熱取得を q_1 とし、室内温度を 2[℃]下げるために必要な熱量を q_2 とすると、式(5)から求められる。

$$q = q_1 + q_2 = k \cdot A \cdot \triangle t + 1.21 \times V \cdot \triangle t$$
$$= 2.0 \times 163.7 \times 2.0 + 1.21 \times 242.8 \times 2.0 \times 1\,000 / 3\,600 \fallingdotseq 655 + 163 = 818[\mathrm{W}] \quad (5)$$

ここで、k は 5A 教室の壁・天井の熱通過率[W/(m^2・℃)]、A は 5A 教室の壁・天井の延べ面積[m^2]、$\triangle t$ は室内外温度差[℃]、V は 5A 教室の容積[m^3]を表す。

すなわち、冷房設定温度 26[℃]による冷房運転時の被験者実験と、冷房設定温度 28[℃]による冷房運転時に 1/*f* ゆらぎ風を発生させた被験者実験を行い、快適感についてのアンケート調査結果が、両実験ともに快適だと評価されれば、空調運転開始時（立上がり時）に約 163[W]の電力が削減でき、また空調定常運転時（最大風速 0.5[m/s]時）に約 655[W]の電力が削減できることが式(5)から分かる。

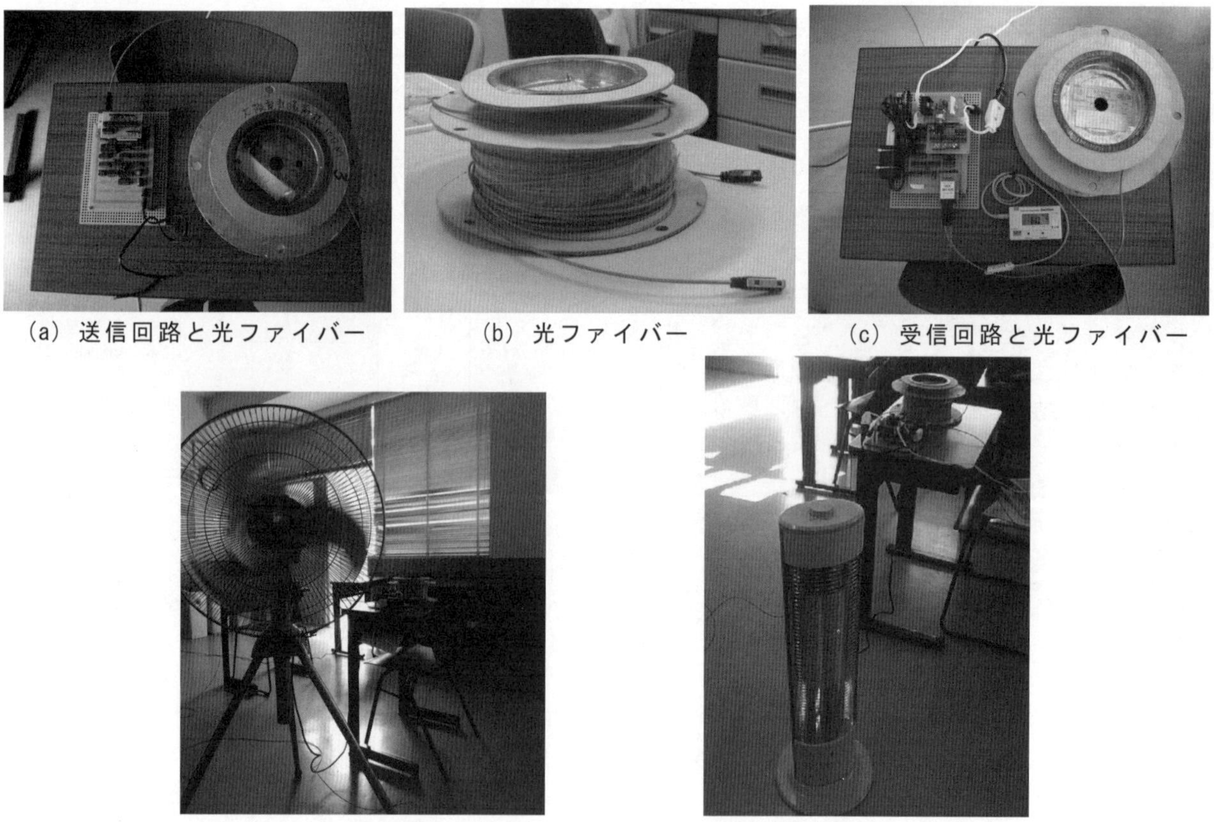

(a) 送信回路と光ファイバー　(b) 光ファイバー　(c) 受信回路と光ファイバー

(d) 扇風機　(e) カーボンヒーター

図 6　1/*f* ゆらぎ風および 1/*f* ゆらぎ放射熱を発生させる装置の構成部品の外観

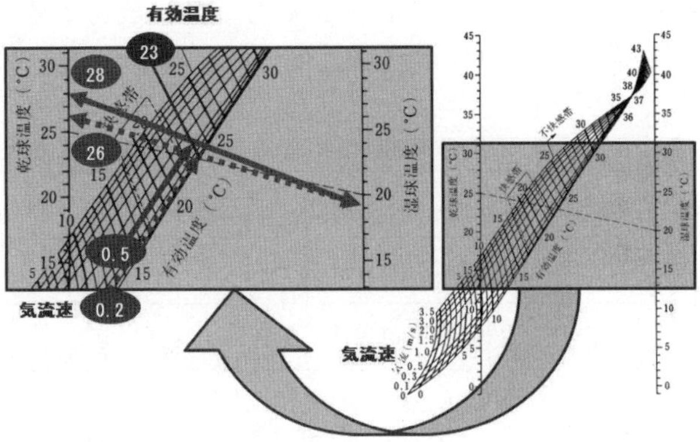

図 7　温湿度、気流速および温熱感の関係

3.3　カーボンヒーターによる 1/*f* ゆらぎ放射（熱）暖房

カーボンヒーターによる 1/*f* ゆらぎ放射（熱）暖房を冬季に応用するためには、まずは快適でなければならない。しかし、カーボンヒーターを 1/*f* ゆらぎ制御することによって、消費エネルギーが増加すれば、いかに快適であっても、省エネルギーに反することになる。そこで、一定の放射熱を発するカーボンヒーターの消費電力と、1/*f* ゆらぎ制御したカーボンヒーターの消費電力がほぼ一致するようなカーボンヒーターを選定する。乱数データ x_m を受信した受信回路は、式(4)にもとづき減衰特性を作り、カーボンヒーターを操作する。したがって、カーボンヒーターの消費電力は順に $3^{1/2}\times x_m$、$3^{1/2}\times 1/2\times x_m$、$3^{1/2}\times 3/8\times x_m$、$3^{1/2}\times 5/16\times x_m$ と減衰していく。

乱数データを 0.5 とした場合の減衰特性を図 8 に示す。縦軸はカーボンヒーターの消費電力を表し、横軸は経過時間を表す。

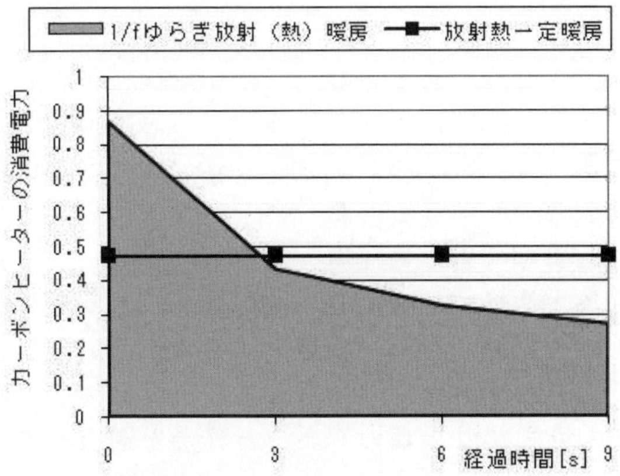

図 8　カーボンヒーターの選定

0.866（$= 3^{1/2}\times 0.5$）の点をカーボンヒーターの最大の消費電力とすると、カーボンヒーターの消費電力の平均は 0.474（$= 0.5\times(3^{1/2} + 3^{1/2}\times 1/2 + 3^{1/2}\times 3/8 + 3^{1/2}\times 5/16)/4$）となり、その比率はほぼ 1 : 1/2 となる。したがって、強・弱の運転モードを有し、その比率が 1 : 1/2 であるカーボンヒーターを選定すればよいことになる。

選定したカーボンヒーターを図 9 に示す。

図 9　カーボンヒーター[9)]

図 9 のカーボンヒーターは、強の消費電力が 900[W]、弱の消費電力が 450[W]であり、強と弱との比率が 1 : 1/2 となっている。したがって、一定の放射熱を発するカーボンヒーターの運転モードは弱（450[W]）とし、1/*f* ゆらぎ制御するカーボンヒーターの運転モードは強（900[W]）とする。

4.　実験

4.1　扇風機による 1/*f* ゆらぎ風

図 10 に示すように、45[cm]ファンの扇風機を 4 台配置し被験者に対して 4 方向から風を発生させる。

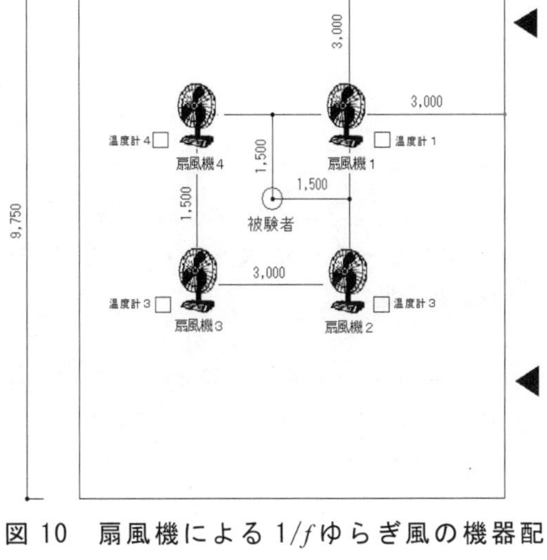

図 10　扇風機による 1/*f* ゆらぎ風の機器配置

扇風機にデータを送信する時間間隔 δ および減衰特性 n を変更することによって、任意の 1/f ゆらぎ風を作成することができる。

表 1 に示すように、2 つの実験を行った。空調形態としては、無風・冷房実験は冷房のみ使用を想定し、1/f ゆらぎ風・冷房実験は 1/f ゆらぎ風・冷房併用を想定している。

表 1　1/f ゆらぎ風の有無による比較実験

実験名	冷房設定温度[℃]	1/f ゆらぎ風	空調形態
無風・冷房実験	26	発生させない	冷房のみ使用
1/f ゆらぎ風・冷房実験	28	発生させる	1/f ゆらぎ風・冷房併用

両実験ともに、アンケート調査を行い、夏季冷房時における 1/f ゆらぎ風の快適性の調査と省エネルギー性の評価を行う。

4.2　カーボンヒーターによる 1/f ゆらぎ放射熱

図 11 のように、カーボンヒーターを 4 台配置し、被験者に対して 4 方向から放射熱を発生させる。

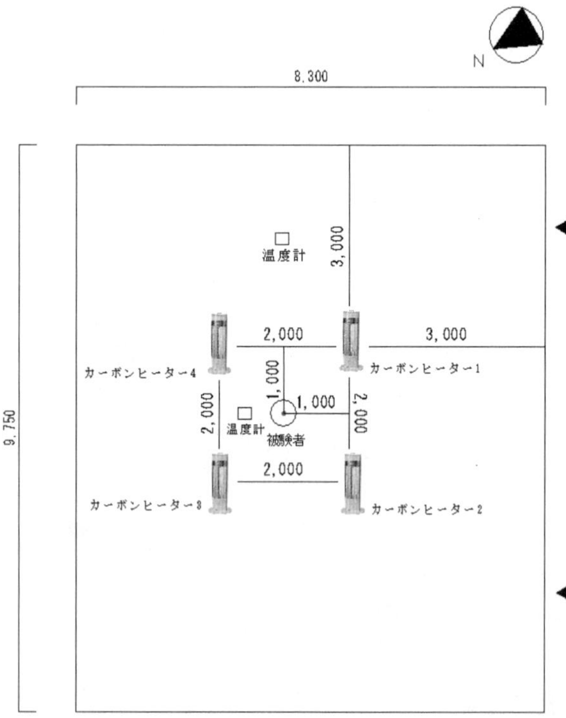

図 11　カーボンヒーターによる 1/f ゆらぎ放射暖房の機器配置

カーボンヒーターにデータを送信する時間間隔 δ および減衰特性 n を変更することによって、任意の 1/f ゆらぎ放射熱を作成することができる。

表 2 に示すように、2 つの実験を行った。空調形態としては、放射熱一定暖房実験は放射熱一定による暖房を想定し、1/f ゆらぎ放射（熱）暖房実験は 1/f ゆらぎ放射熱による暖房を想定している。

表 2　1/f ゆらぎの有無による放射暖房の比較実験

実験名	カーボンヒーターの能力	1/f ゆらぎの有無	空調形態
放射熱一定暖房実験	弱（450[W]）	なし	放射熱一定による暖房
1/f ゆらぎ放射（熱）暖房実験	強（900[W]）	あり	1/f ゆらぎ放射熱による暖房

両実験ともに、アンケート調査を行い、冬季暖房時における 1/f ゆらぎ放射熱の快適性の評価を行う。

5.　被験者実験

快適性は、快適感をもとにして評価されるが、その快適感には個人差があり、基準をつくることが難しい。評価方法は、主観的評価方法（アンケート調査）と客観的評価方法（生理データを検出する方法）が挙げられる。

主観的評価方法は、実際に 1/f ゆらぎ風および 1/f ゆらぎ放射熱を被験者に体験してもらい、質問事項に答えてもらう方法である。一方、客観的評価方法は、同じく実際に 1/f ゆらぎ風および 1/f ゆらぎ放射熱を被験者に体験してもらい、被験者の心拍数や脳波を測定して解析する方法である。

実験では、主観的評価方法によって快適感を調査し、それを主成分分析 [10)] することで客観的な評価を得ることにした。

5.1　アンケート用紙の作成

快適感をイメージする言葉と不快感をイメージする言葉を表 3 に示す。

質問事項は、表 3 から扇風機およびカーボンヒーターに関係のある言葉を抽出した。“陽気な”、“さわやかな”、“休まる”、“温和な”、“暖かい”、“自然な”、“和やかな”、“安らかな”、“軽やかな”、“新しい”、“安定した”、“落着きのある”、“不思議な”、“方向性のある”、“不安定な”、“抑圧された”、“うるさい”、“暑苦しい”、“うっとおしい”、“息苦しい”、“奇怪な”および“重たい”等、25 項目である。

回答方法は、“非常にそう感じた”、“そう感じた”、“ややそう感じた”、“普通”、“ややそう感じなかった”、“そう感じなかった”および“非常にそう感じなかった”の 7 種類のうち、どれかを選択してもらうことにした。

5.2　アンケート調査結果の分析

図 12 は、アンケート調査結果を分析する流れを示している。

表 3　クラスター言語 [11]

(a) 快適感

クラスター言語	快適感をイメージする言葉（**太字**：各クラスターを代表する言語）
爽快	2. **のどかな**　31. **明るい**　50. 生き生きとした　52. **陽気な**　65.清らかな　74. **さわやかな**
愉快・開放	3. 気楽な　8. **調和した**　60. **愉快な**　61. **開放的な**　78. 楽しい　93. **すこやかな**
温和	1. **休まる**　28. **温和な**　37. **暖かい**　40. **温暖な**　80. **自然な**　86. 幸福な
安息	9. **平穏な**　13. 安心できる　19. **和やかな**　45. おだやかな　62. くつろいだ　76. 静かな　87. 憩う　97. 安らかな
新鮮	12. **明快な**　14. うきうきとした　16. **軽い・軽やかな**　79.　**若々しい**　42. **新しい**
和合	5. うっとりとした　7. 愛らしい　15. まろやかな　35. やさしい　36. **芳しい**　44. **潤う**　71. **円満な**　85. 和気あいあいとした　88. 親しみやすい　99. **喜ばしい**
光彩	30. **みずみずしい**　33. **鮮やかな**　41. **まばゆい**　43. **威勢のいい**
麗・可憐	6. 恍惚とした　17. 愛しい　25. 気品のある　27. **睦まじい**　29. かわいい・かわいらしい　48. 活動的な　49. 嬉しい　51. **素直な**　57. **上品な**　72. 麗しい　73. しなやかな
華麗	26. **甘ったるい**　53. **格調高い**　55. おめでたい　56. 華麗な　63. あでやかな　75. **壮大な**　96. **輝かしい**　98. 歯切れのよい
合一	39. **安定した**　46. 守られた　47. 打ち解けた　59. **おっとりした**　64. ふさわしい　69. 一体感のある　70. 受け入れられる　84. 待ち望んだ　90. **落着きのある**　91. いたわるような　94. 慰められるような
果敢	18. 豊潤な　21. 頼もしい　24. 認められる　34. 凛々しい　54. 情熱的な　77. 堂々とした　82. **不思議な**　83. ありかたい　89. **方向性のある**
勇壮	10. **たくましい**　11. 勇ましい　20. 冒険的な　22. 尊い　23. **おごそかな**　32. 勇敢な　38. 荘厳な　58. **田舎風の**　95. **冷静な**　100. **神聖な**
期待	4. **興味深い**　66. **華々しい**　67. **劇的な**　68. **誇らしい**　92. **外交的な**
思いつき	81. 思いつきの

(b) 不快感

クラスター言語	不快感をイメージする言葉（**太字**：各クラスターを代表する言語）
侮蔑	23. 浅はかな　33. **しらじらしい**　63. **あざむくような**　67. あなどるような　70. 高慢な　71. さげすむような　81. 疎い
抑圧	12. **不安定な**　16. **抑圧された**　58. **威圧的な**　61. 暴力的な　66. 閉鎖的な　94. **神経質な**　97. 圧迫感のある
屈折・卑屈 嫉妬	2. やましい　11. 忌まわしい　13. 飽き飽きした　14. 厳（いか）めしい　22. あさましい　25. 厚かましい　30. **いかがわしい**　36. **媚るような**　38. いまいましい　39. 厄介な　55. 未練がましい　68. 卑屈な　75. むっつりした　83. 恨めしい·怨めしい　84. 嫌らしい　85. いじけた　88. うじうじした　90. ねちねちとした　95. おぞましい　98. **妬ましい**　99. **意地悪な**
陰湿・陰険 陰気	6. **うるさい**　8. 薄汚い　9. いやしい　10. 閉ざされた　15. 気味悪い　19. 薄気味悪い　26. 暑苦しい　32. 不潔な　34. **うっとおしい**　46. 無神経な　49. **気色悪い**　50. 苛々する　56. 陰気な　69. 陰険な　73. **汚い**　76. 見苦しい　77. 息苦しい　78. けがらわしい　82. 憂うつな　93. 湿っぽい
怒・罪悪	4. 無気味な　7. **冷淡な**　24. みじめな　31. 粗野な　37. 怒りっぽい　45. **冷酷な**　51. **かた苦しい**　54. 煩わしい　59. 不吉な　72. 気まずい　79. 俗悪な　89. **後めたい**　91. 腹立たしい
苦悩・消沈	1. 危うい　5. 痛々しい　20. 渾沌とした　21. 気の毒な　27. **消沈したような**　29. **沈んだ**　40. 気だるい　44. 奇怪な　47. 苦しい　48. 青ざめた　57. **行き詰まったような**　80. 薄暗い　86. **重い・重たい**　96. 暗い
下品・臆病	3. おびえた　17. 気掛りな　18. 興醒めな　28. みすぼらしい　35. **空しい・虚しい**　41. 落ちぶれた　42. くやしい　43. 嘆かわしい　52. 佗しい　53. 下品な　60. よそよそしい　62. **うなだれた**　64. 乏しい　65. **おどおどした**　74. 悔やまれた　87. 恐しい　92. 困惑するような　100. 疑わしい

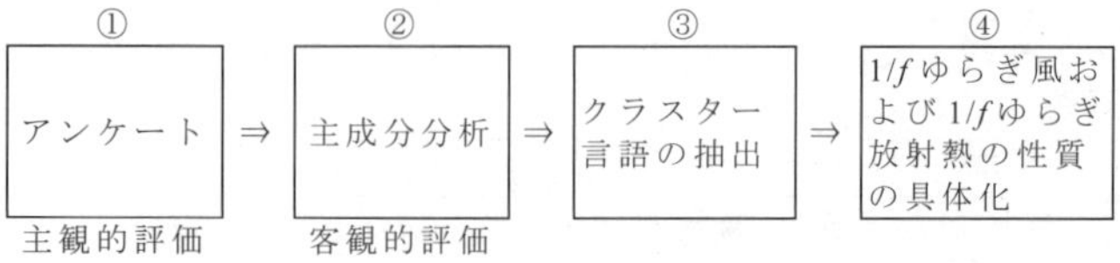

図 12　アンケート調査結果の分析の流れ

6.　実験結果

6.1　快適性の調査

主成分分析法を用いて、アンケート調査の回答を集計して得られたデータの圧縮を行う。主成分分析法から得られた、各実験における各主成分の固有値、寄与率および累積寄与率を表 4 に示す。

表 4　各実験における各主成分の固有値、寄与率および累積寄与率

(a) 無風・冷房実験

	第 1 主成分	第 2 主成分	第 3 主成分	第 4 主成分	第 5 主成分
固有値（分散）	9.02	5.63	4.59	2.76	2.32
寄与率[%]	34.69	21.68	17.68	10.62	8.92
累積寄与率[%]	34.69	56.37	74.06	84.68	93.60

(b) 1/*f* ゆらぎ風・冷房実験

	第 1 主成分	第 2 主成分	第 3 主成分	第 4 主成分	第 5 主成分
固有値（分散）	9.92	8.71	3.54	1.73	1.16
寄与率[%]	38.17	33.51	13.61	6.67	4.46
累積寄与率[%]	38.17	71.68	85.29	91.96	96.42

(c) 放射熱一定暖房実験

	第 1 主成分	第 2 主成分	第 3 主成分	第 4 主成分	第 5 主成分
固有値（分散）	12.74	7.69	6.52	3.69	2.27
寄与率[%]	33.40	20.16	17.10	9.69	5.96
累積寄与率[%]	33.40	53.56	70.65	80.34	86.30

(d) 1/*f* ゆらぎ放射（熱）暖房実験

	第 1 主成分	第 2 主成分	第 3 主成分	第 4 主成分	第 5 主成分
固有値（分散）	14.03	8.01	5.89	3.94	2.85
寄与率[%]	35.40	20.21	14.87	9.93	7.19
累積寄与率[%]	35.40	55.62	70.49	80.42	87.60

累積寄与率とは、新しく作られた軸（主成分）が現象全体をどの程度 説明してくれるかの割合を示すものである。たとえば、表 4(a)では、第 1 主成分の寄与率が 34.69[%]であり、この主成分によって、全体の 34.69[%]が説明されていることになる。以下、第 2 主成分の寄与率 21.68[%]、第 3 主成分の寄与率 17.68[%]であり、第 1 主成分から第 3 主成分までで 74.06[%]説明できることを意味する。

表 4(a)～(d)をみると、いずれも第 1 主成分から第 3 主成分までの累積寄与率が 70[%]を超えているので、この 3 つの主成分軸で 1/*f* ゆらぎ風および 1/*f* ゆらぎ放射熱のイメージが把握できると考えられる。

扇風機およびカーボンヒーターの性質は、表 3 に示す快適感および不快感のクラスター言語と照らし合わせて決定した。

アンケートには快適感、不快感を表す各クラスターを代表する言語 [11]から、扇風機またはカーボンヒーターをイメージする言葉を選んでいる。

主成分ごとに、しかもクラスター言語ごとに、クラスターを代表する言語 2 項目の固有ベクトル値の合計を得点とし、その得点が最も高いクラスター言語をその主成分から得ることができる扇風機およびカーボンヒーターの性質と考えた。

6.2　無風・冷房実験

アンケート調査の概要を表 5 に示す。

表 5　調査概要（無風・冷房実験）

調査日	平成 22 年 8 月 30 日
調査人数	15
調査項目	25
気温[℃]	26.0
湿度[%]	42.6

無風・冷房実験における各主成分の固有ベクトル値を表 6 に示す。表 6 は、各主成分で得点の高い上位を示したものである。文献 11)から、第 1 主成分である“奇怪な”は、“苦悩・消沈”を意味し、第 2 主成分である、“自然な”は“温和”を意味し、第 3 主成分である“和やかな”は“安息”を意味している。したがって、表 6 から、無風・冷房実験における快適性は、“意気消沈させるものの、温和で、安息を与える”と評価された。

表 6　各主成分の固有ベクトル値（無風・冷房実験）

	クラスター言語		固有ベクトル値	合計
第 1 主成分	苦悩・消沈	奇怪な	0.26	0.49
		重たい	0.23	
第 2 主成分	温和	自然な	0.35	0.45
		休まる	0.11	
第 3 主成分	安息	和やかな	0.32	0.62
		安らかな	0.30	

6.3　1/*f* ゆらぎ風・冷房実験

実験風景を図 13 に示し、アンケート調査の概要を表 7 に示す。

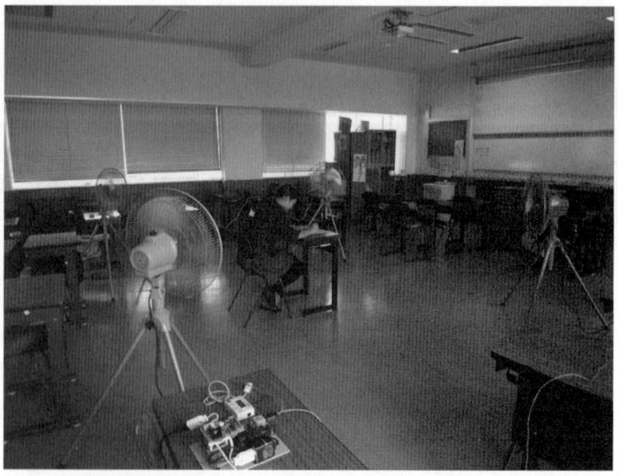

図 13　実験風景（1/*f* ゆらぎ風・冷房実験）

表 7　調査概要（1/*f* ゆらぎ風・冷房実験）

調査日	平成 22 年 8 月 30 日
調査人数	15
調査項目	25
気温[℃]	28.4
湿度[%]	50.4

1/*f* ゆらぎ風・冷房実験における各主成分の固有ベクトル値を表 8 に示す。表 8 は、各主成分で得点の高い上位を示したものである。文献 11)から、第 1 主成分である“さわやかな”は“爽快”を意味し、第 2 主成分である“軽やかな”および“新しい”は“新鮮”を意味し、第 3 主成分である“息苦しい”は“陰湿・陰険・陰気”を意味している。したがって、表 8 から、1/*f* ゆらぎ風・冷房実験における快適性は、“爽快で、新鮮であるが、やや陰湿（息苦しい）である”と評価された。

表 8　各主成分の固有ベクトル値（1/*f* ゆらぎ風・冷房実験）

	クラスター言語		固有ベクトル値	合計
第 1 主成分	爽快	さわやかな	0.28	0.55
		陽気な	0.27	
第 2 主成分	新鮮	軽やかな	0.26	0.52
		新しい	0.26	
第 3 主成分	陰湿・陰険・陰気	息苦しい	0.37	0.49
		うっとおしい	0.12	

6.4　放射熱一定暖房実験

アンケート調査の概要を表 9 に示し、放射熱一定暖房実験における各主成分の固有ベクトル値を表 10 に示す。

表 9　調査概要（放射熱一定暖房実験）

調査日	平成 23 年 1 月 25 日
調査人数	10
調査項目	24
気温[℃]	18.2
湿度[%]	29.8

表 10　各主成分の固有ベクトル値（放射熱一定暖房実験）

	クラスター言語		固有ベクトル値	合計
第 1 主成分	果敢	方向性のある	0.44	0.68
		不思議な	0.24	
第 2 主成分	抑圧	不安定な	0.42	0.81
		抑圧された	0.39	
第 3 主成分	温和	暖かい	0.41	0.58
		自然な	0.17	

表 10 は、各主成分で得点の高い上位を示したものである。文献 11)から、第 1 主成分である“方向性のある”は“果敢”を意味し、第 2 主成分である“不安定な”は“抑圧”を意味し、第 3 主成分である“暖かい”は“温和”を意味している。したがって、表 10 から、放射熱一定暖房実験における快適性は、“果敢で、温和であるが、やや抑圧的である”と評価された。

6.5　1/*f* ゆらぎ放射（熱）暖房実験

アンケート調査の概要を表 11 に示し、実験風景を図 14 に示す。

表 11　調査概要（1/*f* ゆらぎ放射（熱）暖房実験）

調査日	平成 23 年 1 月 27 日
調査人数	10
調査項目	24
気温[℃]	16.6
湿度[%]	34.7

図 14　実験風景（1/*f* ゆらぎ放射（熱）暖房実験）

1/*f* ゆらぎ放射（熱）暖房実験における各主成分の固有ベクトル値を表 12 に示す。表 12 は各主成分で得点の高い上位を示したものである。文献 11)から、第 1 主成分である“落ち着きのある”は、“合一”を意味し、第 2 主成分である“暑苦しい”および“うるさい”は“陰湿・陰険・陰気”を意味し、第 3 主成分である“温和な”は“温和”を意味している。したがって、表 12 から、1/*f* ゆらぎ放射（熱）暖房実験における快適性は、“合一で、温和であるが、やや陰湿（暑苦しい）である”と評価された。

表 12　各主成分の固有ベクトル値（1/*f* ゆらぎ放射（熱）暖房実験）

	クラスター言語		固有ベクトル値	合計
第 1 主成分	合一	落ち着きのある	0.33	0.61
		安定した	0.28	
第 2 主成分	陰湿・陰険・陰気	暑苦しい	0.35	0.70
		うるさい	0.35	
第 3 主成分	温和	温和な	0.30	0.54
		暖かい	0.24	

7.　考察

夏季冷房時は 4 台の扇風機を操作して 1/*f* ゆらぎ風を発生させ、冬季暖房時は 4 台のカーボンヒーターを操作して 1/*f* ゆらぎ放射熱を発生させ、被験者実験を行った。そして、その快適性について、被験者へのアンケート調査を行った。

夏季を想定した扇風機の実験では、冷房のみ使用した無風・冷房時と、1/*f* ゆらぎ風と冷房を併用した 1/*f* ゆらぎ風・冷房時の快適性の比較を行い、さらに省エネルギー性の評価を行った。また、冬季を想定したカーボンヒーターの実験では、放射熱一定暖房時と 1/*f* ゆらぎ放射（熱）暖房時の快適性の比較を行った。

7.1 快適性の比較

7.1.1 1/*f* ゆらぎ扇風機について

無風・冷房実験と、1/*f* ゆらぎ風・冷房実験のアンケート調査から得られたクラスター言語を表 13 に示す。

表 13 をみると、無風・冷房実験では“温和”や“安息”といった快適感をイメージするクラスター言語が得られ、1/*f* ゆらぎ風・冷房実験では“爽快”や“新鮮”といった快適感をイメージするクラスター言語が得られたことが分かる。

表 13 無風・冷房実験と 1/*f* ゆらぎ風・冷房実験のクラスター言語

実験名	クラスター言語	
無風・冷房実験	苦悩・消沈	奇怪な
		重たい
	温和	自然な
		休まる
	安息	和やかな
		安らかな
1/*f* ゆらぎ風・冷房実験	爽快	さわやかな
		陽気な
	新鮮	軽やかな
		新しい
	陰湿・陰険・陰気	息苦しい
		うっとおしい

一方で、1/*f* ゆらぎ扇風機は、“息苦しい”や“うっとおしい”など不快感も示している。不快感を示した原因には、扇風機の配置間隔、風の強さ、風の向きなどが挙げられる。したがって、被験者から扇風機をもう少し離して配置したり、被験者への風の向きや風の強さを考慮したりすれば、より快適感が得られるものと考えられる。

7.1.2 1/*f* ゆらぎカーボンヒーターについて

放射熱一定暖房実験と、1/*f* ゆらぎ放射（熱）暖房実験のアンケート調査から得られたクラスター言語を表 14 に示す。

表 14 をみると、放射熱一定暖房実験では“温和”という快適感をイメージするクラスター言語が得られ、1/*f* ゆらぎ放射（熱）暖房実験では“合一”や“温和”といった快適感をイメージするクラスター言語が得られたことが分かる。したがって、1/*f* ゆらぎの冬季への応用の可能性が示唆された。

表 14 放射熱一定暖房実験と 1/*f* ゆらぎ放射（熱）暖房実験のクラスター言語の比較

実験名	クラスター言語	
放射熱一定暖房実験	果敢	方向性のある
		不思議な
	抑圧	不安定な
		抑圧された
	温和	暖かい
		自然な
1/*f* ゆらぎ放射（熱）暖房実験	合一	落ち着きのある
		安定した
	陰湿・陰険・陰気	暑苦しい
		うるさい
	温和	温和な
		暖かい

一方で、1/*f* ゆらぎカーボンヒーターは、“暑苦しい”や“うるさい”など不快感も示している。不快感を示した原因には、カーボンヒーターの配置間隔や放射熱の強さ、カーボンヒーターの出力（消費電力）を減衰させる際に発生する受信装置の切り替え音などが挙げられる。したがって、被験者からカーボンヒーターをもう少し離して配置したり、受信装置で発生する切り替え音を消したりすれば、より快適感が得られるものと考えられる。

7.2 扇風機による 1/*f* ゆらぎ風の省エネルギー性の評価

アンケート調査の結果によれば、1/*f* ゆらぎ風・冷房実験では、被験者から扇風機をさらに離して配置したり、風の向きおよび強さを考慮したりすれば、より快適感が得られることが分かった。したがって、1/*f* ゆらぎ風・冷房実験の結果から、3.2 で述べた省エネルギー性が示唆された。

8. おわりに

夏季においては、複数の吹出口を持つ空調室を備えたオフィスビルや学校を想定し、4 台の扇風機を操作して得られる 1/*f* ゆらぎ風の快適感の調査と省エネルギー性の評価を行った [5)]。また、冬季においては、4 台のカーボンヒーターを操作して得られる 1/*f* ゆらぎ放射熱の快適感の調査を行った。

得られた成果を以下に示す。

(1) 1/*f* ゆらぎ扇風機は“爽快で、新鮮である”と評価された。また、無風・冷房実験（冷房設定温度 26[℃]による冷房運転時の被験者実験）と、1/*f* ゆらぎ風・冷房実験（冷房設定温度 28[℃]による冷房運転時に 1/*f* ゆらぎ風を発生させた被験者実験）を行った結果、両実験ともに快適だと評価されたことから、1/*f* ゆらぎ扇風機の省エネルギー性が示唆された。

(2) 1/*f* ゆらぎカーボンヒーターは“合一で、温和である”と評価されたことから、1/*f* ゆらぎの冬季への応用の可能性が示唆された。

参考文献

1) 鳶敏和，外山薫：特許第 30900571 号，1/*f* ゆらぎ制御器及び 1/*f* ゆらぎ空調システム
2) 住谷正夫，安久正紘：扇風機とマッサージ機における 1/*f* 揺らぎ制御の快適性評価，電子情報通信学会論文誌 D-Ⅱ，Vol.J73-D-Ⅱ，No.3，pp.478-485（1990）
3) 秋山恒，安久正紘，武者利光：1/*f* の回転ゆらぎをもつ送風システム，信学論，J68-C9，pp.773-774（1985）
4) 向坂将太，鳶敏和：1/*f* ゆらぎを用いた快適空調に関する実験的研究－パーソナル空調からモジュール空調へ－，日本建築学会九州支部研究報告，第 48 号・2 環境系，pp.273-276（2009）
5) 弟子丸愛，鳶敏和：健康空調における快適制御に関する実験的研究－1/*f* ゆらぎ風の快適感の調査および省エネ性の検討－，日本建築学会九州支部研究報告，第 50 号・2 環境系，pp.273-276（2011）
6) 安久正紘，住谷正夫：1/*f* ゆらぎ理論による制御とは，電気計算，No.6，pp.31-39（1989）
7) 安久正紘，住谷正夫：1/*f* ゆらぎの効果的評価方法と応用開発，テクノシステム講習会資料，pp.1-55（1993）
8) 武者利光：1/*f* ゆらぎ，応用物理，Vol.46，No.12，pp.1144-1155（1977）
9) 小泉成器社製カーボンヒーターHKK-0901：商品カタログ，http://www.seiki.koizumi.co.jp/business/pdf_(ア) prdct/10_seasonp1112.pdf（2011/01/18 現在）
10) 杉山和雄，井上勝雄：EXCEL による調査分析入門，海文堂（1996）
11) 羽根義，室恵子：言語による快適環境の評価，感性計測先端技術集成，サイエンスフォーラム，pp.183-189（1991）

付録 1（高速フーリエ変換）

音波、電磁波、地震波などの波は大きさ（振幅）、周波数、位相が異なる三角関数波（sin、cos）の組み合わせで表すことができる。数学において、フーリエ変換（FT : Fourier transform）は実変数の複素または実数値函数を別の同種の函数に写す変換である。変換後の函数は元の函数に含まれる周波数を記述し、しばしば「元の函数の周波数領域表現（frequency domain representation）」と呼ばれる。これは、演奏中の音楽を聴いてそれをコードに書き出すというようなことと同様な思想である。実質的に、フーリエ変換は函数を振動函数に分解する。フーリエ変換は他の多くの数学的な演算と同様にフーリエ解析の主題を成す。特別の場合として、元の函数とその周波領域表現が連続かつ非有界である場合を考えることができる。フーリエ変換という術語は函数の周波数領域表現のことを指すこともあるし、函数を周波数領域表現へ写す変換の過程・公式をいうこともある。すなわち、フーリエ変換は、端的にいえば、横軸が時間となっているグラフを、横軸が周波数のグラフに変換する、数学的処理方法の 1 つである。このフーリエ変換アルゴリズムを高速化したのが高速フーリエ変換（FFT : Fast Fourier Transform）アルゴリズムである。高速がつかないフーリエ変換アルゴリズムもあり、データ数が 2 の整数乗個でなくてもよいというメリットはあるが、普通は用いられない。

■ Microsoft Office Excel 2007（以降、「Excel」と呼ぶ）による FFT プログラムの使用法

①以下の Excel による FFT プログラム 中にデータ数を指定する（5 行目の n の部分と 7 行目の括弧の中）。プログラム例ではデータ数は 1024 個になっている。データの個数は 2 の整数乗でなければならない。

② Excel のセル範囲 “A1 : A1024” に元データの実数部分、セル範囲 “B1 : B1024” に虚数部分を入力する。ただし、虚数部分があるデータは稀だと思われるので、セル範囲 “B1 : B1024” にはゼロを入力しておけばよい。実数部分で、データ数が 2 の整数乗に足りない場合は余ったところにゼロを入力しておく場合もあれば、同じデータを繰り返しておく場合もある。

③ Excel のクイックアクセスツールバーの “**開発**” 中の “コード” 内の “Visual Basic” をクリックするか、ショートカットキー（Alt キーと F11 キー）を押す。Visual Basic Editor（以降、「VBE」と呼ぶ）が起動する。そして、モジュールシートを開く。モジュールシートを開くには、メニューバーの “**挿入**” を開き、“**標準モジュール**” をクリックする。“Module1” モジュールシートが開く。さらに、メニューバーの “**挿入**” を開き、“**プロシージャ**” をクリックする。“**プロシージャの追加**” ボックスが開くので、名前の中に “**離散 FFT 処理**” をキー入力し、種類の中の “Sub **プロシージャ**” と適用範囲の中の “Public **プロシージャ**” にチェックを入れ、“OK” ボタンをクリックすると、“Public Sub **離散** FFT **処理** ()” と、“End Sub” が表示される。その間に、以下の Excel による FFT プログラム をコピー & ペーストする。ただし、最初の “Public Sub **離散** FFT **処理** ()” と最後の “End Sub” は重複するので、削除する。

④メニューバーからプログラムを実行する。プログラムを実行する方法は以下に示すように、いくつかあり、どれを使用してもよい。

・VBE の起動画面でショートカットキー（F5 キー）を押す。
・VBE の起動画面のメニューバーの “**実行**” を開き、“**Sub/ユーザフォームの実行**” をクリックする。
・VBE の起動画面のツールバーの “**Sub/ユーザフォームの実行**” ボタンをクリックする。

⑤ 4 列目（D 列）にフーリエ変換結果の実数部分、5 列目（E 列）に虚数部分、6 列目（F 列）に（複素数の）絶対値が表示される。

⑥普通は 6 列目（F 列）を使用する。グラフを描くと、左右対称になっていることが分かるが、左半分のみを使用する。横軸の左端は 0[Hz]となるが、左半分の右端（左右対称のグラフだと中央、512 個目のデータ）はサンプリング周波数の半分に対応する。たとえば、元のデータが 0.001 秒ごとに取得したデータであれば、サンプリング周波数は 1 000[Hz]なので、グラフの右端は 500[Hz]となる。この 500[Hz]、つまりサンプリング周波数の半分のことを「ナイキスト周波数」と呼ぶこともある。

Excel による FFT プログラム（http://tsuyu.cocolog-nifty.com/blog/2007/03/publi.html（2014/8/8 現在））

マクロのリスト

```
Public Sub 離散 FFT 処理()
Dim g, h, i, j, k, l, m, n, o, p, q As Integer
i = 0: j = 0: k = 0: l = 0: p = 0: h = 0: g = 0: q = 0
'データ数 n を指定（2 の整数乗である必要あり）
n = 1024: m = Log(n) / Log(2)
'xr と xi はデータ数以上、s と c はデータ数の半分以上を指定しておく。
Dim xr(1024), xi(1024), xd, s(512), c(512), a, b As Single
'1 列目を実数部、2 列目を虚数部として、データを読み込む。
For i = 1 To n
xr(i - 1) = Cells(i, 1): xi(i - 1) = Cells(i, 2)
Next i
'FFT の計算
a = 0: b = 3.14159265359 * 2 / n
For i = 0 To n / 2
s(i) = Sin(a): c(i) = Cos(a): a = a + b
Next i
l = n: h = 1
For g = 1 To m: l = l / 2: k = 0
For q = 1 To h: p = 0
  For i = k To l + k - 1: j = i + l
   a = xr(i) - xr(j): b = xi(i) - xi(j)
   xr(i) = xr(i) + xr(j): xi(i) = xi(i) + xi(j)
   If p = 0 Then
    xr(j) = a: xi(j) = b
   Else
    xr(j) = a * c(p) + b * s(p): xi(j) = b * c(p) - a * s(p)
   End If
   p = p + h: Next i
k = k + l + l: Next q
h = h + h: Next g
j = n / 2
For i = 1 To n - 1: k = n
If j < i Then
xd = xr(i): xr(i) = xr(j): xr(j) = xd: xd = xi(i): xi(i) = xi(j): xi(j) = xd
End If
k = k / 2
Do While j >= k
j = j - k: k = k / 2
Loop
j = j + k
Next i
'データの出力
For i = 1 To n    '4 列目（D 列）に実数部、5 列目（E 列）に虚数部、6 列目（F 列）に絶対値を表示する。
Cells(i, 4) = xr(i - 1): Cells(i, 5) = xi(i - 1)
Cells(i, 6) = (xr(i - 1) ^ 2 + xi(i - 1) ^ 2) ^ 0.5
Next i
End Sub
'先人の業績を Excel VBA で使えるようにしたものなので、ご自由にご利用いただいて構いません。
```

高速フーリエ変換アルゴリズムの使用上の注意事項を以下に示す。

①高速フーリエ変換を行う元のデータも、変換後のデータもすべて複素数であるが、実際には元のデータが複素数であることはまずないので、虚数部分を 0 とする。変換後のデータは、複素数の絶対値を求めて使用する。

②データの数は、たとえば 1 024、2 048 および 4 096 のように、2 の整数乗個でなければならない。高速フーリエ変換を用いて、$1/f^0$ ゆらぎの 32 個のデータ｛0.00302124, 0.00604248, 0.375990673, 0.404683827, 0.012673235, 0.944774165, 0.574178531, 0.935439996, 0.088630519, 0.451645166, 0.474867272, 0.526251691, 0.293082638, 0.343919737, 0.674520037, 0.278970973, 0.933655474, 0.143707846, 0.000474151, 0.584800473, 0.09386244, 0.752191141, 0.147964127, 0.934444771, 0.570184201, 0.257654584, 0.704034456, 0.985650623,

0.690703559，0.281489185，0.157829544，0.748418021｝をスペクトル解析した結果を下図に示す。横軸は周波数、縦軸はフーリエ変換結果の（複素数の）絶対値を表す。

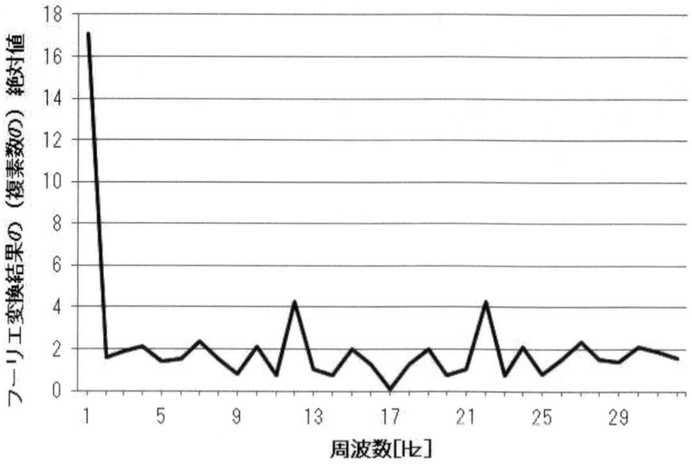

③変換後の周波数領域のデータは左右対称となるので、右半分は削除し、左半分を使用する。したがって、横軸の右端はサンプリング周波数の半分となる。

④サンプリング周波数の半分以上の周波数成分が信号に含まれていたとしても、観察されるはずがないことは直観で理解できる。同じようにサンプリングした時間よりも周期が大きい波、つまり時間領域のグラフに波 1 個さえ入れない低周波成分も出てくるはずがない。特に、後者は注意を要し、周波数領域のグラフにおいて、原点に向かって立ち上がりがあるが、別に低周波成分が含まれていることを示すわけではない。サンプリングしている間に、波が複数入ってないと周期的変動として検知できないのである。

付録 2（式(1)の証明）

微分の定義　$f'(x) = \lim_{\delta \to 0}$（$f(x) - f(x - \delta)$））/ δに基づき、$f(x)$の n 回微分を考える。

$\triangle^{n} f(x) = \delta^{-n} \Sigma_{r}{}^{N}{}_{=0}(-1)^{r} \cdot {}_{n}C_{r} \cdot f(x - r \cdot \delta) = \delta^{-n} \Sigma_{r}{}^{N}{}_{=0}(-1)^{r} \cdot [n!/\{r!(n - r)!\}] \cdot f(x - r \cdot \delta)$

$= \delta^{-n} \Sigma_{r}{}^{N}{}_{=0}(-1)^{r} \cdot [n(n - 1) \cdot \cdots \cdot \{n - (r - 1)\}/r!] \cdot f(x - r \cdot \delta)$

n を $-n$ で置換する。

$\triangle^{-n} f(x) = \delta^{n} \Sigma_{r}{}^{N}{}_{=0}(-1)^{r} \cdot [-n(-n - 1) \cdot \cdots \cdot \{-n - (r - 1)\}/r!] \cdot f(x - r \cdot \delta)$

$= \delta^{n} \Sigma_{r}{}^{N}{}_{=0}(-1)^{r} \cdot (-1)^{r} \cdot [n(n + 1) \cdot \cdots \cdot \{n + (r - 1)\}/r!] \cdot f(x - r \cdot \delta)$

$f(x)$を離散化する。

m 時の値 $y_m = \triangle^{-n} X_m = \delta^{n} \Sigma_{r}{}^{N}{}_{=0}[n(n + 1) \cdot \cdots \cdot \{n + (r - 1)\}/r!] \cdot x_{m-r}$

n に 1/2 を代入する。

$y_m = \triangle^{-1/2} X_m = \delta^{1/2}[x_m + 1/2 \times x_{m-1} + \cdots + \{1/2 \times 3/2 \times \cdots \times (2 \times N - 1)/2\}/N! \cdot x_{m-N}]$ ■

第 6 章

ワイヤロープ支持構造の健全性評価システム

概要　本章では初めにワイヤロープ支持構造の現状について説明し、そこで顕在化してきている社会問題について言及する。続いて、その安全対策として提案されている健全性評価システムの事例などについて紹介した上で、予見保全に対して最も高感度なワイヤロープセンサーの基本測定原理や性能評価結果について解説し、その基本性能と著者らが開発を進めている GMR センサーを用いた健全性評価システムの性能評価について言及する。

1.　はじめに

近年、建築物の高層化やバリアフリー化により昇降機の設置台数が増加している。エレベーターは 1980 年代から 1990 年代にかけて設置台数が急激に増加し、それに伴い保守台数も増加している。最近は駅構内のエレベーターのワイヤロープが破断するという事故や、挟まれ死亡事故など重大な事故が複数報告されている。それらの原因の 1 つに考えられるのはエレベーター増加による保守点検技術者の不足である。既存稼働台数 70 万台に対して、保守点検者数は約 3 万人であり、20 台以上の検査を 1 人で行っている計算になる。保守点検技術者は豊富な知識と経験が必要とされ、誤った判断が重大な事故につながってしまうケースが少なくない。また、駅でよく見られるようになった改札階とホーム階を結ぶシースルー型の展望用エレベーターは直射日光があたり、昇降路内が高温高湿になりやすく、2 ヶ所停止で屈曲部位が限定されるためワイヤロープにとって厳しい環境である。さらに、省エネ・省スペースのニーズから保守点検に対してはより困難なエレベーターが今後増えていくことが予想される。このような昇降機器の現状に対して、特にエレベーターの重要保安部品であるワイヤロープの保守点検は重要であるにも関わらず、一般的なワイヤロープの点検は目視で行われており、暗所、高所、閉所など点検が困難な場所などでの保守点検の難しさが報告されている。そのため保守点検におけるワイヤロープの軽微な不具合を認知判断し、予見保全を支援する構造ヘルスモニタリングシステム [1)] の早急な開発が求められている。

本章では従来製品よりも小型で検出精度の高い GMR（Giant Magneto Resistance、巨大磁気抵抗）センサアレイ型の健全性評価システムを構成した上で、その検出精度の検討とともに、損傷・腐食位置の特定や、新たな認知判断技術を用いた損傷・腐食パターンの場合分けについても実験を通じて評価したので、それらの結果について述べる。

2.　ワイヤロープ

2.1　ワイヤロープの概要

ワイヤロープは素線を数多く組み合わせた複雑な構造を有しており、その選択や使用に当たっては、ロープの特長を知ることが必要である。ワイヤロープの特徴としては、一般の鉄鋼二次製品に比べて、

（ⅰ）引張強度が高い。
（ⅱ）耐衝撃性に優れている。
（ⅲ）長尺物が得られる（運搬、輸送が容易）。
（ⅳ）柔軟性に富む（取扱が容易）。

などがあげられる。

一方、用途によっては、（ⅰ）弾性係数が低い(伸びが大きい)、（ⅱ）自転性があるなどが欠点となる場合もあるが、（ⅰ）に対してはプレテンション加工、（ⅱ）に対しては非自転性ロープを採用するなどの対応策 [2)] がある。

2.2　ワイヤロープの構成

ワイヤロープの構成は、ストランド（複数の素線などをより合わせたワイヤロープの構成要素）の数と形、ストランド中の素線の数と配置、繊維心入りか、ロープ心入りかなどによって変化するが、ここでは一般的なワイヤロープの構成について説明する。ワイヤロープは図 1 に示すように数本～数十本の素線を単層または多層により合わせたストランドを、通常 3～9 本を心鋼の周りに所定のピッチでよりあわせて作られている [2)]。

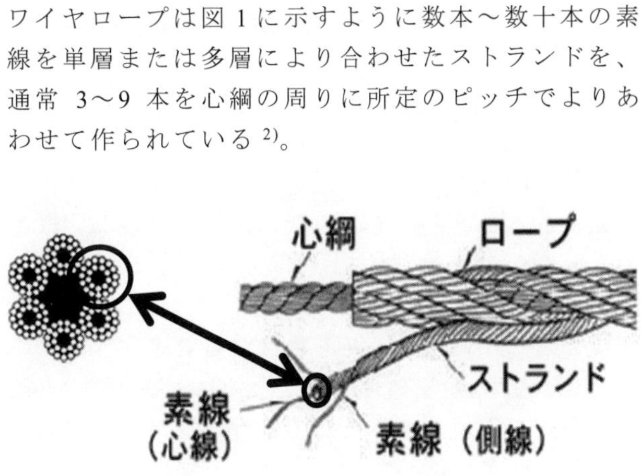

図 1　ワイヤロープの構成

2.3　ストランドの数

ワイヤロープは､図2に示すように通常3～9本のストランドがより合わされているが、特殊用途以外は、図3の断面形状の規格に見られるように構造的にバランスのとれた6ストランドがほとんどである。同一径のワイヤロープでは、一般にストランド数が増加するほどストランド径は細くなり、ワイヤロープは柔軟性を増すが、逆に強度は低くなり、耐摩耗性や形くずれ性などが劣ってくる。

図2　実際のワイヤロープの断面

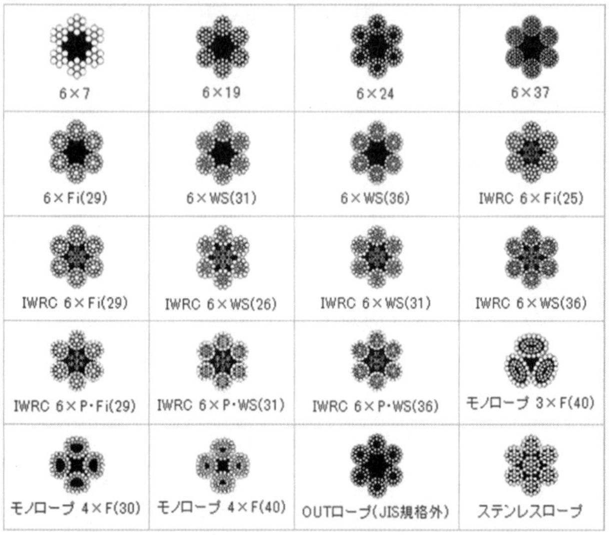

図3　ワイヤロープの規格と断面形状[2)]

2.4　エレベーター用ロープ

ロープ式エレベーターのワイヤロープはロープウェイなどのワイヤロープに比べ、比較的小さな径に屈曲されることと、その回数が比較にならないほど大きいことが特徴である。したがって、エレベーター用の主ワイヤロープについては、一般ワイヤロープに見られないいくつかの特徴が要求規制されている。たとえば､耐屈曲性を増すために素線の硬さ（破断強度）を下げていることである。ただし、超高層用エレベーター関してはワイヤロープ自重が大きくなるので､素線の強度を特にあげたものが使われる。エレベーターの場合、柔軟性を要求する場合には8ストランド、非自転性を要求される場合には、ストランドを2層以上とすることもある。心綱は最近ポリプロピレンその他の合成繊維で構成させるものが使用されるようになった。

2.5　ワイヤロープの点検

ワイヤロープを点検する際にはいくつかの項目があり、その全てを見なくてはならない。主な点検項目は、ISO 4309からまとめると次のとおりである。

(1) 磨耗の程度

全長を通じて最も擦られる部分、また目で見て最も細くなっている部分の直径を数箇所測定する。

(2) 素線破断の有無

素線破断の本数とその分布状態、すなわち、素線破断箇所相互間の距離、同一ストランドか否か、同一素線か否かを調べる。

(3) 腐食の程度

赤さび程度か、腐食にまで進んでいないか、内部腐食の懸念はないか調べる。

(4) グリースの状態

グリースが残っているか否かを調べる。

(5) 形くずれ、その他異常の有無

キンク（形くずれの一種でワイヤロープがねじりとゆるみを同時に受け、もつれと塑性変形を起こした状態）の形跡、つぶれ、きず、くぼみなどについて、程度と位置を調べる。

(6) 継ぎ箇所の異常の有無

継ぎ箇所の差込み末端素線が飛び出していないか、抜けかかっていないか、またクリップがずれていないかなどを調べる。

(7) ワイヤロープ端末部の異常の有無

ワイヤロープと取り付け金具との境目で、ワイヤロープのずれ（すべり出し）はないか、素線破断や腐食がないかを調べる。

2.6　交換時期の目安

点検などによって異常が発見されれば規定の期間内にワイヤロープを交換するが、一般には目視点検によって健全性や交換時期を判断するため、昇降機検査資格者には所定の経験と知識が必要である。それらの判断基準は以下のとおりである。

(1) 素線破断

定められた長さに発生した断線数によって残存強度を推定し、取替時期を判定するのが一般的な方法である。しかし、残存強度は素線破断の分布状態によっても異なるので､判定の確実性を増すためには、国際規格ISO4309に示されている次の事項を考慮する必要がある。

①外層ストランドを構成している素線を対象とする。すなわち内層ストランド中の素線は、基準とする総

素線数には含めない。

②鋼心を有するワイヤロープでは、対象とする素線に鋼心中の素線は含めない。また多層ストランドロープでは、多層ストランドの素線のみを対象とする。

③素線破断が局部的に集中して発生している場合や、1 ストランドに集中して発生している場合は、素線破断本数が許容本数より少なくても廃棄する。

(2) 磨耗

ワイヤロープは、磨耗によって外層素線が擦り減って、ワイヤロープ径は次第に細くなってくる。この磨耗量によってワイヤロープの取替時期を判定するためには、使用状態、最初の安全率、内部素線の保持力などを考慮して、決定しなければならないことは素線破断の場合と同様である、磨耗量は素線破断の場合よりも測定が困難である。

一般には、ストランドの外層素線が最初の素線径の 2/3 まで磨耗したら破棄する。また断線と磨耗が同時にあるときは、断面積の損失が 15%を超えたら破棄する。実際問題としては、ワイヤロープ径の減少から判断するのが一番早く直径が使用始めのときの 1 割減少したら取替えられている。ワイヤロープは、使用中に磨耗と断線とが同時に起きるのが普通なので、残存強度がどれだけになったか、安全率がどれほど低下したかによって取替時期を定める必要がある。

(3) 腐食および使用期間

腐食したものは脆くなるので、ワイヤロープの強度は低下する。相当長期間使用したにも関わらず、素線破断もあまり無く磨耗も少ない場合があるが、このようなときは、特に内部腐食について考慮する必要がある。ワイヤロープが局部的にやせたり、ストランドのよりが緩んだりしたときは、多くは内部が腐食する。

この内部腐食はシーブやドラムで絶えず繰返し曲げを受ける箇所に最も多く起こり、端末には現われないので、両端から採った試験片で残存強度試験をしても意味がない。したがって、これらは使用年数に制限を設けて、安全を図るより他ない。特に人の乗るものに使用するワイヤロープでは、その使用条件に応じて 1～5 年ほど使ったら廃棄を検討する必要がある。

2.7　エレベーター（昇降機）の検査基準

JIS A 4302 により定められている昇降機のワイヤロープの検査項目は以下のとおりである[3]。

(1) ワイヤロープの径の状況

・要重点点検：摩耗した部分の直径が摩耗していない部分と比較して 92%未満であること。

・要是正：摩耗した部分の直径が摩耗していない部分と比較して 90%未満であること。

(2) ワイヤロープの素線破断の状況

①素線破断が平均的に分布する場合

・要重点点検：素線破断総数が 1 ストランドピッチ内で 6 ストランドワイヤロープでは 18 本、8 ストランドワイヤロープでは 24 本を超えているまたは、1 構成より 1 ピッチ内の素線破断が 3 本を超えたとき。

・要是正：素線破断総数が 1 ストランドピッチ内で 6 ストランドワイヤロープでは 24 本、8 ストランドワイヤロープでは 32 本を超えているまたは、1 構成より 1 ピッチ内の素線破断が 4 本を超えていること。

②素線破断が特定の部分に集中している場合

・要重点点検：素線破断総数が 1 ストランドピッチ内で 6 ストランドワイヤロープでは 9 本、8 ストランドワイヤロープでは 12 本を超えているまたは、1 構成より 1 ピッチ内の素線破断が 7 本を超えたとき。

・要是正：素線破断総数が 1 ストランドピッチ内で 6 ストランドワイヤロープでは 12 本、8 ストランドワイヤロープでは 16 本を超えているまたは、1 構成より 1 ピッチ内の素線破断が 9 本を超えたとき。

(3) ワイヤロープの錆の状況

・要重点点検：錆が甚だしい場合または、破断した素線の劣化が進んでいる場合は、1 構成より 1 ピッチ内で素線破断があること。

・要是正：錆が甚だしい場合または、破断した素線の劣化が進んでいる場合は、1 構成より 1 ピッチ内で素線破断が 2 本を超えたとき。

2.8　エレベーターにおける事故例

平成 23 年 7 月 26 日、有楽町線平和台駅において地下の改札階と地上を結ぶエレベーターのワイヤロープ 3 本全てが破断するという事故が起き、中に乗っていた人は腰の骨を折る重傷を負った。この事故は日本で初めて起こった主索全てが破断する人身事故であり、ワイヤロープの破断直後、緊急停止装置が作動して急制動したため乗客は転倒し、重傷を負った。ワイヤロープの破断の原因は錆に起因する摩耗であると報告されており、保守点検者の判断ミスによって起きた事故である。

図 4　エレベーター事故機と破断ロープ

事故が起きたエレベーターは図 4 に示す地上階と改札階を結ぶ二か所停止であり、昇降路側面をガラスで覆い、防犯上の視認性がよいシースルー型エレベーターで、ここ数年駅舎でよく見られるようになった型式である。こうしたエレベーターは防犯上優れている反面、直射日光に曝され夏場を中心に温湿度が非常に高くなり、上部と下部で温度差が大きくなるなどワイヤロープにとって劣悪な環境である。あわせて上部にある通気口から雨風が入り込むため、温度の低い下部では結露が発生しやすい。また、繰返し曲げ変形が生ずる部位では、腐食防止や潤滑材の役目であるグリースが早い段階で絞り出されてしまい錆の発生を助長する。一旦、錆が発生すると錆の粉は金属化合物であるため硬い性質があり、研磨剤のように働き素線の摩耗を引き起こすとされている。これら一連の不全要因が複合的に働き、急激な素線破断につながったと考えられている。このように短期間で急激に劣化する環境では、間欠的な定期点検よりも構造健全性モニタリングが効果的である。

3.　構造健全性モニタリング

構造健全性モニタリングとは、図 5 に示すように機械・構造物などの対象物にセンサーを設置して音や振動などの物理量を観測（センシング）し、その観測値をさまざまな信号処理手法を駆使して分析する

図 5　構造健全性モニタリングの要素技術

ことによって、対象物に蓄積された損傷の程度を定量的に把握し、健全性を判断するシステムである。構造健全性モニタリングへの注目が高まっている背景には、

(1)高度経済成長期に建設された多くの大型構造物が、所定の設計寿命を迎えつつある。したがって、より多くの構造健全性モニタリングを同時期に行わなければならない。

(2)これらの構造物を改築・改修するには経済的・社会的に莫大なコストが要求されるため、老朽化した構造物を使用し続けることになる。したがって、構造物のより正確な予見保全を行い、少しでも長く使っていく必要がある。

(3)それらの構造物を使用していくには、構造状態が安全であることを保障するために頻繁な保全が必要になり、構造物の建築コスト以上に維持コストが増大していく。したがって、コストパフォーマンスの高い保守保全が必要である。

これらの点検作業を構造健全性モニタリングの適用によって自動化できれば、維持コストの削減などが可能となり、点検による事故を防止し、構造物の長寿化を計ることができる[1]。

3.1　構造健全性を損なう原因

構造健全性を損なう理由はさまざまあり、材料の強度低下に起因する過大荷重、腐食、経年劣化、疲労等。また、摺動部品の摩擦、摩耗による断面性能低下、さらに機械締結部品の弛緩に起因する異常摩耗や強度低下など初期段階での検知が難しい要因や複合的要因をどのように分類していくかが課題である。

3.2　主なセンシング技術

構造健全性モニタリングを行う際には、対象構造物に応じて適切な部位に組み込み可能なセンサーを選定する必要がある。ここでは、構造健全性モニタリングに適用例の多い各種センサデバイスについて説明する。

3.2.1　アコースティックエミッション（acoustic emission、AE）

AE とは、固体が変形あるいは破壊するときに発生する音を弾性波として放出する現象のことであり、この弾性波を AE センサーによって検出し、非破壊的に評価する手法を「AE 法」と呼ぶ。AE は破壊に至るはるか以前から、小さな変形や微小クラックの発生･進展に伴って発生するので、AE の発生挙動を捉えることで、材料や構造物の欠陥や破壊を発見･予知することができる。

検出される AE 信号は通常、数 kHz～数 MHz に周波数帯域を持つ。たとえば金属材料では発生する AE は主として 100～1000kHz の周波数領域に成分をもつ信号が多く放出される。信号を検出するために使用する AE センサーは、一般的に PZT（Piezoelectric element、ジルコン酸チタン酸鉛）などの圧電素子を内蔵し、接着剤やシリコングリースなどの音響カプラを介して材料表面に密着させて AE 信号を検出する。

AE センサーは、ある特定の周波数で高感度となる共振型 AE センサー（狭帯域型）と、広い周波数範囲で一定感度を有する広域帯型 AE センサー、そ

して AE センサー内部にアンプを内蔵した、プリアンプ内蔵型 AE センサーに大別される。

①共振型 AE センサー

検出素子の機械的共振を利用して特定の周波数に高感度を得る。一般的に 60kHz～1MHz の間に共振周波数がある AE センサーとなる。さらに低い共振特性の AE センサーが必要な場合は、圧電型加速度センサーの構造を利用することもある。

②広帯域型 AE センサー

AE センサーの検出素子(PZT)の上にダンバー材を貼り付けて、圧電素子の共振を押さえ込み、広い帯域で一定の感度を得る。広帯域ではあるが、共振を押さえ込んでいるので感度が幾分低くなる。

③プリアンプ内蔵型 AE センサー

プリアンプを AE センサー内に内蔵することによって高感度で低雑音な特性を得ることができる。感度(S / N 比)は従来品と比較し倍以上アップする。

3.2.2　ひずみゲージ

ひずみゲージは、薄い樹脂の電気絶縁体上に格子状の金属箔をフォトエッチングで製作された抵抗線に引出線(ゲージリード)が接続されたものである。

3.2.3　ピエゾフィルム

圧電効果（ピエゾ効果）を有する PVDF(PolyVinylidene DiFluoride、ポリフッ化ビニリデン)からつくられたポリマーフィルムで、加工性がよく、大面積で薄膜化が容易な圧電素子で、ピエゾフィルムにかかる荷重やひずみを電気信号に変えて測定するセンサーである。従来の製品と比較して優れた柔軟性・耐衝撃性・耐高電圧性・耐水性・化学的安定性を備えている。ピエゾフィルムの最大の特徴は幅広い周波数帯を捉えることのできる周波数特性と軽く柔らかいため特定の固有振動数を持ちにくく、耐衝撃性と丈夫さを併せ持っている。しかし、環境の変化に影響を受けやすいため長期的な連続監視には向いていないことと、小さな応答を捉えることができる反面、ノイズまでを拾ってしまい解析が非常に難しいという課題がある。

3.2.4　光ファイバーセンサー

光ファイバーは石英ガラスや PMMA(PolyMethyl MethAcrylate、ポリメタクリル酸メチル樹脂)などからなるファイバー状の光導波路である。光ファイバーセンサーは伝送系として用いるものと光ファイバーそのものをセンサーとして用いるものがある。前者は歪ゲージのように光ファイバーの先端にセンシングデバイスを取り付けて、光ファイバーを電線のかわりとして用いるシステムで、すでに温度や圧力、歪などを測定する比較的完成度の高いものが市販されている。後者はまだ開発途上にあるが、さまざまな構造物への適用が検討されている。光ファイバーの感知原理は光ファイバーを伝搬する光の偏光、干渉、後方散乱現象、ファイバーの破損などにより伝搬する光の強さが変化する現象を利用する。

3.2.5　パルスエコー法超音波探傷

構造物にパルス波として超音波を入力し、その反射波の変動傾向などから材料内に介在する微小な欠陥や亀裂を検出する方法である。具体的には、構造物に垂直なパルスとして超音波を入射させると、入射した波は板の裏面で反射され反射波として表面に戻ってくる。この周期的波動は材料の減衰が小さければ何回も繰り返され、それにより一定の周期で同じ波形が観測できる。波形や伝達時間の変化等で傷までの距離や大きさが検知できる。ただし、反射波の検出音信号は小さいという問題があるため、増幅し雑音などのフィルターを適切にかける必要がある。

(1) 垂直探傷法

超音波を探傷面に対して垂直に送受信する方法で、健全部ではブラウン管に底面の反射波だけが現れるが、傷があると底面の反射波の前に傷の反射波が現れる。位置は、超音波の伝搬速度と反射波が戻ってくるのに要した時間の関係から求められる。垂直探傷法は、鉄板などの検査に適している。

(2) 斜角探傷法

超音波を探傷面に対して斜めに送受信する方法で、傷がある場合反射波が現れるが、反射波の高さは入射角などに依存する。傷の位置はビームの入射角度と路程から求めることができ、反射波の高さや広がりから欠陥の性状を推察することができる。斜角探傷法は、溶接部や鋼管等に適用される。

3.2.6　加速度センサー

加速度センサーとは、加速度の測定を目的とした慣性センサーである。従来の振動センサーと異なり、重力加速度を検出することも可能である。また適切な信号処理を行うことによって、傾き・振動・衝撃といったさまざまな情報が得られる。それらの情報を元に歩数計や携帯電話の画面の上下方向決めに使用されたり、地震計といった計測機器としても使用されたりしている。一般的に約 20G 以下の測定範囲を持つ加速度センサーを低 G 加速度センサー、それ以上の測定範囲を持つものを高 G 加速度センサーと呼ぶ。低 G 加速度センサーは重力・傾きの検知や人の動きの検知に適しており、高 G 加速度センサーは主に衝撃の検知に使用されている。

3.2.7　漏洩磁束センサー

エレベーターや索道などに用いられる強磁性体のワイヤロープの探傷を目的として開発されたセンサーである。原理はネオジウム磁石でワイヤロープを長手方向に磁化し、損傷部から漏れ出る磁束を誘導コイルやホール素子等の磁気センサーで測定し探傷する[4)]。鉄鋼材料などの強磁性体は磁化されることによって、非磁性材料と比べ非常に多くの磁束を発生する。磁束は損傷部で損傷をよけるような形に広がって流れ、それと同時に薄い表層部の磁束が強磁性体の表面上の空間に漏洩する。この損傷部の空間に漏洩する磁束を漏洩磁束という。強磁性体中の損傷部を流れる磁束が多いほど、磁束をさえぎる損傷の面積が大きいほど、漏洩磁束は多くなる。

4. 昇降機ワイヤロープの損傷検知試験

4.1 加速度センサーによる損傷検知

エレベーターに用いられる鋼製ワイヤロープは、軸となる繊維心にストランドという素線を撚り合わせたものを、さらに複数本撚りあわせて構成されている。これを n ストランドのワイヤロープといい、エレベーターでは一般的に n＝6～8 のものが使われている。損傷検知実験では図 6 右のように直径 0.6mm の素線 24 本を 1 ストランドとし、これを 6 ストランドより合わせたワイヤロープを用い、このワイヤロープに切れ込みを入れた試験体(図 6 右)と、

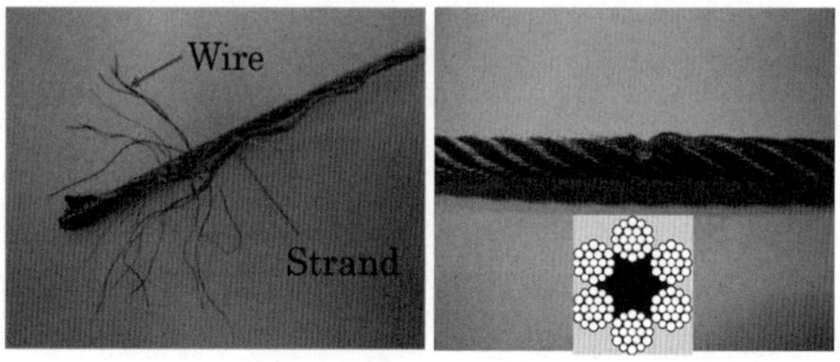

図 6 素線破断したワイヤロープ

素線が解けた状態を想定し、10mm 程度の短い素線を埋め込んだもの(図 6 左)の 2 つの損傷試験体を利用し損傷検知試験を試みた。まず、ワイヤロープ自立移動機器を利用してワイヤロープ上を移動させ、移動時に自立移動機器上で生じた応答加速度を計測し、損傷部位通過時に生ずる応答加速度変動とともに、損傷部位での漏洩磁束を誘導コイル型ワイヤロープテスタで計測し、それらの測定結果に対し、信号処理を施して異常判断の可否を調べた。信号処理手法としては、周波数ごとのパワースペクトルを分析する際に用いる離散フーリエ変換と、マザーウェーブレットと呼ばれる短い波形を拡大や縮小・平行移動させることで波形を表現するウェーブレット変換双方で検討した。図 7 に応答加速度(a)とワイヤロープテスタでの漏洩磁束強度(b)の計測結果を示す。

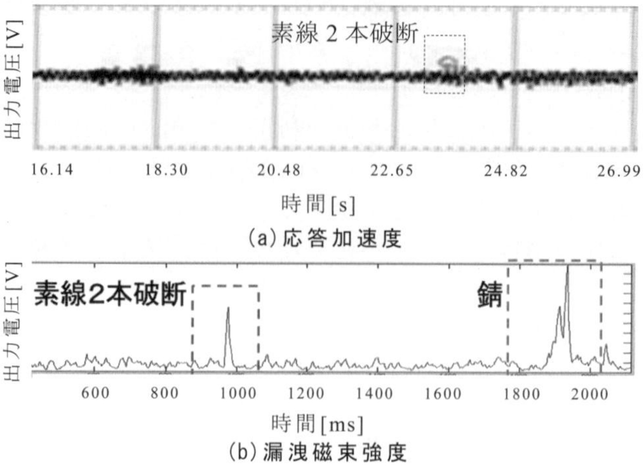

図 7 応答加速度と漏洩磁束強度の時刻歴

応答加速度の測定データ(原波形)からは、直接、素線破断や解けは検出し難いが、漏洩磁束強度からは素線破断や錆の発生部分についても出力電圧の明確な変動が認められる。図 7(a)の応答加速度の原波形では、損傷の有無、損傷箇所の同定が難しい状態である。そこで 2 種類の信号処理手法により、応答加速度によるワイヤロープの損傷検知の可能性について検討した。まず計測した応答加速度の元波形において、損傷部分通過の際に加速度変動が確認された時間帯に離散フーリエ変換を適用して周波数分析を実施し、損傷深さ 0mm、0.9mm、1.5mm、1.8mm の試験体において、応答振動の主要な周波数帯域として測定された 20Hz までを、図 8 に示すヒストグラムにとりまとめた。

同図より 20Hz までの各周波数において、損傷によって加速度の顕著な変動が確認されるのは 5～8Hz である。またこれ以外にも 15Hz 付近で出力電圧が大きくなっているが、損傷のないワイヤロープでの測定データと比較したところ、自立移動機器の駆動モーターの振動成分であることが確認されたため、5～8Hz の加速度変動に注目すれば損傷が検知できる可能性がある。

次に、損傷の発生位置を特定するためには計測された信号の時間分解能も重要となる。そこで周波数分解能と時間分解能ともに精度が確保できるウェーブレット変換による信号処理を実施した。図 9 は応答加速度の離散フーリエ変換によって顕著な変動が確認された 4～8Hz 帯域についてのウェーブレット変換の結果を損傷の有無で比較したものであるが、図 9 下の右丸印部分の出力電圧が顕著に大きいことが分かる。一定以上の素線破断が存在する場合はどれも 0.2m/s^2 以上に相当する出力電圧が検出できた。

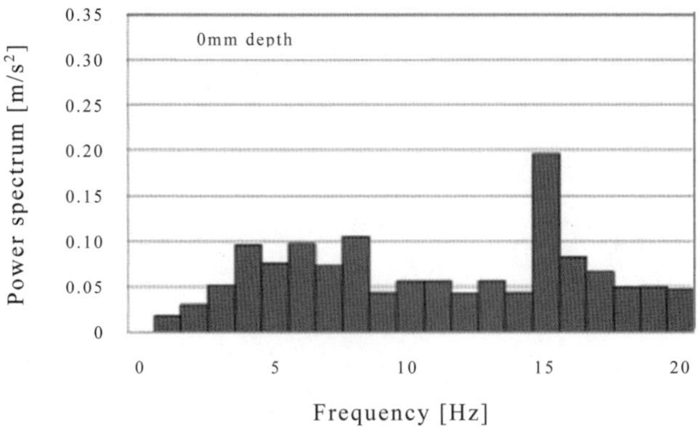

(a) 損傷深さ 0mm

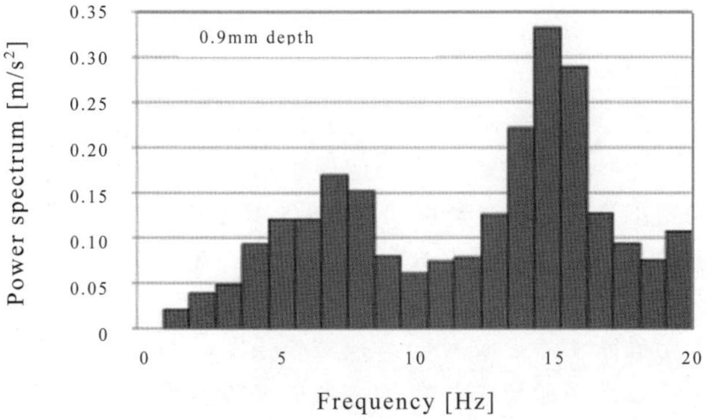

(b) 損傷深さ 0.9mm

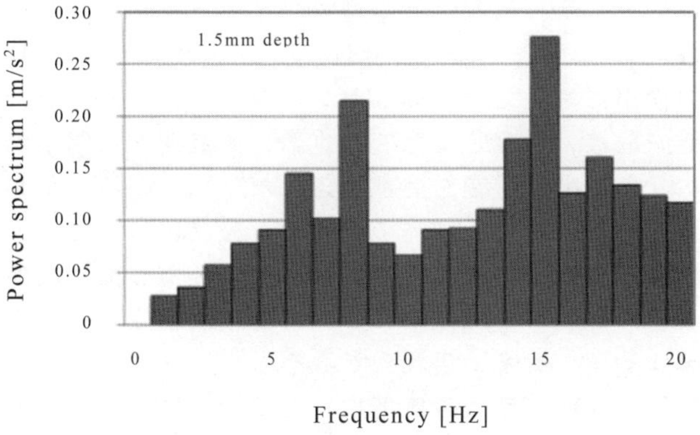

(c) 損傷深さ 1.5mm

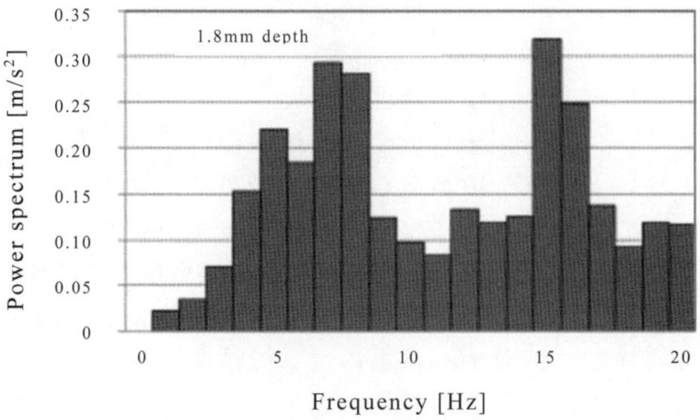

(d) 損傷深さ 1.8mm

図 8　周波数応答特性

ただし、この健全性評価が利用できるのは、等速運動時の場合に限定され、自立移動機器の加減速時にも、図9下の丸印部分のように応答加速度が閾値を超えている。これでは損傷による応答加速度変動が自立移動機器の加減速時の変動に埋もれてしまう可能性がある。

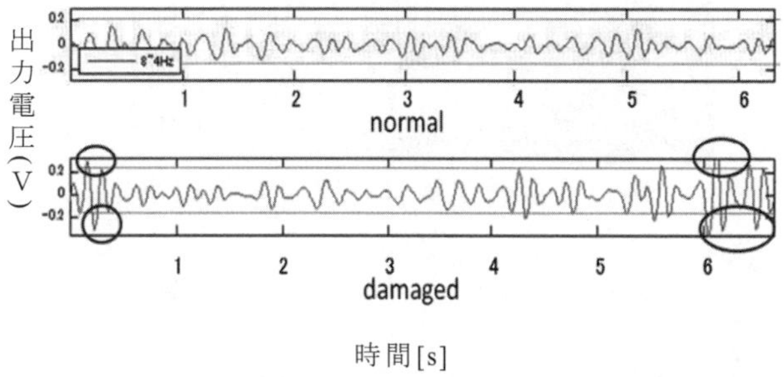

図 9　応答加速度のウェーブレット変換後の時刻歴

4.2　漏洩磁束強度によるワイヤロープ健全性評価

4.2.1　誘導コイル型センサーによる健全性評価

現在、鋼製ワイヤロープの表面の素線切れや錆の検出には主として図 10 のような誘導コイル型の漏洩磁束測定器が用いられている。これは磁化器によってワイヤロープの磁力線を整えた後に素線破断部や腐食部において発生する図 11 に示す微小な漏洩磁束を検知するセンサシステムであり、図 7(b)に示したように僅かな損傷や錆の発生箇所で明確な漏洩磁束強度の変動が確認できる。漏洩磁束強度の測定データをウェーブレット変換した結果を図 12 に示すが、原波形でも損傷検出可能な程度のスペクトル変動が確認できる。そこで、漏洩磁束強度と素線破断本数の関係を調べるため、初期的損傷に相当する素線破断本数 0～5 本までのワイヤロープの漏洩磁束強度を測定した結果を図 13 に示す。この結果より、破断した素線の本数に応じて比例的に漏洩磁束強度が増大することが分かり、外部素線破断の本数を推定できる可能性がある。続いて、漏洩磁束強度とワイヤロープ強度の関係を検証するため、素線破断を有するワイヤロープの引張試験を行い、引張

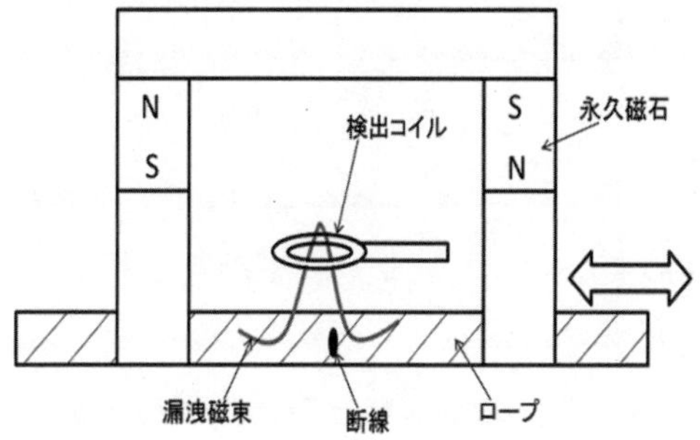

図 10　誘導コイル型ワイヤロープセンサー

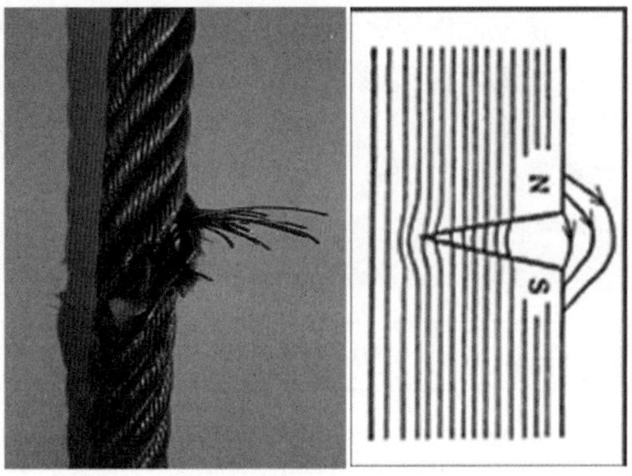

図 11　素線破断ロープと漏洩磁束

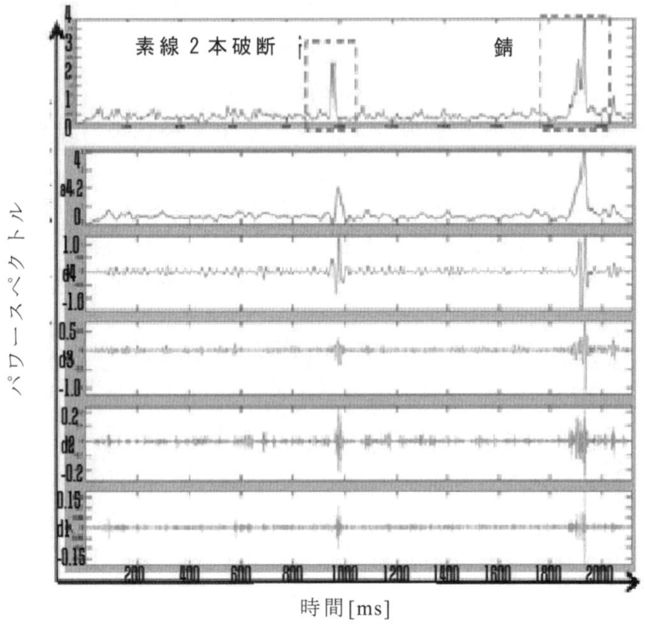

図 12　漏洩磁束強度の時刻歴応答とウェーブレット変換データ

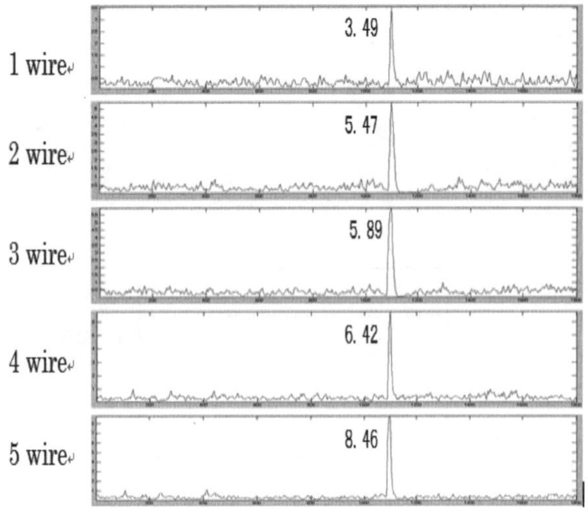

図 13　素線破断本数と漏洩磁束強度の関係

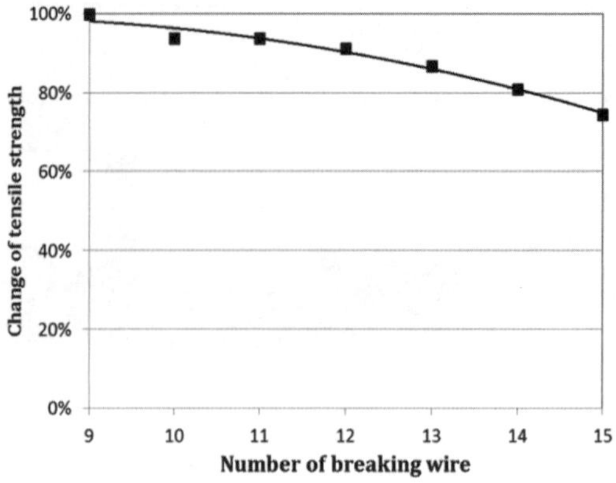

図 14　素線破断本数とワイヤロープ強度低下率の関係

破断強度の変化を検証した。図 14 はワイヤロープ 1 ストランド（素線 24 本）における素線切れの本数とワイヤロープ破断強度の関係を示したものである。初期損傷の範囲（素線切れ 1～5 本程度）では引張強度の低下はほとんどない。しかし、素線破断本数が 10 本近くなると引張強度は徐々に低下し、素線 12 本が破断するとワイヤロープの強度が 10%程度低下することが確認された。さらに破断本数 12 本から 15 本では、概ね直線比例的な引張強度の低下を示し、素線破断本数 14 本で 20%の強度低下が確認された。

以上より、誘導コイル型のワイヤロープセンサーは、ワイヤロープ表面の素線切れや腐食（錆）、摩耗の検出に対しては有効なセンサシステムであるが、その取扱いに際しては、測定器の走査速度に制限があり、振動の影響を受けやすいなど細心の注意が必要である。また、細径のワイヤロープについては検出感度が低下することや、ワイヤロープ谷部や底部など内部での素線破断については検出精度が低い等、デメリットも多い現状 5)である。

4.2.2　GMR（巨大磁気抵抗）センサーによるワイヤロープ健全性評価システムの開発

ワイヤロープをネオジウム磁石で磁化したのち、ホール素子や磁気抵抗素子などの磁気センサーを用いて、微小な漏洩磁束を測定できる。ホール素子や、磁気抵抗素子は応答速度が速く、誘導コイル型とは異なり、ロープ送りや自立移動機器の速度の影響が少ないという特徴がある。巨大磁気抵抗効果とは、図 15 に示すように物質の電気抵抗率が磁場によって変化する現象で、普通の金属でも数%存在するが、1nm 程度の強磁性体薄膜と非強磁性体薄膜を重ねた多層構造には数 10%以上の電気抵抗率を示すものがあり、この現象を磁気抵抗効果といい、多層膜の磁気構造が外部磁場によって変化するために生じる。

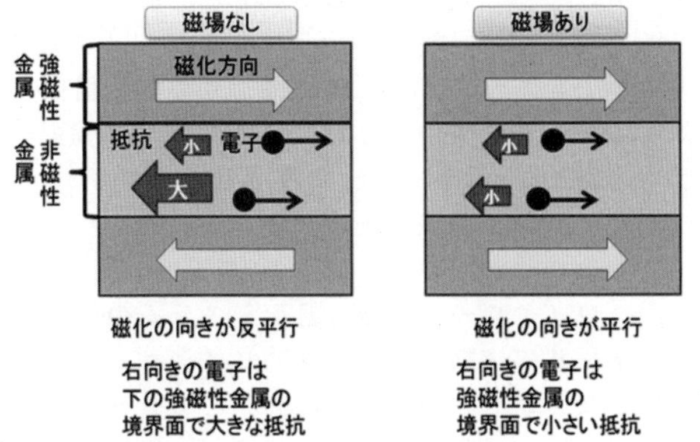

図 15 巨大磁気抵抗効果

巨大磁気抵抗効果には以下のような特徴がある。

①GMR は磁界の変化を捉えるコイルとは異なり、磁界そのものを直接検出可能。

②磁界の微小な変化に敏感なため、線形システムや回転システムの位置検出可能。

③内部はホイートストンブリッジ構造で抵抗値が変化するように設計。

（磁気シールドされた抵抗器と外部磁界を受ける抵抗器がそれぞれ 2 つずつ配置されブリッジの外部から磁気を精密に検知する）

④GMR はホール素子に比べ応答速度が速く、1MHz 以上。

⑤動作温度は-50℃から 125℃。

⑥地磁気センサーとしても使用される好感度磁気センサー。

(1) GMR センサーの性能評価試験

より高精度なワイヤロープの健全性評価システムを開発するために、GMR センサーを用いた漏洩磁束の検知強度と精度に関する性能評価試験を実施した。性能評価に用いたワイヤロープは、昇降機や遊戯機械などに利用されている直径 12mm の 8×S(19) 規格のものを用い、3 種類の NVE 社製 GMR センサーAAL002、AA003、AA004[6)]によって漏洩磁束の検知精度に関する性能評価を行った。表 1 に 3 種類の GMR センサーの物理的特性を示す。性能評価試験は、感度とヒステリシスの異なる 3 つの

表 1 GMR センサーの物理的特性

型番	リニヤレンジ Oe		感度 mV/V-Oe		非直線性	ヒステリシス	動作温度	標準抵抗	パッケージ
	Min.	Max.	Min.	Max.	% Max	% Max	℃	Ω	
AAL002	1.5	10.5	3.0	4.2	2	2	150	5.5k	SOIC8
AA003	2.0	14	2.0	3.2	2	4	125	5k	SOIC8
AA004	5.0	35	0.9	1.3	2	4	125	5k	SOIC8

センサーに出力電圧が最大値になるように 0.4[T]のフェライト磁石を近づけ 5 秒間静止させて遠ざけるという作業を 7 回繰り返し、磁化させた時間と最小電圧の変化を測定した。この結果を図 16 に示すが、図中より AAL002 は表 1 のデータからリニヤレンジの幅が広いという特徴があり、距離 0mm から 20mm という強い磁場中では他の 2 つのセンサーより、出力電圧が低いが、距離 30mm から 50mm という弱い磁場の範囲で大きな出力電圧を得られたことから、感度が高く、検知距離の違いがあっても一定値以上の出力が得られることが分かる。これに対して、AA003 と AA004 は距離 20mm と 30mm の間で特に出力電圧の変動が大きく、GMR センサーにおいて磁束量変化による出力電圧の変化が直線的でないことが判明した。

ワイヤロープ健全性評価に使用するセンサーとしては、ワイヤロープの残留磁場という弱磁場での変動を検知するため、弱磁場で電圧の変化が一番大きく、最も直線的に電圧が変化する AAL002 がワイヤロープ健全性評価に適していると考えられる。センサーの残留磁気によるセンサーの出力電圧の実験考察においても AAL002 が適していると考えられるため、ワイヤロープセンサーには AAL002 を採用した。

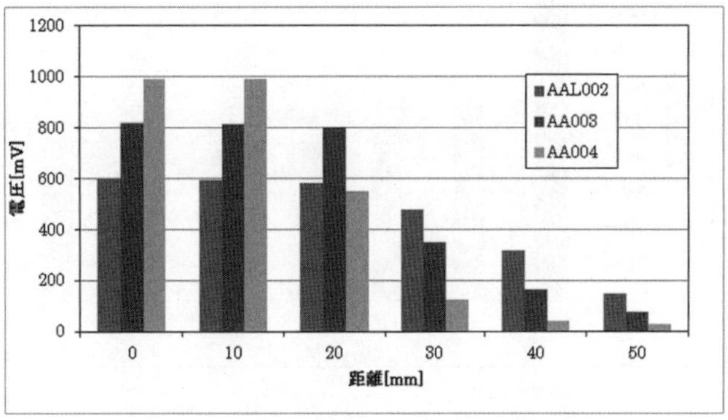

図 16 磁場の強さと出力電圧の関係

(2) センサー位置の検討

直径 12mm、8×S（19）のワイヤロープに図 17 に示すような破断幅 1mm の素線破断 1 本を付与し、磁化したロープの円周上に GMR センサーを図 18 のように環状に配置してセンサアレイシステムを構成した。そしてセンサーと損傷部の角度を 0° から 180° まで、30° 刻みで変化させたときのセンサー1 個の出力電圧を測定した。

図 19 は素線破断とセンサーの角度が 0° のセンサーの出力電圧を 100%としたときの各角度でのセンサーの出力電圧の比である。0° から 30° の出力電圧の変化が 43%と最大で、30° からは緩やかに出力

図 17　素線破断幅 1mm のワイヤロープ

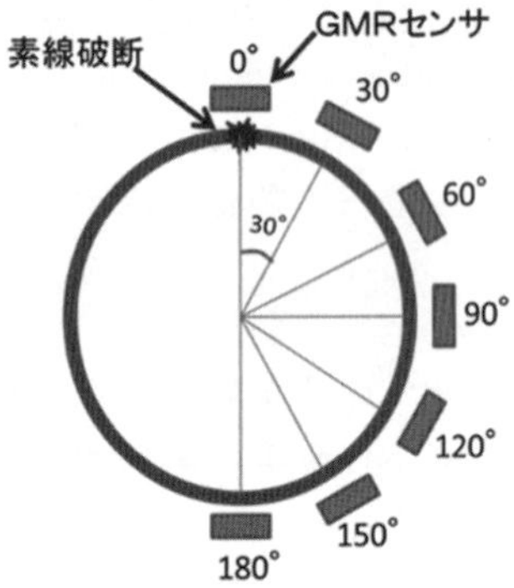

図 18　GMR センサー配置

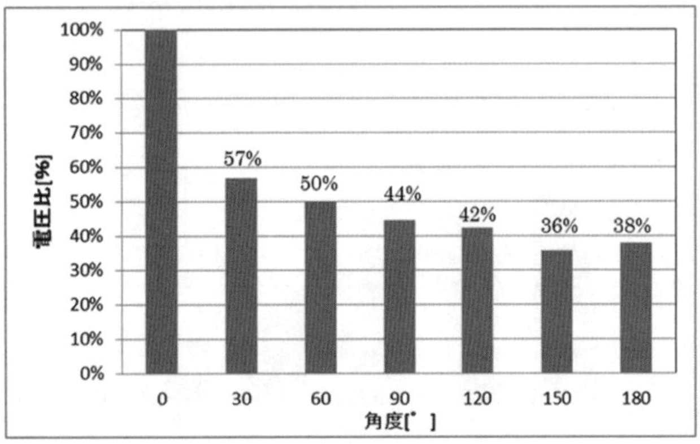

図 19　センサー位置と出力電圧

電圧が低下する結果になった。また、180° のとき、ロープの真裏に位置しているにも関わらず漏洩磁束の変化を捉え 0° ときの 38%であることが分かった。

図 19 から漏洩磁束は損傷部の周辺だけでなくロープの周囲全体に漏れ出ていることが分かった。また、素線破断 1 本という小さい損傷であっても全てのセンサーで磁束の変化を得られるという結果から損傷検知の確実性が高まるものと考えられる。

次にセンサーの取り付け位置について考える。ロープの円周上のセンサー2 つの間に損傷があると仮定して、センサー2 つの電圧比の合計が 100%になるのは 120° の間隔でセンサーを配置したときである。これにより、120° 間隔でセンサーを 3 つ配置したとき、損傷を検知するためのセンサー配置の最低条件と考えられる。一般にセンサーの数が多いほど損傷を検知できるため、本実験ではより確実に損傷を検知するため最低条件の 2 倍である 6 個の GMR センサーを図 20 のように 60° 間隔で配置して GMR センサアレイ型の健全性評価システムを試作した。

5.　ワイヤロープ健全性評価システムの製作 [7)]

以上の基礎実験データを基にワイヤロープ健全性評価システムを試作した。図 21 にセンサー部の概観、図 22 に位置検出と信号処理部の概観をそれぞれ示す。図 21 のセンサー部は、GMR センサーを内径 18mm、外径 19mm、厚さ 0.5mm のカーボンパイプに角度 60°間隔で 6 個取付けた。カーボンパイプを通じての検知となり、直径 12mm のワイヤロープでは、センサーとロープの距離は最大 6.1mm となるが、前述の性能試験結果より距離の影響が少ない GMR センサーを採用しているため、隙間の影響は少ないと考えた。実際の健全性評価では、最初にネオジウム磁石を使用して鋼製ワイヤロープを長手方向に磁化した後、試作したセンサー部を移動させるもしくは、ワイヤロープを動かして各部断面での漏洩磁束強度の変動を検知する。これを図 22 に示す位置検出装置（図 22 中の上部の箱に付設された検出器）とあわせて図中の下側箱内で信号増幅と処理した結果をデータロガーに記録させるものである。

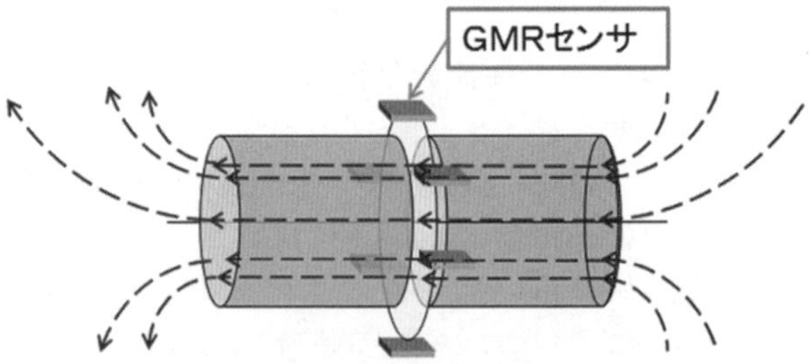

図 20　GMR ｾﾝｻｱﾚｲ型健全性評価システム概念図

図 21　GMR センサアレイ

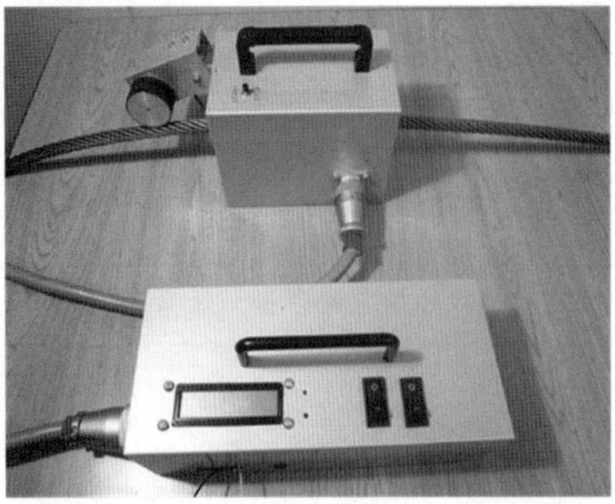

図 22　試作したワイヤロープテスタ

6.　ワイヤロープ探傷実験

6.1　ワイヤロープの荷重と破断幅の実験

エレベーターにおいてワイヤロープは常に張力がかかった状態であり、弾性域で使用されている。そして、素線破断が起こると、破断した素線は伸びていた状態から縮もうとするため図 23 のような隙間（破断幅）ができる。磁石によって弱磁化された素線ではこの部分で漏洩磁束が発生するため、その隙間に着目し、荷重と破断幅の関係を調べる。

実験はワイヤロープに素線破断1本を5カ所設け、取り付け長さ 600mm で引張り試験機に取り付ける。一般的なエレベーターのワイヤロープ 1 本にかかる荷重 9310N の 1 倍、2 倍、3 倍、4 倍の荷重を加え、各荷重で一旦静止させて素線破断の破断幅をノギスで測定する。

ワイヤロープ 1 本にかかる荷重は 40 人乗り、積載荷重 5000kg、かご重量 6400kg のワイヤロープ 12 本のエレベーターの場合、

（5000＋6400）÷12×9.8＝9310[N]　となる。

図 24 より 9.3kN のときの破断幅は 0.31mm であり、エレベーターの使用時に素線破断部の幅が空いていることを確認した。また、荷重増加につれて比例的

図 23　荷重による破断幅

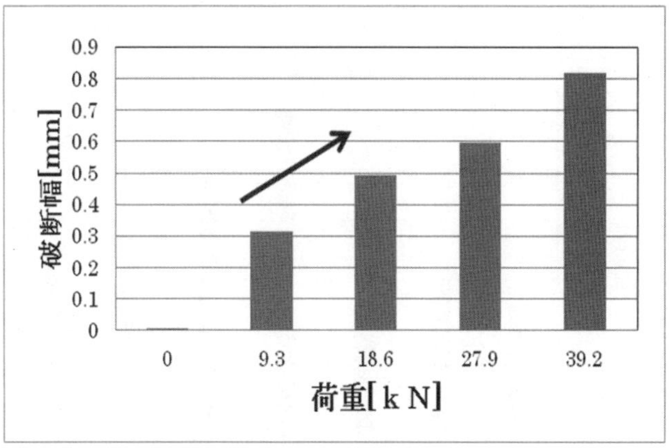

図 24　荷重と破断幅の関係

に破断幅が増加するという傾向が得られた。ロープの伸びΔL は引張り弾性係数 Ew=200GPa、ロープ断面積 A=8.75×10^{5}m^2、取り付け長さ L=0.6m、荷重 W＝9.3ｋN より以下の式で求められる。

$$\Delta L = \frac{W \cdot L}{E_w \cdot A} \tag{1}$$

この式より、荷重 W=9.3N を加えるとロープ全体では 1.76mm 伸びる計算になる。また、実際の実験ではロープは 2mm 伸びるという結果であった。このことから、ワイヤロープの伸びに対して、破断した素線は縮んでいないことが分かる。これは素線同士が密接しているため、摩擦により素線が縮むのを妨げていると考えられる。今回、取り付け長さ 600mm で実験を行ったが、エレベーターで実際に使用される 30m や 40m においても破断幅の縮は同ようにロープの伸びより小さいと考えられる。

6.2　ワイヤロープの破断幅とセンサーの出力電圧に関する実験

ワイヤロープに素線破断 1 本を付与し、破断幅 0.25mm、0.5mm、1mm、2mm、3mm、4mm、5mm をノギスで計りニッパーで切りとる。作成した損傷を各 10 回ずつワイヤロープセンサーで測定し、各破断幅ごとのセンサーの出力電圧の平均を求める。素線破断部はニッパーで切りとると素線が飛びだしてしまいワイヤロープセンサーに引っかかってしまうため、非磁性体のアルミテープを巻き、素線の飛び出しを防ぐ。

図 25 は 1 本の素線破断の破断幅を変化させたときのワイヤロープセンサーの出力電圧である。同図より、破断幅 2mm が最も漏洩磁束を検知できるという結果となった。破断幅 3mm 以上で電圧が下がった原因として、磁化した後、両破断面に漏洩磁束が分散したため、全体としてセンサーの出力電圧が低下したと考えられる。荷重と破断幅の実験より、

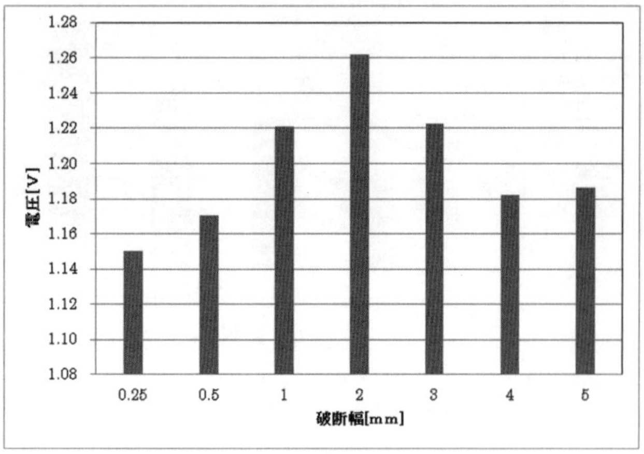

図 25　破断幅と出力電圧

破断幅は最大で 1mm 程度であったため、破断幅から定量的に素線破断を検知できると考えられる。

6.3　外層素線外部破断の探傷実験

直径 12mm[8×S(19)]ワイヤロープの同一円周上に外層素線外部破断を集中させて設け、素線破断本数を変化させワイヤロープセンサーで破断部の漏洩磁束を計測した。素線破断本数は 0 本から要重要点点検の基準である 12 本まで行い、1 ピッチに集中させて作成した。

図 26 を見ると素線破断を作成していない場所で電圧が正常時より 0.1V 程度高くなっている箇所が見られる。これらのノイズはロープの振動やオペアンプの差動加算回路、計測制御用基板である

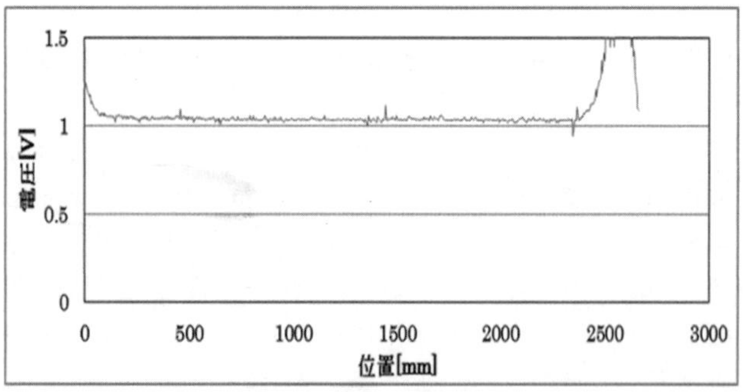

(a)外層素線外部破断 1 本

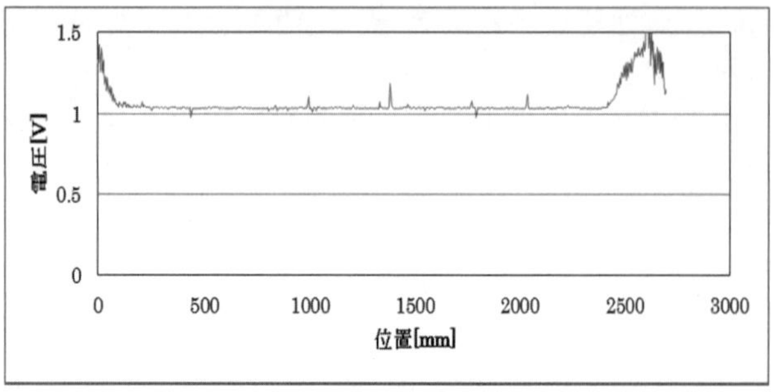

(b)外層素線外部破断 2 本

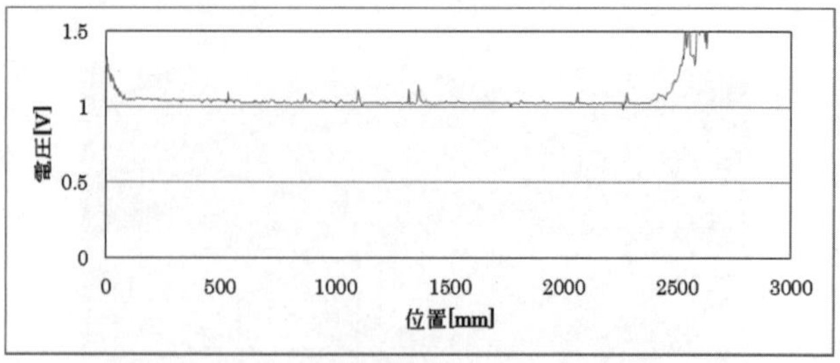

(c)外層素線外部破断 3 本

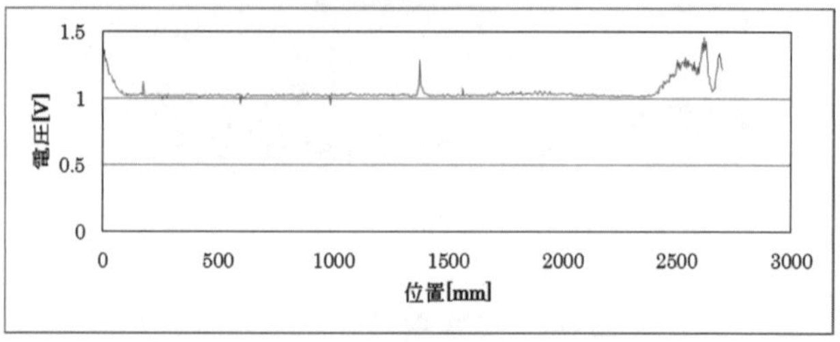

(d)外層素線外部破断 4 本

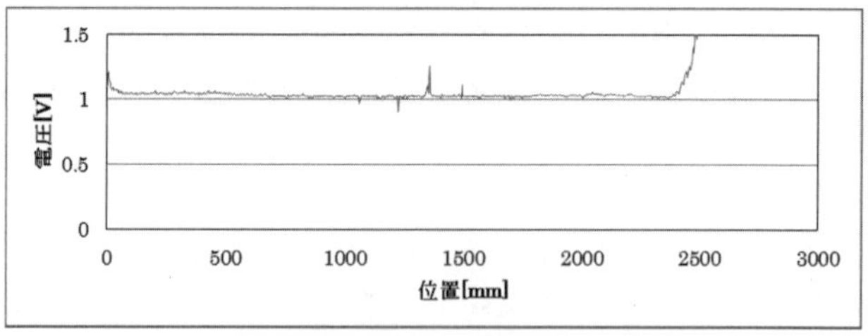

(e)外層素線外部破断 5 本

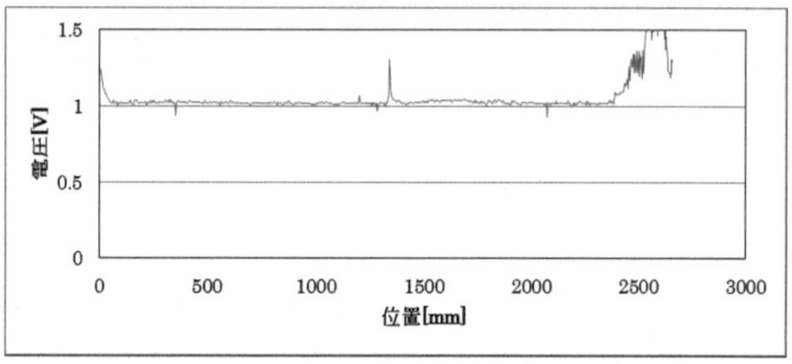

(f)外層素線外部破断 6 本

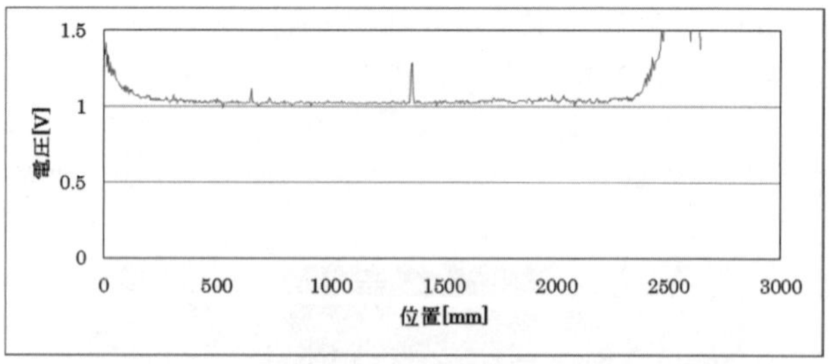

(g)外層素線外部破断 7 本

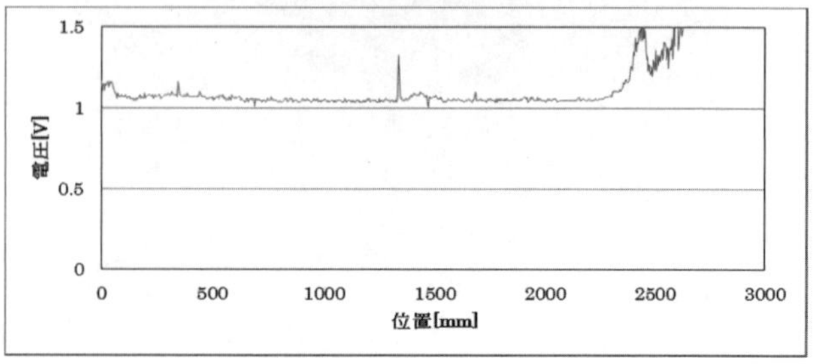

(h)外層素線外部破断 8 本

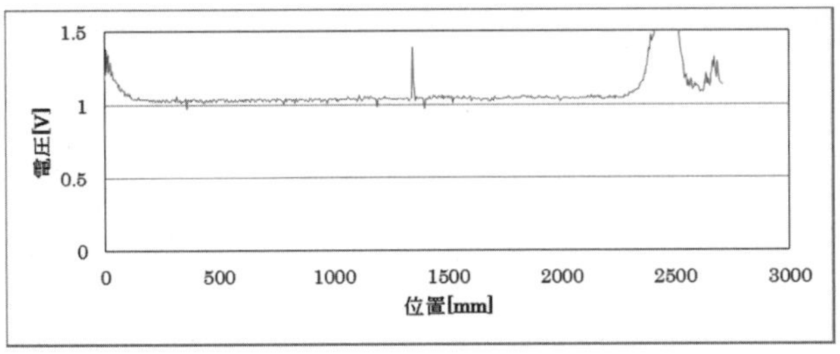

(i) 外層素線外部破断 9 本

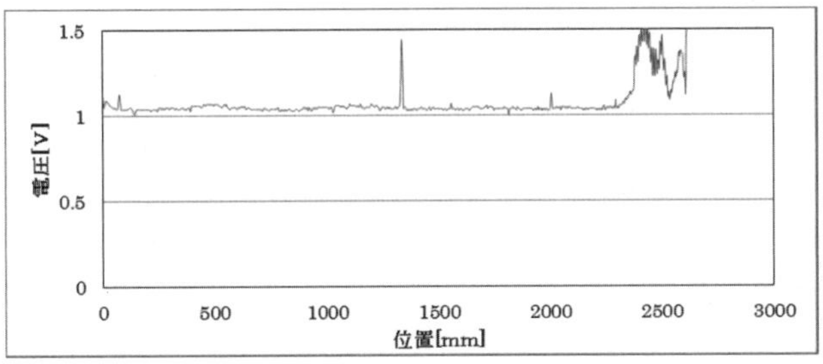

(j) 外層素線外部破断 10 本

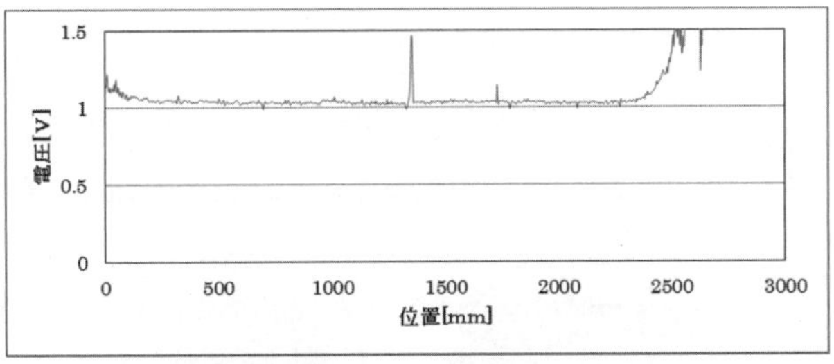

(k) 外層素線外部破断 11 本

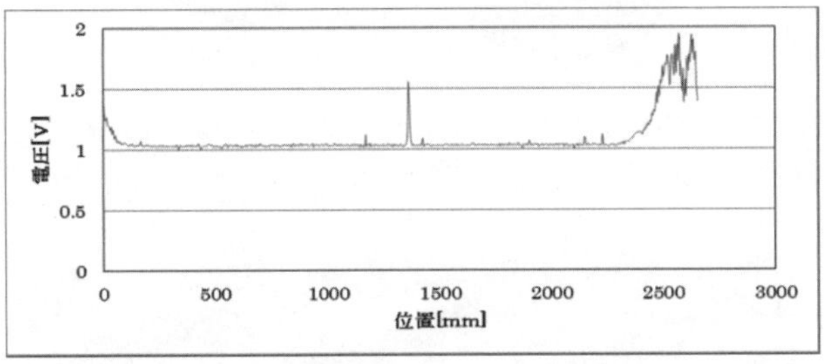

(l) 外層素線外部破断 12 本

図 26　素線破断本数に伴う出力電圧変化の例

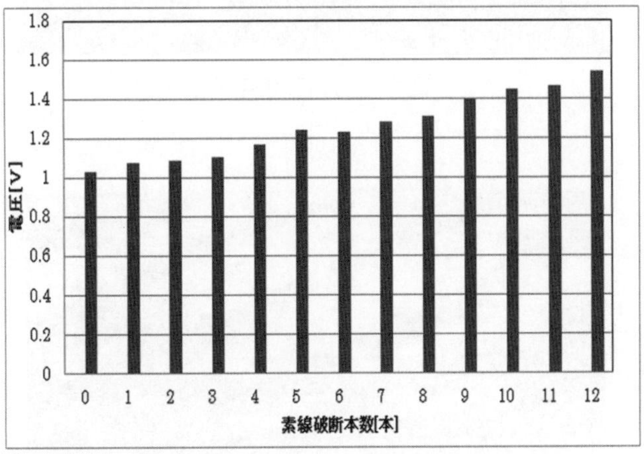

図 27　素線破断本数と出力電圧変化の関係

Arduino UNO 等の影響によるものと考え、オペアンプで各センサーの出力電圧を加算した後の電圧をデータロガーに記録した。その結果、Arduino UNO で記録したときに現れたノイズはデータロガーに記録した波形には見られなかった。このことから本実験に用いた計測制御用基板（Arduino UNO）は 0.1V 程度のノイズが出てしまい、素線破断 1 本など、小さい初期の損傷が埋もれてしまう可能性があることが分かった。以上より、ワイヤロープ探傷器としてセンサーの出力電圧を処理する際には、ノイズの少ないマイコンボードを使用する必要がある。図 27 は素線破断本数を増加させたときの損傷部分のセンサーの出力電圧を表したものである。同図より、素線破断本数の増加にしたがい、センサーの出力電圧が比例的に増加することが分かった。これにより、センサーの出力電圧から損傷を定量的に検知することは可能と考えられる。

6.4　外層素線内部破断の探傷実験

次に、直径 12mm[8×S(19)]ワイヤロープの繊維芯側の素線 2 本を図 28 のように破断させて作成した外層素線内部破断における漏洩磁束変化をワイヤロープセンサーで計測した。損傷の作成方法はワイヤロープをバラし、外層素線の谷部または芯接面の素線をペンチで 2 本切り、再度組みなおして作成した。

図 29 は長さ 3000mm のワイヤロープの素線破断による漏洩磁束変化から測定された結果である。センサー電圧の変化は 1250mm あたりに見られる。また、同一ロープを従来の誘導コイル型ワイヤロープ

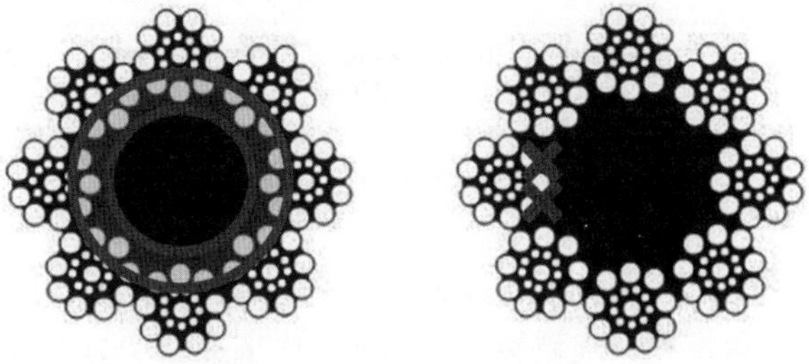

図 28　外層素線内部破断

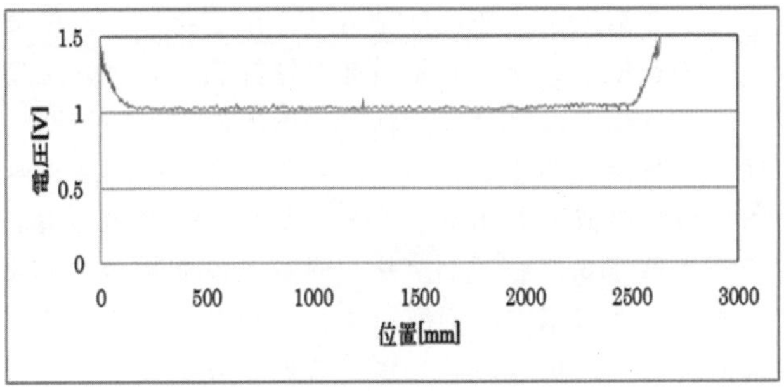

図 29　外層素線内部破断の探傷

テスタで測定した結果、明確な漏洩磁束変化は見られなかった。この結果、GMR センサアレイ型健全性評価システムを用いて、目視では認められない外層素線内部破断の検出が可能であることが分かった。

6.5　内層素線内部破断

次に直径 12mm[8×S(19)]のワイヤロープのストランドの鋼製芯に接した内部の素線を図 30 に示すように 2 本破断させ、内層素線内部破断による漏洩磁束の変化をワイヤロープセンサーで計測した。内層素線内部破断は外層素線内部破断と同様に、ワイヤロープを一度バラし内層素線をペンチで 2 本切り、組みなおして作成した。

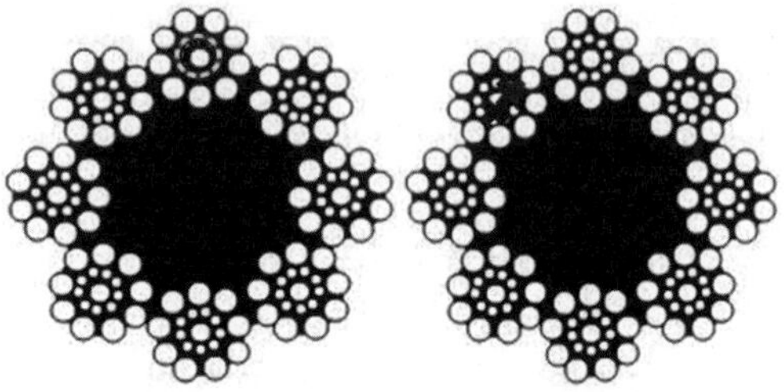

図 30　内層素線内部破断

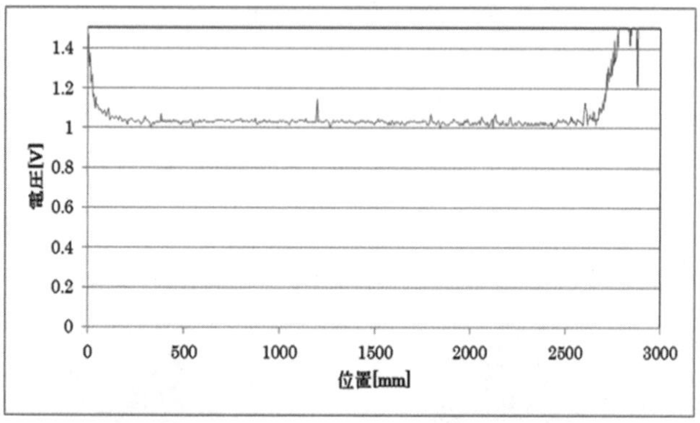

図 31　内層素線内部破断の探傷

図 31 より 3000mm のワイヤロープの中央に設けた内層素線内部破断による漏洩磁束変化は 1250mm あたりに見られる。また、同一のロープを従来の誘導コイル型ワイヤロープセンサーで測定した結果、明らかな漏洩磁束変化は見られなかった。この結果から GMR センサアレイ型健全性評価システムを用いて、目視では見つけられない内層素線内部破断の検出が可能であることが分かった。また、外層素線内部破断の波形と比較すると、センサーの出力電圧の変化は 1.5 倍程度となり、同じ素線破断本数で比較すると外層素線内部破断より内層素線内部破断の漏洩磁束の変化の方が大きいことが分かった。

6.6　ワイヤロープ摩耗の検知実験

直径 12mm[8×S(19)]のワイヤロープにて主な摩耗損傷である片面摩耗と均一摩耗について実験を行った。摩耗損傷は電動ルーターでワイヤロープを削りロープ径をノギスで計って作成する。片面摩耗については 2%、4%、6%、均一摩耗は 2%、4%、6%、8%、10%、を図 32 のように摩耗長さ 400mm で作成し、各 10 回ずつ測定する。ここで摩耗率は最初のロープ径と摩耗後のロープ径減少分の比である。図 33 と図 34 は製作した摩耗試験体である。

図 35 は片面摩耗の探傷による漏洩磁束変化を表したものである。ここで、摩耗率が高くなるにつれてセンサーの出力電圧も増加した。均一摩耗、センサーの出力電圧の増加分が、2%から 4%のときより、4%から 6%のときの方が大きい。これは 6%のとき、素線破断が起き、複合損傷になったためである。また図 36 の均一摩耗による漏洩磁束変化の結果にお

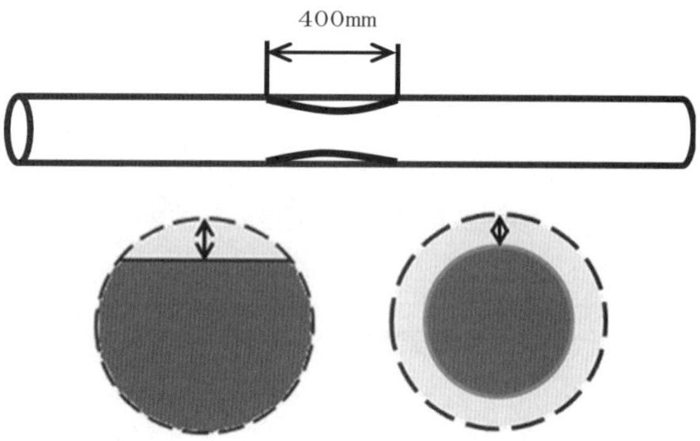

図 32　摩耗長さと片面摩耗（左）と均一摩耗（右）

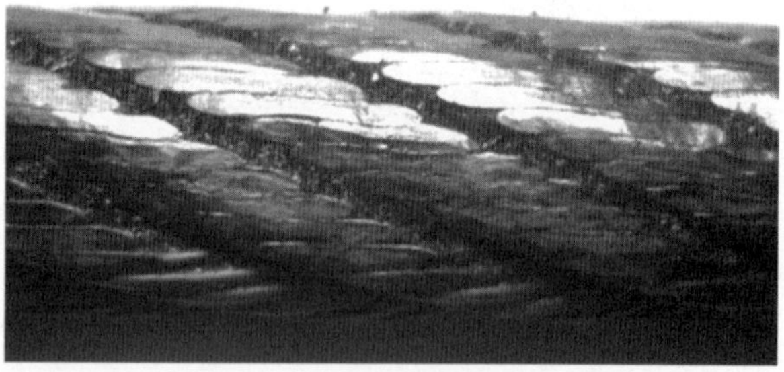

図 33　片面摩耗 6%

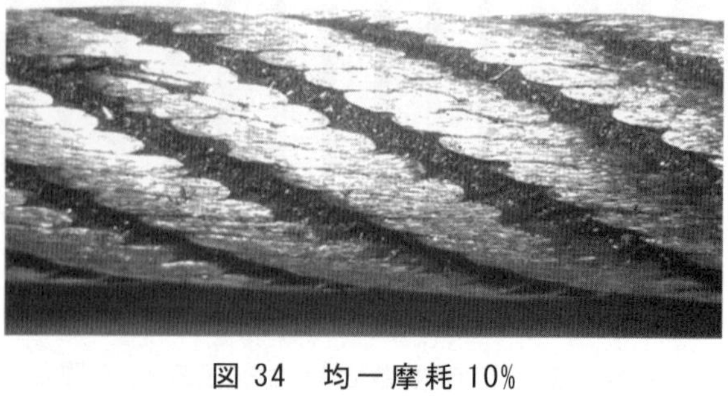

図 34　均一摩耗 10%

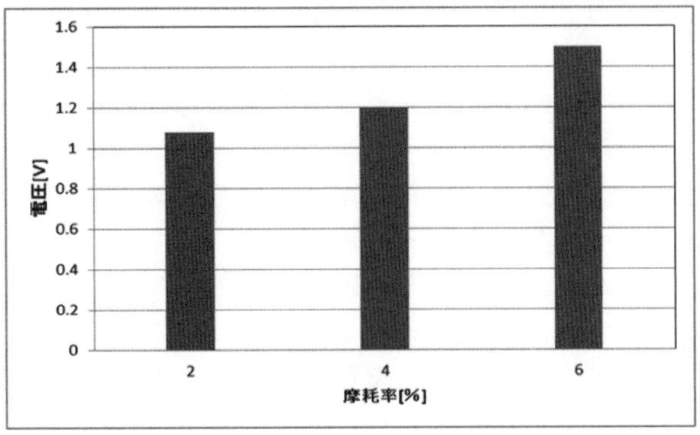

図 35　片面摩耗の探傷

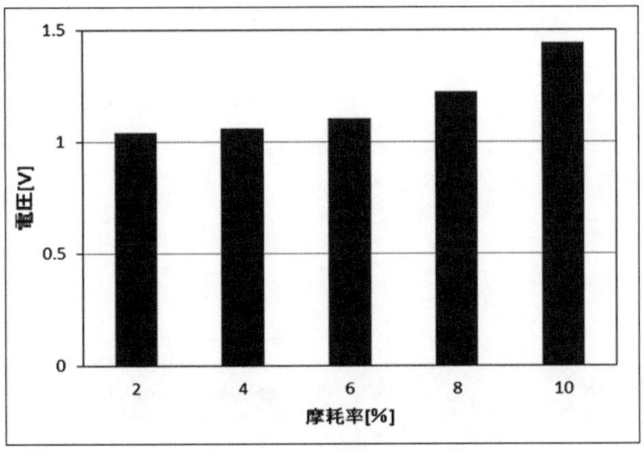

図 36　均一摩耗の探傷

いて、2%から 6%までは比例的に増加しているが 8%、10%で増加分が大きいのは片面摩耗と同様に摩耗によって素線破断が複合的に起きているためである。この結果から、摩耗を定量的に検出できたが、複合損傷については今後、実験および検討が必要であると考えられる。

6.7　ワイヤロープ腐食（錆）の検知実験

ワイヤロープの錆による腐食は直径 12mm[8×S(19)]のワイヤロープに塗布されているグリースをパーツクリーナー等で拭き取った後、食塩水につけて空気中に放置するという手順を毎日行い、図 37 や図 38 のように 1 年後までの錆腐食による漏洩磁束の変化をワイヤロープセンサーで計測した。

図 39 は錆の経過による漏洩磁束を表したものである。錆 2 週目のワイヤロープは損傷なしワイヤロープより漏洩磁束は減少してしまっているが、1 週目、3 週目、4 週目、1 年目は損傷なしワイヤロープより漏洩磁束が増加していることが分かる。その原因としては 2 週目の測定時、ワイヤロープテスタに何らかの不具合があったと考えられる。その 2 週目を除いては、経過とともに漏洩磁束が増加していることが分かった。また、実際の錆の写真を見ると 1 週目と 2 週目ではストランドの谷部のみに錆が発生

図 37　ワイヤロープの錆 4 週目

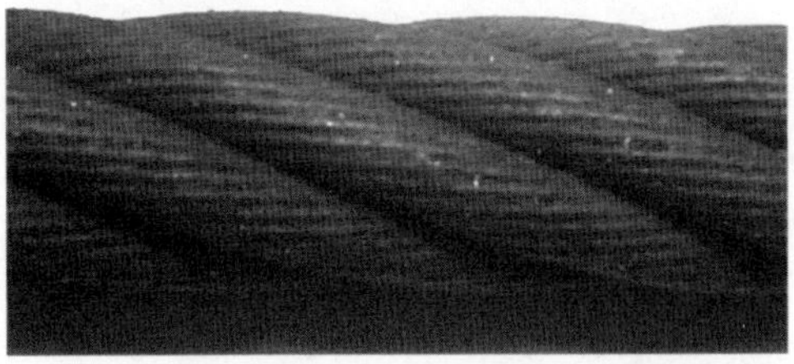

図 38　ワイヤロープの錆 1 年目

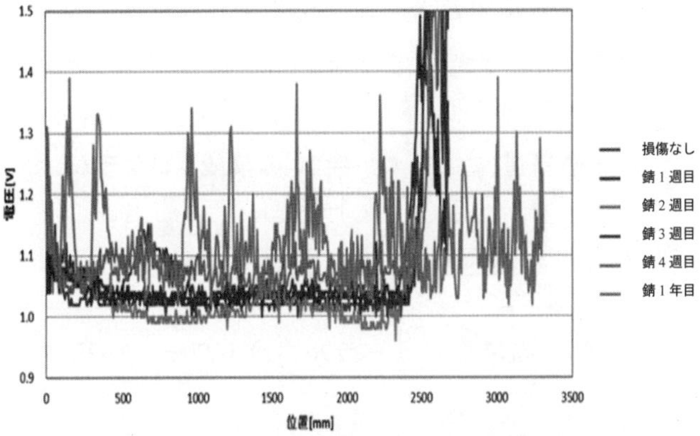

図 39　ワイヤロープの錆の検知実験結果

し、3 週目ではストランドの谷部に加え素線の谷部にも錆が分布している。また、4 週目と 1 年目のワイヤロープは錆が全体に分布している。このことから、GMR センサアレイ型健全性評価システムによって時間経過による錆の浸透度合いを漏洩磁束変動によって検出することが可能であることを示唆した。

7.　ニューラルネットワークによるワイヤロープ損傷検知

鋼製ワイヤロープの初期損傷検知実験により、ワイヤロープセンサーによる漏洩磁束強度測定値から初期的素線切れのみならず、錆の発生部分を検出できる可能性が認められた。そこで、初期的損傷に相当する素線切れ 1～5 本と、錆発生の場合分けの自動認識の可能性を検討するため、図 40 の階層構造を有するニューラルネットワークによる損傷検知と認知判断を試みた。図 41 は漏洩磁束強度の変動幅を特徴量として場合分けしたヒストグラムであるが、

素線破断（左側分布）と錆発生部位（右側分布）が概ね判別可能であることが分かる。また、図 27 の結果からは漏洩磁束強度の変動量から、素線切れ本数の場合分けも可能性と考えられる。機械学習に用いたニューラルネットワークは、図 40 の入力層に漏洩磁束強度（パワースペクトル）の変動量と変動幅を入力すると、出力層に素線切れと錆発生の場合分けと素線切れの場合はその本数を出力する 2 層構造で中間層 10 ニューロンの基本的な階層型とした。学習データは、初期の素線切れ（0～5 本）と錆を発生させた 7 種類の試験片において計測した 50 回の漏洩磁束強度のデータのうちの 40 個を用い、素線切れなら「0」、錆発生ならば「1」を出力し、素線切れならばその本数「0～5」を出力するようプログラムを構成した。表 2 は学習させたニューラルネットワークに、測定データの残り 10 個の変動量と変動幅を入力し損傷推定を実施した結果であるが、表中 2 列目の出力値からも分かるように素線切れの本数もほとんど正確に推定していることが分かる。

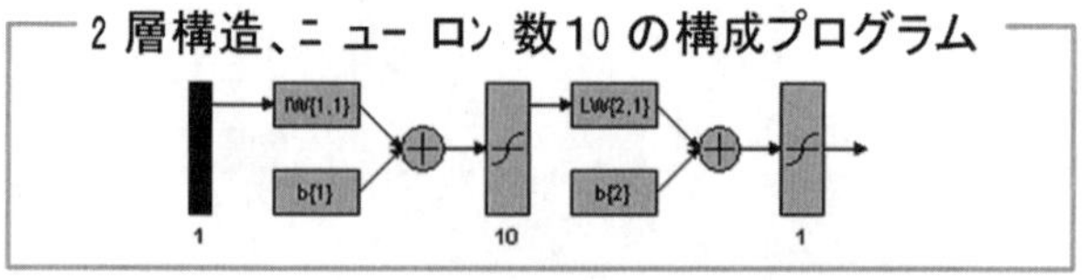

図 40　階層型ニューラルネットワークの構成

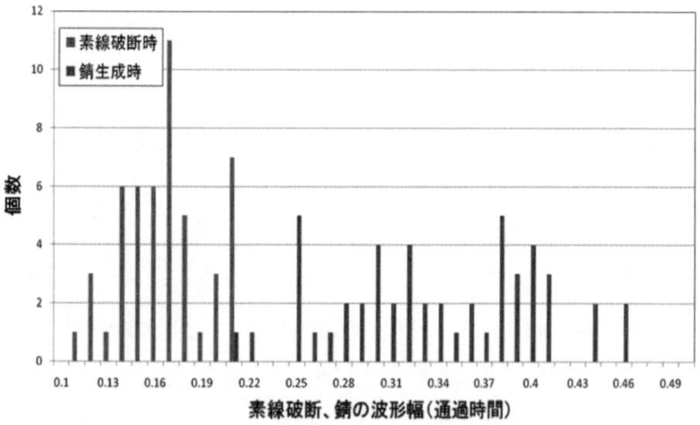

図 41　実験による素線破断と錆の波形幅の関係

表 2　ニューラルネットワークによる素線破断推定結果

各40個の波形のPS最大値の平均値	学習後の出力値ごとの入力値の平均値	破断本数
0.979	0.982	0
3.486	3.297	1
4.820	4.968	2
6.390	6.268	3
6.455	8.262	4
8.391	9.039	5

8．　サポートベクターマシンによる損傷検知

さらに、ワイヤロープの損傷の認知判断方法として、サポートベクターマシンの応用を試みた。

サポートベクターマシンはニューラルネットワーク同様、パーセプトロン型の識別器であるが、その学習方法に特徴がある。

図 42 のように、A と B の 2 つのクラスに属する標本データの集団があるとき、お互いの集団の中で最も距離が近いデータを選び出し、そのデータ間の距離が最大になるように、図中破線で表される帯のようなマージンを設定し、その中心に 2 つのクラスの境界となる超平面を設定する。この図の例の場合、データは$(x_1,\ x_2)$の 2 要素を有する 2 次元ベクトルなので、識別超平面は 1 次元の直線となる。

この方法は統計的学習理論[8)]に基づき、2 つのクラスに属する母集団の識別境界を、標本データから最も精度よく推定できる方法とされている。

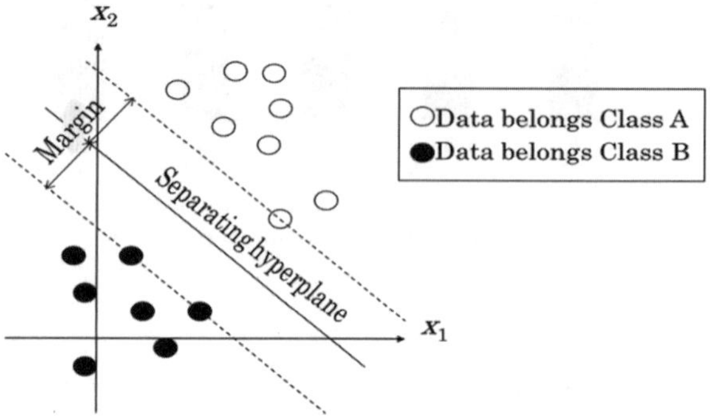

図 42　サポートベクターマシンの識別超平面

ここで識別器の重みベクトルを $\mathbf{w}$、バイアス項を b とおくと、識別超平面と、学習データ $\mathbf{x}_i$(ベクトル)との最小距離は、式(2)で表される。

$$\min_{i=1\ldots l} \frac{\left|\mathbf{w}^T \mathbf{x}_i + b\right|}{\|\mathbf{w}\|} \tag{2}$$

この距離を最大化すればよいから、識別超平面を求めるサポートベクターマシンの学習は次式の最適化問題を解き、重みベクトル $\mathbf{w}$ を求めることで実現できる。

$$\begin{aligned}&\text{minimize} \quad \|\mathbf{w}\|^2 \\ &\text{subject to} \quad y_i\left(\mathbf{w}^T \mathbf{x}_i + b\right) \geq 1\end{aligned} \tag{3}$$

なお、y_iは学習データ $\mathbf{x}_i$に対する出力であり、ベクトル量である重み $\mathbf{w}$ を一意に定め、学習データを全て正しく識別するための制約条件である。

サポートベクターマシンは元来線形識別器であるため、データの次元数から1だけ小さい識別面しか求められない。そこでお互いの学習データ間の距離も学習に用い、非線形識別を実現する。この非線形への拡張は、式(4)で表されるようなカーネル関数$K(\mathbf{x}_j, \mathbf{x}_i)$を用いてデータのベクトルを置き換え、置き換えたデータベクトルを用いて学習・判断を行うものである。

$$K(\mathbf{x}_j, \mathbf{x}_i) = \mathbf{x}_j^T \mathbf{x}_i \qquad (4)$$

ここで$\mathbf{x}_j$は全標本データを含むベクトルである。

このようにして学習された識別関数

$$y_i = sign\{\mathbf{w}^T K(\mathbf{x}_j, \mathbf{x}_i) + b\} \qquad (5)$$

(ただし$y_i \in (1,-1)$)によって、素線破断本数ならびに錆に反応する識別器を構成し、損傷識別実験を行った。なお、入力データとなる特徴量として、ニューラルネットワークによる損傷検知で述べた漏洩磁束強度を用いている。その結果を表3に示す。

表3　サポートベクターマシンによる推定精度

学習＼試験	0本	1本	2本	3本	4本	5本
0本	1.0	1.0	1.0	1.0	1.0	1.0
1本	1.0	1.0	0.92	1.0	1.0	1.0
2本	1.0	0.92	1.0	0.83	1.0	1.0
3本	1.0	1.0	0.92	1.0	0.90	1.0
4本	1.0	1.0	0.92	0.83	1.0	0.58
5本	1.0	1.0	1.0	1.0	0.67	1.0

表の一列目は学習させた識別器の損傷本数を、一行目には試験データの損傷本数である。表の数値は各識別器が入力データを正しく識別できた割合を表している。各識別器は該当する損傷本数発生時の入力データで1を出力するように学習されており、試験データが該当本数のときは正しく出力できている。一方で損傷本数が近いときに反応する識別器が生じているのが読み取れるが、特に0本と1本以上の差異の識別は正しく行えており、初期損傷検出に有用である。また、複数の識別器を組み合わせることにより、より高精度な判断を行える可能性がある。

9．　結言

1)荷重と破断幅の実験から、素線破断のあるワイヤロープは張力時に、破断幅が荷重の大きさに対し、比例的に増加する。

2)同一のワイヤロープにおいて破断幅が一定である場合、素線破断の本数を定量的に検知できることを示唆した。

3)従来の磁気検出技術よりも感度の高い巨大磁気抵抗センサーを複数使用することで、目視検査では分からない内部の損傷を検知できることを確認した。

4)片面摩耗および均一摩耗の探傷実験より、摩耗量に対してセンサーの出力電圧が比例的に変化し、摩耗量を定量的に検出できることを示唆した。

5)錆の検知実験から錆の経過に伴う分布の違いを漏洩磁束の変化をGMRセンサアレイ型健全性評価システムで定量的に検出できることを示唆した。

今回GMRセンサアレイ型健全性評価システムを試作し探傷実験を行ったが、記録時のサンプリング周期や、センサーと損傷の位置により、検出結果に多少のばらつきが出てしまった。そのため、より精度の高いワイヤロープ探傷機を作成するため、記録に使用しているマイコンボードをサンプリング周期の短いものに変更するのと同時により大きいセンサーの使用を検討していく。今後の目標としては健全性評価の自動化である。ニューラルネットワークやサポートベクターマシンなどの機械学習を用いて信号処理し、素線破断や摩耗損傷、錆といった損傷による出力波形の特徴を抽出し、波形から損傷種類や程度、残留強度といった不全要因の認知判断の自動化を検討する。

参考文献

1)　「ヘルスモニタリング」山本鎮男　共立出版株式会社
2)　「ワイヤロープの全て」ワイヤロープハンドブック編集委員会　日刊工業新聞社
3)　「建築電気 エレベータの技術」中井多喜雄他　学芸出版社
4)　W.Sharatchandra, et.al.: Journal of Sensor, Vol.2012, ID129074
5)　C.Xiuli, L.Yang, et al.,Proceedings of the IEEE International Conference on Mechatronics & Automation,pp. 4095-4099, Aug. 2009
6)　「NVE社GMRセンサ」http://www.nve.com/analogSensors.php
7)　原、竹澤、中臺他：日本機械学会ロボティクス・メカトロニクス講演会、1A2-L04、2012年5月
8)　Vladimir N. Vapnik: Statistical Learning Theory, Wiley-Interscience, 1998

第２部　最適化技術

概　要

一般に、多くの局所解をもつ多峰性関数の大域的最適解を現実的な計算時間内に求めることは困難である。許容できる計算時間内に大域的最適解を求めることを保証した探索アルゴリズムは存在しない。しかし、多くの工学設計問題では必ずしも大域的最適解を必要としない。設計条件を満たす解(これを許容解と呼ぶ)で十分な場合もある。特に建築に係る最適化問題では評価の高い許容解を設計に利用することが多い。このような背景から近年、現実的な計算時間内に必要十分な許容解を探索することが可能なメタヒューリスティクスが利用されるようなった。中でも連続型多峰性関数の許容解を高精度に探索することができる粒子群最適化(Particle Swarm Optimization、PSO)アルゴリズムや人工蜜蜂コロニー(Artificial Bee Colony、ABC)アルゴリズムなどの群知能アルゴリズムが注目されている。

第 2 部(第 7 章～第 14 章)では、まず近年多くの研究者から注目を集めている群知能アルゴリズムである PSO、ABC について詳述し、次に遺伝的アルゴリズム(Genetic Algorithm、GA)も含むこれらメタヒューリスティクスの建築分野を中心とした応用事例を紹介する。さらに最終章では、従来の最適解探索法の概念が異なる先進的なアプローチについても取り上げる。

第 2 部の構成は以下の通りである。

第 7 章「連続型多峰性関数の最適解探索」では、PSO、ABC の具体的なアルゴリズムとこれらの解探索特性について詳述する。

第 8 章「PSO による構造最適化問題への応用」では、構造最適化問題であるホモロガス構造の創生問題と骨組構造物における応答層せん断力係数の最適化問題に PSO を適用した例について紹介する。

第 9 章「群知能（PSO・ABC）とロボット」では、自律移動ロボットの移動経路生成と 2 脚の歩行ロボットの歩行制御問題への PSO、ABC の応用事例を紹介する。

第 10 章「ABC とセンサーネットワーク」では、大規模領域の環境モニタリングを実現する無線センサーネットワークの有効運用期間延長問題への ABC 系アルゴリズムの応用事例について紹介する。

第 11 章「GA と SI によるシェルの構造形態創生」では、シェル構造物の構造形態創生を可能にするための GA 系アルゴリズム及び群知能アルゴリズムの適用事例について紹介する。

第 12 章「SPEA2 と構造要素最適配置」では、GA 系の手法である単一目的最適化(PfGA)や多目的最適化(SPEA2)を適用して、得られる解の特性や最適化効率について詳述する。

第 13 章「障害物を回避する最短経路と柔らかい境界をもつボロノイ図」では、3 次元空間を離散化してそれをグラフに変換し、ノード間の最短経路を求める方法について解説し、障害物回避最短経路等の適用事例と柔らかい境界のボロノイ図について紹介する。

第 14 章「確率過程最適化法－複雑な多変数最適化問題への新たなアプローチ」では、探索過程を用いて最適解を求めるという従来の最適化手法の考え方を脱却して、探索を行わずに確率論に基づいて最適解を求める取り組みについて紹介する。この最適解決定過程では、解空間の状況も把握でき、今後、建築に係る最適化問題にも広く応用できる可能性がある。

第 7 章

連続型多峰性関数の最適解の探索

概要　多くの局所解を有する多峰性関数の大域的最適解を求めることは困難である。しかし、建築の分野を含む多くの工学設計問題では設計条件を満たす解(これを本章では「許容解」と呼ぶことにする)で十分な場合も多い。このような背景から近年、現実的な計算時間内に連続型多峰性関数の許容解を発見することが可能なParticle Swarm Optimization(PSO)アルゴリズムやArtificial Bee Colony(ABC)アルゴリズムなどの群知能アルゴリズムに注目が集まっている。本章では，まずこれらの群知能アルゴリズムを詳述し、次に高次元化する工学設計問題に対応したABCアルゴリズムの高度化法を紹介する。そして後半では、Rastrigin関数、Schwefel関数、Ackley関数、Griewank関数などの関数形状や変数間依存性が異なる5種類のベンチマーク関数に対する詳細なる性能評価実験を通して、各探索アルゴリズムの解探索性能を明らかにする。

1.　はじめに

実システムの大規模化、複雑化に伴い、多くの工学設計問題において、大域的最適解(厳密解)を求めることが極めて困難になってきている。しかし、多くの工学設計問題では、必ずしも大域的最適解を必要とせず、設計条件を満たす解(これを本章では「許容解」と呼ぶことにする)で十分な場合も多い[1)]。このような背景から近年、大規模で複雑な工学設計問題に対し、現実的な計算時間で必要十分な許容解を発見できる解探索アルゴリズムの研究、中でも進化論や群知能の分野の基礎研究から着想を得た様々なメタヒューリスティクスの工学設計問題への応用研究に注目が集まっている。

代表的なメタヒューリスティクスとしては、進化的計算手法に分類される遺伝的アルゴリズム(Genetic Algorithm、GA)[2)]、免疫アルゴリズム(Immune Algorithm、IA)[3)]、差分進化(Differential Evolution、DE)アルゴリズム[4)]、群知能アルゴリズムに分類される蟻コロニー最適化(Ant Colony Optimization、ACO)アルゴリズム[5)]、粒子群最適化(Particle Swarm Optimization、PSO)アルゴリズム[6)~8)]、人工蜜蜂コロニー(Artificial Bee Colony、ABC)アルゴリズム[9),10)]などがあげられる。

これらの中で、GAやIAは早くから多くの研究者に注目され、今日までに数多くの研究成果が報告されている[11)]。しかし、これら進化的計算手法は、一般にアルゴリズム設計上のパラメーターの設定によって解探索性能が大きく変化するため、様々な工学設計問題に適用する際に、適切なパラメーター設定のための精密な事前調査実験が必要になる。これに対して、群行動する生物の振る舞いに着想を得た確率的な多点探索型の最適化アルゴリズムであるPSOアルゴリズムは、制約条件なしに連続型多峰性関数の最適化問題に適用できるだけでなく、アルゴリズム設計上のパラメーターの設定によって解探索性能が大きく変化することもないため、様々な工学設計問題に容易に適用することができる[12)]。しかし、このPSOアルゴリズムは、問題の高次元化に伴い解探索性能が低下する(局所解に陥ってしまう)ことが指摘されている。PSOアルゴリズムに関する既往の研究では、様々な工学設計問題への応用研究の他、解探索性能の改善を目的とした研究[13)~23)]が精力的に進められてはいるが、今後の適用領域の拡大を考慮した場合、さらなる解探索性能の向上が期待される。このような研究背景・状況において、最近、蜜蜂の行動に着想を得た群知能アルゴリズムとしてABCアルゴリズム[9),10)]が提案され、PSOアルゴリズムよりも高次元の最適化問題に対する解探索性能が優れていることが報告された。

本章では、まずPSOアルゴリズム及びABCアルゴリズムを詳述し、次に高次元化する最適化問題に対して更なる解探索性能の向上を目的として開発されたABCアルゴリズムの高度化法を紹介する。そして、後半では数種類のベンチマーク関数に対する詳細なる数値実験を通して、各探索アルゴリズムの解探索性能を明らかにする。

2.　PSOアルゴリズム

PSOアルゴリズムは群行動する生物の振る舞いに着想を得た連続型多峰性関数の最適化問題を解くための有力な手法である[6)~8)]。PSOアルゴリズムの探索過程において、群を構成する個々の粒子は解情報を共有しながら多次元解空間を効率的に探索する。

各粒子は位置ベクトル($\boldsymbol{x}_i$)と速度ベクトル($\boldsymbol{v}_i$)で

特徴付けられる。ここで、添字i(i = 1, … , N)は粒子番号を表す。各粒子は自身が探索の過程で発見した最良解[$\boldsymbol{pbest_i}$]、および群れ全体で共有する全粒子中の最良解[$\boldsymbol{gbest}$]を用いて、解が収束するまで(または探索の終了条件が満たされるまで)、群を構成する全粒子でより良い解を探索し続ける。具体的には1ステップ前の速度ベクトル($\boldsymbol{v}_i^k$)、自身が探索の過程で発見した最良解[$\boldsymbol{pbest}_i^k$]、及び群れ全体で共有している最良解[$\boldsymbol{gbest}^k$]の線形結合として新たな速度ベクトル($\boldsymbol{v}_i^{k+1}$)を生成し、新たな探索点($\boldsymbol{x}_i^{k+1}$)まで移動する。ここで、上付kは探索回数を表す。k+1回目の探索における粒子iの速度ベクトル($\boldsymbol{v}_i^{k+1}$)と位置ベクトル($\boldsymbol{x}_i^{k+1}$)は次式によって生成(更新)される。

$$\begin{aligned}\boldsymbol{v}_i^{k+1} &= \omega \cdot \boldsymbol{v}_i^k + c_1 \cdot r_1 \cdot (\boldsymbol{pbest}_i^k - \boldsymbol{x}_i^k) \\ &\quad + c_2 \cdot r_2 \cdot (\boldsymbol{gbest}^k - \boldsymbol{x}_i^k) \\ \boldsymbol{x}_i^{k+1} &= \boldsymbol{x}_i^k + \boldsymbol{v}_i^{k+1}\end{aligned} \tag{1}$$

ここで、r_1とr_2は[0,1]の一様乱数である。ωは粒子の慣性力係数、c_1とc_2は学習係数であり、それぞれの項に対する重み係数として機能する。

D変数の最小化問題

$$\min. f(\boldsymbol{x}), \quad \text{subj. to } \boldsymbol{x} \in R^D$$

を考える。目的関数[$f(\boldsymbol{x})$]が与えられたとき、$f(\boldsymbol{x})$の値を最小にする$\boldsymbol{x}$の値を求める最適化問題に対する具体的な処理手順を以下に示す。

[Step0(準備)]

粒子の総数(N)、各項の重み係数(ω, c_1, c_2)、総探索回数(T_{max})を設定する。

[Step1(初期化)]

・探索回数のカウンター(k)をk = 1にする。

・各粒子の初期位置ベクトル($\boldsymbol{x}_i^1$)、初期速度ベクトル($\boldsymbol{v}_i^1$)を乱数によって生成し、初期状態における$\boldsymbol{pbest}_i^1$、$\boldsymbol{gbest}^1$を決定する。

$$\begin{aligned}&\boldsymbol{pbest}_i^1 = \boldsymbol{x}_i^1, \quad i = 1,\ldots,N \\ &i_g = \arg\min_i f(\boldsymbol{pbest}_i^1) \\ &\boldsymbol{gbest}^1 = \boldsymbol{pbest}_{i_g}^1\end{aligned}$$

[Step2(速度と位置の更新)]

式(1)を用いて、各粒子の状態ベクトルを更新する。

[Step3(最良解情報の更新)]

$$I_1 = \{ i \mid f(\boldsymbol{x}_i^{k+1}) < f(\boldsymbol{pbest}_i^k), \quad i = 1,\ldots,N \}$$

とし、次のように最良解情報を更新する。

$$\begin{aligned}&\boldsymbol{pbest}_i^{k+1} = \begin{cases} \boldsymbol{x}_i^{k+1}, & i \in I_1 \\ \boldsymbol{pbest}_i^k, & i \notin I_1 \end{cases} \\ &i_g = \arg\min_i f(\boldsymbol{pbest}_i^{k+1}) \\ &\boldsymbol{gbest}^{k+1} = \boldsymbol{pbest}_{i_g}^{k+1}\end{aligned}$$

[Step4(終了判定)]

k = T_{max}であれば探索を終了する。

そうでなければk = k + 1として[Step2]へ。

3. ABCアルゴリズム

ABCアルゴリズム[9),10)]は蜜蜂の行動に着想を得た群知能アルゴリズムであり、PSOアルゴリズムと同様に確率的な多点探索型の最適化アルゴリズムである。

3.1 基本構成要素とアルゴリズムの概要

ABCアルゴリズムは餌場と3種類の蜜蜂群(employed bees, onlookers, scouts)を基本構成要素としてモデル化されており、そのアルゴリズムは以下の1)～3)の探索によって構成されている。

1)employed beesによる探索

各employed beeはある1つの餌場と関係付けられており、各employed beeは関係付けられた餌場の近傍でより評価の高い餌場を探索する。

2)onlookersによる探索

employed beesの探索によってもたらされた情報に基づき、onlookersは他よりも相対的に評価の高い餌場の近傍を集中的に探索する。

3)scoutsによる探索

上記1)、2)の探索において、ある設定した探索回数の間に一度も更新されなかった餌場が存在した場合、その餌場に関係付けられたemployed beeは一時的にscoutに変化し、対応関係にある餌場の位置を大きく移動させる。

ABCアルゴリズムにおいて、コロニーを構成する蜜蜂の総数(コロニーサイズ)はemployed beesの数にonlookersの数を加えた合計数であり、餌場の総数はemployed beesの数に等しい。

3.2 処理手順

D変数の最小化問題

$$\min. f(\boldsymbol{x}), \quad \text{subj. to } \boldsymbol{x} \in R^D$$

を考える。目的関数[$f(\boldsymbol{x})$]が与えられたとき、$f(\boldsymbol{x})$の値を最小にする$\boldsymbol{x}$の値を求める最適化問題に対する具体的な処理手順を示す。以下、本章では餌場のことを「探索点」と呼ぶ。

[Step0(準備)]

・コロニーサイズ(N)および探索点の総数(SN)を設定する。ここで、employed beesの数は探索点の総数(SN)に一致し、onlookersの数はコロニーサイズから探索点の総数を引いた数(N−SN)になる。

・scoutへの変化を制御する値(C_{limit})を設定する。

・総反復回数(T_{max})を設定する。

[Step1(初期化)]

・反復回数のカウンター(k)をk = 1にする。

・各探索点の連続して更新されなかった回数をカウントするパラメーター(s_i)を全て(s_i=)0にする。ここで、下付$i \in \{1, 2, \ldots, SN\}$は探索点番号を表す。
・各探索点の初期位置ベクトル($\boldsymbol{x}_i^1$)を乱数によって生成する。ここで、下付$i \in \{1, 2, \ldots, SN\}$は同じく探索点番号を表し、上付($k$=)1は反復回数を表す。
・初期状態における最良解($\boldsymbol{best}^1$)を決定する。

$$i_b = arg\,\min_i f(\boldsymbol{x}_i^1), \quad i = 1, \ldots, SN$$
$$\boldsymbol{best}^1 = \boldsymbol{x}_{i_b}^1$$

［Step2（employed beesによる探索）］

1)全ての探索点[$\boldsymbol{x}_i^k (i = 1, \ldots, SN)$]に対して、それらの更新候補点[$\boldsymbol{v}_i^k (i = 1, \ldots, SN)$]を計算する。

$$v_{ih}^k = x_{ih}^k + \phi_{ih}^k (x_{ih}^k - x_{mh}^k), \quad i = 1, \ldots, SN$$
$$v_{ij}^k = x_{ij}^k, \quad i = 1, \ldots, SN$$

ここで、下付$h \in \{1, 2, \ldots, D\}$ (D:次元数)は探索点ごとにランダムに選択された1つの設計変数番号を表し、下付$j \in \{1, 2, \ldots, D\}$は選択された番号($h$)以外の残りの設計変数番号を表す。要するに、各探索点に対して、ランダムに選択された1変数のみを更新し、その更新候補点を生成する。なお、ϕ_{ij}^kは[-1,1]の一様乱数を表し、下付$m \in \{1, 2, \ldots, SN\}$は探索点ごとに探索点番号($i$)以外からランダムに選択された探索点(以下、この探索点を「参照点」と呼ぶ)の番号を表す。

2)各探索点($\boldsymbol{x}_i^k$)とパラメーター(s_i)を更新する。

$$I_1 = \{ i \mid f(\boldsymbol{v}_i^k) < f(\boldsymbol{x}_i^k), \quad i = 1, \ldots, SN \}$$

とし、次のように更新する。

$$\boldsymbol{x}_i^k = \begin{cases} \boldsymbol{v}_i^k, & i \in I_1 \\ \boldsymbol{x}_i^k, & i \notin I_1 \end{cases}, \quad s_i = \begin{cases} 0, & i \in I_1 \\ s_i + 1, & i \notin I_1 \end{cases}$$

［Step3（onlookersによる探索）］

1)onlookersの探索カウンター(l)を$l = 1$にする。

2)各探索点($\boldsymbol{x}_i^k$)の目的関数値[$f(\boldsymbol{x}_i^k)$]から各探索点($\boldsymbol{x}_i^k$)の適合度(fit_i^k)を計算する[24]。

$$fit_i^k = \begin{cases} \dfrac{1}{1 + f(\boldsymbol{x}_i^k)}, & f(\boldsymbol{x}_i^k) \ge 0 \\ 1 + abs(f(\boldsymbol{x}_i^k)), & f(\boldsymbol{x}_i^k) < 0 \end{cases} \quad (i = 1, \ldots, SN)$$

そして、適合度(fit_i^k)から各探索点($\boldsymbol{x}_i^k$)の相対価値確率(P_i^k)を計算する。

$$P_i^k = fit_i^k \Big/ \sum_{n=1}^{SN} fit_n^k$$

3)相対価値確率(P_i^k)に基づくルーレット選択によって1つの探索点($\boldsymbol{x}_c^k$)を選択し、この選択された探索点($\boldsymbol{x}_c^k$)についてのみ、[Step2]の1)と同様にその更新候補点($\boldsymbol{v}_c^k$)を生成する。ここで、下付$c \in \{1, 2, \ldots, SN\}$は選択された探索点番号を表す。そして、選択されたこの1つの探索点($\boldsymbol{x}_c^k$)とそれに対応するパラメーター(s_c)を次のように更新する。

$$\boldsymbol{x}_c^k = \begin{cases} \boldsymbol{v}_c^k, & f(\boldsymbol{v}_c^k) < f(\boldsymbol{x}_c^k) \\ \boldsymbol{x}_c^k, & f(\boldsymbol{v}_c^k) \ge f(\boldsymbol{x}_c^k) \end{cases}$$

$$s_c = \begin{cases} 0, & f(\boldsymbol{v}_c^k) < f(\boldsymbol{x}_c^k) \\ s_c + 1, & f(\boldsymbol{v}_c^k) \ge f(\boldsymbol{x}_c^k) \end{cases}$$

4)$l = N - SN$であれば[Step4]へ。
そうでなければ$l = l + 1$として3)へ。

［Step4（scoutsによる探索）］

$$I_2 = \{ i \mid s_i \ge C_{limit}, \quad i = 1, \ldots, SN \}$$

とする。$i \in I_2$の探索点($\boldsymbol{x}_i^k$)が存在する場合、この探索点を解探索領域内に乱数によって生成した探索点と交換する。

［Step5（最良解の更新）］

最良解を更新する。

$$\boldsymbol{x}_i^{k+1} = \boldsymbol{x}_i^k, \quad i = 1, \ldots, SN$$
$$i_b = arg\,\min_i f(\boldsymbol{x}_i^{k+1})$$
$$\boldsymbol{best}^{k+1} = \boldsymbol{x}_{i_b}^{k+1}$$

［Step6（終了判定）］

$k = T_{max}$であれば探索を終了する。
そうでなければ$k = k + 1$として[Step2]へ。

3.3　解探索特性と問題点の整理

PSOアルゴリズムは、探索の各過程で全体最良解(探索の過程で各個体が発見した自己最良解の中の最も良い解)を群全体で共有する。そして、各個体は自己最良解だけでなく、この全体最良解を用いて次の解候補(探索点)を決定する。このため、探索の比較的早い段階で、全ての個体が全体最良解の近傍に集まり、全体最良解の近傍のみを集中的に探索する傾向がある。よって、特に多峰性を有する高次元最適化問題では、局所解に陥ってしまい、解探索性能が低下してしまう場合がある。これに対して、ABCアルゴリズムでは、各探索点の更新にあたり、その更新候補点はランダムに選択された他の探索点(参照点)を用いて決定されるので、探索の初期段階で全ての探索点がある1つの探索点の近傍に集中する心配はない。大域的な探索能力はPSOアルゴリズムよりも本質的に優れていると考えられる。しかし、改良の余地のない最適化アルゴリズムというわけではない。ABCアルゴリズムに内在している問題点を以下に列挙する。

問題点1) 適合度算出式

各探索点(探索過程の解候補)の評価指標である適

合度は、対象とする問題ごとに設定された目標値を基準値として算出されるべきである。しかし、ABCアルゴリズムでは、対象とするそれぞれの問題に対して設定された目標値ではなく、常に0を基準値として各探索点の適合度が算出される。したがって、対象とする問題によっては、onlookersによる探索点の選択が意図したようには行われず、更新すべき探索点の近傍が十分に探索されない可能性がある。

問題点2) onlookersの探索点選択方法

多くの局所解を有する多峰性関数の解探索過程において、ある探索点($\boldsymbol{x}_i$)が大域的最適解(または許容解)とは大きく異なる局所解の近傍に更新され、他の探索点と比較してその適合度が極端に高く評価された場合、この探索点($\boldsymbol{x}_i$)の近傍に大域的最適解(または許容解)がないにも関わらず、この探索点($\boldsymbol{x}_i$)が集中的に選択されてしまう。実問題への応用を考慮した場合、一般にその目的関数は多くの局所解を有する多峰性関数であることが想定される。onlookersの探索点選択方法、特に探索の初期段階における選択方法には改善が必要である。

問題点3) 参照点の選択方法

employed beesおよびonlookersの探索では、各探索点の更新候補点をランダムに選択した他の探索点(参照点)を用いて決定する。よって、前述したように、全探索点がある1つの局所解(または局所解の近傍)に収束してしまう可能性はない。しかし、ランダムに参照点を選択して更新候補点を決定しているため、探索点の更新が行われないケースが頻発する可能性を考慮に入れる必要がある。参照点の選択方法には改善の余地がある。

問題点4) scoutsによる探索

scoutsはGAにおける突然変異に相当する役割を担っている。ABCアルゴリズムではある探索点が設定した回数の間に連続して更新されなかった場合、その探索点を乱数によって生成した探索点と交換する。しかし、連続して更新されなかった回数が探索点の交換条件になっている点には問題がある。探索点が更新されないケースの1つとして、その探索点が探索の過程で既に大域的最適解の近傍に位置(収束)しており、そのために更なる更新点の発見が困難になっているケースが考えられる。このような場合、その探索点を乱数によって生成した探索点と交換すべきではない。改善が必要である。

4．　ABCアルゴリズムの高度化法

本章では、高次元最適化問題に対するさらなる解探索性能の向上を目的として開発されたABCアルゴリズムの問題点に対する改善策を導入した新しいアルゴリズムを紹介する[25]。以下では、まず問題点1)～4)のそれぞれに対する改善策1)～4)を順に説明し、その後で高度化法の具体的な処理手順を示す。

4.1　高度化法の概要

ABCアルゴリズムの高度化法には、以下の改善策が導入されている。

改善策1) 適合度算出式の見直し

高度化法では次式によって各探索点の適合度を算出する。

$$fit_i = \begin{cases} \dfrac{1}{f(\boldsymbol{x}_i) - f_{bound}}, & f(\boldsymbol{x}_i) - f_{bound} \geq f_{accuracy} \\ \dfrac{1}{f_{accuracy}}, & f(\boldsymbol{x}_i) - f_{bound} < f_{accuracy} \end{cases} \quad (i = 1, \ldots, SN) \tag{2}$$

ただし、f_{bound}は設計条件を満たす許容解($\boldsymbol{x}^+$)に対する許容限界値[$f(\boldsymbol{x}^+)$]を意味し、$f_{accuracy}$の値としては許容限界値(f_{bound})への目標とする収束精度の値を設定する(以下、$f_{accuracy}$を許容限界値(f_{bound})に対する「精度値」と呼ぶ)。ここで、理想的には、許容限界値(f_{bound})として、大域的最適解($\boldsymbol{x}^*$)に対する目的関数値[$f(\boldsymbol{x}^*)$]を設定したいところではあるが、多くの工学設計問題において大域的最適解($\boldsymbol{x}^*$)は未知であり、実問題への適用においてそれは不可能である。また、様々な工学設計問題に適用するにあたり、設計条件を満たす許容解($\boldsymbol{x}^+$)を明確に設定できないケースも想定される。このような場合(設計条件を満たす許容解($\boldsymbol{x}^+$)を明確に設定できない場合)は、事前の調査実験によって求められた準最適解などから許容限界値(f_{bound})を設定することになる[1]。なお、式(2)では解探索過程で探索点($\boldsymbol{x}_i$)の目的関数値[$f(\boldsymbol{x}_i)$]が条件[$f(\boldsymbol{x}_i) - f_{bound} < f_{accuracy}$]を満たした場合、この条件を満たした探索点($\boldsymbol{x}_i$)に対し、その後の探索において適合度($1/f_{accuracy}$)が与えられる。目的関数値[$f(\boldsymbol{x}_i)$]が許容限界値($f_{bound}$)を下回る、より良い解(探索点)に対しては、その良さに応じたより高い適合度が与えられるべきではある。しかし、現実の工学設計問題の多くで大域的最適解($\boldsymbol{x}^*$)は未知であり、また設計条件を満たす許容解($\boldsymbol{x}^+$)が求まれば良い場合も多いため、実問題への適用に対して問題のない適合度算出式であると考えられる。以上、ABCアルゴリズムの高度化法では目標値(基準値)として設定した許容限界値(f_{bound})に対する適合度に基づいて、各探索点の相対価値確率を求めることができる。

改善策2) onlookersの探索点選択方法の変更

問題点2)で述べたonlookersの探索点選択方法の問題を改善するために、高度化法には以下の改善策が導入されている。まず、探索の前段階[段階1]では各探索点の適合度の値から適合度の高い探索点(上位

α点)を探索候補とする。そして、onlookersはこれら上位α点の中からランダムに探索点を選択し、選択した探索点の更新を試みる。一方、解探索がある程度進んだ後[段階2]においては、従来通り適合度に基づく相対価値確率に応じて探索点を選択し、選択した探索点を更新する。

高度化法では、この段階1から段階2への切換のタイミングを判定するために、次式が導入されている。

$$f_{init} = \sum_{i=1}^{SN} f(\boldsymbol{x}_i^1) \Big/ SN \tag{3}$$

$$f_{judge} = \frac{f_{init} - f(\boldsymbol{best})}{f_{init} - f_{bound}} \geq dr \tag{4}$$

ここで、上記と同様に、f_{bound}は設計条件件を満たす許容解($\boldsymbol{x}^+$)に対する許容限界値[$f(\boldsymbol{x}^+)$]を表し、$f(\boldsymbol{best})$は全体最良解($\boldsymbol{best}$)に対する評価値(目的関数値)を表す。また、f_{init}は初期状態における全探索点の平均評価値であり、drは解への収束状況を判定するためのパラメーター($0 \leqq dr \leqq 1$)である。高度化法では、まず式(3)によって初期の探索点集団を評価し、次に式(4)を用いて目的関数値の改善度を評価する。アルゴリズムでは、段階1の最低反復回数($T1_{min}$)を設定し、この反復回数($T1_{min}$)に達した後、式(4)による判定を反復計算の各過程で繰り返し実行し、段階1から段階2への切換のタイミングを判断する。要するに、この改善策では、問題点2)の改善を図るために、探索の前段階[段階1]において最低限の探索期間($T1_{min}$)を確保し、全探索点の中から適合度の高い(有望な)複数の探索点の更新処理を偏りなく実行した後、解の収束状況を確認してから段階2の探索点選択方法へ移行する。

改善策3) 参照点選択方法の変更

employed beesおよびonlookersの探索における探索点の更新頻度を向上させることを目的として、高度化法では参照点の選択方法が改善されている。この改善策では、上記2)で述べた段階1においては適合度上位α個の探索点の中からランダムに参照点を選択し、段階2においては適合度に基づく相対価値確率に応じて参照点を選択する。なお、この参照点選択方法において、ある探索点($\boldsymbol{x}_i$)の更新を考慮している場合、当然のことではあるが、参照点はこの探索点($\boldsymbol{x}_i$)以外から選択する。以上の参照点選択方法により、従来のようにランダムに参照点を選択する場合と比較して、探索点の更新頻度が増す。これにより解探索性能の向上を期待することができる。

改善策4) scoutsによる探索について

前述したように、scoutsはGAにおける突然変異に相当する役割を担っている。しかし、ABCアルゴリズムは、そもそも全探索点がある1つの局所解に収束してしまう可能性がないという特徴(解探索特性)を有している。また、改善策2)の導入によって、問題点2)で指摘した局所解近傍に位置する探索点の集中的な選択の可能性は低下する。大域的な探索はより充実するものと考えられる。さらにscoutsによる探索には、探索点の交換条件に明らかな問題点が内在している。以上の理由から、高度化法では、scoutsによる探索は実行されない。

4.2　処理手順

高度化法の具体的な処理手順を以下に示す。

[Step0(準備)]

- コロニーサイズ(N)および探索点の総数(SN)を設定する。ここで、employed beesの数は探索点の総数(SN)に一致し、onlookersの数はコロニーサイズから探索点の総数を引いた数($N-SN$)になる。
- 適合度上位の探索点の数(α)を設定する。
- 解への収束状況判定パラメーター(dr)を設定する。
- 許容限界値(f_{bound})を設定する。
- f_{bound}に対する精度値($f_{accuracy}$)を設定する。
- 総反復回数(T_{max})を設定する。
- 段階1の最低反復回数($T1_{min}$)を設定する。

[Step1(初期化)]

- 反復回数のカウンター(k)を$k = 1$にする。
- 段階1の探索から段階2の探索への切換判定値を初期化($f_{judge} = 0$)する。
- 各探索点の初期位置ベクトル($\boldsymbol{x}_i^1$)を乱数によって生成する。ここで、下付$i \in \{1, 2, \ldots, SN\}$は探索点番号を表し、上付($k$=)1は反復回数を表す。
- 初期状態における最良解($\boldsymbol{best}^1$)を決定する。

$$i_b = \arg\min_i f(\boldsymbol{x}_i^1), \quad i = 1, \ldots, SN$$
$$\boldsymbol{best}^1 = \boldsymbol{x}_{i_b}^1$$

- 初期状態におけるf_{init}を式(3)によって計算する。

[Step2(employed beesによる探索)]

1)各探索点($\boldsymbol{x}_i^k$)の目的関数値[$f(\boldsymbol{x}_i^k)$]から各探索点($\boldsymbol{x}_i^k$)の適合度(fit_i^k)を計算する。

$$fit_i^k = \begin{cases} \dfrac{1}{f(\boldsymbol{x}_i^k) - f_{bound}}, & f(\boldsymbol{x}_i^k) - f_{bound} \geq f_{accuracy} \\ \dfrac{1}{f_{accuracy}}, & f(\boldsymbol{x}_i^k) - f_{bound} < f_{accuracy} \end{cases}$$
$$(i = 1, \ldots, SN)$$

2)$k < T1_{min}$であれば下記4)へ。

そうでない場合($k \geq T1_{min}$)において、$f_{judge} \geq dr$であれば下記3)へ、そうでない場合は次式によってf_{judge}の値を更新する。

$$f_{judge} = \frac{f_{init} - f(\boldsymbol{best}^k)}{f_{init} - f_{bound}}$$

そして、この更新値が$f_{judge} \geq dr$になれば下記3)へ、そうでない場合は下記4)へ。

3)上記1)で算出した適合度(fit_i^k)から各探索点($\boldsymbol{x}_i^k$)の相対価値確率(P_i^k)を計算する。

$$P_i^k = fit_i^k \Big/ \sum_{n=1}^{SN} fit_n^k$$

4)全ての探索点[$\boldsymbol{x}_i^k (i = 1, \dots, SN)$]に対して、それらの更新候補点[$\boldsymbol{v}_i^k (i = 1, \dots, SN)$]を計算する。

$$v_{ih}^k = x_{ih}^k + \phi_{ih}^k (x_{ih}^k - x_{rh}^k), \quad i = 1, \dots, SN$$

$$v_{ij}^k = x_{ij}^k, \quad i = 1, \dots, SN$$

ここで、下付$h \in \{1, 2, \dots, D\}$ (D:次元数)は探索点ごとにランダムに選択された1つの設計変数番号を表し、下付$j \in \{1, 2, \dots, D\}$は選択された番号(h)以外の残りの設計変数番号を表す。また、ϕ_{ij}^kは[-1,1]の一様乱数であり、下付$r \in \{1, 2, \dots, SN\}$については、$(k \geq T1_{min})$ & $(f_{judge} \geq dr)$の場合は探索点ごとに探索点番号(i)以外で相対価値確率(P_i^k)に基づくルーレット選択によって選択された参照点番号を表し、そうでない場合は探索点ごとに探索点番号(i)以外で適合度の高い上位αの探索点の中からランダムに選択された参照点番号を表す。

5)各探索点($\boldsymbol{x}_i^k$)を更新する。

$$I_1 = \left\{ i \mid f(\boldsymbol{v}_i^k) < f(\boldsymbol{x}_i^k), \quad i = 1, \dots, SN \right\}$$

とし、次のように更新する。

$$\boldsymbol{x}_i^k = \begin{cases} \boldsymbol{v}_i^k, & i \in I_1 \\ \boldsymbol{x}_i^k, & i \notin I_1 \end{cases}$$

[**Step3(onlookersによる探索)**]

1)onlookersの探索カウンター(l)を$l = 1$にする。

2)$(k \geq T1_{min})$ & $(f_{judge} \geq dr)$の場合には相対価値確率(P_i^k)に基づくルーレット選択によって1つの探索点($\boldsymbol{x}_c^k$)を選択し、そうでない場合は適合度の高い上位αの探索点の中からランダムに1つの探索点($\boldsymbol{x}_c^k$)を選択する。ここで、下付$c \in \{1, 2, \dots, SN\}$は選択された探索点番号を表す。そして、この選択された探索点($\boldsymbol{x}_c^k$)についてのみ、[Step2]の4)と同様にその更新候補点($\boldsymbol{v}_c^k$)を生成し、この探索点($\boldsymbol{x}_c^k$)のみを次のように更新する。

$$\boldsymbol{x}_c^k = \begin{cases} \boldsymbol{v}_c^k, & f(\boldsymbol{v}_c^k) < f(\boldsymbol{x}_c^k) \\ \boldsymbol{x}_c^k, & f(\boldsymbol{v}_c^k) \geq f(\boldsymbol{x}_c^k) \end{cases}$$

3)$l = N\text{-}SN$であれば[Step4]へ。

そうでなければ$l = l + 1$として上記2)へ。

[**Step4(最良解の更新)**]

最良解を更新する。

$$\boldsymbol{x}_i^{k+1} = \boldsymbol{x}_i^k, \quad i = 1, \dots, SN$$

$$i_b = \arg\min_i f(\boldsymbol{x}_i^{k+1})$$

$$\boldsymbol{best}^{k+1} = \boldsymbol{x}_{i_b}^{k+1}$$

[**Step5(終了判定)**]

$k = T_{max}$であれば探索を終了する。

そうでなければ$k = k + 1$として[Step2]へ。

5. 数値実験

代表的なベンチマーク関数に関する数値実験を通して、各アルゴリズムの解探索性能を評価検証した。

5.1 ベンチマーク関数と実験設定

本章では、以下の5種類の代表的なベンチマーク関数(D次元上下限制約条件付最適化問題)に対する数値実験の結果を紹介する。

・関数1(**Rosenbrock**)

$$\min.\ f_1(\boldsymbol{x}) = \sum_{j=1}^{D-1} \left\{ 100(x_{j+1} - x_j^2)^2 + (x_j - 1)^2 \right\}$$

$$\text{subj. to } -100 \leq x_j \leq 100, \quad j = 1, \dots, D$$

$$\boldsymbol{x}^* = (1, \dots, 1), \quad f_1(\boldsymbol{x}^*) = 0$$

・関数2(**Rastrigin**)

$$\min.\ f_2(\boldsymbol{x}) = \sum_{j=1}^{D} \left\{ x_j^2 - 10\,cos(2\pi x_j) + 10 \right\}$$

$$\text{subj. to } -5.12 \leq x_j \leq 5.12, \quad j = 1, \dots, D$$

$$\boldsymbol{x}^* = (0, \dots, 0), \quad f_2(\boldsymbol{x}^*) = 0$$

・関数3(**Schwefel**)

$$\min.\ f_3(\boldsymbol{x}) = 418.98288727\,D + \sum_{j=1}^{D} -x_j\,sin(\sqrt{|x_j|})$$

$$\text{subj. to } -512 \leq x_j \leq 512, \quad j = 1, \dots, D$$

$$\boldsymbol{x}^* = (420.968750, \dots, 420.968750), \quad f_3(\boldsymbol{x}^*) = 0$$

・関数4(**Ackley**)

$$\min.\ f_4(\boldsymbol{x}) = 20 + e - 20\,exp\left(-0.2\sqrt{\frac{1}{D}\sum_{j=1}^{D} x_j^2} \right) - exp\left(\frac{1}{D}\sum_{j=1}^{D} cos(2\pi x_j) \right)$$

$$\text{subj. to } -30 \leq x_j \leq 30, \quad j = 1, \dots, D$$

$$\boldsymbol{x}^* = (0, \dots, 0), \quad f_4(\boldsymbol{x}^*) = 0$$

・関数5(**Griewank**)

$$\min.\ f_5(\boldsymbol{x}) = \frac{1}{4000}\sum_{j=1}^{D} x_j^2 - \prod_{j=1}^{D} cos\left(\frac{x_j}{\sqrt{j}} \right) + 1$$

$$\text{subj.to } -600 \leq x_j \leq 600, \quad j = 1, \dots, D$$

$$\boldsymbol{x}^* = (0, \dots, 0), \quad f_5(\boldsymbol{x}^*) = 0$$

ここで、各問題の解析的に求められた大域的最適解は$\boldsymbol{x}^*$、対応する目的関数値は$f_1(\boldsymbol{x}^*), \dots, f_5(\boldsymbol{x}^*)$としてまとめられている。これらの中で、Rosenbrock関数[$f_1(\boldsymbol{x})$]は単峰性ではあるが、設計変数間に依存関係があり、高次元問題において極端に解探索性能が低下することが知られている関数である。残りの関数[$f_2(\boldsymbol{x}), \dots, f_5(\boldsymbol{x})$]は多峰性関数である。設計変数間の依存関係の有無、関数の形状等を考慮して、こ

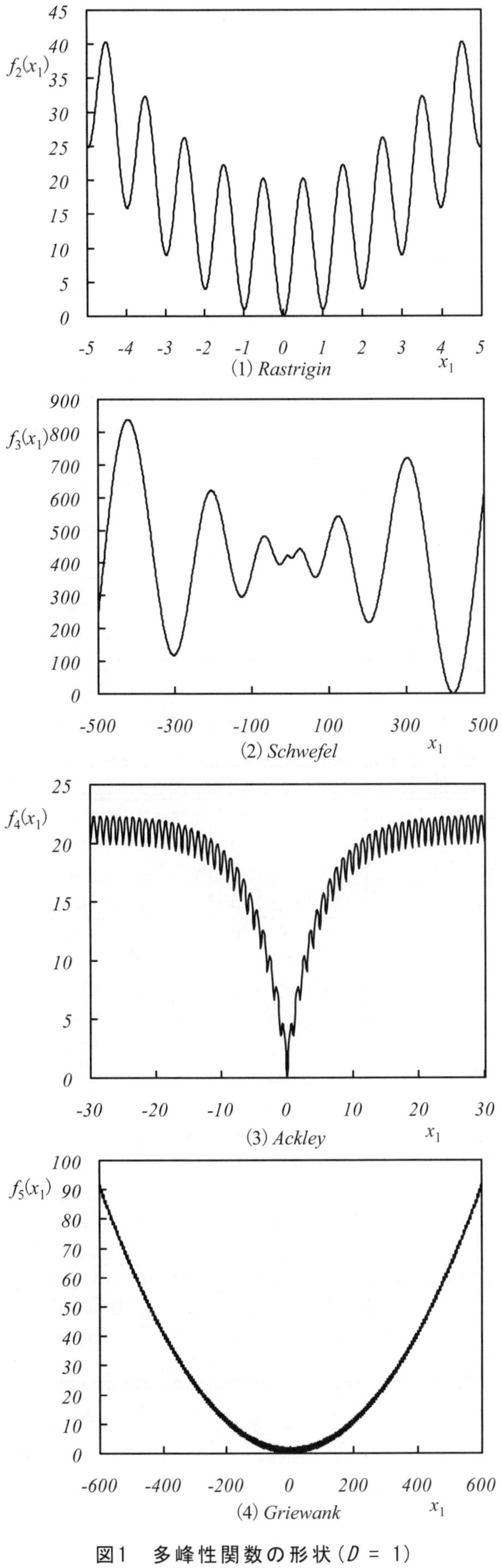

図１　多峰性関数の形状（D = 1）

表１　実験で用いた設定値

	ABC	*proposal*
colony size(N)	*60*	*60*
employed bees(SN)	*50% of colony size*	*50% of colony size*
onlookers(N−SN)	*50% of colony size*	*50% of colony size*
C_{limit}	$0.1\times SN\times D$	―――
α	―――	$0.3\times SN$
dr	―――	*0.9*
f_{bound}	―――	*0*
$f_{accuracy}$	―――	1.0×10^{-16}
T_{max}	*1000*	*1000*
$T1_{min}$	―――	$(T_{max}/2=)\ 500$

れら4種類の関数を用いることにした。これら多峰性関数［$f_2(\boldsymbol{x})$, … , $f_5(\boldsymbol{x})$］の1変数の場合の形状を図1に示す。図1から、Rastrigin関数［$f_2(\boldsymbol{x})$］とSchwefel関数［$f_3(\boldsymbol{x})$］は他と比較して局所解の谷が深いのに対して、Ackley関数［$f_4(\boldsymbol{x})$］とGriewank関数［$f_5(\boldsymbol{x})$］は浅いなどの特徴を確認することができる。

本章では、以下の4アルゴリズムを評価（比較）対象とした。

1)オリジナルのPSOアルゴリズムに対して、大域探索と局所探索をバランスするための調整機能が導入された改良法（Linearly Decreasing Inertia Weight Approach（LDIWA））[16)]

2)連続型多峰性関数の最適化問題（実数値最適化問題）を対象とした進化的計算手法であるDEアルゴリズム[4)、25)]

3)ABCアルゴリズム

4)ABCアルゴリズムの高度化法

以下、上記1)PSOアルゴリズムの改良法は"LDIWA"、上記2)DEアルゴリズム、上記3)のABCアルゴリズムはそれぞれ単に"DE", "ABC"、上記4)のABCアルゴリズムの高度化法は"ABC高度化法"と表記する。

数値実験におけるABC及びABC高度化法の実験設定値を表1に示す。ABC及びABC高度化法との性能比較を考慮して、LDIWA及びDEの集団サイズ（N）と総反復回数（T_{max}）は表1と同値とした。また、LDIWAのパラメーター設定に関しては、文献23)で用いられている値（良好な結果が得られる値）を採用した。DEのパラメーター設定、変異ベクトルの生成式や交叉方法などについては、文献26)を参考にして、良好な結果が得られる設定（及び選択）のもとで実験を行った。

5.2　実験結果及び考察

表2～表5にLDIWA, DE, ABC及びABC高度化法の5種類のベンチマーク問題（関数）に対する実験結果を示す。各表（表2～表5）には5種類のベンチマーク問題のそれぞれに対する高次元の場合（D=50～150）の実験結果が整理されている。ここで、各表（表2～表5）

表2 LDIWAに関する実験結果一覧

Problem	Dim.	Best	Ave.	Worst
Rosenbrock	50	4.38×10^{3}	7.00×10^{4}	2.26×10^{5}
	75	9.20×10^{3}	1.79×10^{5}	4.63×10^{5}
	100	5.08×10^{4}	7.28×10^{5}	3.18×10^{6}
	150	9.86×10^{4}	1.48×10^{6}	5.91×10^{6}
Rastrigin	50	1.05×10^{2}	1.81×10^{3}	3.14×10^{3}
	75	1.58×10^{2}	2.30×10^{3}	3.26×10^{3}
	100	2.72×10^{2}	3.71×10^{3}	6.10×10^{3}
	150	3.54×10^{2}	6.60×10^{3}	9.31×10^{3}
Schwefel	50	5.39×10^{3}	9.78×10^{3}	1.25×10^{4}
	75	9.20×10^{3}	3.48×10^{4}	4.52×10^{4}
	100	1.92×10^{4}	6.92×10^{4}	9.88×10^{4}
	150	3.35×10^{4}	4.07×10^{5}	5.65×10^{5}
Ackley	50	1.82×10^{0}	2.11×10^{1}	2.65×10^{1}
	75	2.54×10^{0}	4.05×10^{1}	6.02×10^{1}
	100	4.84×10^{0}	2.40×10^{2}	4.30×10^{2}
	150	5.79×10^{0}	2.61×10^{2}	8.90×10^{2}
Griewank	50	1.23×10^{0}	1.91×10^{1}	2.13×10^{1}
	75	3.89×10^{0}	4.93×10^{1}	9.83×10^{1}
	100	4.01×10^{0}	7.12×10^{1}	1.51×10^{2}
	150	5.99×10^{0}	7.05×10^{1}	1.87×10^{2}

表3 DEに関する実験結果一覧

Problem	Dim.	Best	Ave.	Worst
Rosenbrock	50	9.01×10^{1}	1.32×10^{2}	9.02×10^{2}
	75	7.09×10^{2}	1.38×10^{3}	1.92×10^{3}
	100	1.08×10^{4}	1.73×10^{4}	2.79×10^{4}
	150	8.45×10^{5}	1.97×10^{6}	4.12×10^{6}
Rastrigin	50	7.62×10^{-2}	4.55×10^{0}	4.23×10^{1}
	75	1.53×10^{1}	8.77×10^{1}	1.81×10^{2}
	100	1.54×10^{2}	2.21×10^{2}	3.22×10^{2}
	150	2.98×10^{2}	5.59×10^{2}	7.38×10^{2}
Schwefel	50	1.14×10^{3}	2.24×10^{3}	4.62×10^{3}
	75	6.27×10^{3}	9.87×10^{3}	1.11×10^{4}
	100	1.24×10^{4}	3.45×10^{4}	4.10×10^{4}
	150	5.72×10^{4}	6.70×10^{4}	7.54×10^{4}
Ackley	50	9.89×10^{-4}	2.44×10^{-3}	3.56×10^{-3}
	75	2.66×10^{-1}	8.52×10^{-1}	7.25×10^{-0}
	100	5.26×10^{0}	7.81×10^{0}	8.01×10^{0}
	150	8.59×10^{0}	9.15×10^{0}	9.45×10^{0}
Griewank	50	5.42×10^{-6}	9.80×10^{-3}	7.30×10^{-2}
	75	5.72×10^{-2}	1.47×10^{-1}	3.89×10^{-1}
	100	4.19×10^{-1}	6.24×10^{-1}	3.83×10^{0}
	150	2.02×10^{0}	3.08×10^{0}	5.31×10^{0}

表4 ABCに関する実験結果一覧

Problem	Dim.	Best	Ave.	Worst
Rosenbrock	50	1.36×10^{0}	1.25×10^{2}	8.80×10^{2}
	75	2.30×10^{0}	5.36×10^{2}	9.79×10^{3}
	100	9.96×10^{1}	9.07×10^{2}	9.82×10^{3}
	150	9.76×10^{2}	2.85×10^{3}	1.40×10^{4}
Rastrigin	50	4.51×10^{-4}	3.53×10^{0}	1.25×10^{1}
	75	4.93×10^{0}	2.42×10^{1}	9.82×10^{1}
	100	6.22×10^{1}	7.16×10^{1}	1.02×10^{2}
	150	1.28×10^{2}	2.77×10^{2}	3.22×10^{2}
Schwefel	50	8.98×10^{2}	1.30×10^{3}	1.97×10^{3}
	75	2.73×10^{3}	6.01×10^{3}	6.56×10^{3}
	100	6.02×10^{3}	9.31×10^{3}	1.00×10^{4}
	150	9.60×10^{3}	1.62×10^{4}	3.20×10^{4}
Ackley	50	4.74×10^{-4}	1.71×10^{-3}	2.24×10^{-2}
	75	1.30×10^{-1}	7.96×10^{-1}	1.58×10^{0}
	100	1.89×10^{0}	2.49×10^{0}	4.12×10^{0}
	150	4.57×10^{0}	5.75×10^{0}	6.68×10^{0}
Griewank	50	8.50×10^{-7}	9.21×10^{-3}	3.73×10^{-2}
	75	4.26×10^{-4}	4.57×10^{-2}	1.28×10^{-1}
	100	8.17×10^{-3}	7.94×10^{-2}	5.34×10^{-1}
	150	1.79×10^{-2}	7.17×10^{-1}	9.97×10^{-1}

表5 ABC高度化法に関する実験結果一覧

Problem	Dim.	Best	Ave.	Worst
Rosenbrock	50	1.39×10^{-2}	8.73×10^{0}	9.71×10^{1}
	75	7.01×10^{-1}	2.57×10^{1}	1.14×10^{2}
	100	5.75×10^{0}	5.34×10^{1}	2.10×10^{2}
	150	9.98×10^{1}	1.32×10^{2}	4.39×10^{3}
Rastrigin	50	2.08×10^{-10}	8.10×10^{-1}	2.99×10^{0}
	75	2.80×10^{0}	8.00×10^{0}	1.57×10^{1}
	100	1.21×10^{1}	1.39×10^{1}	2.92×10^{1}
	150	4.67×10^{1}	5.66×10^{1}	9.53×10^{1}
Schwefel	50	1.18×10^{2}	2.03×10^{2}	1.18×10^{3}
	75	1.43×10^{3}	2.39×10^{3}	3.06×10^{3}
	100	2.54×10^{3}	3.03×10^{3}	5.26×10^{3}
	150	6.78×10^{3}	9.02×10^{3}	9.91×10^{3}
Ackley	50	3.30×10^{-9}	5.70×10^{-5}	2.21×10^{-3}
	75	1.85×10^{-5}	2.44×10^{-4}	1.55×10^{-3}
	100	1.51×10^{-3}	7.17×10^{-2}	3.74×10^{-1}
	150	1.48×10^{-1}	1.96×10^{-1}	2.46×10^{0}
Griewank	50	1.14×10^{-16}	9.13×10^{-5}	4.56×10^{-3}
	75	7.92×10^{-11}	3.61×10^{-3}	6.84×10^{-2}
	100	4.00×10^{-8}	5.49×10^{-3}	3.76×10^{-2}
	150	1.74×10^{-4}	1.68×10^{-2}	2.56×10^{-1}

中のDim.は関数の次元数を表す。また、Bestは50試行における目的関数の最良値を表し、Ave.とWorstはその平均値と最悪値を表す。実験結果を確認すると、Rosenbrock関数[$f_1(\boldsymbol{x})$]の150次元の場合を除いて、DEによる実験の平均値は、LDIWAによる結果(平均値)よりも良好な値に収束している。しかし、DEによる実験結果をABCによる実験の結果と比較すると、5種類のベンチマーク問題の全次元において、その平

均値はABCの方が良好な値に収束している。LDIWAやDEに対するABCの高次元最適化問題に対する優位性を確認することができる。ABC高度化法を適用した場合は、このABCの実験結果と比較しても、全問題の全次元の全ての実験結果でより良好な結果が得られている。特に、単峰性関数ではあるが、変数間の依存関係のために高次元問題での解探索性能の低下が指摘されているRosenbrock関数おいて、全次元で1桁以上の精度の改善を確認することができる。

図2はRosenbrock関数と並んで探索性能の悪かったSchwefel関数の収束曲線であり、50次元の場合における反復計算回数2000までの平均値の収束過程が示されている。LDIWA、DEを適用した場合と比較して、ABCでは徐々に値が改善されており、ABC高度化法では約1800回の反復計算で大域的最適解が求まっている。ABC高度化法とABCとの間のこの性能差は実問題への応用を考慮した場合、非常に大きな差であると言える[1)、27)]。

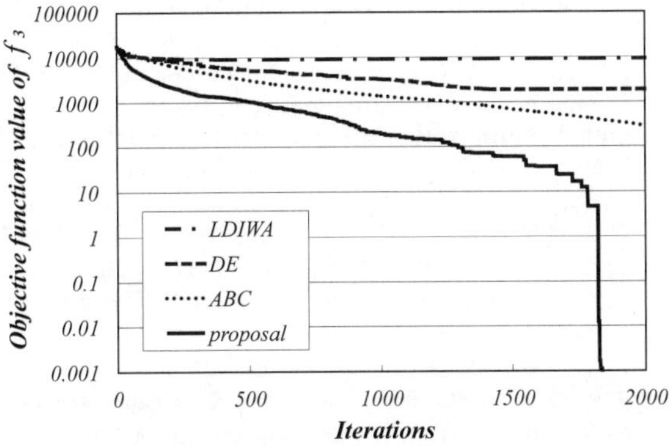

図2　性能比較[Schwefel(D = 50)]

次にABCに対して各改善策を独立に適用した場合の実験結果を紹介する。図2の結果との比較を考慮して、図3にはSchwefel関数(D = 50)に対する実験結果(反復計算回数2000までの平均値の収束曲線)が示されている。図3中のImprovement2はABCに対して改善策2)のみを適用した場合、Improvement3はABCに対して改善策3)のみを適用した場合の結果を表す。なお、Schwefel関数の大域的最適解($\boldsymbol{x}^*$)に対する目的関数値[$f_3(\boldsymbol{x}^*)$]は0であるため、ABCの結果とABCに対して改善策1)のみを適用した場合の結果には有意な性能差を確認することができなかった。また、ABCに対して改善策4)のみを適用した場合(scoutsによる探索を実行しなかった場合)も平均値の収束曲線で評価した場合には有意な性能差を確認できなかった。これゆえ、図3にはImprovement2とImprovement3の適用結果がABCおよびABC高度化法を用いた場合の結果とともに示されている。結果を考察すると、改善策2)が解探索性能の向上に最も寄与していることを確認することができる。Schwefel関数は大域的最適解が解探索領域の境界付近に存在し、解探索領域内に多数の局所解が存在する関数である。したがって、探索の初期段階では最も適合度の高い探索点(または適合度上位の探索点の多く)が局所解の近傍に位置していることが多く、ABCを適用した場合、探索の初期段階におけるonlookersの探索点選択が局所解の近傍に位置している探索点に集中してしまうケースが存在する。しかし、改善策2)を導入することによって大域的最適解の近傍に位置する探索点群の選択確率は高くなり、これらの探索点群がより頻繁に更新される。これにより解探索性能が向上している。改善策3)のみを導入した場合の効果は限定的である。しかし、ABCに対して改善策2)、3)の両方を導入すると解探索性能は大きく改善する。改善策2)によって、大域的最適解近傍の探索点群の選択確率が高くなることで、これらの探索点群の適合度はABCを適用した場合よりも高い値になる。また改善策3)によって、段階2の探索では適合度に基づく相対価値確率によって参照点が決定されるので、大域的最適解近傍の探索点群が参照点として選択される確率が高くなる。特に探索の終盤では大域的最適解近傍の探索点が更新候補点となり、またこの探索点の更新処理における参照点も大域的最適解近傍の探索点群の中から選択されるケースが増える。これにより探索の終盤では解探索性能が大幅に向上している。

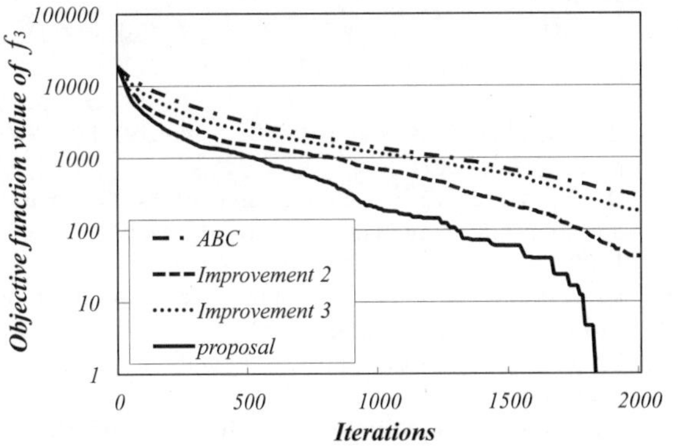

図3　改善策2),3)の性能評価[Schwefel(D = 50)]

6.　おわりに

群知能アルゴリズムに分類されるPSOアルゴリム、ABCアルゴリズムに着目し、まずこの2つの確率的な多点探索型の最適化法の具体的なアルゴリズムを紹介した。ABCアルゴリズムは、現在多くの研究者によって精力的に研究が進められているPSOアルゴリズムや進化的計算手法に分類されるDEアルゴリズムよりも高次元最適化問題に対する優位性が認められる。実システムの大規模化・複雑化によって、建築分野を含む多くの工学設計問題（最適化問題）が高次元化する傾向にある中、今後ABCアルゴリズムは多くの研究者から注目されるものと考えられる。

また本章では、高次元工学設計問題（高次元最適化問題）に対する更なる解探索性能の向上を目的として開発されたABCアルゴリズムの高度化法を紹介し、5種類の代表的なベンチマーク関数に対する数値実験を通して、ABCアルゴリズムの高度化法の解探索性能を検証した。数値実験では、PSOアルゴリズムやDEアルゴリズム、及びオリジナルのABCアルゴリズムとの性能比較を通して、ABCアルゴリズムの高度化法の有効性を確認した。しかし、用いた5種類のベンチマーク関数は大域的最適解（$\boldsymbol{x}^*$）に対する目的関数値［$f(\boldsymbol{x}^*)$］が0である関数であるため、高度化法に導入された改良式（適合度算出式）の有効性検証が行えていない。しかし、問題点1）で指摘したようにABCアルゴリズムの適合度算出式には明らかな問題があり、実問題では一般に大域的最適解（$\boldsymbol{x}^*$）に対する目的関数値［$f(\boldsymbol{x}^*)$］は0ではないので、$f(\boldsymbol{x}^*)\neq 0$となる実問題においては高度化法に導入された適合度算出式が効果的に機能するものと考えられる。ABCアルゴリズムの高度化法の実問題への応用研究においては、導入された適合度算出式の有効性検証、並びに導入された適合度算出式中のf_{bound}の設定が重要な課題となる。

参考文献

1) 宇谷明秀、山本尚生：複数の許容解を探索するParticle Swarm Optimizationとその複数シンク無線センサネットワークにおけるシンクノード配置問題への適用、電子情報通信学会論文誌（D）、Vol.J93-D、No.5、pp.555-567、2010
2) D. E. Goldberg : Genetic algorithms in search、optimization、and machine learning、Addison Wesley、1989
3) D. Dasgupta : Artificial immune systems and their applications、Springer-Verlag、1999
4) K. Price、R. Storn and J. Lampinen : Differential evolution、 Springer、2005
5) M. Dorigo and T. Stützle : Ant colony optimization、MIT Press、2004
6) J. Kennedy and R.C. Eberhart : Particle swarm optimization、 Proc. IEEE International Conference on Neural Networks、 pp.1942-1948、1995
7) J. Kennedy and R. C. Eberhart : Swarm intelligence、Morgan Kaufmann Publishers、2001
8) M. Clerc and J. Kennedy : The particle swarm-explosion、stability and convergence in a multidimensional complex space、IEEE Trans. Evol. Comput.、Vol.6、No.1、pp.58-73、 2002
9) D. Karaboga and B. Basturk : On the performance of artificial bee colony (ABC) algorithm、Applied Soft Computing、Vol.8、pp.687-697、2007
10) D. Karaboga and B. Basturk : A powerful and efficient algorithm for numerical function optimization : artificial bee colony (ABC) algorithm、J. Global Optimization、Vol.39、pp.459-471、2007
11) 伊庭斉志:進化論的計算手法、オーム社、2005
12) P.J. Angeline : Evolutionary optimization versus particle swarm optimization : Philosophy and performance differences、Proc. 7th Annual Conference on Evolutionary Programming (Evolutionary Programming VII)、pp.601-610、1998
13) K.E. Parsopoulos and M.N. Vrahatis : Recent approaches to global optimization problems through particle swarm optimization、 Natural Comput.、 Vol.1、 No.2-3、pp.235-306、2002
14) F.Bergh and A.P. Engelbrecht : A cooperative approach to particle swarm optimization、IEEE Trans. Evol. Comput.、 Vol.8、No.3、pp.225-239、2004
15) J.F. Schutte and A.A. Groenwold : A study of global optimization using particle swarms、J. Global Optimization、Vol.31、pp.93-108、2005
16) 越野亮、村田裕章、木村春彦：Particle Swarm Optimizationの改良とポートフォリオ選択への応用、電子情報通信学会論文誌(A)、Vol.J89-A、No.1、pp.48-60、2006
17) 山口晃歓、岩崎信弘、安田恵一郎：最良解情報を用いた適応型Particle Swarm Optimization、電気学会論文誌(C)、Vol.126、No.2、pp.270-276、2006
18) J.J. Liang、A.K. Qin、P.N. Suganthan and S. Baskar : Comprehensive learning particle swarm optimizer for global optimization of multimodal functions、IEEE Trans. Evol. Comput.、Vol.10、No.3、pp.58-73、2006
19) 伊藤稔、田中雅博：Particle Swarm Optimizationの高次元問題における探索性能の改善、計測自動制御学会論文集、Vol.42、No.5、pp.577-579、2006
20) 飯間等、黒江康明：各個体の自律探索機能を強化したParticle Swarm Optimization、計測自動制御学会論文集、Vol.44、No.1、pp.61-70、2008
21) 中野真一、石亀篤司、安田恵一郎：Tabu Searchを組み合わせたParticle Swarm Optimizationの検討、電気学会論文誌(C)、Vol.128、No.7、pp.1162-1167、2008
22) 中川直哉、石亀篤司、安田恵一郎：速度制御を取り入れたParticle Swarm Optimization、電気学会学論文誌(C)、Vol.129、No.7、pp.1331-1338、2009
23) 増田和明、栗原謙三：全体最良解更新状況に応じた探索特性調節機構をもたせた新型Particle Swarm Optimi- zationモデル、電気学会論文誌(C)、Vol.130、No.4、pp.573-579、2010
24) http://mf.erciyes.edu.tr/abc/pub/PseudoCode.pdf
25) 宇谷明秀、長島淳也、牛膓隆太、山本尚生：Artificial Bee Colony(ABC)アルゴリズムの高次元問題に対する解探索性能の強化、電子情報通信学会論文誌(D)、Vol.J94-D、No.2、pp.425-438、2011
26) 山口智：Differential Evolutionにおける制御変数の自動調節、電気学会論文誌(C)、Vol.128、No.11、pp.1696-1703、2008
27) J. Nagashima、A. Utani、and H. Yamamoto : Efficient flooding method using discrete particle swarm optimization for long-term operation of sensor networks、ICIC Express Letters、Vol.3、No.3(B)、pp.833-840、2009

第 8 章

PSO による構造最適化問題への応用

概要　PSO の特徴は、目的関数の勾配情報が不要であること、アルゴリズムが非常に単純であることなどが挙げられている。ここでは、初めに PSO の計算手法について概説し、さらに多峰性の目的関数を持つ最適化問題を例にとり、最適解の探索性能について述べる。最後に、ホモロガス構造の創生問題と骨組構造物における層せん断力係数の最適化問題に PSO を適用した例について紹介する。

1. はじめに

この章では、粒子群最適化(PSO：Particle Swarm Optimization)[1,2]による構造最適化問題への応用について述べる。PSO は、鳥や魚などの群れによる採餌行動を応用したヒューリスティックな最適化手法の 1 つで、群れ全体とそれを構成する粒子の情報から最適解を求めようとするものである。この最適化手法の特徴は、アルゴリズムが非常に単純で目的関数の勾配情報が不要であること、さらに PSO で使われるパラメーターの調整が比較的容易であることなどが挙げられている。

ここでは、初めに PSO の計算手順について概説し、次にパラメーターが最適解の探索性能に与える影響について検討する。最後に、2 つの構造最適化問題、ホモロガス構造の創生問題と多層骨組構造物における層せん断力係数の最適化問題に PSO を適用した例について紹介する。

2. 粒子群最適化法

2.1 計算手順

PSO の基本的なアルゴリズムについて述べる。群れを構成する粒子 i は、ステップ t における位置ベクトル $\boldsymbol{x}^i(t)$ と速度ベクトル $\boldsymbol{v}^i(t)$、そして粒子の評価値情報を持つものとする。位置ベクトルと評価値は、それぞれ最適化問題の標準化設計変数（元の設計変数の上下限値を[0,1]に変換したもの）と目的関数に対応させる。次に示す 2 つの漸化式を繰り返すことによって、位置ベクトルと速度ベクトルを更新し、最適解を探索する。

$$\boldsymbol{v}^i(t+1) = w\boldsymbol{v}^i(t) + c_1\boldsymbol{R}_1^i(t)\left(\boldsymbol{p}^i(t) - \boldsymbol{x}^i(t)\right) + c_2\boldsymbol{R}_2^i(t)\left(\boldsymbol{g}(t) - \boldsymbol{x}^i(t)\right) \tag{1}$$

$$\boldsymbol{x}^i(t+1) = \boldsymbol{v}^i(t+1) + \boldsymbol{x}^i(t) \tag{2}$$

ここで、ベクトル $\boldsymbol{p}^i(t)$ はステップ t までにおける粒子 i 自身の最適解を示し、$\boldsymbol{g}(t)$は同ステップまでにおける群れ全体の中の最適解を示している。最終ステップにおける $\boldsymbol{g}(t)$が与えられた最適化問題の解になる。なお、PSO における最適解とは、評価値の最も高い粒子に対する位置ベクトルのことである。パラメーターw、c_1、c_2 は各項の重みを表す係数で、$\boldsymbol{R}_1{}^i$ と $\boldsymbol{R}_2{}^i$ は、対角成分が区間[0, 1]の一様乱数で与えられる対角マトリックスである。さらに、位置ベクトルと速度ベクトルの初期値も一様乱数で与える。

2.2 パラメーターの検討

次式で示される最適化問題に PSO を適用し、パラメーターw、c_iが、最適解の探索性能に及ぼす影響について検討する。

$$\text{minimize}\quad f(z_j) = 10n + \sum_{j=1}^{n}\left(z_j^2 - 10\cos\frac{2\pi z_j}{\gamma}\right) \tag{3}$$

$$\text{subject to}\quad -5.12 \le z_j \le 5.12 \quad (j = 1,2,\cdots,n)$$

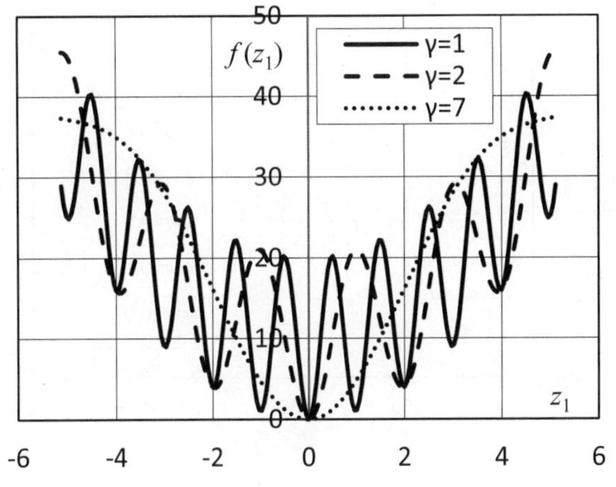

図 1　目的関数（n=1 の場合）

ここで、γ は多峰性の目的関数(3)において峰（谷）の数を調整するパラメーターである。参考までに次元 n=1 における目的関数を図 1 に示す。なお、γ=1 の場合は、ベンチマーク問題で良く利用されている Rastrigin 関数となる。また、PSO を適用するに当たっては、次式(4)を用いて設計変数 z_i を標準化設計変数 x_i に変換した。

$$x_i = \frac{z_i + 5.12}{2 \times 5.12} \tag{4}$$

PSO の探索性能をモンテカルロシミュレーション

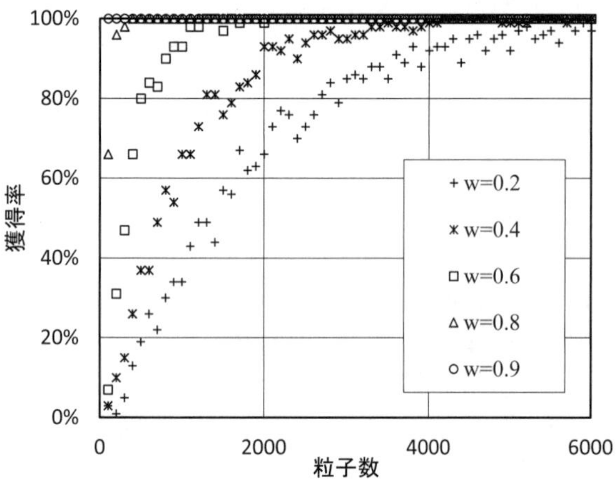

（a）　γ=1

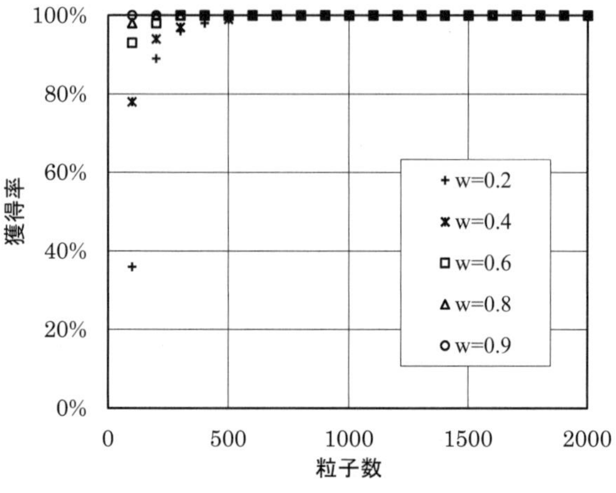

（b）　γ=3

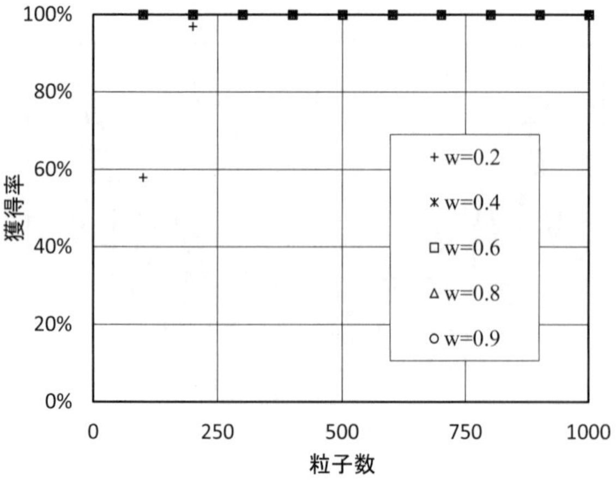

（c）　γ=5

図 2　最適解の獲得率(c_i=1.0)

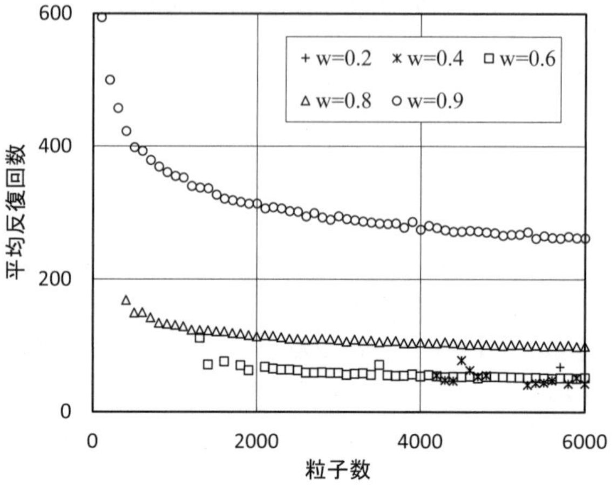

（a）　γ=1

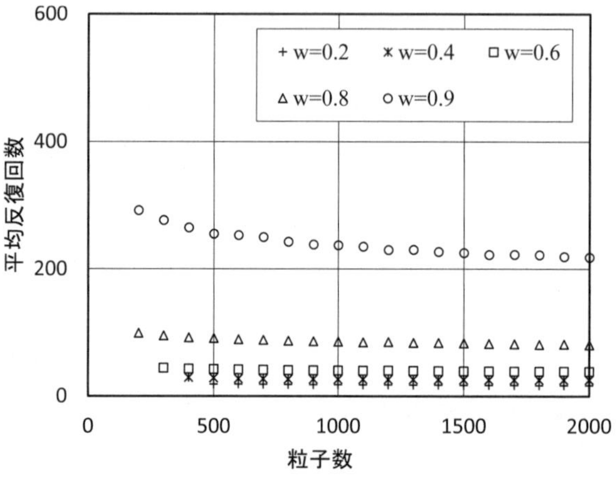

（b）　γ=3

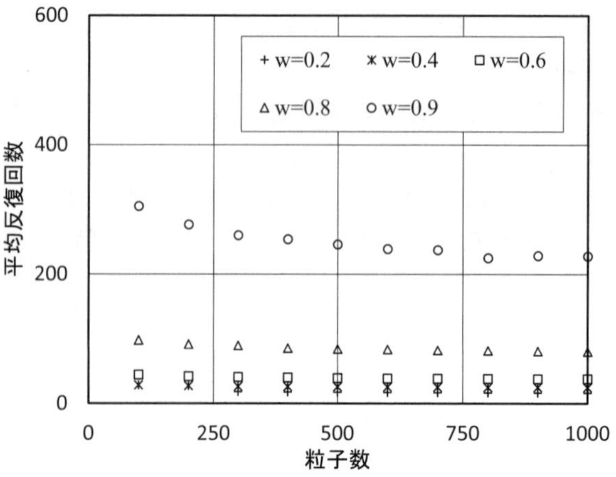

（c）　γ=5

図 3　平均反復回数(c_i=1.0)

（試行回数 100 回）によって検討する。次元 n=5 として、重みパラメーターw(≦1)の影響について調べる。その他の重みパラメーターは c_1=c_2=1.0 とし、漸化式(1)、(2)の最大反復回数を 20000 とした。ここでは、目的関数が f≦1.0^{-7} となる解を最適解としているが、この最適解が最大反復回数以内に得られる確率（獲得率）を粒子数に対して示したものが図 2 である。図 3 は、最適解が得られたときの反復回数の平均値を粒子数に対して示したものである。但し、ここでは獲得率が 100%となった場合のみをプロットしている。多峰性が強い（γ が小さい）目的関数の場合、重みパラメーターw を大きくすれば、少ない粒子数 m で最適解の獲得率を高くすることができるが、逆に多くの反復回数が必要になる。単峰性が

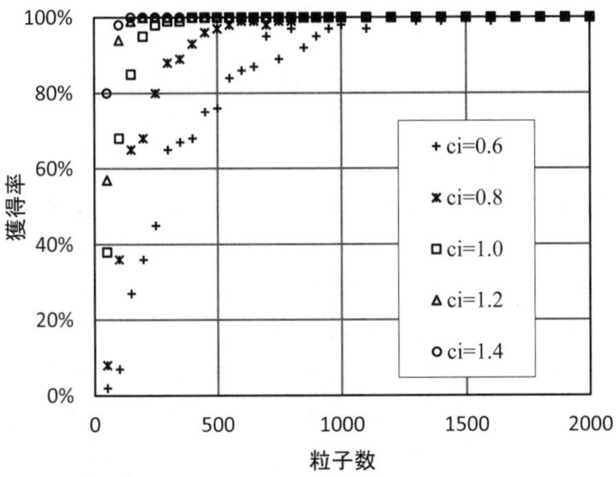

(a)　γ=1

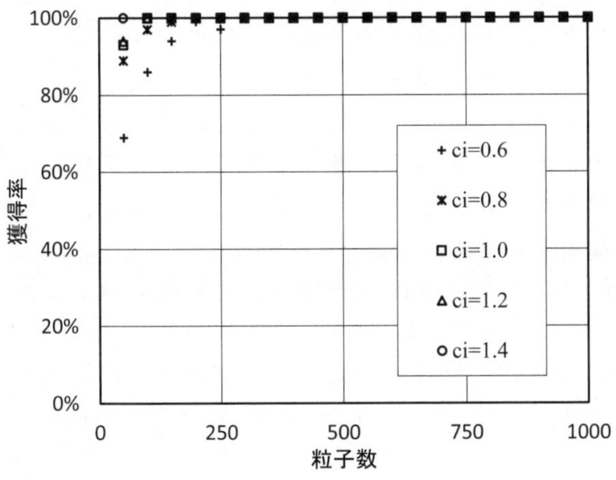

(b)　γ=3

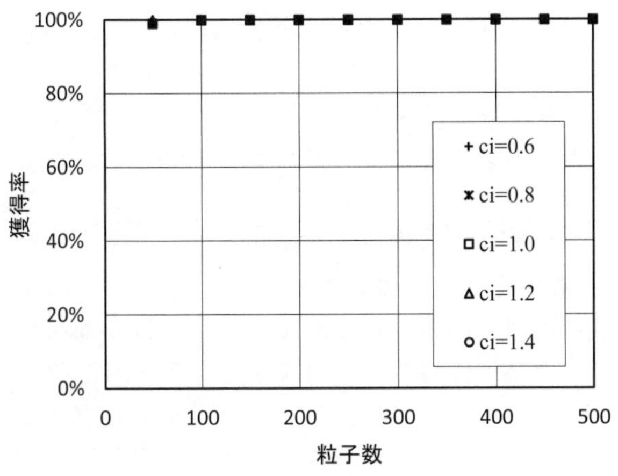

(c)　γ=5

図 4　最適解の獲得率(w=0.8)

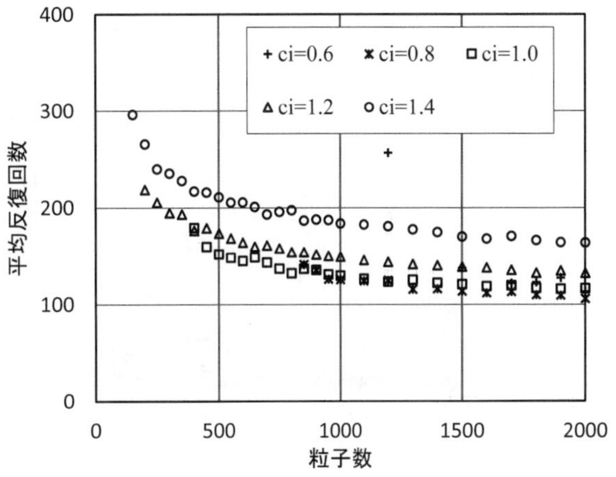

(a)　γ=1

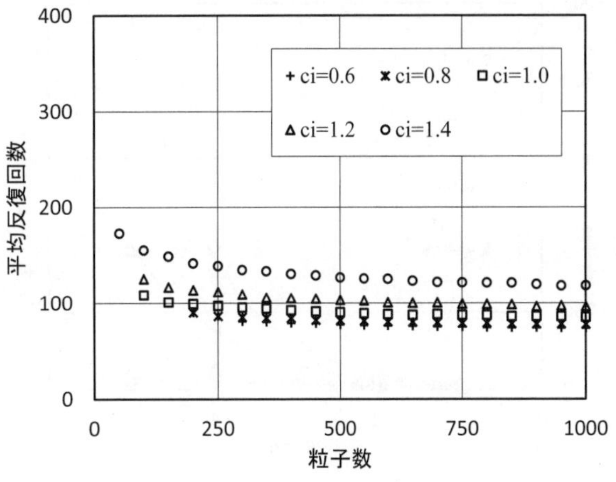

(b)　γ=3

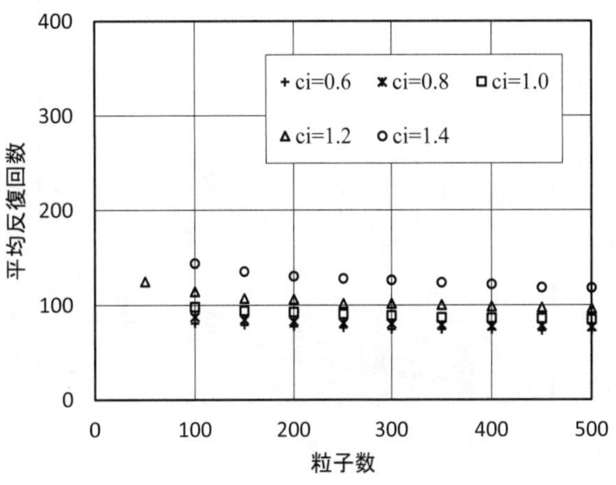

(c)　γ=5

図 5　平均反復回数(w=0.8)

強い（γ が大きい）目的関数の場合には、粒子数が数百程度あれば、重みパラメーターw の影響をあまり受けずに最適解の獲得率を高くすることができる。したがって、単峰性の目的関数では、反復回数を少なくするためにパラメーターw を小さく設定すればよい。一方、多峰性の場合には反復回数が多くなってしまうが、最適解の精度を保つためにパラメーターw を大きく設定する必要がある。PSO を構造最適化問題に適用する場合、目的関数の計算において構造物の応力や変形を求める順解析（構造計算）を実行しなければならない。したがって、パラメーターが粒子数や反復回数に与える影響を知っておくことは重要なことである。

図 4 および図 5 は、残りのパラメーターc_1、c_2 の影響を先と同様なモンテカルロシミュレーションによって調べた結果である。$c_1=c_2$ とした場合、多峰性の目的関数では c_i を大きくとることによって、最適解の獲得率を高くすることができる。一方、単峰性の場合には、c_i の影響はほとんどみられない。また、漸化式の反復回数については、目的関数の単峰性、多峰性に関わらず、c_i の大きさによって w の場合のような大きな変化はみられない。

図 6 は最適解を得るために必要な粒子数を次元 n、すなわち設計変数の個数に対して調べたものである。重みパラメーター$c_1=c_2=1.0$ として、最適解の獲得率が 100%となる最小の粒子数をモンテカルロシミュレーションによって求めた。次元 n が大きくなるのに伴い最小粒子数が指数関数的に増えていくことがわかる。なお、重みパラメーターw を大きくとることによって、最小粒子数を少なく抑えることができるが、逆に反復回数は多く必要になる。また、目的関数の形状が多峰性になるほど、粒子数も多く必要になることがわかる。

図 7 および図 8 は粒子群の探索過程を示したもので、群れの設計変数 $x_i(i=1\sim5)$の平均値 $E(x_i)$とその標準偏差 $\sigma(x_i)$の推移を示したものである。目的関数は多峰性（$\gamma=1$）で、次元は $n=5$、粒子数は $m=500$ とした。図 7 は $c_1=c_2=1.0$ として重みパラメーターw の影響を調べたもので、w が大きいとばらつきが大きくなり、平均値も大きく変動していることがわかる。図 8 は重みパラメーター$w=0.8$ として c_1、c_2 の影響を調べたものである。$c_1=c_2$ として最適解を探索した場合、w の場合と同様、c_i を大きくとることによって探索点の多様化が長く続いていることがわかる。

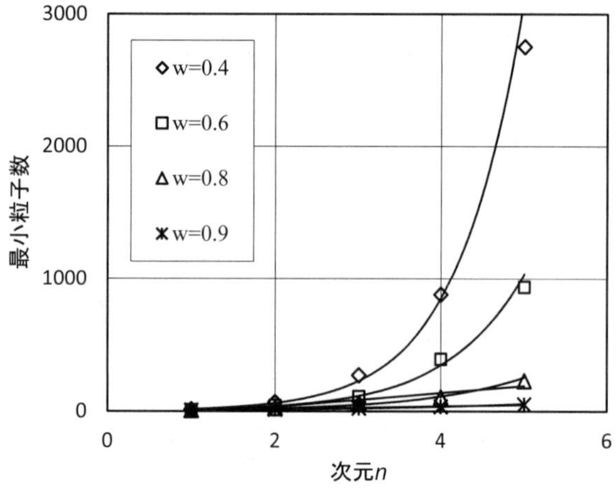

(a)　$\gamma=1$

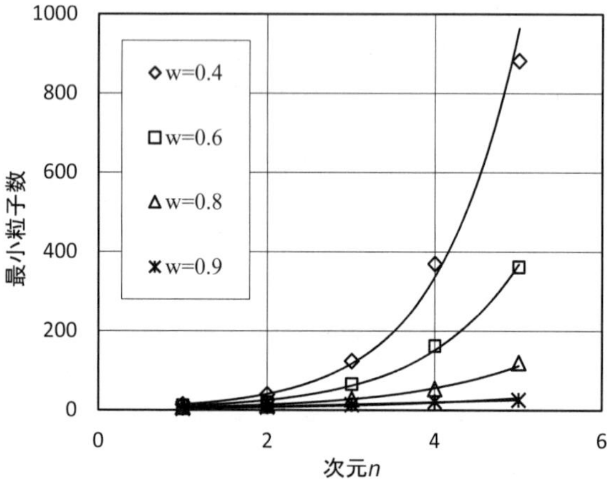

(b)　$\gamma=2$

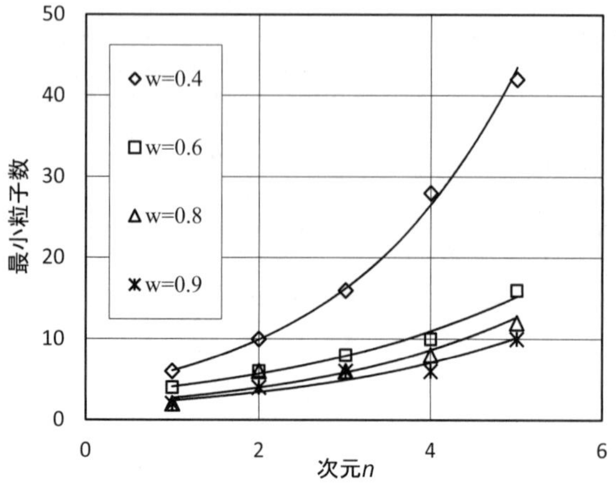

(c)　$\gamma=7$

図 6　次元 n に対する最小粒子数

3.　ホモロガス構造への応用

3.1　最適化問題への定式化

構造最適化問題の例として、ここでは各部材の断面積および弾性定数が一定であるトラス構造物のホモロガス変形 [3),4)] について考える。ホモロガス変形とは、構造物が荷重を受けて変形する場合、指定された変形形状になることで、大型の電波望遠鏡に応用されている。

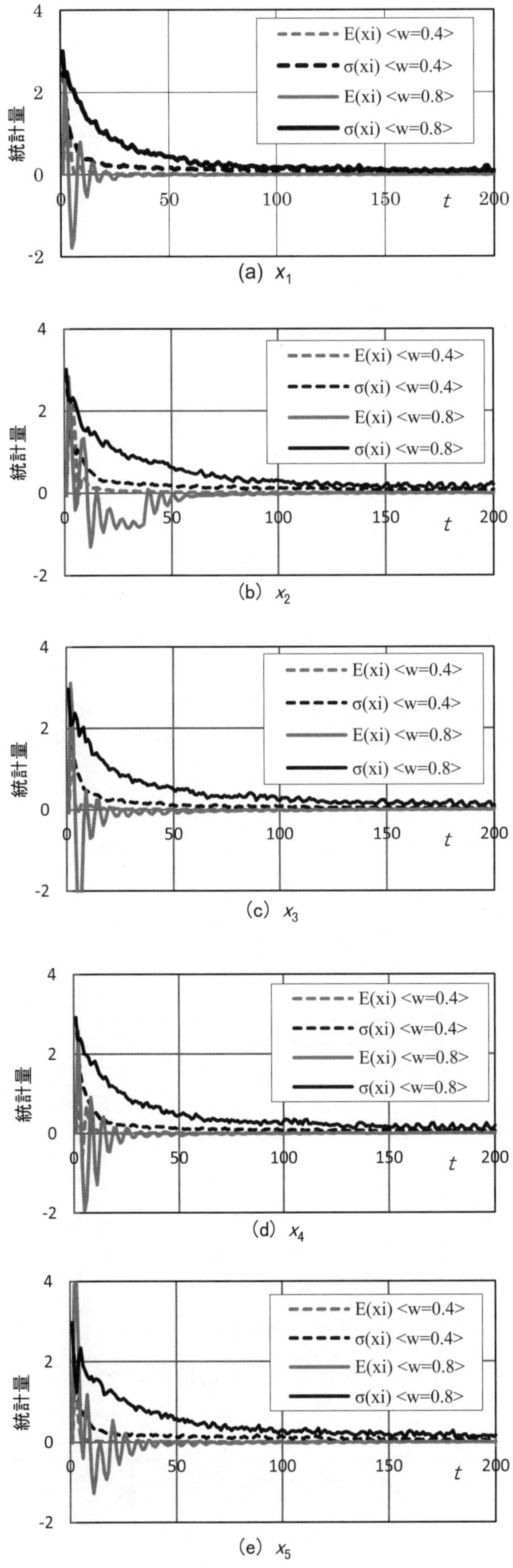

図 7 粒子群の探索過程（c_i =1.0）

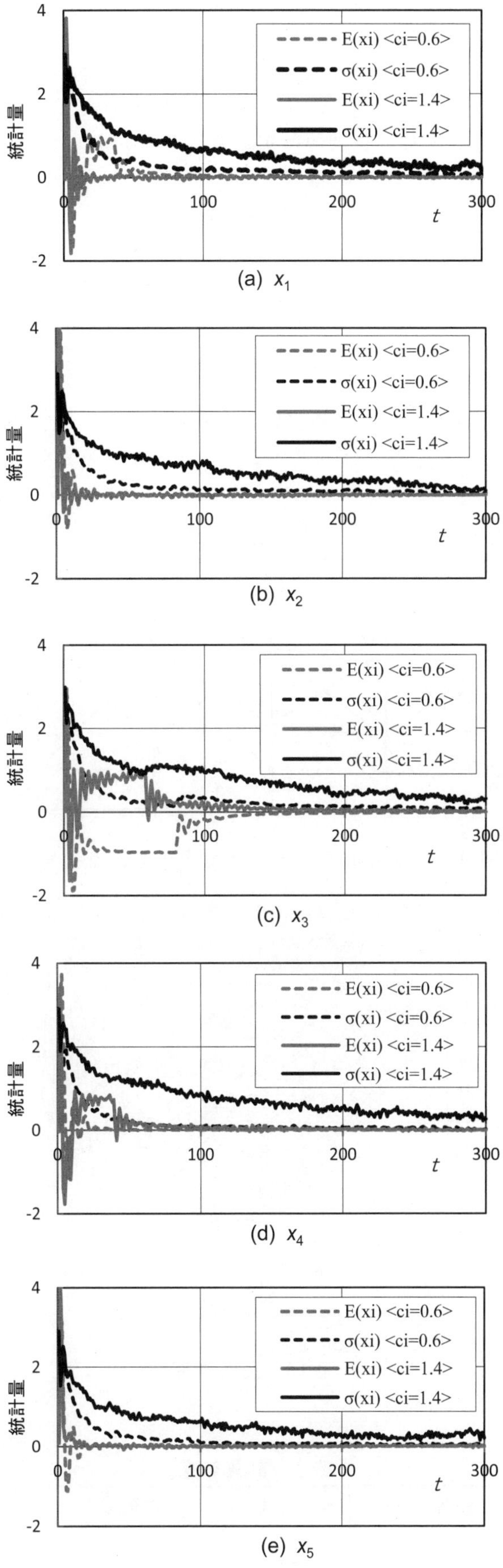

図 8　粒子群の探索過程（w =0.8）

図 9 に示すトラス下弦材の鉛直位置を調整することによって、上弦材の鉛直変位がすべて同じになることを目指す。下弦材の鉛直位置を設計変数 x_i $(i=1,2)$にして、上弦材の鉛直変位を y_j $(j=1,2,3)$にすると、この最適化問題は次式のように定式化できる。

$$\text{minimize}\quad f(x_1,x_2)=\frac{(y_1-y_2)^2}{y_2^2}+\frac{(y_2-y_3)^2}{y_3^2}+\frac{(y_3-y_1)^2}{y_1^2} \tag{5}$$

$$0\le x_i\le 1\quad (i=1,2) \tag{6}$$

目的関数(5)における上弦材の鉛直変位 y_j は、PSO の漸化式で得られる設計変数 x_i（位置ベクトル）をトラス下弦材の節点座標として与えて、マトリックス法を適用することによって求められる。

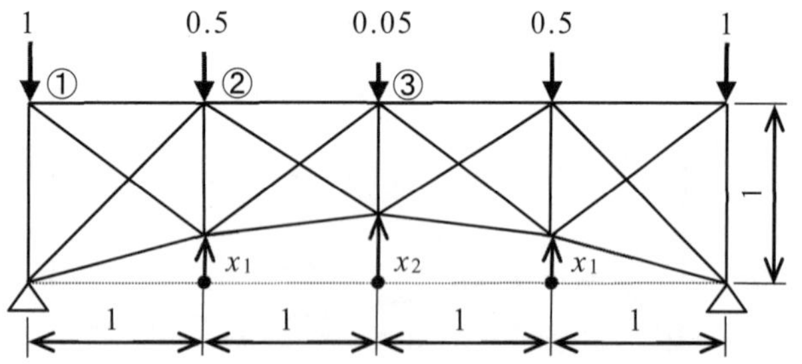

図 9　トラス構造モデル（①②③は節点番号）

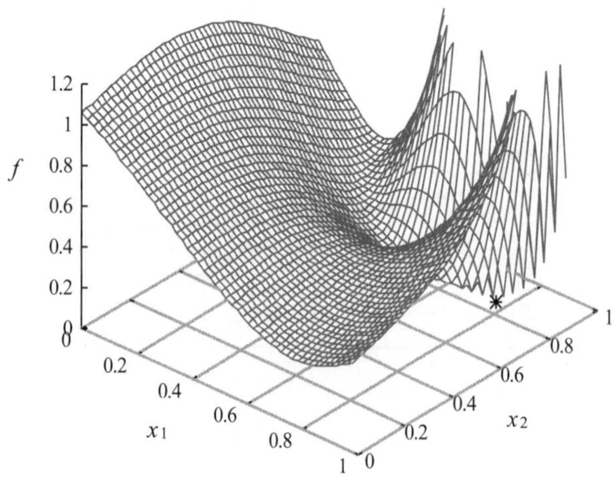

図 10　設計空間

表 1　計算結果

鉛直座標		目的関数	垂直変位		
x_1	x_2	f	$y_{①}$	$y_{②}$	$y_{③}$
0.765	0.848	8.00E-03	-1.00	-1.00	-1.01

3.2　計算結果

図 10 はこの最適化問題の設計空間を図示したもので、図中の＊は最適解の位置を示している。この問題では、設計変数 x_i の大きい領域において急峻な山が現れているが、比較的単純な設計空間になっている。粒子数 m=100、重みパラメーター w=0.9、$c_1=c_2=1.0$ として PSO を適用した結果について述べる。図 11 は、漸化式の反復回数に対する設計変数と目的関数の推移を示したもので、30 回程度の反復回数で表 1 に示す最適解が得られている。このときのホモロガス変形のトラス構造を図 12 に示す。

4.　応答層せん断力係数の最適化

4.1　最適化問題への定式化

次に、多層骨組構造物における応答層せん断力係数の最適化問題に PSO を適用した例について述べる。ここでは、強震時に骨組構造物の特定層に損傷が集中しないようにするため [5),6)]、図 13 に示すようなせん断型多質点系モデルを対象にした降伏層せん断力係数の最適化問題について考える。各層のせん断バネは、図 14 に示すような bi-linear 型の復元力特性とし、i 層の降伏層せん断力 $Q_{y\,i}$ は、降伏層せん断力係数 α_i を用いて次のように与える。

$$Q_{y\,i}=\alpha_i\sum_{j=i}^{n} m_j g \tag{7}$$

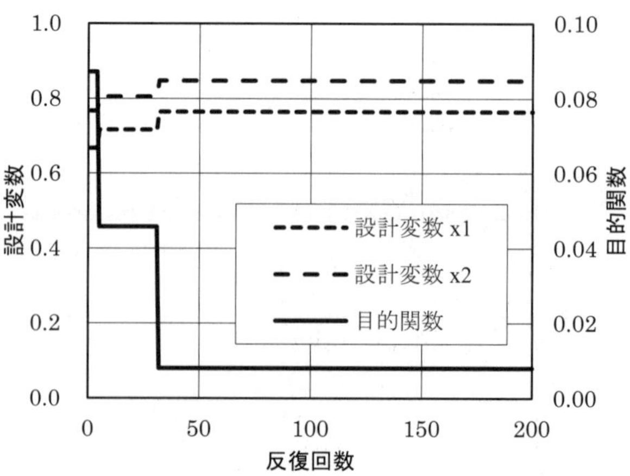

図 11　設計変数、目的関数の推移

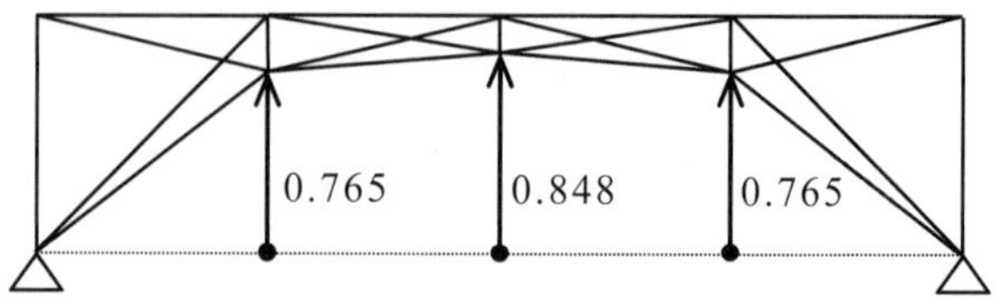

図 12　ホモロガス構造

ここに、m_i は各層の質量、g は重力加速度である。さらに、各層の減衰力は剛性比例型と仮定する。この振動モデルの運動方程式は、増分形式で次式のように表される。

$$\sum_{j=1}^{n} M_{ij}\,\Delta\ddot{y}_j + \sum_{j=1}^{n} C_{ij}\,\Delta\dot{y}_j + \sum_{j=1}^{n} K_{ij}\,\Delta y_j$$

$$= -\sum_{j=1}^{n} M_{ij}\,\Delta\ddot{y}_G \tag{8}$$

ここで、

$$M_{ij} = \begin{cases} m_i & if\ \ j=i \\ 0 & otherwise \end{cases}$$

$$K_{ij} = \begin{cases} \kappa_i + \kappa_{i+1} & if\ \ j=i \\ -\kappa_i & if\ \ j=i-1 \\ -\kappa_{i+1} & if\ \ j=i+1 \\ 0 & otherwise \end{cases}$$

$$C_{ij} = \frac{2h}{\omega} K_{ij}$$

である。Δy_i は i 層の増分変位、$\Delta\ddot{y}_G$は地震動の増分加速度である。ω は固有円振動数、h は減衰常数、κ_i は i 次の水平剛性を表す。

ここでの最適化問題は、ある地震動に対する i 層の応答塑性率 μ_i のばらつきを最小にする降伏層せん断力係数 α_i を求めることである。これを定式化すると次のようになる。

$$\text{minimize}\quad f(x_1, x_2, \cdots x_n) = \sum_{i=1}^{n} \frac{(\mu_i - \bar{\mu})^2}{n} \tag{9}$$

$$\text{subject to}\ \ \mu_t = \mu_1 \tag{10}$$

$$0 \le x_i \le 1 \quad (i = 1,2,\cdots n) \tag{11}$$

目的関数(9)は、i 層における応答塑性率μ_iの分散を示しており、応答塑性率のばらつきを最小にすることを目標としている。このような目標を設けることによって、特定の層への過大な損傷を避けることができる。なお、制約条件式(10)は、損傷のレベルを制御するために設けたものである。応答塑性率 μ_i は振動モデルの運動方程式(8)に 4 次の Runge-Kutta 法を適用し、地震応答解析を実行することによって求められる。標準化設計変数 x_1（≦1.0）は 1 層の層せん断力係数 α_1 とし、x_i (i=2,3,...n, ≦1.0)は層せん断力係数比の逆数$(\alpha_i/\alpha_1)^{-1}$とした。

このような最適化問題に PSO を適用するため、目的関数(9)と制約条件式(10)を次のような拡張目的関数 F にまとめた。

$$F = f + \lambda\,\Pi \tag{12}$$

ここで、λ は重みを調整するパラメーターで、Π は外点ペナルティ関数で次のように定めた。

$$\Pi = \left(\frac{\mu_1}{\mu_t} - 1\right)^2 \tag{13}$$

4.2　計算結果

ここでは、2 質点系の振動モデルを対象にした PSO の探索性能について検証する。各層の質量は $m_1 = m_2 = 10\times10^3$kg、水平剛性は $\kappa_1=35\times10^6$ N/m、$\kappa_2=26\times10^6$ N/m、2 次勾配は β=0.1、減衰常数は h=0.05 とした。このときの 1 次固有周期は 0.180sec となる。

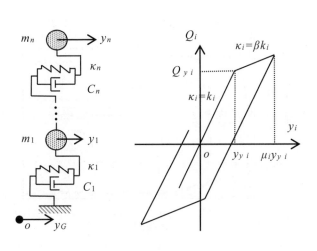

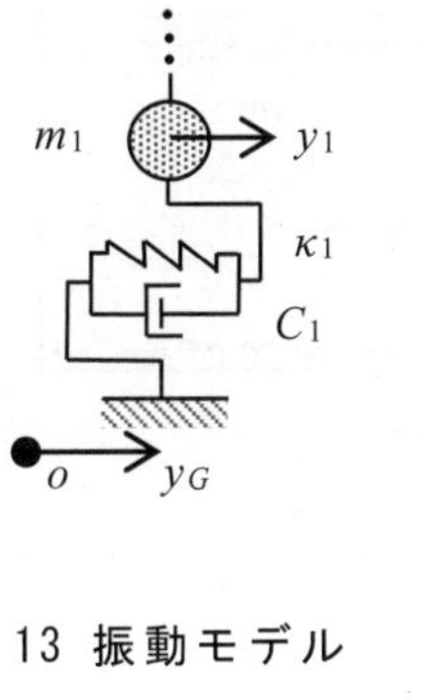

図 13 振動モデル

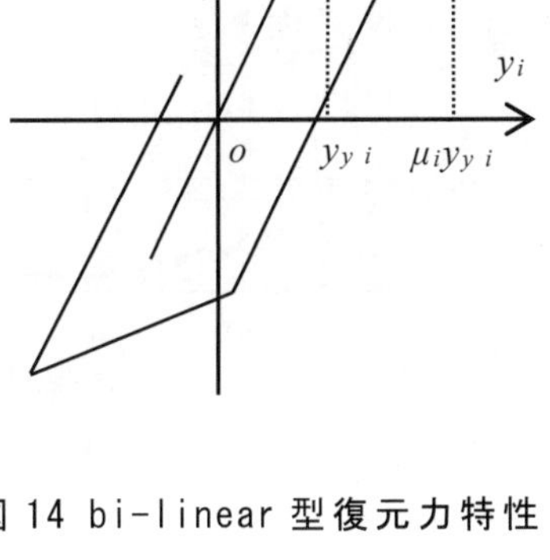

図 14 bi-linear 型復元力特性

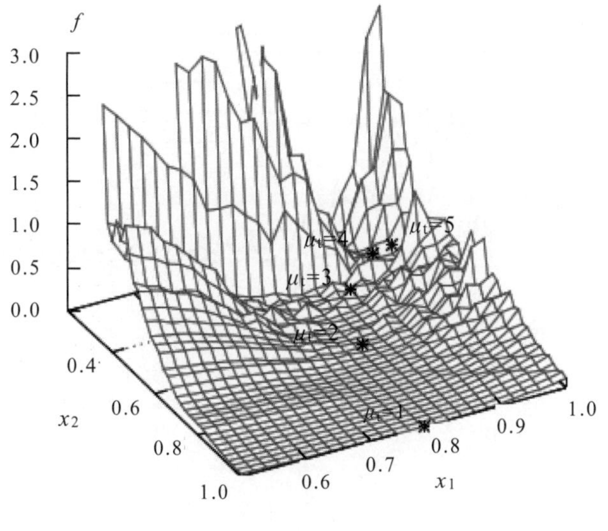

図 15　設計空間

地震動は EL CENTRO (NS 方向)として最大速度を50cm/sec に増幅して用いた。目標とする 1 層の塑性率 μ_t は、1.0、2.0、3.0、4.0、5.0、6.0 の 6 通りに設定して、最適化問題を解いた。PSO のパラメーターである粒子数は 50、重みパラメーターは w=0.8、c_1=c_2=1.0 とした。

図 15 は、設計変数 x_1、 x_2 に対する目的関数 f の設計空間を示したものである。図 15 中の＊は、目標塑性率 μ_t に対する最適解を示している。塑性率が 1.0、2.0 と小さい場合、最適解はなだらかな空間に存在しているが、塑性率が 4.0、 5.0、 6.0 と大きくなると、最適解は急峻な山の谷底付近に現れるようになる(μ_t=6.0 の最適解は山の陰に隠れている)。これは、塑性率が小さい場合、設計変数に対して塑性率が鈍感に変化することを表しているのに対し、塑性率が大きい場合には敏感に変化することを表している。表 2 は、最適解 x_1、x_2、目的関数 f(塑性率の分散)、各層の塑性率 μ_1、μ_2 を目標塑性率 μ_t に対して示したものである。応答解析で得られた 1 層の塑性率 μ_1 は目標とした塑性率と概ね等しく、塑性率のばらつきも小さくなっていることが分かる。

次に、目標塑性率 μ_t=3.0 における最適解の探索状況について述べる。図 16 は反復回数に対する目的関数 f と制約条件 Π の推移を示したものである。制約条件は、一時的に上昇しているが、目的関数と共に急激に減少し、42 回の反復で表 2 に示す最適解が得られている。図 17 は、粒子の群れ（集合）の探索過程を示したもので、位置ベクトルの平均値とばらつき（最大値、最小値、標準偏差）の推移を示している。探索の初期段階から中盤にかけて粒子の多様性が徐々に減少し、終盤では多くの粒子が集中して最適解の近傍に集まっている。

図 18 は個々の粒子の挙動を調べたもので、20 回毎に位置ベクトルの標準偏差を計算したものである。初期の段階では粒子ごとにばらつきが大きく異なっているが(最も大きい粒子と小さい粒子で 10 倍程度の差)、計算が進むにしたがいばらつきが小さくなり、粒子間の違いも無くなってきていることがわかる。

表 2 2 質点系モデルの最適解

μ_t	x_1	x_2	f	μ_1	μ_2
1	1.000	0.797	1.26E-04	1.00	1.02
2	0.629	0.802	3.11E-06	2.00	2.00
3	0.411	0.857	2.55E-05	3.00	2.99
4	0.359	0.954	6.91E-04	4.02	4.07
5	0.334	0.937	2.72E-04	5.07	5.10
6	0.316	0.961	2.58E-09	6.00	6.00

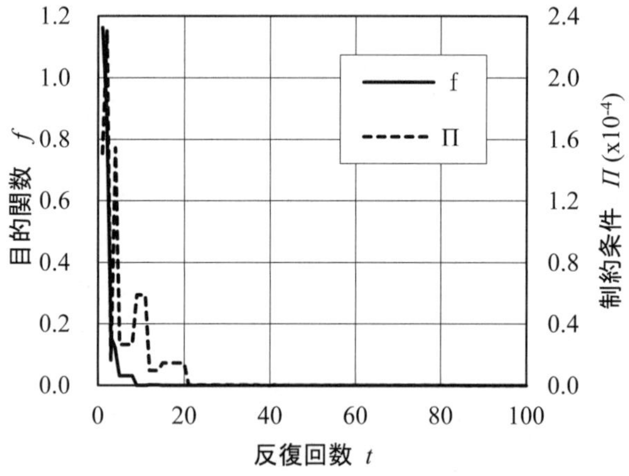

図 16 目的関数および制約条件の推移

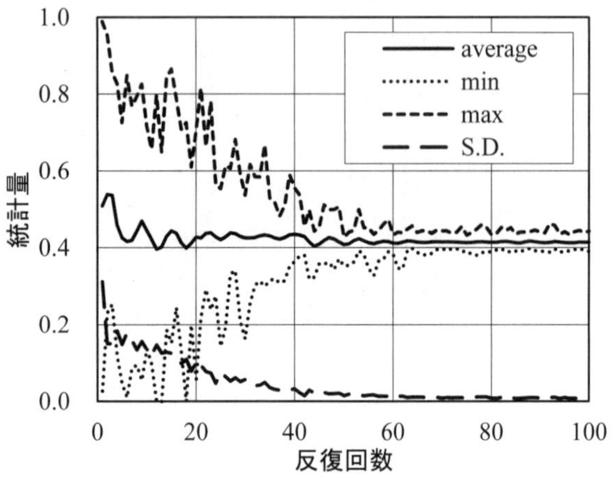

(a) 設計変数 x_1

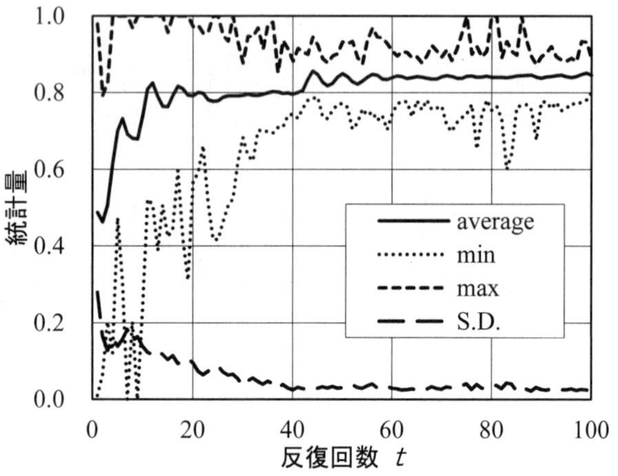

(b) 設計変数 x_2

図 17 粒子群の探索過程

最後に、最適化問題の制約条件として設定した目標塑性率 μ_t に対する PSO の探索性能について述べる。図 19 および図 20 は、粒子数を 20 として、100 回の試行計算を行ったもので、反復回数 t=50 における目的関数と制約条件の平均値を示したものである。塑性率が大きい（μ_t=5）場合、いずれのパラメーターに対しても目的関数と制約条件の精度が、μ_t=2 に比較して粗くなっている。これは、図 15 の設計空間で示されているように大きな塑性率の最適解周辺では、多くの峰と谷が出現し、複雑な形状になっているためである。

5．　おわりに

本章では、まず多峰性の目的関数を持つ最適化問題に

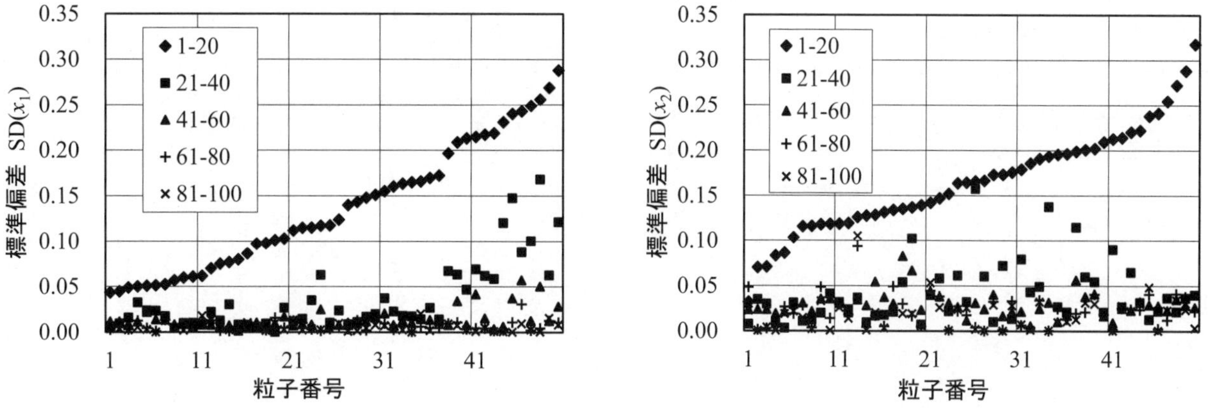

(a) 設計変数 x_1　　(b) 設計変数 x_2

図 18　粒子毎の探索過程

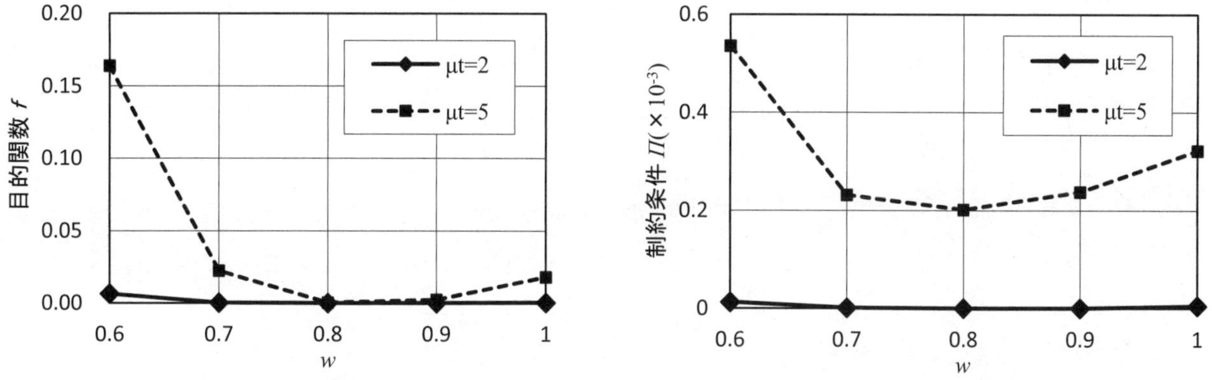

(a) 目的関数　　(b) 制約条件

図 19　パラメーター w に対する探索性能（c_i=1.0）

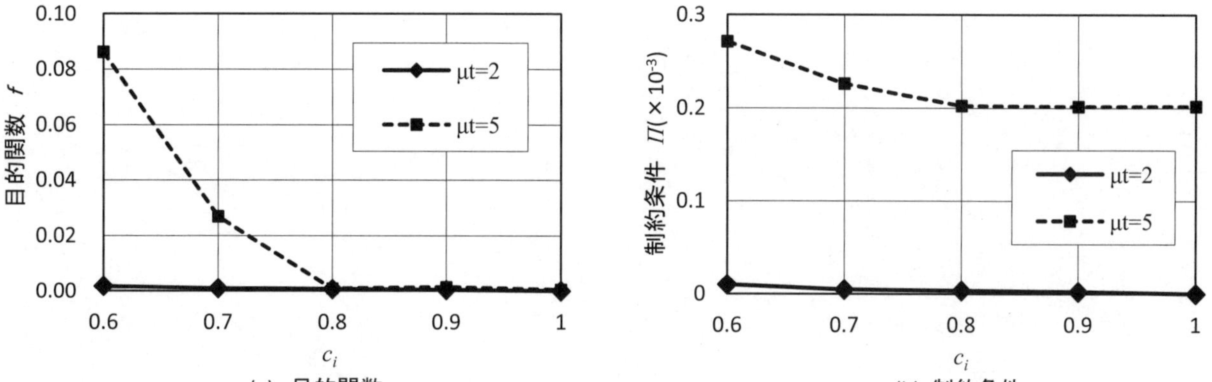

(a) 目的関数　　(b) 制約条件

図 20　パラメーター c_i に対する探索性能（w =0.8）

PSO を適用し、その探索性能について述べた。そこでは、最適化手法の特性（粒子数、パラメーター、反復回数）と最適化問題の特性（設計変数の個数、目的関数の形状）が変化することによって、PSO の探索性能がどのように変わるのかを詳細に調べた。次に、構造最適化問題として、ホモロガス構造の創生問題と応答層せん断力係数の最適化問題に PSO を適用し、その有効性について述べた。この最適化手法は単純なアルゴリズムで構造最適化問題にも適用しやすい強力な最適化手法であるが、設計変数が多くなる場合や目的関数が多峰性になる場合には、パラメーターの取り扱いに注意する必要がある。

参考文献

1) J. Kennedy, R.C. Eberhart : Particle Swarm Optimization, IEEE International Conf. on Neural Networks, pp.1942-1948, 1995
2) 相吉英太郎、安田恵一郎編著：メタヒューリスティクスと応用、電気学会、2007
3) 尾田十八、松本徳之、王安麟：GA によるホモロガス構造の創生、日本機械学会論文集(A 編)、59 巻 568 号、pp.248-253、1993
4) 三井和男、登坂宣好：遺伝的アルゴリズムの空間構造形態解析への応用、日本建築学会構造系論文集、第 484 号、pp.75-83、1996
5) 秋山宏：建築物の耐震極限設計、東京大学出版、1980.
6) 曽我部博之：PSO 法を用いた弾塑性地震応答における降伏せん断力の最適化、第 35 回情報・システム・利用・技術シンポジウム、pp.393-396、2012

第 9 章

群知能（PSO・ABC）とロボット

概要　ロボットは、人間が活動できない建築・都市空間での作業や単純作業、介護・福祉などでの活躍が期待されており、近年様々な移動ロボットの研究開発が行われている。人間が活動できない場所での作業としては、災害現場など作業者に危険が及ぶ可能性がある場所での被害状況の確認や復旧作業、原子力施設や工場のパイプ管の中などの人間が入ることのできない狭い場所における異常の発見や修復などが期待されている。また、単純作業としては工場やビルなどの警備や荷物の運搬、建物の清掃などが挙げられる。介護・福祉においては高齢者の日常生活や移動の介助、急病で倒れた場合の通報などが考えられる。
本章では、群知能アルゴリズムを自律移動ロボットの誘導制御のための最適移動経路導出や歩行ロボットの歩行制御への応用とその手法について紹介する。

1.　はじめに

建築空間で作業を行うロボットは様々な場面で実用化されてきている。一般家庭内においても掃除ロボットなどが利用されるなど建築とロボットの関わりは今後密接になって行くものと考えられる。本章では昆虫や動物などが集団で行動し、餌や食料の確保を効率的に行う行動を模した群知能の手法を例に、ロボットへの応用を紹介する。

最初の例では車輪型自律移動ロボットにおいて障害物検出を行い、目的地までの経路生成を行うための行動計画の作成に基本的な群知能のアルゴリズムの1つの粒子群最適化(Particle Swarm Optimization, PSO)アルゴリズムを用いる例を示す。扱う次元数が比較的少ない場合、プログラムが単純で、ある程度の最適解が得られることにより様々な分野で利用されている。

2番目の事例は脚機構ロボットの歩行パラメータの探索に人工蜂コロニー（Artificial Bee Colony, ABC）アルゴリズムを用いた方法を示す。脚機構ロボットの歩行では歩幅、歩行周期、左右の重心移動などのパラメータが相互に影響しあい、安定に歩行を行わせるためのパラメータ導出はパラメータの次元の割に難易度が高く、PSOアルゴリズムでは的確な値を求めるのが困難である。

2つの事例で用いる適応度関数（評価関数とも呼ぶ）は1例としては必ずしも適切ではないかもしれないが、必要な条件を満たす様にさらに改良を行う事により、実用的なパラメータが得られると考えられるので読者の工夫に委ねたい。

2.　自律移動ロボットの軌道生成への応用

建築空間でロボットを自律移動可能にするには、ロボット周辺の障害物情報を収集しロボットの中にマップ情報として蓄積する必要がある。自律移動ロボットの1例を図1に示す。市販されている障害物検出のためのセンサーは超音波距離センサー、距離センサー(Position Sensitive Device, PSD)など、3次元のものはレーザーレンジファインダー、デプスカメラなどがある。自律移動ロボットとして一般的な3輪移動ロボットの誘導制御を対象とした場合、まずロボットから障害物までの距離をセンサーで計測し、平面図で表した障害物マップを生成する。次に得られた障害物マップよりロボットの現在地から目標地点までの走行可能な移動経路の探索が必要になる。

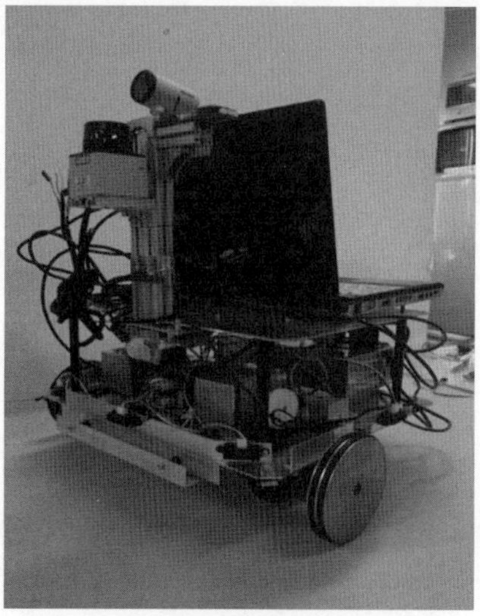

図1　自律移動ロボット

移動空間の全体的なマップ生成はロボットの移動した場所で逐次計測を繰り返すことによりコンピューターのメモリ上に構築していくことになる。ロボットへの群知能の応用として、最適な移動経路の算出方法を例に解説する。

3． PSOによる移動ロボットの経路最適化

3.1 PSOとは

PSOとは群知能の一種で昆虫などの群れが餌を効率的に獲得する現象を模倣したアルゴリズムで、粒子の動きを位置 x と速度 v で表し、餌の獲得を適応度関数 f(x)で与えた多次元問題の最適化に応用されている。初期状態の x と v は探索領域の範囲を乱数で初期化を行う。

位置の更新は式(1)によって行う。

$$x(k+1) \leftarrow x(k) + v(k+1)$$

$$x(k) = \begin{bmatrix} x_0(k) \\ \vdots \\ x_n(k) \end{bmatrix}, v(k) = \begin{bmatrix} v_0(k) \\ \vdots \\ v_n(k) \end{bmatrix} \quad (1)$$

速度の更新は式(2)により求める。

$$v(k+1) = wv(k) + c_1 r_1\left(\hat{x}(k) - x(k)\right) + c_2 r_2\left(\hat{x}_g(k) - x(k)\right) \quad (2)$$

ただし w は慣性定数で、多くの場合 1 より若干小さい値が最適とされる。c_1 と c_2 は群のうちで良い位置に向かう粒子の割合の定数、r_1 と r_2 は[0, 1]の範囲の値を取る乱数である。式(2)の右辺 2 項目の$\hat{x}(k)$は粒子ごとで適応度の高かった粒子$x(k)$の状態、3 項目の$\hat{x}_g(k)$は粒子全体で最も適応度の高かった粒子の状態である。

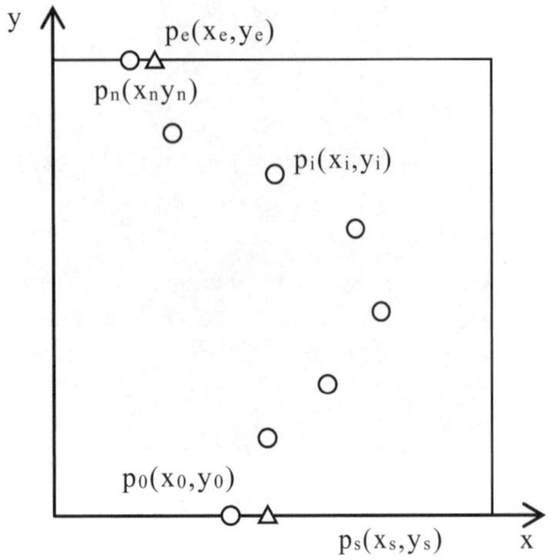

図2 自律移動ロボット経路座標

自律移動ロボットの軌道は図 2 に示すような、ある程度間隔の開いた離散的な目標位置を並べた way point $p_i(x_i,y_i)$を目標として制御する。ここでは、way point はスタート位置を $p_s(x_s,y_s)$、ゴール位置を $p_e(x_e,y_e)$としてあらかじめ与え、各 way point の y 座標はスタート位置の x_s とゴール位置の x_e を等分割した座標とし、式(3)により与える。ただし、n は分割数で整数とし、$0 \leqq i < n$，　$i=0,1,2\cdots$である。

$$y_i(k) = y_s + \frac{i}{n}(y_e - y_s) \quad (3)$$

未知の移動経路は適応度関数 f(x)を最小とする x 方向の座標$x_i(k)$として求める。

適応度関数は式(4)で与える。適応度関数の 1 項目は障害物検出センサーから得られたマップ情報による評価で、障害物の 2 次元画像データを$Image(x_i, y_i)$とする。障害物が無い場合は 0、有る場合は 255 で障害物との衝突を避けるようにフィルタ処理によってその周辺の pixel 輝度値 0~255 までの値を持たせている。w_mはもう 1 つの評価項目との重み付の係数である。2 項目は way point 間の距離の母分散を表し way point の間隔が均等になるように最適化が行えるようにしている。式(5)は way point 間の距離d_i、式(6)はその平均値である。

$$f(x) = w_m \sum_{i=0}^{n} Image(x_i, y_i) + \frac{1}{n}\sum_{i=1}^{n}\sqrt{\bar{d}^2 - {d_i}^2} \quad (4)$$

ここに、

$$d_i = \sqrt{(x_i - x_{i-1})^2 + (y_i - y_{i-1})^2} \quad (5)$$

$$\bar{d} = \frac{1}{n}\sum_{i=1}^{n} d_i \quad (6)$$

3.2 PSOアルゴリズムによる計算例

図 3～図 6 に経路の計算結果の 1 例を示す。計算は粒子数 50、パラメータ n の数 20 とした。w, c_1, c_2 は 0～1 の間で選定し、実際には事例に応じて計算結果を見ながら適切に設定する必要があるが、一例として w=0.2、c_1=0.2、c_2=0.2 で行っている。

図 3 は障害物情報を模したサンプル画像上に初期の乱数で作成した経路を描画したもので障害物を回避するような経路とはなっていない。図 4 に 51 回試行時の経路の変遷を、図 5 にその時に最も適応度の高かった経路例を示す。

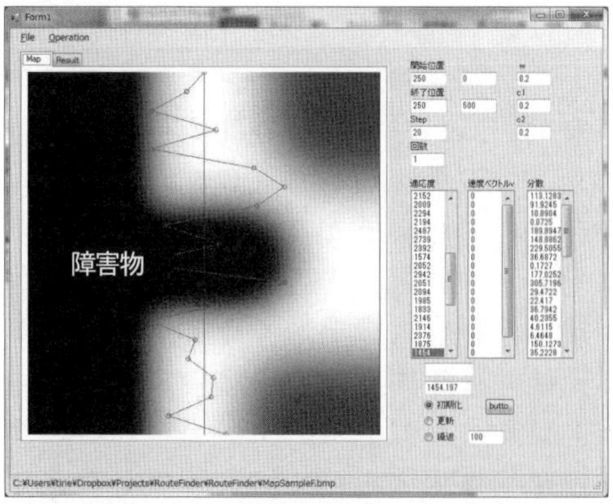

図3　乱数による初期化後の経路例

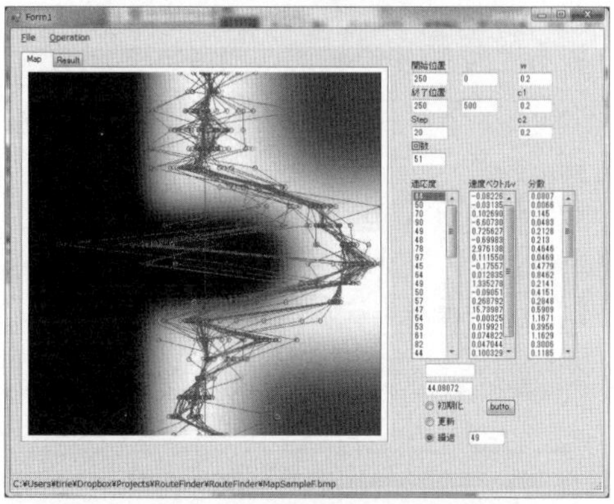

図4　51回試行時の経路の変遷
（巻頭カラーページ参照）

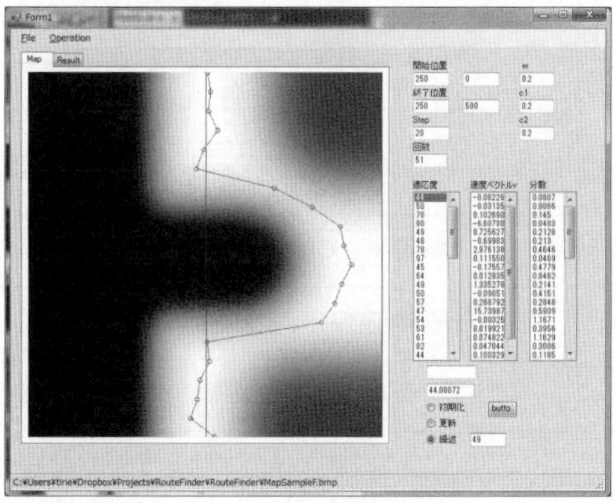

図5　51回試行時の経路

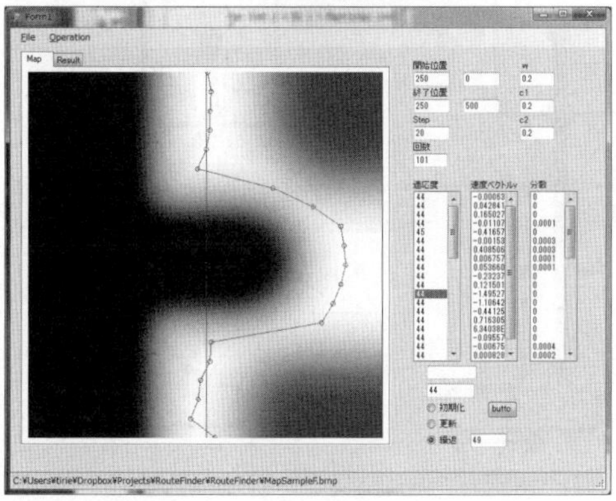

図6　101回試行時の経路

図6は101回試行時の経路例で51回目の経路からあまり変化が見られない。PSOアルゴリズムでは粒子全体の最適解がそれぞれの粒子に反映されることで、ある程度の解までは適応度の収束は早くなっているが、収束後は回数を繰り返しても改善は進みにくい傾向が見られた。c1,c2,wなどのパラメータの選定や適応度関数をどのように決めるかで、実用的な経路探索プログラムに利用できるものと考えられる。

4．　脚機構ロボットの歩行パラメータ生成への応用

人間が活動できない場所での作業や単純作業、介護・福祉などでの活躍が期待されているため、近年様々な移動ロボットの研究開発が行われている。人間が活動できない場所での作業としては災害現場など作業者に危険が及ぶ可能性がある場所での被害状況の確認や復旧作業、原子力施設や工場のパイプ管の中などの人間が入ることのできない狭い場所における異常の発見や修復などが期待されている。また、単純作業としては工場やビルなどの警備や荷物の運搬、建物の清掃などが挙げられる。介護・福祉においては高齢者の日常生活や移動の介助、急病で倒れた場合の通報などが考えられる。

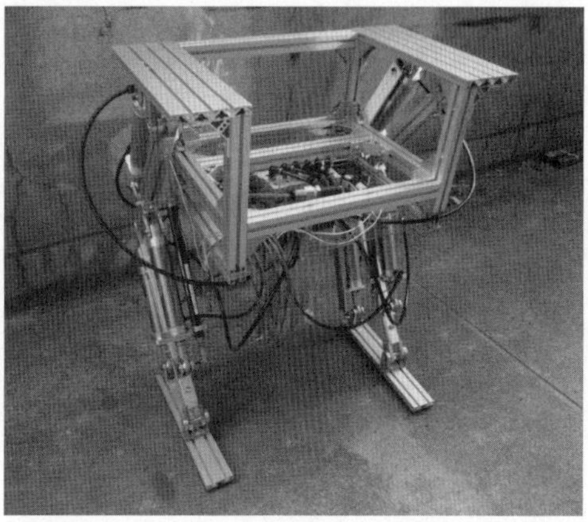

図7　エアシリンダを使用した脚歩行ロボット

本事例では脚歩行方式の歩行方法について、歩行パラメータの探索に群知能アルゴリズムを用いて行った[1),2)]。アクチュエータにエアシリンダを使用した脚歩行ロボットの1例を図7に示す。このロボットのように空気圧シリンダーを用いると、空気には圧縮性があるためにエアシリンダーはばねとしてモデル化することができる。

本事例のシミュレーションでは、ばねで姿勢を保持し、アクチュエータで力を入力する運動モデル、動力学計算エンジンでシミュレーションを行い、群知能アルゴリズムにより歩行のパラメータの最適化手法を行った。

4.1　2脚における歩行方法

脚ロボットの歩行方法には、大きく分けて動歩行と静歩行がある。前者は後者と比べて、制御は難しいが歩幅を大きく取ることができ、平坦な地形ではエネルギー効率も良いという特徴がある。

本節では、図8に示すように以下の歩行ステップを周期的に行うことによって歩行を実現させる。

① 重心を右に移動し、左足を持ち上げ半歩前に出す。
② 左足をさらに半歩前に出す。
③ 胴体を半歩分前に進ませ、左足を着地させる。
④ 重心を左に移動し、右足を持ち上げ半歩前に出す。
⑤ 右足をさらに半歩前に出す。
⑥ 胴体を半歩分前に進ませ、右足を着地させる。

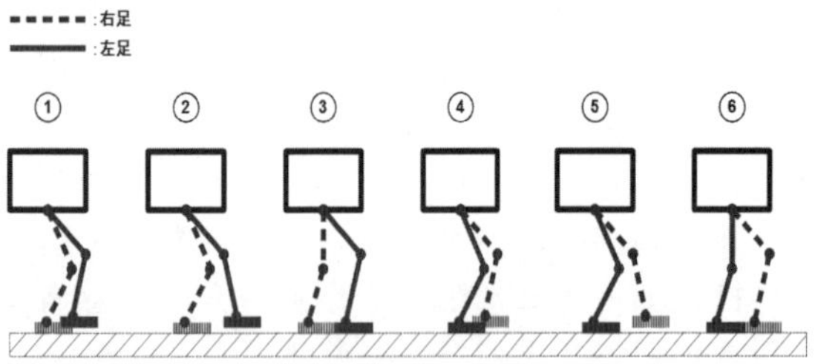

図8　歩行パターン

4.2　2脚歩行ロボットの機構

ここで対象にしている歩行パターンを行うことができる2脚歩行ロボットの脚部のリンク機構を図9に示す。

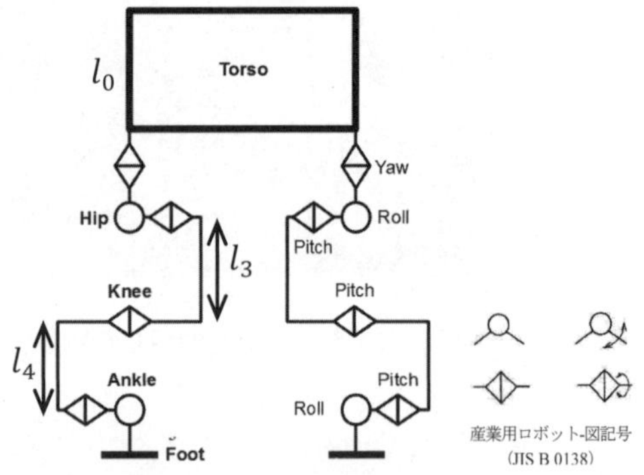

図9　脚部のリンク機構(正面)

2脚歩行ロボットは胴体、大腿骨、脛骨などの骨格を関節で接続された機構で考えることができる。

脚部の自由度は胴体を基準とし、股関節3(ヨー、ロール、ピッチ： Yaw, Roll, Pitch)、膝関節1(ピッチ)、足首関節2(ピッチ、ロール)の合計6自由度となっている。これらの骨格部分をリンク、関節をジョイントと呼ぶことにする。また、各ジョイントにはモーターと並列に回転ばねが取り付けられている。一般的なロボットの場合、膝を曲げた姿勢で自立する時は膝ジョイントと足首ジョイントには自重によるトルクが発生するため、それをモーターで支える必要がある。さらに、外部からの衝撃などによりロボットの姿勢が崩れた場合も元の姿勢に戻るにはモーターの力が必要となる。そこで、2脚歩行ロボットのアクチュエータのばねはこれらの場合にモーター無しで自立姿勢を保てるように設定している。

ここでは計算を簡単にするために、ピッチ角ジョイント P_3、P_4、P_5 のみの表1のパラメータで表現される単純な片足モデルについて考える。また、このモデルでは図10の姿勢を直立姿勢、図11の姿勢を自立姿勢と定義している。

このモデルで胴体の重心が足首から足先までの距離 x_f より内側にあると仮定する。このとき P_3 のみ回転すると、P_3 に一番大きなトルクが生じるのは φ_1 が $\pi/2$ 回転した時である。

表1　片足モデルの仕様

胴体リンク	長さ l_0[m]
	質量 m_0[kg]
腿リンク	長さ l_3[m]
	質量 m_3[kg]
脛リンク	長さ l_4[m]
	質量 m_4[kg]
ダミーリンク	長さ l_1, l_2, l_5[m]
	質量 m_1, m_2, m_5[kg]
足リンク	長さ l_6[m]
	質量 m_6[kg]
自立姿勢時の P_3 の回転角度 φ_1[rad]	
自立姿勢時の P_4 の回転角度 φ_2[rad]	
自立姿勢時の P_5 の回転角度 φ_2[rad]	

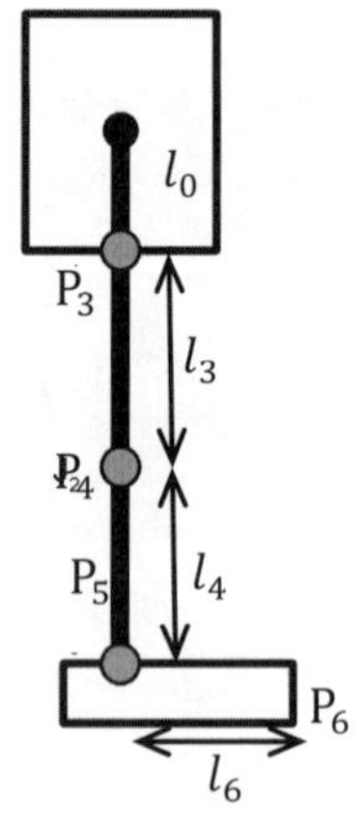

図10　片足モデル
(直立姿勢　側面)

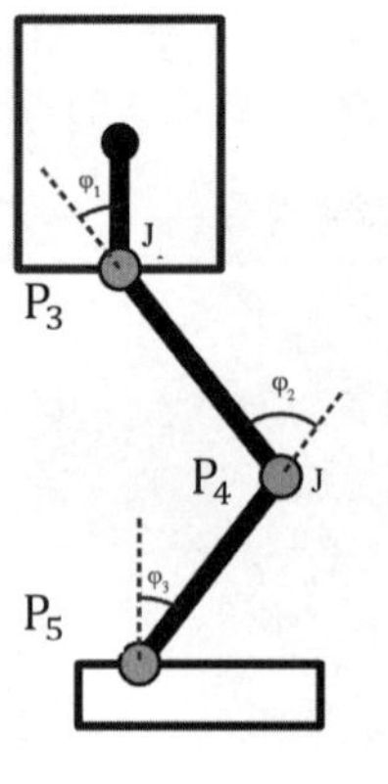

図11　片足モデル
(自立姿勢　側面)

複数の複雑な制御系を持つ歩行ロボットにおいて、その希望通りの動作が実現できたかどうかの判断は実機による実験でも行うことはできる。しかし、実機による実験は時間がかかる上に故障等の恐れがあり、作業効率は往々にしてあまり良いとはいえない。そのため作業の効率化を図るためにはコンピューターによるシミュレーションが必要となる。

5.　２脚歩行ロボットのシミュレーション

コンピューターによるシミュレーションの方法としては、C 言語や MATLAB などの数値解析ソフトウェアで運動方程式や物体の衝突などの計算を行う方法や、Virtual.Lab などの商用の総合シミュレーションソフトを使う方法などが考えられる。前者の場合は自分で好きなようにシミュレーションの仕様を決めることができるが、自分で複雑な運動方程式などを立てる必要がある。また、後者の場合は複雑な計算からは開放されるがシミュレーションソフトの仕様が決まっており、最適化計算などの他のプログラムと組み合わせることが難しいという問題がある。

5.1　動力学シミュレーション

ロボットの運動を考える場合、リンクとジョイントで接続された機構で考えることができる。リンク部分は質量と慣性モーメントを持つ剛体で、ジョイントは回転・並進などの自由度があり、それぞれの剛体上での接続位置で表現することができる。動力学シミュレーションとはこれらの関係を数式で表し、リンクやジョイントに加えた外力によりどのように運動するかを求めることである。

Open Dynamic Engine（ODE）は Russell Smith らが中心となって 2001 年から開発しているオープンソースの動力学計算エンジンで 3D ゲームや研究用途のシミュレータの物理計算エンジンなどとして広く使われている [3)]。

このエンジンは他の商用シミュレーションソフトと比べて正確性にはわずかに劣るが、その代わりに高速で安定したシミュレーションが行える。

ODE によるシミュレーションは積み木をイメージすると分かりやすい。物体の座標・角度を指定して配置し、その物体にジョイントを取り付けてシミュレーションを行う。物体には箱型や球、円柱などの基本的な形の他に、ポリゴンによる複雑な形状を指定することもできる。また、ジョイントには固定ジョイントや直動ジョイント、ヒンジジョイントなどがあり、パラメータを調整することでモーターやサスペンションなどもシミュレーションすることができる。さらに ODE では各物体の姿勢やジョイントにかかる力などを取得する関数も予め用意されているので、これらを使用して位置センサーやジャイロセンサー、圧力センサーなどを作ることもできる。また、接触の計算については多くのシミュレーションでは代替手段として接触をサスペンションで表現しているが、ODE ではジョイントとして処理している。これによりサスペンションで表現する方法よりも誤差を少なくすることができる。

また、ODE は C 言語や C++言語で簡単に実装することができるため、他の最適化計算なども容易に組み込むことができる。さらに、ODE では OpenGL による３次元グラフィックスの機能も組み込まれているため、動画による動作の確認も容易に行うことができるという特徴がある。

そこで本章ではこの ODE を用いたプログラムを作成し、動的モデルの動作のシミュレーションを行う。

5.2　動的モデルの作成

動的モデルを図 12 に示し、その仕様を表 2 に示す。

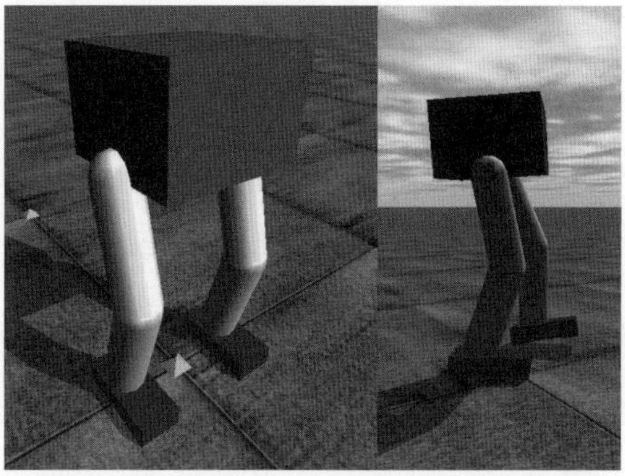

図 12　ODE による動的モデルの例

表 2　動的モデルの仕様

直立姿勢時の全長 [m]	0.755
総質量 [kg]	6.0
股の幅 [m]	0.300
直立姿勢時の脚の長さ [m]	0.555

このモデルのシミュレーション開始時のシミュレーション空間の絶対座標系を図 13 に示す。この姿勢の後にジョイントを動かし、1.5 秒待機してから歩行を行わせる。

この動的モデルの仕様を基に表 3 の片足モデルのパラメータ決め、質量や各リンク長さにおいて自立可能なばねの仕様を表 4 のとおり決めた。

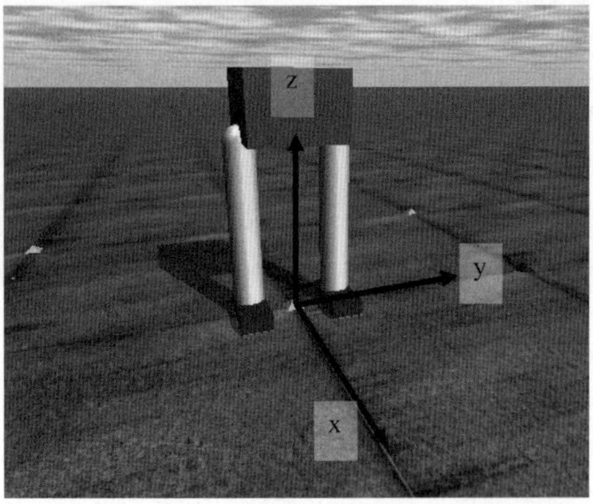

図 13　初期姿勢と絶対座標系

表 3　片足モデルのパラメータ

胴体リンク	長さ l_0[m]	0.200
	質量 m_0[kg]	1.500
腿リンク	長さ l_3[m]	0.250
	質量 m_3[kg]	0.500
脛リンク	長さ l_4[m]	0.250
	質量 m_4[kg]	0.500
足首から足先までの距離 l_6[m]		0.170
自立姿勢時の P_3 の回転角度 φ_1[rad]		$\pi/12$
自立姿勢時の P_4 の回転角度 φ_2[rad]		$\pi/6$
自立姿勢時の P_5 の回転角度 φ_3[rad]		$\pi/12$

表 4　脚ジョイントの仕様

<table>
<tr><th colspan="2"></th><th>自立姿勢のジョイント角度 [rad]</th><th>ばねの取付け角度 [rad]</th><th>ばね係数 [Nm/rad]</th><th>粘性係数 [Nm s/rad]</th></tr>
<tr><td rowspan="3">股</td><td>Yaw</td><td>0.0</td><td>0.0</td><td rowspan="3">1.0</td><td rowspan="6">2.0</td></tr>
<tr><td>Roll</td><td>0.0</td><td>0.0</td></tr>
<tr><td>Pitch</td><td>$\pi/12$</td><td>$\pi/12 - 0.184$</td></tr>
<tr><td>膝</td><td>Pitch</td><td>$-\pi/6$</td><td>$-\pi/6 + 0.164$</td><td>6.75</td></tr>
<tr><td rowspan="2">足首</td><td>Pitch</td><td>$\pi/12$</td><td>$\pi/12 - 0.184$</td><td rowspan="2">18.0</td></tr>
<tr><td>Roll</td><td>0.0</td><td>0.0</td></tr>
</table>

5.3　2 脚歩行ロボットの運動学

2 脚歩行ロボットに歩行を行わせるには、脚の各部の位置や姿勢が重要となる。これらの値を取得、設定するには脚部のリンク機構モデルを作成し、順運動学解析や逆運動学解析を行う必要がある。

多くのロボット工学の教科書では、リンク機構モデルの表現方法として Denavit-Hartenberg（DH）記法 [4]という手法を使用している。しかし、この手法はジョイントごとに座標系の向きを変える必要があるなどの制約が多く、複雑になりやすい。そこで本章では DH 記法よりも簡単な東京工業大学の広瀬茂男が提案したベクトルによる表記法 [5]を使用する。

5.4　有顔ベクトル

3 次元空間においてロボットが運動している方向は 3 つのパラメータを持つベクトルによって与えられる。しかし、それだけではそのベクトルを軸の中心とする回転を表現できないという問題がある。

ところで、単位ベクトル $\boldsymbol{a} = (a_x, a_y, a_z)^T$ を考えると、その成分には式(7)の関係があるため 3 つの変数の内一つの変数は式(7)を用いて計算可能である。

$$|\boldsymbol{a}| = {a_x}^2 + {a_y}^2 + {a_z}^2 = 1 \tag{7}$$

そこで、この単位ベクトル $\boldsymbol{a}$ とそれと垂直に交わる単位ベクトル $\boldsymbol{b} = (b_x, b_y, b_z)^T$ によって姿勢を決定する。ここで $\boldsymbol{a}$ は主軸ベクトル、$\boldsymbol{b}$ は副軸ベクトルと呼び、この 2 つで姿勢を示すと式(8)となる。

$$(\boldsymbol{a}, \boldsymbol{b}) = \begin{bmatrix} a_x & b_x \\ a_y & b_y \\ a_z & b_z \end{bmatrix} \tag{8}$$

この 6 つの変数には、それぞれ式(9)～(11)の関係があり、6 つの独立変数の内の 3 つを計算により求めることができる。

$$|\boldsymbol{a}| = 1 \tag{9}$$
$$|\boldsymbol{b}| = 1 \tag{10}$$
$$\boldsymbol{a} \cdot \boldsymbol{b} = 0 \tag{11}$$

このようなベクトルの組み合わせは、図 14 の様に主軸ベクトルにトーテムポールのような顔が書かれており、その顔の方向を副軸ベクトルで示しているように見えるので、有顔ベクトルと呼ばれている。

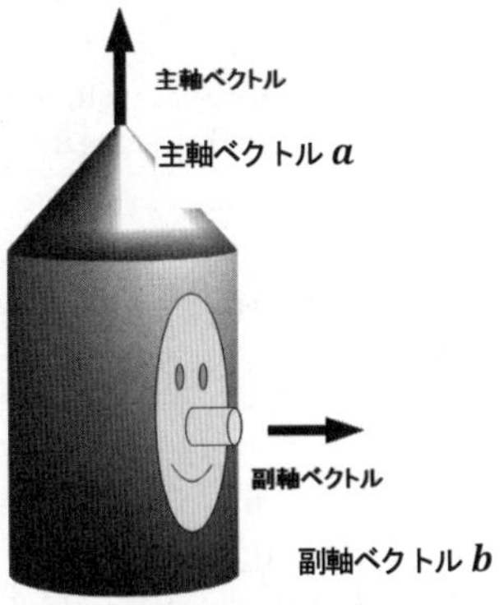

図 14　有顔ベクトル

5.5　回転行列

基準の姿勢からの回転を行列で表したものを「回転行列」と呼ぶ。絶対座標系と相対座標系が一致した後に姿勢を変えたとする。この時の相対座標系での各 x、y、z 軸の単位ベクトル $\mathbf{i} = (1,0,0)^T$、$\mathbf{j} = (0,1,0)^T$、$\mathbf{k} = (0,0,1)^T$を絶対座標系で見ると $\mathbf{i}' = (r_{11}, r_{21}, r_{31})^T$、$\mathbf{j}' = (r_{12}, r_{22}, r_{32})^T$、$\mathbf{k}' = (r_{13}, r_{23}, r_{33})^T$となる。このときの回転行列$\mathbf{R}_\omega(\theta)$は式(12)で求めることができる。

$$\mathbf{R}_\omega(\theta) = \begin{bmatrix} r_{11} & r_{12} & r_{13} \\ r_{21} & r_{22} & r_{23} \\ r_{31} & r_{32} & r_{33} \end{bmatrix} \tag{12}$$

また、これを x、y、z 軸を中心の回転角 θ で表すと、上式はそれぞれ式(13)～(15)となる。

$$\mathbf{R}_x(\theta) = \begin{bmatrix} 1 & 0 & 0 \\ 0 & \cos\theta & -\sin\theta \\ 0 & \sin\theta & \cos\theta \end{bmatrix} \tag{13}$$

$$R_y(\theta) = \begin{bmatrix} \cos\theta & 0 & \sin\theta \\ 0 & 1 & 0 \\ -\sin\theta & 0 & \cos\theta \end{bmatrix} \tag{14}$$

$$R_z(\theta) = \begin{bmatrix} \cos\theta & -\sin\theta & 0 \\ \sin\theta & \cos\theta & 0 \\ 0 & 0 & 1 \end{bmatrix} \tag{15}$$

また、回転行列を使うと有顔ベクトル **a**、**b** とそれらが回転する前の基準姿勢での有顔ベクトル $\hat{\mathbf{a}} = (\widehat{a_x}, \widehat{a_y}, \widehat{a_z})^T$、$\hat{\boldsymbol{b}} = (\widehat{b_x}, \widehat{b_y}, \widehat{b_z})^T$との関係を回転行列によって表現すると、式(16)となる。

$$\begin{bmatrix} a_x & b_x \\ a_y & b_y \\ a_z & b_z \end{bmatrix} = \begin{bmatrix} r_{11} & r_{12} & r_{13} \\ r_{21} & r_{22} & r_{23} \\ r_{31} & r_{32} & r_{33} \end{bmatrix} \begin{bmatrix} \hat{a}_x & \hat{b}_x \\ \hat{a}_y & \hat{b}_y \\ \hat{a}_z & \hat{b}_z \end{bmatrix} \tag{16}$$

5.6　リンクとジョイントの表記

2 脚ロボットの脚はリンクとジョイントを用いて図 15、図 16 のように表記することができる。図 15 はロボットの脚部の全体の配置を表し、図 16 はリンクのジョイント部での接続の状況を示している。$\hat{\mathbf{s}}_1, \hat{\mathbf{s}}_2, \hat{\mathbf{s}}_3, \hat{\mathbf{s}}_4 \ldots \hat{\mathbf{s}}_6$は脚部を回転させる順番を表し、実際に歩行可能なロボットのジョイントの機構を元に決めている。

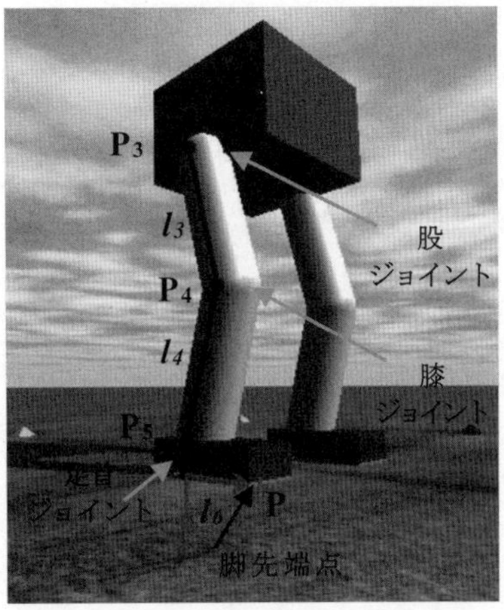

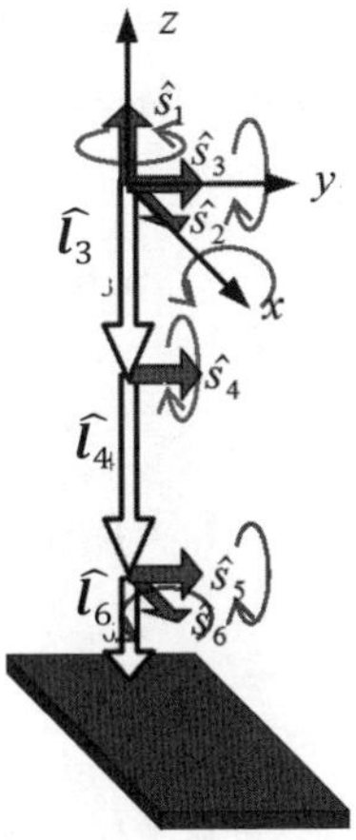

図 15　リンクとジョイントの配置　　図 16　回転軸ベクトル

$\hat{l}_3$が股から膝の長さ、$\hat{l}_4$が膝から足首間の長さ、$\hat{l}_6$が足首から先端点間の長さである。

ここで $\mathbf{P}_i$ (i=3,4,5,6)はジョイントを、$\boldsymbol{l}_i$はリンクベクトルでジョイント $\mathbf{P}_i$から $\mathbf{P}_{i+1}$に至るベクトルを表す。2 自由度以上のジョイントの場合は長さゼロのリンクで挟んでいるものと考えている。つまり、股ジョイントは 3 自由度あるため $\boldsymbol{l}_1=\boldsymbol{l}_2=[0,0,0]^T$となり、図中では省略し $\boldsymbol{l}_3$から表示している。また、$\hat{\mathbf{s}}_\mathbf{i}$は $\mathbf{P}_i$を始点とする回転軸方向の単位ベクトルとしている。例えば、図 16 のモデルでは股ジョイントにおいて z 軸、x 軸、y 軸の順番に回転を行っている。

解析を行う場合、リンクベクトル $\boldsymbol{l}_i$や回転軸ベクトル $\mathbf{s}_i$の初期姿勢はできるだけ絶対座標系の各軸や角度センサーのゼロ点を考慮した中立的な姿勢にする必要がある。

5.7　順運動学解析

ロボット工学においてマニュピレータで各ジョイントの角度を与えたときに、その手先の位置と姿勢を求める方法を順運動学解析法という。2 脚歩行ロボットにおいても重心や足先の位置の計算などに使用される。

順運動学解析では、各ジョイントの初期姿勢とそのリンクベクトル $\boldsymbol{l}_i$や回転軸ベクトル $\mathbf{s}_i$、有顔ベクトル（**a,b**）を定義し、それらのベクトルからジョイント先端の位置ベクトル $\mathbf{P}=\mathbf{P}_6$ を求めることができる。それらの n 段のジョイント先端の位置ベクトル **P** は一般的に表すと 式(17)より求めることができる。

各ジョイントの回転行列 $\mathbf{R}_i$ は 5.5 節で述べた式(12)～(15)を用いて回転軸と回転角度 θ 使って表す

ことができる。$\mathbf{R}_i$ と初期姿勢リンクベクトル$\hat{\boldsymbol{l}}_\mathrm{i}$を掛けたものが回転後のリンクベクトル $\boldsymbol{l}_\mathrm{i}$ となる。先端部分から回転後のリンクベクトルを計算し、それぞれのベクトルを胴体側に向かって足し合わせることにより計算でき、括弧を消去し整理したものである。なお、$\hat{\boldsymbol{l}}_0 = l_0$とする。

$$\begin{aligned}\mathbf{P} &= \hat{\boldsymbol{l}}_0 + \mathbf{R}_1\left(\hat{\boldsymbol{l}}_1 + \mathbf{R}_2\left(\hat{\boldsymbol{l}}_2 + \cdots + \mathbf{R}_{n-1}\left(\hat{\boldsymbol{l}}_{n-1} + \mathbf{R}_\mathrm{n}(\hat{\boldsymbol{l}}_\mathrm{n})\right)\right)\right) \\ &= \boldsymbol{l}_0 + \mathbf{R}_1(\hat{\boldsymbol{l}}_1) + \mathbf{R}_1\mathbf{R}_2(\hat{\boldsymbol{l}}_2) + \cdots + \mathbf{R}_1\mathbf{R}_2\cdots\mathbf{R}_{n-1}\mathbf{R}_\mathrm{n}(\hat{\boldsymbol{l}}_\mathrm{n}) \\ &= \boldsymbol{l}_0 + {}^0\mathbf{R}_1(\hat{\boldsymbol{l}}_1) + {}^0\mathbf{R}_2(\hat{\boldsymbol{l}}_2) + \cdots + {}^0\mathbf{R}_{n-1}(\hat{\boldsymbol{l}}_{n-1}) + {}^0\mathbf{R}_\mathrm{n}(\hat{\boldsymbol{l}}_\mathrm{n}) \\ &= \boldsymbol{l}_0 + \boldsymbol{l}_1 + \boldsymbol{l}_2 + \cdots + \boldsymbol{l}_{n-1} + \boldsymbol{l}_\mathrm{n}\end{aligned} \tag{17}$$

ただし、${}^0\mathrm{R}_\mathrm{n} = \mathrm{R}_1\mathrm{R}_2\cdots\mathrm{R}_{n-1}\mathrm{R}_\mathrm{n}$である。

また、脚先端の姿勢（有顔ベクトル）は式(18)で求める。

$$\begin{aligned}\mathbf{a} &= {}^0\mathrm{R}_\mathrm{n}(\hat{\mathbf{a}}) \\ \mathbf{b} &= {}^0\mathrm{R}_\mathrm{n}(\hat{\mathbf{b}})\end{aligned} \tag{18}$$

5.8 脚の順運動学解析

ここでは簡単化のために片足だけで考え、ロボットの股ジョイントをロボット座標系の原点とする。図 16 の様に初期姿勢の全てのリンク$\hat{l}$を z 軸に沿わせ、初期姿勢の主軸ベクトル$\hat{\mathrm{a}}$を－z 軸の単位ベクトルに、初期姿勢の副軸ベクトル$\hat{\mathrm{b}}$を x 軸の単位ベクトルに設定する。

各リンク、有顔ベクトルの初期値はそれぞれ式(19)、(20)となる。

$$\hat{l_3} = \begin{bmatrix}0\\0\\-l_3\end{bmatrix}, \hat{l_4} = \begin{bmatrix}0\\0\\-l_4\end{bmatrix}, \hat{l_6} = \begin{bmatrix}0\\0\\-l_6\end{bmatrix}, \quad \hat{l_1} = \hat{l_2} = \hat{l_4} = \begin{bmatrix}0\\0\\0\end{bmatrix} \tag{19}$$

$$\hat{\mathbf{a}} = \begin{bmatrix}0\\0\\-1\end{bmatrix}, \ \hat{\mathbf{b}} = \begin{bmatrix}1\\0\\0\end{bmatrix} \tag{20}$$

回転行列 $\mathbf{R}_i$、を式(21)～(26)に示す。

$$\mathbf{R}_1 = \begin{bmatrix}\cos\theta_1 & -\sin\theta_1 & 0\\ \sin\theta_1 & \cos\theta_1 & 0\\ 0 & 0 & 1\end{bmatrix} \tag{21}$$

$$\mathbf{R}_2 = \begin{bmatrix}1 & 0 & 0\\ 0 & \cos\theta_2 & -\sin\theta_2\\ 0 & \sin\theta_2 & \cos\theta_2\end{bmatrix} \tag{22}$$

$$\mathbf{R}_3 = \begin{bmatrix}\cos\theta_3 & 0 & \sin\theta_3\\ 0 & 1 & 0\\ -\sin\theta_3 & 0 & \cos\theta_3\end{bmatrix} \tag{23}$$

$$\mathbf{R}_4 = \begin{bmatrix}\cos\theta_4 & 0 & \sin\theta_4\\ 0 & 1 & 0\\ -\sin\theta_4 & 0 & \cos\theta_4\end{bmatrix} \tag{24}$$

$$\mathbf{R}_5 = \begin{bmatrix}\cos\theta_5 & 0 & \sin\theta_5\\ 0 & 1 & 0\\ -\sin\theta_5 & 0 & \cos\theta_5\end{bmatrix} \tag{25}$$

$$\mathbf{R}_6 = \begin{bmatrix}1 & 0 & 0\\ 0 & \cos\theta_6 & -\sin\theta_6\\ 0 & \sin\theta_6 & \cos\theta_6\end{bmatrix} \tag{26}$$

なお、股ジョイントは 3 軸直交、足首ジョイントは 2 軸直行しているため、リンク l_1、l_2、l_5は省略した。また、ジョイントの回転軸ベクトルの初期値は式(27)となり、式(17)より式(28)となる。

$$\hat{\mathbf{s}}_1 = \begin{bmatrix}0\\0\\1\end{bmatrix}, \hat{\mathbf{s}}_2 = \begin{bmatrix}1\\0\\0\end{bmatrix}, \hat{\mathbf{s}}_3 = \begin{bmatrix}0\\1\\0\end{bmatrix}, \hat{\mathbf{s}}_4 = \begin{bmatrix}0\\1\\0\end{bmatrix}, \hat{\mathbf{s}}_5 = \begin{bmatrix}0\\1\\0\end{bmatrix}, \hat{\mathbf{s}}_6 = \begin{bmatrix}1\\0\\0\end{bmatrix} \tag{27}$$

$$\begin{aligned}\mathbf{P} &= \mathbf{R}_1\mathbf{R}_2\mathbf{R}_3\left(\hat{\boldsymbol{l}}_3 + \mathrm{R}_4\left(\hat{\boldsymbol{l}}_4 + \mathrm{R}_5\mathrm{R}_6(\hat{\boldsymbol{l}}_6)\right)\right) \\ &= \boldsymbol{l}_3 + \boldsymbol{l}_4 + \boldsymbol{l}_6\end{aligned} \tag{28}$$

これらの値より初期姿勢を求める。ここで、式(28)をもとに l_3、l_4、l_6 を計算するとそれぞれ式(29)、(30)、(31)となる。

$$\begin{aligned}\boldsymbol{l}_3 &= \mathbf{R}_1\mathbf{R}_2\mathbf{R}_3\hat{\boldsymbol{l}}_3 \\ &= \mathbf{R}_\mathrm{z}(\theta_1)\mathbf{R}_\mathrm{x}(\theta_2)\mathbf{R}_\mathrm{y}(\theta_3)\hat{\boldsymbol{l}}_3 \\ &= \begin{bmatrix}\mathrm{C}_1 & -\mathrm{S}_1 & 0\\ \mathrm{S}_1 & \mathrm{C}_1 & 0\\ 0 & 0 & 1\end{bmatrix}\begin{bmatrix}1 & 0 & 0\\ 0 & \mathrm{C}_2 & -\mathrm{S}_1\\ 0 & \mathrm{S}_2 & \mathrm{C}_2\end{bmatrix}\begin{bmatrix}\mathrm{C}_3 & 0 & \mathrm{S}_1\\ 0 & 1 & 0\\ -\mathrm{C}_3 & 0 & \mathrm{C}_3\end{bmatrix}\begin{bmatrix}0\\0\\-\mathrm{l}_3\end{bmatrix} \\ &= \begin{bmatrix}-(\mathrm{C}_1\mathrm{S}_3 + \mathrm{S}_1\mathrm{S}_2\mathrm{C}_3)\mathrm{l}_3\\ -(\mathrm{S}_1\mathrm{S}_3 + \mathrm{C}_1\mathrm{S}_2\mathrm{C}_3)\mathrm{l}_3\\ -\mathrm{C}_2\mathrm{C}_3 l_3\end{bmatrix}\end{aligned} \tag{29}$$

$$\begin{aligned}\boldsymbol{l}_4 &= \mathbf{R}_1\mathbf{R}_2\mathbf{R}_3\mathbf{R}_4\hat{\boldsymbol{l}}_4 \\ &= \mathbf{R}_\mathrm{z}(\theta_1)\mathbf{R}_\mathrm{x}(\theta_2)\mathbf{R}_\mathrm{y}(\theta_3 + \theta_4)\hat{\boldsymbol{l}}_4\end{aligned} \tag{30}$$

$$
=\begin{bmatrix} C_1 & -S_1 & 0 \\ S_1 & C_1 & 0 \\ 0 & 0 & 1 \end{bmatrix}\begin{bmatrix} 1 & 0 & 0 \\ 0 & C_2 & -S_1 \\ 0 & S_2 & C_2 \end{bmatrix}\begin{bmatrix} C_{34} & 0 & S_1 \\ 0 & 1 & 0 \\ -C_{34} & 0 & C_{34} \end{bmatrix}\begin{bmatrix} 0 \\ 0 \\ -l_3 \end{bmatrix}
$$

$$
=\begin{bmatrix} -(C_1S_{34}+S_1S_2C_{34})l_4 \\ -(S_1S_{34}+C_1S_2C_{34})l_4 \\ -C_2C_{34}l_4 \end{bmatrix}
$$

これにより P が求められる。

ただし、$C_1 = \cos(\theta_1), C_2=\cos(\theta_2), C_3=\cos(\theta_3)$,
$S_1 = \sin(\theta_1), S_2=\sin(\theta_2), S_3=\sin(\theta_3)$,
$C_{34} = \cos(\theta_3+\theta_4), S_{34}=\sin(\theta_3+\theta_4)$ とする。

次に有顔ベクトルを計算する。主軸ベクトル a はリンク l_6 と同じ向きなので式(31)の l_6 に 1 を代入した値と等しく式(32)の様になる。

また、副軸ベクトルは式(33)より求めることができる。これにより足先の位置と姿勢を決定することができる。

$$
l_6 = R_1R_2R_3R_4R_5R_6\hat{l}_3 = R_z(\theta_1)R_x(\theta_2)R_y(\theta_3+\theta_4+\theta_5)R_x(\theta_6)\hat{l}_6
$$

$$
=\begin{bmatrix} C_1 & -S_1 & 0 \\ S_1 & C_1 & 0 \\ 0 & 0 & 1 \end{bmatrix}\begin{bmatrix} 1 & 0 & 0 \\ 0 & C_2 & -S_1 \\ 0 & S_2 & C_2 \end{bmatrix}\begin{bmatrix} C_{345} & 0 & S_1 \\ 0 & 1 & 0 \\ -C_{345} & 0 & C_{345} \end{bmatrix}\begin{bmatrix} 1 & 0 & 0 \\ 0 & C_6 & -S_6 \\ 0 & S_6 & C_6 \end{bmatrix}\begin{bmatrix} 0 \\ 0 \\ -l_6 \end{bmatrix} \tag{31}
$$

$$
=\begin{bmatrix} \{-S_1S_2S_6-(C_1S_{345}+S_1S_2C_{345})C_6\}l_6 \\ \{C_1C_2S_6-(S_1S_{345}-C_1S_2C_{345})C_6\}l_6 \\ (S_2S_6-C_2C_{345}C_6)l_6 \end{bmatrix}
$$

$$
\boldsymbol{a} = R_1R_2R_3R_4R_5R_6\hat{a} = R_z(\theta_1)R_x(\theta_2)R_y(\theta_3+\theta_4+\theta_5)R_x(\theta_6)\hat{a} =\begin{bmatrix} -S_1S_2S_6-(C_1S_{345}+S_1S_2C_{345})C_6 \\ C_1C_2S_6-(S_1S_{345}-C_1S_2C_{345})C_6 \\ S_2S_6-C_2C_{345}C_6 \end{bmatrix} \tag{32}
$$

$$
\boldsymbol{b} = R_1R_2R_3R_4R_5R_6\hat{b} = R_z(\theta_1)R_x(\theta_2)R_y(\theta_3+\theta_4+\theta_5)R_x(\theta_6)\hat{b} =\begin{bmatrix} C_1C_{345}-S_1S_2S_{345} \\ S_1C_{345}-C_1S_2S_{345} \\ -C_2S_{345} \end{bmatrix} \tag{33}
$$

ただし、$C_6 = \cos(\theta_6)$, $C_6 = \cos(\theta_6)$,
$C_{345} = \cos(\theta_3+\theta_4+\theta_5), S_{345}=\sin(\theta_3+\theta_4+\theta_5)$とする。

5.9　逆運動学解析

順運動学解析とは逆に、マニュピレータで手先の位置と姿勢を与えたときに、それを実現させる関節角度を求める方法を逆運動学解析法という。この解析法は 2 脚歩行ロボットで足の運び方を決めるのに非常に重要である。逆運動学の問題は順運動学とは異なって一定の解決法がない。そのためロボットの機構ごとに幾何学的方法や解析的方法で解く必要がある。

5.10　脚の逆運動学解析

まず、式(33)および式(19),(20),(32)より、足首ジョイントの位置 P_5 を求める。これは図 16 より足先端点 P とリンク 6 の長さ l_6 から式(34)で求めることができる。これらを成分表示すると式(35)～(37)となる。

$$
\mathbf{P_5} = \mathbf{P} - l_6\mathbf{a} \tag{34}
$$

$$
P_{5_x} = P_x - l_6a_x \tag{35}
$$

$$
P_{5_y} = P_y - l_6a_y \tag{36}
$$

$$
P_{5_z} = P_z - l_6a_z \tag{37}
$$

次に股ジョイントの Yaw 角 θ_1 を副軸ベクトル $\boldsymbol{b}$ から求める。$\boldsymbol{b}$ の x、y 軸成分をそれぞれ b_x、b_y とすると図 17 より式(38)で与えられる。

$$
\theta_1 = \tan^{-1}\left(\frac{b_y}{b_x}\right) \tag{38}
$$

次に股ジョイントのピッチ角 θ_3 について考えると、図 18 より式(39)～(44)のようになる。

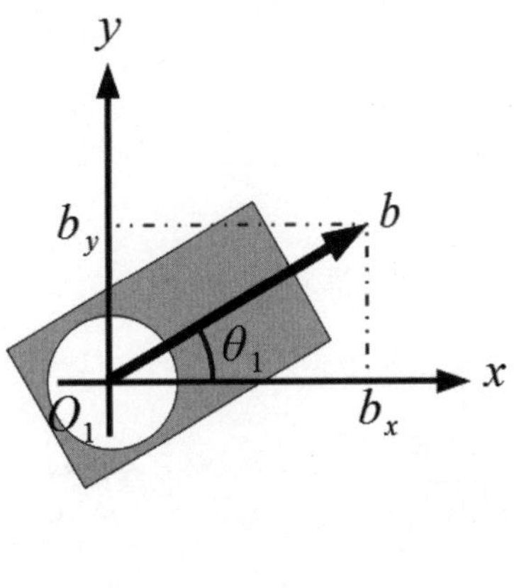

図 17　真上から見た脚

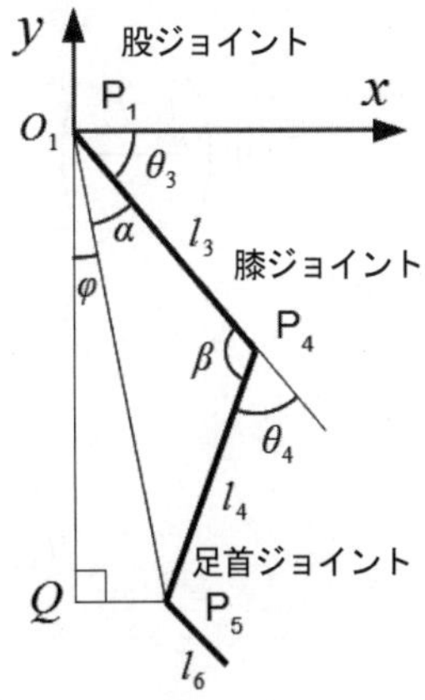

図 18　進行方向真横から見た片足

$$
\overline{P_1P_5} = \sqrt{{P_{5_x}}^2 + {P_{5_y}}^2 + {P_{5_z}}^2} \tag{39}
$$

$$
C_\alpha = \frac{{l_3}^2 + \overline{P_1P_5}^2 - {l_4}^2}{2l_3\overline{P_1P_5}} \tag{40}
$$

$$S_\alpha = \pm\sqrt{1 - {C_\alpha}^2} \tag{41}$$

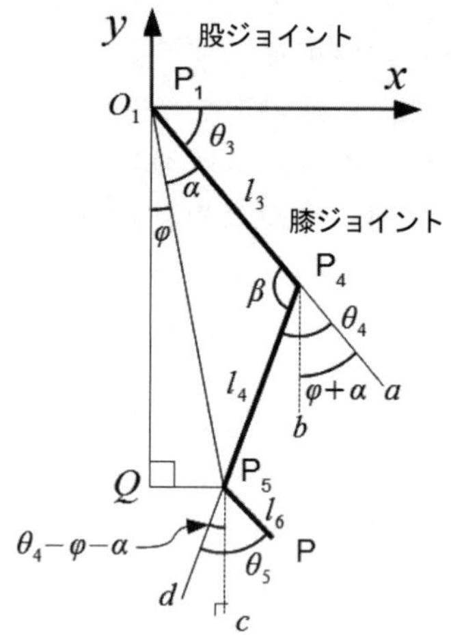

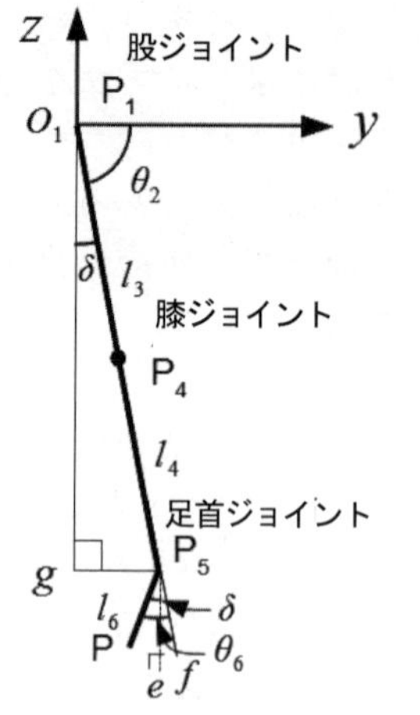

図19　進行方向真横から見た足首　図20　進行方向から見た片足

また、足首ジョイントのピッチ角 θ_5 を図 19 より式(42)で求める。

$$\begin{aligned} \alpha &= \tan^{-1}\left(\frac{\pm\sqrt{1-{C_\alpha}^2}}{C_\alpha}\right) \\ &= \pm\tan^{-1}\left(\frac{\sqrt{1-{C_\alpha}^2}}{C_\alpha}\right) \end{aligned} \tag{42}$$

$$\varphi = \tan^{-1}\left(\frac{\overline{P_5Q}}{\overline{P_1Q}}\right) = \tan^{-1}\left(\frac{P_{5_x}}{\sqrt{{P_{5_y}}^2 + {P_{5_z}}^2}}\right) \tag{43}$$

$$\begin{aligned} \theta_3 &= \frac{\pi}{2} - \varphi - \alpha = \frac{\pi}{2} - \tan^{-1}\left(\frac{P_{5_x}}{\sqrt{{P_{5_y}}^2 + {P_{5_z}}^2}}\right) \\ &\mp \tan\left(\frac{\sqrt{1-{C_\alpha}^2}}{C_\alpha}\right) \end{aligned} \tag{44}$$

膝ジョイントの Pitch 角 θ_4 は式(45)〜(48)から求められる。

$$C_\alpha = \frac{{l_3}^2 + {l_4}^2 - {\overline{P_1P_5}}^2}{2l_3l_4} \tag{45}$$

$$S_\beta = \pm\sqrt{1 - {C_\beta}^2} \tag{46}$$

$$\begin{aligned} \beta &= \tan^{-1}\left(\frac{\pm\sqrt{1-{C_\beta}^2}}{C_\beta}\right) \\ &= \pm\tan^{-1}\left(\frac{\sqrt{1-{C_\beta}^2}}{C_\beta}\right) \end{aligned} \tag{47}$$

$$\theta_4 = \pi - \beta = \pi \mp \tan^{-1}\left(\frac{\sqrt{1-{C_\beta}^2}}{C_\beta}\right) \tag{48}$$

ここで θ_3、θ_4 の解は、人間の脚部に近いジョイントの曲がり方と鳥の脚部に近い膝が逆折れする組み合わせの２通りがあるが、本章では人間の脚部と同様の機構を用いた。

最後に股ジョイントと足ジョイントの Pitch 角 θ_2、θ_6 を図 20 より式(50)、(51)で求める。

これですべてのジョイント角度の解が求められる。最後に実際の機体に合わせて θ_2、θ_3、θ_4 の最終的な角度 θ'_2、θ'_3、θ'_4 を式(52)〜(54)で決定する。

$$\begin{aligned} \theta_5 &= \angle PP_5c + \angle cP_5d \\ &= \tan\left(\frac{\overline{cP}}{\overline{P_5c}}\right) + \{\theta_4 - (\varphi + \alpha)\} \\ &= \tan^{-1}\left(\frac{\sqrt{\left(x - P_{5_x}\right)^2 + \left(y - P_{5_y}\right)^2}}{z - P_{5_z}}\right) \\ &\quad + \{\theta_4 - (\varphi + \alpha)\} \end{aligned} \tag{49}$$

$$\begin{aligned} \theta_6 &= \delta + \angle PP_5e \\ &= \angle fP_5e + \angle cP_5e \\ &= \tan^{-1}\left(\frac{\overline{gP_5}}{\overline{P_1g}}\right) + \tan^{-1}\left(\frac{\overline{eP}}{\overline{P_5e}}\right) \\ &= \tan^{-1}\left(\frac{\sqrt{{P_{5_x}}^2 + {P_{5_y}}^2}}{P_{5_z}}\right) \\ &\quad + \tan^{-1}\left(\frac{\sqrt{\left(x - P_{5_x}\right)^2 + \left(y - P_{5_y}\right)^2}}{z - P_{5_z}}\right) \end{aligned} \tag{50}$$

$$\begin{aligned} \theta_2 &= \frac{\pi}{2} - \angle P_5P_1g \\ &= \frac{\pi}{2} - \delta \\ &= \frac{\pi}{2} - \mathrm{atan2}\left(\sqrt{{P_{5_x}}^2 + {P_{5_y}}^2}, P_{5_z}\right) \end{aligned} \tag{51}$$

$$\begin{cases} \theta'_2 = \pi - \theta_2 & \left(P_{5_y} \geq 0 \text{ の時}\right) \\ \theta'_2 = -(\pi - \theta_2) & \left(P_{5_y} < 0 \text{ の時}\right) \end{cases} \tag{52}$$

$$\theta'_3 = \frac{\pi}{3} - \theta_3 \tag{53}$$

$$\theta'_4 = -\theta_4 \tag{54}$$

６．　最適化の必要性

脚機構ロボットの歩行パターンにおいて正しく歩行を行わせるためには、

ⅰ．ロボットの歩幅

ⅱ. 上記の歩行パターンを1周するのにかかる時間
ⅲ. 歩行の際に重心を移動させるために胴体を左右に揺らす量
ⅳ. 足を持ち上げる高さ

といったパラメータを適切に設定する必要がある。しかし、これらの組み合わせは非常に多く、すべての組み合わせを試験するのは実用的ではない。そこで、これらのパラメータの決定にABCアルゴリズムを用いて最適化を試みる。

7.　ABC アルゴリズム

7.1　アルゴリズムの特徴

ABC アルゴリズムはミツバチの群れの餌場探索に基づいた最適化アルゴリズムで、2005年にトルコの研究者 Dervis Karaboga らによって提案[6)]された。このアルゴリズムにはポジティブフィードバック、ネガティブフィードバック、ゆらぎ、多重干渉、分業化といった特徴がある。

(1) ポジティブフィードバック

このアルゴリズムでは蜜の多い餌場を発見したミツバチが他のミツバチにその情報を伝え、その結果多くのミツバチがその餌場に群がるようになる。

(2) ネガティブフィードバック

ネガティブフィードバックではポジティブフィードバックによる人手不足を解消するために、成果のでないミツバチは探索を打ち切られ他の仕事を行う。

(3) ゆらぎ

ゆらぎを導入することにより、局所的な最適解に陥らずに新しい解を探索することができる。このアルゴリズムでは後述の「Scout bee」によってゆらぎを実現している。

(4) 多重干渉

一般的な組織において、周りの行動によって自身の行動に影響がでる。このアルゴリズムでも巣でダンスを行うことで情報を共有し、その情報をもとに新しい餌場を探す。

(5) 分業化

このアルゴリズムでは、ミツバチはいくつかのグループに分かれ情報交換をしつつ、それぞれの仕事を並列にこなしている。この方式は分業化していない群れよりも効率が良いとされている。

7.2　餌場とミツバチの定義

このアルゴリズムのモデルでは、ミツバチの巣の中には「Employed bee」、「Onlooker bee」、「Scout bee」の3つのグループがあり、それぞれが協力してより良い餌場を探索することにしている。

(1) 餌場

餌場の座標は最適化問題の変数の値によって表され、蜜の量はその解がどれだけ最適化されているかを表している。ミツバチは予め決められた探索範囲の中にある餌場の中から最も蜜の量が多い餌場を探索する。

(2) Employed bee

「Employed bee」は餌場に行き、その蜜の量を測った後に巣に戻ってからダンスによって餌場の情報を共有する。1つの餌場に対してそれぞれ1匹の「Employed bee」が対応している。つまり「Employed bee」の数と餌場の数は等しいといえる。

(3) Onlooker bee

「Onlooker bee」は巣で「Employed bee」から餌場の情報をもらい、それを元にそれぞれの餌場の収益性を計算する。そして収益性の高い餌場により多く探索が行われるように「Employed bee」に命令を出す。

(4) Scout bee

「Scout bee」は新しい餌場をランダムに探す。これにより餌場の初期化やネガティブフィードバックを実現する。

7.3　アルゴリズムの流れ

ABC アルゴリズムでは、図21の手順で最適化を行う。以下に各ステップの詳しい説明を示す。

(1) 初期化

全ての「Employed bee」が「Scout bee」となり式(55)をもとにランダムに餌場（$\mathbf{x}_m$）を探索する。ここで$\mathbf{x}_m$は解の集まりである。また、x_{mi}は餌場にある総数n個の変数の情報でu_i、l_iはそれぞれ変数の上限値、下限値である。

$$x_{mi} = l_i + rand(0,1) * (u_i - l_i) \qquad (55)$$

(2) Employed bee phase

「Employed bee」はそれぞれが担当する餌場（$\mathbf{x}_m$）の周辺を他のミツバチの餌場の情報も加味して式(56)により探索する。新しく見つけた餌場（$\mathbf{v}_m$）の方が蜜の量が多い場合、その餌場に移動する。

$$v_{mi} = x_{mi} + \varphi_{mi}(x_{mi} - x_{ki}) \qquad (56)$$

ここでx_{ki}はランダムに選ばれた他の餌場の情報を、iはランダムに選ばれた変数の添字を表す。φ_{mi}は一定の範囲内の乱数で、ここでは[-1,1]としている。

また、蜜の量（解の適合度）を計測するためにfitness関数$fit_m(\mathbf{x}_m)$を使用する。この関数は最適化問題に合わせて設計する必要があり、その際には最適解に近づくほど返す値が大きくなるようにする。

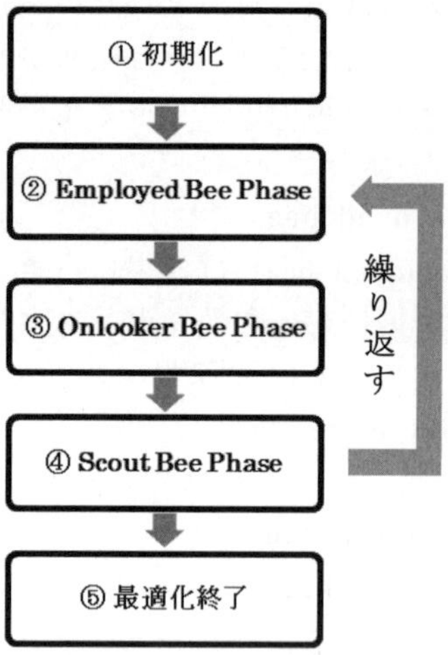

図21 ABCアルゴリズムの手順

(3) Onlooker bee phase

「Onlooker bee」自身は探索を行わず、巣で待機している。ダンスによって「Employed bee」から各餌場の情報をもらい、その情報をもとに式(57)もしくは式(58)を用いて各餌場の収益性を計算する。

$$p_m = \frac{\mathrm{fit}_m(\mathbf{x}_m)}{\sum_{m=1}^{SN} \mathrm{fit}_m(\mathbf{x}_m)} \tag{57}$$

$$p_m = a\frac{\mathrm{fit}_m(\mathbf{x}_m)}{\max(\mathrm{fit}_m(\mathbf{x}_m))} + b \tag{58}$$

ここでSNは餌場の数を表す。また、a、bは正の実数で$a + b = 1.0$となるような値とする。

収益性を計算したらその値の分だけ当たりがあるルーレットを作る。そして、各「Onlooker bee」が順番に各餌場のルーレットを回し、「当たり」なら「Employed bee」にその餌場の周辺をさらに探索するように命令し、「ハズレ」なら命令は出さず次の餌場のルーレットを回す。これを全ての「Onlooker bee」が命令を出すまで繰り返すことでポジティブフィードバックを実現する。

(4) Scout bee phase

「Employed bee phase」および「Onlooker bee phase」において新しく見つけた餌場の蜜の量が現在の餌場より少ない場合、探索失敗としてカウントされる。そして連続探索失敗回数が一定回数を超えた場合、それ以上の探索を止め、その餌場を担当している「Employed bee」は「Scout bee」となって新しい餌場をランダムに探索する。

7.4 有用性の検討

このアルゴリズムの有用性を検討するために、2種類のベンチマーク関数の最小解を同時に満たす組み合わせの探索時間を、ABCアルゴリズムを用いて最小解を探索した場合と、一定の総当り方式で解を探索した場合とで比較する。

7.5 ベンチマーク関数とfitness関数

ベンチマーク関数として今回はSphere関数とRastrigin関数を使用した。

(1) Sphere関数

Sphere関数は式(59)で表すことができるベンチマーク関数である。

$$F_{Sphere}(x_1, x_2, x_3, \cdots, x_n) = \sum_{i=1}^{n} x_i^2 \tag{59}$$

これは図22に示すような球を描く単峰性の関数で、設計変数に依存関係がないシンプルなベンチマーク関数である。また、この関数は式(60)のときに最小解となる。

$$F_{Sphere}(0,0,0,\cdots,0) = 0 \tag{60}$$

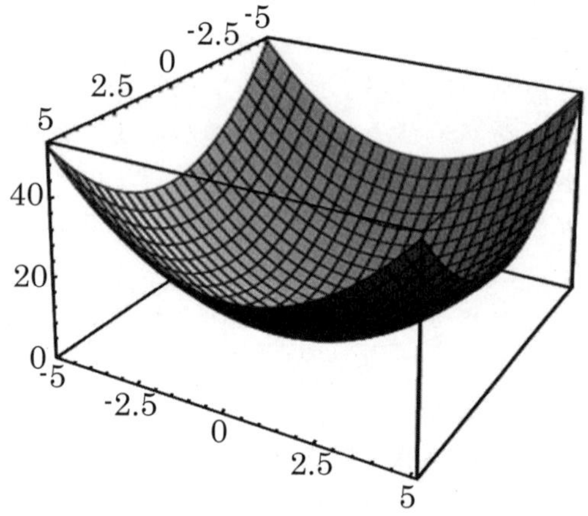

図22 Sphere関数(n=2)

ここではn=2として最適化を行う。

(2) Rastrigin関数

Rastrigin関数は式(61)で表すことができるベンチマーク関数である。

$$F_{Rastrigin}(x_1, x_2, x_3, \cdots, x_n) = 10n + \sum_{i=1}^{n} (x_i^2 + 10\cos(2\pi x_i)) \tag{61}$$

この関数は大域的な最適解の周辺に準最適解（最適解に近い値を持つ局所的な最適解）を持つ図23のような多峰性の関数である。この関数も変数間に依存関係はない。

この関数は式(62)の時に最小解となる。

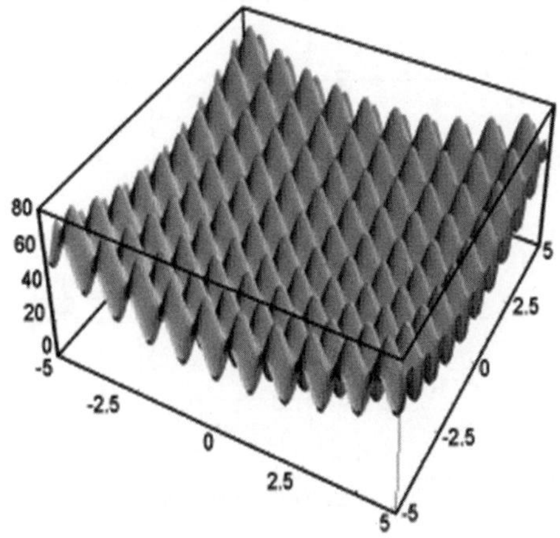

図 23　Rastrigin 関数

$$F_{Rastrigin}(0,0,0,\cdots,0) = 0 \qquad (62)$$

こちらも本事例では n=2 として最適化を行う。

(3) Fitness 関数

ここで使用するベンチマーク関数はどちらも最小解の値はゼロなので、ABC アルゴリズムの fitness 関数には 2 つのベンチマーク関数を合成した式(63)を使用する。

$$\mathrm{fit_m}(\vec{x}_m) = \frac{1}{1+F_{Sphere}(\vec{x}_m)} \times \frac{1}{1+F_{Rastrigin}(\vec{x}_m)} \qquad (63)$$

(4) 収益性の計算

収益性の計算には式(64)を使用する。

$$p_m = 0.9 \times \frac{\mathrm{fit_m}(\mathbf{x}_m)}{\max(\mathrm{fit_m}(\mathbf{x}_m))} + 0.1 \qquad (64)$$

7.6　アルゴリズムの比較

今回は表 5 のパラメータを用いて最適解を探索し、その計算時間を比較した。表 6 にその結果を示す。

表5　アルゴリズムのパラメータ

ABC アルゴリズム	ミツバチの総数	20
	餌場の数	10
	最適化ステップの最大繰り返し数	1000
	許容される連続探索失敗回数の最大値	100
総当り方式	探索する際の変数の刻み幅	0.1

ABC アルゴリズムは、総当り方式よりも大幅に短い時間で総当り方式に近い最適解を導き出していることがわかる。

また、ABC アルゴリズムにおける繰り返し数と適合度の関係を図 24 に示す。

これらの結果より ABC アルゴリズムは最適化問題のアルゴリズムとして有用であると言える。

表6　実行結果

ABC アルゴリズム	計算時間[s]		3.0
	最適解	x_1	1.41×10^{-9}
		x_2	1.17×10^{-9}
総当り方式	計算時間[s]		482.6
	最適解	x_1	0.0
		x_2	0.0

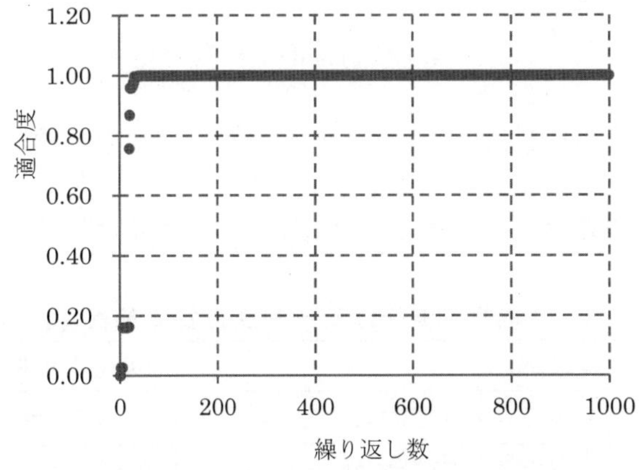

図 24　繰り返し数と適合度の関係

8.　脚機構ロボットへの適用

ABC アルゴリズムの有用性が確認されたので、このアルゴリズムを使用し歩行パラメータの最適化を行う。

8.1　シミュレーション条件

本章で使用する関数の流れを以下に示す。

引数から歩幅、歩行周期など先ほど決めた 4 種類の歩行パラメータを取得する。

シミュレーションを開始し、動的モデルの姿勢を直立の初期姿勢から脚を少し曲げた自立姿勢に変化させる。

姿勢を変化させた際の体の揺れがなくなるまでシミュレーション時間で 1.5 秒待機する。

取得したパラメータをもとにシミュレーション時間で 15 秒経過するまで歩行を行う。

シミュレーション終了時のロボットのスタート地点からの移動距離 d[m]と転倒の有無 s を返り値とする。それぞれの返り値は以下の式(65)、(66)で計算される。

$$d = \sqrt{x^2 + y^2} \qquad (65)$$

ここで、x、y はシミュレーション終了時のロボットの座標である。また、転倒の有無は以下のように定義する。

$$\begin{cases} s = 1 & (\text{転倒しなかったとき}) \\ s = 0 & (\text{転倒したとき}) \end{cases} \tag{66}$$

8.2 適応度関数

2 脚歩行ロボットは早く移動することができれば、それだけ様々な動作ができる。しかし、荷物や人間の輸送を行う場合を考えると、ロボットが転倒すると荷物の破損や、人に怪我をさせてしまうという危険性がある。そこで、本章の最適化では式(67)の適応度関数によって歩行の評価を行う。

$$\mathrm{fit}_m(\mathbf{x}_m) = d \cdot s \tag{67}$$

この関数により、いかに移動が速くても転倒したときは評価が低くなるようにする。

歩行パラメータの探索範囲を表 7 に示す。

表 7 歩行パラメータの探索範囲

歩幅[m]	[0.00, 0.090]
各歩行ステップにかける時間[s]	[0.08, 0.170]
左右の重心移動量[m]	[0.00, 0.090]
足を持ち上げる高さ[m]	[0.00, 0.050]

9. ABC アルゴリズムの計算例

脚機構ロボットの歩行パラメータの探索例として、表 8 のパラメータの ABC アルゴリズムを用いて 3 回試行した。それぞれの移動の軌跡を以下の図 25～39 に示す。

表 8 ABC アルゴリズムのパラメータ

Employed bee の数	5
Onlooker bee の数	5
最大繰り返し回数	500
許容される最大の連続探索失敗回数	100

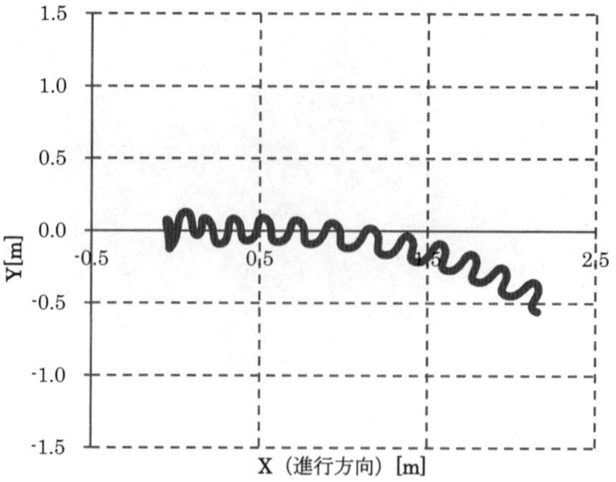

図 25 XY 平面の歩行の軌跡（1 回目のパラメータ）

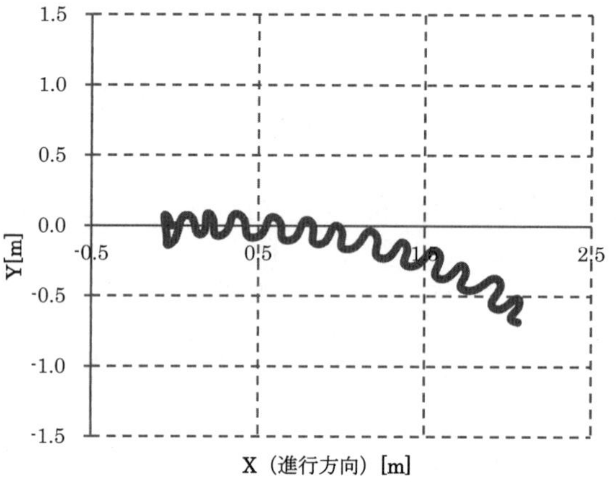

図 26 XY 平面の歩行の軌跡（2 回目のパラメータ）

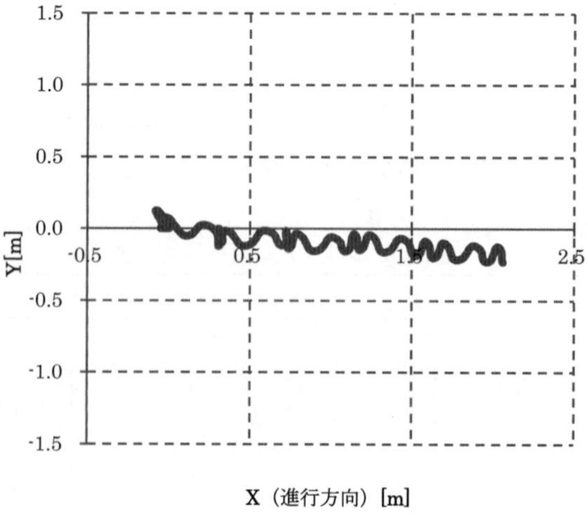

図 27 XY 平面の歩行の軌跡（3 回目のパラメータ）

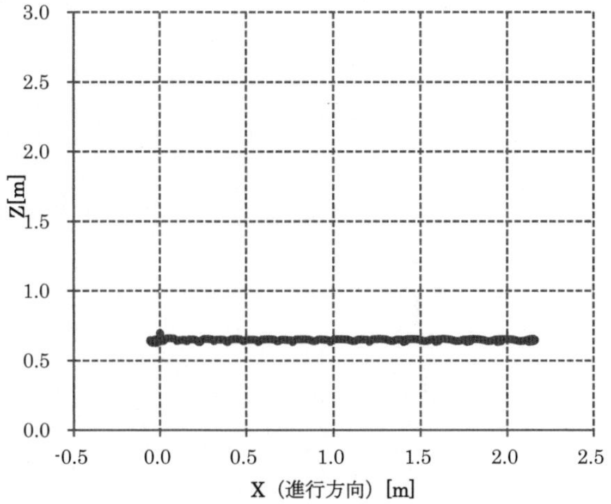

図 28　XZ 平面の歩行の軌跡（1 回目のパラメータ）

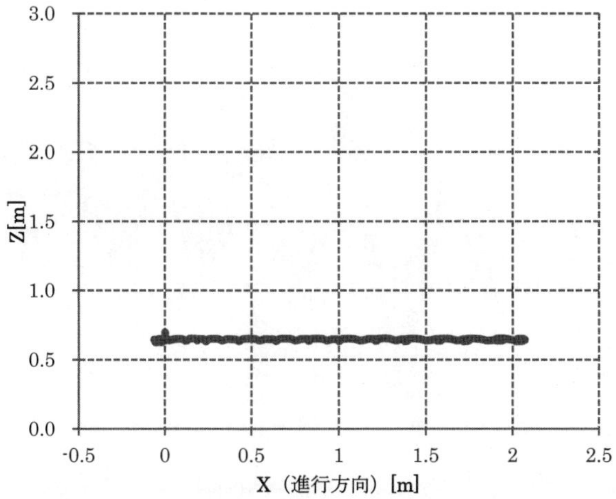

図 29　XZ 平面の歩行の軌跡（2 回目のパラメータ）

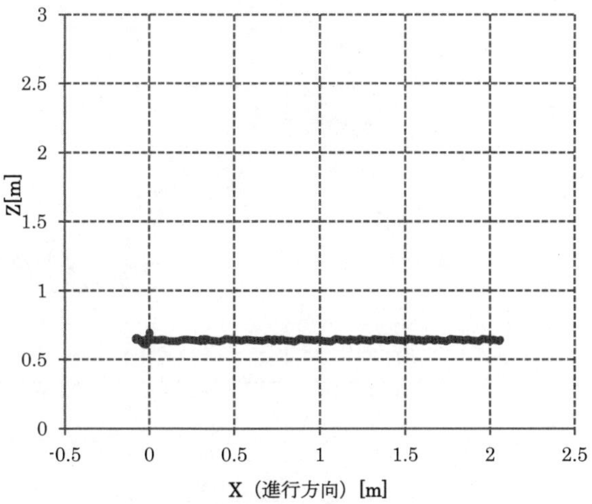

図 30　XZ 平面の歩行の軌跡（3 回目のパラメータ）

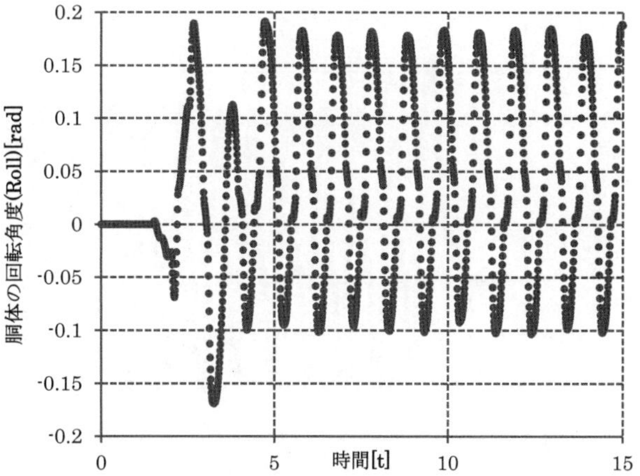

図 31　胴体の回転角度（Roll）（1 回目のパラメータ）

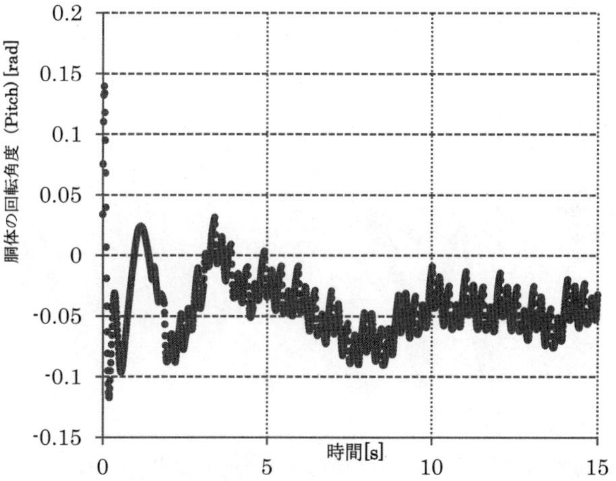

図 32　胴体の回転角度（Pitch）（1 回目のパラメータ）

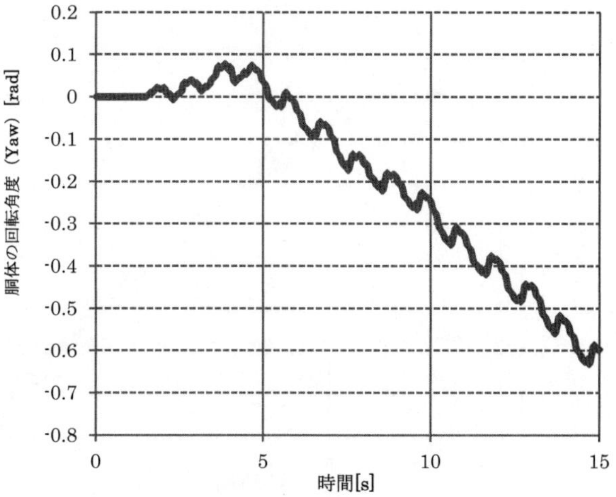

図 33　胴体の回転角度（Yaw）（1 回目のパラメータ）

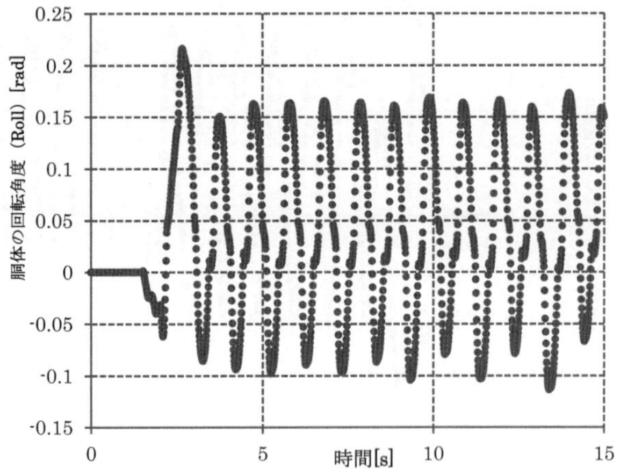

図34　胴体の回転角度（Roll）（2回目のパラメータ）

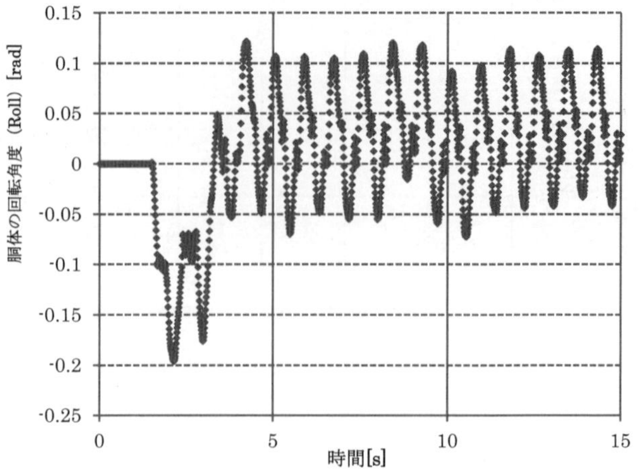

図37　胴体の回転角度（Roll）（3回目のパラメータ）

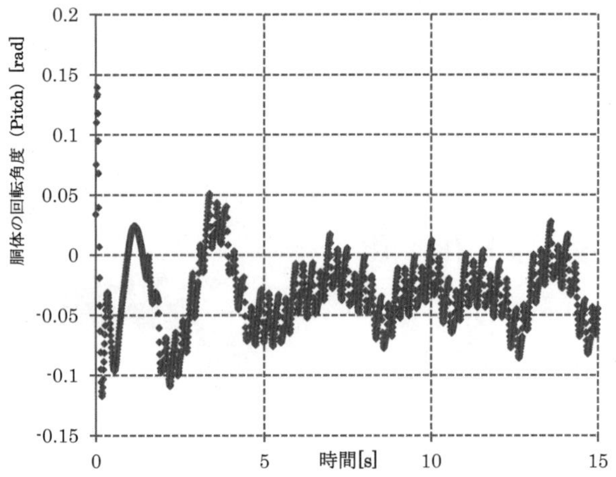

図35　胴体の回転角度（Pitch）（2回目のパラメータ）

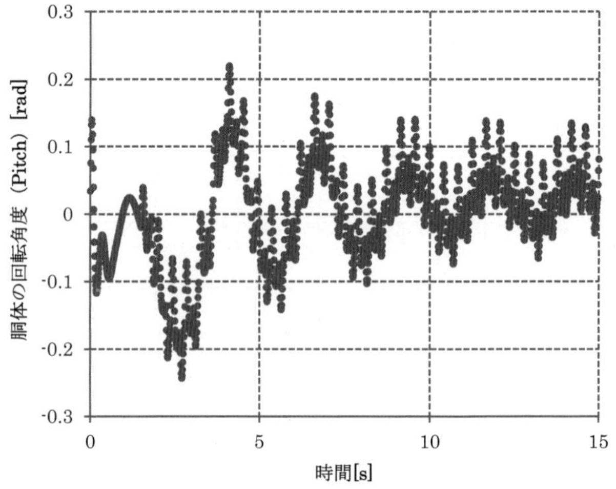

図38　胴体の回転角度（Pitch）（3回目のパラメータ）

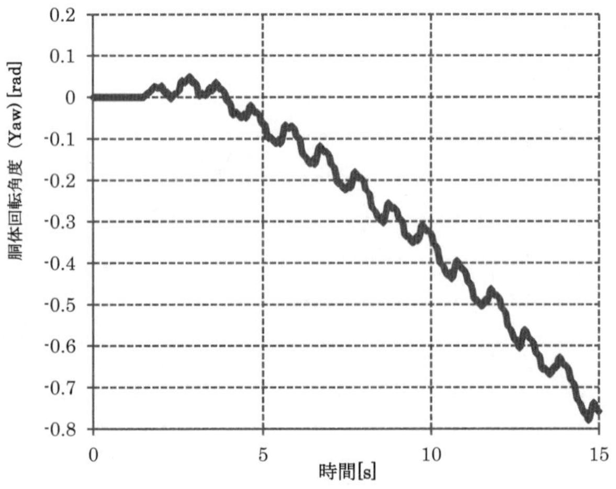

図36　胴体の回転角度（Yaw）（2回目のパラメータ）

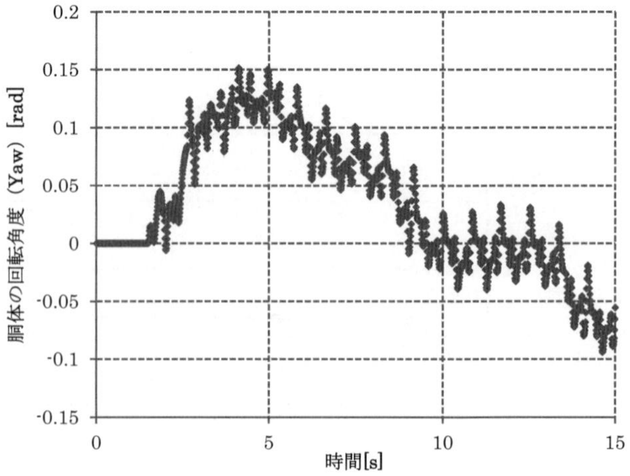

図39　胴体の回転角度（Yaw）（3回目のパラメータ）

表 9 に計算結果を示す。

3 回の計算結果はいずれも異なる歩行パラメータとなり、この中では 1 回目の結果が満足解と言える。しかし、歩行可能な歩行パラメータは無数に存在し、最適解を 1 つに絞り切れていないことも事実である。適応度関数の定式化方法や複数存在する歩行パラメータから安定して歩行できるパラメータをどの様に選定するか選定方法について考慮する必要がある。

表9　計算結果の１例

	歩幅 [m]	歩行周期 [s]	左右移動量 [m]	足上げ高さ [m]	移動距離 [m]
1 回目	0.031	0.170	0.029	0.0060	2.227
2 回目	0.034	0.170	0.023	0.009	2.172
3 回目	0.051	0.140	0.007	0.033	2.074

１０．まとめ

本章では群知能アルゴリズムとして PSO と ABC アルゴリズムを使用してロボットの経路探索および歩行への応用を紹介した。

建築構造物内部で作業や警備、支援を行うロボットは今後増える傾向にあると言える。その場合周囲環境に合わせて柔軟な運動制御や環境認識能力が必要となり、膨大な情報の中からロボット自ら知識や技能を獲得する手法が求められる。それらの一つの解決策として PSO や ABC アルゴリズムなどの群知能アルゴリズムは有効な手段と考えられる。

参考文献

1) Kiyotaka KAWAI, Kouta SUZUKI, Yuu KIMURA, and Toshihiro IRIE, “Research on 2-Leg Walking Robot -Study of walking control method using optimization-“, SCIS2010, 2010
2) 佐藤雄貴, 奥山寿康, 入江寿弘, 新宮清志, 「群知能アルゴリズムを応用した歩行ロボットの研究」,日本建築学会, 第 37 回情報・システム・利用・技術シンポジウム, 2014, (発表予定)
3) 出村公成,「簡単!実践!ロボットシミュレーション - Open Dynamics Engine によるロボットプログラミング」, 森北出版, 2009
4) 梶田 秀司 編著「ヒューマノイドロボット」, オーム社, 2005
5) 広瀬茂男,「ロボット工学 –機械システムのベクトル解析-」,裳華房, 1996
6) D.Karaboga, “An Idea Based on Honey Bee Swarm for Numerical Optimization”, TECHNICAL REPORT-TR06, Erciyes University, Engineering Faculty, Computer Engineering Department 2005.

第１０章

ＡＢＣとセンサーネットワーク

概要　大規模無線センサーネットワークの有効運用期間の延長を目的として、多数のシンクノードを観測領域内に効果的に配置するためのアルゴリズム(複数許容解探索型改良ABCアルゴリズムに基づく配置アルゴリズム)が研究されている。センサーノード群の分布に応じてシンクノード群を適切に配置することができればネットワークの長寿命化が実現する。また複数の配置候補セットを提示することができれば、各センサーノードの残余電力に応じた柔軟な運用が可能となる。本章では、高次元工学設計問題に対する解探索性能に優れたArtificial Bee Colony(ABC)アルゴリズムに着目し、まず最適化問題に対して、1つの大域的最適解ではなく、異なる複数の許容解を探索できるように拡張発展させたアルゴリズム(複数許容解探索型改良ABCアルゴリズム)を紹介し、大域的最適解に匹敵する局所解が解探索領域内に分布する代表的なベンチマーク問題に対する数値実験を通して、その高次元問題に対する有効性を明らかにする。また複数許容解探索型改良ABCアルゴリズムのシンクノード群配置問題に対する有効性はネットワーク有効運用期間延長の観点から評価する。

1.　はじめに

大規模領域の環境モニタリング、インテリジェントビルや都市防災システムの運用、さらに近年ではスマートグリッドを効率的に実現するための基盤技術として無線センサーネットワークへの関心が高まっている[1]。これら大規模領域で活用する無線センサーネットワークでは、一般にバッテリーなどの電源容量に制約のあるリソースで動作するセンサーノードを観測領域内に多数設置し、各センサーノードの測定データをノード間の無線マルチホップ通信によってシンクノードまで転送することで対象とする大規模領域の状態観測を実現する。このようなシンクノードでの情報収集を前提とした無線センサーネットワークの有効運用期間の延長を実現するためには、各センサーノードの通信負荷の抑制、特に他のセンサーノードからの情報を何度も中継するシンクノード周辺のセンサーノード群の通信負荷の抑制および負荷分散が重要な課題となる。近年、このシンクノード周辺のセンサーノード群への負荷集中に対処するための方策として、複数のシンクノードで構成される複数シンク無線センサーネットワークを対象とした負荷分散型のセンシング情報収集機構が盛んに研究されるようになってきた[2)~7)]。しかし有効運用期間の延長を考慮したネットワーク設計(ノード群配置)に関する研究は緒についた段階である[8),9)]。

文献9)では複数シンク無線センサーネットワークの有効運用期間の延長を目的とした設計問題としてシンクノード群の配置問題が取り上げられ、シンクノード群の効果的な配置を決定するためのアルゴリズムとして粒子群最適化(Particle Swarm Optimization、PSO)アルゴリズム[10)~12)]に基づく発展手法(PSO method for computing Plural Acceptable Solutions、PSO-PAS)が紹介されている。このPSO-PASは1つの大域的最適解ではなく、複数の許容解を効率的に求めることができるアルゴリズムであり、シンクノード群の配置問題において複数の配置候補セットを提示し活用することでネットワークを構成する各センサーノードの残余電力に応じた効果的な運用が可能であることが示されている。第7章でも述べた通り、群知能アルゴリズムに分類されるPSOアルゴリズムは確率的な多点探索型の最適化アルゴリズムであり、制約条件なしに多数の局所解を有する連続型多峰性関数の最適化問題に適用できるアルゴリズムとして、現在多くの研究者によって精力的に研究が進められている[13)]。しかし、PSOアルゴリズムは問題の高次元化に伴い解探索性能が低下する(第7章参照)。大規模な工学設計問題、たとえば数10次元の高次元最適化問題を想定した場合、PSOアルゴリズムに基づく改良法には限界がある(異なる複数許容解の発見が困難になる)と考えられる。

本章では、PSOアルゴリズムよりも高次元(数10次元)の連続型多峰性関数の最適化問題に対する解探索性能に優れたABCアルゴリズム[14)~16)]の高度化法(第7章参照)[17)]に着目し、既往の研究[9)]で想定されているよりもさらに大規模な無線センサーネットワークの有効運用期間の延長を目的として開発されたアルゴリズム(数10個のシンクノードを観測領域内に効果的に配置するためのアルゴリズム)を紹介する。このアルゴリズムは第7章で紹介したABCアルゴリズムの高度化法（高次元最適化問題に対するさらなる解探索性能の強化法）を1つの大域的最適解ではなく、複数の許容解を探索できるように拡張発展させたアルゴリズム（複数許容解探索型改良ABCアルゴリズム）であり、大域的最適解に匹敵する局所解が解探索領域内に分布する代表的な高次元連続型多峰性関数のベンチマーク問題に対する数値実験を通して、まずその高次元最適化問題に対する有効性を明らかにする。複数許容解探索型改良ABCアルゴリズムの大規模無線センサーネットワークにおけるシンクノード群配置問題に対する有効性は、ネットワーク有効運用期間延長の観点から既往の複数許容解探索アルゴリズム（PSO-PAS）を適用した場合との比較を通して議論する。

2.　複数許容解探索型改良ABCアルゴリズム

大規模工学設計問題（数十次元の最適化問題）に対する実用手法として、ABCアルゴリズムの高度化法（第7章参照）を異なる複数の許容解を求めることができるように拡張発展させた複数許容解探索型改良ABCアルゴリズム[18]を紹介する。以下では、まず複数許容解探索のために導入された複数コロニーと各コロニーを構成するemployed beesおよびonlookersの解探索概要について述べた後、複数許容解探索型改良ABCアルゴリズムの具体的な処理手順を示す。

2.1　アルゴリズムの概要

欲する許容解の個数（m）と同数の複数コロニーを生成する。ここで複数コロニーの生成に際し、事前情報が無い場合はコロニーサイズと探索点総数は、全てのコロニーにおいて同サイズ（同数）に設定する。

1）employed beesおよびonlookersの解探索概要

実際の蜜蜂群（real bees）において、餌場の情報は同一コロニー内で共有される。よって、このアルゴリズムにおいても探索点に関する情報は同一コロニーに属する探索群（employed bees, onlookers）内でのみ共有される。employed beesおよびonlookersによる解探索はコロニーごとに実行される。具体的にはonlookersによる探索点の選択において、更新対象の探索点は第7章で紹介した高度化法の改善策2）に基づいて同一コロニー内の探索点の中から選択される。またemployed beesおよびonlookersによる探索点の更新において、各探索点の更新候補点を求める際の参照点は同じく第7章で紹介した高度化法の改善策3）に基づいて同一コロニー内の探索点の中から選択される。

2）競合探索（特別探索領域の設定）

上述したように基本的にはコロニーごとに独立に解探索を進めていくが、あるコロニーに属する探索群が欲する許容解を発見した場合、他のコロニーに属する探索群に明示的に別の異なる許容解を探索されるために、この発見された許容解の周囲にこのコロニーの特別探索領域を設定する。複数許容解探索型改良ABCアルゴリズムではアルゴリズム設計上のパラメーターとして、欲する許容解への収束を判定するパラメーター（q_{comp}）と特別探索領域を規定するパラメーター（R_{spec}）を導入する。具体的には並列に実行される各コロニーの解探索過程において、あるコロニーの全体最良解（$\boldsymbol{best}$）が設計条件を満たす許容解（$\boldsymbol{x}^{+}$）よりも良好な解となり、かつ設定した繰返し回数（$q_{comp}>0$）の間、要求した精度の範囲を超える大きな変更がなかった場合、ある1つの欲する解（許容解）に収束したと判定し、この許容解の周囲（$R_{spec}>0$）をこのコロニーの特別探索領域として指定する。そして、この特別探索領域内に位置する他のコロニーに属する探索点は、この特別探索領域を除いた解探索領域内に乱数によって生成した探索点と交換する。なお解探索の過程で、あるコロニーに属する探索点の更新候補点が既に特別探索領域が設定されている別のコロニーの特別探索領域内に位置する場合は、解が改善される場合であったとしても解（探索点）の更新は行わない。特別探索領域が設定されたコロニーとは別のコロニーに属する探索群は、特別探索領域を除いた解探索領域内を探索する。

2.2　処理手順

D変数の最小化問題、

$$\min. f(\boldsymbol{x}), \quad \text{subj. to } \boldsymbol{x} \in R^D$$

を考える。目的関数［$f(\boldsymbol{x})$］が与えられたとき、$f(\boldsymbol{x})$の値を最小にする$\boldsymbol{x}$の値を求める最適化問題に対する複数許容解探索型改良ABCアルゴリズムの具体的な処理手順を以下に示す。なお、以下の処理手順においてf_{bound}等のアルゴリズム設計上のパラメーターに関しては第7章の定義にしたがうものとする。

[1]　事前設定

まず、解探索前に以下の設定を行う。

・欲する許容解の個数（m）、および各コロニーのサイズ（N_g）と探索点総数（SN_g）を設定する。ここで、下付$g \in \{1, 2, \ldots, m\}$はコロニー番号を表す。
・適合度上位の探索点数（α）を設定する。
・解への収束状況判定パラメーター（dr）を設定する。
・許容限界値（f_{bound}）を設定する。
・f_{bound}に対する精度値（$f_{accuracy}$）を設定する。
・総繰返し回数（T_{max}）を設定する。
・段階1の最低繰返し回数（$T1_{min}$）を設定する。
・複数の許容解を探索するために導入したパラメー

ター(q_{comp}, R_{spec})を設定する。

[2] 解探索フロー

解探索はコロニーごとに並列に実行される。あるコロニー(g)の探索群による解探索フローを以下に示す。

[Step1(初期化)]

・繰返し回数のカウンター(k)を$k = 1$にする。

・特別探索領域設定カウンター(q)を$q = 0$にする。

・段階2への切換判定値を初期化する($f_{judge} = 0$)。

・各探索点の初期位置ベクトル($\boldsymbol{x}_i^1$)を乱数によって生成する。ここで、下付$i \in \{1, 2, \ldots, SN_g\}$は探索点番号を表し、上付($k$=)1は繰返し回数を表す。

・初期状態における全体最良解($\boldsymbol{best}_g^1$)を決定する。

$$i_b = arg\min_i f(\boldsymbol{x}_i^1), \quad i = 1, \ldots, SN_g$$
$$\boldsymbol{best}_g^1 = \boldsymbol{x}_{i_b}^1$$

・初期状態における平均評価値(f_{init})を計算する。

$$f_{init} = \sum_{i=1}^{SN_g} f(\boldsymbol{x}_i) \Big/ SN_g$$

[Step2(employed beesによる探索)]

1)各探索点($\boldsymbol{x}_i^k$)の適合度(fit_i^k)を計算する。

$$fit_i^k = \begin{cases} \dfrac{1}{f(\boldsymbol{x}_i^k) - f_{bound}}, & f(\boldsymbol{x}_i^k) - f_{bound} \geq f_{accuracy} \\ \dfrac{1}{f_{accuracy}}, & f(\boldsymbol{x}_i^k) - f_{bound} < f_{accuracy} \end{cases} \quad (i = 1, \ldots, SN_g)$$

2)$k < T1_{min}$であれば下記4)へ。

そうでない場合($k \geq T1_{min}$)において、$f_{judge} \geq dr$であれば下記3)へ、そうでない場合は次式によってf_{judge}の値を更新する。

$$f_{judge} = \frac{f_{init} - f(\boldsymbol{best}_g^k)}{f_{init} - f_{bound}}$$

そして、$f_{judge} \geq dr$になれば下記3)へ、そうでない場合は下記4)へ。

3)各探索点($\boldsymbol{x}_i^k$)の相対価値確率(P_i^k)を計算する。

$$P_i^k = fit_i^k \Big/ \sum_{n=1}^{SN_g} fit_n^k$$

4)全ての探索点[$\boldsymbol{x}_i^k$($i = 1, \ldots, SN_g$)]に対して、それらの更新候補点[$\boldsymbol{v}_i^k$($i = 1, \ldots, SN_g$)]を計算する。

$$v_{ih}^k = x_{ih}^k + \phi_{ih}^k (x_{ih}^k - x_{rh}^k), \quad i = 1, \ldots, SN_g$$
$$v_{ij}^k = x_{ij}^k, \quad i = 1, \ldots, SN_g$$

ここで、下付$h \in \{1, 2, \ldots, D$(次元数)$\}$は探索点ごとにランダムに選択された1つの(設計)変数番号を表し、下付$j \in \{1, 2, \ldots, D\}$は選択された番号($h$)以外の残りの変数番号を表す。また、$\phi_{ij}^k$は[-1,1]の一様乱数であり、下付$r \in \{1, 2, \ldots, SN_g\}$については、($k \geq T1_{min}$)&($f_{judge} \geq dr$)の場合は探索点ごとに探索点番号($i$)以外で相対価値確率($P_i^k$)に基づくルーレット選択によって選択された参照点番号を表し、そうでない場合は探索点ごとに探索点番号(i)以外で適合度の高い上位αの探索点の中からランダムに選択された参照点番号を表す。

5)各探索点($\boldsymbol{x}_i^k$)を更新する。

$$I_1 = \left\{ i \mid f(\boldsymbol{v}_i^k) < f(\boldsymbol{x}_i^k), \quad i = 1, \ldots, SN_g \right\}$$

とし、次のように更新する。

$$\boldsymbol{x}_i^k = \begin{cases} \boldsymbol{v}_i^k, & i \in I_1 \\ \boldsymbol{x}_i^k, & i \notin I_1 \end{cases}$$

ただし、$i \in I_1$の探索点であったとしても、その更新候補点($\boldsymbol{v}_i^k$)が既に特別探索領域が設定されている他のコロニーの特別探索領域内に位置している場合は探索点を更新しない。

[Step3(onlookersによる探索)]

1)onlookersの探索カウンター(l)を$l = 1$にする。

2)($k \geq T1_{min}$)&($f_{judge} \geq dr$)の場合には相対価値確率(P_i^k)に基づくルーレット選択によって1つの探索点($\boldsymbol{x}_c^k$)を選択し、そうでない場合は適合度の高い上位αの探索点の中からランダムに1つの探索点($\boldsymbol{x}_c^k$)を選択する。ここで、下付$c \in \{1, 2, \ldots, SN_g\}$は選択された探索点番号を表す。そして、この選択された探索点($\boldsymbol{x}_c^k$)についてのみ、[Step2]の4)と同様にその更新候補点($\boldsymbol{v}_c^k$)を生成し、この探索点($\boldsymbol{x}_c^k$)のみを次のように更新する。

$$\boldsymbol{x}_c^k = \begin{cases} \boldsymbol{v}_c^k, & f(\boldsymbol{v}_c^k) < f(\boldsymbol{x}_c^k) \\ \boldsymbol{x}_c^k, & f(\boldsymbol{v}_c^k) \geq f(\boldsymbol{x}_c^k) \end{cases}$$

ただし、その更新候補点($\boldsymbol{v}_c^k$)が既に特別探索領域が設定されている他のコロニーの特別探索領域内に位置している場合は探索点を更新しない。

3)$l = N_g - SN_g$であれば[Step4]へ。

そうでなければ$l = l + 1$として上記2)へ。

[Step4(全体最良解およびカウンター(q)の更新)]

1)全体最良解を更新する。

$$\boldsymbol{x}_i^{k+1} = \boldsymbol{x}_i^k, \quad i = 1, \ldots, SN_g$$
$$i_b = arg\min_i f(\boldsymbol{x}_i^{k+1})$$
$$\boldsymbol{best}_g^{k+1} = \boldsymbol{x}_{i_b}^{k+1}$$

2)$f(\boldsymbol{best}_g^{k+1}) \geq f(\boldsymbol{x}^+)$の場合、または特別探索領域が設定済みの場合は[Step6]へ。

そうでない場合において、全体最良解($\boldsymbol{best}_g^{k+1}$)が要求した精度の範囲を超えて更新された場合は$q = 0$、そうでない場合は$q = q + 1$とする。

[Step5(特別探索領域の設定)]

$q < q_{comp}$であれば[Step6]へ。

そうでなければ全体最良解($\boldsymbol{best}_g^{k+1}$)の周囲$R_{spec}$に

このコロニーの特別探索領域を設定する。そしてこの特別探索領域内に位置する他のコロニーに属する探索点は特別探索領域を除いた解探索領域内に乱数によって生成した探索点と交換する。

[Step6（終了判定）]

$k = T_{max}$であれば探索を終了する。

そうでなければ$k = k + 1$として[Step2]へ。

3．　有効性検証

複数許容解探索型改良ABCアルゴリズムを大規模無線センサーネットワークにおける多数のシンクノード群配置問題に適用する前に、代表的なベンチマーク問題を用いて高次元最適化問題に対する有効性を調査した実験結果を紹介する。複数許容解探索型改良ABCアルゴリズムの有効性は既往の複数解探索アルゴリズムとの性能比較を通して評価される。

3.1　ベンチマーク問題と実験設定

本調査実験では大域的最適解に匹敵する局所解が解探索領域内に分布する次の2つの代表的な連続型多峰性関数のベンチマーク問題を用いて、複数許容解探索型改良ABCアルゴリズムの複数許容解探索性能が調査されている。

・**Rastrigin**関数

$$\min.\ f_2(\boldsymbol{x}) = \sum_{j=1}^{D}\left\{x_j^2 - 10\,cos(2\pi x_j) + 10\right\}$$

$$\text{subj. to}\ \ -5.12 \le x_j \le 5.12, \quad j = 1, \ldots, D$$

$$\boldsymbol{x}^* = (0, \ldots, 0), \quad f_2(\boldsymbol{x}^*) = 0$$

・**Schwefel**関数

$$\min.\ f_3(\boldsymbol{x}) = 418.98288727\,D + \sum_{j=1}^{D} -x_j\,sin(\sqrt{|x_j|})$$

$$\text{subj. to}\ \ -512 \le x_j \le 512, \quad j = 1, \ldots, D$$

$$\boldsymbol{x}^* = (420.968750, \ldots, 420.968750), \quad f_3(\boldsymbol{x}^*) = 0$$

ここで、各問題の解析的に求められた大域的最適解は$\boldsymbol{x}^*$、それに対応する目的関数値は$f_1(\boldsymbol{x}^*)$, $f_2(\boldsymbol{x}^*)$としてまとめられている。図1にはこれらベンチマーク関数の1変数の場合の形状が示されている。

表1には数値実験における複数許容解探索型改良ABCアルゴリズムの実験設定値が示されている。本性能評価実験において、Rastrigin関数のf_{bound}値には局所解に対する目的関数値（3.980）が設定（図1(1)参照）され、Schwefel関数のf_{bound}値には準最適解に対する目的関数値（118.4）が設定（図1(2)参照）されている。また、特別探索領域を規定するパラメーター（R_{spec}）に関しては両関数（Rastrigin関数/Schwefel関数）の形状や解（大域的最適解および局所解）の位置を考慮し異なる複数の許容解を発見できる値が設定されている。なお、本性能評価実験では既往の複数解探索アルゴリズムに対する複数許容解探索型改良ABCアルゴリズムの優位性を検証するために、実数値GAに基づくAdaptive Neighboring Search（ANS）[19)、20)]、PSOアルゴリズムに基づくNiche PSO[21)]とPSO-PAS[9)]の計3アルゴリズムと複数許容解探索型改良ABCアルゴリズムの解探索性能が比較されている。ここで既往の3アルゴリズム（ANS, Niche PSO, PSO-PAS）を適用する際の実験設定に関しては複数許容解探索型改良ABCアルゴリズムとの性能比較を

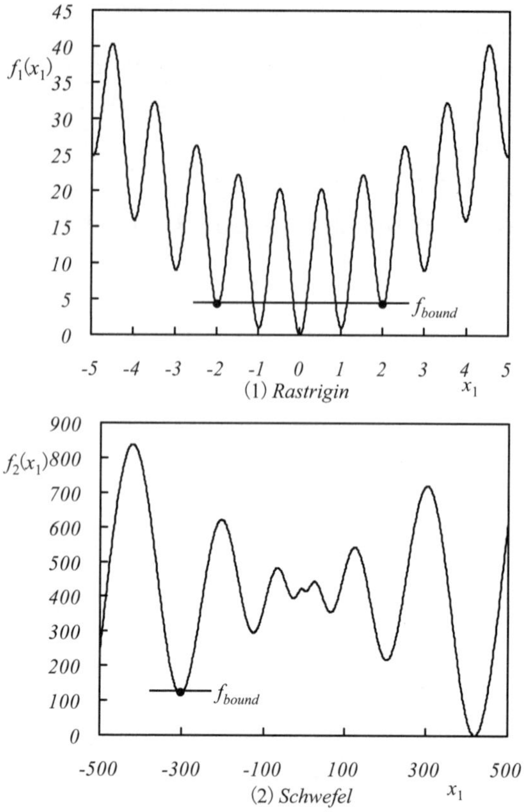

図1　ベンチマーク関数の形状（D = 1）

表1　実験で用いた設定値

m		3
each colony size (N_g)		60
employed bees (SN_g)		50% of colony size
onlookers ($N_g - SN_g$)		50% of colony size
α		$0.2 \times SN_g$
dr		0.9
f_{bound}	Rastrigin	3.980
	Schwefel	118.4
$f_{accuracy}$		1.0×10^{-16}
T_{max}		2000
$T1_{min}$		$(T_{max}/2 =)$ 1000
q_{comp}		20
R_{spec}	Rastrigin	0.5
	Schwefel	90.0

考慮して以下の設定値が採用されている。

- Adaptive Neighboring Search(ANS)[19)、20)]
  集団サイズは複数許容解探索型改良ABCアルゴリズムを適用する場合と同サイズに設定されている。ANSのアルゴリズム設計上のパラメーターに関しては、文献19)、20)の知見に基づいて、良好な結果が得られる値(近傍個体数:10, XLMの主探索次元数:4, XLMによる生成子個体数:10)が採用されている。また複数許容解探索型改良ABCアルゴリズムを適用した場合との目的関数の評価回数(Func- tion Calls)を揃えるために、総繰返し回数(打切り世代数)は200に設定されている。
- Niche PSO[21)]
  集団サイズおよび総繰返し回数は複数許容解探索型改良ABCアルゴリズムの設定値(表1)に揃えられている。複数許容解探索型改良ABCアルゴリズムのR_{spec}に関連したS群の領域を決定するためのパラメーターに関してはR_{spec}の設定値(表1の値)が採用されている。また他のアルゴリズム設計上のパラメーターに関しては文献22)で用いられている値(良好な結果が得られる値)が採用されている。
- PSO-PAS[9)]
  集団サイズ、総繰返し回数および複数許容解探索型改良ABCアルゴリズムと共通のパラメーターであるf_{bound}の設定に関しては表1の設定値に揃えられている。複数許容解探索型改良ABCアルゴリズムのR_{spec}に相当するパラメーター(T_{spec})に関してはR_{spec}の設定値(表1の値)が採用されている。また他のアルゴリズム設計上のパラメーターに関しては文献9)の表1で用いられている値(良好な結果が得られる値)が採用されている。

3.2　実験結果および考察

表2および表3は複数許容解探索型改良ABCアルゴリズムと既往の複数解探索アルゴリズム(ANS, Niche PSO, PSO-PAS)の両ベンチマーク関数(Rastrigin関数/Schwefel関数)に関する実験結果一覧であり、ベンチマーク関数のそれぞれに対する50試行の実験にける目的関数の平均収束値が整理されている。ここで表中のDim.は関数の次元数を表す。また、Solution1は各試行において求められた解のうち解探索終了時に最も良好な値に収束した解の目的関数の平均収束値であり、Solution2はその次に良好な値に収束した解の目的関数の平均収束値、Solution3は3番目に良好な値に収束した解の目的関数の平均収束値である。

結果(表2および表3)を確認すると、ANSを適用した場合、本性能評価実験において最も低次元な5次元の場合においてもSchwefel関数においては有効な解が得られていない(表3)。既往の3アルゴリズムの中ではPSO-PASを適用した場合が最も良い結果が得ら

表2　実験結果一覧(Rastrigin関数)

Method	Dim.	Solution1	Solution2	Solution3
ANS	5	0.00	9.95×10^{-1}	1.99×10^{0}
	10	2.10×10^{0}	3.17×10^{0}	4.63×10^{0}
	20	5.24×10^{0}	7.07×10^{0}	1.08×10^{1}
	30	1.02×10^{1}	3.06×10^{1}	4.36×10^{1}
	40	2.01×10^{1}	3.77×10^{1}	4.84×10^{1}
Niche PSO	5	0.00	9.95×10^{-1}	5.99×10^{0}
	10	4.91×10^{0}	5.24×10^{0}	7.66×10^{0}
	20	7.92×10^{0}	8.92×10^{0}	1.61×10^{1}
	30	1.01×10^{1}	3.57×10^{1}	6.17×10^{1}
	40	2.41×10^{1}	7.54×10^{1}	1.35×10^{2}
PSO-PAS	5	0.00	9.95×10^{-1}	1.87×10^{0}
	10	1.52×10^{0}	4.39×10^{0}	5.09×10^{0}
	20	4.03×10^{0}	6.08×10^{0}	8.13×10^{0}
	30	7.88×10^{0}	1.02×10^{1}	1.33×10^{1}
	40	1.43×10^{1}	1.65×10^{1}	2.05×10^{1}
Proposal	5	0.00	9.95×10^{-1}	9.95×10^{-1}
	10	0.00	9.95×10^{-1}	9.95×10^{-1}
	20	0.00	9.95×10^{-1}	9.95×10^{-1}
	30	0.00	9.95×10^{-1}	9.95×10^{-1}
	40	0.00	9.95×10^{-1}	9.95×10^{-1}

表3　実験結果一覧(Schwefel関数)

Method	Dim.	Solution1	Solution2	Solution3
ANS	5	3.48×10^{2}	4.64×10^{2}	7.24×10^{2}
	10	1.81×10^{3}	2.12×10^{3}	2.24×10^{3}
	20	4.42×10^{3}	5.02×10^{3}	5.14×10^{3}
	30	5.92×10^{3}	6.14×10^{3}	7.23×10^{3}
	40	8.11×10^{3}	8.99×10^{3}	9.14×10^{3}
Niche PSO	5	2.34×10^{-5}	3.24×10^{2}	4.57×10^{2}
	10	5.51×10^{2}	8.21×10^{2}	8.92×10^{2}
	20	4.09×10^{3}	4.24×10^{3}	5.53×10^{3}
	30	6.13×10^{3}	6.72×10^{3}	7.44×10^{3}
	40	8.33×10^{3}	8.65×10^{3}	9.32×10^{3}
PSO-PAS	5	0.00	1.18×10^{2}	2.36×10^{2}
	10	3.55×10^{2}	5.98×10^{2}	7.19×10^{2}
	20	3.10×10^{3}	3.44×10^{3}	3.86×10^{3}
	30	5.20×10^{3}	5.80×10^{3}	6.54×10^{3}
	40	7.38×10^{3}	8.26×10^{3}	8.91×10^{3}
Proposal	5	0.00	1.18×10^{2}	1.18×10^{2}
	10	0.00	1.18×10^{2}	1.18×10^{2}
	20	0.00	1.18×10^{2}	1.18×10^{2}
	30	0.00	1.18×10^{2}	1.18×10^{2}
	40	0.00	1.18×10^{2}	1.18×10^{2}

れている。しかし、このPSO-PASを用いた場合でも問題の高次元化にともなって解探索性能は確実に低下している（表2および表3）。これに対して複数許容解探索型改良ABCアルゴリズムを用いた場合、Rastrigin関数では5次元～40次元の全ての試行で1つの大域的最適解［$f_1(\boldsymbol{x}^*)=0$］と2つの準最適解［$f_1(\boldsymbol{x}^+)=0.995$］が得られている（表2）。Schwefel関数は大域的最適解が解探索領域の境界付近に存在し、大域的最適解に匹敵する準最適解がこれ（大域的最適解）とは別の境界付近に存在する関数であり、Rastrigin関数と比較して欲する複数許容解の発見が困難であると考えられる関数である。しかし複数許容解探索型改良ABCアルゴリズムではこのSchwefel関数においても5次元～40次元の全ての試行で1つの大域的最適解［$f_2(\boldsymbol{x}^*)=0$］と2つの準最適解［$f_2(\boldsymbol{x}^+)=118.4$］が求まっている。既往の複数解探索アルゴリズムに対する複数許容解探索型改良ABCアルゴリズムの連続型多峰性関数の最適化問題に対する優位性を確認することができる。

最後に複数許容解探索型改良ABCアルゴリズムに導入した特別探索領域規定パラメーター（R_{spec}）の設定について述べる。複数許容解を探索する上で、得られる複数許容解に最も大きな影響を与えるのがこのR_{spec}の設定値である。R_{spec}の値を小さ目に設定した場合は全ての解が（ある1つの）大域的最適解の近傍に収束し、異なる複数許容解が発見できなくなる可能性がある。一方R_{spec}の値を大き目に設定した場合は最初に特別探索領域を設定したコロニーに属する探索群は大域的最適解（または許容解）を発見することができるが、他のコロニーに属する探索群による解探索は限られた解探索領域内で実行することになるため、問題によっては欲する数の許容解が求まらない可能性がある。本性能評価実験ではベンチマーク関数の形状や解（大域的最適解および局所解）の位置は既知であり、これらの情報からR_{spec}の値を適切に設定することができたが、複数許容解探索型改良ABCアルゴリズムを実問題に適用する場合には個々の問題に応じたR_{spec}値の設定（調整）が必要になる。

4.　大規模無線センサーネットワークへの応用

大規模無線センサーネットワークを対象として、多数のシンクノードの配置場所を決定する高次元のシンクノード群配置問題に複数許容解探索型改良ABCアルゴリズムを適用する。以下では複数許容解探索型改良ABCアルゴリズムのシンクノード群配置問題への適用について述べた後、ネットワーク有効運用期間延長の観点からの評価実験結果を示し、最後に今後の発展の方向性について整理する。

4.1　シンクノード群配置問題への適用

実験環境と前提条件を明らかにした後、設計変数と目的関数、および実験の設定値について述べる。

4.1.1　実験環境と前提条件

本評価実験の環境として、現在標準化されつつある高性能GPS（Global Positioning System）を搭載した多数（数千個）の固定センサーノードで構成される大規模無線センサーネットワークを用いて、大規模な観測領域内の状態をモニタリングする状況（各センサーノードの測定データを定期的にシンクノードで収集する状況）を想定する。また、このような無線センサーネットワークの利用目的に適した通信方式として、本評価実験では文献9)でも用いられている負荷分散型のデータ転送方式2)、3)を採用する。この転送方式では最短ホップのシンクノードが宛先となり、各センサーノードは自身よりも宛先シンクノードに近い隣接ノード群の中から最も電力に余裕のあるノードに対して測定データを含むデータパケットを転送する。本評価実験では既往の複数許容解探索アルゴリズムであるPSO-PASとの直接的な比較をも考慮し、この転送方式2)、3)を用いることを前提にしてシンクノード群の配置候補が求められている。

4.1.2　設計変数と目的関数

設計変数（$\boldsymbol{x}$）はシンクノード群の配置座標（x_1, x_2軸成分）である。

$$\boldsymbol{x}=\begin{bmatrix}\boldsymbol{sn}_1\\ \vdots \\ \boldsymbol{sn}_s\end{bmatrix},\quad \boldsymbol{sn}_{i(i=1,\cdots,s)}=(x_1,x_2)^{\mathrm{T}} \tag{1}$$

ここで、$\boldsymbol{sn}_i$ $(i=1,\ldots,s)$はシンクノード（i）の配置座標を表す。また、sはシンクノード総数を表し、本評価実験では（s=）20に設定されている。よって本シンクノード群配置問題は次元数40の最適化問題となる。

また文献9)と同様に本評価実験ではネットワーク全体での総ホップ数を評価した。これは全センサーノードから最寄りのシンクノードを宛先として非同期に転送されたデータパケットの全てが宛先シンクノードに達するまでのネットワーク全体での総転送回数である。目的関数を以下に示す。

$$f(\boldsymbol{x})=\sum_{i=1}^{s} hops(\boldsymbol{sn}_i) \tag{2}$$

ここで、$hops(\boldsymbol{sn}_i)$はシンクノード（i）を最寄りのシンクノードとする全センサーノードから非同期に送出されたデータパケットがシンクノード（i）に達するまでのこれらのデータパケットの総転送回数である。

4.1.3　実験設定

実験の設定値を表4に示す。本評価実験では1000m×1000mの大規模領域を観測対象とし、センサーノード群(計4000)はこの観測領域内にランダムに(極端な粗密がないように)配置されている。ここで表中の無線通信範囲(Range of radio wave)は半径25mの単純な円領域を表し、図2はセンサーノード群を配置し終えた後の実験領域を表している。なお、本評価実験で想定したような大規模無線センサーネットワークの実際の利用場面ではベース基地において事前にセンサーノード群の位置情報を取得してから複数許容解探索型改良ABCアルゴリズムを適用することになる。

表5には複数許容解探索型改良ABCアルゴリズムの本評価実験における設定値が示されている。ここで、許容限界値(f_{bound})の値は事前の調査実験に基づいて設定されている。本評価実験の場合、設計条件を満たす許容解(シンクノード群の配置候補セット)を指定し、それに基づいてf_{bound}の値を設定することは困難である。これゆえ、本評価実験ではABCアルゴリズム[14)~16)]を用いた調査実験の結果からf_{bound}の値が設定されている。調査実験ではABCアルゴリズムによる計50回の実験が行われ、その目的関数(ネットワーク全体の総転送回数)の平均収束値である19969.9がf_{bound}の値として採用されている。また、特別探索領域を規定するパラメーター(R_{spec})の値に関しては文献9)を参考に表5に示す2つの値が採用されている。なお本評価実験ではシンクノードごとの配置が異なる複数許容解(複数のシンクノード群配置候補セット)を得るために、シンクノードごとに特別探索領域が設定されている。

表4　実験環境

Simulation size	1000m×1000m
Number of sensors	4000
Number of sinks	20
Range of radio wave	25m

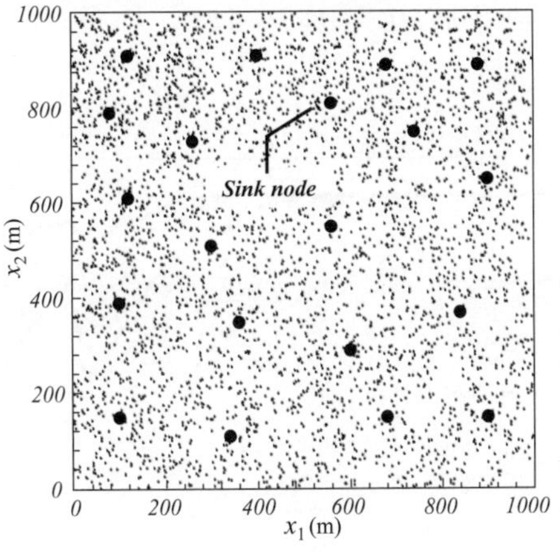

図2　実験領域

表5　実験で用いた設定値

m	3
each colony size (N_g)	60
employed bees (SN_g)	50% *of colony size*
onlookers (N_g-SN_g)	50% *of colony size*
α	$0.2\times SN_g$
dr	0.9
f_{bound}	19969.9
$f_{accuracy}$	1.0×10^{-16}
T_{max}	2000
$T1_{min}$	$(T_{max}/2=)$ 1000
q_{comp}	20
R_{spec}	30.0, 50.0

また本評価実験ではPSO-PASを比較対象アルゴリズムとしている。PSO-PASを本評価実験に適用する際の実験設定値は次の通りである。集団サイズや総繰返し回数の他、複数許容解探索型改良ABCアルゴリズムと共通のパラメーター(f_{bound})およびR_{spec}に相当するパラメーター(T_{spec})の設定に関しては表5の設定値に揃えられている。他のアルゴリズム設計上のパラメーターに関しては文献9)の表5で用いられている値(良好な結果が得られる値)が採用されている。

4.2　実験結果および考察

評価実験結果として、複数許容解探索型改良ABCアルゴリズムとPSO-PASの解探索性能の比較結果を紹介する。表6は結果の一覧であり、アルゴリズムごとの50試行の実験における目的関数(ネットワーク全体での総転送回数)の平均収束値が整理されている。なお本評価実験における探索の初期状態における平均評価値(f_{init})は約29700(hops)であった。

結果(表6)から本評価実験(計20のシンクノード群配置問題)においてもPSO-PASに対する複数許容解探索型改良ABCアルゴリズムの優位性を確認することができる。結果(表6)を詳細に確認すると、特別探索領域を規定するパラメーター(R_{spec})の設定値を大きくした場合(R_{spec}=50.0の場合)、2つ目以降の解の精度は低下する傾向にある(表6)。特別探索領域を広くし過ぎると残りの解探索領域の中から1つ目の解と同レベルの解(配置パターン)を発見することが難しくなる。しかし複数許容解探索型改良ABCアルゴリズムを用いた場合、R_{spec}の設定値に依らず、得られた全ての解がPSO-PASを適用した場合よりも良い値に収束している。図3は特別探索領域を規定するパラメーターの値を(R_{spec}=)50.0とした場合のシンクノード群の配置候補であり、複数許容解探索型改良ABCアルゴリズムを用いた場合の50試行の実験における最良解の結果が示されている。ノード密度が粗なエリアを避けるように配置パターンの異なる3つの許容解が得られている(表6および図3)。複数許容解探索型改良ABCアルゴリズムの高次元シンクノード群配置問題に対する有効性を確認することができる。

表6 解探索性能の比較

Method	Solution1	Solution2	Solution3
PSO-PAS (T_{spec}=30.0)	21851.0	22334.8	22814.2
PSO-PAS (T_{spec}=50.0)	21973.8	22465.4	24252.0
Proposal (R_{spec}=30.0)	19634.2	19924.4	19948.4
Proposal (R_{spec}=50.0)	19638.4	19946.1	19964.6

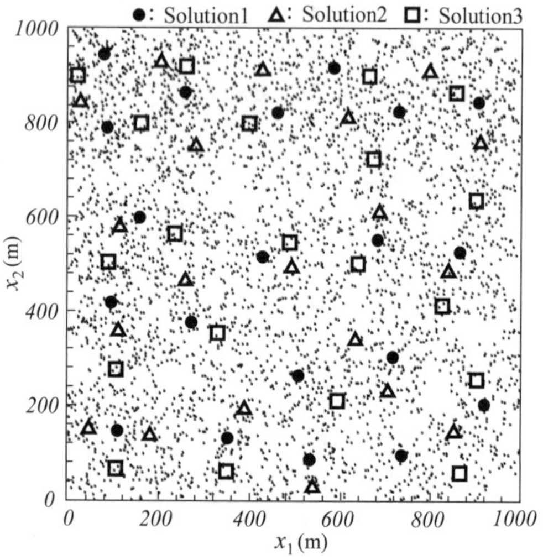

図3 得られた複数の配置候補(R_{spec} = 50.0)

次に測定データの配送率に関する評価実験結果を示す。まず得られた1つ目の配置候補にシンクノード群を設定し、ある期間測定データを収集した後、2つ目の配置候補にシンクノード群を移し、そこで測定データの収集を続ける。本評価実験では、複数許容解探索型改良ABCアルゴリズムのネットワーク有効運用期間延長に関する有効性をこのようなデータ収集場所の変更を行った場合の配送率で評価する。

図4および図5は各センサーノードからの測定データ送信回数に対する配送率の推移であり、各センサーノードから一定の間隔で送信された測定データについて送信回数ごとに、計4000データのうちシンクノードで受信できたデータの割合が示されている。図4は各センサーノードからのデータ送信回数に関して、200回ごとにデータ収集場所の変更を行った場合(Change200)の結果であり、図5はデータ送信300回ごとにデータ収集場所の変更を行った場合(Change 300)の結果である。また両結果(図4および図5)ともにPSO-PASに関しては有効運用期間に関して最も良い結果を示したT_{spec}=30.0の場合の配送率が示してある。なお本評価実験においてデータサイズは12B(バイト)に、各センサーノードのバッテリー容量は0.5Jに設定されており、消費電力量は文献23)に基づいて算出されている。データの送受信に関する消費電力量について概説すると、各センサーノードは無線送受信機の動作にE_{elec}=50(nJ/bit)、送信機の信号増幅のためにε_{amp}=100(pJ/bit/m^2)の電力を必要とする。また無線送信機の電力制御により各センサーノードは送信距離に到達する最小の電力で送信を行えるものとする。k(bit)の情報を距離d(m)の範囲にブロードキャストしたときの消費電力$E_T(k,d)$およびk(bit)の情報を受信したときの消費電力$E_R(k)$は次式によって算出することができる。

$$E_T(k,d) = E_{elec} \times k + \varepsilon_{amp} \times k \times d^2$$
$$E_R(k) = E_{elec} \times k \qquad (3)$$

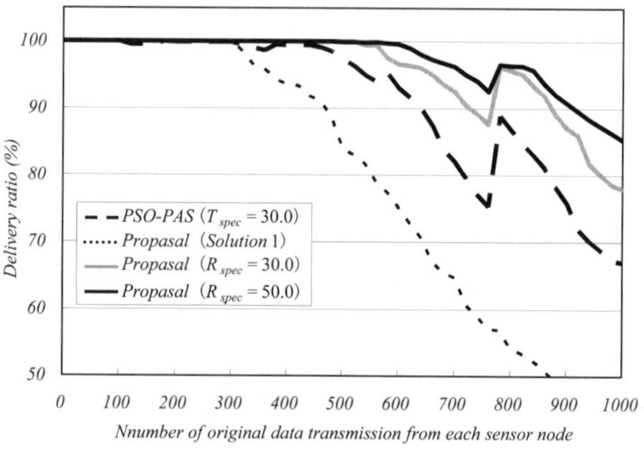

図4 配送率の推移(Change200)

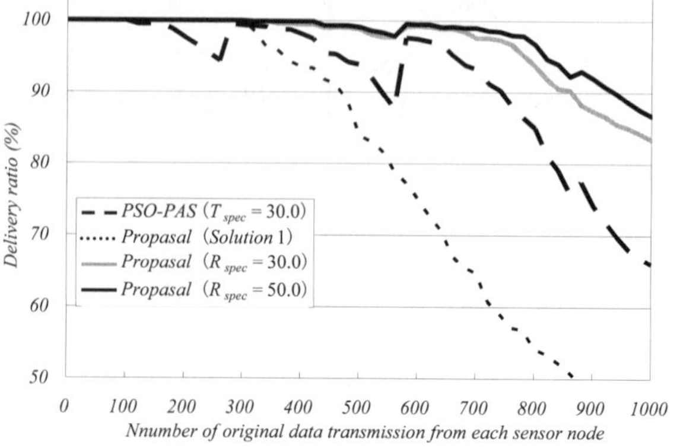

図5 配送率の推移(Change300)

図4および図5には比較のためにデータ収集場所の変更を行わなかった場合の評価実験結果も示されている。図4、図5中のProposal(Solution1)はデータ収集場所を変更せず、複数許容解探索型改良ABCアルゴリズムで求めたSolution1に対する配置場所(図3)のみでデータの収集を行った場合の結果である。結果(図4および図5)を考察すると、データ収集場所の変更を行った場合の方がシンクノードに隣接したセンサーノード群の負荷分散の効果によってネットワークの有効運用期間が延長されていることが分かる。次にデータ収集場所の変更を行った場合の結果に着目するとPSO-PASで求めた3つの配置場所で測定データを収集するよりも複数許容解探索型改良ABCアルゴリズムで求めた3つの配置場所で測定データを収集する場合の方がネットワークの有効運用期間が延長されていることが分かる。ここでPSO-PASを適用した場合、R_{spec}値に相当するT_{spec}値を無線通信範囲より若干広めの(T_{spec}=)30.0に設定した場合が最も良い結果であったが、複数許容解探索型改良ABCアルゴリズムを適用した場合は特別探索領域を広めに設定した場合(R_{spec}=50.0)の方が良い結果となっている。またR_{spec}の設定値に依らず、得られた全ての解でネットワーク全体の総転送回数はPSO-PASを適用した場合よりも良い値に収束している(表6)。これゆえ複数許容解探索型改良ABCアルゴリズムでは特別探索領域を広めに設定した場合(R_{spec}=50.0)の方がデータ転送の効率性と負荷分散性の両方を兼ね備えた複数のシンクノード群配置候補が得られていると考えられる。PSO-PASにおいて、T_{spec}値を(T_{spec}=)50.0に設定した場合は、2つ目以降、特に3つ目の解精度が極端に低下し、そもそもデータ転送の効率性が良くない(表6)。したがってPSO-PASではT_{spec}値を(T_{spec}=)30.0に設定した場合の方が良い結果が得られている。一般に特別探索領域を広くし過ぎると残りの解探索領域の中から有効な解を発見し辛くなる。逆に特別探索領域を狭めに設定した場合は類似の複数解が求まる可能性がある。複数許容解探索型改良ABCアルゴリズムを高次元シンクノード群配置問題に適用する場合は特別探索領域を広めに設定しても精度の良い異なる複数許容解が得られている(表6)。よって複数許容解探索型改良ABCアルゴリズムを適用する場合においては可能な範囲で特別探索領域を広めに設定した方が良いと考えられる。

最後にデータ収集場所変更のタイミングについて考察する。本評価実験では各センサーノードからのデータ収集数が500で良い場合はデータ送信回数200回ごとに収集場所の変更を行った方が良い。複数許容解探索型改良ABCアルゴリズムを用いた場合、100％の配送率を維持することができている(図4)。しかし各センサーノードから1000データを収集したい場合はデータ送信回数300回ごとに収集場所の変更を行った場合の方が収集期間の後半におけるデータ収集が安定している(図4および図5)。大規模無線センサーネットワークの実際の利用において、データ収集場所変更のタイミングはシンクノードに隣接したセンサーノード群の残余電力やモニタリング期間などを考慮して決定することになる。

4.3　まとめ

本評価実験ではモニタリング型の大規模無線センサーネットワークを想定して、高次元シンクノード群配置問題に対する複数許容解探索型改良ABCアルゴリズムの有効性が検証されている。複数許容解探索型改良ABCアルゴリズムを用いればPSO-PASを適用する場合よりも多数のシンクノードのより効果的な配置場所を決定することができる。なお本評価実験では複数許容解探索型改良ABCアルゴリズムの高次元シンクノード群配置問題に対する最初の有効性評価として、センサーノード群を観測領域内にランダムに(極端な粗密がないように)配置した実験環境のもとで、文献2)、3)で提案されている負荷分散型のデータ転送方式を用いることを前提に、ネットワーク全体での総転送回数を最小化する問題としてシンクノード群の配置候補が求められている。センサノード群の分布に大きな偏りのないモニタリング型の大規模無線センサーネットワークを対象とした場合は総転送回数を最小化する問題を解くことでデータ転送に関する効率性を確保し、データの収集場所を変更しながらシンクノード周辺のセンサーノード群のデータ転送負荷を分散させるという本アプローチは理に適っていると考えられる。しかし、たとえば異常値を検出したセンサーノードのみがその測定データを送信するような異常値検出型の無線センサーネットワークやノード分布に極端な偏りがある無線センサーネットワークを対象とした場合は問題の定式化を見直す必要がある。

5.　おわりに

実システムの大規模化・複雑化に伴い、多くの工学設計問題が多数の局所解を有する高次元連続型多峰性関数の最適化問題として定式化される時代になってきている。また実用的な観点から、1つの大域的最適解(1つの最適な手段)よりも設計条件を満たす複数の許容解(許容できる複数の手段)を提示することの方が望ましい場合も増えてきている。

本章ではユビキタス情報化社会を進展させる重要なネットワーク技術である無線センサーネットワー

クの有効運用期間の延長を目的とした設計問題の1つとして、多数のシンクノードの配置場所を決定する高次元シンクノード群配置問題を取り上げた。また本章ではこのような高次元工学設計問題に対して実用的に用いることのできる探索アルゴリズムとしてABCアルゴリズムの高度化法を1つの大域的最適解ではなく、異なる複数の許容解を探索できるように拡張発展させたアルゴリズム(複数許容解探索型改良ABCアルゴリズム)を紹介し、まず大域的最適解に匹敵する局所解が解探索領域内に分布する2つのベンチマーク関数(Rastrigin関数/Schwefel関数)に対する数値実験を通して、この実用アルゴリズムの高次元最適化問題に対する有効性が明らかにした。複数許容解探索型改良ABCアルゴリズムの高次元シンクノード群配置問題に対する有効性はネットワーク有効運用期間延長の観点から既往の複数許容解探索アルゴリズムを適用した場合との比較を通して検証した。実験結果は、複数許容解探索型改良ABCアルゴリズムを用いれば既往の複数許容解探索アルゴリズムを適用した場合よりもネットワークの有効運用期間を延長することのできる複数のシンクノード群配置候補が得られることを示している。

参考文献

1) I.Akyildiz 、 W.Su 、 Y.Sankarasubramaniam and E.Cayirci : Wireless sensor networks : A survey 、 Computer Networks J.、Vol.38、No.4、pp.393-422、2002
2) H.Dubois-Ferriere 、 D.Estrin and T.Stathopoulos : Efficient and practical query scoping in sensor networks、Proc. IEEE International Conference on Mobile Ad-Hoc and Sensor Systems、pp.564-566、2004
3) E.I.Oyman and C.Ersoy : Multiple sink network design problem in large scale wireless sensor networks、Proc. International Conference on Communications、vol.6、pp. 3663-3667、2004
4) 宇谷明秀、織戸英佑、熊本紋子、山本尚生：大規模センサネットワークのためのAnt-based Routingアルゴリズムの高度化、計測自動制御学会論文集、Vol.44、No.4、pp.351-360、2008
5) 鈴木孝明、萬代雅希、渡辺尚：複数シンクセンサネットワークにおけるパケット分配送信を用いた長寿命化、電子情報通信学会論文誌(B)、Vol.J91-B、No.8、pp.831-843、2008
6) 織戸英佑、宇谷明秀、山本尚生：複数のシンクを有する無線センサネットワークにおけるノードの負荷分散を考慮したPheromone-Oriented Routingプロトコル、日本知能情報ファジィ学会誌、Vol.21、No.1、pp.56-68、2009
7) 宇谷明秀、山本尚生：複数シンク無線センサネットワークにおける自律的負荷分散データ転送方式、電子情報通信学会論文誌(D)、Vol.J93-D、No.6、pp.1056-1060、2010
8) 石塚美加、会田雅樹：センサネットワークにおける耐故障性の高い確率的配置の実現、電子情報通信学会論文誌(B)、Vol.J88-B、No.11、pp.2181-2191、2005
9) 宇谷明秀、山本尚生：複数の許容解を探索するParticle Swarm Optimizationとその複数シンク無線センサネットワークにおけるシンクノード配置問題への適用、電子情報通信学会論文誌(D)、Vol.J93-D、No.5、pp.555-567、2010
10) J.Kennedy and R.C.Eberhart : Particle swarm optimization、Proc. IEEE International Conference on Neural Networks、pp.1942-1948、1995
11) J.Kennedy and R.C.Eberhart : Swarm intelligence、Morgan Kaufmann Publishers、2001
12) M.Clerc and J.Kennedy : The particle swarm-explosion、stability and convergence in a multidimensional complex space、IEEE Trans. Evol. Comput.、Vol.6、No.1、pp.58-73、2002
13) K.E. Parsopoulos and M.N. Vrahatis : Recent approaches to global optimization problems through particle swarm optimization 、 Natural Comput. 、 Vol.1 、 No.2-3 、 pp.235-306、2002
14) D.Karaboga and B.Basturk : On the performance of artifi- cial bee colony(ABC) algorithm、Applied Soft Computing、Vol.8、pp.687-697、2007
15) D.Karaboga and B.Basturk : A powerful and efficient algorithm for numerical function optimization : Artificial bee colony(ABC) algorithm 、 J. Global Optimization、vol. 39、pp.459-471、2007
16) http://mf.erciyes.edu.tr/abc/pub/PseudoCode.pdf
17) 宇谷明秀、長島淳也、午膓隆太、山本尚生：Artificial Bee Colony(ABC)アルゴリズムの高次元問題に対する解探索性能の強化、電子情報通信学会論文誌(D)、Vol.J94-D、No.2、pp.425-438、2011
18) 西元雅明、宇谷明秀、山本尚生：大規模センサネットワークのための複数許容解探索型改良ABCアルゴリズムに基づくシンクノード群の配置手法、電子情報通信学会論文誌(D)、Vol.J95-D、No.6、pp.1321-1333、2012
19) 高橋治、木村周平、小林重信：交叉的突然変異による適応的近傍探索-騙しのある多峰性関数の最適化-、人工知能学会論文誌、Vol.16、No.2(C)、pp.175-184、2001
20) 喜多一、小野功、小林重信：実数値GAのための正規分布交叉の多数の親を用いた拡張法の提案、計測自動制御学会論文集、Vol.36、No.10、pp.875-883、2000
21) R.Brits、A.P.Engelbrecht and F.van den Bergh : Locating multiple optima using particle swarm optimization、Applied Math.& Comput.、Vol.189、pp.1859-1883、2007
22) 北村聖一、森一之、尾崎禎彦、泉井良夫：Multimodal PSOのエネルギー供給システムへの応用、電気学会論文誌(C)、Vol.130、No.1、pp.14-20、2010
23) W.R.Heinzelman 、 A.Chandrakasan and H.Balakrishnan : Energy efficient communication protocol for wireless microsensor networks 、 Proc. Hawaii International Con- ference on System Sciences、pp.3005-3014、2000

第１１章

GA と SI によるシェルの構造形態創生

概要　最適化の発見的多点探索法は、通常、大域的最適解を求める計算法である。しかし、構造形態の創生分野では、必ずしも大域的最適解を設計解とする必要はなく、局所最適解を含む比較的評価の高い解を積極的に活用することも重要である。本章では遺伝的アルゴリズム(GA)および群知能(SI)の PSO と ABC に、設計変数空間の多様性を考慮した優良解探索機能導入のスキームを説明し、2 変数関数のベンチマーク問題に適用した際の解特性の考察と連続体自由曲面シェル構造の形態創生例を示す。

1.　はじめに

構造形態創生(structural morphogenesis)を実施することは、広い意味での構造最適化(structural optimization)を用いた設計技術の 1 つである。構造最適化は、構造物の性能を既定する構造全体の形状、部材配置、材質、断面性能など種々の構造要素を設計変数とする最適設計であり、設計要求の諸条件をすべて満たすように構造形態をコンピューターの利用により追跡する作業である。このことから、この計算手法を computational morphogenesis (構造形態創生法)と呼ぶこともある。通常、最適化問題を扱うので、単一目的最適化問題(single-objective optimization problem：SOP)では、大域的最適解(global optimal solution)を追跡する。多目的最適化問題(multi-objective optimization problem：MOP)では、パレート最適解(pareto optimal solution)の求解後、唯一の設計解を決定する。なお、パレート最適解とは MOP において目的関数空間内で許容解(feasible solution)が存在しない領域と許容解が存在する領域との境界、すなわちパレートフロント(パレート最適解の全体集合)と呼ばれる超曲面のことを指す [1]。

構造形態創生は対象により大きく 2 つの問題に分けられる。1 つは張力構造特有の初期形状に関連する設計原型曲面の決定や膜材の立体裁断図解析などである。2 つ目は一般構造における位相最適化(topology optimization)や節点位置最適化(geometric optimization)などによる構造形態を決定する形状最適化(shape optimization)である。前者は古くから研究がなされ、既に膜構造やケーブル構造など、張力構造の設計に重要な役割を担ってきた。これらの設計解は主に大域的最適解やパレート最適解が利用される。後者は 21 世紀に入り特に注目を集め、実構造への適用例が見られる。ただし、対象問題により設計解は比較的評価の高い許容解であれば、必ずしも大域的最適解やパレート最適解である必要はない。つまり、設計者自身の持つ評価尺度に基づき、評価の高い許容解の中から決定される場合がある [2),3)]。

ここでは後者の問題を対象として意匠デザインや構造システムの選択をする上で、初期設計時のデザインスタディにより大域的最適解やパレート最適解だけを設計解の候補に決めるのではなく、少し自由度を広げた構造形態創生に着目する。自由度を広げた解とは否定されない存在可能な解(許容解)、中でも大域的最適解(パレート最適解)を含む比較的評価の高い局所最適解(局所パレート解 [4)])やそれらの近傍にある解を優良解(decent solutions)[5)]と定義し、それらの優良解を積極的に構造形態の創生に活用しようとするものである。しかも形態決定に重要となる設計変数空間内の多様性を維持させる。つまり多種多様な構造形態(優良解形態)の探索は、設計者に意匠デザインや構造システムに関する幅広い選択肢と自由度が与えられ、構造形態に関する発想・設計支援システムへの道が開ける [6)~8)]。なお、この構造形態創生には文献 9)を参考にすると 2 つの立場があると考えている。1 つは与えられた意匠デザインを基準に若干の修正を加え、デザインのイメージを変えないように安定形態を確保する考え方である。もう 1 つは設計可能空間内に形成可能な形状を提示し、意匠デザインや構造システムに関する構造形態のヒントを提示する考え方である。ここでは後者をターゲットにする。

本章では優良解の探索方法として、発見的手法(heuristic approach)に分類される多点探索法である GA(genetic algorithms：遺伝的アルゴリズム)系の解法と SI(swarm intelligence：群知能)系の解法に注目する。共に大域的最適解やパレート最適解を探索する解法に利用されている。ここでは設計変数空間内の個体をクラスター化する基本操作により、設計変数の多様性保持の機能を有する優良解探索法を解説する。GA による解法では既にこの技術を用いた

ISGA(GA with immune system)が提案されている [5]。SI による解法では既存の PSO (particle swarm optimiza- tion：粒子群最適化) [10] と ABC(artificial bee colony：人工蜜蜂コロニー) [11] を用いて、ISGA の優良解探索技術を導入した各々ISPSO(PSO with immune system)と ISABC (ABC with immune system)の計算手順を概説する [12]、[13]。IS-と冠しているのは免疫機構の記憶細胞導入の発想による(GA 系の解法では、記憶細胞のことをアーカイブ個体群(archive population)と表現している)。これら 3 つの解法を 2 変数関数の最大値探索に対する SOP と MOP に適用させ、得られた優良解の特性と評価を整理する。次に連続体自由曲面シェル構造の形態創生問題に適用させる。最後に優良解の評価に重要な設計変数空間における多様性の尺度とロバスト性判定について説明する。なお、構造解析には有限要素法(finite element method: FEM)による線形弾性範囲の離散化計算技術を採用している。

2.　構造形態の創生と優良解の位置付け

構造形態とは指定された目的に適うシステムを包含する構造形状のことである。この構造形態を創生することは、力学法則に基づき、数学的手続により形状と状態を考慮した目的達成のための合理的で組織的な作業である。一般にこの作業を成し遂げることを構造形態の創生という。目的に応じた種々の目標を考慮するこれらの作業は、各目標の評価尺度を数値に置き換える。この目標値を適当に定めた初期構造形態の情報から、何らかの方法により設計変数を逐次修正し、最小化あるいは最大化させる手順を取る。その結果得られる解形態は設定目標に対して最適化したことを意味し、望ましい構造形態を獲得したことになる。したがって、一般に構造形態創生は最適化問題として扱われ、SOP に対しては次のように定式化することができる [1]。

目的関数：$f(\mathbf{A},\mathbf{R}) \rightarrow \min\ or\ \max$　　評価尺度　(1)

制約条件：$g_i(\mathbf{A},\mathbf{R}) \le 0 \quad (i=1,2,3,\cdots,m)$　不等式制約条件　(2)

$h_k(\mathbf{A},\mathbf{R}) = 0 \quad (k=1,2,3,\cdots,\ell)$　等式制約条件　(3)

$\mathbf{A}^L \le \mathbf{A} \le \mathbf{A}^U,\ \ \mathbf{R}^L \le \mathbf{R} \le \mathbf{R}^U$　側面制約条件　(4)

設計変数：$\mathbf{A}=\begin{bmatrix}A_1 & A_2 & A_3 & \cdots & A_p\end{bmatrix}^T,\ \ \mathbf{R}=\begin{bmatrix}R_1 & R_2 & R_3 & \cdots & R_s\end{bmatrix}^T$ (5)

ただし、**A** と **R** は共に未知量ベクトルであり、各々設計変数の部材特性ベクトルと節点位置ベクトルである。側面制約条件は設計変数の上下限値を既定する。MOPの場合には、l個の目的関数 $f_i(\mathbf{A},\mathbf{R})$ $(i = 1, 2, 3, \cdots, l)$ に対して式(1)を次式と入れ換える。

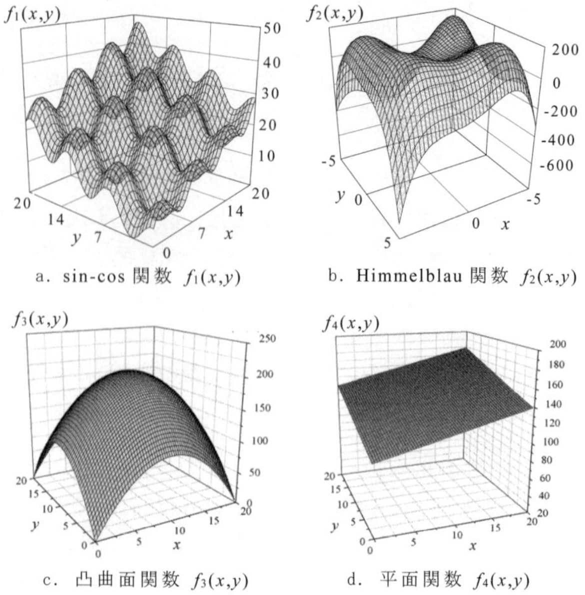

a. sin-cos 関数 $f_1(x,y)$　　b. Himmelblau 関数 $f_2(x,y)$

c. 凸曲面関数 $f_3(x,y)$　　d. 平面関数 $f_4(x,y)$

図 1　2 変数関数(式(7), (8), (9), (10))の曲面形状

$$\mathbf{f}(\mathbf{A},\mathbf{R}) = \{f_1(\mathbf{A},\mathbf{R}),\ f_2(\mathbf{A},\mathbf{R}),\ \cdots,\ f_l(\mathbf{A},\mathbf{R})\} \rightarrow \min\ or\ \max \qquad (6)$$

これらの問題は変位や応力などの力学的特性を制約条件に全部材の総体積あるいはひずみエネルギーを最小化する目的関数として扱う場合が多い。必要であれば他の目的関数を導入し、多目的の問題として設計変数 **A, R** を決定する。ただし、想定する問題ごとに的確な目的関数を設定しなければならない。変位や応力などの制約条件は構造としての存在可能領域を規定することであり、等式制約条件よりも不等式制約条件がよく使われる。この存在可能な許容領域にある解が許容解である。

ここで、図 1 に示す 4 つの 2 変数関数の最大値探索問題(SOP、MOP)を設定する。これらの問題をとおして大域的最適解やパレート最適解と優良解の位置付けを明らかにする。図 1 の各グラフは次式で与えられる。

$$f_1(x,y) = x + y + 4(\sin x + \cos y) + 1 \qquad (0.0 \le x, y \le 20.0) \qquad (7)$$

$$f_2(x,y) = 200 - \left(x^2 - y - 11\right)^2 + \left(x + y^2 - 7\right)^2 \qquad (-5.0 \le x, y \le 5.0) \qquad (8)$$

$$f_3(x,y) = -\left[x(x-20) + y(y-20)\right] \qquad (0.0 \le x, y \le 20.0) \qquad (9)$$

$$f_4(x,y) = 100 + 2x + 2y \qquad (0.0 \le x, y \le 20.0) \qquad (10)$$

式(7)(図 1a.)と(8)(図 1b.)に対する最大値探索の SOP と、式(9)(図 1c.)と(10)(図 1d.)の組み合せにより共に最大値を採る MOP を考える。SOP に対して、式(7)では大域的最適解(最大値)が 1 つ存在する(図 2a. ●印位置)。ただし、図 2b.の●印に示すように局

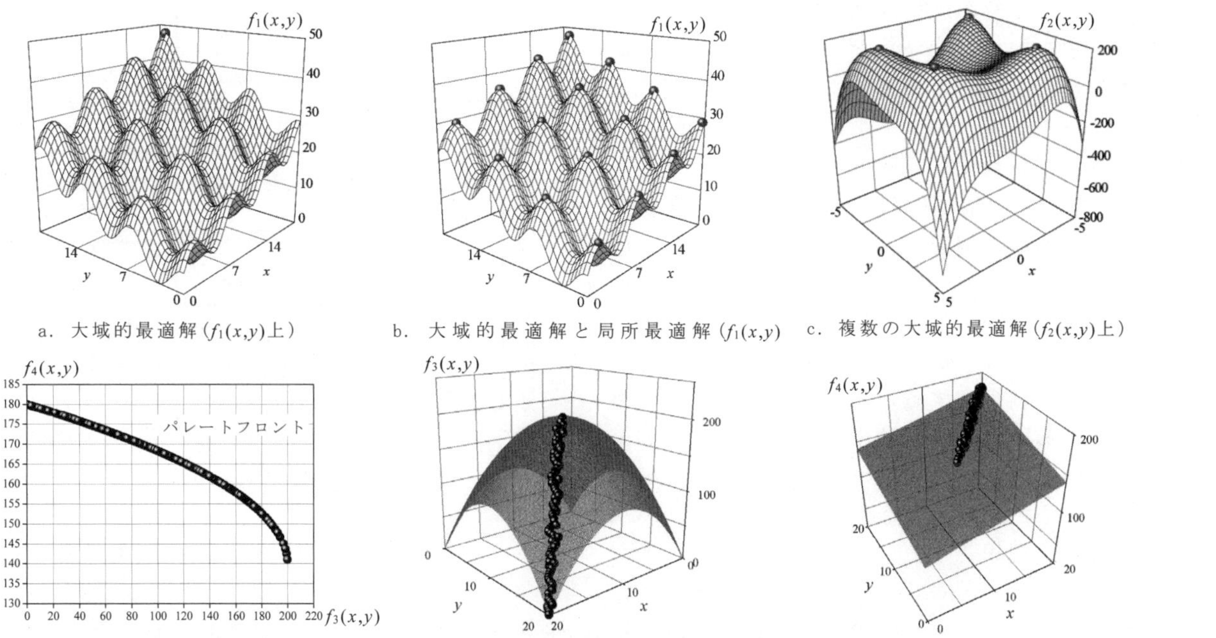

a．大域的最適解 ($f_1(x,y)$上)　b．大域的最適解と局所最適解 ($f_1(x,y)$　c．複数の大域的最適解 ($f_2(x,y)$上)

d．目的関数空間上の解 ($f_3(x,y)$-$f_4(x,y)$)　e．$f_3(x,y)$関数上のパレート最適解　f．$f_4(x,y)$関数上のパレート最適解

図 2 SOP と MOP に対する大域的最適解･局所最適解･パレートフロント

所最適解を含めると極値が複数存在する。式(8)では 4 つの大域的最適解が存在する(図 2c.●印位置)。MOP では図 2d.の目的関数空間内のグラフに現われているパレートフロント(妥協解集合･非劣解集合ともいう)が存在する。各関数上のパレートフロントの設計変数空間上の解は図 2e.と 2f. の●印である。

SOP に対して、SGA(simple GA あるいは standard GA)は一試行で確実に 1 つの大域的最適解が捉えられる。しかし、図 2c.に示す 4 つの大域的最適解を同時に得ることはできない。PSO と ABC は、複数個存在する大域的最適解に対して一試行ですべて捉えることができる。つまり一般に知られている GA 系や SI 系の解法では、一試行で大域的最適解と局所最適解を同時にすべて捉えることができない。

MOP に対する GA 系の解法では、SPEA2[14]と NSGA-II[15]がよく知られている。しかし、共にパレート最適解を探索する方法であり、積極的に局所パレート解を含む優良解を探索するアルゴリズムになっていない。なお、局所パレート解への収束を回避するために、発見的多点探索法と局所探索(local search)を併用し、局所パレート解を乗り越えさせてパレート最適解を追跡する考え方もある [16]。

ここで、SOP の優良解のイメージ図を式(7)と(8)のグラフを用いて図 3 に示す。2 つの関数上にプロットした記号●で優良解を表現している。同様に MOP については図 4 に示す。つまり優良解とは大域的最適解(パレート最適解)や局所最適解(局所パレート解)を含むそれらの近傍の比較的評価の高い解である。

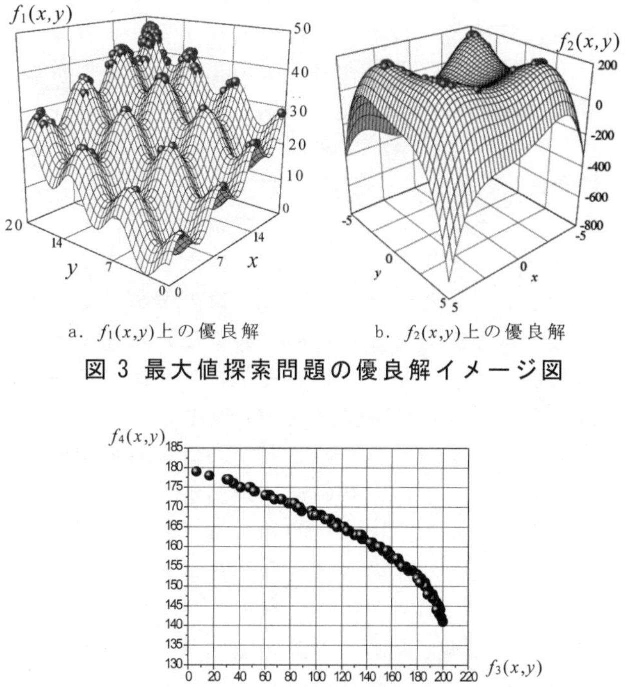

a．$f_1(x,y)$上の優良解　b．$f_2(x,y)$上の優良解

図 3 最大値探索問題の優良解イメージ図

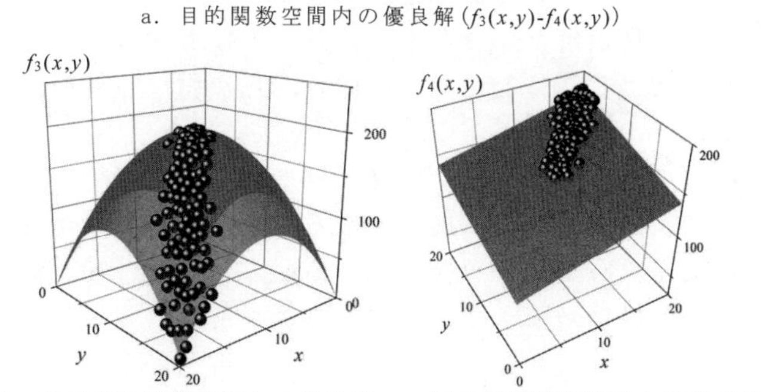

a．目的関数空間内の優良解 ($f_3(x,y)$-$f_4(x,y)$)

b．設計変数関数空間上の優良解　c．設計変数関数空間上の優良解

図 4 パレート最適解探索に対する優良解イメージ図

したがって、優良解の評価水準(許容する範囲)を問題ごとに設定しなければならない。イメージ図で注目すべきことは、MOP の優良解において目的関数空間内でほぼパレートフロント上に解がある(図 4a.)にも関わらず、設計変数空間内ではばらついていること(図 4b.、c.)である。既存の MOP に対する発見的手法は、大域的最適解やパレート最適解の追跡を前提にしている。しかもアルゴリズム上、目的関数値を基準に設定しているので、目的関数空間内の 1 点あるいは近傍における解は設計変数空間内の複数の異なる解を同時に探索することが難しい。ここに形態で重要となる設計変数を基準とした解探索を実施しないと、形態自体の多様性が失われる可能性が大きい。なお、図 2 の多目的最適化に対する解は、GA 系の解法でよく利用されている SPEA2 による。図 3 と 4 の解は後述する ISGA の解である。ISGA の多様性に関する計算パラメーターの与え方により設計変数空間内の解の広がりの程度が変わる。

目的関数と設計変数の両空間における解の多様性を同時に維持させる解法の既往研究は文献 17)〜20)がある。共に発見的多点探索法に分類される方法を用いている。文献 17)は多目的最適化の GA 系の解法に対し、Dual-Archive scheme (DA スキーム)の提案により、両空間内で解の多様性を維持したパレート最適解を捉えている。文献 18)では GA 系の解法とニューラルネットワーク技術を応用することで、パレートフロント上の 1 点における設計変数空間内の多様性を考慮している。ただし、GA 系の解法の本質的なスキームの提案でないため、共に優良解探索の想定はなされていない。文献 19)、20)は SI 系の解法の PSO を利用している。文献 19)は SOP に対して設計変数空間をグループ化することで、大域的最適解だけでなくロバスト性の高い局所最適解の探索を想定している。しかし、同じ目的関数値に対する複数の設計変数空間の解探索はアルゴリズム上考えられていない。文献 20)は多目的最適化において、設計変数空間内で劣解と非劣解の距離を調整することにより両空間の解の多様性維持を図っている。しかもパレート最適解だけでなく、優良解の探索を行っている。ただし、目的関数空間内の端点における解探索には不十分な面がある。

SI 系の解法の PSO と ABC は単一目的最適化に対して、設計変数空間内で異なる複数の大域的最適解が捉えられることを既に説明した。しかし、局所最適解の探索ができず、根本的な優良解探索の発想では開発されていない。また、SI 系の解法は多くの計算アルゴリズムにおいて設計変数の数が多くなると解の収束性に問題が生じる。

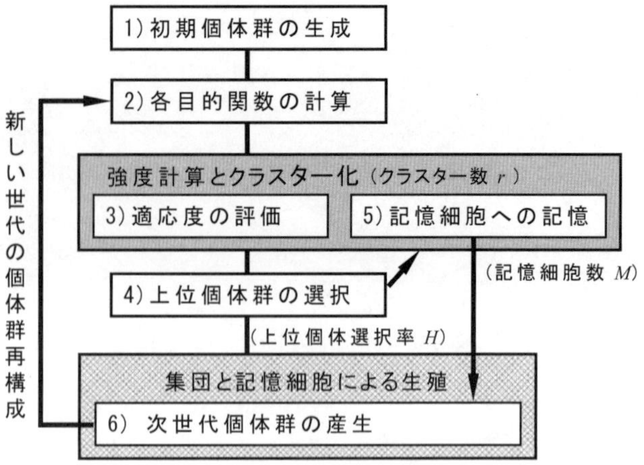

図 5 ISGA の計算フロー[5)]

SOP の解法には目的関数空間内の多様性に着目した免疫アルゴリズム[21)、22)]や免疫型 GA[23)]もある。結果的にこれらの手法による解は、設計変数空間内の多様性を得ることはできるが、計算パラメーターの決め方や設計変数の数が増大すると SI 系の解法と同様に解の収束性の問題が生じる。さらに、MOP に対しては別の計算スキームの導入が必要になる。

3.　解の多様性探索機能を導入した計算手順

ISGA、ISPSO、ISABC の計算スキームを以下に解説する。重要な基本操作は、設計変数空間内にある個体(粒子)を指定した数のクラスター(グループ)に分ける作業であり、個体の一次評価は全体で実施(絶対評価)し、クラスターごとに二次評価を行なう(相対評価)。次にそれらを統合して評価の高い個体を記憶細胞に格納する。記憶細胞はステップごとに更新し、最終的に記憶細胞に優良解が保存される。なお、本解法では SOP と MOP に係わらず共通した計算手順となっている。ここでは目的関数値が小さいほど評価が高い問題を対象に説明する。

3.1　ISGA(GA with immune system)の計算手順

ISGA の計算フローは図 5 に示すとおりである。図に沿って以下に計算手順を概説する。

1) 初期個体群の生成

乱数を用いて初期個体群 $\mathbf{P}_0$ を生成する。

2) 各目的関数値の計算

$t\,(t \geq 0)$ 世代の集団 $\mathbf{P}_t$ 内にある個体の目的関数値を計算する。

3) 適応度 $F(i)$ の評価

目的関数値に基づき、後述するクラスターの作成、強度と適応度の計算を実施する。

4) 上位個体群の選択

適応度に基づき、集団 $\mathbf{P}_t$ 内のクラスターごとに上位個体選択率 H 以上の個体を記憶細胞候補 $\tilde{\mathbf{P}}_t$ とする。

5) 記憶細胞への記憶

記憶細胞候補 $\tilde{\mathbf{P}}_t$ と記憶細胞 $\bar{\mathbf{P}}_t$（暫定解集合）を統合し、新たな記憶細胞 $\bar{\mathbf{P}}_{t+1}$ とする。その際、強度を基準に定率 q で記憶細胞から絶対評価の値が低い個体を削除する（記憶細胞除去率）。さらに、記憶細胞の個体が設定した数 M を超える場合、後述する端切り法により個体を削除し、記憶細胞の個体数を M に調整する。記憶細胞除去率 q は記憶細胞の個体数に対して範囲　$0 \le q < 0.3$　の値をあらかじめ指定する。なお、$\bar{\mathbf{P}}_0 = \phi$（空集合）である。

6) 次世代個体群の産生

求めた適応度に基づき、個体集団 $\mathbf{P}_t$ と記憶細胞 $\bar{\mathbf{P}}_{t+1}$ から次世代個体群 $\mathbf{P}_{t+1}$ を産生する。

以上、2)～6)を指定世代まで繰り返し計算をする。

3.2　ISPSO（PSO with immune system）の計算手順

PSOは各粒子(個体)が独自情報による最善行動(位置移動)と群れ全体の共通情報による最善行動(集団移動)を組み合せ、一定の規則にしたがい移動する自然界の有様を模倣した解探索法である。この個体は位置と速度情報を持つ。速度は3つの要因：①慣性力、②自己認識(*p-best*：局所的探索)、③社会認識(*g-best*：大域的探索)から成立していると仮定する。このPSOに優良解探索機能を導入したISPSOの計算フローは図6のとおりである。図に沿って以下に計算手順を概説する。

1) 初期探索位置決定

各探索点個体 i（$=1,2,3,\cdots,n$）の初期位置　$\mathbf{X}_i^0$ とその初期速度 $\mathbf{V}_i^0$ を設計変数空間内でランダムに配置する（初期集団 $\mathbf{P}_0$）。

2) 速度・位置の更新

反復回数　t-1　回目 $(t \ge 1)$ の探索における i 番目の個体位置 $\mathbf{X}_i^{t-1}$ とその速度 $\mathbf{V}_i^{t-1}$ および *p-best* ${}_p\mathbf{X}_i^{t-1}$（探索点 i の今まで訪れた最善の解）と *g-best* ${}_g\mathbf{X}_i^{t-1}$（t 回目の群れにおける最善の解）とおくと、t 回目の $\mathbf{X}_i^t$ と $\mathbf{V}_i^t$ は次式で与えられる。

$$\mathbf{X}_i^t = \mathbf{X}_i^{t-1} + \mathbf{V}_i^t \tag{11}$$

$$\mathbf{V}_i^t = w\mathbf{V}_i^{t-1} + r_1 c_1 ({}_p\mathbf{X}_i^{t-1} - \mathbf{X}_i^{t-1}) + r_2 c_2 ({}_g\mathbf{X}_i^{t-1} - \mathbf{X}_i^{t-1}) \tag{12}$$

ここで、c_1、c_2 は重みパラメーター（$c_1 + c_2 \le 4$）であり、通常、$c_1 = c_2 = 2$ を用いる。r_1、r_2　は[0,1]の乱数である。w は慣性項パラメーターであり、反復操作の過程で次式により変化させる。

$$w = w_{\max} - (w_{\max} - w_{\min}) \frac{t}{t_{\max}} \tag{13}$$

ここで、　$t_{\max}$ は最大反復回数である。$w_{\max}$、$w_{\min}$ は各々0.9、0.4と設定する。

3) 各目的関数値の計算

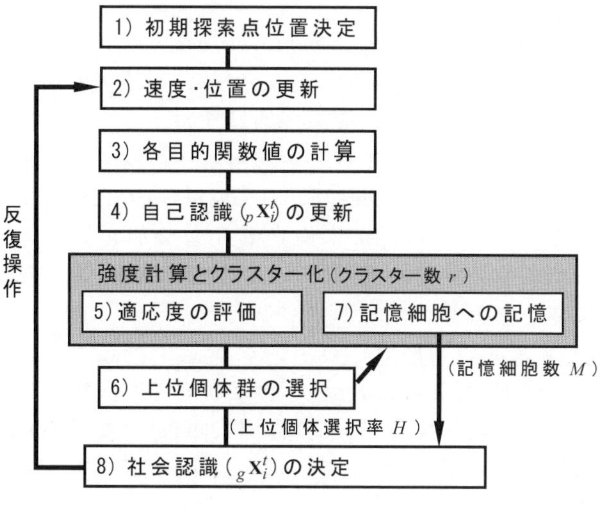

図6　ISPSOの計算フロー[12)]

集団 $\mathbf{P}_t$ 内にある各個体の目的関数値を計算する。

4) 自己認識(*p-best*)の更新

目的関数値に基づき、後述する強度計算を用いて次の操作を実施する。

①*p-best* ${}_p\mathbf{X}_i^{t-1}$ の強度 $S(i)$ を算出する。

②個体位置 $\mathbf{X}_i^t$ の強度 $S'(i)$ を算出する。

③ $S'(i) \le S(i)$ ならば、${}_p\mathbf{X}_i^t \leftarrow \mathbf{X}_i^t$ と更新する。

$S'(i) > S(i)$ ならば、${}_p\mathbf{X}_i^t \leftarrow {}_p\mathbf{X}_i^{t-1}$ と更新しない。

5) 適応度 $F(i)$ の評価

$\mathbf{X}_i^t$ の個体に対し、後述する適応度計算を実施する。

6) 上位個体群の選択

適応度に基づき、$\mathbf{X}_i^t$ の個体で構成された集団 $\mathbf{P}_t$ 内の上位個体選択率 H 以上の個体を記憶細胞候補 $\tilde{\mathbf{P}}_t$ とする。

7) 記憶細胞への記憶

ISGA と同様の操作を行い、記憶細胞候補 $\tilde{\mathbf{P}}_t$ と記憶細胞 $\bar{\mathbf{P}}_{t-1}$ を統合して次ステップの記憶細胞 $\bar{\mathbf{P}}_t$ を構成する（$\bar{\mathbf{P}}_0 = \phi$：空集合）。

8) 社会認識(*g-best*)の決定

$\mathbf{X}_i^t$ の個体よりも強度が小さい記憶細胞内の個体に対し、それぞれ設計変数空間内の無次元化したユークリッド距離を算出する。その中で最短距離となる記憶細胞内の個体位置を *g-best* ${}_g\mathbf{X}_i^t$ とする。ただし、$S'(i)=1$ のときは最長距離となる記憶細胞の個体位置を ${}_g\mathbf{X}_i^t$ とする。

以上、2)～8)を指定反復回数まで繰り返し計算する。なお、${}_g\mathbf{X}_i^0$ と ${}_p\mathbf{X}_i^0$ は従来のPSOと同じ決め方とする。

3.3　ISABC（ABC with immune system）の計算手順

ABCは蜂の蜜採取行動をモデル化した最適化手法である。解探索は3種の蜂（探索点個体）：①*employed bee*、②*onlooker bee*、③*scout bee* により行う。大雑把に表現すると食糧源が解の候補であり、その蜜量が目的関数値である。*employed bee*が設計変数空間を大域的に解探索する。*onlooker bee*が評価の高い解が集まっている範囲を集中的に探索する。*scout bee*は食料源の状況を把握し、局所解への収束を抑える働きをする。*scout bee*のこの機能はGAの突然変異に対応する。このABCに優良解探索機能を導入したISABCの計算フローは図7のとおりである。図に沿って以下に計算手順を概説する。

1) 食糧源の初期化

食糧源は*employed bee*の数だけ設計変数空間にランダムに配置する（初期食糧源集団$\mathbf{P}_0$）。食糧源1つ$\mathbf{X}_i^0\ (i=1,2,3,\cdots,n)$に対して*employed bee*一匹 ${}_{eb}\mathbf{X}_i^0$を割りあてる。

2) 各目的関数値の計算

各食糧源に対する目的関数値を計算する。

3) *employed bee*による探索

$\mathbf{X}_i^{t-1}\ (t\geq 1)$ に対して、近傍の新たな食糧源を次式で探索する。

$$ {}_{eb}\mathbf{X}_{ih}^t = {}_{eb}\mathbf{X}_{ih}^{t-1} + r\left(\mathbf{X}_{ih}^{t-1} - \mathbf{X}_{jh}^{t-1}\right)\ ,\quad {}_{eb}\mathbf{X}_{ik}^t = {}_{eb}\mathbf{X}_{ik}^{t-1} \tag{14} $$

ここで、r は[-1,1]の乱数とし、食糧源jは食糧源i以外からランダムに選択する。hはランダムに選択された1つの設計変数であり、kはh以外の設計変数である。なお、新たな食糧源に対しても目的関数値を計算する。

次に集団 $\mathbf{P}_{t-1}$ と ${}_{eb}\mathbf{X}_i^t$ の集団に含まれるすべての食糧源に対して次の操作を実施する。

①食糧源$\mathbf{X}_i^{t-1}$の強度 $S(i)$を算出する。

②*employed bee* ${}_{eb}\mathbf{X}_i^t$ の強度 $S'(i)$を算出する。

③ $S'(i)\leq S(i)$ ならば、$\mathbf{X}_i^t \leftarrow {}_{eb}\mathbf{X}_i^t$ と更新する。

$S'(i)>S(i)$ ならば、$\mathbf{X}_i^t \leftarrow \mathbf{X}_i^{t-1}$ と更新しない。

4) *onlooker bee*による探索

食糧源 $\mathbf{P}_t$ と記憶細胞 $\bar{\mathbf{P}}_{t-1}$ すべての食料源に対する強度 $S(i)$を用いた評価値G_iを計算し、次式による確率からルーレット選択を行う。

$$ P_i = \frac{\left(G_{i_g} - G_i + 1\right)}{\sum_{s=1}^{m}\left(G_{s_g} - G_s + 1\right)},\qquad G_{i_g} = \arg\max_i G_i \tag{15} $$

ここで、mは食糧源数と記憶細胞数の総和である。ルーレット選択後、3)と同様な手順で、*onlooker bee* ${}_{ob}\mathbf{X}_i^t\ (i=1,2,3,\cdots,n)$ を更新する。ただし、強度を用いた食糧源の探索は行わない。

5) 適応度の算出

onlooker bee ${}_{ob}\mathbf{X}_i^t$ に対して適応度を算出する。

6) 上位食料源の選択

${}_{ob}\mathbf{X}_i^t$ の適応度に基づき、集団内の上位選択率H以上の食料源を記憶細胞（記憶食料源）候補 $\tilde{\mathbf{P}}_t$ とする。

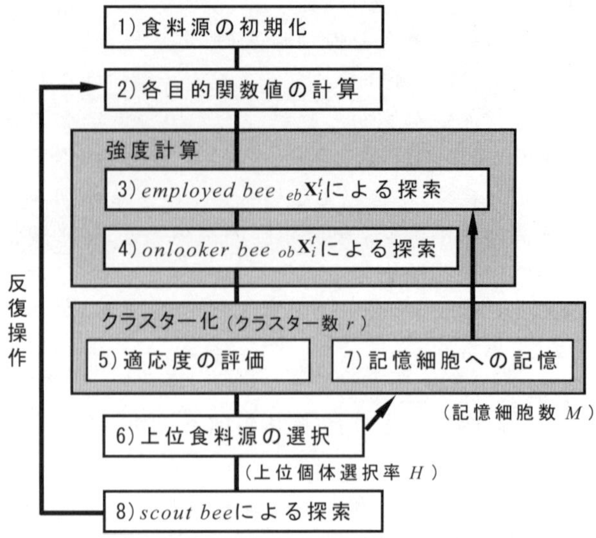

図7 ISABCの計算フロー[12)]

7) 優良食料源の保存

ISPSOと同様の操作を行い、記憶細胞$\bar{\mathbf{P}}_{t-1}$と記憶細胞候補 $\tilde{\mathbf{P}}_t$ を統合し、記憶細胞 $\bar{\mathbf{P}}_t$ を構成する（$\bar{\mathbf{P}}_0=\phi$：空集合）。

8) scout beeによる探索

食料源があらかじめ決めたL回の反復操作内で更新されなければ、その食料源はランダムに初期化する。

以上、2)～8)を指定反復回数まで繰り返し計算を実施する。なお、反復計算開始時、常に食糧源と*employed bee*は1対1に対応させる。

4. 解の多様性維持機能の基本アルゴリズム

上述の3つの解法に共通な設計変数空間内の多様性を維持させる基本機能、強度・適応度計算、クラスター化技術、端切り法を説明する。

4.1 強度と適応度の算出手順

各個体（粒子）i が集団の中で支配される（優越な）個体数$S(i)$（強度）を求める（絶対評価）。強度はパレート・ランキング方式のランクを採用する。具体的な強度の内容は次のとおりである。第t世代集団$\mathbf{P}_t$ の個体i（設計変数$\mathbf{x}_i$）に対し、集合 $\mathbf{P}_t$と記憶細胞 $\bar{\mathbf{P}}_t$に含まれるすべての個体j（設計変数$\mathbf{x}_j$）を用いた集合$\mathbf{Q}(i)$を定義する。

$$ \mathbf{Q}(i) = \left\{ j \middle| \left(f_k(\mathbf{x}_j) \geq f_k(\mathbf{x}_i),\ k=1,2,\cdots,l \right),\ i\in\mathbf{P}_t,\ j\in\mathbf{P}_t\cup\bar{\mathbf{P}}_t \right\} \tag{16} $$

強度$S(i)$は次式で与えられる。

$$ S(i) = \left|\mathbf{Q}(i)\right| \tag{17} $$

次に集団を後述する手順でクラスターC_s（s = 1, 2, 3, …, r）に分ける。このクラスターに対して各個体 i が同一クラスター内で支配される個体の強度を次式のように合計して適応度 $F(i)$とする。

$$F(i)=\sum_{\bigwedge_{k=1}^{l} f_k(\mathbf{x}_i)\geq f_k(\mathbf{x}_j)} S(j)-\sum_{\bigwedge_{k=1}^{l} f_k(\mathbf{x}_i)=f_k(\mathbf{x}_m)} S(m) \quad (18)$$

$$\left(i\in \mathbf{P}_t; i,j,m(i\neq m)\in_{C_s} \mathbf{P}_t(\equiv \mathbf{g}_s)\subset(\mathbf{P}_t\cup\overline{\mathbf{P}}_t)\right)$$

この強度概念の適応度は、クラスター内だけで算出した相対評価値である[注1)]。クラスターは設計変数空間で構成する。$\mathbf{g}_s$ はクラスターsの個体集合である。

4.2　個体（粒子）集団のクラスター化技術

クラスター化は次の手順による。

1) 集合の定義

クラスター $\mathbf{C}_\ell$ の各個体 β_k（$k=1, 2, 3, \cdots, k_\ell$）を要素とする集合 $\mathbf{g}_\ell$ とその個体数 k_ℓ を次のようにおく。

$$\mathbf{g}_\ell=\left\{\beta_1,\beta_2,\beta_3,\cdots,\beta_{k_\ell}\right\},\quad k_\ell=\left|\mathbf{g}_\ell\right| \quad (19)$$

2) 集合間距離の計算

設計変数空間において集合 $\mathbf{g}_m$ と集合 $\mathbf{g}_n$ との集合間距離 $d^*(\mathbf{g}_m,\mathbf{g}_n)$を次式で計算する。

$$d^*(\mathbf{g}_m,\mathbf{g}_n)=\frac{1}{k_m\cdot k_n}\sum_{i\in\mathbf{g}_m,\, j\in\mathbf{g}_n} d(i,j) \quad (20)$$

ここで、$d(i, j)$は個体iと個体j間における設計変数空間内の無次元化したユークリッド距離である。

3) 集合の統合

設計変数空間内の最短距離を持つ2つの集合（クラスター）を同一集合に統合して2)に戻す。以上の操作を指定されたクラスター数 r に達するまで繰り返す。なお、初期状態では個体1つが1つのクラスターとして計算を始める。

4.3　端切り法（archive truncation method）

記憶細胞候補と記憶細胞の和が設定された個体（粒子）数を超える場合、以下の手順により個体を削除する。

1) 最短距離にある個体の選択

設計変数空間内で、無次元化したユークリッド距離を用いて最も隣接する2個体を探索する。

2) 個体の削除

選択した2個体の内、各々もう1つの隣接する個体との設計変数空間内の無次元化したユークリッド距離を比較し、近い方の個体を削除する。削除操作は指定された個体数M（記憶細胞数）になるまで繰り返す。この操作はGA系の解法におけるニッチ処理にあたる。

ここで注意すべきことは形態形状の多様性を重視する探索のために目的関数空間ではなく、設計変数空間で端切り法を実施する点にある。したがって、MOPに対して得られた解は必ずしもパレート最適解に収束する保証がないことに注意する。

5.　2変数関数を用いた各解法による優良解比較

SOP に対しては、式(7)と(8)の最大値探索を対象とする。MOP に対しては、式(9)と(10)の 2 つの式を対象に同時に最大値となる解を探索する。上述した ISGA、ISPSO、ISABC の各計算パラメーターは類似するものも含めて比較できるようにできるだけ計算条件を一致させた。基本的な個体数（集団）と反復回数（世代数）は共に 200 としている。なお、ここで示す結果は 5 回以上試行した中で代表的な数値例であり、各解法による試行結果は全て同様の傾向を示している。記憶細胞除去率は $q = 0$ と設定した。

5.1　SOP に対する優良解

式(7)と(8)を対象に、設計変数空間内の解の多様性と大域的最適解、局所最適解およびそれらの近傍の比較的評価の高い解(優良解)を各解法により求める。多様性の計算パラメーターは、クラスター数 r、上位個体選択率 H、記憶細胞数 M である。ここでは記憶細胞候補を選択する率 H の変化により、どのように解個体に差が現われるかを調べる。計算結果は図 8 と 9 の設計変数空間内(2 変数関数曲面上)に記憶細胞を記号●で表示することで各優良解を対比させる。計算例では記憶細胞数 $M = 100$、クラスター数 $r = 10$ を固定し、$H = 0.01$、0.1、0.2 の 3 ケースを示す。

5.2　MOP に対する優良解

2 つの 2 変数関数の式(9)と(10)を対象に、同時に最大値となる解探索問題を設定する。この問題は関数の形状から判るように、一方の関数が最大値を採るとき、もう一方が必ずしも最大値を採らないような相反関係がある。したがって、パレートフロントが妥協解集合や非劣解集合と呼ばれる意味が判るであろう。各解法により得られた優良解の状況は、図 10～12 に目的関数空間と各関数に対する設計変数空間内（2 変数関数曲面上）の解を記号●で表示している。SOP と同様に、記憶細胞数 $M = 100$、クラスタ一数 $r = 10$ を固定し、$H = 0.01$、0.1、0.2 の 3 ケースを示す。

5.3　考察

ISGA、ISPSO、ISABC の各解法共に、H の値を小さく設定すると大域的最適解やパレート最適解の近傍解を得る。H を増大させるにしたがい、優良解の探索範囲も広がる。しかし、$H = 0.3$ よりも大きな値を設定すると側面制約の範囲全体を網羅する形で優良解が得られ、ランダム配置のような許容解となるので、優良解自体の意味が無くなる。特に ISGA はその傾向が強い。

SOP に対しては以下のことがまとめられる。ISGA

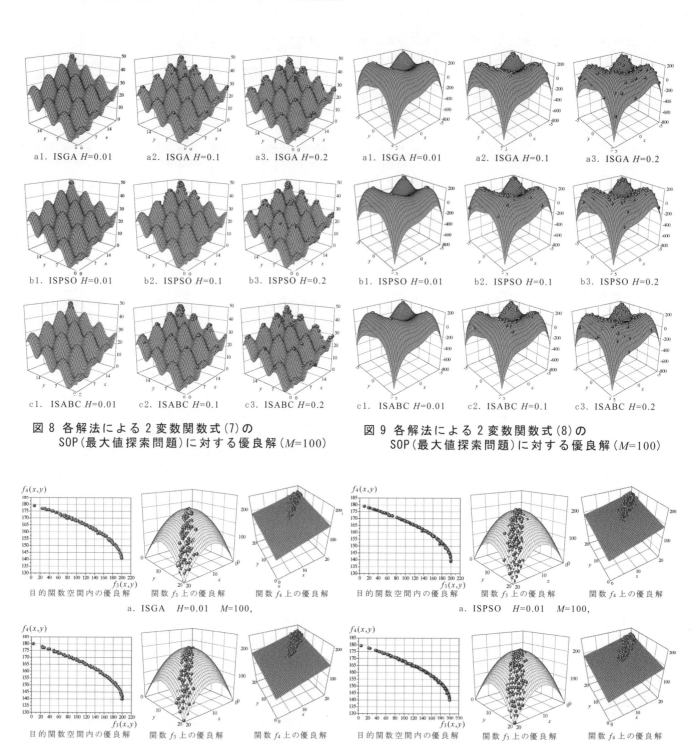

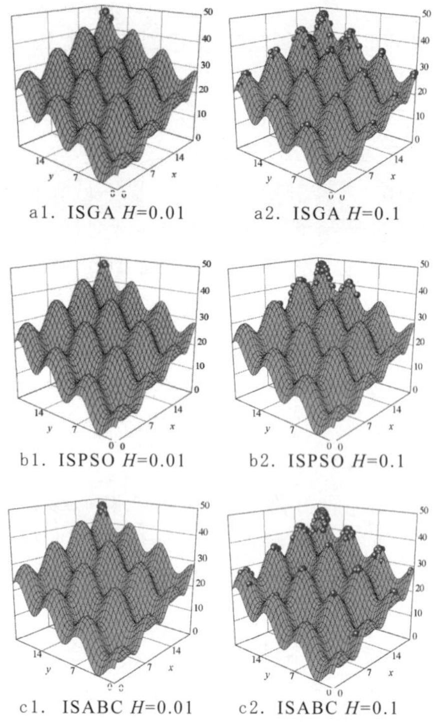

図 8　各解法による 2 変数関数式(7)の SOP(最大値探索問題)に対する優良解(M=100)

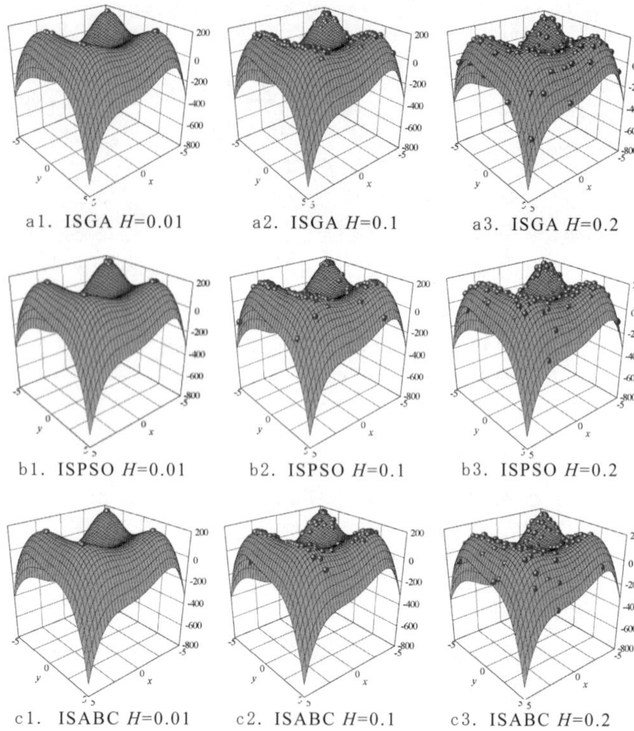

図 9　各解法による 2 変数関数式(8)の SOP(最大値探索問題)に対する優良解(M=100)

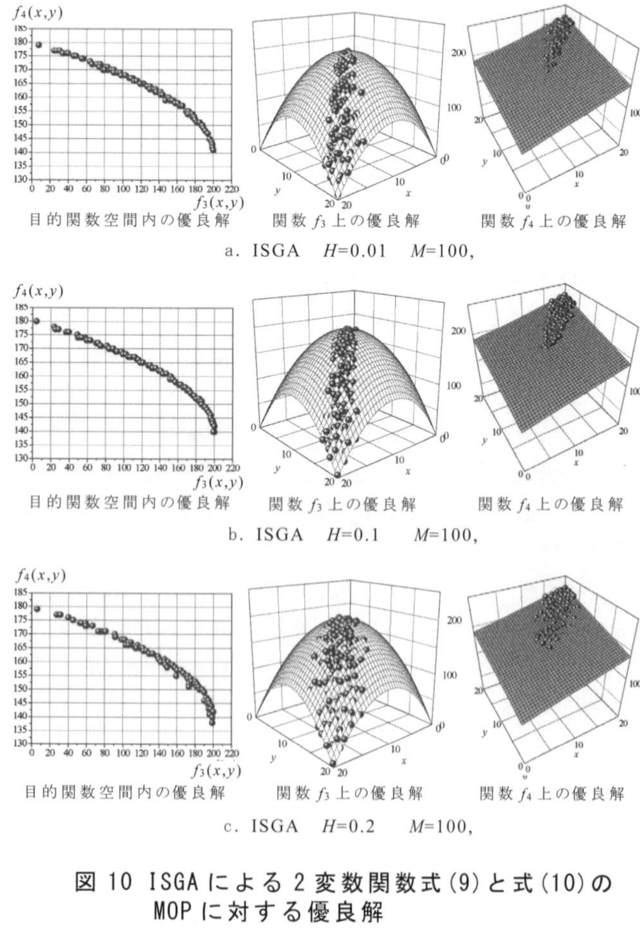

図 10　ISGA による 2 変数関数式(9)と式(10)の MOP に対する優良解

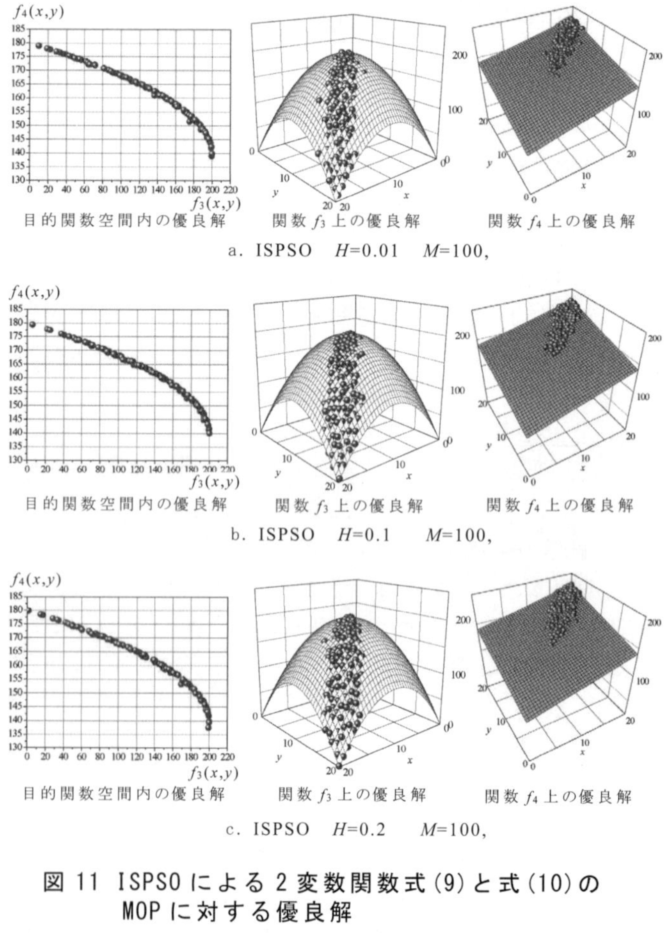

図 11　ISPSO による 2 変数関数式(9)と式(10)の MOP に対する優良解

はISPSO、ISABCと比較して優良解の探索範囲が広い。ISGAの$H=0.1$の解状況は図8と9に示すように大域的最適解や局所最適解をほぼすべて捉えている。これに対し、ISABCはISGAと対応する解を得るが、ISPSOは同じHの値において若干狭い範囲の優良解探索となっている。3つの解法共に$H=0.1$、0.2で極端に評価の低い個体が現われる。これは初期の反復回数時の操作過程で、絶対評価の低い個体が優良解として記憶細胞に保存されることがあり、一度保存されると個体の多様性が考慮されるので除去されにくくなっている。したがって、記憶細胞除去率qの導入が必要になる。あるいは記憶細胞内を目的関数値で序列化して評価の高い順に採用する個体を検討すればよい。ここで各解法はHの与え方により設計変数空間を網羅する形で解探索をするので、複雑な目的関数空間に対しても、評価値を照査しながら解探索を進めると確実に大域的最適解にたどり着くことが予想できる。なお、記憶細胞Mの大きさによる端切り法の操作で、微小の位置変動に対する目的関数値の差が大きくなり、ロバスト性が低い個体が多く含まれる結果となっている。

MOPに対しては以下のことがまとめられる。どの解法も$H \leq 0.3$の範囲で目的変数空間内のパレートフロントが捉らえられ、かつ設計変数空間内で優良解の広がりが顕著に現われる。MOPに対して一般に認められているGA系の解法SPEA2、NSGA-II、NPGA2[24)]、NCGA[25)]は目的関数空間内の解個体あるいはその近傍解に対して、設計変数空間の1個体の探索に限定される。つまり、目的変数空間の1つの位置に複数の異なる設計変数がある場合、1つ以外、解の存在が無視される。しかし、ここで示した3つの解法共に複数の解が幅広く得られており、設計変数空間上の多様性を考慮した意義が明らかである。なお、ここでは曲面形状が単純なため、大きな違いが表われていないが、上位個体選択率Hの増減によりパレートフロンの帯状分布幅も増減し、設計変数空間上の優良解分布が変わる。

6.　解法の特徴

目的関数空間と設計変数空間の多様性を維持させた3つの優良解探索手法(ISGA、ISPSO、ISABC)には、基本となるクラスター化と記憶細胞を設けることで3つの計算パラメーター①クラスター数r、②上位個体選択率H、③記憶細胞数Mの設定が必要になる。クラスター数rは局所的に評価の高い個体を探索するパラメーターであり、形態の近い集団ごとに絶対的な評価を与える。つまり各個体は配置形態の近いクラスターごとに評価値が得られ、集団全体では相対的

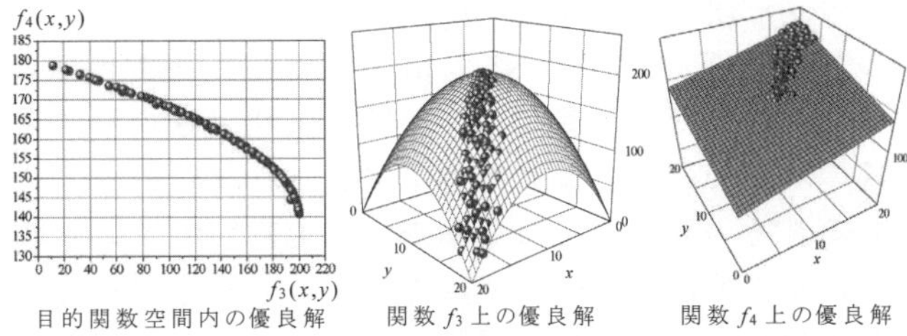

a.　ISABC　H=0.01　M=100,

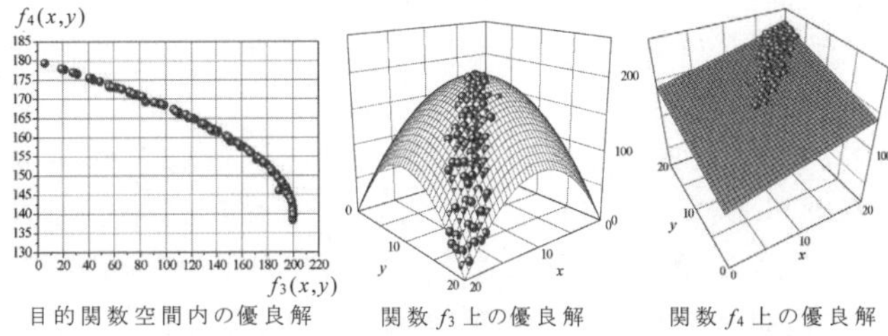

b.　ISABC　H=0.1　M=100,

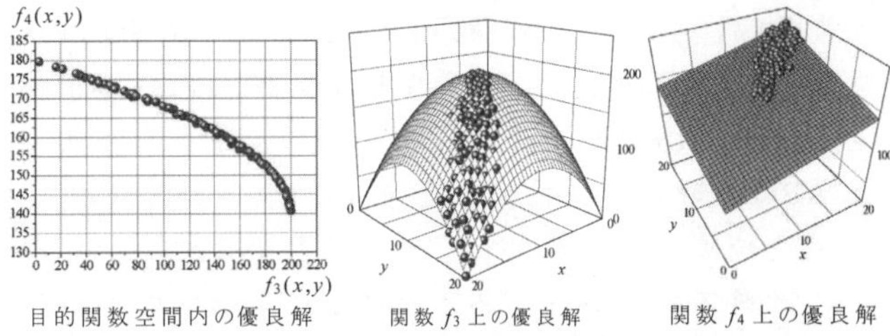

c.　ISABC　H=0.2　M=100,

図12 ISABCによる2変数関数式(9)と式(10)のMOPの優良解

に評価の高い個体が優良解の候補となる。したがって、形態の多様性を優良解の基準としているため、クラスターは設計変数空間で構成させている。$r=1$のとき、適応度は絶対評価となり、Hを微小な値に設定すると、SOP、MOP各々大域的最適解とパレート最適解に近接する傾向がある。ただし、rの大きさは目的関数空間の性質に応じて設定しなければならない。局所最適解が多く含まれると予想される問題では、クラスター数の設定を幾つか変えて試行する必要がある。ただし、計算パラメーターの変更による複数回の試行は、解空間の状況を把握できる可能性もある。

上位個体選択率Hは、比較的評価の高い解を暫定解として保持する割合であり、適応度の高い順にクラスターごとの割合Hの個体を優良解候補とするパラメーターである。世代が進めば、クラスターごとに相対的に評価ラインが高くなる。端切り法は配置形態が類似化すると個体密度を下げる機能である(ニッチ処理)。この一連の操作を続けると、結果的に設計変数空間でバランスのよい解密度を維持するように、クラスターごとに高い評価の個体が選択される。

記憶細胞数Mは暫定解の大きさを定めている。各個体の一次評価である強度は各個体に絶対評価を与

える。しかし、二次評価の適応度はクラスターごとの相対評価となっている。SOPに対して上述したように、この評価手順では、問題により記憶細胞に初期の段階で取り込まれた解が更新されない場合が生じる。その時に記憶細胞除去率qを設定する。最終的には記憶細胞に保存された優良解の強度と目的関数値を用いて各個体の評価を行う。その際、設計変数空間内における多様度の指標は、後述する多様度指数[26]を利用するとよい。なお、記憶細胞除去率qを大きく設定すると多様性がなくなる。このことから、最初に既定した反復回数だけ記憶細胞除去率qを利用し、その後は利用しない使い方もある。

ISGAは離散値を基本として数理計画法の連続関数で用いられている感度(勾配)計算を行わず、交叉と突然変異により解を追跡するGA系の解法一般の手順を持つ。つまり解探索範囲は広い。ISPSOは感度を用いた最適化手法の類似構造を持つPSOの手順を有する。ISABCは、解探索の基本に乱数を多用するABCの特徴的な手順を持つ。ISPSOとISABCは、直接連続値を未知量として扱うことができる。しかし、計算スキーム上、個体の修正による解の追跡を基本とする手順であり、その結果として優良解の探索範囲がISGAより限定されやすい。

ISGA、ISPSO、ISABCは、SOPやMOPに関わらず、優良解の追跡を可能とした。特に、SOPでは、局所最適解を含む比較的評価の高い許容解を追跡する。MOPでは、局所パレート解の存在を利用した解追跡法である。ISGAによる局所パレート解の具体的な数値例は文献5)に示されている。なお、ISPSOはISGAと比較して単純なアルゴリズムであり、プログラム化が簡単であるので、1回の繰返し計算においては計算時間が短い。ISABCは大域探索と局所探索を繰り返すので、確実に設計変数空間内全体の優良解を捉えることができる。しかし、ISGAと同程度の計算時間である。なお、3つの解法共に得られた個々の優良解に対しては、設計変数値の微小変動により目的関数値が大きく変化するようなロバスト性が低い個体の排除が必要になる。このロバスト性判定に関しては後述する。

7. 連続体自由曲面シェル構造の形態創生

ここでは、ISGA、ISPSO、ISABCを連続体自由曲面シェル構造の形態創生問題に適用する。解析モデルは図13に示すように平面図が一辺$20\,m$の正方形を保持する自由曲面シェル(節点数441、要素数400)を対象とする。隅角部はピン支持である。参照形状は平板とする。

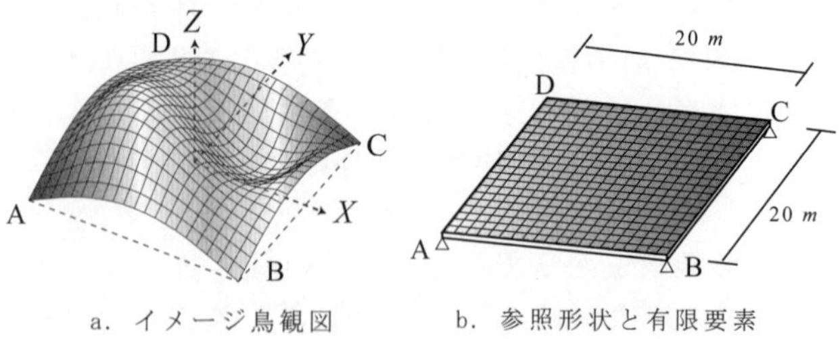

a. イメージ鳥観図　　b. 参照形状と有限要素

図13　自由曲面シェル構造モデル

a. 制御点配置

b. 想定曲面　　c. 凹凸曲面と制御点配置

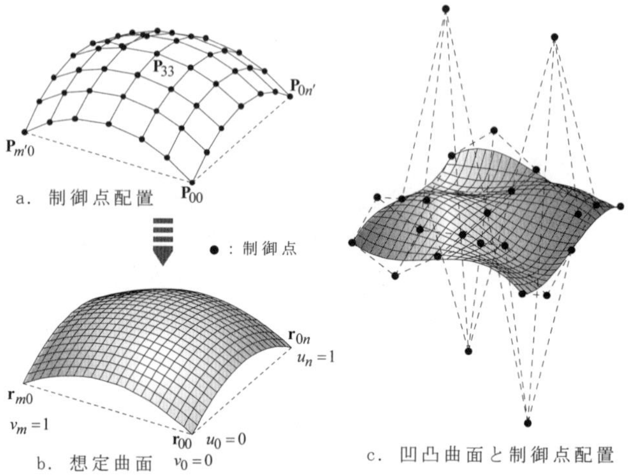

図14　ベジェ曲面による形状記述

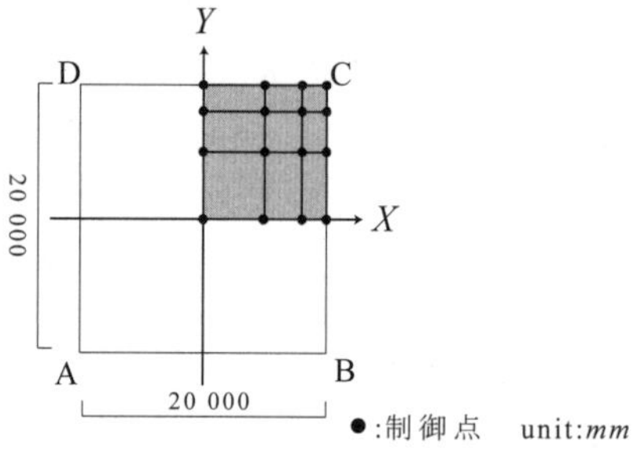

図15　対称モデルに対する制御点配置

7.1 形態創生問題(SOP)

構造形態創生問題は、総ひずみエネルギー$f_t(\mathbf{A},\mathbf{R})$および曲げひずみエネルギー$f_b(\mathbf{A},\mathbf{R})$の最小化を目標としたSOPを次式で与える。

$$Find \quad \mathbf{A}, \mathbf{R} \tag{21}$$

$$minimize \quad f_t(\mathbf{A},\mathbf{R}) = \frac{1}{2}\mathbf{u}^T\mathbf{K}\mathbf{u} \ or \ f_b(\mathbf{A},\mathbf{R}) = \frac{1}{2}\mathbf{w}^T\mathbf{K}^b\mathbf{w} \tag{22}$$

$$subject\ to \quad \sigma^L \leq \sigma_{max}(\mathbf{A},\mathbf{R}) \leq \sigma^U \tag{23}$$

$$\mathbf{A}^L \leq \mathbf{A} \leq \mathbf{A}^U, \mathbf{R}^L \leq \mathbf{R} \leq \mathbf{R}^U \tag{24}$$

ここで、$\mathbf{A}=[A_j]$：要素特性ベクトル、$\mathbf{R}=[R_j]$：節点情報ベクトル、$\mathbf{u}$：変位ベクトル、$\mathbf{w}$：面外変形ベクトル、$\mathbf{K}$：剛性マトリクス、$\mathbf{K}^b$：曲げ剛性である。計算効率を図るため、曲面とシェル厚はパラメトリック曲面により表現する。したがって、設計変数$\mathbf{A}$、

Rは制御点を用いた情報である。σ^L、σ^U は許容応力の上下限値とする。

7.2　パラメトリック曲面による形状記述

通常、曲面シェルの構造最適化では、複数の制御点を設計変数とするパラメトリック曲面により曲面形状等を表現することが多い。ここではパラメトリック曲面の1つであり、制御点をバーンスタイン基底関数により定義されるベジェ曲面[27),28)]を採用し、有限要素の節点座標位置とシェル(板)厚を算定する。

曲面上の任意の節点位置ベクトルは次式で与える。

$$\mathbf{r}_{k\ell}=\mathbf{r}(u_\ell,v_k)=\lfloor x(u_\ell,v_k)\ \ y(u_\ell,v_k)\ \ z(u_\ell,v_k)\rfloor^T \tag{25}$$

ここで、$u_l, v_k \in [0.0,\ 1.0]$ $(k=0,1,2,\ldots,m,\ l=0,1,2,\ldots,n)$ で表現される曲面上の位置パラメーターを表わす。制御点 $\mathbf{P}_{ij}$ $(i=0,1,2,\ldots,n',\ j=0,1,2,\ldots,m')$ を $(n'+1)\times(m'+1)$ 配置した際の節点位置ベクトル $\mathbf{r}(u_k,v_l)$ は次式で与えられる。

$$\mathbf{r}_{k\ell}=\frac{\sum_{j=0}^{n'}\sum_{i=0}^{m'} w_{ij}B_j^{n'}(u_\ell)B_i^{m'}(v_k)\mathbf{P}_{ij}}{\sum_{j=0}^{n'}\sum_{i=0}^{m'} w_{ij}B_j^{n'}(u_\ell)B_i^{m'}(v_k)} \tag{26}$$

$$B_i^{m'}(u)=\frac{m'!}{i!(m'-i)!}u^i(1-u)^{m'-i} \quad \text{（バーンスタイン基底関数）} \tag{27}$$

ここで、$B_i^{m'}(u)$：m'次のバーンスタイン基底関数, w_{ij}：$\mathbf{P}_{ij}$ の重み係数を表す。図14c.に示すように、ベジェ曲面によって表現される曲面形状は端点以外の制御点を通らず、制御点が構成する凸包内に存在する(凸包性)。シェル厚に対しても同様にベジェ曲面を用いた表現を採用する。

7.3　解析モデルと解析結果について

有限要素法による曲面の離散化は、内挿関数が双一次により構成する4節点アイソパラメトリック要素を採用する。ここではまず形状の対称性を考慮した図15の対称モデル(節点数121, 要素数100)で計算し、最後に非対称形状の形態モデルを扱う。応力制約は鋼材Fc30を想定し、圧縮応力に対して長期許容応力：σ^L = −10000.0 kN/m^2 を設定する。側面制約条件に対しては、板厚範囲 $A_j{}^L$ = 100 mm、$A_j{}^U$ = 200 mm、基準位置より $R_j{}^L$ = 0 mm(基準位置)、$R_j{}^U$ = 7000 mm で、得られる曲面形状の最大ライズ比1:2.85とする。自重24 kg/m^3、等分布荷重1.0 kg/m^2 を与える。材料は普通コンクリートを想定し、ヤング係数 E = 2.1862×10⁷ kN/m^2、 ポアソン比0.2である。設計変数は19であり、共通した計算パラメーターは個体数 n = 200、クラスター数 r = 10、記憶細胞数 M = 100、上位個体選択率 H = 0.1とした。ISGAでは19×16 bit の二進数でコード化し、世代交代率0.9、交叉率0.7、突然変異率0.005、 選択方式：トーナメント方式、交叉方式：二点交叉 とする。数値計算例はSOPに対して図16～19に示す(対称形状問題)。MOPに対しては図21に示す(非対称形状問題)。記憶細胞は全て優良解である。図16～18に示した優良解は複数回試行ごとの記憶細胞内のエリート個体1つである。図19と21は、一試行で得られた記憶細胞内の評価の高い異なる解形態を示している。

結果図16～18に対しては同じ形式で、a.曲面形態鳥瞰図、b.シェル厚分布、c.曲げモーメント分布、d.主応力図であり、数値情報は、目的関数値 f_t、最大鉛直変異 $z_{\delta\max}$、最大･最小シェル厚 $t_{\max}$、$t_{\min}$ 最大曲げモーメント $M_{\max}$、最大･最小主応力 σ_1、σ_2、スラスト値 *Thrust* と記している。また、解の収束状況と多様度指数を e.と f.に示す。b.シェル厚分布では格子線の太さに比例させた表現とする。c.の曲げモーメント図は、要素重心に対して大きさに比例させた円の大きさとし、○(細線円)が下に凸、**○**(太線円)が上に凸で与える。図19、21には曲面形態の鳥瞰図と目的関数値を示す。

以下で説明するように各解法共に様々な曲面形状と応力状態が得られている。特に、曲面形状が変わらないように見えても応力状態が大きく異なることが確認できる。

8.　連続体自由曲面シェル構造の形態創生例

8.1　総ひずみエネルギー最小化(SOP)

ISGAを適用した総ひずみエネルギー最小化の対称形状連続体自由曲面シェル構造に対する形態創生例を示す(図16)。世代数は解の収束状況を調べ5000世代とした。同様に、ISPSOとISABCを用いた解析は各々図17、18に示す。

8.2　曲げひずみエネルギー最小化(SOP)

曲げひずみエネルギー最小化によるISGAを用いた数値例は図19に示す。これらの結果は曲面形態の一部である(form-A～F)。曲げひずみエネルギーf_b と共に総ひずみエネルギーE_t値も記している。優良解は総ひずみエネルギーに比べ、曲げひずみエネルギーのオーダーが異なる。数値を比較すると各構造形態に対する曲げひずみエネルギーは大きく異なり、倍近い値を示すものもあるが、総ひずみエネルギーと比べ、数%以内の変化に留まる。したがって、曲げひずみエネルギーを目的関数に採用するとより多くの形態が得られる可能性がある。ここでは異なるシェル構造の形態創生例を示す。なお、図示していないが、総ひずみエネルギー最小化による結果図16～18と同様に、僅かな形態の違いで応力性状が大きく影響することも確認できる。

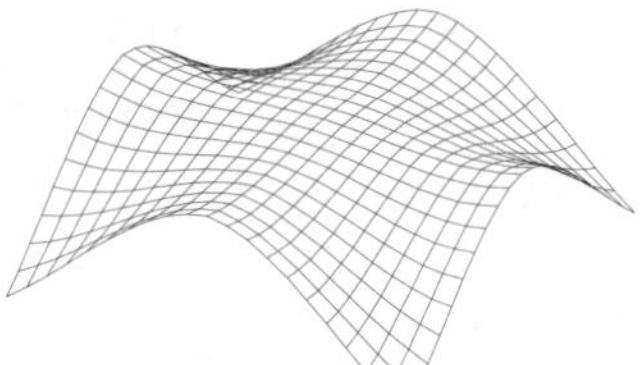

a1. 曲面形状-1
f_t=0.220, ${}_z\delta_{\max}$=-0.241×10^{-2}

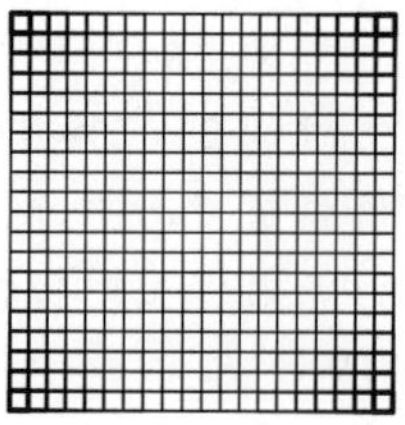

b1. シェル厚分布
t_{max}=0.175, t_{min}=0.102

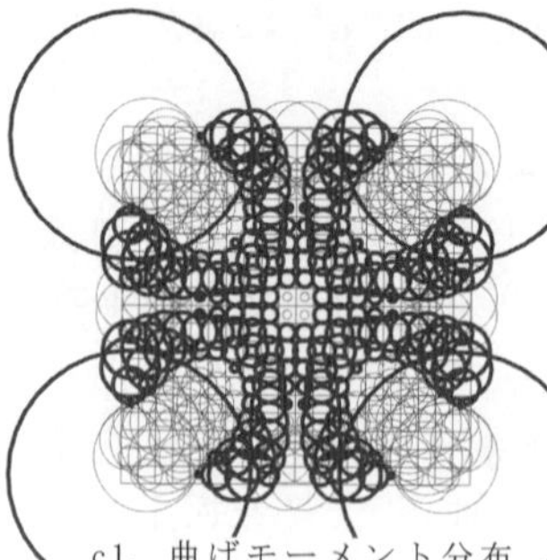

c1. 曲げモーメント分布
M_{max}=0.347×10

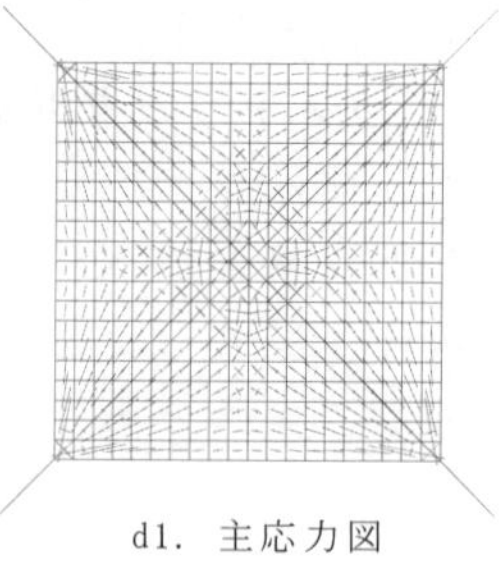

d1. 主応力図
σ_1=0.173×10^3, σ_2=-0.389×10^4
Thrust=0.425×10^3

A. 構造形態 ISGA-1

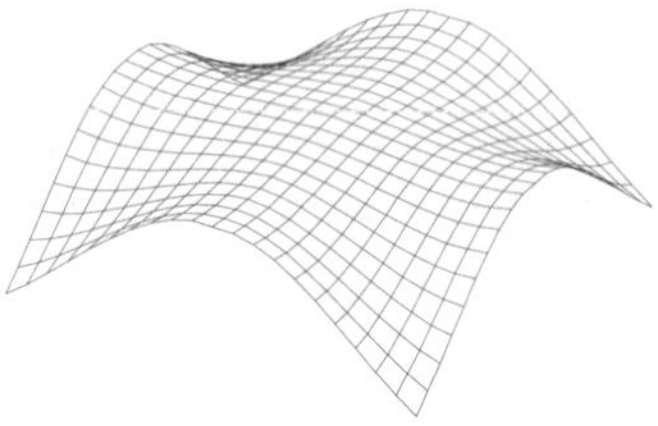

a2. 曲面形状-2
f_t=0.225, ${}_z\delta_{\max}$=-0.316×10^{-2}

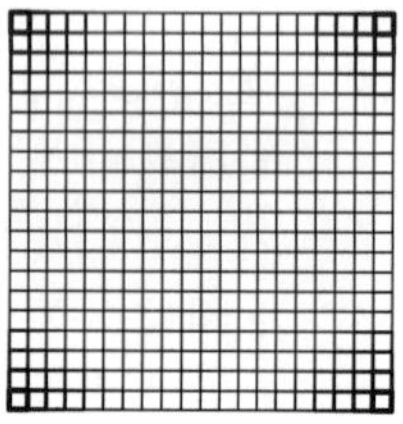

b2. シェル厚分布
t_{max}=0.172, t_{min}=0.103

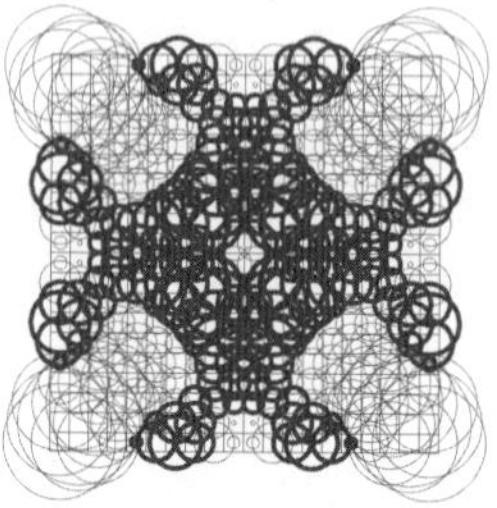

c2. 曲げモーメント分布
M_{max}=0.151×10

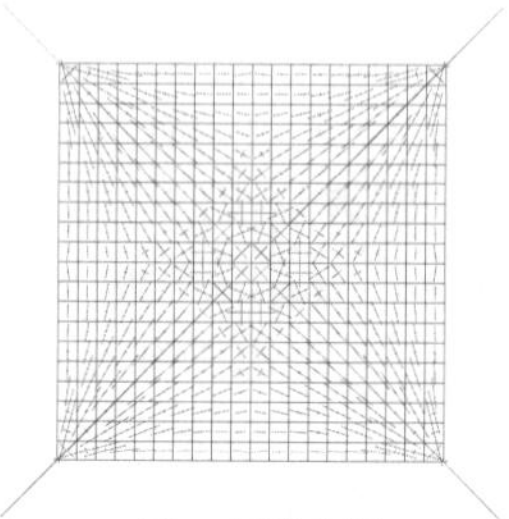

d2. 主応力図
σ_1=0.131×10^3, σ_2=-0.389×10^4
Thrust=0.435×10^3

B. 構造形態 ISGA-2

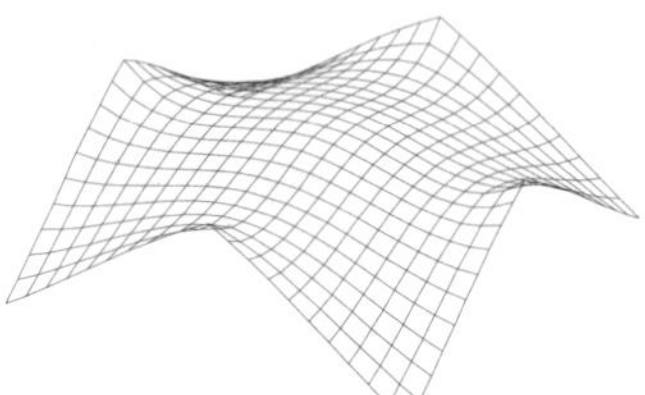

a3. 曲面形状-3
f_t=0.246, ${}_z\delta_{\max}$=-0.199×10^{-2}

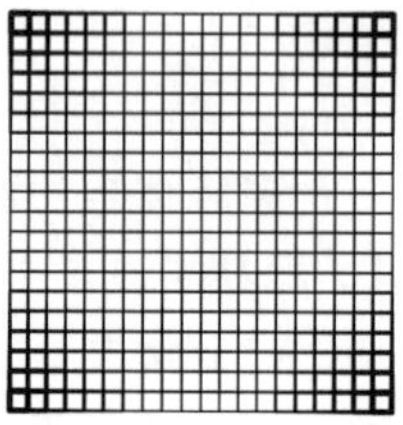

b3. シェル厚分布
t_{max}=0.184, t_{min}=0.104

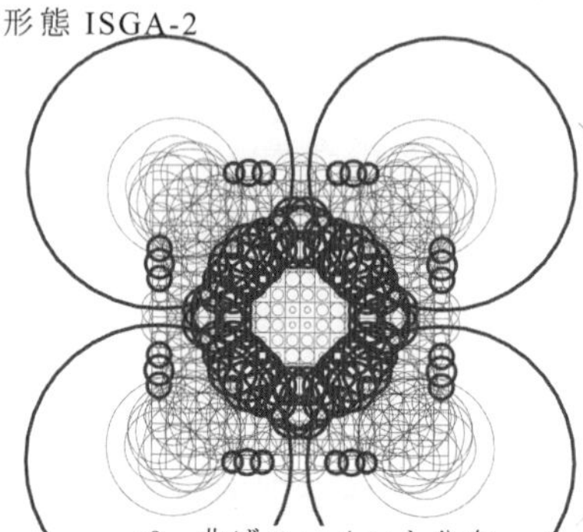

c3. 曲げモーメント分布
M_{max}=0.433×10

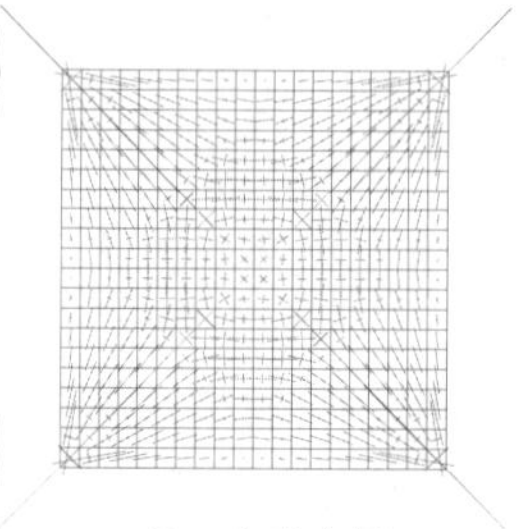

d3. 主応力図
σ_1=0.199×10^3, σ_2=-0.413×10^4
Thrust=0.497×10^3

C. 構造形態 ISGA-3

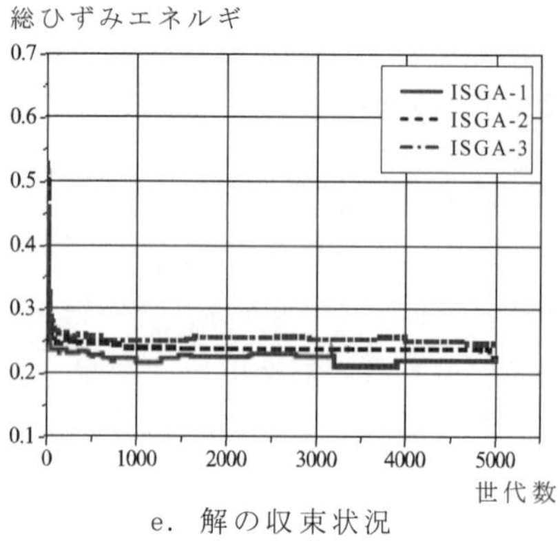

e. 解の収束状況

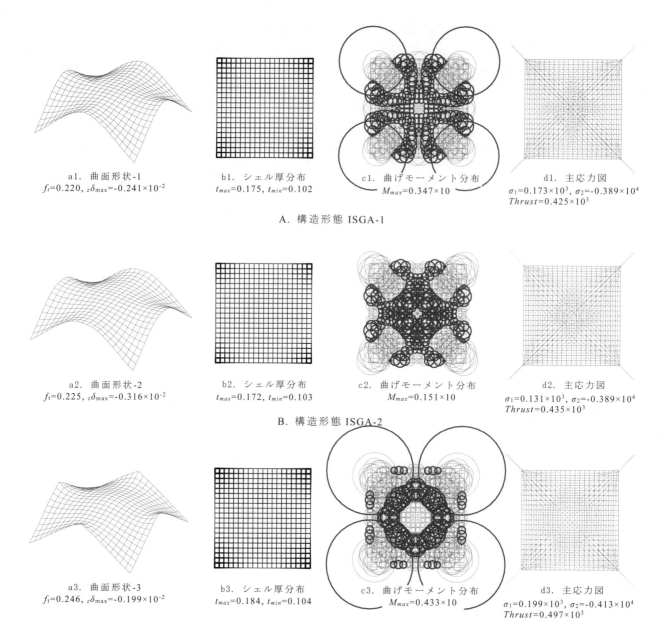

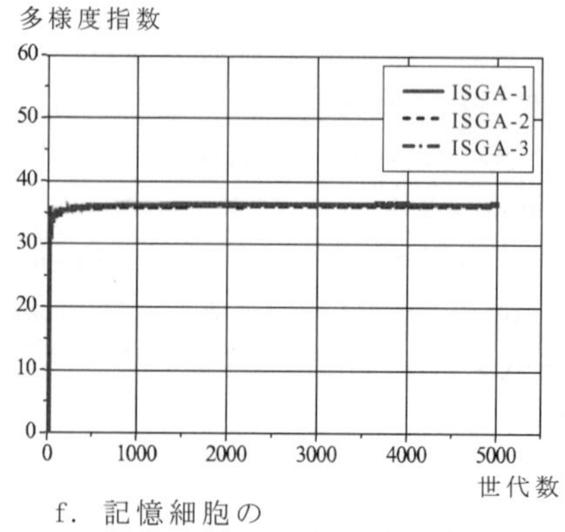

f. 記憶細胞の
設計変数に対する多様度

図 16　ISGAによる自由曲面シェル構造の形態例（SOP）単位： *m, kNm, kN/m²*, *kN*
（巻頭カラーページ参照）

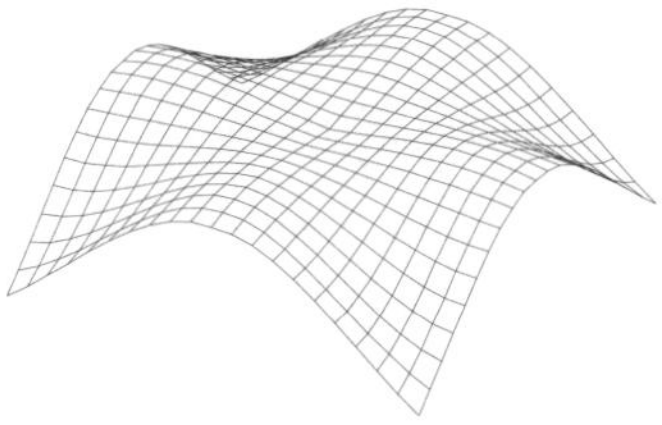

a1．曲面形状-1
f_t=0.344, ${}_z\delta_{max}$=-0.372×10^{-2}

b1．シェル厚分布
t_{max}=0.191, t_{min}=0.114

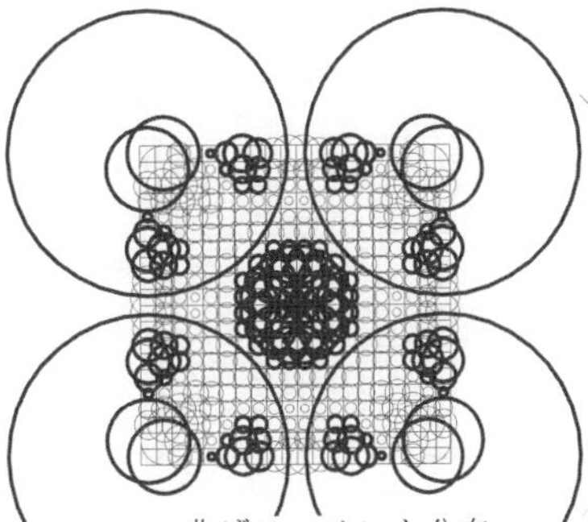

c1．曲げモーメント分布
M_{max}=0.173×10^2

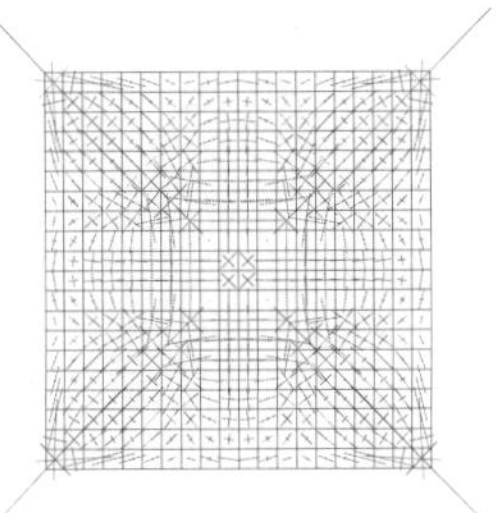

d1．主応力図
σ_1=0.507×10^3, σ_2=-0.415×10^4
Thrust=0.482×10^3

A．構造形態 ISPSO-1

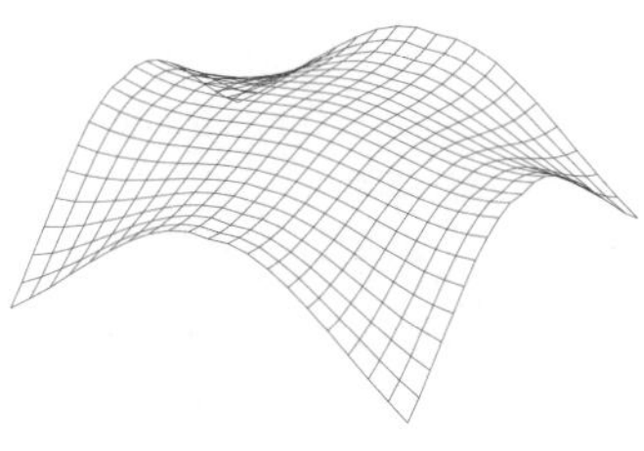

a2．曲面形状-2
f_t=0.264, ${}_z\delta_{max}$=-0.257×10^{-2}

b2．シェル厚分布
t_{max}=0.186, t_{min}=0.106

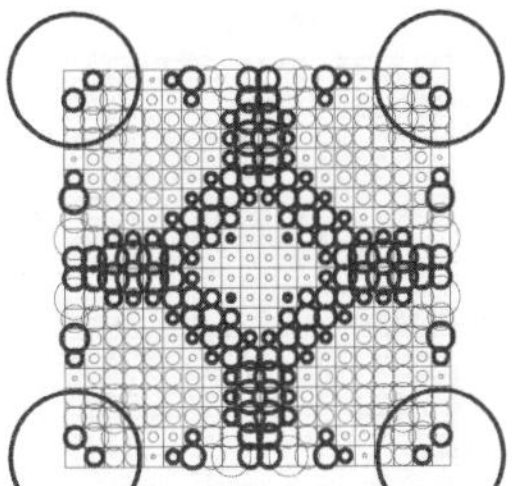

c2．曲げモーメント分布
M_{max}=0.660×10

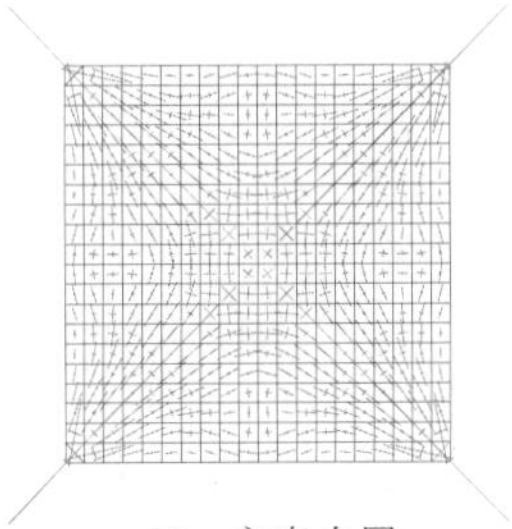

d2．主応力図
σ_1=0.234×10^3, σ_2=-0.416×10^4
Thrust=0.484×10^3

B．構造形態 ISPSO-2

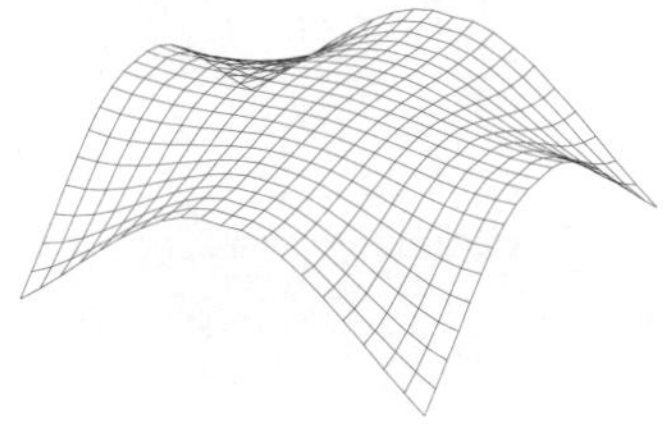

a3．曲面形状-3
f_t=0.240, ${}_z\delta_{max}$=-0.215×10^{-2}

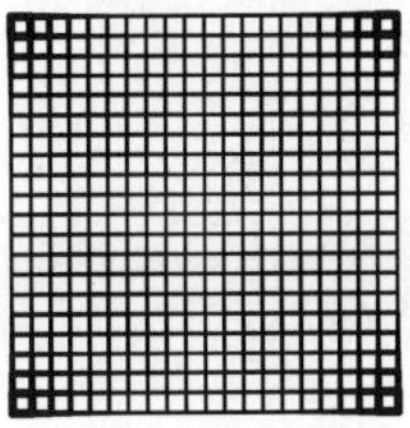

b3．シェル厚分布
t_{max}=0.176, t_{min}=0.105

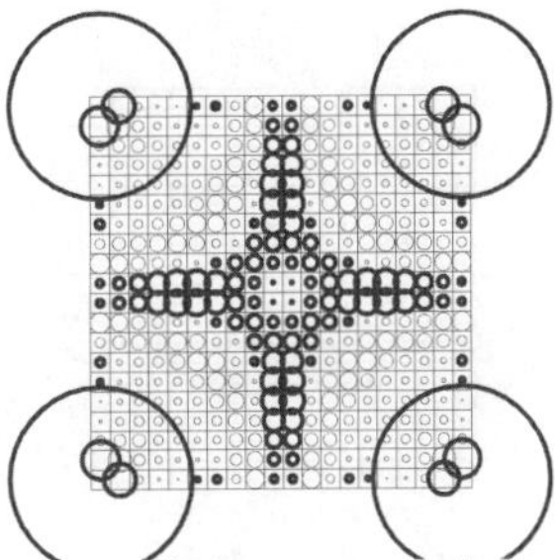

c3．曲げモーメント分布
M_{max}=0.941×10

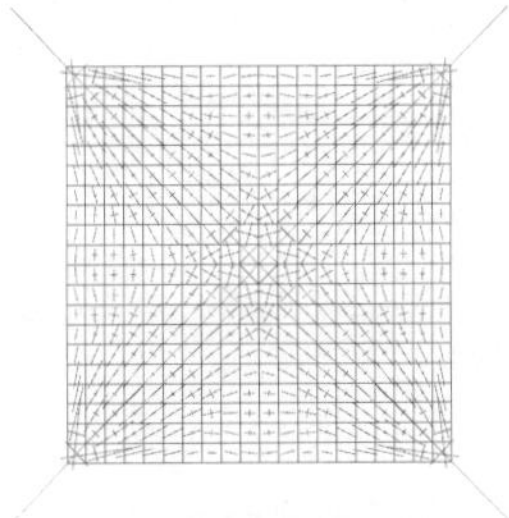

d3．主応力図
σ_1=0.281×10^3, σ_2=-0.408×10^4
Thrust=0.436×10^3

C．構造形態 ISPSO-3

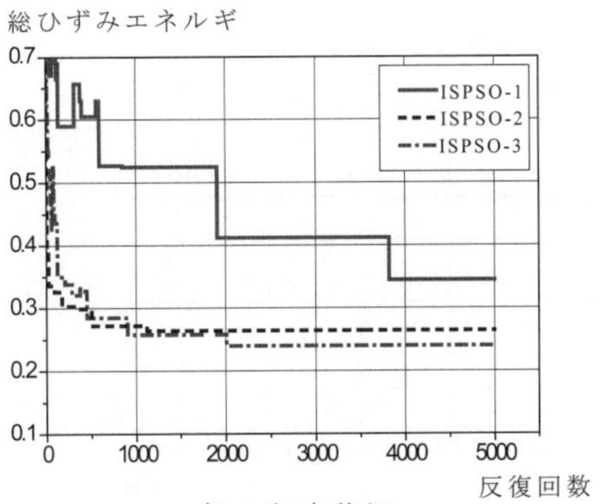

e．解の収束状況

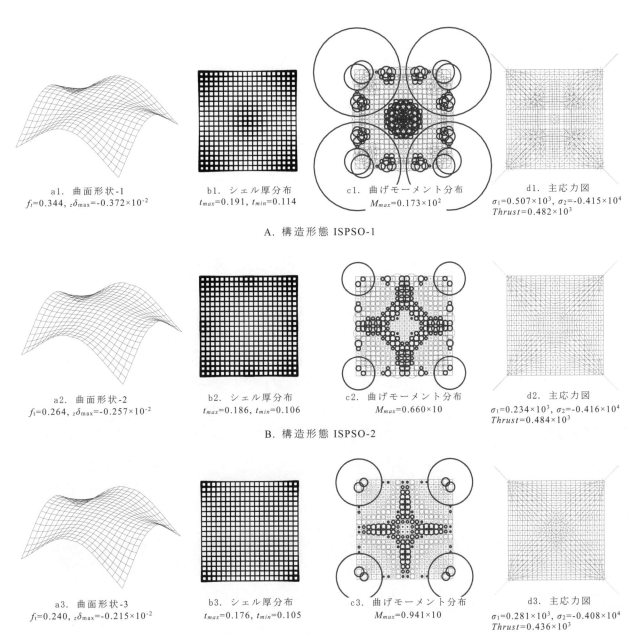

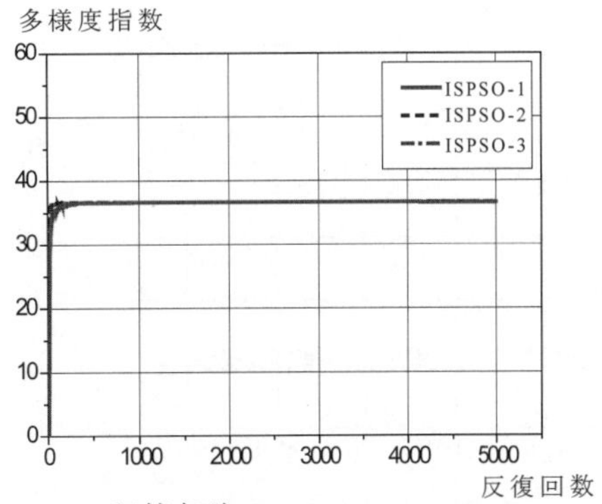

f．記憶細胞の
設計変数に対する多様度

図17　ISPSOによる自由曲面シェル構造の形態例（SOP）単位： *m, kNm, kN/m²*, *kN*

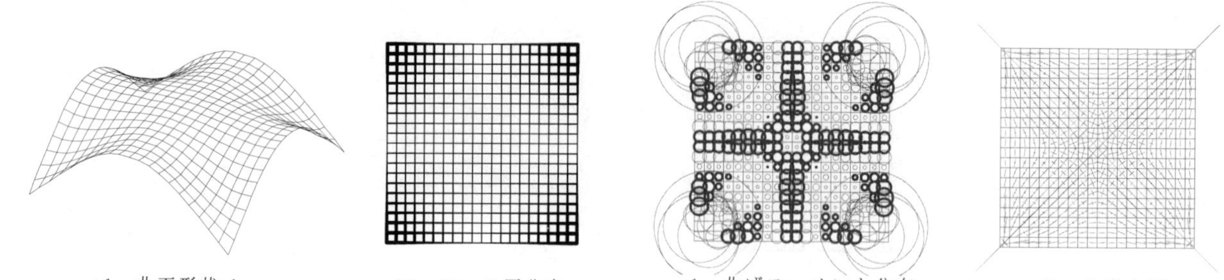

a1. 曲面形状-1 f_t=0.192, ${}_z\delta_{\max}$=-0.162×10^{-2}

b1. シェル厚分布 t_{max}=0.196, t_{min}=0.100

c1. 曲げモーメント分布 M_{max}=0.264×10

d1. 主応力図 σ_1=0.123×10^3, σ_2=-0.359×10^4 $Thrust$=0.415×10^3

A. 構造形態 ISABC-1

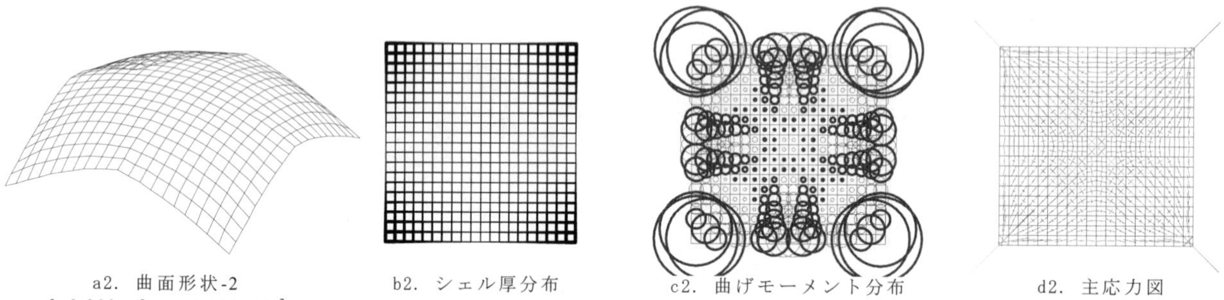

a2. 曲面形状-2 f_t=0.203, ${}_z\delta_{\max}$=-0.138×10^{-2}

b2. シェル厚分布 t_{max}=0.194, t_{min}=0.100

c2. 曲げモーメント分布 M_{max}=0.213×10

d2. 主応力図 σ_1=0.151×10^3, σ_2=-0.363×10^4 $Thrust$=0.465×10^3

B. 構造形態 ISABC-2

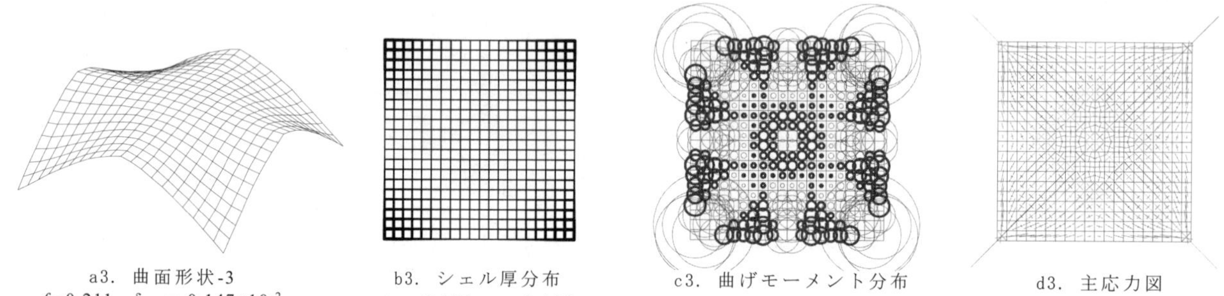

a3. 曲面形状-3 f_t=0.211, ${}_z\delta_{\max}$=-0.147×10^{-2}

b3. シェル厚分布 t_{max}=0.186, t_{min}=0.105

c3. 曲げモーメント分布 M_{max}=0.251×10

d3. 主応力図 σ_1=0.195×10^3, σ_2=-0.381×10^4 $Thrust$=0.432×10^3

C. 構造形態 ISABC-3

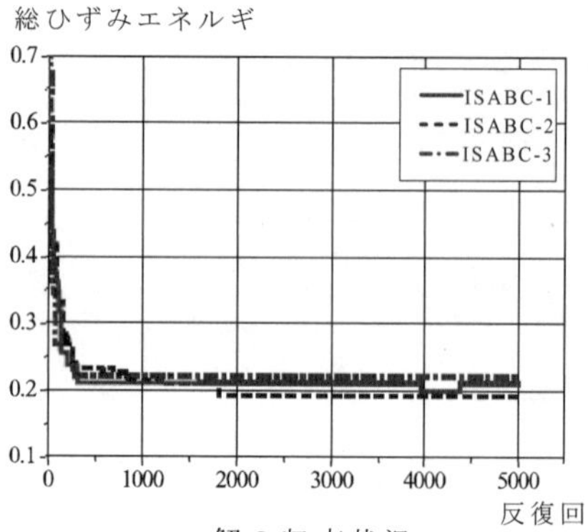

e. 解の収束状況

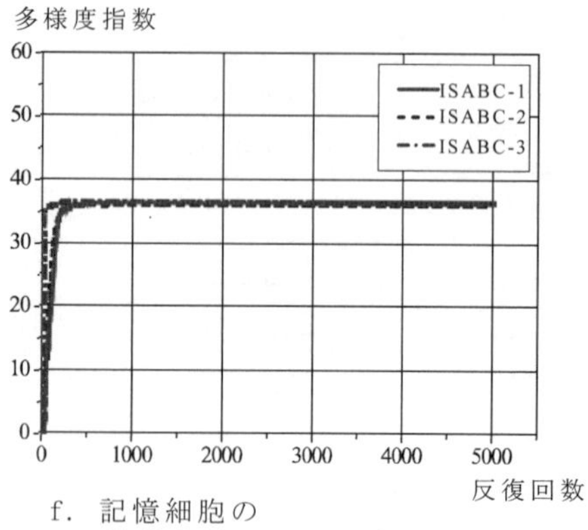

f. 記憶細胞の設計変数に対する多様度

図 18 ISABC による自由曲面シェル構造の形態例（SOP） 単位：m, kNm, kN/m^2, kN

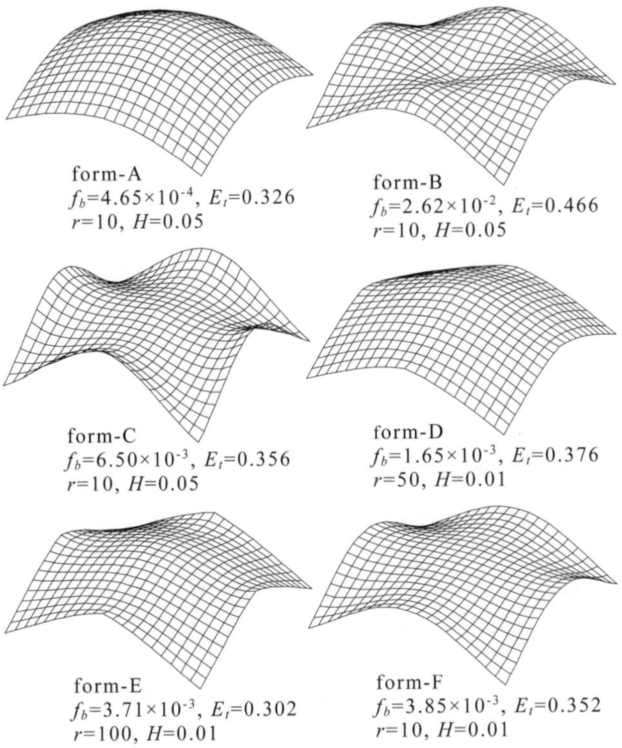

図 19　ISGAによる対称形状モデル(SOP)　曲げひずみ最小化の優良解

単位 f_b, E_t : kNm

8.3　多目的最適化問題(MOP)

次に、非対称形態のモデルを想定し、次式で示す曲げひずみエネルギーf_bと総体積f_v を共に最小化とするMOPを設定する。

$$minimize \quad f_b(\mathbf{A},\mathbf{R}) = \frac{1}{2}\mathbf{w}^T\mathbf{K}^b\mathbf{w} \tag{28}$$

$$f_v(\mathbf{A},\mathbf{R}) = \mathbf{S}(\mathbf{R})^T\mathbf{R} \tag{29}$$

$$subject\ to \quad {}_zP_{ij} = h \tag{30}$$

ここで、**S**は要素面積情報である。非対称形状モデルの制御点配置を図20に示す(既定制御点位置P_{11}の高さ h を設定)。a.のハッチング部が設計領域である。他の制約条件は、高さ制約以外、上述したSOPと同じとする。得られた優良解の例を曲げひずみエネルギーf_bと総体積 f_v 値と共に、図21に一試行で得られた形態例を示す(form-G～-L)。なお、h = 25 m とした(制御点の高さ設定であり、シェル面の高さではない)。ISPSO、ISABCを用いても得られる解の傾向は異なるが同様の解形態を得ることができる。

8.4　考察

ISGA、ISPSO、ISABCを用いて、ベジェ曲面の制御点を設計変数に設定したSOPとMOPの連続体自由曲面シェル構造の対称・非対称形状の形態創生例を示した。自由曲面シェルは、僅かな形状変化により、

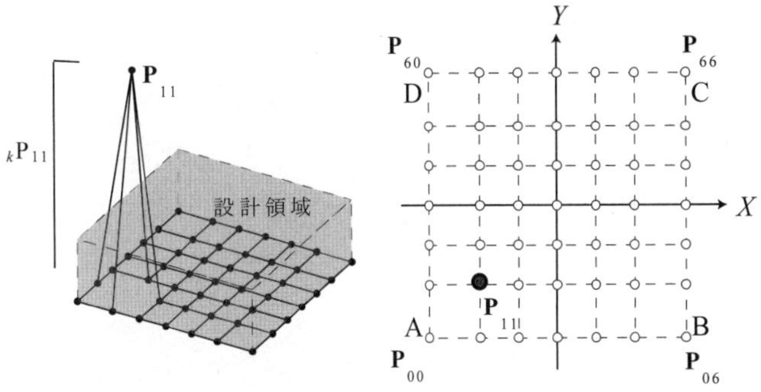

a. 制御点による高さ指定　　b. 制御点の平面配置

図 20　対称モデルの制御点配置と高さ制約

応力性状が大きく変わる。これらの構造形態情報は、自由曲面シェルに対する発想・設計情報として有用であり、意匠デザインや構造システムを考える上で意義が大きい。

以上のデータを踏まえ、機能を目的関数化したMOPの数値例も得られている。境界形状も矩形や円といった定型なものでなく、任意形状にも対応できる。また、曲面上に孔が存在するモデルに対してもデータを蓄積している[28]。設計変数である制御点高さ位置は、数値例において自由曲面上の位置と一致していない。しかし、少々工夫することで設計曲面上に制御点を置換することができる[29]。つまり、高さ制約が直接的に与えられる。また、連続体曲面だけでなく、グリッドシェル構造に対しても取り組んでいる[30]。このように種々の条件導入の曲面構造に対し、多くの優良解形態の提示が可能である。ただし、連続体自由曲面シェル構造の形態を扱う場合、有限要素の分割数の検討を行う必要がある。本稿で示した結果は優良解の違いの例示を目的としている。力学的な詳細検討については文献12)を参照するとよい。

9.　解の多様性とロバスト性判定について

9.1　解の多様性(多様度指数)

優良解の探索状況を知るには、設計変数に関する情報を持つ記憶細胞内の多様度の指標が重要となる。SGAでは遺伝子列の平均情報エントロピーを収束判定に利用することがある。この方法は2進数の遺伝子型の違いを算出し、0に近づけば収束したと判定する考え方であるので、形態の多様性を測る道具にはなり得ない。したがって、ここでは表現型の個体間距離(実数値)に着目し、次式の多様度指数 S を定義する。

$$S = -\sum_{k=1}^{q} p_k \cdot \log p_k \quad , \quad p_k = \frac{1}{N}\sum_{j=1}^{N}\left(1-d_{k,j}\right)^2 \tag{31a,b}$$

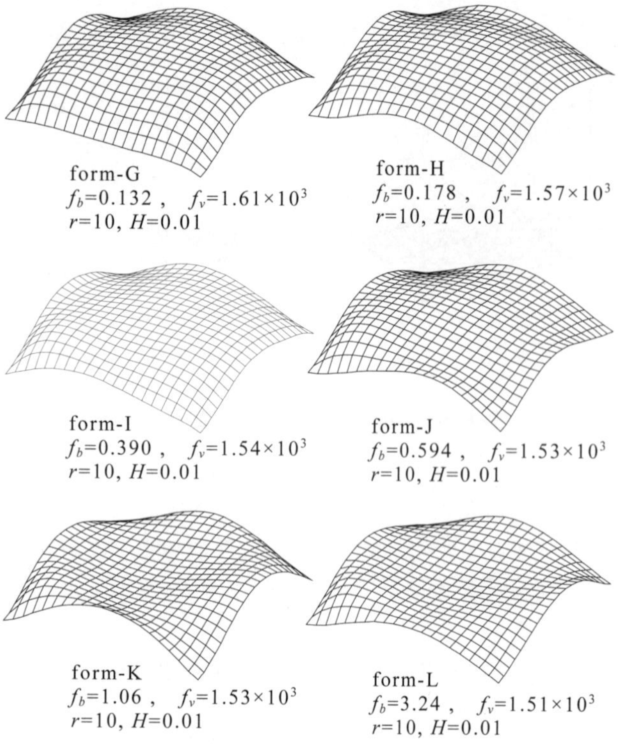

図 21　ISGA による高さ制約付与の非対称形状モデル(MOP)の優良解

単位 f_b : kNm, f_v : m^3

ここで、N: 集団内の個体数、p_k: 個体 k における近傍存在確率、$d_{k,j}$: 個体 k と個体 j に対する設計変数空間上の無次元化した個体間距離($d_{k,j}$ [0.0, 1.0])である。S の値が大きいとき、設計変数空間における優良解の多様性(形態の違い)が高いことを意味する。図 16～18 f. のグラフはこの式を用いている。MOP の解(パレート最適解や局所パレート解)に対する多様度指数の利用には、解の性質上、注意する必要がある。なお、形態の多様性判定には、座標値などの形態に直接関係する設計変数のみを用いるとよい。

9.2　ロバスト性判定について

優良解は大域的最適解や局所最適解およびそれらの近傍を含む比較的評価の高い個体である。したがって、得られた優良解のロバスト性に関しては別に判定しなければならない。2 変数関数に対する SOP の優良解位置(x, y)の微小変動により目的関数値が大きく変化するロバスト性が低い個体識別は、図 3 の 2 つのグラフから視覚的に判定できるであろう。しかし、2 変数関数の MOP や構造形態創生の SOP や MOP による解形態だけでは直ぐに判定が不可能である。ここでは得られた優良解の工学的なロバスト性判別法の試みを以下に示す[31]。

①1 つの優良解 i に対し、その解を中心に側面制約条件 s% 範囲で乱数個体を λ 個発生させる。一様乱数を用いる。

②優良解 i と乱数個体 $j(=1,2,3\cdots,\lambda)$ に対して次の微小変化量 ${}_k\Delta_{i,j}$ を算出する。

$$ {}_k\Delta_{i,j} = \frac{\Delta f_k}{\Delta x} = \frac{\left\| f_k(\mathbf{x}_i) - f_k(\mathbf{x}_j) \right\|}{\left\| \mathbf{x}_i - \mathbf{x}_j \right\|} \tag{32} $$

ここで、‖ ‖ は無次元化したユークリッド距離を採用する。

③ ${}_k\Delta_{i,j}$ の平均 ${}_k\mu_i$ を算出し、閾値 ${}_k\kappa_0$ を用いたロバスト判定を次のようにする。

$$ {}_k\Delta_{i,j} \le {}_k\kappa_0 \ \text{：ロバスト性高}, \quad {}_k\Delta_{i,j} > {}_k\kappa_0 \ \text{：ロバスト性低} \tag{33} $$

なお、ロバスト性判定の閾値は問題ごとに適切に決めなければならない。

ここで示したロバスト判定を次の n 変数のロバスト関数[32]の利用により、最大値探索の SOP(k=1)に対して行なう。

$$ f_t(\mathbf{x}) = \prod_{\ell=1}^{n} e^{-\frac{x_\ell - 0.1}{2}} \left| \sin^{m(\mathbf{x})}(5\pi x_\ell) \right| \qquad (0 \le x_\ell \le 1) \tag{34} $$

$$ m(\mathbf{x}) = \begin{cases} 6 & if \quad \bigvee_{a\in\{0,0.2,0.4,\cdots,0.8\}} \left(\bigwedge_{\ell=1,2,3,\cdots,n} a \le x_\ell \le a+0.2 \right) \\ 1 & otherwise \end{cases} \tag{35} $$

図 22 に 2 変数関数式(34)、(35)(n=2)を示す。各峰は大域的最適解と局所最適解である。対角線上にある緩やかな傾斜の山の峰において、一番高いところが大域的最適解(最大値)であり、他は局所最適解である。その中で一番低い峰が一番低い評価となるが、ロバスト性の評価は一番高い。対角線上以外の峰はロバスト性が低い。ここでは各峰の頂点に解を与え、s=5.0、N=100 と設定し、閾値 κ_0 $(={}_1\kappa_0)$ を変えて解のロバスト判定を行なった。図 23 に結果を示す。κ_0 の値によりロバスト解の判定が可能であることが判る。MOP では、${}_k\kappa_0$ ごとにロバスト判定を行ない、各閾値内にある解をロバスト性が高い解とする。以上の考え方を構造モデルに適用する。

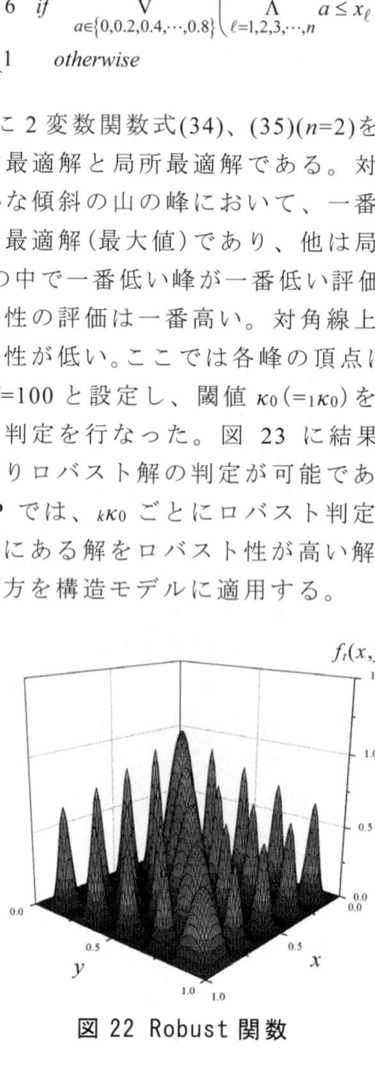

図 22 Robust 関数

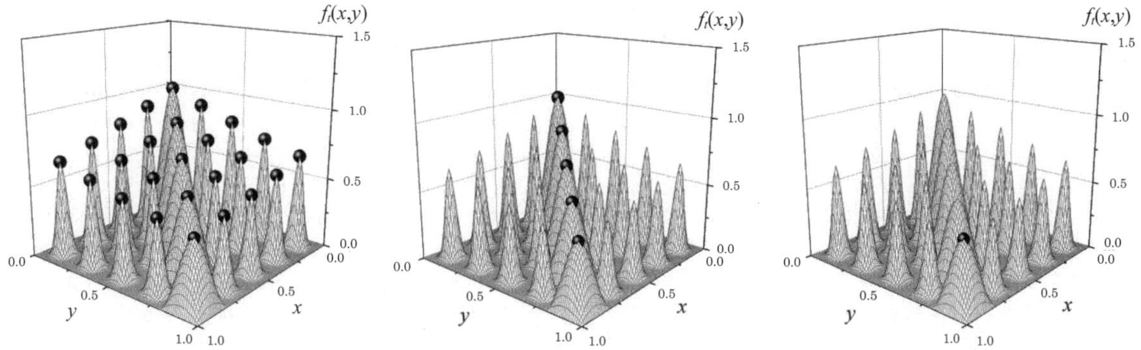

a. s=5.0, κ_0=10.5
判定値：低の場合

b. s=5.0, κ_0=2.5
判定値：中の場合

c. s=5.0, κ_0=1.0
判定値：高の場合

図 23 ロバスト判定によるロバスト性の高低について

１０．　今後の動向について

本章では建築構造の形態創生問題において、大域的最適解（パレート最適解）や局所最適解（局所パレート解）を含むそれらの近傍にある、設計変数空間と目的関数空間の多様性を同時に満足させた割と良い解を優良解と定義した。それらの優良解探索が可能な計算手順を示し、優良解の意義を簡単な 2 変数関数を用いて説明した。単点探索法による解追跡は優良解の性質から妥当な解析法ではない。そこで著者等は多点探索法の発見的手法に着目し、優良解探索解法である ISGA、ISPSO、ISABC を開発した。解析例では連続体自由曲面シェル構造の形態創生問題を扱い、種々の曲面形態を得ている。それらの解は想定した優良解であると考えている。また、多様度指数やロバスト性の基本的な判定基準の考え方も示すことができた。

今後はデータの蓄積を図り、建築構造に関する種々の問題に適用させて具体的なデータ等の提示をする必要がある。つまり、ここで示した ISGA、ISPSO、ISABC の適用により得られる解特性を把握しなければならない。なお、曲面を記述するパラメトリック関数には種々ある。特にパラメーターの与え方でベジェ曲面も表現できる NURBAS を採用した場合の優良解と多様性の関係は文献 33)を参照されたい。また、最近、蛍アルゴリズム(firefly algorithm:FA)が注目されている [34),35)]。FA は SOP に対して、大域的最適解と局所最適解を同時に得られる発見的多点探索法であり、SI 系の解法に分類される。解探索には 3 つのパラメーターを適切に設定する必要があり、局所解を得たい場合には強力な解法となっている。FA に局所探索を組み合せることで、確実な極値探索も可能である。

発見的多点探索法には、いろいろな考え方があり、現在でも多くの方法が提案されている。現状把握に文献 36)を参考にするとよい。多くのアルゴリズムが紹介されている。今後、構造形態創生問題に適合したアルゴリズムの選択、あるいは新たな開発も必要になるであろう。

注

1) l=2（2 目的最適化）のとき、目的関数値が小さいほど評価が高い場合の強度と適応度の計算手順を次のイメージ図で説明する。

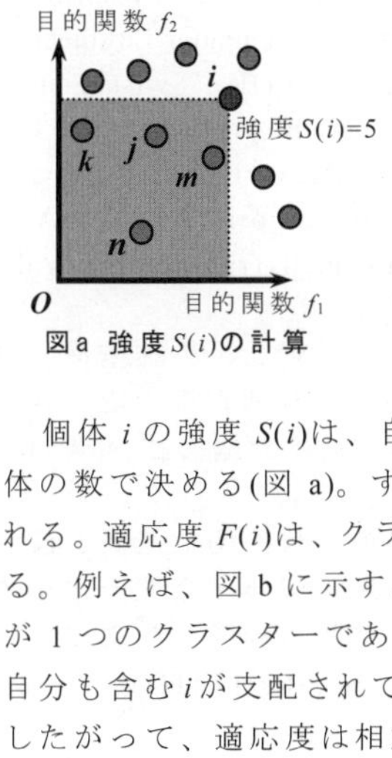

図a 強度 $S(i)$の計算

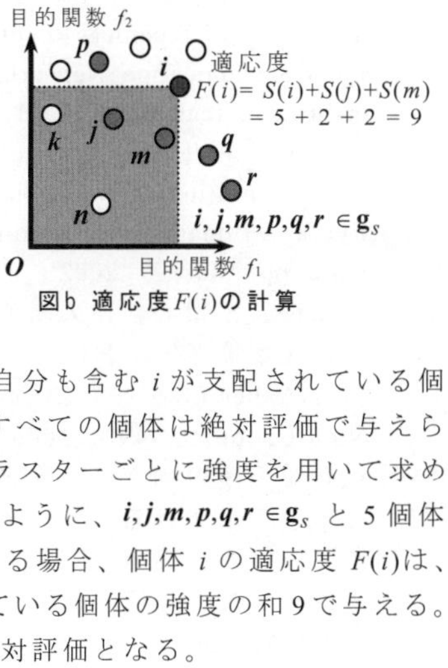

図b 適応度 $F(i)$の計算

個体 i の強度 $S(i)$は、自分も含む i が支配されている個体の数で決める（図 a）。すべての個体は絶対評価で与えられる。適応度 $F(i)$は、クラスターごとに強度を用いて求める。例えば、図 b に示すように、$\boldsymbol{i, j, m, p, q, r} \in \mathbf{g}_s$ と 5 個体が 1 つのクラスターである場合、個体 i の適応度 $F(i)$は、自分も含む i が支配されている個体の強度の和 9 で与える。したがって、適応度は相対評価となる。

参考文献

1) 日本建築学会編：建築最適化への招待、日本建築学会・丸善、2005
2) 本間俊雄：構造形態創生法の技術 -現状と展望-、日本建築学会大会（中国）シェル部門パネルディスカッション「コンピュータテクノロジーと建築デザイン」資料、pp.1-18、2008
3) 本間俊雄：構造形態の創生と最適化、日本建築学会第 9 回新「シェル・空間構造」セミナー、設計への計算機の応用と解析上の留意点、pp.25-32、2010
4) K.Deb : Multi-Objective Optimization Using Evolutionary Algorithms, Wiley, 2001
5) 本間俊雄、野瑞憲太：解の多様性を考慮した遺伝的

アルゴリズムによる構造形態の創生、日本建築学会構造系論文集、第 72 巻、第 614 号、pp.35-43、2007
6) 本間俊雄：節点近傍モデルのセル･オートマトン法による計算力学と形態の創生、第 2 回半谷裕彦記念「形態解析セミナー」セミナー論文集 CD、Vol.2、No.2、pp.1-38、2000
7) 大森博司、本間俊雄：建築の構造形態とその創生、特集建築形態の数理･II.論考 3、建築雑誌、第 118 巻、第 1507 号、pp.20-23、2003
8) 日本建築学会編：空間構造におけるコンピュータ利用の新しい試み、日本建築学会･丸善、2005
9) 日本建築学会編:アルゴリズミック･デザイン -建築･都市の新しい設計手法-、鹿島出版会、2009
10) 10)J. Kennedy : Particle swarm optimization, Proc. of IEEE the International Conference on Neural Networks, Perth, pp.1942-1948, 1995
11) D.Karaboga and B.Basturk : A powerful and efficient algorithm for numerical function optimization: artificial bee colony (ABC) algorithm, Journal of Glob Optimization 39, pp.459-471, 2007
12) 永田洸大、本間俊雄：優良解探索機能を導入した群知能による自由曲面シェル構造の形態、日本建築学会構造系論文集、第 78 巻、第 684 号、pp.345-354、2013
13) 永田洸大、本間俊雄：優良解探索群知能による自由曲面シェル構造の多目的最適化、日本建築学会構造系論文集、第 78 巻、第 690 号、pp.1429-1437、2013
14) E.Zitzler, M.Laumanns and L.Thiele : SPEA2: Improving the Performance of the Strength Pareto Evolutionary Algorithm, In Technical Report 103, Computer Engineering and Communication Networks Lab (TIK), Swiss Federal Institute of Technology (ETH), Zurich, 2001
15) K.Deb, A.Pratap, S.Agarwal, T.Meyarivan : A fast and elitist multiobjective genetic algorithm: NSGA-II, Evolu- tionary Computation, IEEE Transactions, Vol.6, No.2, pp. 182-197, 2002
16) 原田健、池田心、佐久間淳、小野功、小林重信：多目的関数最適化における GA と局所探索の組み合わせ：GA then LS の推奨、日本知能学会論文誌、Vol.21、No.6-C、pp.482-492、2006
17) 金和美、廣安知之、三木光範：目的関数空間と設計変数空間におけるパレート最適解の多様性を維持するアーカイブメカニズム、情報処理学会論文誌、数理モデル化と応用、Vol.46、No.SIG-17 (TOM13)、pp. 102-113、2005
18) 小林賢二、廣安知之、三木光範：ネットワークインバージョンを利用した多目的遺伝的アルゴリズムのための多様性維持メカニズム、情報処理学会論文誌、数理モデル化と応用、Vol.1、No.1、pp.27-42、2008
19) 北山哲士、宮川智栄、山崎光悦、荒川雅生：領域適応型 Particle Swarm Optimization による複数の最適解の探索、日本機械学会論文集 C 編、第 75 巻、第 751 号、pp.198-206、2009
20) S.Habaguchi, S.Kitayama and K.Yamazaki : Multi-Objective Particle Swarm Optimization using the Pareto-Fitness Function, 6th China-Japan-Korea Joint Symposium on Optimization of Structural and Mechanical Systems, J-61, 2010
21) 森一之、築山誠、福田豊生：免疫アルゴリズムによる多峰性関数最適化、電気学会論文誌 C 、第 117 巻、第 5 号、pp.593-598、1997
22) 本間俊雄、加治広之、登坂宣好：免疫アルゴリズムによる構造システムの最適化と解の多様性、 日本建築学会構造系論文集、第 588 号、pp.103-110、2005
23) 斉藤文彦：免疫システム型 GA を用いた正規化相関による複数画像領域探索、電気学会論文誌 C、第 122 巻、第 4 号、pp.655-661、2002
24) M.Erickson, A. Mayer and J. Horn : The Niched Pareto Genetic Algorithm 2 Applied to the Design of Groundwater Remediation Systems, First International Conference on Evolutionary Multi-Criterion Optimization, Springer-Verlag. Lecture Notes in Computer Science No.1993, pp.681-695, 2000
25) 渡邉真也、廣安知之、三木光範:近傍培養型遺伝的アルゴリズムによる多目的最適化、情報処理学会論文誌：数理モデル化と応用、Vol.43、No.SIG-10 (TOM7)、pp.183-198、2002
26) Y.Okita and T.Honma : Structural Morphogenesis for Free-Form Grid Shell Using Genetic Algorithms with Manipulation of Decent Solution Search, Journal of the International Association for Shell and Spatial Structures, 53(3), pp.177-184, 2012
27) 杉原厚吉：グラフィックスの数理、共立出版、1995
28) D. Wada and T. Honma : Structural Morphogenesis for Free Surface Shell Structure with Convexo-Concave Form of Curved Surface -Application of Genetic Algorithms with Diversity of Solution-, CD-ROM Proceedings of Interna- tional Symposium on Algorithmic Design for Architecture and Urban Design, K-1, 2011
29) 和田大典、本間俊雄：自由曲面シェル構造の形態決定における優良解探索と解の多様性、構造工学論文集、第 58B 号、pp.453-460、2012
30) Y.Okita and T.Honma : Structural Morpho- genesis for Free-Form Grid Shell Using Genetic Algorithms with Manipulation of Decent Solution Search, Journal of the International Association for Shell and Spatial Structures, Vol.53, No.3, pp.177-184, 2012
31) 下野晋、本間俊雄：優良解探索を考慮した遺伝的アルゴリズムによる構造形態創生とロバスト性、日本建築学会研究報告九州支部、第 50･1 号構造系、pp.369-372、2011
32) 廣谷裕介、小野智司、中山茂：多目的遺伝的アルゴリズムと準ニュートン法のハイブリッドによる複数ロバスト解探索、システム制御情報学会論文誌、第 20 巻、第 8 号、pp.355-357、2007
33) 沖田裕介、本間俊雄：優良解探索遺伝的アルゴリズム系解法による自由曲面グリッドシェルの構造形態創生、日本建築学会構造系論文集、第 78 巻、 第 687 号、pp.949- 958、2013
34) Xin-She Yang: Firefly Algorithms for Multimodal Optimization, Proc. 5th Inter. Conf. on Stochastic Algorithms, Foundations and Applications pp.169-178, 2009
35) N.Tanaka, T.Honma: Structural Shape Optimization of Free-form Surface Shell Using Firefly Algorithm, Proceed- ings of the International Association for Shell and Spatial Structures (IASS) Symposium 2013
36) Xin-She Yang, *Nature-Inspired Metaheuristie Algorithm* Second Edition, Luniver Press, 2008

第１２章

SPEA2と構造要素最適配置

概要　本章は、発見的最適化手法を用いた構造要素最適配置問題を対象とする。最適化対象としては、鉄骨造ラーメン構造建物を想定し、柱の最適配置や使用部材の断面最適化を行うシステムを構築した。また、最適化手法として、単一目的最適化（PfGA）と多目的最適化（SPEA2）の２つの手法を適用し、得られる解の特徴や各最適化手法の有効性，応用性に関して、シミュレーション結果を比較しながら考察を行った。

１．　はじめに

建築物の計画では、安全性、デザイン性、経済性などの諸要求を勘案し、バランスの取れた計画を行い、種々の制約を考慮しながら効果的に設計目標を達成することが求められる。しかし、設計対象を建築構造計画における柱や梁などの構造要素の配置計画に限定した場合でも、部材やその配置の選択肢は無数に存在し、その全ての配置パターンを検討することは、時間の制約およびコストの観点から困難である。このように、解が無数に存在する組み合せ最適化問題に対して、効率的に解を探索する手法として、遺伝的アルゴリズム[1)]が有効である。建築分野でも､建築計画における各種施設の最適配置問題や、設備計画における機器や配管の最適配置問題への遺伝的アルゴリズムの適用に関する研究が多数行われており、特に建築構造を対象とした最適化に関しても多くの研究[2)~7)]が実施されている。これらの研究では、最適化手法として単純遺伝的アルゴリズム、多目的遺伝的アルゴリズム、免疫アルゴリズム[8)]、およびそれらの改良型など各種手法が用いられている。また、最適化の対象としては平面および立体のトラス構造[2)~4)]、ラーメン構造[5)~7)]などを対象としている。また、評価指標としては、主に最小重量設計を目的関数とした最適化が行われ、適用した最適化手法の効率および得られた解の特性に関する検討が行われている。

本章では、鉄骨造の事務所ビルを想定した立体ラーメン構造を対象として、部材配置最適化システムを構築し[9)､10)]、シミュレーションを実行することによって得られた知見を述べる。また、自由度の高い部材の配置方法を実現するため、柱間隔に加えて柱本数も可変となるような部材配置ルールを導入し、複雑な配置パターンを組み合わせ最適化問題の対象として定義している。また、最適化で用いる評価指標としては、構造安全性を担保する評価指標に加えて、建物の平面計画を評価する指標を設定した。具体的には、事務所ビルを設計する際に重要な問題となるコアスペースの配置位置を最適化対象として設定し、構造計画と平面計画を同時に評価可能なシステムを構築することにより、実践的な問題設定を行うことを目指した。また、最小重量設計問題として構造性能を評価する場合には、単一の目的関数を処理する最適化アルゴリズムを用いることにより、有用な解を得ることが期待できる。しかし、平面計画を評価指標として取り入れる場合には、性質の異なる複数の評価指標を処理する必要が生じるため、多目的最適化手法を導入することとした。本章では、部材配置最適化問題を対象として、単一目的最適化と多目的最適化という２つの手法を適用した最適化システムを構築し、得られた解の特性の分析を通して、本問題に対する両手法の適用性に関して考察を行うことにより、構造、計画という異なる方向性を持つ評価指標を同時に適用したシステムの有効性や問題点を明らかにすることを目的とする。

また、部材選択を行う際に離散的な部材断面を準備し、最適化の対象とするのではなく、部材断面積を連続設計変数として定式化して、部材選択ルールを用いて部材断面を決定する仕組みを採用していることも特徴としてあげられる。

２．　構造要素最適配置システム

2.1　対象モデル

最適化の対象としては、鉄骨造事務所ビルを想定し､構造要素の最適配置を行うシステムを構築した。建物の平面形状は、幅・奥行ともにユーザーが１メートル単位で設定する長方形平面とし、高さは 4m で一定とする。構造形式は、剛接合された柱と梁で構成されるラーメン構造とした。また、縦動線や設備などの配管スペースとして利用するコアの形状や配置を､ユーザーが選択して入力できる設定とした。コア配置パターンは、センターコア、サイドコアの 2 種類から選択可能とし、コアの面積と縦横比を入力することで、ユーザーの要求に沿った平面計画を選択することができる。

使用する部材は柱と梁の2種類で、柱部材には角形鋼管を、梁部材にはH形鋼を用いる。また、使用鋼材の基準強度は$F=235[N/mm^2]$とする。

2.2　部材の配置方法

本システムでは、遺伝子情報を用いてX、Y方向の柱をどこに配置するか、つまりスパン割りを決定する。以下では、遺伝子情報を用いてどのようにして柱・梁部材の配置位置を決定するかを説明する。

① 建物の四隅には必ず柱を配置する。建物外周の中間部の柱を配置する位置は、遺伝子に基づいて決定する。たとえばX、Y両方向に柱を最大6本ずつ配置する場合は、両端を除いた中間部の4本の柱の配置位置を決定するために遺伝子の長さ（遺伝子座の数）を8とし、柱の配置位置と対応させる。また、各遺伝子座の値域は0から建物の幅（あるいは、奥行き）までの整数値と定義し、柱は1m間隔で配置可能な設定とする。建物の左上に原点をとり、各柱の原点からの距離を遺伝子情報と対応させることによって柱の配置位置を決定する。なお、柱の配置位置が重複する場合、あるいは配置位置が0mや建物の幅と同じ値となる場合は、その方向の柱本数を減少させることにより、さまざまなパターンの柱配置を可能とする。

② X、Y両方向の柱配置位置が決定された後は、各通りの交差位置に柱を順次配置し、ラーメン構造を構成する梁を各柱間に直交に配置することにより、部材配置が決定される。

建物規模を10m×10m、最大柱本数を各方向とも6本（5スパン）とした場合について、遺伝子型と部材の配置方法の対応関係を図1に示す。遺伝子座番号0～3の遺伝子の値に応じてX方向の柱を配置し、遺伝子座番号4～7の遺伝子の値に応じてY方向の柱を配置する。たとえばX方向では、遺伝子座番号0の遺伝子の値が5であるので、左上の原点からY方向（下方向）に5m移動した位置にX方向の柱の通りが配置される。同様に、遺伝子座番号1、2の遺伝子の値に応じて、原点からそれぞれ2mおよび7m移動した位置にX方向の柱の通りが配置される。ただし、遺伝子座番号3の遺伝子の値は5であるが、これは遺伝子座番号0の遺伝子の値と同じであるので、上記のルールにしたがい、X方向の柱の通りは1つ減少し、X方向は4スパンとなる。

Y方向についても同様であり、遺伝子座番号4～7の遺伝子の値に応じて、原点からそれぞれ8m、0m、6m、3mずつX方向（右方向）に移動した位置にY方向の柱の通りが配置される。ただし、0mの位置には、建物の四隅に配置された柱がすでに存在するため、Y方向の柱も1つ減少することになる。

つまりX、Y両方向とも、遺伝子の値によっては1スパンから5スパンまでの自由度の高い配置パターンを表現することが可能である。

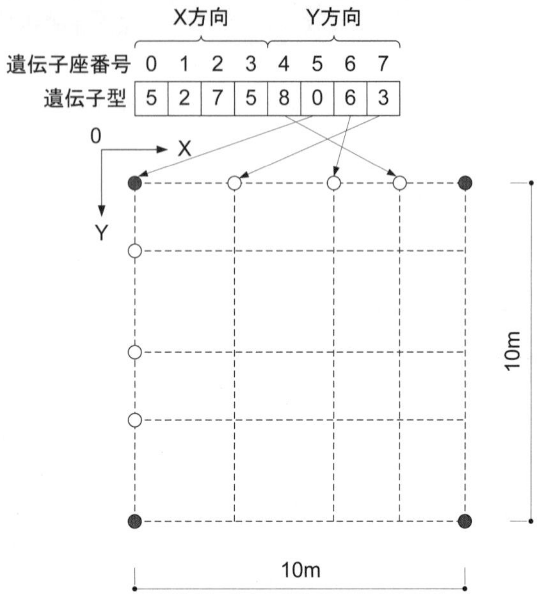

図1　部材の配置方法

2.3　部材の選択方法

本システムでは建築骨組の最適設計に関する既往の研究[11)]などを参考に、問題設定を単純化するため、断面二次モーメントなどの部材断面性能と部材断面積について式(1)～(3)に示す近似関係を設定した。式中の$W[kg/m]$、$I[cm^4]$、$Z[cm^3]$は、それぞれ部材重量、断面二次モーメント、断面係数を示し、部材断面積$A[cm^2]$と係数α_W、α_I、α_Z、β_W、β_I、β_Zにより決定される。これより、部材断面は部材のせいを一定とし、部材断面積を連続設計変数として定式化でき、部材断面性能が決定される。本システムで使用する部材せいの一例として柱に□－200×200を、梁にH-400×200を使用する場合の式(1)～(3)における係数を表1に示す。なお、部材断面積の最小値は幅厚比制限値を満足する最小の断面積、最大値は角形鋼管、H形鋼ともに中実断面の場合として設定した。

$$W = \alpha_w \times A + \beta_w \tag{1}$$

$$I = \alpha_I \times A + \beta_I \tag{2}$$

$$Z = \alpha_Z \times A + \beta_Z \tag{3}$$

表 1　部材断面積と断面性能の関係式

	W–A 関係		I–A 関係		Z–A 関係	
	α_w	β_w	α_I	β_I	α_Z	β_Z
	$[10^4 kg/m^3]$	[kg/m]	$[cm^2]$	$[cm^4]$	[cm]	$[cm^3]$
柱	0.785	−0.021	52.4	464	5.24	46.5
梁	0.808	−2.57	333	−5050	16.5	−242

部材断面選択では、部材断面積を連続設計変数とし、図 2 に示すフローにしたがって部材断面を決定する。まず、マトリクス解析により各部材の応力比を算出し、全ての部材について、以下に示す①～③のルールにしたがって部材断面積を更新する。ルール中 A は更新前の部材断面積を、A'は更新後の部材断面積を、α は式(4)に示す部材応力比を示す。

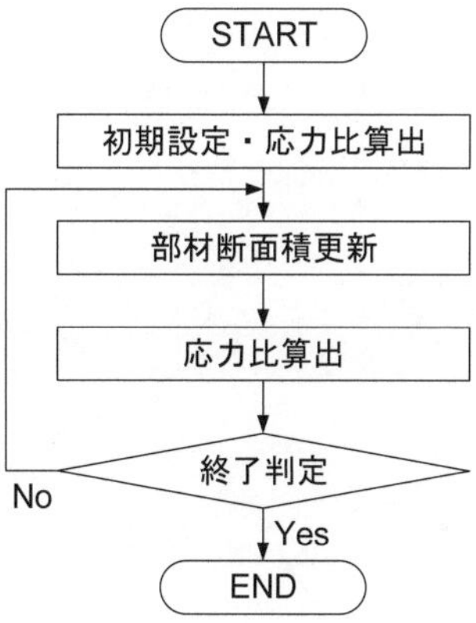

図 2　部材断面の選択フロー

①α<0.9 のとき：A' = A×α

②α>1.0 のとき：A' = A×α^2

③0.9≦α≦1.0 のとき：A' = A

（部材断面積の更新は行わない。）

$$\alpha = \frac{部材の応力度}{部材の許容応力度} \tag{4}$$

部材応力比 α は、部材に生じる軸力、曲げ、せん断の長期および短期の各応力度を、2.4 で定義する ev.1.1 で述べる柱、梁の各項目に対応させて算出し、その中で最も大きな値を代表値として定義される。次に、部材断面積が更新された後の骨組みを対象として応力比を算出し、全ての部材の応力比が 0.9～1.0 の範囲に収まっていれば部材選択のフローを終了し、収まっていない場合は、さらに部材断面積の更新を繰り返す。このループは最大で 10 回と設定しており、10 回の部材断面積更新を行った後は、各部材の応力比が 0.9～1.0 の範囲に収まっていない場合でも本フローを終了する。

なお、上記の部材選択ルールは、本システムでは最適化対象として低層建物を想定しているため、応力のみを基準として部材断面積の操作を行う設定としているが、層間変位により部材断面が決まる可能性がある中高層建物へ本システムを応用する場合には、部材選択ルールに変形に関する指標を導入するなどの工夫が必要となる。また本システムでは、問題設定の単純化のため、使用する部材のせいを一定としたが、より効率的な部材選択を行うためには、部材のせいについても可変性を持たせることが有効となる。

2.4　評価指標

本システムでは、大きく分類すると部材選択に関する評価（Ev.1）と部材配置に関する評価（Ev.2）の 2 つの評価指標を用い、各評価指標の最大化問題として定式化を行う。なお、以下で述べる評価指標および、評価値の算出式については、構造性能評価と平面計画評価という性質の異なる 2 つの評価指標を、最適化システム内で同時に取り扱うことの有効性を検討する目的のために、著者が必要であると考えた評価指標を設定したものであり、読者が本システムを他の問題に応用する場合には、読者の判断基準に基づいて、積極的に評価指標をカスタマイズすることが必要となる。

2.4.1　部材選択評価（Ev. 1）

①構造制約条件（ev.1.1）

構造物の安全性、機能性を保持するために、全ての部材について以下に示す 6 種の制約条件を満たすことを目指す。

(1) 柱：圧縮と曲げの組み合せ応力度 ≦ 許容応力度
(2) 柱：せん断応力度 ≦ 許容応力度
(3) 梁：曲げ応力度 ≦ 許容応力度
(4) 梁：せん断応力度 ≦ 許容応力度
(5) 梁：たわみ ≦ 1/300
(6) 層間変形角 ≦ 1/200

なお、許容応力度に関する制約条件を判定する際には、鋼材の基準強度を F=235[N/mm^2]とし、長期と短期のそれぞれの許容応力度に対して確認を行う。対象構造物は、これらの制約条件を全て満たす必要があるため、全ての部材について上記制約条件を確認し、制約条件を満たさない部材数（N とする）に応じて構造制約条件に関する評価 ev.1.1 を、式(5)を用いて算出する。本式にしたがえば、全ての制約条件を満たす場合は N=0 となるため ev.1.1=1 となるが、制約条件を 1 つでも満たさない部材が存在すれば、ev.1.1 は 0.5 以下へと大幅に低減される。なお、構造制約条件という意味合いからは、下記制約条件を 1 つでも満たさない部材があるような構造計画の評価は 0 とするのが妥当であるとも考えられるが、遺伝的アルゴリズムの進化の仕組みを考慮すると、制約条件を満たさない解が複数存在する場合、制約条件を満たさない解どうしの優劣関係を評価に反映した場合の方が、進化の効率が良くなることが筆者らのシミュレーションにより確かめられているため、制約条件を満たさない部材が存在する場合でも、小さな値となる評価値を与えることにした。これは、制約条件を満たさない解が解全体に占める割合が小さい場合は評価を 0 にしてもあまり問題にならないが、制約条件を満たさない解、つまり評価値 0 の解が解全体に占める割合が大きくなると、遺伝的アルゴリズムの遺伝的操作における「選択」が有効に機能しなくなるためである。

$$\mathrm{ev.1.1} = \frac{1}{\mathrm{N}+1} \qquad (5)$$

②鉄骨総重量（ev.1.2）

鉄骨構造物の建設コストが鉄骨部材の総重量に比例すると考え、総重量が小さいほど高く評価するため、式(6)を用いて評価 ev.1.2 を算出する。式中、n は総部材数を、W は部材重量を、W_{min} は全ての部材に最小断面積の部材を使用した場合の鉄骨総重量を、W_{max} は全ての部材に最大断面積の部材を使用した場合の鉄骨総重量を示す。つまり、式(6)を用いれば、建物の使用鉄骨総重量 ΣW_i が W_{min} となるとき、評価値は 1 となり、ΣW_i が増加するにつれて評価値は減少してゆき、ΣW_i が W_{max} となるとき、評価値は 0 となる。ここで、最小断面積、最大断面積とは 2.3 で述べた手法により算出可能である。

$$\mathrm{ev.1.2} = 1 - \frac{\sum_{i=1}^{n} W_i - W_{min}}{W_{max} - W_{min}} \qquad (6)$$

③部材選択の評価の統合（Ev.1）

評価指標 ev.1.1 は制約条件であるため、基本的には 1 となることを想定し、これに ev.1.2 を乗ずることにより、部材選択に関する評価 Ev.1 を式(7)を用いて算出する。

$$\mathrm{Ev.1} = \mathrm{ev.1.1} \times \mathrm{ev.1.2} \qquad (7)$$

2.4.2　部材配置評価（Ev.2）

①コア形状（ev.2.1）

2.2 で示した手法による部材配置の決定後、ユーザーが入力したコアタイプに応じてコアの配置位置の中心点を定め、その中心点を含む 1×1 スパンの空間をコアスペースと定義する。コア形状の評価では、この定義されたコアの面積、縦横比と、ユーザーが入力した目標値との差を評価する。つまり、両者の差が小さいほど高く評価するものとし、式(8)を用いてコア形状評価 ev.2.1 を算出する。なお、式(8)中の μ_1、μ_2 は、それぞれコアの面積、縦横比に関する評価値を示し、図 3 に示す形状の評価関数を用いて求める。図 3 中、A_c、R_c はそれぞれ実際のコアの面積、縦横比を示し、V_i はユーザーが入力した目標値を示す。つまり、実際のコアに関する A_c、R_c とユーザーが入力した目標値 V_i が一致した場合に μ_1、μ_2 は 1 となり、目標値 V_i から離れるほど μ_1、μ_2 の評価は低減され、ユーザーが入力した目標値 V_i の 2 倍を超える範囲では評価値は 0 となる。

$$\mathrm{ev.2.1} = \sqrt{\mu_1 \times \mu_2} \qquad (8)$$

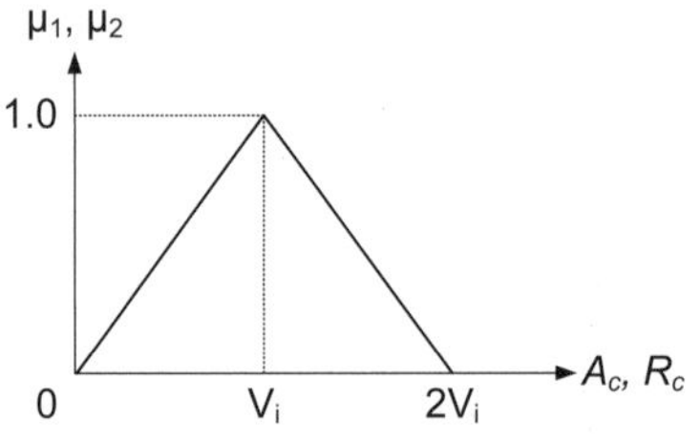

図 3　コア形状の評価手法

②有窓室面積（ev.2.2）

本章で想定する鉄骨造事務所ビルでは、自然採光の得られる建物外周部の空間は執務空間に適していると考える。そこで、建物外周部に面し自然採光がとれる空間を有窓室と定義し、この面積がコア部分を除く建築面積に占める割合が大きいほど高く評価する。このため、ev.2.2 の評価は式(9)を用いて算出する。式中、A_w は有窓室の面積を、A は建築面積を、A_c はコア部分の面積を示す。つまり、コアスペース以外の空間が全て有窓室である場合に評価 ev.2.2 は最も高い評価値の 1 となる。

$$\mathrm{ev.2.2} = \frac{A_w}{A - A_c} \qquad (9)$$

③柱スパン（ev.2.3）

この評価指標は、柱スパンの均一化をはかることにより、梁の部材長が統一され、資材運搬の効率、施工性などが向上することを期待して設定したものである。評価 ev.2.3 は、式(10)により評価値を算出し、X、Y の各方向について柱スパンの均一さの度合いを評価対象とする。

$$ev.2.3=1-cov\_XY \tag{10}$$

ここで、cov_XY=Max(cov_X, cov_Y)とし、cov_X、cov_Y は、各方向における柱スパン（梁部材長さ）を要素として算出する変動係数（標準偏差を平均値で除した値）を示す。つまり、各方向の柱スパンが均一である場合に評価 ev.2.3 は最も高い評価値である 1 となる。

④部材配置の評価の統合（Ev.2）

部材配置に関する評価（ev.2.1～ev.2.3）を統合し、各評価指標が平均的に高い評価値を取ることを目指して、各評価指標を相乗平均して部材配置評価（Ev.2）を算出する（式(11)）。

$$Ev.2=\sqrt[3]{ev.2.1\times ev.2.2\times ev.2.3} \tag{11}$$

2.5　最適化システムのフローチャート

遺伝的アルゴリズムを用いた最適化システムのフローチャートを図 4 に示す。また、フローチャートの各項目の概要を以下に示す。

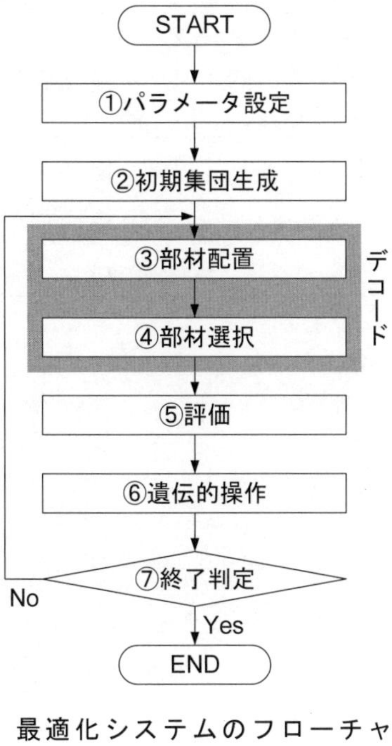

図 4　最適化システムのフローチャート

① パラメーター設定：ユーザーの要望および遺伝的アルゴリズムの初期設定を入力する。
② 初期集団生成：乱数を用いて必要な個体数分の染色体を生成する。
③ 部材配置：各個体について、2.2 で述べた手法により遺伝子型をデコードし、部材の配置位置を決定する。
④ 部材選択：各個体について、2.3 で述べた手法により応力比が 0.9～1.0 に収まる部材の組み合せを求める。
⑤ 評価：2.4 で述べた手法により、各個体の適応度を算出する。
⑥ 遺伝的操作：各個体の適応度を参照しながら、選択、淘汰、交差、突然変異などの遺伝的操作を行い、次世代の集団を生成する。
⑦ 終了判定：遺伝的アルゴリズムの世代数を基に終了判定を行う。

本システムで用いる最適化手法は、遺伝的アルゴリズムの手法から単一目的最適化の手法としてパラメーターフリー遺伝的アルゴリズム（PfGA）[12]を、多目的最適化の手法として SPEA2（多目的 GA の一手法）[13]を採用した。各最適化アルゴリズムの詳細は文献 12)、13)によるが、以下に、それぞれの手法の概要を記す。

パラメーターフリー遺伝的アルゴリズムは全探索空間から局所集団を抽出し（図 5 参照）、局所集団から「家族」と呼ぶ 4 個体からなる個体集団を生成する。交叉率、突然変異率などの遺伝的パラメーターを特定の値に固定せずにランダムな値を用い、進化の機構をこの家族に対して働かせ、家族内の個体の適応度の大小に応じて局所集団に残す個体数を変化させる。このように、パラメーターフリー遺伝的アルゴリズムは局所集団中の個体の数と内容を適応的に変化させながら有望な空間を探索する特徴を有し、家族内のエリート個体は保存されるため、適応度の低下を招くことなく局所的な探索と大域的な探索をバランス良く行うことが可能な手法である。

SPEA2 は、多目的最適化問題において、パレート解（他の解に優越されない非劣解）集合を求める手法の 1 つである。パレート解を保存するアーカイブと遺伝的操作を行う母集団の 2 つを有する点や、各個体の支配する個体数および支配される個体数を用いた適応度算出方法、解の多様性を確保するための端切り法を用いた環境選択などに特徴がある。

単一目的最適化（パラメーターフリー遺伝的アルゴリズム）の目的関数（Ev.3）は部材選択評価（Ev.1）と部材配置評価（Ev.2）の相乗平均とし、式(12)を用いて算出する。多目的最適化（SPEA2）の目的関数は Ev.1 と Ev.2 の 2 目的とする。

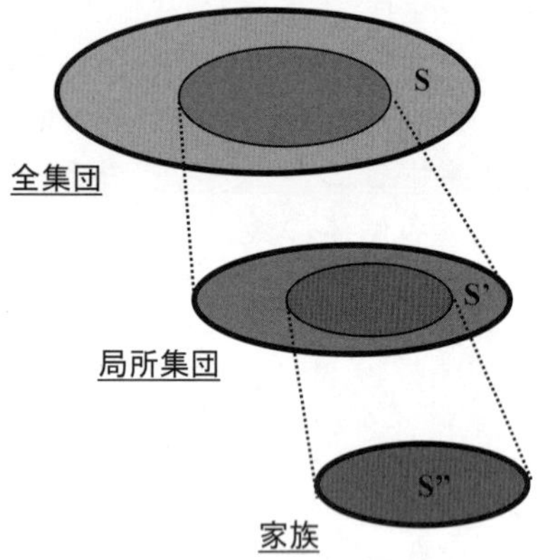

図 5　パラメーターフリー遺伝的アルゴリズムの概念図

$$Ev.3=\sqrt{Ev.1\times Ev.2} \tag{12}$$

3.　シミュレーションの実行結果

3.1　シミュレーションの設定

コア形状に関する入力値を変化させ、表 2 に示す 2 ケースのシミュレーションを実行した結果を紹介する。各ケースでは建物規模、階数、コア面積は共通であるが、コア形状と縦横比を変化させ、ケース 1 では建物中心部に正方形のコアを配置し、ケース 2 では建物端部に長方形のコアを配置する部材配置パターンを求める設定とした。なお、各ケースとも単一目的最適化と多目的最適化による 2 種類の最適化を行い、得られた解の特性について考察を行う。次に、パラメーターフリー遺伝的アルゴリズム、SPEA2 の初期設定および、終了条件を表 3 に示す。パラメーターフリー遺伝的アルゴリズム、SPEA2 の初期設定・終了条件は、解の収束性などを考慮しながら複数回の試行を経て決定したものであり、いずれの場合も最適化に要する時間は概ね 24 時間とした。計算回数でいうと、5 万個体程度である。

表 2　部材断面積と断面性能の関係式

ケース	建物形状(m)	階数	コア		
			形式	面積	縦横比
1	30×30	1	センター	15%	1：1
2	30×30	1	サイド	15%	1：2

部材せい　柱：□－200×200、梁：H－400×200

表 3　最適化アルゴリズムの初期設定・終了条件

パラメーターフリー遺伝的アルゴリズム		SPEA2		
世代数	家族数	世代数	個体数	アーカイブ数
1,000	12	1,000	30	30

なお、建物に作用させる荷重としては、鉛直方向には屋根面の固定荷重を 3200[N/m²]、積載荷重を 300[N/m²]と設定し、各梁部材の負担床面積に応じて梁に作用させるとともに、梁部材、柱部材の自重を考慮した。また、水平方向へは各柱部材にかかる軸力の 20%を柱頂部に、X、Y の 2 方向に作用させた。なお、本システムを多層構造物へ適用する場合には、適切な床荷重の設定および、水平力の高さ方向の分布（A_i分布など）を考慮する必要がある。

3.2　シミュレーションの実行結果

各ケースのシミュレーションを実行した結果、パラメーターフリー遺伝的アルゴリズムの結果からは 1 つの準最適解が得られ、SPEA2 の結果からは 30 個体のパレート解集合が得られた。図 6、8 に、各ケースで得られた解の分布を、縦軸を部材選択評価、横軸を部材配置評価として示す。また、図 6、8 で示した解の分布から表 4 に示す方法でそれぞれ 4 個体の解を選択し、各解の評価値の内訳を表 5、6 に、得られた部材配置図を図 7、9 に示す。なお、部材配置図の色つき部分はコアを示している。

表 4　解の選択方法

解	最適化手法	解の選択方法
(1)、(5)	パラメーターフリー遺伝的アルゴリズム	最高評価値
(2)、(6)	SPEA2	Ev.1 の最高評価値
(3)、(7)		中間部の解
(4)、(8)		Ev.2 の最高評価値

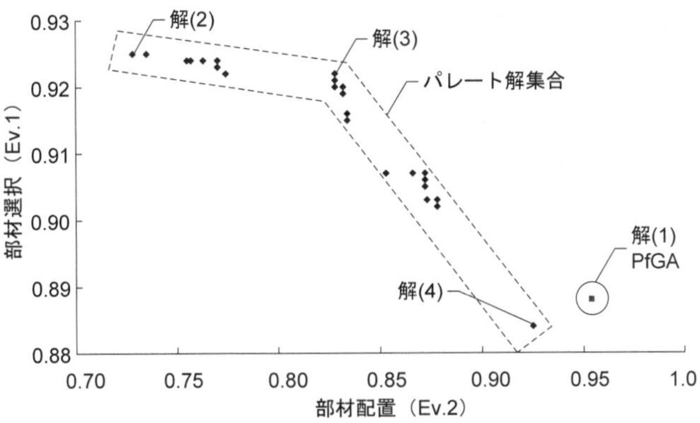

図 6　解の分布（ケース 1：センターコア）

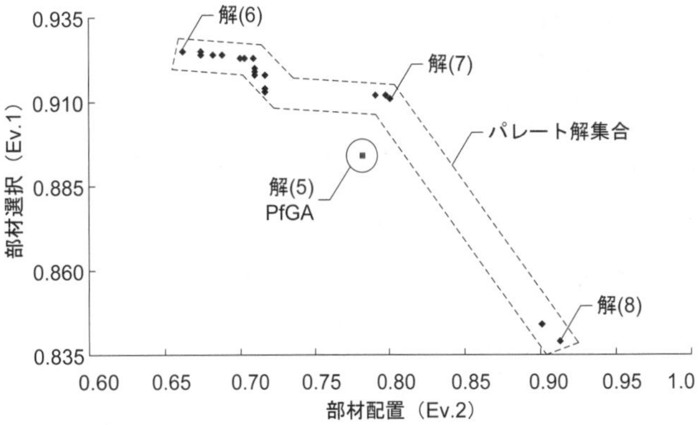

図 8　解の分布（ケース 2：サイドコア）

表 5　評価値（ケース 1：センターコア）

	解(1) PfGA	解(2) SPEA2	解(3)	解(4)
構造制約条件 (ev.1.1)	1.000	1.000	1.000	1.000
鉄骨総重量 (ev.1.2)	0.888	0.925	0.922	0.884
部材選択評価 (Ev.1)	0.888	0.925	0.922	0.884
コア形状 (ev.2.1)	0.947	0.516	0.689	0.947
コア面積 (μ1)	0.896	0.356	0.474	0.978
コア縦横比 (μ2)	1.000	0.750	1.000	0.917
有窓室面積 (ev.2.2)	1.000	0.800	0.882	1.000
柱スパン (ev.2.3)	0.918	0.933	0.933	0.837
部材配置評価 (Ev.2)	0.954	0.728	0.828	0.925
総合評価 (Ev.3)	0.921	0.820	0.873	0.905

表 6　評価値（ケース 2：サイドコア）

	解(5) PfGA	解(6) SPEA2	解(7)	解(8)
構造制約条件 (ev.1.1)	1.000	1.000	1.000	1.000
鉄骨総重量 (ev.1.2)	0.894	0.925	0.911	0.839
部材選択評価 (Ev.1)	0.894	0.925	0.911	0.839
コア形状 (ev.2.1)	0.789	0.422	0.596	0.852
コア面積 (μ1)	0.674	0.356	0.444	0.830
コア縦横比 (μ2)	0.923	0.500	0.800	0.875
有窓室面積 (ev.2.2)	0.803	0.737	0.863	1.000
柱スパン (ev.2.3)	0.755	0.933	1.000	0.895
部材配置評価 (Ev.2)	0.782	0.662	0.801	0.913
総合評価 (Ev.3)	0.837	0.783	0.854	0.876

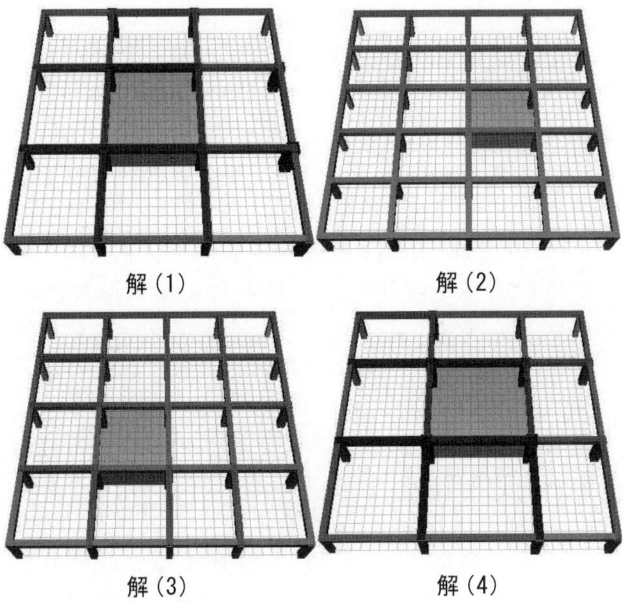

図 7　部材配置図（ケース 1：センターコア）

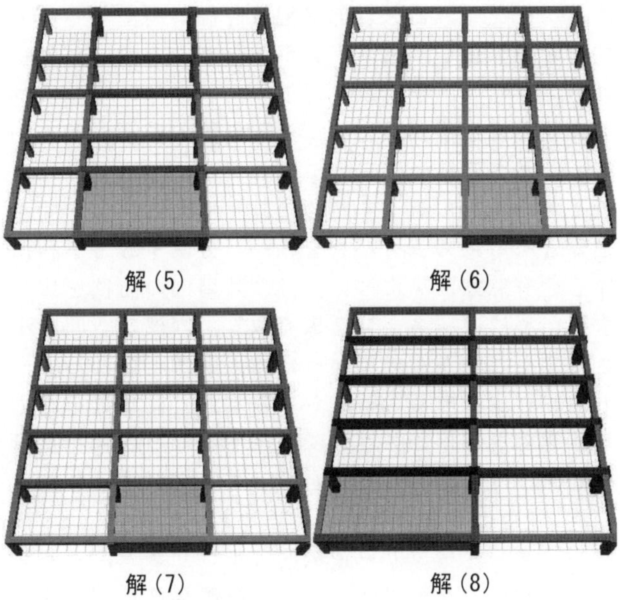

図 9　部材配置図（ケース 2：サイドコア）

4.　考察

4.1　得られた解について

ケース 1、2 を通して、パラメーターフリー遺伝的アルゴリズムと SPEA2 の両手法によって得られた解は、全て構造制約条件を満足しており、本システムで設定した部材選択ルールは適切に機能したと考えられる。次に、ケース 1、2 で得られた解の評価値を比較すると、部材選択評価に関する評価値の差は小さいが、部材配置評価に関してはケース 1 の方が高い評価値の解が探索されており、中でもコア形状に関する評価値の影響が大きい。コア形状に関する評価はコア面積とコア縦横比の相乗平均として定義されるが、部材配置評価が低い解(2)と解(6)を比較すると、コア面積の評価値は同じであるが、コア縦横比の評価はケース 2 の方がケース 1 の 2/3 程度低い結果となった。これは、解(2)、(6)ともに部材選択評価の高い建物は小さいスパン割となったが、ケース 2 の解(6)では部材選択評価の高い柱配置パターンを探索する際に、1:2 の縦横比となるコア形状を維持したままで、スパン割を小さくすることが困難であったためと考えられる。また、パレート解集合に含まれる各解の部材配置パターンを見ると、解の分布図で示した平面上で近い位置にある解は X、Y 両方向のスパン数に関して類似性が高いことが確認できた。

次に、SPEA2 により得られたパレート解集合の分布を見ると、部材選択評価と部材配置評価との間にトレードオフとなる関係性が認められ、部材選択評価が高くなれば部材配置評価が低くなり、部材配置評価が高くなれば部材選択評価が低くなる傾向が見られた。また、部材配置評価と得られた解の部材配置パターンをみると、部材配置評価が高くなるほど柱本数が減少し、柱スパンが大きくなる傾向が見られた。さらに、部材配置評価の内訳については、コア形状と有窓室面積に関する評価値の影響が大きいことがわかる。コア形状に関しては、ユーザー入力値である 15%に近づくためには比較的大きな空間を必要とするため、スパンを細かく分割すると不利になる。有窓室面積については、外周部の面積を広くするためには、スパンを広く取り、内部の空間を小さくすることが有効であった結果と考えられる。一方、部材選択評価の観点からみると、柱本数を増やして建物を細かいスパンで分割するほど鉄骨総重量の軽減には有利であることを示す結果が得られた。

4.2　最適化手法の違いによる比較

パラメーターフリー遺伝的アルゴリズムにより得られた解は、ケース 1 では部材配置評価が高い解が選択され、ケース 2 では部材選択と部材配置の両評価をバランスよく満たす解が選択された。パラメーターフリー遺伝的アルゴリズムにより得られた解を SPEA2 により得られたパレート解集合と比較すると、ケース 1 ではパレートフロントの外側に位置する解が求まり、ケース 2 ではパレートフロントの内側に位置する解が得られた。式(12)で示した総合評価値を見ると、ケース 1 ではパラメーターフリー遺伝的アルゴリズムによる解(1)が最も高い評価値を獲得しているのに対し、ケース 2 ではパラメーターフリー遺伝的アルゴリズムによる解(5)よりも高い評価値を持つパレート解が得られた。これより、解の探索性能については、ケース 1 ではパラメーターフリー遺伝的アルゴリズムが優れており、ケース 2 では SPEA2 が優れているという結果となった。しかし、パラメーターフリー遺伝的アルゴリズムと SPEA2 の両手法ともに十分に最適化が行われていれば、パラメーターフリー遺伝的アルゴリズムの解はパレート解集合の要素と重なることが想定できるため、本システムで設定した最適化アルゴリズムの終了条件に関する設定では、最適化が十分には行われなかったと考えられる。また、両最適化手法の解探索手法の観点から見ると、パラメーターフリー遺伝的アルゴリズムでは、有望な解が発見されると、その近傍を探索する局所探索性能が優れているという特徴があるのに対し、SPEA2 では、各目的関数の最高値をとる解を保存しつつ、その中間にある解を評価値空間内で均等な距離に存在する解を保存することにより、多様な解が得られるという特徴がある。以下では、ケース 2 のパラメーターフリー遺伝的アルゴリズムにより得られた解が局所解に留まった原因について、さらに検討を行う。

ケース 2 で実行した両最適化手法について、その最適化の過程で探索を行った全ての解を、部材選択評価（Ev.1）を縦軸とし、部材配置評価（Ev.2）を横軸とした平面にプロットしたものを、図 10（SPEA2 の探索解）、図 11（パラメーターフリー遺伝的アルゴリズムの探索解）に示す。また参考として、図 10 では SPEA2 の全探索解にパラメーターフリー遺伝的アルゴリズムで得られた準最適解(5)をプロットし、図 11 ではパラメーターフリー遺伝的アルゴリズムの全探索解に SPEA2 で得られたパレート解(5)、(6)、(7)をプロットしている。

両図に共通する特徴として、縦軸の部材選択評価値が 0.5 を境として上下に 2 分されていることがわかる。構造制約条件に関する評価では 1 つでも許容応力度等を満たさない部材が存在すると評価値が 0.5 以下となることより、上側に存在する解は、少なくとも構造制約条件を全て満たす解に相当する。

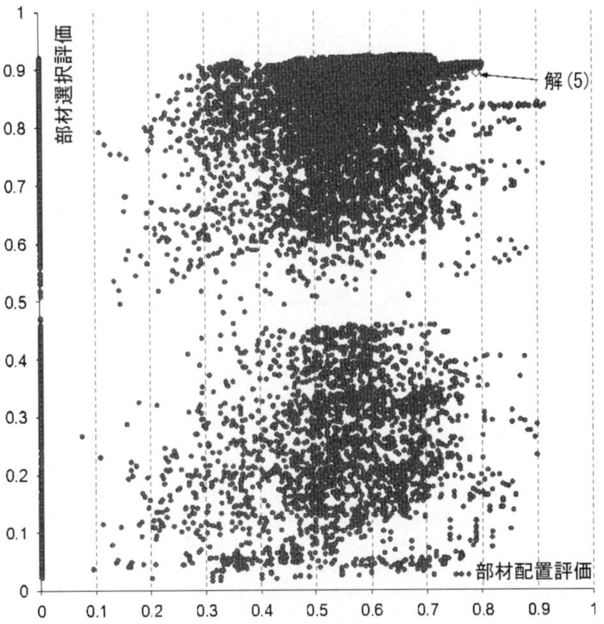

図 10　全探索解の分布（ケース 2－SPEA2）

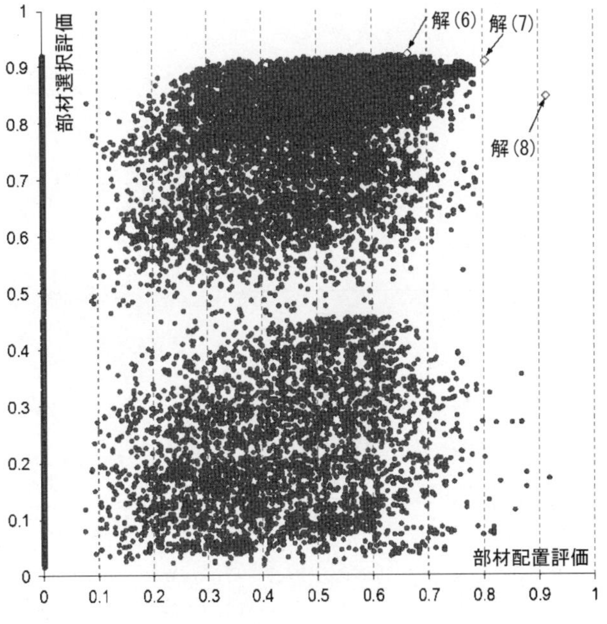

図 11　全探索解の分布（ケース 2－PfGA）

また、部材配置評価が 0 の解が縦軸方向に分布しているが、これは、コア形状に関する評価（図 3 参照）が 0 になったためであると考えられる。また、解の探索範囲については、パラメーターフリー遺伝的アルゴリズムの方（図 11）が広範囲を探索しているが、部材配置評価が 0.8 以上、かつ部材選択評価が 0.5 以上の範囲には探索解が存在しないのに対し、SPEA2 では同範囲にも探索解が存在し、部材配置評価が 0.9 を超える解も探索されている。これは、パラメーターフリー遺伝的アルゴリズムでは、部材配置評価が 0.8 を超える解も探索されてはいるが、部材選択評価が低く、総合評価としては評価値が小さくなるため、進化の過程で生き残る（選択される）ことが難しく、十分な探索が行われなかったことが原因であると考えられる。これに対して SPEA2 では、部材配置評価が高ければ、部材選択評価が低くてもパレート解として保存される仕組みがあるため、シミュレーションを実行する過程で、部材配置評価が高く部材選択評価も高い解が発見されたと考える。

なお、遺伝的アルゴリズムなどの発見的手法を適用する場合､得られる解は乱数の影響を受けるため、ケース 2 について、使用する乱数系列を変えて 5 回のシミュレーションを行ったが、5 回中 4 回のシミュレーションでは､図 11 で示したケース 2 の結果と同様に、部材配置評価が 0.8 を超える範囲の解探索がほとんど行われていなかった。

5.　まとめ

本章では、鉄骨物建物の部材配置問題を対象として、部材選択評価、部材配置評価の 2 種類の目的関数を設定し、単一目的最適化と多目的最適化の 2 種類の最適化手法を適用するシステムを構築してシミュレーションを実行した結果、以下のことを明らかにした。

① 本システムで設定した部材選択および部材配置ルールを適用することにより、許容応力度等の構造制約条件を満たす適切な部材やスパン割りを決定し、相応の時間内で応力解析を含む最適化問題を処理できた。

② 多目的最適化手法を適用してパレート解集合を得て、解の特性を分析することにより、目的関数相互の関係性や、部材配置パターンとの相関性を把握した。つまり、部材選択評価と部材配置評価の間にはトレードオフ関係が存在することを確認した。また、部材配置評価と建物のスパン数との間には比例関係が存在するため、使用鉄骨重量を減らすためには、スパン割りを細かく分割する方が有利であるという結果が得られた。

③ ケース 2 のシミュレーション過程における全ての探索解を視覚化して検討することにより，局所解への陥りにくさという点で，多目的最適化の方が単一目的最適化より優れた性能を発揮する例を示した。

④ 今後の課題としては、前述した問題設定に関する検証、改良に加えて、本章で明らかにした最適化手法の特性を考慮して、単一目的最適化と多目的最適化を融合させて、双方の利点、欠点を相互

に補完しあえるようなシステムの構築を行う予定である。

参考文献

1) Holland, J. H.: Adaptation in Natural and Artificial Systems, The University of Michigan, 1975, and MIT Press, 1992
2) 曽我部博之、 中垣友宏: 適応型遺伝的アルゴリズムによるトラス構造物の最適化、 構造工学論文集、Vol. 49B、 pp.303-308、 2003
3) 本間俊雄、 加治広之、 登坂宣好： 免疫アルゴリズムによる構造システムの最適化と解の多様性、日本建築学会構造系論文集、No. 588、103-110、2005.
4) 高田豊文、 松岡貴士: 体積とコンプライアンスを目的関数としたトラス・トポロジー最適化問題への線形計画法の適用、 日本建築学会構造系論文集、No.598、 pp.87-91、 2005
5) 大崎純: 局所探索法による鋼構造骨組の多目的最適化、 日本建築学会構造系論文集、 No.634、pp.2135-2141、 2008
6) 田村尚土、 大森博司: 多目的最適化法による鋼構造物の構造設計支援手法の提案 その 1 許容応力度等設計における最適設計法、日本建築学会構造系論文集、 No.628、 pp.891-897、 2008
7) 清水斉、 澤田樹一郎、 松尾彰: ラーメン骨組の最適設計における遺伝アルゴリズムの改善提案、 日本建築学会構造系論文集、 No.648、 pp.327-336、 2010.
8) 森一之、 築山誠、 福田豊生: 免疫アルゴリズムによる多峰性関数最適化、 日本電気学会論文誌 C、117(5)、 pp.593-598、 1997
9) 藤井健司、 谷明勲、 山邊友一郎: 遺伝的アルゴリズムを用いた鉄骨構造物の構造要素最適配置システムー多重最適化を用いた検討ー、 第 31 回情報・システム・利用・技術シンポジウム論文集、pp.155-158、2008
10) 山邊友一郎、 藤井健司、 谷明勲: GA を用いた低層鉄骨構造物の構造要素最適配置システム 単一目的最適化と多目的最適化の比較、 構造工学論文集、Vol.57B、 pp.61-67、 2011
11) 中村恒善: 建築骨組の最適設計、 丸善、 1995.
12) 木津左千夫、 澤井秀文、 足立進: 可変な局所集団の適応的探索を用いたパラメータフリー遺伝的アルゴリズムとその並列分散処理への拡張、 電子情報通信学会論文誌、 pp.512-521、 1999
13) Eckart Zitzler, Marco Laumanns and Lothar Thiele: SPEA2: Improving the Strength Pareto Evolutionary Algorithm, Technical Report 103, Computer Engineering and Communication Networks Laboratory, Swiss Federal Institute of Technology Zurich, pp.1-19, 2001

第１３章

障害物を回避する最短経路と柔らかい境界をもつボロノイ図

概要　本章では初めに3次元空間を離散化してそれをグラフに変換し、ノード間の最短経路を求める方法について解説する。次に、その適用事例として、迷路通り抜け最短経路、障害物回避最短経路、浸水や煙の拡散範囲、そして柔らかい境界をもったボロノイ図の作成をとりあげる。これらの事例は3次元空間のままでは解を得ることが困難な場合がほとんどである。グラフ化することで近似解が得られることを示すとともにその方法の特徴を解説する。

１．　はじめに

本章のタイトルにある「最短経路」を求める手法と「ボロノイ図」(いわゆる縄張り図）を作成する手法とは一般に方法が異なるので別々の課題である。しかし、この2つの問題の近似解が同一の基本アルゴリズムで得られることを解説し、そのシミュレーション結果を図示するのが本章のねらいである。

建築計画で最短避難経路を求めたり、設備計画で配管の最短経路を検出したりすることは、安全面や効率面で重要である。ところが、大規模で機能が複雑な複合商業施設などでは、建物内の2地点間の最短経路を見いだすのは容易でない。最短経路問題を幾何学的に一般化していえば、3次元空間おける障害物を回避する最短経路問題となる。しかし困ったことに、これは現実的な有限時間で解が得られないNP困難であることが知られている[1]。本章では、この問題の解を近似的に求める方法を解説し、その適用例として、迷路探索をはじめ、浸水や煙の拡散範囲、離散ボロノイ図の作成について紹介する。

最短経路の近似解を求める方法の基本的アイデアを述べると、まず、3次元空間を正方格子に分割して離散化し、その各格子の位置を1点で代表させる。次に、その点をノードとし、隣接する格子のノード間を連結してリンクとしたグラフを作成する。こうして、3次元空間での最短経路問題を3次元グラフにおける最短経路問題に置き換える。そうすると、グラフのノード間の最短経路を求める方法はグラフ理論で一般に知られているので[2]、障害物を回避する最短経路問題が解ける。

以上での空間は障害物以外の移動可能な空間という条件のみであるので、孤立した部分のない連結グラフ化が可能であれば、移動空間の形態はどのようなものでもよいといえる。また、2点間の最短経路の距離をもってその距離と定義すれば（これはユークリッド距離を均質空間での最短経路の距離とみなせるのと同じである)、球面や直方体を含め自由な3次元形態の表面を移動空間とみなし、それをグラフ化することで、それらの形態の表面に沿った距離を近似的に求めることができる。本章では、この距離算定法を利用した例として球面や多面体や自由曲面に対して、境界の明快度に幅をもたせた柔らかい境界をもつボロノイ図（縄張り図）の作成方法を紹介する。これは正方格子によって分割された非連続空間での図となるので離散ボロノイ図と呼ばれる[3),4]。

これ以降の本章の構成は次の通りである。

(1) 2.で3次元空間を正方格子に分割し、それをグラフに置き換える方法を述べる。

(2) 3.でグラフにおける2つのノード間の最短経路を求める方法を解説する。

(3) 4.で空間からグラフに置き換えるときのノードの位置の設定方法を述べる。

以上までは空間をグラフに置き換え、最短経路を求める基本的方法の解説である。次に、この方法の適用事例として、

(4) 5.で障害物を回避する最短経路問題を取り上げ、6.で浸水範囲や煙の拡散範囲を算定し、7.で柔らかい境界をもつ離散ボロノイ図を作成する。そして、これらの事例紹介の後に、

(5) 8.で本章での方法と適用事例の結果について考察をし、9.で関連研究を概説し、最後に10.でまとめをする。

２．　3次元空間のグラフ化

3次元空間で2点間の距離を計算するために、なぜ空間を正方格子に分割して離散化し、さらにそれをグラフに置き換えて計算する必要があるのか、その利点と必要性について、すでに1.の「はじめに」で概述したがより詳しく説明する。ところで、ここで念頭に置いている、この章で扱う空間は図1に示すように障害物のある空間である。なお、図を3次元で表現すべきところ、視覚的分かりやすさから2次元で示している。

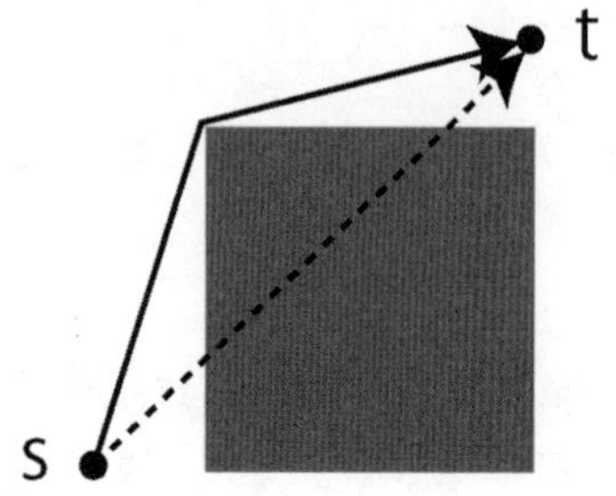

図 1　障害物のある空間と最短経路

図 1 の 2 点 s と t を結ぶ最短経路は、灰色で示した正方形の障害物があるため、2 点間を結ぶ直線ではなく障害物の角を迂回する経路となる。人であれば図形を視覚で直接認識できるので、この四角い障害物を回避する最短経路を容易に見つけられる。しかし、コンピューターにとって図形の認知は困難である。それでも、2 次元空間の場合では障害物の頂点を通る経路のなかに最短経路があるので、頂点を通る可能な経路を計算し、その中で最短のものを求めればよいので計算が可能である。ただし、頂点を通るすべての組み合わせ経路を計算するとなるとその組み合わせ数は膨大になるので、少ない計算量で最短経路を求めるアルゴリズムが開発されている。その方法については後の節で紹介する。

2 次元空間での障害物を回避する迂回地点は障害物の頂点なので有限個だが、3 次元空間の場合では障害物の稜線になるので無限個となる。形態が単純であるなどの特別な場合には幾何学的に解けるが、一般には不可能である。例えば、図 2 のように三角形の障害物が 1 つであり、始点 s と目標点 t が障害物を挟んで真反対側にある場合、つまり三角形面に垂直な線上に始点 s と目標点 t がある場合には幾何学的作図法で最短経路が求まる。しかし、図 3 のように障害物の三角形が複数になると作図が困難である。そこで、何らかの方法で障害物の回避点を有限個化して数値計算可能にする必要がでてくる。本章では、空間全体を正方格子に分割することで離散化して有限個化し数値計算可能にする方法を解説する。離散化には正方格子化以外の手法もあるが、この方法によるアルゴリズムがより簡単である。なお、別の方法については後の節で紹介する。

連続実数空間を正方格子に分割したとして、その次に各格子の位置を定義する必要がある。なお、今後、正方格子で分割された 1 つの格子単位を「セル」と呼ぶことにする。

さて、セルの位置をその中心に取った場合が図 4 (a)であり、セル内のランダムな位置（つまり、正方格子によって制約されたランダムな位置）に取った場合が図 4 (b)である。また、各セルの位置にある点をノードとし、そのセルに直接隣接している周囲 8 つのセル（ムーア近傍）のノードと連結（リンク）させて作成したグラフが図 5 の(a)と(b)である。

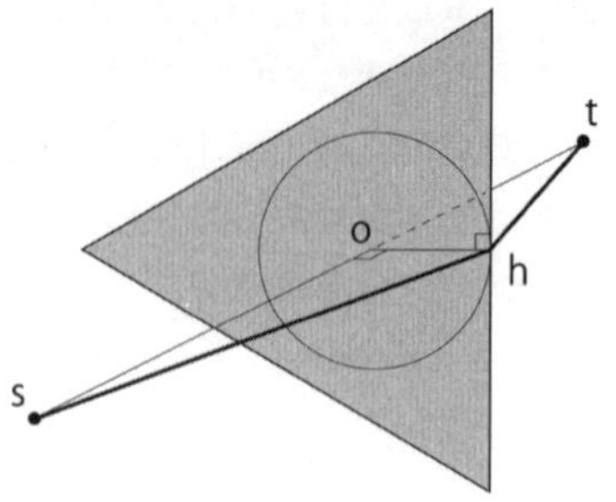

図 2　三角形の障害物を回避する最短経路

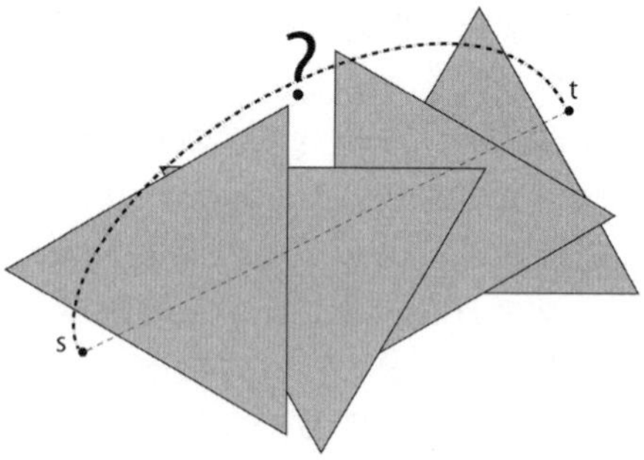

図 3　複数の障害物を回避する最短経路作図は困難

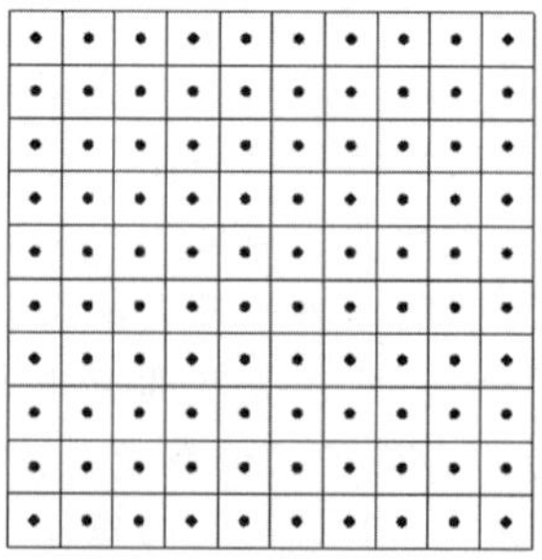

(a) セルの中心

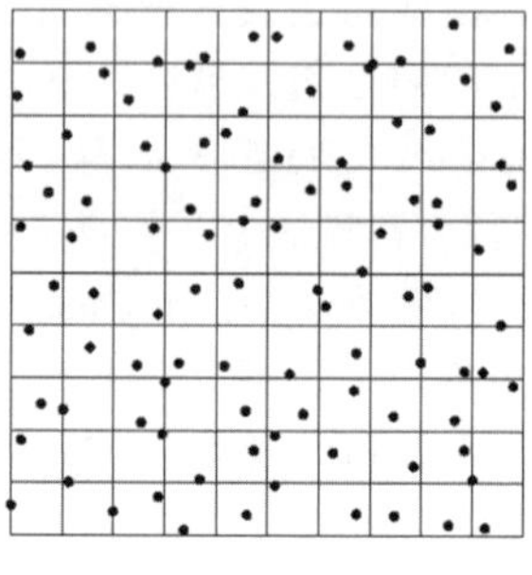

(b) セル内のランダムな位置

図 4　正方格子による離散化とセルの位置点

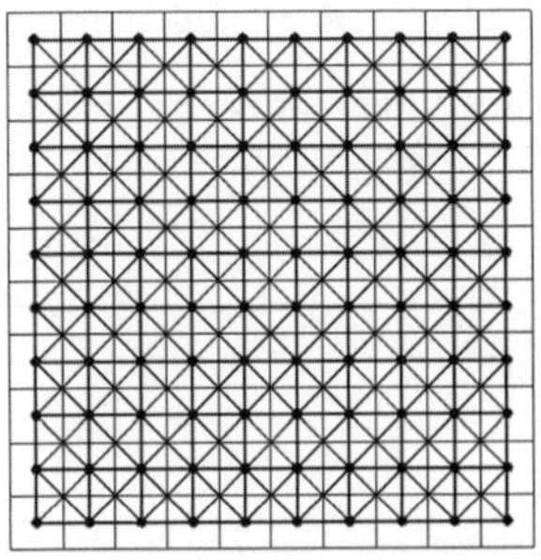

(a) セル中心のグラフ

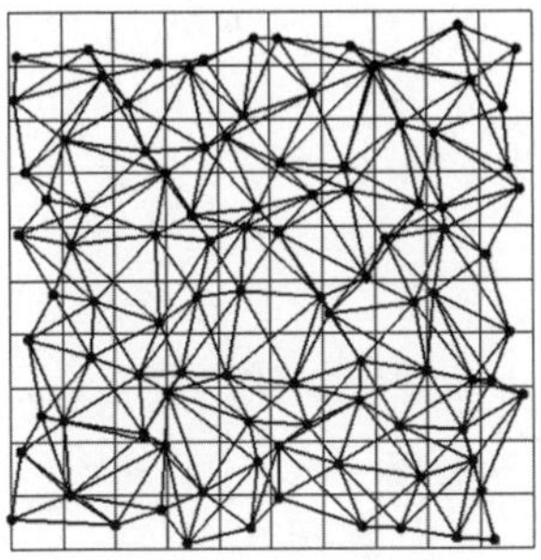

(b) セル内ランダム点のグラフ

図 5　セルの位置点をノードにしたグラフ

ところで、ここで 2 つの検討課題が生じる。1 つは、セルの位置の代表点をセルの中心に取るのかセル内のランダムな位置に取るのかについてであり、もう 1 つはなぜグラフ化する必要があるのかについてである。解説の都合上、まず先にグラフ化することの必要性を述べ、その次にセル位置の代表点の取り方について説明する。

2.1　空間をグラフ化することの必要性

障害物のない空間であれば、2 点間の最短経路は 2 点を直結する線分であるので容易に計算できる。しかし、これまで説明してきたように、3 次元空間で障害物がある場合には、最短経路探索の計算量が膨大になるので、計算を可能にするためには何らかの方法で離散化し有限個化が必要であった。そこで、空間を正方格子で分割して離散化する方法を採用することとした。

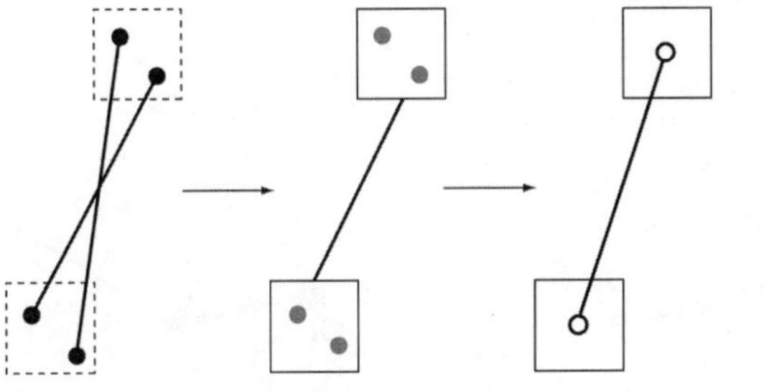

(a) 2 点間距離　(b) セル間距離　(c) 離散化セル間距離

図 6　空間の離散化

離散化すれば、空間内の任意の 2 点間の距離は図 6(a)のように無限通りから、それらの点が属するセル間の距離となり（図 6(b)）、そのセル間の距離はセルの位置を代表する 2 点間の距離で記述できる（図 6(c)）。つまり、空間内の任意の 2 点間の距離は、その 2 点がおのおの属するセルの位置を代表する 2 点間の距離に置き換えられる。これは、1 つのセル内のすべての点集合の位置を 1 つの位置で代表させることを意味する。セルの位置を示す代表点が決まると、次に必要なことは 2 点間の最短距離を求める方法である。離散化して点の数が有限個になったとはいえ、例えば 1 辺が 100 セルの 2 次元の正方形平面で 10,000 点、3 次元では 1,000,000 点にもなり、2 点を連結する全ての組み合わせの距離を計算して最短経路を求める方法では計算量が膨大になり実用的でない。しかし、グラフ化すれば、グラフ理論で連結グラフにおける 2 つのノード間の最短経路を求める実用的アルゴリズムが知られている。そこで、本章ではセルのムーア近傍を連結したグラフを作成し、最短経路を求める方法をとることにする。

ここで、先出の図 5 について、中央に正方形の障害物を設定し、その部分を含まないグラフを図 7 に示す。2 つのノード間の最短経路は必ず障害物を回避していることが分かる。また、図 5 も図 7 も連結グラフであるので、最短経路を探索するアルゴリズムも同じでよいといえる。そこで、次の項で最短経路の探索法を具体的に説明する。

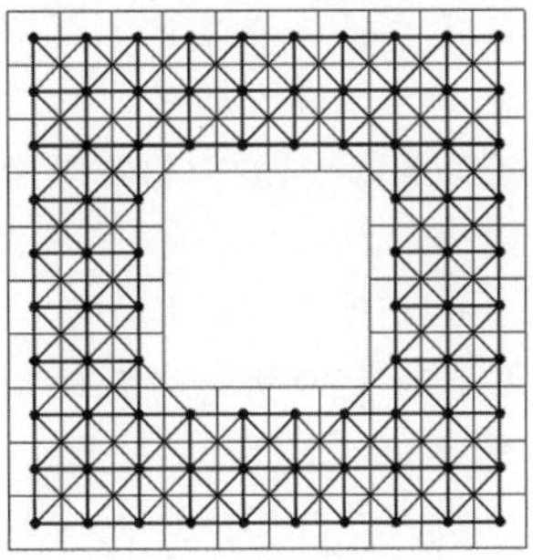

(a) セル中心のグラフ

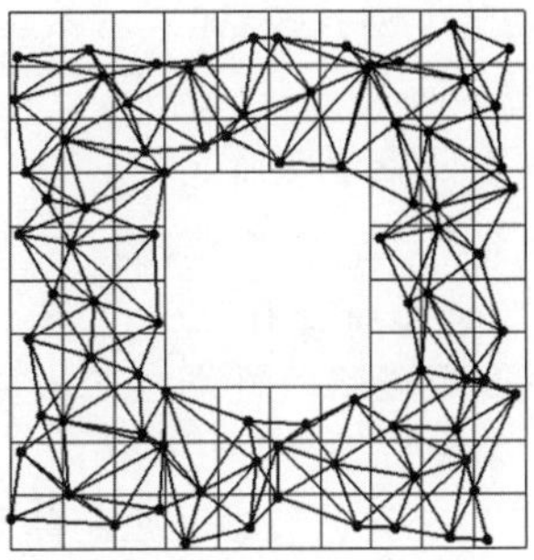

(b) セル内ランダム点のグラフ

図 7　障害物部分を含まないグラフ

３．　最短経路の探索法

グラフに孤立した部分のない連結グラフについて、2 つのノード間の最短経路を求める方法としては、ダイクストラ法（Dijkstra's method）が最も一般的に知られている [1),5)〜10)]。そこで図 8 に示したモデルグラフを例にして、ノード s を始点とし、ノード t を目標点とする最短経路を求めるアルゴリズムを図 9 によって解説する。なお、図中の○記号はノードであり、リンク横に添えた数字はノード間の距離を示している。

(1)図 9(a)：始点のノード s から到達する最初の最短経路はそれ自身であるとみなし、s を最短経路の最初の確定ノードとする。そして最短経路が確定したノードの○記号を灰色に変えて表示する。この時点の確定ノード間の距離（つまり s から s 自身への距離）は 0 である。また確定した最短距離を[ ]の記号で括って確定ノード横に書き込む。

(2)図 9 (b)：最短経路が確定したノード s に直接つながっているノードを探索する。それらはノード a、b、c である。これらを確定候補ノードとする。そして s とのリンクを最短経路の候補とし、細い実線に変えて表示する。次に、確定候補となったノード a、b、c の横に仮の最短距離を{ }の記号を用いて記入する。例えば、ノード a の場合は{4}である。

(3)図 9 (c)：確定候補ノード a、b、c のなかで、最短のノードである b を確定ノードとし、s と b のリンクを最短経路として確定する。したがって b の○を確定ノードの灰色表示に変え、仮の最短距離記号{ }を確定記号[ ]に変える。さらに s とのリンクを太い実線に変え、確定した最短経路として表示する。

(4)図 9 (d)：今度は b について(2)の操作を繰り返す。つまり b に直接つながっているノードを探索する。それらは a、c、d であるのがわかる。それらを確定候補ノードにし、b とのリンクを最短経路の候補にして細い実線表示に変え、さらに仮の最短距離を{ }で表示する。なお、ここで a の仮の最短距離はそれまでの s-a の距離 4 と新たな s-b-a の距離 6 の 2 通りとなるが、短い方の 4 とする。c についてもそれまでの s-c の距離 6 と新たな s-b-c の距離 5 のうち短い方の 5 とする。

(5)図 9 (e)：今度は確定候補ノード a、c、d について(3)の操作を繰り返す。つまり、a、c、d のなかで、最短のノードである a を確定ノードとし、a からみたそれまでの最短経路の終端（この場合は始点）s と a のリンクを最短経路として確定する。そして a の○を灰色表示に変え、仮の最短距離記号{ }を確定記号[ ]に変え、さらに s とのリンクを太い実線に変えて表示する。

(6)図 9 (f)：今度は a を始点として(2)の操作を繰り返す。新たに a-d が最短経路の候補となり、c、d は確定候補ノードのままである。

(7)図 9 (g)：確定候補ノード c、d のうち距離の小さい c が確定ノードとなり、c にとってのそれまでの最短経路の終端が b なのでリンク b-c が最短経路となる。

(8)図 9 (h)：確定ノードとなった c に直結する c-d と c-t のリンクが新たに最短経路の候補となり、t が確定候補ノードに追加される。

(9)図 9 (i)：確定候補ノード d、t のうち距離の小さい d が確定ノードとなり、d にとってのそれまでの最短経路の終端が b なのでリンク b-d が最短経路となる。

(10)図 9 (j)：確定ノードとなった d に直結する d-t のリンクが新たに最短経路の候補になる。

(11)図 9 (k)：t が確定ノードとなり、t にとってのそれまでの最短経路の終端が d なのでリンク d-t が最短経路となって、始点 s から目標点 t までの最短経路と最短距離が決定する。

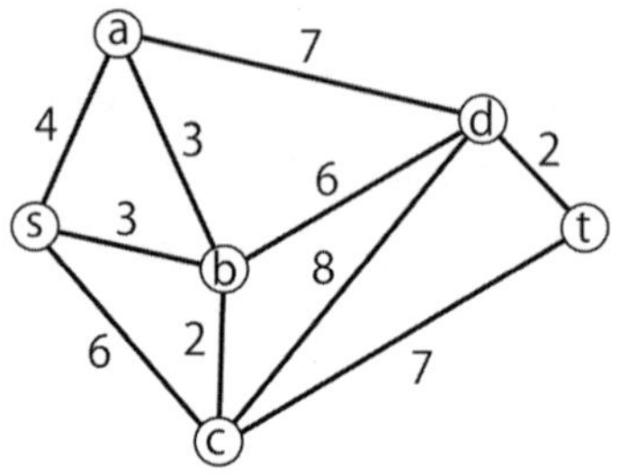

図 8　最短経路探索用のモデルグラフ

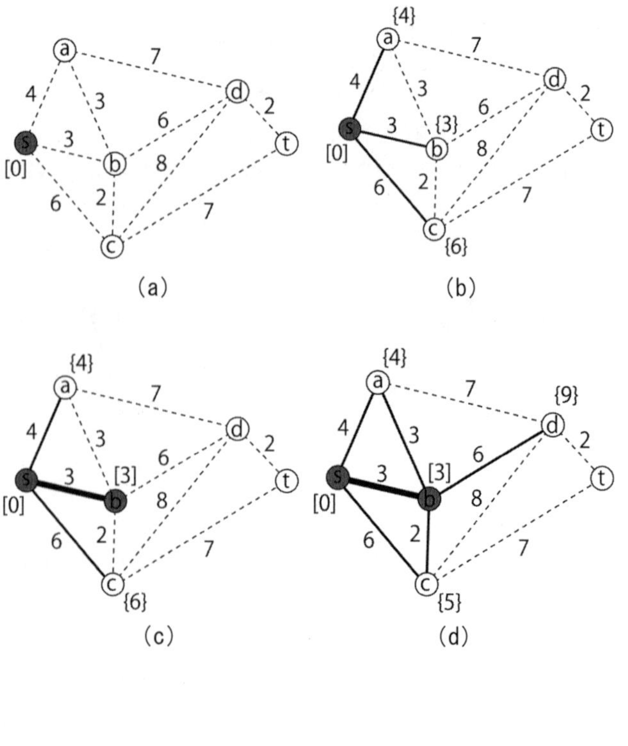

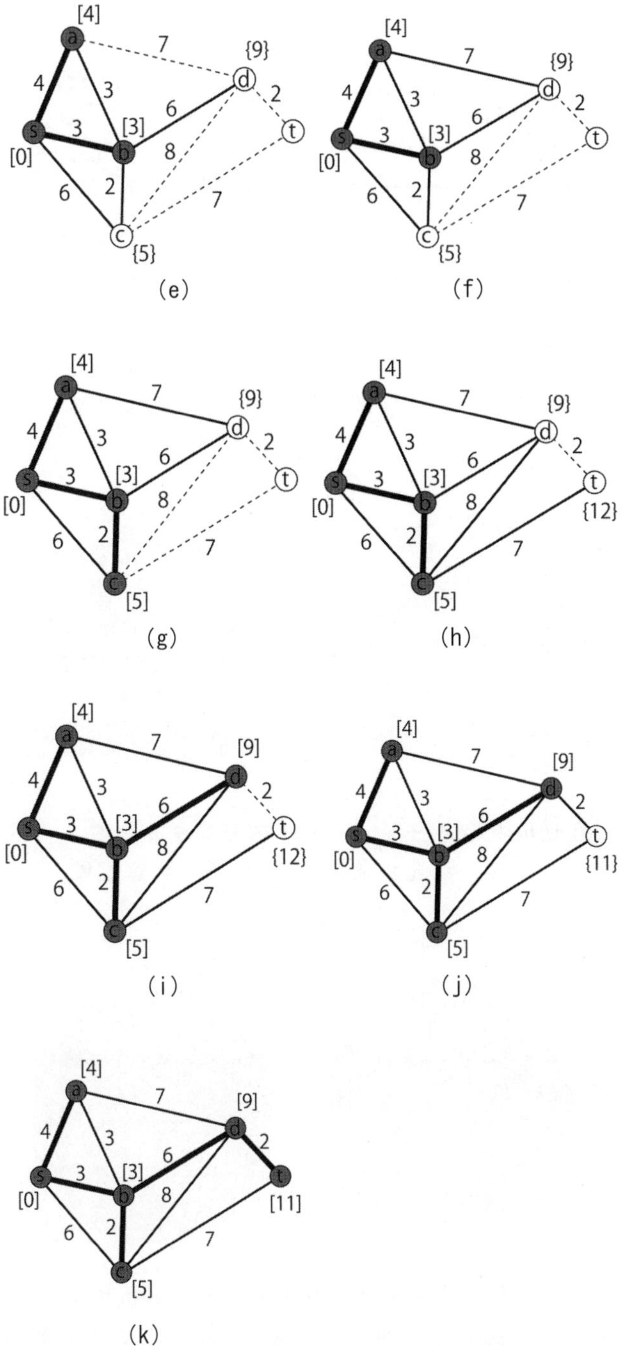

図 9　ダイクストラ法による最短経路探索の手順

3.1　ダイクストラ法のアルゴリズムのまとめ

ダイクストラ法のアルゴリズムの要点をまとめると次のようになる。

(1)始点ノード s を最初の確定ノードとし、最短距離を 0 とする。

(2)確定ノードと直接つながっているノードを確定候補ノードする。そして、そのリンクを最短経路の候補とし、仮の最短距離を求める。

(3)仮の最短距離のうち最も短いノードを確定ノードとする。さらに仮の最短距離だったのを確定距離とし、最短経路の候補だったのを最短経路として確定する。

(4)目標点ノード t が確定ノードになるまで(2)(3)を繰り返す。

3.2　ダイクストラ法の特徴

ダイクストラ法の特徴は次の通りである。

(1)図 9(k)を見れば分かるように、始点 s と目標点 t の最短経路と最短距離だけでなく、目標点 t に到達する探索過程で対象となったすべてのノードについて始点 s からの最短経路と最短距離が求まる。

(2)負の距離（コスト）をもつリンクのあるグラフは扱えない。例えば、図 10 のグラフについて、ダイクストラ法で最短経路を求めると s-a-t となり、始点 s から目標点 t までの距離は 2 となる。しかし、正しい最短経路は明らかに距離が-1 となる s-b-t である。この不都合な結果が生じる理由は、直接隣接しているノードのうちから最短経路となるノードを逐次選択していけば、結果として目標点 t に最短経路で到達できるだろうというダイクストラ法の考え方にある。これは経験的に多くの場合に正解が得られるというヒューリスティックな方法であるが、ダイクストラ法ではリンクが負でないことが少なくとも必要である。

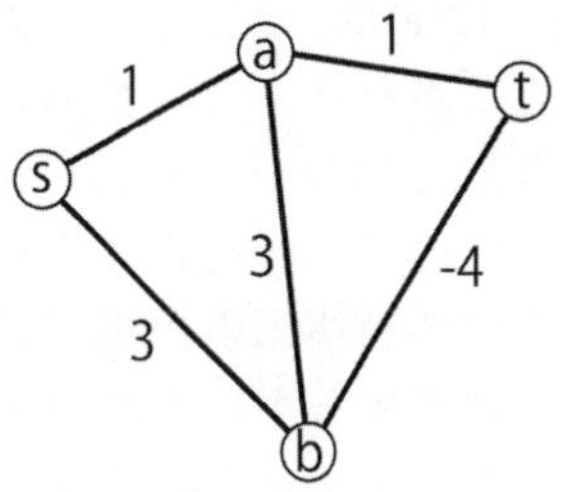

図 10　ダイクストラ法が適用できないグラフの例

4.　セルの代表位置

セルの位置をその中心にとるのが一般的と考えられる。しかしこれに対し、セル内のランダムな位置にとる方が方向の違いによる最短経路の到達範囲に歪みが少ないので適切であるという提案がある [11]。そこで、セルの代表位置として中心をとった場合と、セル内のランダムな位置にとった場合について、始点から到達する範囲の形態を比較する。

ところで、ダイクストラ法は始点から目標点までの最短経路が求まるだけでなく、目標点に到達するまでの（つまり、目標点までの距離以下の）すべてのノードについて最短経路が求まるアルゴリズムであった。そこで、特定の目標点を設定するのではなく、始点から到達する距離限度の方を設定し、それ以下の最短距離になるすべてのノードと最短経路も求めて、その到達範囲の形状を比較する。

セルの1辺を単位距離とし、10単位を到達距離限度として求めた最短経路が図11である[注1)]。図11(a)はノードの位置がセル中心の場合の圏域であり、その最短経路は規則正しく拡がっている。図11(b)はセル内のランダムな位置の場合であり、最短経路は不規則に拡がっている。しかし、両方とも、始点から全周囲にほぼ等距離まで拡がっているように見える。その圏域形状が分かりやすいように、ノードが所属するセルで表示したのが図12である。なおセル間の境界を明示せず連続させた面で表現している。図12(a)のセル中心がノードの場合の形状はほぼ円形で規則正しい対称性をなし、図12(b)のセル内のランダムな位置がノードの場合もほぼ円形だが、輪郭が不規則であることが分かる。しかし、セルの中心が適切なのか、ランダムな位置が適切なのかについては、この図ではまだ判断できない。

そこで、到達距離限度をより大きくしてみる。そして2次元平面だけでなく3次元空間での到達範囲の形状も求めて比較する。到達距離限度を2次元の場合には100単位とし、3次元の場合では50単位にして計算した結果が図13と図14である。距離を大きくすると相違が明確になっている。セルの中心をノードとした図13(a)は、始点からの方向によって到達距離が規則的に異なり、正8角形になる。その原因は、水平、垂直方向及び45°、135°方向にあるノードとリンクはすべて一直線に並ぶので（図11(a))、始点からまっすぐに到達距離限度に達するが（つまり最も遠くまで到達するが)、それ以外のノードは途中で屈折するので、始点からの直線距離が短くなるからである。図14(a)の3次元の場合も同様の理由で始点からの方向によって到達距離が異なり、32角形になる。このように、方向によって距離空間が歪むことを異方性という。なお、方向による偏りがないことを等方性という。一方、セル内のランダムな位置をノードとした図13(b)は円に近似しており、図14(b)は球に近似している。セルの中心をノードとした場合に比べて、異方性が緩和され等方性に近いといえる。したがって、セルの代表位置をセル内のランダム位置にとる方がより適切であることがわかる。

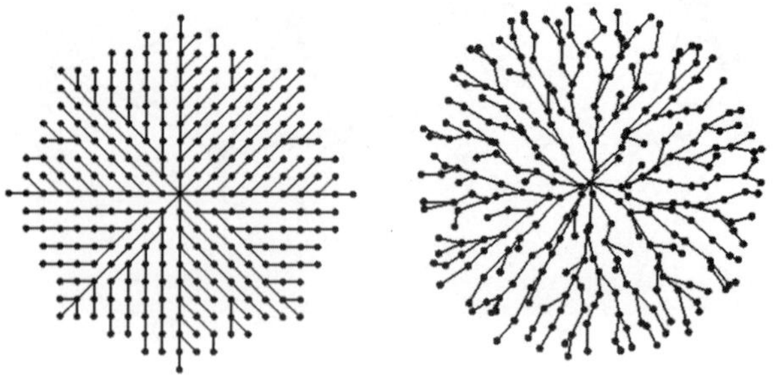

(a)セル中心ノード (b)セル内ランダム位置ノード
図11 到達距離限度10以下の最短経路

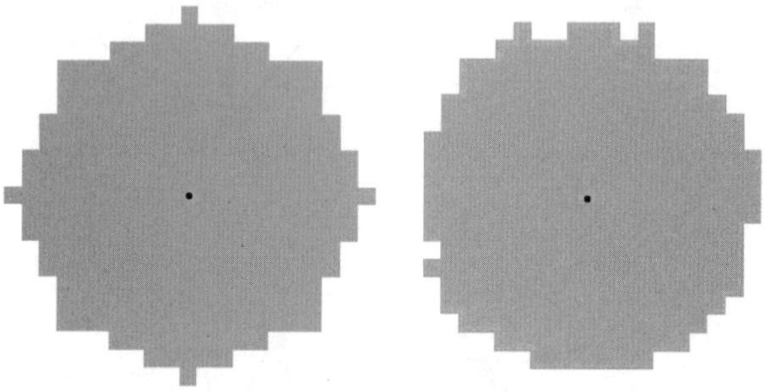

(a)セル中心ノード (b)セル内ランダム位置ノード
図12 到達距離限度10以下の到達圏域

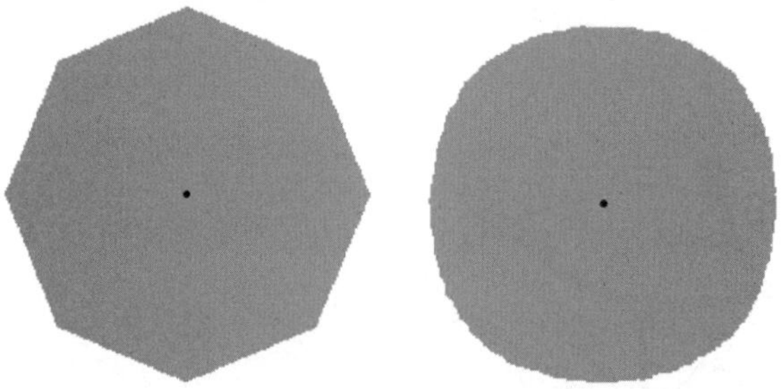

(a)セル中心ノード (b)セル内ランダム位置ノード
図13 2次元での到達距離限度100以下の到達圏域

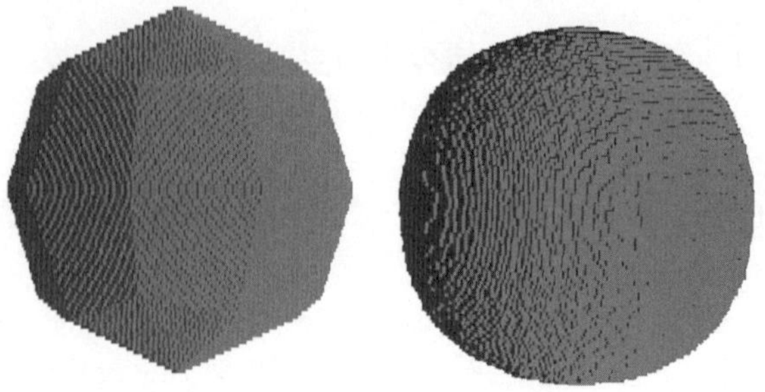

(a)セル中心ノード (b)セル内ランダム位置ノード
図14 3次元での到達距離限度50以下の到達圏域

5. 障害物を回避する最短経路

ダイクストラ法の適用例の最初として、障害物を回避する最短経路問題をとりあげる。まず、結果の視覚的分かりやすさから2次元での障害物を回避する最短経路を計算する。そして、その次に3次元において障害物を回避する最短経路を計算する。

5.1　2 次元での障害物回避最短経路

障害物を回避する最短経路問題のうち、最も困難であると思われる迷路の通り抜けを扱う。計算の手順について、図 15 に示した矩形型の迷路を例にして説明する[注 2)]。

(1)まず、迷路図全体を正方格子に分割し離散化する。ただし、障害物である壁面幅ならびに迷路の通路幅が、格子間隔の倍数になるように分割を設定する。本章では、迷路図は離散化された画素（ピクセル）によるラスターデータなので、1 ピクセルを 1 格子（つまり 1 セル）としている。図 15 の場合、縦と横とも 200 セルである。

(2)通路部分のセルについて、セル内のランダムな位置をノードとし、それとムーア近傍（周囲に隣接している 8 個のセル）のノードとを連結したグラフを作成する。

(3)入口か出口のどちらか一方のノードを始点 s とし他方を目標点 t とする。

(4)ダイクストラ法によって始点 s から目標点 t に到達するまで最短経路を探索する。

(5)以上により、始点 s から目標点 t までの最短経路だけでなく、目標点 t までの距離以下になるすべてのノードについて最短経路が計算される。

(6)目標点 t のノードから始点 s まで逆向きにノードを戻っていくことにより、始点 s から目標点 t までの最短経路を確定する。

以上の手順で得られた結果を図 15 に示す。比較的単純な迷路なので、計算の正しさが視認できる。同様に、図 16 の結果の正しさも容易に視認できる。図 17 は中世都市をモデル化した迷路であり、始点 s から目標点 t までの通り抜け経路が計算されていることがわかる。しかし、これまでの図 15、図 16 と図 17 の迷路が異なる点は、より複雑な迷路であることと通り抜け経路が複数あることである。このように視覚では最短経路を見つけにくい場合にこそ、この方法を利用する効果がある。もう 1 つ、複雑な迷路の例として図 18 を示す。これは始点 s と目標点 t を結ぶ通り抜け経路は 1 つしかないが、視覚と手作業で経路を見つけるには非常に手間がかかる。

ところで、図 16 の円形迷路と図 17 の中世都市モデルの場合、障害物と通路の形態が円弧や斜めになっているように見えるが、先に述べたようにラスターデータなので 1 ピクセルの形態である正方形を単位にした図形である。計算用データは 1 ピクセルを 1 セルに対応させて作成しており、図 16 の最大円の直径部分で 200 セル、図 17 の横方向部分で 185 セル、そして、図 18 の縦と横はそれぞれ 200 セルである。

図 15　矩形迷路を通り抜ける最短経路

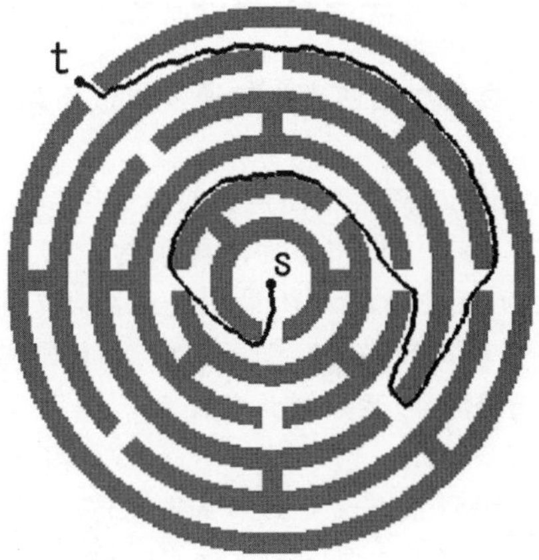

図 16　円形迷路を通り抜ける最短経路

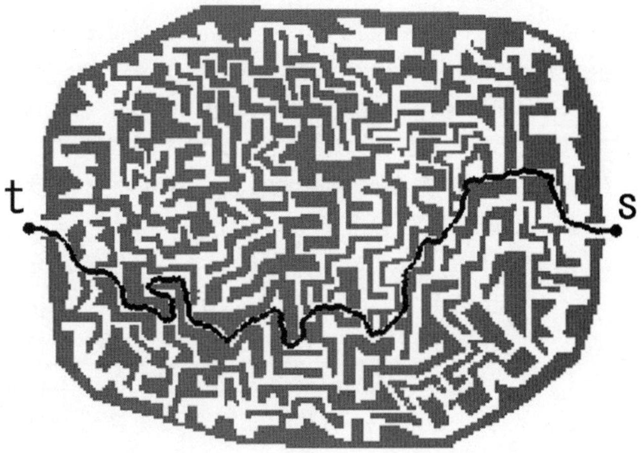

図 17　中世都市モデルを通り抜ける最短経路

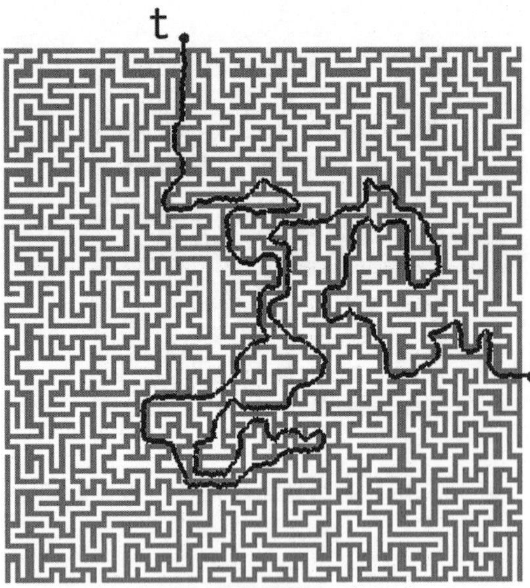

図 18　複雑な矩形迷路を通り抜ける最短経路

5.2　3 次元での障害物回避最短経路

次に、3 次元空間において障害物を回避する最短経路を求める。3 次元での最短経路問題の利用には、プラントや建築設備での配管、配線計画や、多層階にわたる建築物の避難経路などがある。

アルゴリズムは、次に示すように 2 次元の場合を 3 次元に拡張するだけであり基本は同じである。

(1)障害物ならびに始点と目標点を含むように直方体で囲み 3 次元空間の範囲を設定する。

(2)設定した空間範囲を正方格子に分割し離散化する。ただし、障害物の最小幅と障害物間の最小間隔が格子間隔の倍数になるように分割を設定する。

(3)障害物を除いた空間部分のセル（正方格子の 1 単位）について、セル内のランダムな位置をノードとし、それとムーア近傍（周囲に隣接している 26 個のセル）のノードとを連結したグラフを作成する。

(4)始点から目標点に到達するまでダイクストラ法によって最短経路を探索する。

(5)以上により、始点から目標点までの最短経路だけでなく、目標点までの距離以下になるすべてのノードについて最短経路が計算される。そこで、目標点のノードから始点まで逆向きにノードを戻っていくことにより、始点から目標点までの最短経路を確定する。

計算の正誤が視認できる簡単な例を図 19 に示す。この例は、2.で扱った図 2 と同じものである。三角形の障害物を正しい位置で回避しているのが見て取れ、このアルゴリズムの信頼性が確認できる。同じく 2.で取り上げた図 3 のように、4 つの三角形が不規則に回転して並んでいる場合の最短経路の計算結果を図 20 に示す。

次に幾つかの計算事例を示す。

まず、図 21 は少数の直方体の障害物で構成された簡単な例である。障害物の構成は図 21(a)に示すように、始点 s と目標点 t の中間に大きな直方体があり、その周りにランダムに 5 個の直方体を配置したものである。最短経路の計算結果を図 21(b)、21(c)に示す。図 21(b)はほぼ正面からの見た図である。始点 s から出た経路が中間にある障害物の直下を潜り抜けて目標点 t に到達しており、この経路が最短であると視覚的に推測できる。図 21(b)は俯瞰的に全体を見たものである。なお、最短経路を表示するため、障害物は半透明で表現している。

図 22 は、さらに多くの直方体によって障害物の構成を複雑にしたものである。具体的には、図 22(a)に示すように、50 個のランダムな大きさの直方体の障害物をランダムに配置した。複雑すぎて、視覚と手作業では最短経路を見付けるのは困難である。図 22(b)は最短経路の計算結果である。始点 s から目標点 t まで、ほぼ直線の経路を検出しており、最短の経路であろうと推測できる。

図 23 は、これまでと異なり障害物と通行可能空間を反転させたものである。図 23(a)に示すように、正方形断面をもつ真っ直ぐな角柱を、上下、左右、前後の 3 方向にランダムに 20 本配置しているが、通行可能な部分は角柱内（ダクト）であり、外部空間の方が障害物である。なお、ダクト断面の正方形の辺長は 3 セルであり、ダクトの境界（表面）セルも通過可能とした。この場合も、ダクト構成が複雑であり、視覚と手作業では最短経路を見付けるのは困難である。図 23(b)は最短経路の計算結果である。この例は、プラントや建築設備の既設のダクトを利用して、その内部あるいは表面に沿って新しく配管や配線をする場合、その最短経路を検出することを想定している。

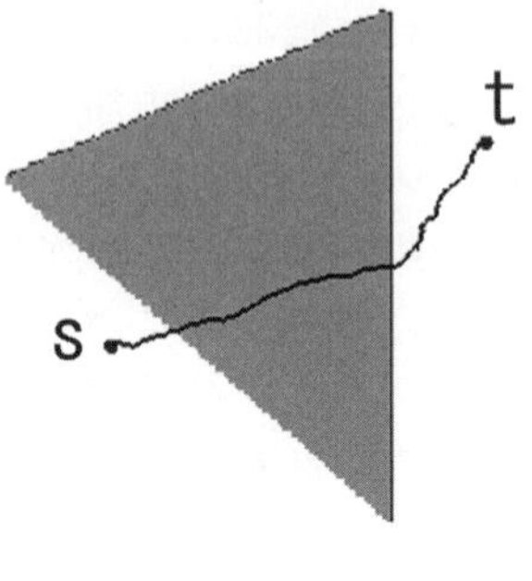

図 19　1 つの三角形障害物を回避する最短経路

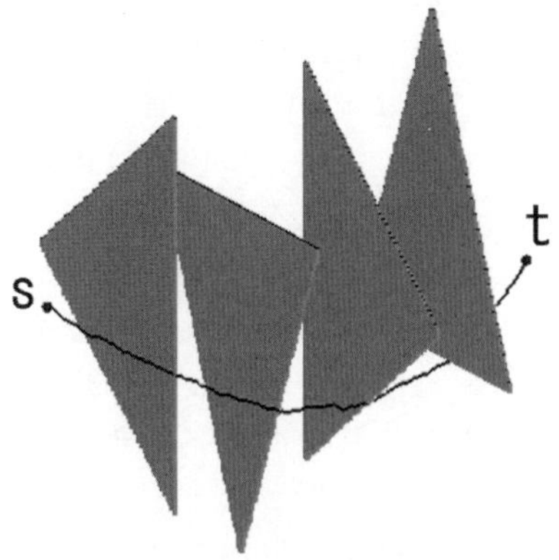

図 20　4 つの三角形障害物を回避する最短経路

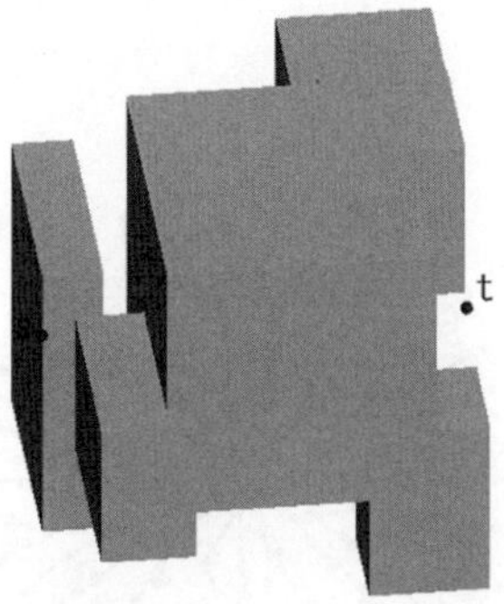

(a) 直方体障害物の構成

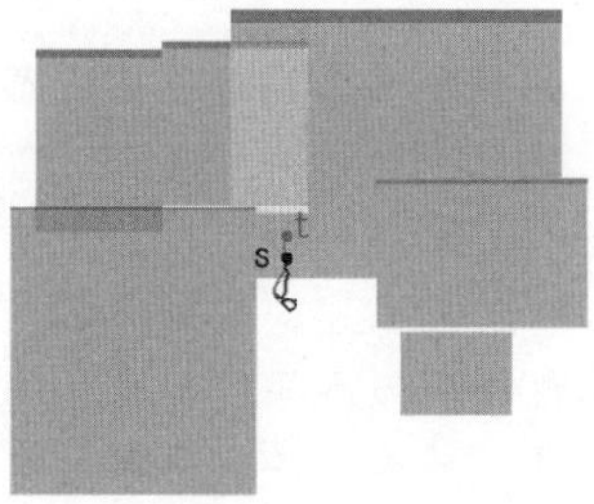

(b) ほぼ正面から見た最短経路（半透明表示）

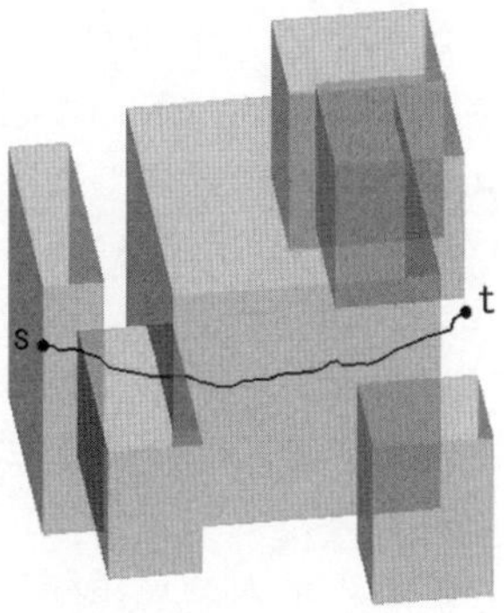

(c) 最短経路と障害物（半透明表示）

図 21　簡単な直方体障害物を回避する最短経路

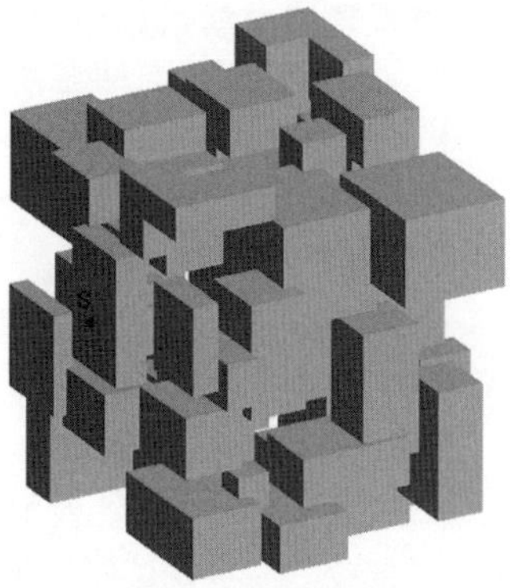

(a) 直方体障害物の構成

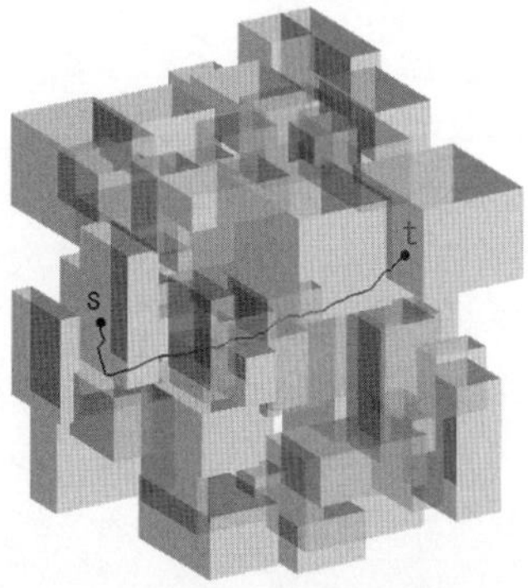

(b) 最短経路と障害物（半透明表示）

図 22　複雑な直方体障害物を回避する最短経路

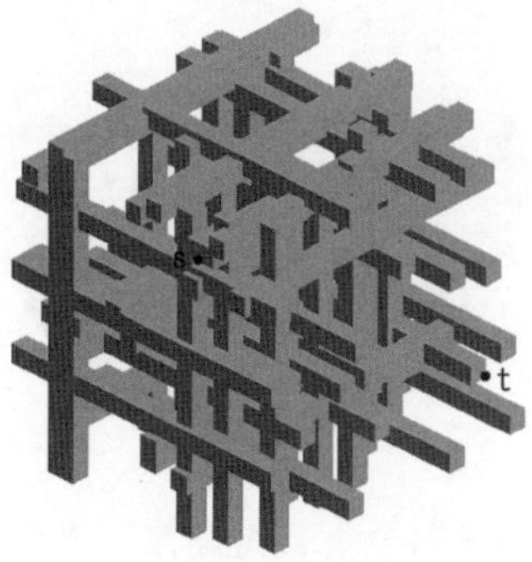

(a) ダクトの構成

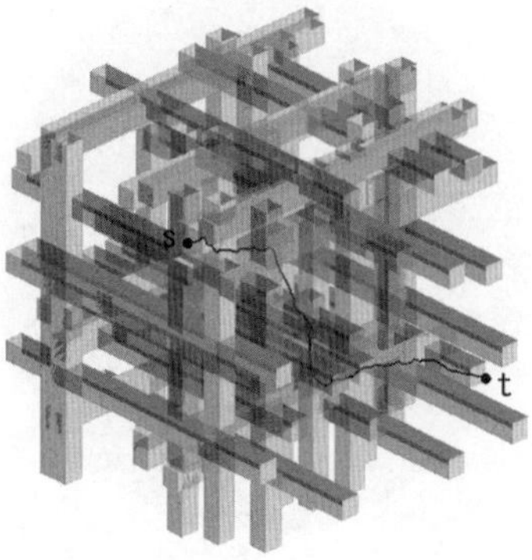

(b) 最短経路とダクト（半透明表示）

図 23　複雑なダクトの中を通る最短経路

5.3　球面上の障害物回避最短経路

3 次元曲面に沿って障害物を回避する最短経路の代表として、球面上の最短経路を計算する。具体的な事例としては、地球海面での港間の最短航海路の探索が典型的な問題である。

図 24(a)は、球体の両極を始点 s と目標点 t とし、その間に円弧の障害物を緯度に沿って 2 つ配置したものである。計算の正誤が視覚的に確認できるよう円弧の位置を単純にずらしただけの配置である。球の直径は200セルであり、球面は厚さ1セルである。つまり、厚さ 1 セルの変動幅がある直径 200 セルの球面状のランダムグラフにおける最短経路問題である。結果の図 24(a)を見ると 2 つの円弧を回避する最短経路が計算されているのがわかる。

次に、手作業での経路の作図が困難であり、結果の正誤も確認しにくい複雑な障害物の配置の事例として図 24(b)を示す。この図は 150 の大小の矩形障害物を球面にランダムに配置したものである。計算結果を見ると、始点 s から目標点 t までほぼ 1 つの経線に沿って北上する経路を発見しており、最短経路を検出したものと推測できる。

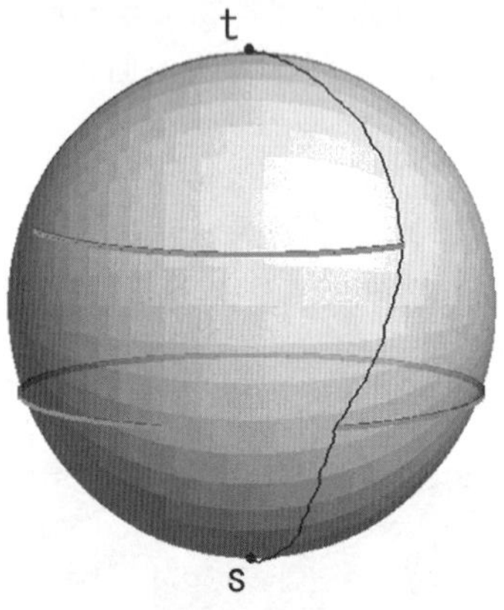

(a)円弧の障害物と最短経路（半透明表示）

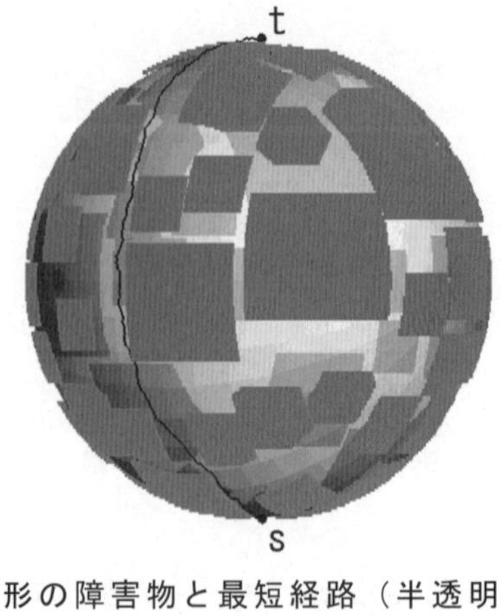

(b)矩形の障害物と最短経路（半透明表示）

図 24　球面上の障害物を回避する最短経路

6.　浸水や発煙の拡散範囲

出水口からの浸水範囲や出火点からの煙の拡散範囲を予想することは避難計画や防災計画の上で重要である。ここでは、浸水については出水口を始点とし、煙については出火点を始点として、等速度で拡がっていくと仮定する。そして、ある地点に最初に到達する浸水または煙は始点からの最短経路をたどるものとする。そうすると、浸水や煙の到達範囲つまり拡散範囲を、これまで述べてきたグラフを用いたダイクストラ法で求められる。なぜなら、ダイクストラ法は最大到達距離以内のすべてのノードまでの最短経路を検出するからである。図 25 は図 11(b)を再度示したものであるが、中心となる始点から、最大到達距離（この場合 10 単位）以下のすべてのノードまでの最短経路を探索している。

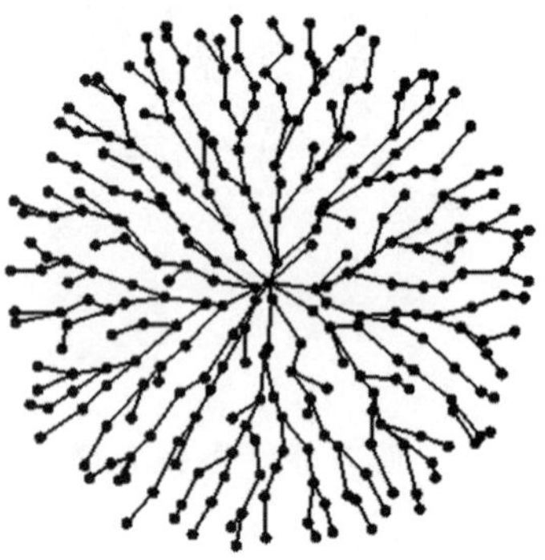

図 25　始点からの到達範囲と最短経路

次に拡散途中に障害物があり、それを迂回して拡散する場合を検討する。この場合も、既に述べてきたように、障害物がある部分を取り除いた連結グラフを作成すれば、ダイクストラ法を用いて障害物を迂回する拡散範囲を求めることができる。ただし、拡散していく浸水や煙が障害物に突き当たるとそこに留まり反射しないものとする。

以上のことを簡明なモデルによるシミュレーションによって次に確認する。図 26 は、狭いスリットをもった障壁が存在する空間において、1 点から放射状に拡散する範囲をセルで表示したものである。始点を中心にほぼ円形に拡散していき、障壁に突き当たるとそこで止まり、スリットの部分は通過していき、通過後はほぼ円形に回折して拡散が進行しているのが分かる。したがって、この方法によって浸水や煙の拡散範囲が計算できると判断できる。なお、この図の場合、拡散の最大到達距離はグラフの辺をたどった距離にして 80 単位である。

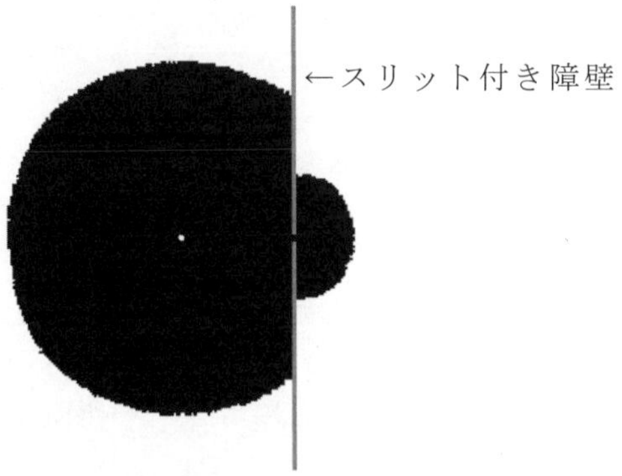

図 26　スリット付き障壁がある場合の拡散範囲

5.で用いた迷路図について、浸水や煙が始点 s から目標点 t に到達するまでに拡散する範囲を求め、その結果を図 27 から図 30 に示した。図 27 と図 28 は簡単な迷路であるので、通り抜け経路の探索のみであれば視覚と手作業でも簡単に求められるが、拡散範囲の探索となると迷路の枝分かれによる経路数の多さのため容易ではない。図 29 では、目標点 t に達するまでに迷路のほとんどの部分が拡散範囲になっている。そして、図 30 は複雑な矩形迷路であり、拡散範囲を視覚と手作業で求めるのはほとんど不可能であると思われる。

行き止まりが多く抜け道のない迷路である図 27、図 28、図 30 の方が、行き止まりが少なく抜け道のある図 29 より拡散範囲が少なくなっているが、その理由は、

(1)抜け道がなく拡散が拡がりにくいこと、

(2)障害物に突き当たるとそこで拡散が止まると仮定したため、

である。なお、この結果は浸水や煙の拡散防止の面では袋小路の迷路形態がよいが、避難を避難者の拡散と考えれば、避難の面からは不利であることを示している。

図 27　矩形迷路での始点 s から目標点 t に到達するまでの拡散範囲

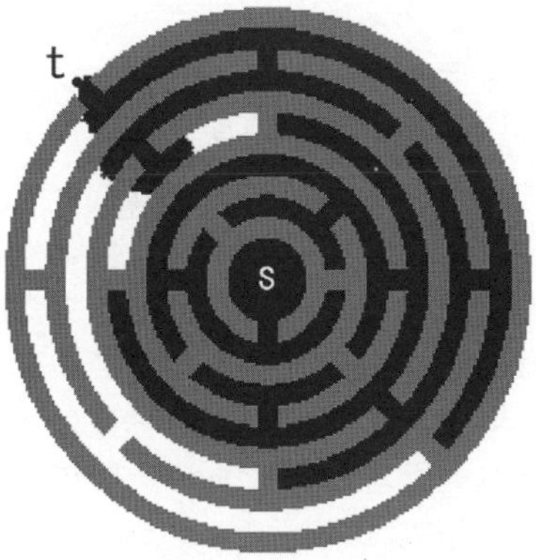

図 28　円形迷路での始点 s からから目標点 t に到達するまでの拡散範囲

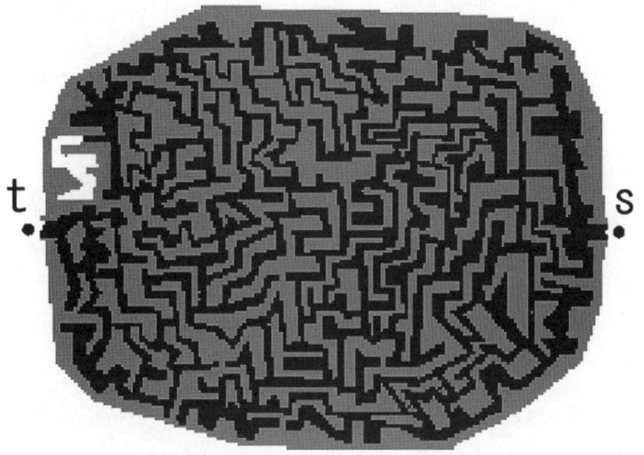

図 29　中世都市モデルでの始点 s からから目標点 t に到達するまでの拡散範囲

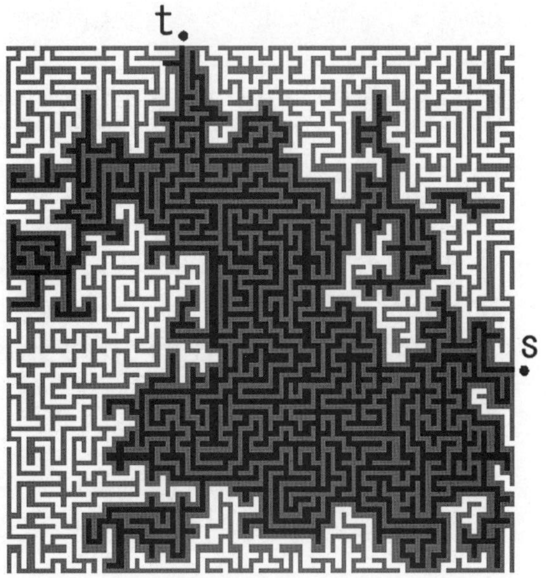

図 30　複雑な矩形迷路での始点 s からから目標点 t に到達するまでの拡散範囲

7．　離散ボロノイ図

本章で扱ってきた、1 セル内のランダムな位置をノードとし、そのムーア近傍のノードと連結したグラフ、つまり正方格子で制約されたランダムグラフのもつ重要な特性は、4.で解説したように、1 つのノードからグラフに沿って等速度で拡散させていくとその範囲はほぼ円形（3 次元だと球形）になるということ、つまり、方向によらずほぼ等距離に達するという近似的な等方性にある。このことは、任意のノード間の距離について、グラフに沿って測った距離の大小をほぼ正しく比較できることを意味する。本項では、この特性を利用して、直方体、球面、自由な曲面などにおける離散ボロノイ図を作成する。

ボロノイ図とは、空間に複数の点があるとき、最も近い点に所属するように空間を分割した領域図であり、いわば点の縄張り図といえる[3)、12)~14)]。このときの点を母点または生成元とよび、母点の支配する勢力圏をボロノイ領域とよぶ。定式化すると次のように表記される[3)]。

n 個の母点を $p_1, p_2, \cdots, p_n$ とし、平面上の任意の点を p とする。そして、母点 p_i と点 p との距離を $d(p, p_i)$とし、母点 p_i のボロノイ領域を $V(p_i)$とする。そうすると母点 p_i のボロノイ領域 $V(p_i)$は、

$$V(p_i)=\{p|d(p,p_i) \leqq d(p,p_j),\ j \neq i,\ j=1,2,\cdots,n\} \qquad (1)$$

と表記される。

2 次元空間の場合、ボロノイ領域の境界はボロノイ辺とよび、2 つの母点の垂直二等分線の一部またはすべてからなる（図 31）。3 次元空間だと、ボロノイ領域の境界は平面となり、2 つの母点の垂直二等分面である。

本節では、空間を正方格子で分割して離散化し、その 1 格子（セル）を図の構成単位とするので、離散ボロノイ図とよばれる[3)、4)]。

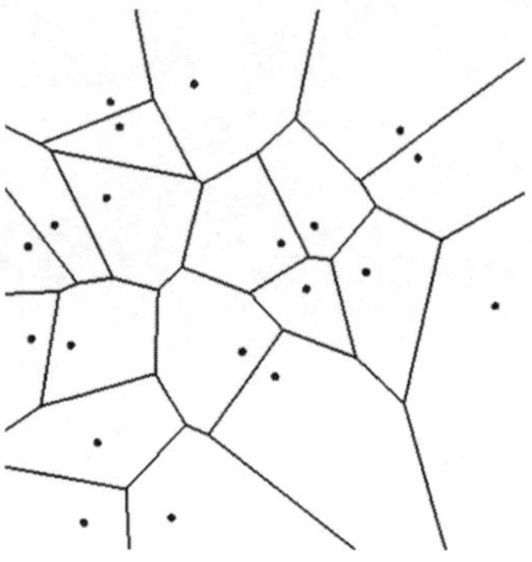

図 31　2 次元のボロノイ図

7.1　柔らかい境界

ボロノイ領域の境界は 2 つの母点から等距離の位置なので、図 31 のように 2 次元空間では直線となり 3 次元では平面となる。その条件だと形態が明確であるが限定的になるので、境界の判別に幅を持たせることを考える。

先に述べたように、ボロノイ図を決定するのは 2 点間の距離である。通常利用されるのはユークリッド距離だが、その他にも種々の距離が提案されている[3)]。そのうち、ここでは乗算重み付けボロノイ図（multiplicatively weighted Voronoi diagram）とよばれているボロノイ図で定義されている距離を適用する。それは、ユークリッド距離に重みを付けて、より長く算定したりあるいはより短く算定したりするもので、2 点 p と p_i 間の重み付け距離は次のように定式化される。

$$d(p,p_i)=1/w_i \cdot |x-x_i|, \quad w_i>0 \qquad (2)$$

w_i：距離比率

x, x_i ：点 p、p_iの位置ベクトル

この距離概念を利用して、図 32 に示すようにボロノイ境界の明快度に幅を持たせた柔らかい境界を考える。この図の作成方法は次の通りである。

(1)点 p と母点 p_i とのユークリッド距離を d_i とし、母点 p_j とのユークリッド距離を d_j としたとき、その大きい方の距離をとって d_{ij} とする。

$$d_{ij}=\max\{d_i, d_j\} \qquad (3)$$

(2)距離 d_i と d_j の差を u_{ij} とする。

$$u_{ij}=|d_i-d_j| \qquad (4)$$

(3)距離 d_{ij} と距離差 u_{ij} との距離差の比を $ratio_{ij}$ とする。

$$ratio_{ij}=u_{ij}/d_{ij} \qquad (5)$$

(4) $ratio_{ij}$（これ以降、$ratio$ と表記する）の値に応じて境界幅を設定する。図 32 中の番号に対応する境界範囲は次の通りである。

番号 1：$0.000 \leqq ratio \leqq 0.025$

番号 2：$0.025 < ratio \leqq 0.050$

番号 3：$0.050 < ratio \leqq 0.075$

番号 4：$0.075 < ratio \leqq 0.100$

番号 5：$0.100 < ratio \leqq 0.125$

なお、セル数は縦 200 セル、横 200 セルである。距離の計算に、正方格子に制約されたランダムグラフ

を用いているので、ユークリッド直線距離に比べゆらぎがあり、その影響で境界がギザギザしている。なお、ユークリッド直線距離の場合には輪郭は円弧または円になり、アポロニウスの円とよばれる。

以上の方法により母点数 20 で作成した、柔らかい境界をもつ離散ボロノイ図を図 33 に示す。

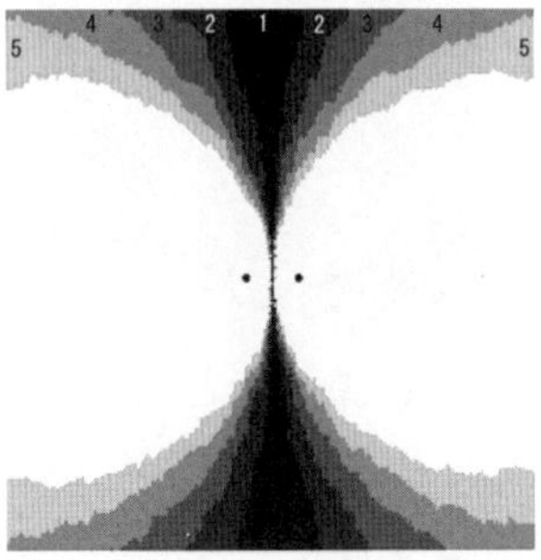

図 32　2 点間の柔らかい境界

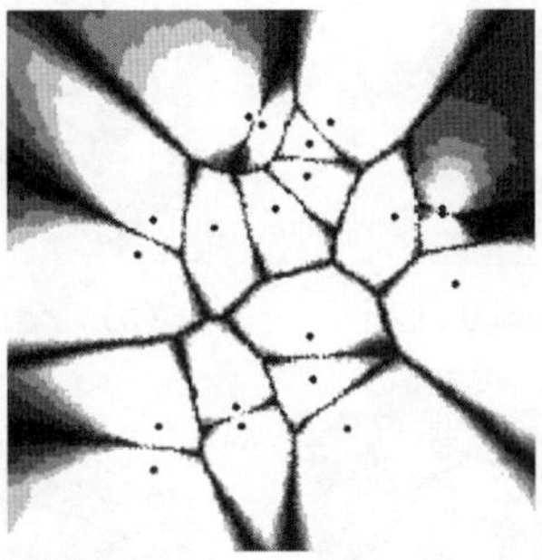

図 33　柔らかい境界のボロノイ図

7.2　柔らかい境界をもつ 3 次元離散ボロノイ図

3 次元の立方体格子（セル）で立体を作成し、その表面のセルに対して柔らかい境界をもつ離散ボロノイ図を作成する。つまり立体の内部は空とし、表面のセルについて正方格子で制約されたランダムグラフを作成して計算する。立体のサイズは、縦、横、高さとも 200 セルの立方体空間にほぼ内接する大きさとした。境界セルの表示色（灰色）は、距離差の比が小さい値から大きい値になるに従い、暗い灰色から明るい灰色へと段階付けた。なお、距離差の比幅 0.025 毎に灰色の濃さを変えて表示している。また、図中にみえる小さい黒点は母点である。

(1)波打つ曲面

図 34(a)に示した曲面の大きさは、真上から見た平面図で、横（x 軸）200 セル、縦（y 軸）200 セルである。高さ（z 軸）は三角関数の合成による次の関数で作成した。

$$z=\sin(x+0.1)\sin(1.5(y+0.2))\sin(2.5(x+0.3)) \qquad (6)$$

母点数は 25 であり、ランダムな配置とした。

計算結果を見ると、曲面に沿って柔らかい境界が形成されている。また、母点からの距離差の比である *ratio* の値が小さい場合は線的な骨組み状であるが、値が大きくなるに従い面的になり、曲面上での離散ボロノイ図に近づく。以上の特徴はこれ以降の図にもいえる共通の事柄である。

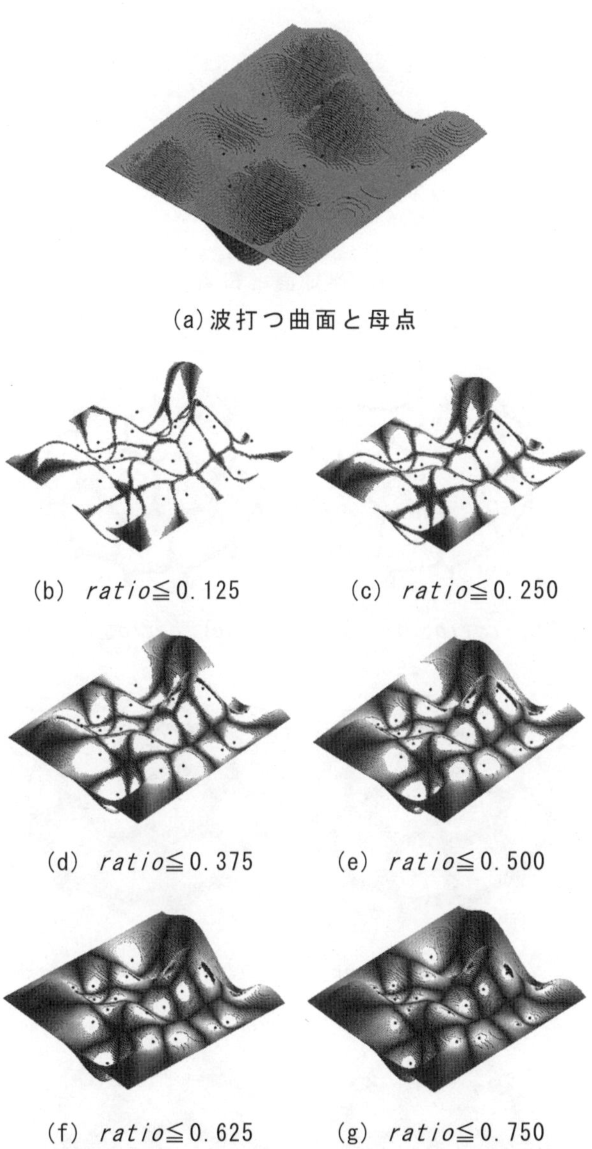
(a) 波打つ曲面と母点
(b) *ratio*≦0.125
(c) *ratio*≦0.250
(d) *ratio*≦0.375
(e) *ratio*≦0.500
(f) *ratio*≦0.625
(g) *ratio*≦0.750

図 34　波打つ曲面の離散ボロノイ図

(2)半球面

図 35(a)の半球の半径は 100 セルである。半球面上に母点を次のようにほぼ等間隔になるように配置した。

i)半球最下部（赤道）に 12 個の母点を等間隔に配置する。

ii)隣接母点の中心角である π/6 を緯度方向に割り付け母点を置く。

iii)経度方向に置いた母点から、半球最下部の隣接母点の弧長である rπ/6（r は半球の半径長さ）にほぼなるよう経度方向に割り付け母点を置く。

以上の方法で配置した母点数は 29 個であった。計算の結果をみると、母点が同じ緯度にあるボロノイ領域の形態がほぼ同じになっているのが分かる。

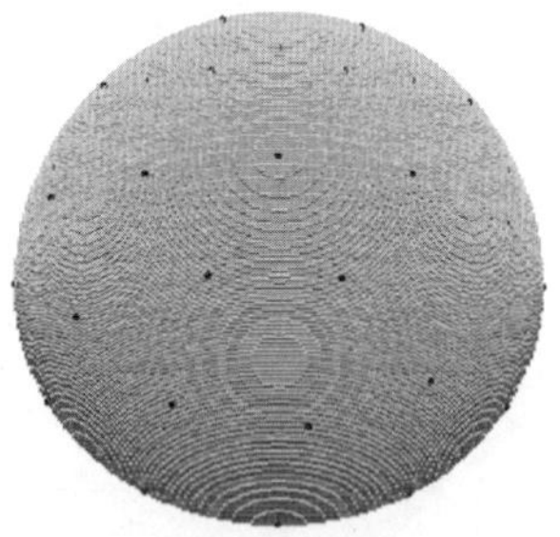

(a)半球面と母点

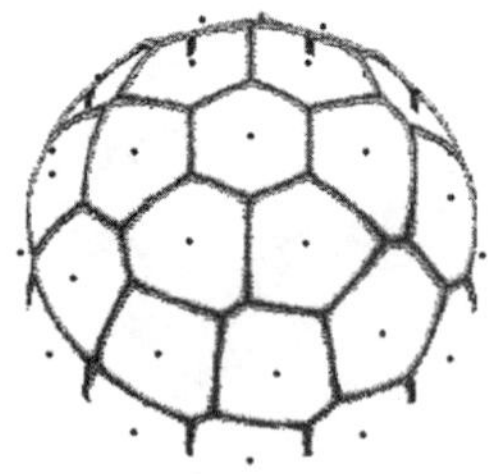

(b) *ratio*≦0.125

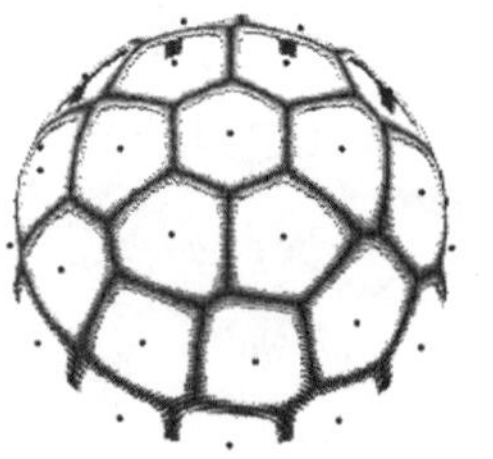

(c) *ratio*≦0.250

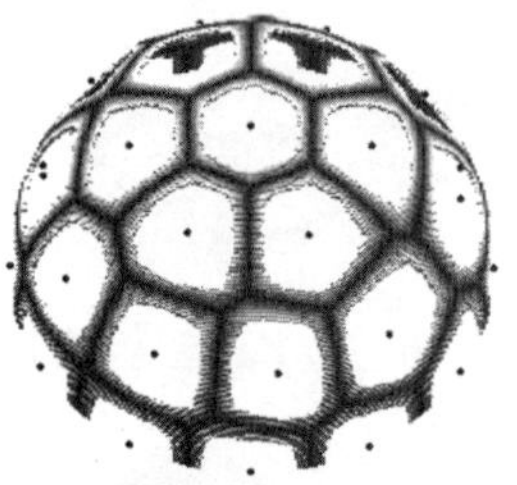

(d) *ratio*≦0.375

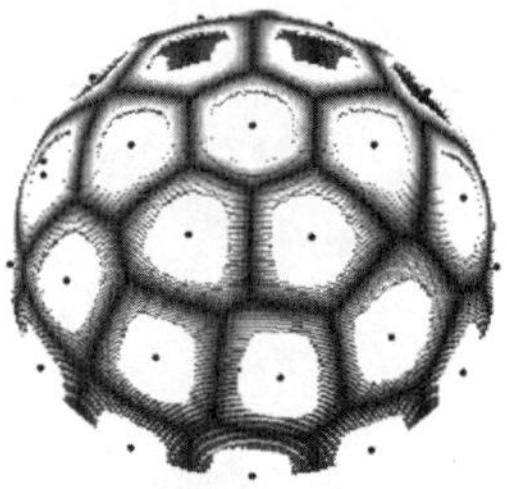

(e) *ratio*≦0.500

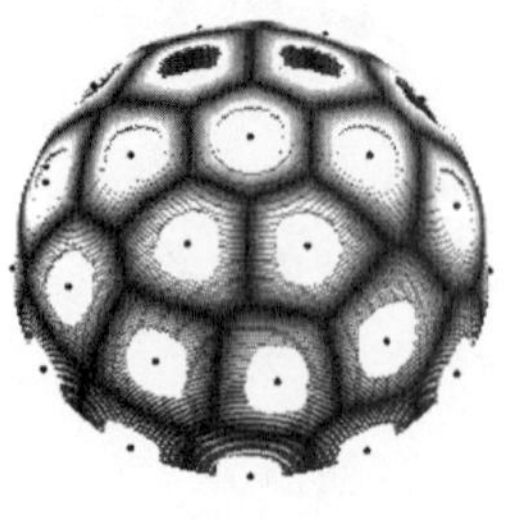

(f) *ratio*≦0.625

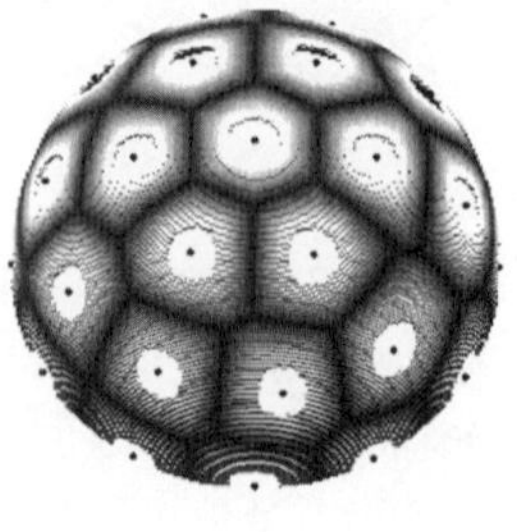

(g) *ratio*≦0.750

図 35　半球面の離散ボロノイ図

(3)直方体

図 36(a)の直方体の大きさは、縦 200 セル、横 200、幅 100 セルである。母点は各面に 9 点を 3×3 の等間隔に配置した。したがって、母点数は 54 個である。計算結果をみると、母点を直交格子状に配置したので、ボロノイ図も直交形態になっている。

(a)直方体と母点

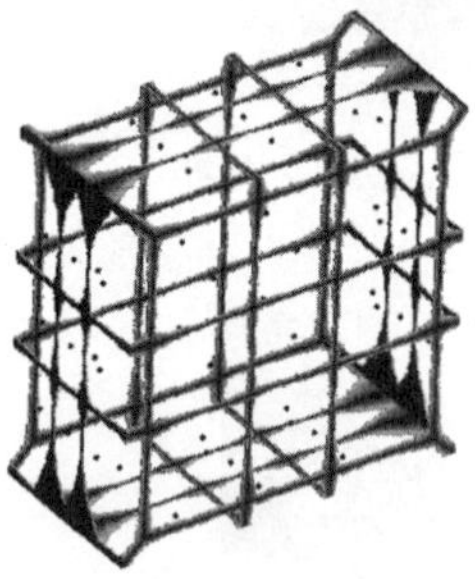

(b) *ratio*≦0.125

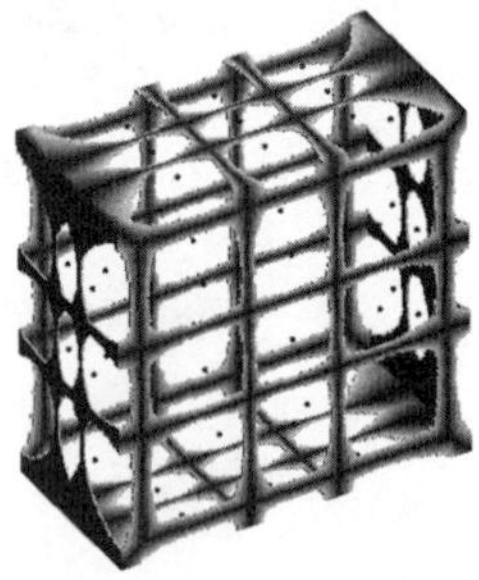

(c) *ratio*≦0.250

(d) *ratio*≦0.375

(e) *ratio*≦0.500

(f) *ratio*≦0.625

(g) *ratio*≦0.750

図 36　直方体の離散ボロノイ図

(4)自由曲面

図 37(a)に示した自由曲面はコンピューターグラフィクスでいうところのメタボール（meta ball）である [15]。メタボールとは、点からの距離に伴い単調減少する仮想の濃度球であり、ある一定の閾値を形状の表面とする形

態である。複数の点がある場合は濃度を加算するので、等濃度面は不定型な自由曲面になる。本節では 5 個の点で作成した。大きさは、縦、横、高さとも 200 セルの立方体空間にほぼ内接する大きさである。母点数を 30 個とし、曲面上にランダムに配置した。計算結果をみると、自由曲面上に柔らかいボロノイ境界が形成されている。

(5)多面体

図 38(a)は縦、横、高さとも 200 セルの立方体を平面で切除して作成した多面体である。切除平面は立方体の中心から一定以上離れたランダムな距離とし、方向もランダムとした。切除平面数を 30 としたので、凸 30 面体である。母点数を 35 個とし、表面上にランダムに配置した。計算結果をみると、これまでのボロノイ図と同様、多面体上に柔らかいボロノイ境界が形成されている。

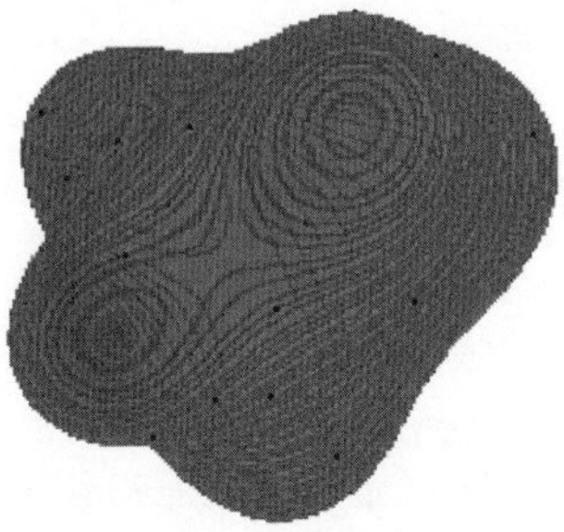

(a) 自由曲面と母点

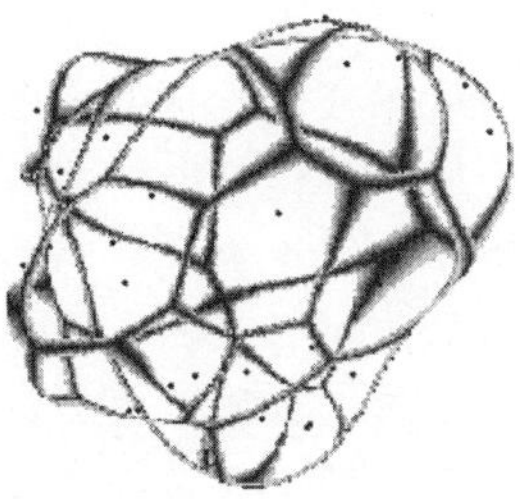

(b) *ratio*≦0.125

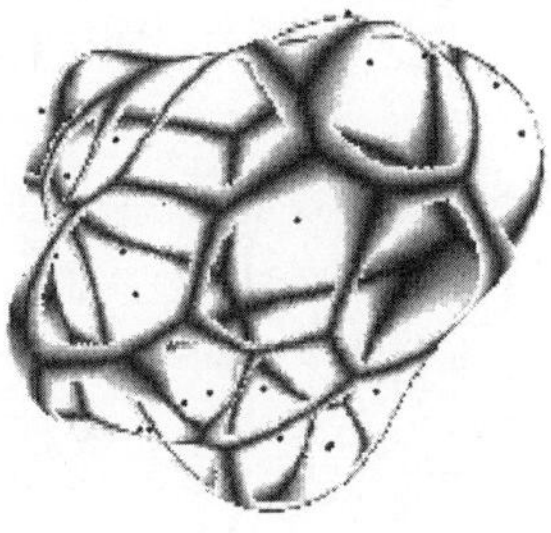

(c) *ratio*≦0.250

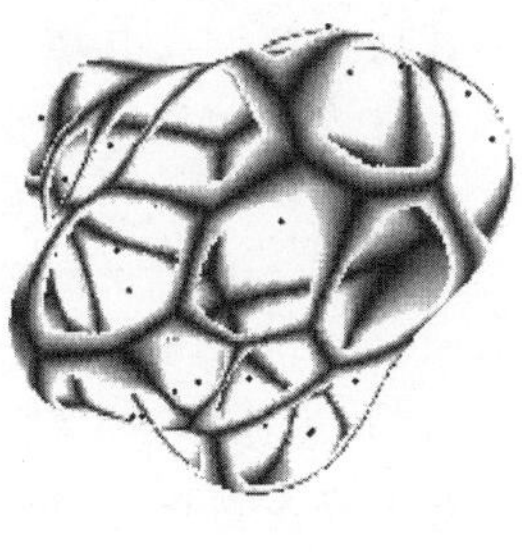

(d) *ratio*≦0.375

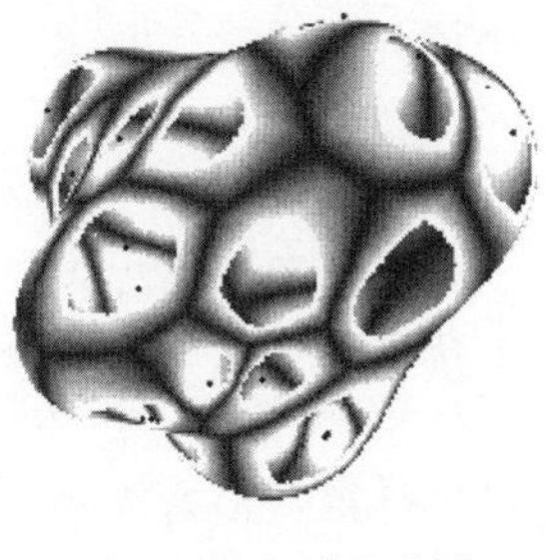

(e) *ratio*≦0.500

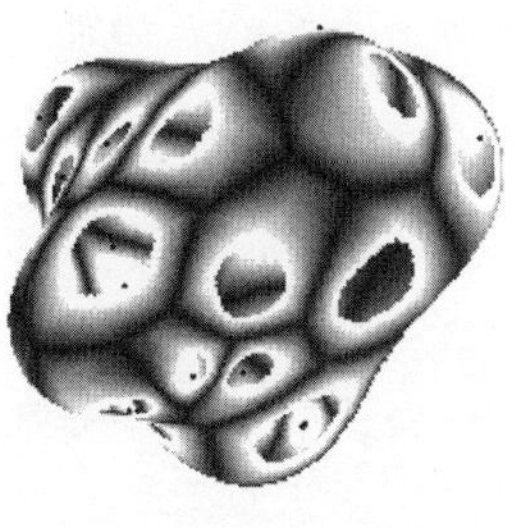

(f) *ratio*≦0.625

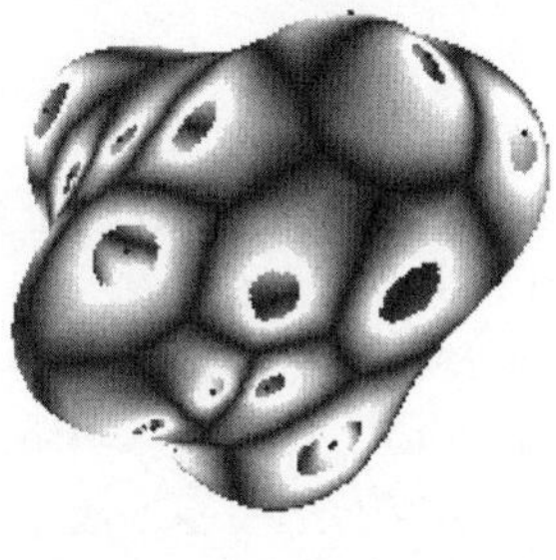

(g) *ratio*≦0.750

図 37　自由曲面の離散ボロノイ図
（巻頭カラーページ参照）

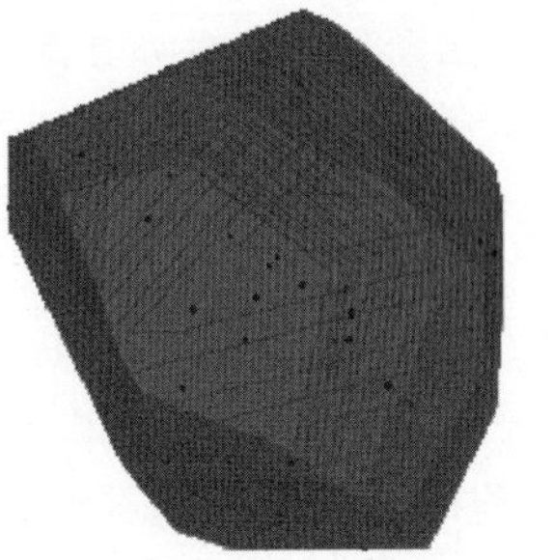

(a) 多面体と母点

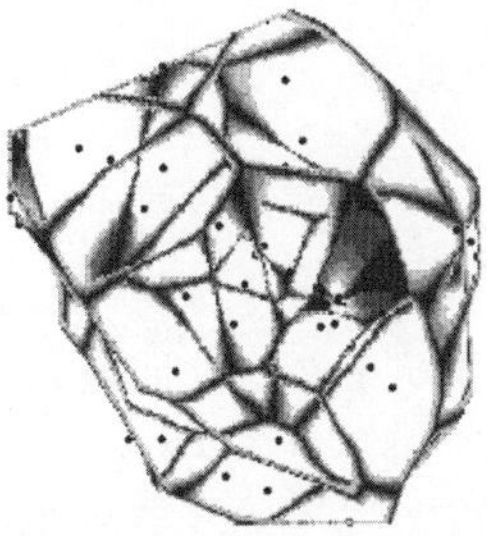

(b) *ratio*≦0.125

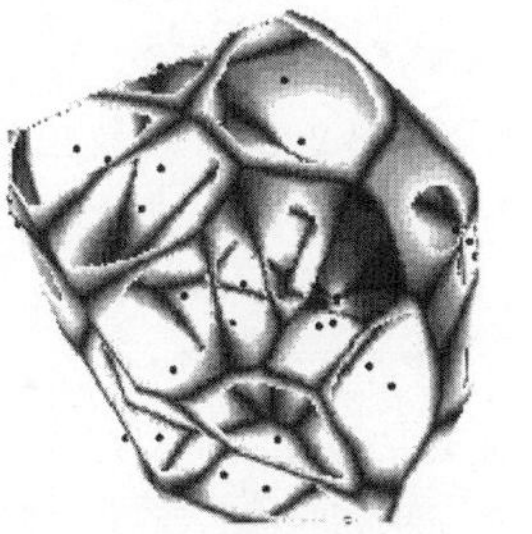

(c) *ratio*≦0.250

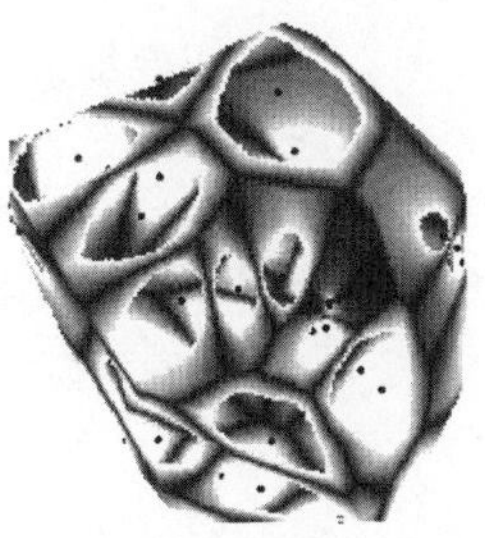

(d) *ratio*≦0.375

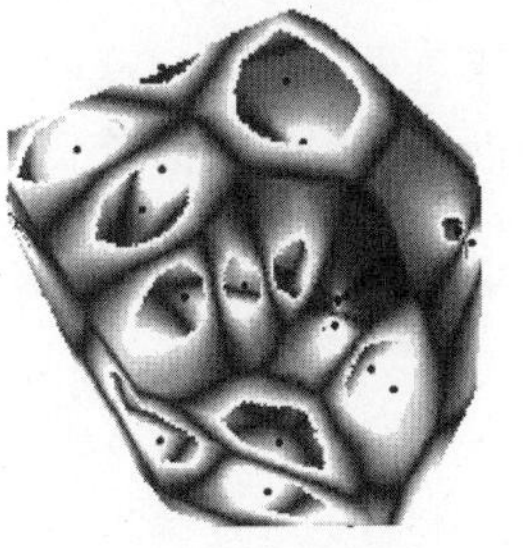

(e) *ratio*≦0.500

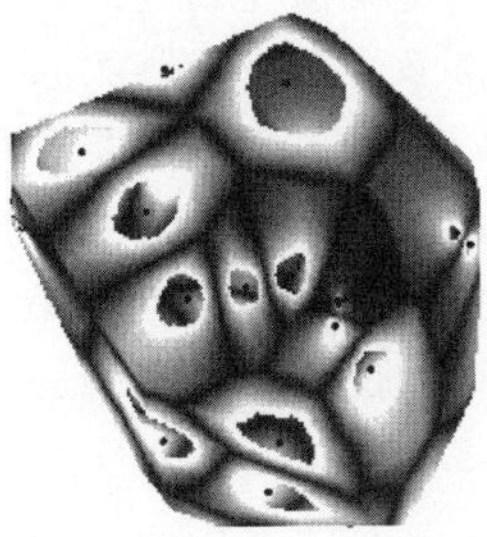

(f) *ratio*≦0.625

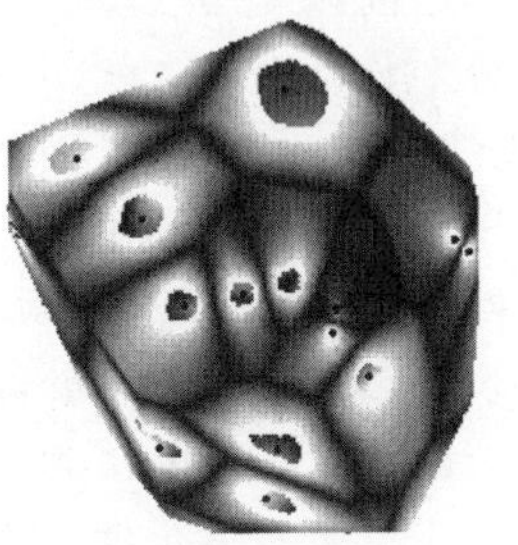

(g) *ratio*≦0.750

図 38　多面体の離散ボロノイ図

8. 本章で用いた方法と適応事例の考察

3 次元空間において、障害物を回避する最短経路問題や移動可能な範囲が限定されている場合の最短経路問題は、建築の避難計画や設備計画で直面する課題である。このような障害物を回避する最短経路問題と移動可能範囲が限定されている最短経路問題は異なる問題のようにみえるが、解法からは同一問題である。なぜなら、障害物回避については、障害物以外の空間に移動可能性が限定された問題といえ、移動可能範囲の限定については、移動可能範囲以外は障害物である問題といえるからである。したがって、この 2 つの問題は、任意の 2 点間を一直線では通せない屈曲した空間内を最短で結ぶ経路探索という 1 つの問題になる。これは 3 次元空間のままでは現実の時間内で解けない NP 困難である [1]。

そこで本章で次のような工夫をした。

(1) 3 次元空間を正方格子で離散化する。

(2)障害物以外の移動可能範囲を計算の対象空間にする。

(3)各格子（セル）内のランダムな位置をノードとし、各セルのムーア近傍のノード間を連結するグラフを作成する。

(4)任意の 2 点間の最短経路問題を 2 つのノード間の連結グラフでの最短経路問題に置き換える。

(5)ダイクストラ法によって最短経路を求める。

このように 3 次元空間の問題をグラフ問題に置き換えることによって解を得ることができた。しかし、3 次元空間をグラフに置き換えることは情報量の減少を伴うので犠牲も生じる。1 つは空間の均質性を示す等方性の喪失つまり異方性化であり、もう 1 つは離散化による精度の低下である。最初の等方性の喪失については、各格子（セル）内のランダムな位置をノードとすることで、等方性に近づけられたが異方性の緩和にとどまる。2 番目の問題である精度については、連続空間を正方格子に離散化するため、平均 1 格子分の精度粗さが生じる。

以上のような特性を理解した上でこの方法を利用すれば、工学的価値はあると思われる。例えば、最短経路問題では、障害物を回避する迂回地点がおよそ分かればよいことが現実に多い。また、柔らかい境界をもつボロノイ図についても、例えばこれを小学校区の策定に利用する場合、およその範囲が分かればよい。なぜなら、校区を決める場合、町丁目の行政区、人口分布、幹線道路の位置、歴史的経緯などを勘案し総合的に判断するからである。また、造形に応用する場合は、精度よりも作り出されるパターンに価値があるといえる。

適用事例については、方法の視覚的理解に主眼を置いたので、障害物回避問題では迷路を取り上げ、移動可能範囲限定問題では、一部にダクト迷路なども取り扱ったが、主として立体表面の離散ボロノイ図を例にした。特に、後者は造形への適用を念頭に置いている。

9. 関連研究

本章で用いた方法の基本的要点の 1 つは、任意の 2 点を結ぶ最短経路が、障害物を回避したり通過可能な空間が限定されていたりして、屈曲する経路となるため、計算が困難なことであった。そこで、その対処として、空間を離散化してグラフに置き換え、(1)グラフにおけるノード間の最短経路問題とした。しかしこの場合、(2)2 点間の距離が方向によって偏らない等方性を確保するのが困難であった。もう 1 つの基本的要点は、立体の表面に作成するボロノイ図の境界を、(3)幅をもった「柔らかい」境界にする意味の問題である。以上(1)、(2)、(3)の問題について、次に関連研究を紹介する。

(1)グラフにおける最短経路

グラフにおけるノード間の最短経路を探索する問題は、グラフを交通網に置き換えればカーナビゲーション技術の主要な部分である。アルゴリズムとしては本章で用いたダイクストラ法が一般的である。

ダイクストラ法の改良版として、目標点までの残りの距離を考慮して、目標から遠ざかる方向には探索を深めないことで計算量を減少させる A アルゴリズムや A*アルゴリズムがある [16]。本章では、柔らかい境界をもつボロノイ図の作成に際し、目標点までの距離以下になる全てのノードの最短経路と距離を利用したのでダイクストラ法を用いた。しかし、ダイクストラ法系のアルゴリズムは、リンクが負の値を持たないことという制約がある。したがって、負の値をもつ場合や、リンクに複数の属性(例えば、距離以外に、混雑度や快適さなど）を持たせて総合的に最適経路を求める場合には、ダイクストラ法ではなく、リンクの組み合わせ最適問題にして、遺伝的アルゴリズムを用いる方法がある [17]。その他、蟻コロニー最適化法 [18]や粘菌モデル [19]など群知能（swarm intelligence）を適用した研究もある。

(2)空間の離散化と等方性

本章で行った離散化は正方格子分割であり、等方性については 1 格子（セル）内のランダムな位置をノードとしてランダムグラフを作成することで異方性の緩和を計った [20]。この離散化による異方性への対処として、今井ら [21]、[22]は、実数空間上にランダムに点を付置し、それらの点についてのドロネー網を作成すれば、ダイクストラ法によって近似円が形成できることを示し、障害物のあるボロノイ図を作成している。この方法の方が正方格子分割より等方性にすぐれているが、ランダムに布置した点のドロネー網を作成するという作業が加わる。また、2 次元の場合に比べて 3 次元の場合にはアルゴリズムが非常に難しくなる。

(3)柔らかい境界

「柔らかい」の意味の違いにより、「柔らかい境界をもつボロノイ図」の関連研究は次の 3 つに分類できる。

i)母点の存在程度を強くて明解な状態から弱くて薄い状態までの存在強度とする場合

母点の存在強度をファジイ理論のメンバーシップ値で与えると、ボロノイ図の境界であるボロノイ辺は存在強度で表現される [23]。また、母点を点ではなく大きさのある円で与え、中心をメンバーシップ値 1.0 とし円周部を 0.0 として単調減少するファジイ集合を設定すると、ボロノイ辺は線ではなく存在強度の変化に対応した幅をもつ [24]。さらに、母点を円だけでなく不定型な形態をしたファジイ集合に一般化して、柔らかいボロノイ図を求めることもできる [25]。これらの研究の応用への主な目的は、母点（点だけでなく形態的集合）をボロノイ図で分離し区別することにある。

ii)母点の位置が確定できない場合

母点が一定半径の円内に存在することだけが分かっている場合は、母点がこの円内をくまなく移動するとみなして、それぞれの地点でのボロノイ図の積集合として柔らかいボロノイ図を求めることができる [26]、[27]。

iii)距離自体が確定的でない場合

ファジイ理論によるファジイ距離を適用している研究がほとんどであるが、距離に 2 点間の空間距離のように実距離を扱うものと、2 つの事象の類似度を距離とみなして扱うものに分けられる。本章に関係するのは前者の実距離である。これには、具体的に設定した距離の不確実な範囲をメンバーシップ関数で設定したり [28]、ある物体の「近く」や「左側」といった言語表現についてメンバーシップ関数を設定したりする方法がある [29]。

本章では、母点を明確な存在としボロノイ図作成の制御点として利用した。一方、距離については変動を取り入れた。ただし、ファジイ理論を適用するのではなく、ボロノイ図の幾何学分野で用いられている重み付け距離を用いた。この重みパラメーターを変えることで柔らかい境界をもつ離散ボロノイ図を作成した [30]。

１０．　まとめ

本章で紹介した、迷路通り抜け最短経路問題、障害物回避最短経路問題、浸水や煙の拡散範囲問題、そして柔らかい境界をもつ離散ボロノイ図作成の解法はすべて同じ次の手法の適用である。

(1)実数連続空間を正方格子空間（セル）に分割して離散化する。

(2)セル内のランダムな位置をノードとし、そのムーア近傍と連結したグラフ（つまり、正方格子に制約されたランダムグラフ）を作成する。

(3)ランダムグラフでの 2 つのノード間の最短経路をダイクストラ法で求める。

この手法の根本のアイデアは、実数空間をグラフに置き換えることによって、空間問題をグラフ問題にして解くことにある。そのような変換によって、例えば､3 次元では NP 困難な障害物回避最経路を求めることができた。しかし一方で、実数空間の離散化とグラフ化によって生じる空間情報の集約化とそれに伴う情報量の減少により、解の精度が低下するという犠牲を払うことになる。したがって、この手法の適用に際しては、上述の特性を理解した上での適切な利用と結果の評価が必要である。

注

1) 本章では、計算プログラムを C++で作成し、図描画に OpenGL を用いた。
2) この章で用いたすべての迷路図（図 15～図 18、図 27～図 30）の著作権：ⒸCan Stock Photo Inc.

参考文献

1) Mark de Berg, Marc van Kreveld, Mark Overmars, Otfried Otfried Schwarzkopf: Computional Geometry, Springer-Verlag, 1997､（浅野哲夫　訳：　コンピュータ・ジオメトリ、近代科学社、2000）
2) 奥村晴彦：C 言語による最新アルゴリズム事典、技術評論社、1991
3) Atsuyuki Okabe, Barry Boots, Kokichi Sugihara, Sung Nok Chiu: Spatial Tesellations, John Wiley & Sons,LTD, 1992
4) 渡辺貴史、村島定行：2 次元離散ボロノイ図を $O(1)$ の計算時間で描く方法、電子情報通信学会論文誌、D-I、Vol.J79-D-I、No.3、pp.114-122、1996
5) 奥村晴彦：C 言語による最新アルゴリズム事典、技術評論社、1991
6) 伊理正夫、今野浩、刀根薫、監訳：最適化ハンドブック、朝倉書店、2007
7) 浅野孝夫、今井浩：計算とアルゴリズム、オーム社、1986
8) 徳山豪、はみだし幾何学、岩波書店、1994
9) www.deqnotes.net/acmicpc/dijkstra/、2014 年 8 月
10) tokyo-ct.net/usr/kosaka/for_students/jissen1/akiyojissen1/kougi26.html/、2014 年 8 月
11) Mario Markus: Modelling Morphogenetic Processes in Excitable Media using Novel Cellular Automata, Biomedica Biochimica Acta, Vol.49, 8/9, pp.681-696, 1990
12) 岡部篤行、鈴木敦夫；最適配置の数理、朝倉書店、1992

13) 栗田治：都市モデル読本、共立出版、2004
14) 杉原厚吉：なわばりの数理モデル、共立出版、2009
15) 荒屋真二：明解3次元コンピュータグラフィックス、共立出版、2003
16) 社団法人発明協会：特許流通支援チャート　電気22 カーナビ経路探索技術、pp.8-11、独立法人工業所有権情報・研修館、2005
http://www.inpit.go.jp/blob/katsuyo/pdf/chart/fdenki22.pdf/、2014年8月
17) 原健太、古川武志、塚原荘一、狩野均：多目的遺伝的アルゴリズムによるカーナビゲーションのための経路探索、
http://www.kslab.cs.tsukuba.ac.jp/paper/hara_MPS.pdf/、2014年8月
18) 杉本彩：蟻コロニー最適化を用いたカーナビの最短経路探索、
http://www.seto.nanzan-u.ac.jp/ise/gr-thesis/ms/2010/07mi220.pdf/、2014年8月
19) 木下俊一、富田望、本吉彦、三好一徳、矢野雅文：真性粘菌モデルを用いた有効NWの高速最短経路探索手法の提案、通信講演論文集 2、p.219、電子情報通信学会、2010
20) 奥俊信：正方格子で限定されたランダム・グラフによるボロノイ図、日本都市計画学会学術研究発表会論文集、No.43-3、pp.79-84、2008
21) 今井公太郎、藤井明：障害物の配置された平面におけるボロノイ図に関する研究　－ドロネー網における最短距離を用いた作図法の提案－、日本都市計画学会学術研究発表会論文集、No.42-3、pp.457-462、2007
22) kotaro Imai, Akira Fujii and Kenji Nabeshima: AED Location in Public Spaces: A Case Study in Ueno Park Using Voronoi Diagram with Obstacles, Journal of Asian Architecture and Building Engineering, Vol.7, No.2, pp.271-278, 2008
23) Mohammadreza Jooyandeh, Ali Mohades Khorasani: Fuzzy Voronoi Diagram, Advances in Computer Science and Engineering, Communications in Computer and Information Science 6, 13th International CSI Computer Conference, CSICC 2008, pp.82-89, Springer, 2009
24) Mohammadreza Jooyandeh, Ali Mohades, Maryam Mizakhah: Uncertain Voronoi diagram, Information Processing Letters, Vol.109, Issue 13, pp.709-712, ELSEVIER, 2009
25) Isabelle Bloch: Fuzzy skeleton by influence zones - Application to interpolation between fuzzy sets, Fuzzy Sets and Systems 159, pp.1973-1990, ELSEVIER, 2008
26) William Evans, Jeff Sember: Guaranteed Voronoi Diagrams of Uncertain Sites, 20th Canadian Conference on Computational Geometry, CD-ROM, 2008
27) Reynold Cheng, Xike Xie, Man Lung Yiu, Jinchuan Chen, Liwen Sun: UV-Diagram: A Voronoi Diagram for Uncertain Data, ICDE Conference, 2010 IEEE 26th International Conference, pp.796-807, 2010
28) 松富達夫、石井博昭：ファジイ距離をもつ施設配置問題、1996年度日本オペレーションズ・リサーチ学会秋季研究発表会、pp.66-67、1996
29) Isabelle Bloch: Bipolar Fuzzy Spatial Information: Geometry, Morphology, Spatial Reasoning, Methods for Handling Imperfect Spatial Information, pp.75-102, Springer, 2010
30) 奥俊信：曖昧なボロノイ図を利用した曲面分割による形態形成、知能と情報（日本知能情報ファジィ学会誌）、Vol.23、No.4、pp.400-410、2011

第１４章

確率過程最適化法
複雑な多変数最適化問題への新たなアプローチ

概要　本章では初めに新しい最適化手法である「確率過程最適化法」の原理の解説を行い、手法の定式化を行う。続いて、いくつかの数値計算例を示す。本手法は、従来の最適化手法とは異なり、解空間内で解の探索を行うのではなく、確率論に基づいて期待値として最適解の近似解を求めるところに特徴がある。本特徴により、従来の最適化手法では適用し難かった、複雑で高次元の動力学的な最適化問題へも適用可能である。並列計算にもなじみやすい。

1.　はじめに

まず、本章を読むにあたっての注意事項を説明しておく。本章には、確率過程最適化法を導出するための解説も含まれているため、本手法を実際に使うための知識だけが必要な場合には、全ての節に目を通す必要はない。本手法を使うためには、「3.3 定式化」と「4. 数値計算アルゴリズム」に目を通せばよい。加えて「5. 計算例」のいくつかに目を通せば十分である。本手法の原理を直感的に理解したい場合には「2. 確率と最適化」を、正確な手法の導出過程まで興味がある場合には「3. 確率過程最適化法」を読んでもらえればよい。

確率過程最適化法（Stochastic Process Optimization Technique、SPOT）は、解空間の構造が複雑で大局解を求めることが困難な最適化問題に対応するために、確率論を導入した新しい最適化手法である。

これまでにも、確率論的な考え方を導入した最適化手法としてシミュレーテッドアニーリング（Simulated Annealing、SA）や遺伝的アルゴリズム（Genetic Algorithm、GA）などが提案されている。

しかし、これらの手法は確率的ゆらぎを利用して広範かつ複雑な解空間を効率よく探索して最適解を発見しようとするものである。したがって、これらの手法における確率過程は、あくまで便宜的なものであり、計算過程において現在の解から次の探索点を決定するための解探索の指針として導入されるに過ぎない。本手法では、系の確率的な振る舞いをより本質的に捉え、大局解の近似解を得ようとするものである。

物理学において古典力学が形成された 19 世紀当時、物理学者は系を統計的に捉えるのは、多粒子系を、微分方程式を解いて厳密に扱うことができないという事情による、一種の方便だと考えていた。系のエネルギーなどを期待値として計算するのは、厳密解を得る方法がないためだと考えていた。一方、20 世紀初頭に成立した量子力学によれば、微視系は本質的に確率過程である。たとえ 1 粒子系であっても粒子の軌道には確率的ゆらぎがあり、あらかじめ理論的に予測可能なのは軌道の確率平均すなわち期待値のみである。各時刻の確率分布の頂点の連なりに相当する古典軌道は、確率の最も高い軌道であるに過ぎず、古典軌道もやはりある確率でしか出現しない。いわゆる経路積分法は、この軌道の期待値の計算をファインマンが多重積分の形で定式化したものである。本手法は、この経路積分法に着想を得て定式化されたものである。

通常、工学的な最適化問題は確定論的であるが、本手法ではこれを確率論的に扱う。つまり、さまざまな解が評価値に比例する確率で存在するものとして、これらの解の全ての重ね合わせで最適解を表現する。したがって、最適解は期待値として求められることになり、これは近似解である。従来の最適化手法は厳密解を求めようとするものであるが、本手法は原理的に近似解を得る手法である。また、従来の手法は原理的には厳密解が得られるはずであるが、数値計算によってこれを実現するため、結果として得られる解は近似解となる。したがって、本手法も他の手法も得られる解は近似解であるといえるが、その意味するところは本質的に異なる。

2.　確率と最適化

物理量を測定するとき、たとえば円柱の直径を測定する場合は、直径を何度か測定し、その平均値をもって直径とすることが行われる。これは、物理量を測定する場合には、その測定値には誤差が含まれており、測定値は真値をピークとして、その周辺に確率的にばらついていると仮定できるからである。

この確率的なばらつきは、確率密度関数で表すことができる。たとえば、次のような確率密度関数 $p(x)$ があったとする。

$$p(x)=\frac{1}{\sqrt{2\pi}}\exp\left\{-\frac{1}{2}(x-5)^2\right\} \tag{1}$$

これをグラフで示すと図１となる。

この確率密度関数は、$x=5$ を中心として左右対称で、$-\infty\sim\infty$ に広がっている関数であり、x は連続な値を採る変数であるとする。

このグラフの下側を全て積分すると、それは変数 x が $-\infty\sim\infty$ のどこかの値をとる確率、つまり 1 になる。そして、変数 x が 3 から 4 の間の値をとる確率は、このグラフの 3 から 4 の下側の面積になることを示している。

この関数の期待値すなわち確率的な平均値は次のような積分によって求めることができる。

$$\int_{\infty}^{-\infty} xp(x)dx=\frac{1}{\sqrt{2\pi}}\int_{\infty}^{-\infty} x\exp\left\{-\frac{1}{2}(x-5)^2\right\}dx \tag{2}$$

この式はガウス積分を利用して積分することができて、期待値は 5 である。つまり、確率密度関数のピークすなわち最も確率が高くなる変数値と一致するのである。実はこの確率密度関数は、期待値 5、標準偏差 1 の正規分布であった。

さて、この変数 x が最適化問題において最適化すべき設計変数であったとして、評価関数値が最もよい場所が確率分布の最も高い場所であったら、この設計変数の期待値は評価関数の最もよい場所、つまり最適解に一致するのである。したがって、最適化問題を確率現象におき換え、すなわち評価関数を確率分布と読み替え、その期待値を求めれば、最適解を得ることができるのである。ただし、確率密度関数の形がいびつであったら、期待値は最適解に正確には一致しないから、期待値は最適解の近似解ということになる。

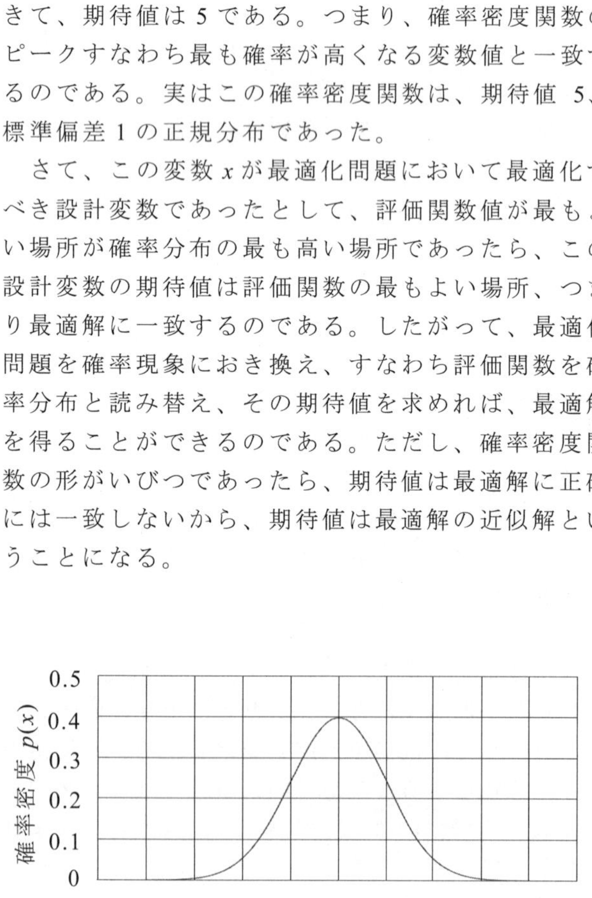

図１　式(1)で表される確率密度

３．　確率過程最適化法

3.1　原理

古典力学における物体の運動は、最小作用の原理から、作用積分と呼ばれるラグランジアンの時間積分を最小とするように定められる。正確には、作用積分の１次の変分が０となる運動が古典力学的に唯一認められる運動であり、これは変分法によって求めることができる。そして、それはニュートンの運動方程式の解に一致する。１次の変分が０となるのは与えられた汎関数が極値をとる条件であり、汎関数の最小値が満たすべき条件でもある。よって、評価関数値を最小とする解を求める最適化手法は、この変分原理に基づいて発展してきた。

さて、上述したように、ニュートン力学（古典力学）で扱われる運動は、作用積分の１次の変分が０となる運動であり、これはニュートンの運動方程式の解と一致していた。これを最小作用の原理と呼ぶ。したがって、古典力学に基づく運動（ニュートンの運動方程式の解）は、作用積分を最小とする運動として一意的に定められる。しかし、20 世紀初頭に成立した量子力学によれば、光子や電子のように確率的に振る舞う粒子の運動は、そのように一意的に定めることはできない。ただし、古典論的な光の扱いでは、光の進む経路はフェルマーの原理として知られているように、2 点間を最短時間で移動する経路である。これを正確に言えば、経路の１次の変化に対する時間の変化が０となる経路である。これは、前述の古典力学の場合と同様に、光でも古典論的扱いの範囲では、適当な汎関数の最小値が満たすべき条件から、その経路が定まることを意味している。しかし一方、量子力学においては電子のみならず光も光子と呼ばれる確率的に振る舞う粒子であり、確率的な粒子はさまざまな経路を確率的にとり得るため、古典力学的な場合とは異なり、一意的にその経路を定めることはできない。量子力学では、経路の期待値のみを定めることが可能であり、それは経路積分法によって求めることができる。期待値は確率的な平均であり、発生確率の高い経路ほど期待値への寄与は大きくなる。ある経路をとる確率は前述の作用積分によって定まり、作用積分の値が最も小さくなる経路すなわち古典力学的経路をとる確率が最も高くなる。そして、この古典力学的経路の近傍にある経路では、経路の違いによる作用積分の値の変化が小さく、この経路の期待値への寄与は大きい。しかし、古典力学的経路と大きく異なる経路では、この経路をとる確率は大幅に小さくなり、この経路の期待値への寄与はほとんど無い。したがって、期待値への寄与が大きい経路とは、古典力学的経路とこの経路の近傍にある経路群のことに他ならない。言い換えると、期待値への寄与が大きい経路とは、経路の変化に対する作用積分の 1 次の変分が 0 に近い経路である。つまり、経路の期待値は、1 次の変分が 0 すなわち最小作用の原理を満たす経路の近似値であることが期待できる。したがって、古典力学の考え方に対応する変分原理に基づいて従来の最適化手法が構成されていたのと同様に、量子力学の経路積分法に対応させて確率分布で表される系に対して最適化手法を構成したものが SPOT である。

3.2　経路積分法 [1)] と最適化

経路積分法の考え方を最適化手法へ応用するこの発想は、量子力学的運動と古典力学的運動との関連から得られたものである。20 世紀初頭に成立した量子力学は、プランク定数が有効に働く微視的系においては、粒子の振る舞いが背後にある波動関数を通して確率論的に表現されることなどを明らかにした。古典力学では粒子の運動は因果的であり、初期条件を指定すれば粒子の運動は一意的に定まる。一方、量子力学で定まっているのは粒子の取り得るさまざまな状態の確率であり、この確率に基づく物理量の期待値は、正しく実験結果と一致する。古典力学で定まる軌道は波動関数を決定する上で最も大きな寄与をもたらす軌道であり、量子論ではそれ以外の多くの軌道も量子状態と関係している。形式的には、古典力学の運動方程式は、量子力学の期待値の意味で成立しており、その解が古典軌道に近いものを与えることもある。一方、量子力学の定式化において経路積分と呼ばれる手法があり、量子力学のさまざまな問題を解析する上で、有力な手段となっている。そこで、この量子力学の期待値と古典軌道の関係に注目し、さらに経路積分法の考え方を最適化手法へ応用しようとすることが、本手法の発想の基礎となった。

最適化問題において、最適解をピークとする評価関数値に比例する確率分布を設定することで、さまざまな解を最適解の周辺に連続的に分布させることができる。このような確率分布のもとでは最適解の近似解が期待値として表されることになる。本手法は、この期待値を求めることで最適解の近似解を得ようとするものである。したがって、本手法には従来の最適化手法のような解の探索過程はいっさい含まれていない。その代わり数値計算においては、評価関数値がよい解ほど高い頻度でこれを発生させるメカニズムを用いる。そして、こうして得られたさまざまな解とその確率の全てを用いて期待値を計算することで最適解の近似解を求める。

ファインマンは 1948 年、量子力学を経路積分法と呼ばれる多重積分形式で再定式化した。経路積分法では、時刻 t_0 から t_f までの粒子の一次元運動を考える際、時刻 t_0 の粒子の位置 x_0 と時刻 t_f の粒子の位置 x_f で定まる遷移の確率振幅 $P(x_f, x_0)$ を問題にする。この確率振幅は、中間時刻 $t_0 < t_1 < \cdots < t_{\mathrm{N}} (= t_f)$ を経由する確率振幅 $P(x_{\mathrm{N}}, x_{\mathrm{N}-1}) \cdots P(x_2, x_1) P(x_1, x_0)$ と次の関係で結ばれる。

$$P(x_{\mathrm{N}}, x_0) = \int P(x_{\mathrm{N}}, x_{\mathrm{N}-1}) \cdots P(x_1, x_0)\, dx_{\mathrm{N}-1} \cdots dx_2 dx_1 \qquad (3)$$

ファインマンが示したのは、時間の分割数が大きくなり x_i と x_{i-1} の間隔が小さくなった極限で、

$$P(x_i, x_{i-1}) \approx \frac{1}{\mathrm{A}} \exp\left(i \frac{S_i}{\hbar} \right) \qquad (4)$$

となることである。ここで、A は確率の総和を 1 とするための規格化定数であり、$\hbar$ はプランク定数である。また、S_i は系のラグランジアン L から求まる作用関数で、

$$S_i = \int_{t_{i-1}}^{t_i} L(x, dx/dt)\, dt \approx L(x_i, dx_i/dt)\, \Delta t \qquad (5)$$

である。式(3)で、時間の分割数を大きくとった極限は、x_0 から x_f に至る全ての経路にわたる積分の意味を持ち、

$$P(x_f, x_0) = \int_{x_0}^{x_f} e^{\frac{i}{\hbar} S} [dx] \qquad (6)$$

$$S = \int_{t_0}^{t_f} L(x, dx/dt)\, dt, \quad [dx] = \lim_{\mathrm{N} \to \infty} \frac{1}{\mathrm{A^N}} \prod_{i=1}^{\mathrm{N}-1} dx_i$$

の形に書かれて、遷移確率振幅の経路積分表示と呼ばれる。経路積分法によれば、たとえば、時刻 t_i における粒子の位置 x_i の期待値は、

$$\langle x_i \rangle = \int_{x_0}^{x_f} x_i \exp\left(i \frac{S}{\hbar} \right) [dx] \qquad (7)$$

あるいは、有限分割の形に戻って、

$$\langle x_i \rangle = \int \cdots \int x_i P(x_{\mathrm{N}}, x_{\mathrm{N}-1}) \cdots P(x_1, x_0)\, dx_{\mathrm{N}-1} \cdots dx_1 \qquad (8)$$

となる。

さて、式(3)あるいは(8)に表れる $P(x_i, x_{i-1})$ は、量子力学の遷移確率振幅であり、通常の確率過程で扱われる遷移確率ではないが、技術的には、両者は次のように関係づけられる。まず、作用積分に表れる物理的な時間変数 t を、

$$t = -i\tau, \quad (i = \sqrt{-1}) \tag{9}$$

と純虚数に解析接続し、τ を実数の順序付けのパラメーターと考え直すと、

$$S = i\overline{S} = i\int_{\tau_0}^{\tau_f} \overline{L}(dx/d\tau, x)d\tau \tag{10}$$

となる。$\overline{S}$ はユークリッド時間での作用積分と呼ばれる。この形を遷移の確率振幅の式(4)に代入すると、

$$P(x_i, x_{i-1}) \approx \frac{1}{\mathrm{A}}\exp\left(-\frac{\overline{S_i}}{\hbar}\right) \tag{11}$$

となり、式(7)は統計力学における古典確率の期待値の意味となり、また式(3)は確率過程におけるコルモゴロフ-チャップマンの方程式に帰着する。

このような背景のもとに、SPOT は作用積分 $\overline{S}$ を形式的に評価関数 I で置き換えることにより、最適解の近似解を期待値として求める新たな最適化手法として定式化されている。

式(8)に示すように、経路積分法においては、期待値 $\langle x_i \rangle$ を求めるための多重積分は、$t = t_0, t_1, \cdots, t_{\mathrm{N}}$ のように離散化された各時刻に実行される。すなわち、図 2 に示すような x_0 から x_{N} に至る 1 次元運動を例にとると、この多重積分は、N 個に分割された時間軸上の各時刻 $t_i (0 < i < \mathrm{N})$ において生成された無数の点座標 x_i（これらの点を時間方向に短直線で結べば無数の経路が発生する）について x 方向に足し合わせることを意味している。また、生成される経路の数が無限であることを前提としているため、一般には $\langle x_i \rangle$ は多重和ではなく多重積分で表現される。

この期待値の計算について、さらに詳しく説明する。図 2 のように、各時間分割点上で任意に選ばれた 1 点を時間方向に結ぶことによって得られる 1 本の経路 $\{x_0, x_1, \cdots, x_{\mathrm{N}}\}$ の発生確率は、固定された両端を除く N-1変数の確率分布 $P(x_1, x_2, \cdots, x_{\mathrm{N}-1})$ にしたがう。このとき、この確率分布から定まる確率を可能なあらゆる

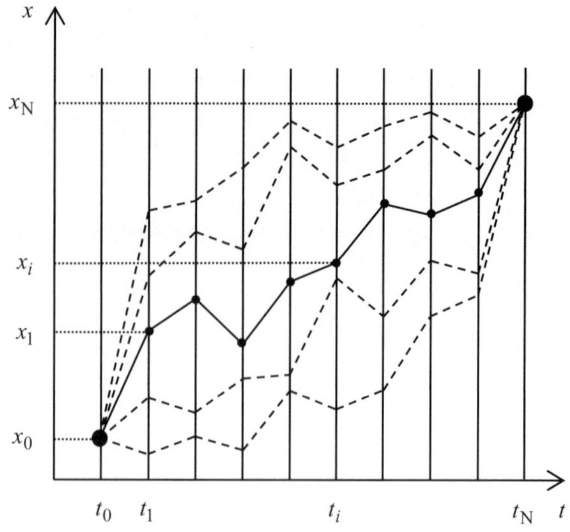

図 2　変数の時間履歴

場合について足し上げれば 1 となるが、一般にこの確率分布は変数分離形ではないため、P の中には時間の分割点に対応する変数 $x_1, x_2, \cdots, x_{\mathrm{N}-1}$ が現れる。したがって、これは単純な 1 重積分ではなく、次式のような多重積分で表現される。

$$\int\cdots\int P(x_1, x_2, \cdots, x_{\mathrm{N}-1})dx_1 dx_2 \cdots dx_{\mathrm{N}-1} = 1 \tag{12}$$

ただし、積分区間は各変数が取り得る範囲とする。また、各変数 x_i は各時間分割点上での位置を表していたから、上式における変数の取り得るあらゆる場合とは、可能な全ての経路をカバーすることを意味することになる。

したがって、上式の確率の定義により、時刻 i における変数 x_i の期待値 $\langle x_i \rangle$ は次式のようになる。

$$\langle x_i \rangle = \int_{-\infty}^{\infty}\cdots\int_{-\infty}^{\infty} x_i \cdot P(x_1, x_2, \cdots, x_{\mathrm{N}-1})\, dx_1 dx_2 \cdots dx_{\mathrm{N}-1}$$
$$i = 1 \sim \mathrm{N}-1 \tag{13}$$

これは、時刻 i における位置 x_i の期待値が時刻 i における位置 x_i だけでなく、x_i を含む可能な全ての経路とその確率によって表現されることを示している。

したがって、経路の期待値とは、次式のように各分割点ごとに計算された位置情報についての期待値からなる点列である。

$$\left\{ x_0, \langle x_1 \rangle, \langle x_2 \rangle, \cdots, \langle x_{\mathrm{N}-1} \rangle, x_{\mathrm{N}} \right\} \tag{14}$$

そして、もしこれが古典力学的粒子の運動であり、

この経路の確率分布が式(5)に示した作用積分に基づいて定められた式(11)であるならば、式(14)の期待値で表された経路は、式(5)の作用積分を最小とする古典的経路の近似解となる。

この期待値列によって表された経路について、もう少し説明を加える。図 3 のようにある経路 $\boldsymbol{x}$ が存在し、この経路と時刻 i における位置のみが異なる経路 $\boldsymbol{x}'$ が存在しているとする。そして、それぞれの経路の存在確率が P および P' であり、両者の関係が $P>P'$ であると仮定する。このとき、x_i と x'_i の位置の違い以外はどちらの経路も同じであるが、上の仮定により経路の存在確率が両者で異なるため、式(8)に示した期待値の式から、この点を含む経路部分以外の経路は共通でも、経路 $\boldsymbol{x}$ を選んだ場合の方が位置 x_i 以外は全く同じ位置であるにもかかわらず、全ての位置で期待値への寄与は大きい。

したがって、経路を示す期待値列であるところの式(14)の各要素には、期待値の式(8)が示すように、経路全体の挙動が反映されている。

以上のように、経路積分法によって作用積分 S を最小とする解の近似解が得られるのであるから、この作用積分 S を問題ごとに決まる任意の評価関数 I で置き換えれば、経路積分法の考え方に基づいて期待値を求めることで、最適解の近似解を得ることができる。

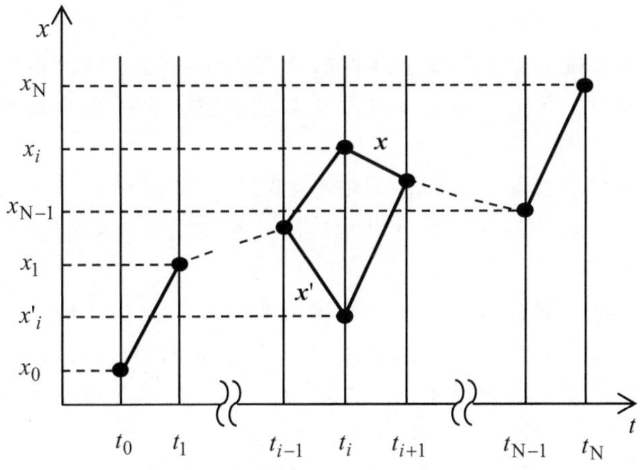

図 3　1 カ所だけ異なる 2 つの経路

3.3　定式化

経路積分法の考え方では、式(5)で定義される作用積分 S によって確率分布が定まり、これを最小とする経路が最も高い確率で存在していた。そして、経路積分法によって求められた期待値は、この作用積分を最小とする経路の近似解となっていた。そこで、式(5)の作用積分 S を任意の評価関数 I で置き換えることで経路積分法の考え方を最適化手法として定式化する。作用積分 S を任意の評価関数 I に置き換えることで、経路積分法の考え方に基づいて得られた解は、評価関数値を最小とする解の近似解となる。

ここではまず、基本的な定式化を行い、続いて一般的な工学的最適化問題に適用する方法を示す。

まず基本的な定式化を行うために、前節の経路積分法では粒子の位置であった x を最適化すべき設計変数と読み替える。最適化すべき N 個の設計変数を要素とする設計変数ベクトルを $\boldsymbol{x}$ 、任意の評価関数を $I(\boldsymbol{x})$ として確率分布の式(11)の代わりに確率分布 $P(\boldsymbol{x})$ を次式のように定義する。

$$P(\boldsymbol{x})=\frac{1}{\mathrm{A}}\exp\left(-\frac{I(\boldsymbol{x})}{h}\right) \tag{15}$$

ただし、A は確率の総和を 1 とするための規格化定数であり、次式で表すことができる。

$$\mathrm{A}=\int_{-\infty}^{\infty}\exp\left(-\frac{I(\boldsymbol{x})}{h}\right)Dx\,,\quad Dx=dx_1dx_2\cdots dx_{\mathrm{N}} \tag{16}$$

確率分布を式(15)のように定義することにより、評価関数値が最も小さい解すなわち最適解でその確率がピークとなり、それ以外の解はその周辺にある幅で分布することになる。つまり、最適化問題を最小値問題として定式化してある。このとき、前節の経路積分法における確率分布の式(11)ではプランク定数であった $\hbar$ は解のゆらぎを与える任意のパラメーター h となる。すなわち、h は確率分布 $P(x)$ の幅の大きさを定めるパラメーターであり、h が大きい場合は広く緩やかな分布を、また小さければ狭く急峻な分布を与える。 実際の数値計算では、この h の値を具体的に与える必要がある。具体的に示すと、最適解を $\boldsymbol{x}^*$ 、ある任意の解を $\boldsymbol{x}'$ とすれば、確率分布上での両者の比は次式のようにあらわされる。

$$\frac{P(\boldsymbol{x}')}{P(\boldsymbol{x}^*)}=\frac{\dfrac{1}{\mathrm{A}}\exp\left(-\dfrac{I(\boldsymbol{x}')}{h}\right)}{\dfrac{1}{\mathrm{A}}\exp\left(-\dfrac{I(\boldsymbol{x}^*)}{h}\right)}=\exp\left(-\frac{I(\boldsymbol{x}')-I(\boldsymbol{x}^*)}{h}\right) \tag{17}$$

つまり、この h の値を小さく設定することで、僅かな評価値の差が確率分布の上では大きな差となって表れることになる。したがってこの h を小さく設定することで、最適解が極端に大きな確率を有する反面、その他の局所解では非常に小さな確率しか有さないために、期待値は局所解の影響をほとんど受けることなく大局解の近似解となることがわかる。

以上から、最適解の近似解である期待値は前項の経路積分法における期待値の式(8)にしたがい次式で表される。

$$\langle x_i \rangle = \int_{-\infty}^{\infty} \cdots \int_{-\infty}^{\infty} x_i \cdot P(\boldsymbol{x}) dx_1 dx_2 \cdots dx_{\mathrm{N}}\ ,\quad i = 1, \cdots \mathrm{N} \quad (18)$$

ここで、上式の積分範囲が－∞～∞になっているのは、前節で述べた経路積分法の概念を踏襲しているためである。実際の積分範囲は、それぞれの変数が取り得る上下限値の範囲である。

以上のように、経路積分法から最適化手法への定式化は、作用積分 S を任意の評価関数 $I(\boldsymbol{x})$ に置き換えることで形式的に行われた。しかしこの置き換えによって定式化された最適化手法は、従来の考え方を大きく変更するものである。従来の最適化手法は、最適解を解空間内の探索によって得ようとするものであり、解空間内での効率のよい解探索を目指したものであった。しかし本手法は、最適解の近似解が式(18)の多重積分によって表されているように、解空間内で解の探索を行うものではない。本手法では、確率分布を式(15)に示したように評価関数に比例して定まるように定義したことから、本来確定論的である最適化問題を確率過程として扱っていることになる。これは、最適解を確率のピークとして、最適解以外の解もその評価値にしたがった確率で解として許容することを意味している。すなわち、解空間内で解の探索を行うのではなく、あり得る全ての解を使って期待値を求めることで、最適解の近似解を得ようとするものである。

次に、本手法を一般的な工学的最適化問題へ適用する方法を示す。前述の定式化では、暗黙のうちに設計変数が時間によらない一定値であるとして扱っていた。しかし、一般的な工学的最適化問題では時間に依存しない静的な設計変数と時間に依存する動的な設計変数が存在する。通常の工学的最適化問題では、これらのうちどちらか一方の設計変数だけである場合も多いが、ここではこの両者を同時に含む最も一般的な場合の取り扱いについて説明する。

最適化すべき L 個の時間に依存しない変数を x_1、x_2、…、x_{L} と表し、静的設計変数ベクトルの成分とする。さらに、M 個の時間に依存する設計変数すなわち動的設計変数 $x_{\mathrm{L+1}}(t)$、…、$x_{\mathrm{L+M}}(t)$ は、これらをそれぞれ時間方向に N 分割(実際にはそれぞれ異なる分割数もよい)して $x_{\mathrm{L+1}}{}^{(0)}$、…、$x_{\mathrm{L+1}}{}^{(\mathrm{N})}$、$x_{\mathrm{L+2}}{}^{(0)}$、…、$x_{\mathrm{L+2}}{}^{(\mathrm{N})}$、…、$x_{\mathrm{L+M}}{}^{(0)}$、…、$x_{\mathrm{L+M}}{}^{(\mathrm{N})}$ と表し時間履歴とする。

これらをまとめて以下のような設計変数ベクトルとして表すことができる。すなわち、

$$\begin{aligned}\boldsymbol{x} &= \Big\{ x_1, x_2, \cdots, x_{\mathrm{L}}, x_{\mathrm{L+1}}{}^{(0)}, x_{\mathrm{L+1}}{}^{(1)}, \cdots, x_{\mathrm{L+1}}{}^{(\mathrm{N})}, x_{\mathrm{L+2}}{}^{(0)}, \\ &\quad \cdots, x_{\mathrm{L+2}}{}^{(\mathrm{N})}, \cdots, x_{\mathrm{L+M}}{}^{(0)}, \cdots, x_{\mathrm{L+M}}{}^{(\mathrm{N})} \Big\} \\ &= x_i,\ i = 1 \sim \mathrm{L} + \mathrm{M} \times (\mathrm{N}+1) \end{aligned} \quad (19)$$

このように設計変数ベクトルを設定すれば、期待値を求める式(18)と同様に最適解の近似解として次式から期待値を求めることができる。

$$\langle x_i \rangle = \int_{-\infty}^{\infty} \cdots \int_{-\infty}^{\infty} x_i \cdot P(\boldsymbol{x}) dx_1 dx_2 \cdots dx_{\mathrm{L+M}\times(\mathrm{N}+1)} \quad (20)$$

上式においても、積分の上下限値は、前述のようにそれぞれの設計変数のとり得る上下限値の範囲である。また、式(19)に示した設計変数ベクトルでは、動的設計変数の始点時刻 0 と終点時刻 N についても、設計変数として定式化してあるが、問題によってはそれらの値が固定されているので、両端については、境界条件によって取り扱いを変える必要がある。

4．　数値計算アルゴリズム

実際の最適化問題では、一般的に期待値を求める多重積分の式(18)を解析的に実行することは困難である。したがって、これを数値計算によって実行する必要がある。

ここでは、この多重積分の実行にモンテカルロ法の一種であるメトロポリス法[2)]を利用した数値計算方法を紹介する。

評価関数値（任意の確率分布）にしたがう解の生成にメトロポリス法を用いた場合の SPOT の具体的な計算手順を以下に示す。そして、この計算手順のフローチャートを図 4 に示す。また、図中の番号は、以下の計算手順に付けられたステップ番号に対応している。

Step1.　初期解を与え、これを $\boldsymbol{x}_{old}$ とする。また、この解に対する評価関数値を I_{old} とする。

Step2.　乱数によって新たな解 $\boldsymbol{x}_{new}$ を生成し、この解に対する評価値 I_{new} を算出する。

Step3.　メトロポリス法を用いて、解の発生確率が評価値 I に比例する確率分布(15)にしたがうように解 $\boldsymbol{x}_{old}$ か $\boldsymbol{x}_{new}$ を選択する。具体的には $\Delta I = I_{new} - I_{old}$ により $\Delta I \leq 0$（新しい解によっ

て評価値が改善された場合)であれば $\boldsymbol{x}_{new}$ を採用するが、$\Delta I > 0$（新しい解によって評価値が改悪された場合）であっても $\exp(-\Delta I / h)$ の確率で $\boldsymbol{x}_{new}$ を採用する。この $\exp(-\Delta I / h)$ の確率にしたがった解の採択は、0 から 1 の一様乱数を生成し、$\exp(-\Delta I / h)$ がこの乱数よりも大きい時は、この解を採用するという方法で実現できる。このように、メトロポリス法は、式(16)の規格化定数 A を求めること無く任意の確率分布にしたがった解の生成を行い得るという利点を有する。

Step4.　期待値の計算を行う。

Step5.　終了条件を満たしていれば終了し、満たしていなければ乱数による解の生成（Step2）に戻る。

以上の計算が終了したとき、求められた期待値は最適解の近似解となっている。

終了条件には、期待値の変化がある一定の幅以下に収まっているかどうかなどを用いることも考えられるが、今回は単純に計算の繰り返し回数 K_{max} としている。これは、計算途中の解の生成が、過去に生成された解に依存しないマルコフ過程であるためであり、すでに求められた期待値の収束が十分でない場合には、さらに計算を続行しさえすれば、よりよい期待値を得ることができるためである。また、期待値をもって最適解の近似解とする本手法の性質上、複数のコンピューターで同時に最適化計算を行い、これらの結果を合計して期待値を求めることも可能である。これは、並列計算が容易であるだけでなく、計算機の台数を倍にすれば、計算量も単純に倍になることを示している。さらに、過去に行われた最適化計算の結果に新たに計算結果を追加することも可能であることも示している。

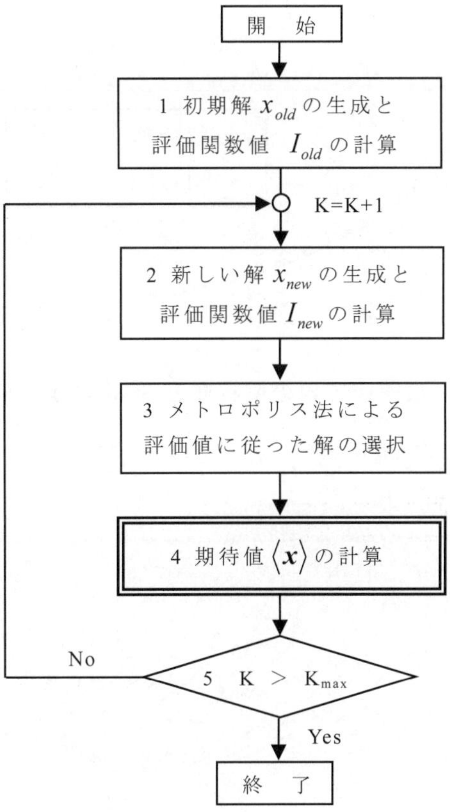

図 4　SPOT の計算フローチャート

5.　計算例

この節では、SPOT を使った具体的な最適化問題の計算例を示す。最初の 2 つは関数問題と汎関数問題を扱い、SPOT の基本的な特性を示す。続いて簡単な工学的最適化問題として、圧縮応力が一定となる柱の半径を求める問題へこれを適用する。最後のハンググライダーの問題は、一般的な工学的最適化問題（統合的最適化問題）の特徴を含んだ問題であり、工学的最適化問題一般へ適用するための統合的最適化問題としての定式化の方法も示してある。

5.1　2 変数関数の最小値問題

次のような 2 変数関数の最小値を求める。

$$
\begin{aligned}
f(x_1, x_2) = & [\cos(2\pi x_1) + \cos(2.5\pi x_1) - 2.1] \\
& \times [2.1 - \cos(3\pi x_2) - \cos(3.5\pi x_2)] \\
& 0.0 \le x_1 \le 3.0,\ 0.0 \le x_2 \le 1.5
\end{aligned}
\tag{21}
$$

この関数を図 5 に示す。横軸と縦軸がそれぞれ x_1 と x_2 を示し、高さ方向に関数値を示す。図から分かるように、この関数は多峰性関数である。また、この関数を最小とする値 (x_1, x_2) はあらかじめ知られていて(0.439, 0.306)である。

この関数の最小値を求めるための評価関数は関数値そのものであり $I = f(x_1, x_2)$ である。また、設計変数は定義域内で連続値をとるものとした。

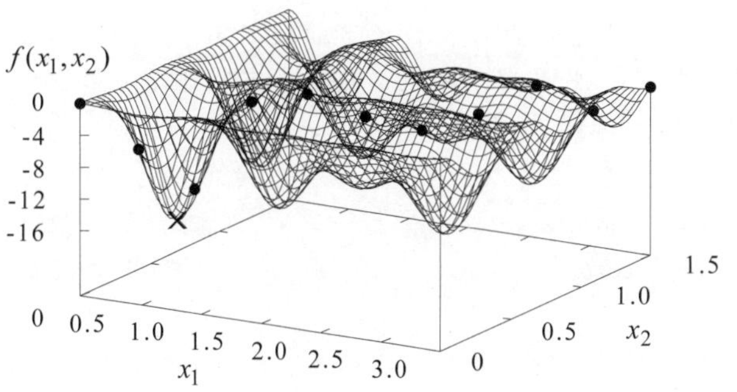

図 5　2 変数関数の解空間

ここでは、SPOT に初期値依存性の無いことを示すために、11 カ所の初期値からそれぞれ最適化計算を行った。

図中の●印は計算を開始した初期値である。×印は SPOT によって得られた最小値(最適解)であり、どの初期値から計算を開始しても、ただ 1 つの大局解が得られた。

図 5 から分かるように、どの初期値から計算を始めても、最適解は全て一致しており、初期値の影響を受けていないことが分かる。これは、SPOT が最適解を解空間での解の探索によって求めるのではなく、式(20)に示したように、解空間全体の解を積分することによって期待値として、最適解（の近似解）を求めているからである。なお、本問題では、ゆらぎのパラメーター h は 0.001、計算回数は 100 万回に設定した。

5.2　汎関数問題（最速降下線）

汎関数問題として、古典的な汎関数問題の 1 つである最速降下線問題を採り上げる。この問題は、高度差のある固定された始点と終点の間を、一様重力場のもとで最も早く降下する質点経路を求めるものである。その時、この最小値問題の評価関数 I は終点に達するまでの時間 t であり、それは水平方向を x、垂直下向き方向を y とすると次の式で示される。

$$I = t = \frac{1}{\sqrt{2g}} \int_0^{y(t_f)} \frac{\sqrt{(dx/dy)^2 + 1}}{\sqrt{y}} dy \qquad (22)$$

ここに、t: 時間、 t_f: 終端時間、 g: 重力加速度、(x, y): 位置、である。また、このときの境界条件は、

初期条件 ： $y(0) = 0$、 $x(0) = 0$

終端条件 ： $y(t_f) = 1.0$、 $x(t_f) = \pi/2$

である。

この問題の解は、よく知られているようにサイクロイド曲線になる。今回の条件では、半径 0.5 の円が転がるときのサイクロイド曲線であり、回転角を θ として、水平方向距離 x と垂直方向距離 y は次の式で与えられる。

$$x = \theta - \sin\theta \qquad (23)$$

$$y = 1 - \cos\theta \qquad (24)$$

この問題を解くために、垂直座標 y を等間隔に 20 分割し、この分割された各 y に対応する水平座標 x の 20 点を設計変数としている。

また、評価関数式(22)の計算は、次式のように差分化して計算している。

$$I = t = \frac{1}{\sqrt{2g}} \sum_{i=1}^{N} \sqrt{\frac{(x_i - x_{i-1})^2 + \Delta y^2}{y_i}} \qquad (25)$$

図 6 に、本手法によって求められた解を●印で、解析解を実線で示す。なお、繰り返し回数 2000 万回、$h = 1.0 \times 10^{-5}$ に設定した。

本手法は最適解の近似解を得るものであるが、本手法によって得られた解は図 6 に示すように近似解としては解析解と非常によく一致しており、汎関数問題に対しても十分な精度の解が得られていることがわかる。

この問題は 20 個の設計変数を持つ問題であるからその解空間は 20 次元であり、本手法が 20 次元の解空間を持つ汎関数の最適化問題に対しても有効であることが分かる。

また、図 7 は確率分布の様子をわかりやすくするために、ゆらぎのパラメーター h=0.1 すなわち評価関数から定まる確率分布のピークがなだらかになるように大きくして、計算回数を 10 億回に設定した時の解発生回数のヒストグラムを等高線で示したものである。●が SPOT による解、実線が解析解である。

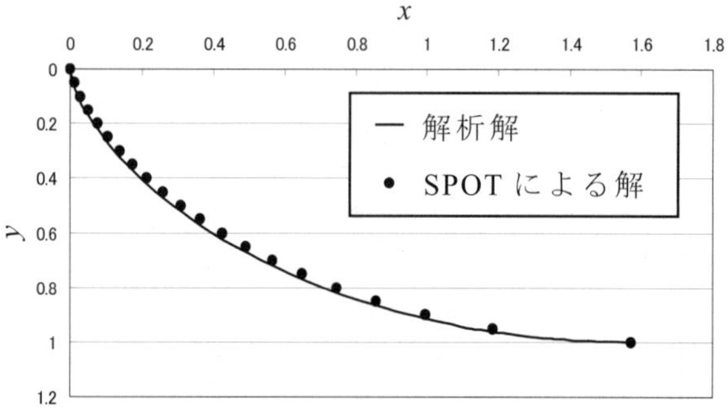

図 6　最速降下線の解析解と SPOT による解

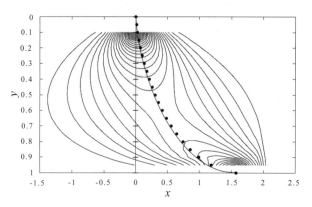

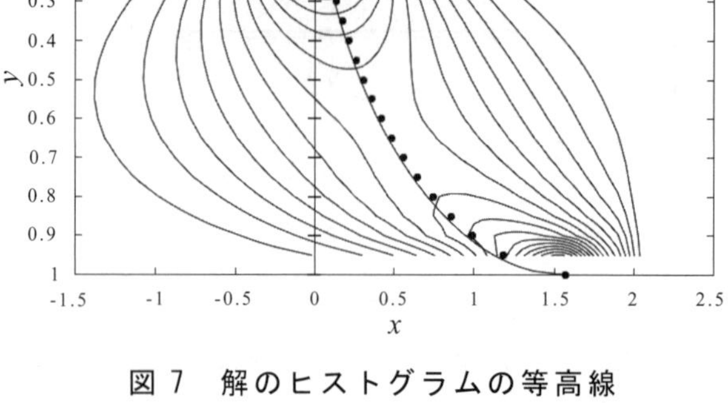

図 7　解のヒストグラムの等高線

始点と終点付近が高くなっているが、始点と終点付近は等高線が密になり、図が見難くなるためにグラフからは除外した。最適解は評価値が最もよくなる部分、すなわちこのグラフの y 方向の断面の峰を連ねたものとなる。そしてそれが、図 6 の●で示した解であるから、解析解と比較して期待値がよい近似になっていることもわかる。つまり、SPOT で得られた解が、最適解のよい近似になっていることを示している。

図 7 を見ると、初期位置と終端位置付近で解の発生頻度が高く、かつ他の位置に比べて鋭いピークを持っていることが分かる。ピークが高いことは、この両端の位置が評価値に大きな影響を持つこと（評価値のよい解ほど発生頻度が高い）を示している。また、鋭いピークを持っていることから、最適な位置から少しでもずれると大幅に評価値が悪くなることを示している。つまり、このヒストグラムから、両端の位置が､最適な解を得るための重要度が高く、かつ評価値への感度が高いことも分かる。逆に中央付近は､ピークの高さが低くかつピークの形も鈍い。これは、両端付近に比べ、中央付近の位置は最適解を得るための重要度が低く、かつ評価値への感度も低いことを示している。

このように本手法では、最適解を求めるのと同時に、解のヒストグラムを描くことによって、各設計変数の評価値への重要度や感度を知ることができる。これは、実際の工学的最適化問題においては、各設計変数の重要度の評価（優先順位の決定など）に使えるため、非常に有用な特徴である。

5.3　工学問題 1（圧縮応力一定の柱）

工学的最適化問題の簡単な例として、圧縮応力が一定となる円形断面の柱の半径を求める問題へ SPOT を適用する（図 8）。

柱の高さを 2m、最上部の半径 r_0=1m とし、そこには荷重 W_0=98,100N が加わっていることとする。また、柱の密度 ρ=2,300kg/m³ とする。

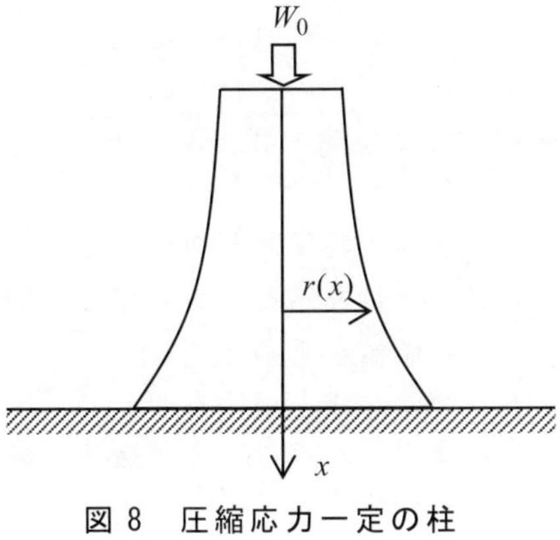

図 8　圧縮応力一定の柱

最上部中心から下方向へ x 軸をとり、位置 x での柱の半径を $r(x)$ とすれば、半径 $r(x)$ の解析解は、よく知られているように、

$$r = r_0 \exp\left(\frac{\rho\pi r_0^{\ 2}}{2W_0}x\right) \tag{26}$$

として求めることができる。

この問題を SPOT で解くために、以下のような条件を設定する。

設計変数は、柱の高さを 20 分割した 0.1m ごとの半径 r_i とする。また、各位置での半径は 0.5～3.0m の間を 250 分割すなわち 0.01m ごとに与えることとする。つまり、設計変数 r_i は 20 個でそれぞれ 251 個の半径を取り得るものとする。

この問題は、全ての断面での応力を一定、つまり最上部の応力と一致させることが目的である。したがって、この最適化問題の評価関数 I を、原点と i 番目の分割点での圧縮応力をそれぞれ σ_0、σ_i、i 番目の分割点での自重を含む荷重を W_i として、次式のような両者の差の二乗和とする。

$$I = \sum_{i=1}^{20}(\sigma_i - \sigma_0)^2,\quad \sigma_i = \frac{W_i}{\pi r_i^{\ 2}},\quad i = 0 \sim 20 \tag{27}$$

ゆらぎのパラメーター h は 3.0×10^2N/m² とした。これは、原点での圧縮応力の約 100 分の 1 である。また、設計変数（半径）の初期値は全て r_0 と同じ 1m とした。計算回数を 10 万回に設定した結果を図 9 に示す。実線が解析解、●印が SPOT の解を示す。

図 9 から分かるように、SPOT で得られた解は、解析解と非常によく一致しており、各点での半径の誤差は最大でも 0.6%以下に収まっている。

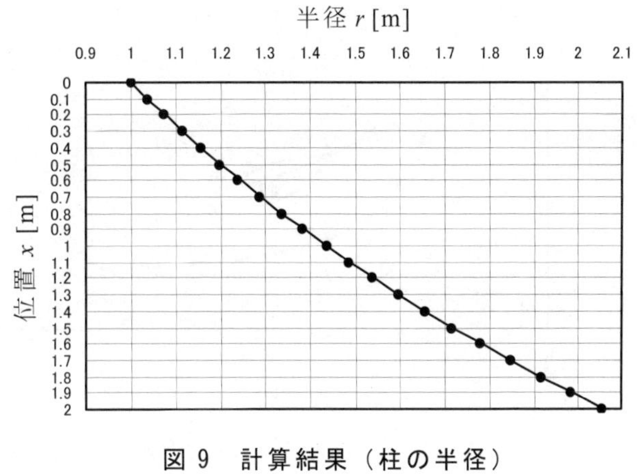

図 9　計算結果（柱の半径）

この問題は、20 個の設計変数が 251 個の値をとり得るから、解の組み合わせは全部で 251^{20} 通りである。これらの解の組み合わせを全て計算すれば、最適解を得ることができるが、この場合、得られる最適解は計算を行うために設定した分割点の組み合わせ、つまり離散的な値となる。しかし、SPOT では、設計変数のとり得る値を離散的に設定したにもかかわらず、最適解として連続値が得られている。これは、SPOT が期待値として最適解の近似解を得ているためである。

また、この問題の場合、工学的には解析解と一致したと判断できるほど精度の高い最適解が得られている。これは、評価関数（式(27)）が単峰性であることの影響が大きい。SPOT の場合、期待値をもって最適解の近似解とする手法の性質上、解空間すなわち評価関数が単峰性でかつ対称性のよい場合、精度の高い最適解が得られる。なお、解空間が単峰性でも対称性が非常に悪い場合には、最適解の精度は低下する。逆に多峰性であっても、対称性が高い場合には、精度の高い解が得られることが期待できる。

5.4　工学問題 2（ハンググライダーの機体形状と構造および飛行経路の統合的最適化）

最も一般的な特徴を備えた工学的最適化問題として、ハンググライダーの滑空距離を最大とする機体形状と構造および飛行経路を求める統合的最適化問題 [3)~5)] を取り上げる（図 10）。この問題は、すでに Suzuki 等によって他の方法で解かれており [6)]、解の妥当性についてある程度評価が可能である。

この問題は、滑空距離が最大となる設計変数値を求める最大値問題であるが、評価関数を滑空距離の逆数とすること（後述の 5.4.6、式(45)参照）で最小値問題として扱う。

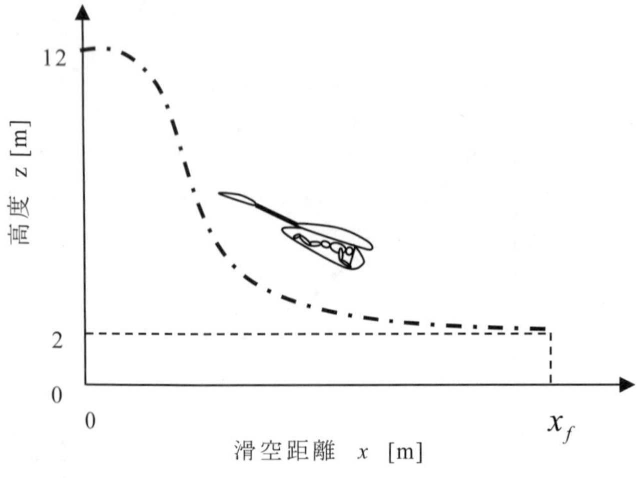

図 10　ハンググライダーの最適滑空問題

本問題は、機体形状と構造（合わせて機体設計変数と呼ぶ）という時間に依存しない静的設計変数と迎角の操縦履歴すなわち飛行経路という時間変化を伴う動的設計変数の両方を含んでいるだけでなく、これらを独立に扱うことはできないという特徴を持っている。すなわち、静的設計変数である機体設計変数（形状と構造）は動的設計変数である操縦履歴（飛行経路）に先立って決定されねばならないが、これの本当の評価は、操縦履歴（飛行経路）に沿って機体を飛行させてみなくては決定できないという関係にある。したがって、本問題は設計可能な全ての機体設計変数の組み合わせと、各機体が飛行可能な全ての飛行経路とからなる非常に広く複雑な解空間を持っており、従来の厳密解を求める手法では最適解を得ることが非常に困難な問題である。

ここではまず、静的設計変数と動的設計変数の混在した統合的最適化問題を解くために適した数値計算アルゴリズム例を示す。これは、一般的な工学的最適化問題へ適用可能な形式を有している。次に、機体の構成や運動方程式、諸条件を示し、最後に計算結果と考察を示す。

5.4.1　統合的最適化アルゴリズム

L 個の静的設計変数をその要素とするベクトルすなわち航空機の機体設計変数ベクトルを $\boldsymbol{x}^b = \{x_1^b, x_2^b, \cdots, x_L^b\}$、動的設計変数ベクトルすなわち迎角の操縦操作（操縦履歴）を時間方向に N 個に離散化した操縦変数ベクトルを $\boldsymbol{x}^u = \{x_1^u, x_2^u, \cdots, x_N^u\}$ とすれば、これらを合わせて最適化すべき設計変数の集合を $\boldsymbol{x} = \{\boldsymbol{x}^b, \boldsymbol{x}^u\}$ と表すことができる。

ここで、アルゴリズムの大まかな流れを説明する。

まず、静的設計変数の集合である機体設計変数ベクトル値 $\boldsymbol{x}^b = \{x_1^b, x_2^b, \cdots, x_L^b\}$ の初期値を L 個の乱数によって生成し、形状と構造の 1 組（機体 1）を決定する。

次に、動的設計変数である迎角の操作履歴を時間軸に沿った N 個の乱数の 1 組を初期値として生成し $\boldsymbol{x}^u = \{x_1^u, x_2^u, \cdots, x_N^u\}$ とする。

そして、この迎角時間履歴（操縦履歴）にしたがって機体 1 を飛行させ、その飛行経路によって決まる飛行距離をもとにこの時の評価関数値 I を計算する。

続いて 2 本目の迎角の時間履歴を再び乱数を利用して生成し、同様に飛行経路を計算してこの迎角の時間履歴に対する評価値を求める。

そして、メトロポリス法を用いることで、評価関数値から定まる確率にしたがうように最初の経路か 2 本目の経路かを選択する。

この選択された経路の迎角時間履歴を使って迎角時間履歴の期待値を求め、これを x^{*u} とする。

以上の操作を固定された機体 1 に対して K^u_{max} 回（K^u_{max} 本の操縦履歴について）繰り返し行うことで、迎角時間履歴の時刻ごと（N分割点上）の期待値（確率平均）を求め、機体1に対する準最適操縦履歴とそれに対応する準最適飛行経路を決定する。

さらに、この準最適飛行経路によって決まる飛行距離をもとに機体1に対する評価関数値が確定する。

次に、新たな機体2を生成し、これに対して上記の計算手順を繰り返すことで、機体2に対する準最適操縦履歴と準最適飛行経路、さらに評価関数値を計算する。そして今度は、メトロポリス法を用いてこの評価関数値から定まる確率で機体を選択し機体設計変数と操縦履歴の期待値を求める。

続いて機体3～機体 K_{max} を生成し、これらについても同様の計算手順を繰り返し、それぞれの機体に対する準最適操縦履歴と準最適飛行経路についてさらに評価関数値を計算し、そのつどメトロポリス法を用いて評価関数値によって定まる確率で機体設計変数と操縦履歴の期待値を更新して行く。

以上の計算が終了したとき、設計変数の期待値は最適な機体設計変数値と最適な操縦変数値になる。

以上のイメージを図11に示す。

実際の計算手順を以下に記す。そして、この計算手順のフローチャートを図12に示す。いうなれば、図の左側の流れは主プログラムであり、機体設計フェーズを構成している。また、右側のそれはサブルーチン副プログラムに当たり、操縦履歴（飛行経路）生成フェーズを構成している。飛行経路を計算する副プログラムは、主プログラムで初期値を生成するための1箇所と繰り返し計算の中での1箇所の合計2箇所で引用されている。この機体設計フェーズと操縦履歴生成フェーズは同じ構造をしており、プログラム全体では同じ構造のプログラムが入れ子構造になっている。計算の終了条件は、特別な工夫をせず、単純に計算の打ち切り回数を指定することとし、飛行経路最適化の計算打ち切り回数を K^u_{max}、統合的最適化計算の打ち切り回数を K_{max} とする。もし十分な解が得られていないと判断される場合には、さらに続けて計算を行えばよい。また、図12中に示されたステップ番号は、以下の計算手順につけられたステップ番号に対応している。

Step1.　L個の成分からなる機体設計変数値ベクトル x^b_{old} をL個の乱数値で生成し、これを初期機体とする。

Step2.　機体設計変数値 x^b_{old} に対して、以下のように飛行経路の最適化を行う。

Step2-1.　N個の成分（N時間分割点）からなる離散操縦変数値ベクトル（時間履歴）をN個の乱数値で生成し、これを初期飛行経路 x^u_{old} とする。

Step2-2.　この機体が操縦変数値ベクトル x^u_{old} を採用したときの評価関数値 I^u_{old} を計算する。

すなわち、Step1 で生成した機体 x^b_{old} を Step2-1 で生成した操縦変数値ベクトル x^u_{old} にしたがって機体を滑空させ（機体の運動方程式を数値的に解き）、その滑空距離に基づいて評価関数値を求める。

Step2-3.　乱数により新たな操縦変数値ベクトル x^u_{new} を生成する。

Step2-4.　新たな操縦変数値ベクトル x^u_{new} にしたがって機体を滑空させ、これに対する評価関数値 I^u_{new} を計算する。

Step2-5.　メトロポリス法を用いて、評価関数値によって定まる確率分布にしたがうように操縦変数値ベクトル x^u_{old} か x^u_{new} を選択する。

具体的には、$\Delta I^u = I^u_{new} - I^u_{old}$ により $\Delta I^u \leq 0$（新しい操縦変数値ベクトルによって評価関数値が改善された場合）であれば x^u_{new} を採用するが、$\Delta I^u > 0$（新しい操縦変数値ベクトルによって評価関数値が改悪された場合）であっても $\exp(-\Delta I^u / h)$ の確率で x^u_{new} を採用する。それ以外の場合は x^u_{old} を採用する。そして、採用した操縦変数値ベクトルと評価関数値をそれぞれ x^u_{new} と I^u_{new} とする。

Step2-6.　採用された操縦変数ベクトル値 x^u_{new} を使って操縦変数の期待値ベクトル値 x^{*u} を計算する。

Step2-7.　採用された操縦変数ベクトル x^u_{new} を x^u_{old} とする。

Step2-8.　K^u_{max} 回この操作を繰り返し、そのつど操縦変数の期待値ベクトル x^{*u} を更新する。

計算終了回数に達していれば計算を終了し、そうでなければ Step2-3 へ戻る。

Step3.　機体設計変数ベクトル値 x^b_{old} とこの機体に対する飛行経路最適化によって得られた操縦変数の期待値ベクトル x^{*u} を合わせて $x_{old} = \{x^b_{old}, x^{*u}\}$ とし、この機体に対する評価関数値 I_{old} を計算する。

Step4.　乱数により新たな機体設計変数ベクトル値

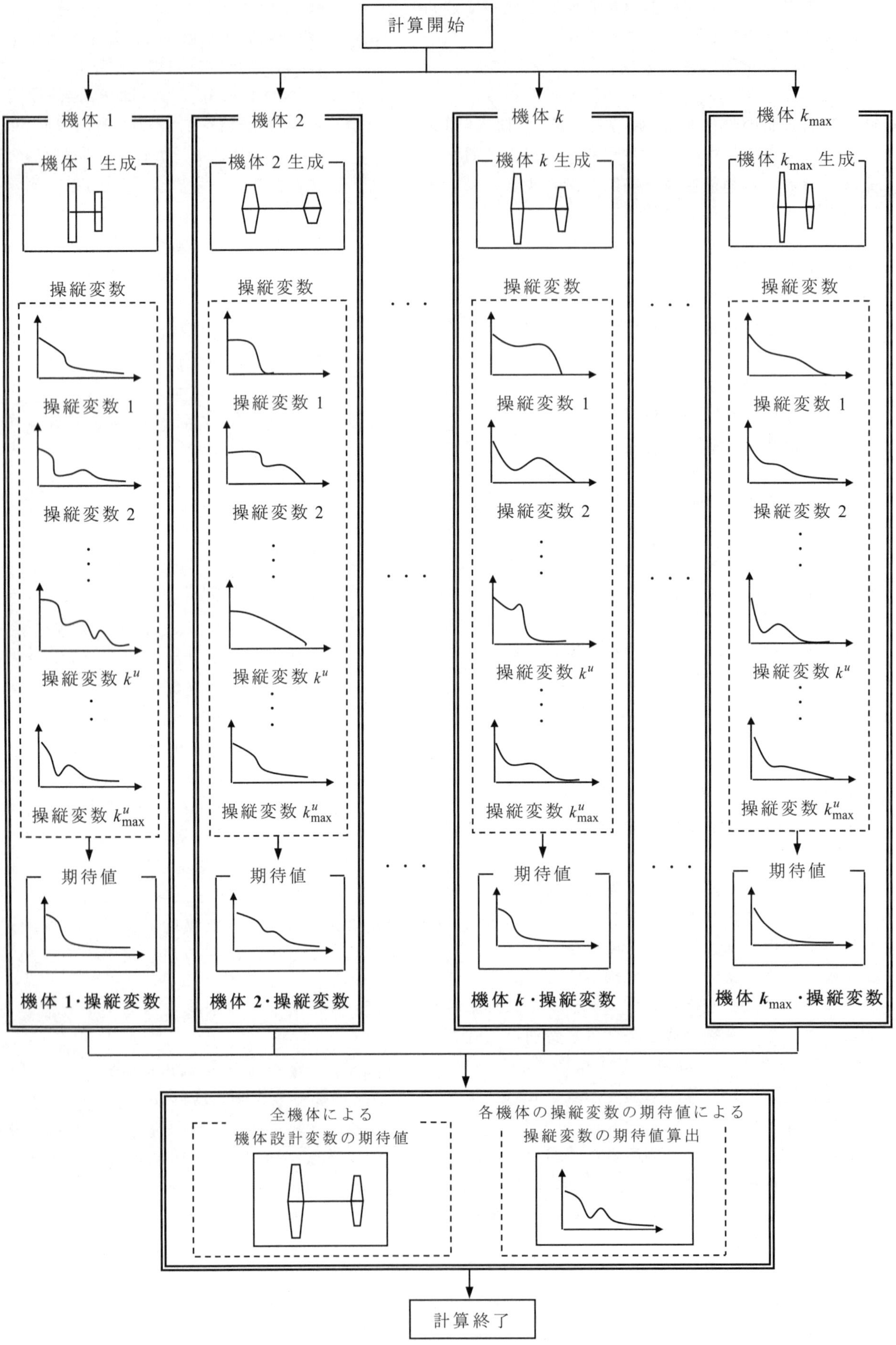

図 11　機体形状と飛行経路の統合的最適化のイメージ図

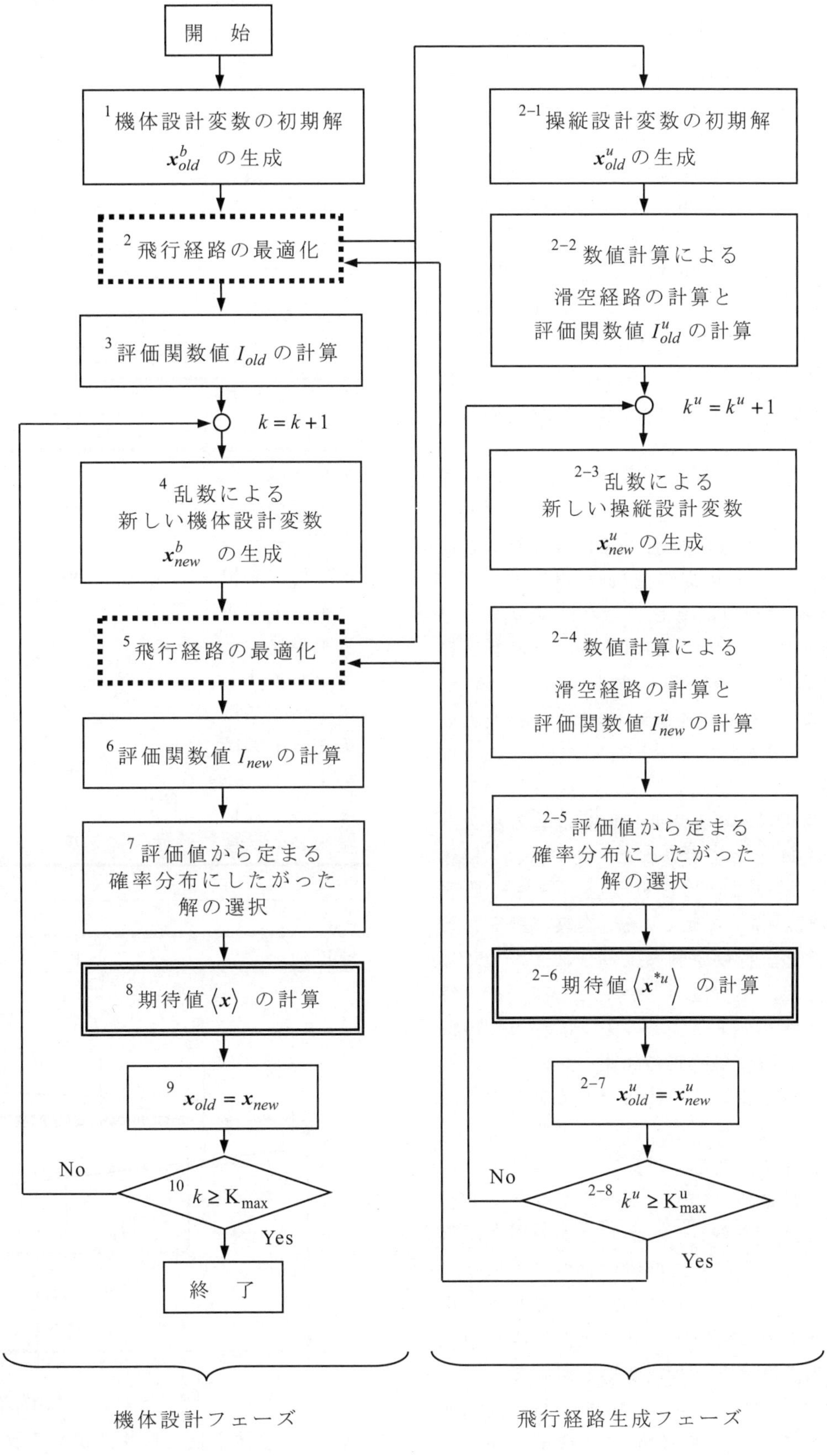

図 12　機体形状と飛行経路の統合的最適化のフローチャート

x^b_{new} を生成する。

Step5.　新たな機体設計変数ベクトル値 x^b_{new} に対して Step2 と同様に飛行経路の最適化を行う。

Step6.　機体設計変数ベクトル値 x^b_{new} とこの機体に対する飛行経路最適化によって得られた操縦変数の期待値ベクトル x^{*u} を合わせて設計変数ベクトル値 $x_{new}=\{x^b_{new},x^{*u}\}$ とし、この機体に対する評価関数値 I_{new} を計算する。

Step7.　メトロポリス法を用いて、評価関数値 I_{old} と I_{new} から定まる確率分布にしたがうように設計変数ベクトル値 x_{old} か x_{new} を選択する。
方法は Step2-5 と同様であり、採用された設計変数ベクトル値を x_{new} とする。

Step8.　採用された設計変数ベクトル値 $x_{new}=\{x^b_{new},x^{*u}\}$ を使って、設計変数の期待値 $\langle x\rangle$ を計算する。

Step9.　採用された設計変数ベクトル x_{new} を x_{old} とする。

Step10.　K_{max} 回この操作を繰り返し、そのつど設計変数ベクトルの期待値 $\langle x\rangle$ を更新する。
計算終了回数に達していれば計算を終了し、そうでなければ Step4 へ戻る。計算が終了したとき、設計変数ベクトルの期待値 $\langle x\rangle$ は機体設計変数と操縦変数の最適解の近似解となっている。

以上のアルゴリズムが実現している計算のイメージは、すでに図 11 として示された。図中には、機体 1～機体 K_{max} の機体ごとに操縦履歴 1～操縦履歴 K^u_{max} の操縦履歴が与えられている。実際の計算においては、各機体と各操縦履歴の組み合わせの全てに対して、運動方程式を数値的に解くことによる飛行経路計算が行われる。また、この図では、複数の機体に対する飛行経路の期待値の計算を並列に行い、最後に全ての機体を使って最終的な期待値を求める手順が示してあるので、上述したアルゴリズムと一致していないように見える。これは上記のアルゴリズムが、1 台の計算機（CPU）で計算を行うことを前提としているためである。しかし、上記のアルゴリズムにしたがって生成した機体はおのおの独立であるため、このアルゴリズムにしたがって計算された結果は、図 11 に示すイメージのように、複数の機体に対して並列に計算を行った結果と等価である。つまり、上記のアルゴリズムは、図 11 において並列に示してある機体を左側から順番に 1 機ずつ操縦変数の期待値を求め、そのつど機体に対する期待値の計算を行うように示したものである。

5.4.2　ハンググライダーの機体形状と構造および飛行経路の統合的最適化問題

航空機の機体形状と構造およびその飛行経路の統合的最適化問題として、表 1 に示すような静的設計変数である 12 個の機体設計変数と動的設計変数である 1 つの操縦変数から成る図 13 のようなハンググライダーの最適化を考える。すなわち、体重 m_p=60kg のパイロットが機体を背負い、図 10 のように高度 12m から高度 2m まで滑空したとき、その飛行距離が最大となる機体形状（平面形）と構造お

表 1　機体設計変数と操縦設計変数

機体設計変数		
変数名	単位	変数
主翼面積	m^2	S^m
主翼縦横比	－	A^m
主翼テーパー比	－	λ^m
水平尾翼面積	m^2	S^h
水平尾翼縦横比	－	A^h
水平尾翼テーパー比	－	λ^h
第 1 パイプ径	m	D_1
第 2 パイプ径	m	D_2
第 3 パイプ径	m	D_3
第 1 パイプ長	m	Y_1
第 2 パイプ長	m	Y_2
胴体パイプ長	m	L_t
操縦変数		
変数名	単位	変数
迎角	deg	α

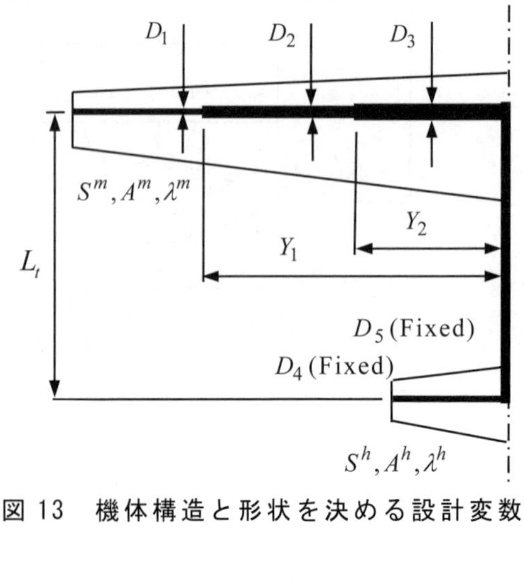

図 13　機体構造と形状を決める設計変数

よび操縦変数（迎角 α の時間履歴）を求める問題に本手法を適用する。その際、空気力によって翼が破損しないよう構造については強度に関する拘束条件を課す。この問題は Suzuki 等の方法によって過去に解かれた最適化問題[6)]に準じている。

5.4.3　機体の構成

ハンググライダーの運動を垂直平面内に限定すると、機体は垂直尾翼を有さず、主翼、水平尾翼、主翼翼桁パイプ、水平尾翼翼桁パイプ、胴体パイプ、フェアリングから構成される。ただし、リブや翼面外皮等は考慮しない。したがって、機体質量 m_b はパイプとフェアリングの質量の総和となる。また、各パイプの素材はアルミニウム合金とし、主翼翼桁の先端から胴体付け根に向かって、第 1 パイプ、第 2 パイプ、第 3 パイプと呼び、尾翼翼桁を第 4 パイプ、胴体パイプを第 5 パイプと呼ぶことにする。そして、各主翼翼桁のパイプの径 $D_j (j=1,2,3)$ は設計変数として決まり、その厚さ $T_j (j=1,2,3)$ は次式のように各パイプ径の 2%とする。

$$T_j = 0.02 D_j, \quad (j=1,2,3) \tag{28}$$

ただし、尾翼翼桁パイプの径 D_4 と厚さ T_4 は $(D_4, T_4) = (20\times10^{-3}\,\mathrm{m}, 0.8\times10^{-3}\,\mathrm{m})$ とし、胴体パイプの径 D_5 と厚さ T_5 は $(D_5, T_5) = (60\times10^{-3}\,\mathrm{m}, 1.2\times10^{-3}\,\mathrm{m})$ と与える。

翼の平面形状はテーパー翼とし、主翼翼型には EPPLER560[7)]を、水平尾翼翼型には NACA0012[8)]を用いる。そして、これらの翼は胴体パイプに直角に取り付けられ、翼桁と翼型の空力中心（1/4 弦長）は一致しているものとする。

また、機体には以下の拘束条件が課せられる。

1) 機体の設計変数として算出される水平尾翼翼幅 b^h は 3m 以下であること:

$$b^h \le 3\,\mathrm{m} \tag{29}$$

2) 機体質量 m_b は 35 kg 以下であること:

$$m_b \le 35\,\mathrm{kg} \tag{30}$$

3) 縦の静安定性を考慮して、次式で示される水平尾翼容積比 V^h が 0.3 から 1.0 以内であること:

$$0.3 \le V^h \le 1.0 \tag{31}$$

$$V^h = \frac{S^h \cdot L^h}{S^m \cdot \overline{c^m}} \tag{32}$$

ただし、L^h は機体重心から水平尾翼パイプまでの距離である。主翼の空力中心翼弦長 $\overline{c^m}$ はテーパー翼であるため次式にしたがって算出される。

$$\overline{c^m} = \frac{4}{3} \cdot \frac{S^m}{(1+\lambda^m)\sqrt{S^m A^m}} \left(1 + \frac{(\lambda^m)^2}{1+\lambda^m}\right) \tag{33}$$

4) 地上待機中に翼桁が自重で破損しないよう、各パイプ付け根に働く剪断応力 $\tau_j (j=1,2,3,4)$ と曲げ応力 $\sigma_j (j=1,2,3,4)$ はそれぞれ材料の 0.2%耐力 (τ_{al}, σ_{al}) 以下となること:

$$\tau_j \le \tau_{al}, \quad \sigma_j \le \sigma_{al}, \quad (j=1,2,3,4) \tag{34}$$

5) 翼型内に翼桁パイプが収まること。

6) 主翼と水平尾翼が重ならないこと。

5.4.4　空気力学

翼は 3 次元翼として取り扱う。また、一般的に滑空機の翼はアスペクト比が大きいため、空気力の推算には翼弦方向の空力荷重分布を無視して揚力線理論を用いる。これにより、翼の微小区間に働く揚力 dL と誘導抗力 dD_i を求め、さらに揚力係数 C_L と抗力係数 C_D を求める。ただし、C_D は式(35)に示すように、誘導抗力係数 C_{Di} と有害抗力係数 C_{D0} との和であり、C_{D0} は翼型データより得られる主翼と水平尾翼の最小有害抗力係数 C_{D0}^m、C_{D0}^h およびフェアリングの抗力係数 C_{Df} より式(36)のように求まる。

$$C_D = C_{D0} + C_{Di} \tag{35}$$

$$C_{D0} = C_{D0}^m + C_{D0}^h \frac{S^h}{S^m} + C_{Df} \frac{S_f}{S^m} \tag{36}$$

一般的に、翼には空力荷重による剪断、曲げおよび振り応力が作用する。ただし、ここでは揚力線理論を用いているため、翼幅方向の 1/4 弦長線上にのみ空力荷重が働くと仮定すれば、翼桁パイプに働く応力は剪断と曲げのみとなる。

運動中に、主翼と水平尾翼の翼桁が空力荷重によって破損しないように、時々刻々変化する空力荷重により各翼桁パイプに生じる剪断応力

τ_j^{aero} $(j=1,2,3,4)$ および曲げ応力 $\sigma_j^{aero}(j=1,2,3,4)$ と、これらの 0.2%耐力との比を 1.5 以上とする拘束を課す。

$$\frac{\tau_{al}}{\tau_j^{aero}} \geq 1.5,\quad \frac{\sigma_{al}}{\sigma_j^{aero}} \geq 1.5,\quad (j=1,2,3,4) \tag{37}$$

ただし、主翼翼桁に働く剪断応力 $\tau_j^{aero}(j=1,2,3,4)$ と曲げ応力 $\sigma_j^{aero}(j=1,2,3,4)$ は、先述の揚力線理論より求めた微小区間に働く揚力 dL と、主翼翼型の有害抗力 C_{D0}^m から求められる有害抗力 dD_0^m と誘導抗力 dD_i との和である抗力 dD と各翼桁パイプの重量より求める。また、水平尾翼翼桁に働く剪断応力 τ_4^{aero} と曲げ応力 σ_4^{aero} についても同様である。

5.4.5 運動方程式

ハンググライダーを質点とみなせば、その運動は操縦変数である迎角 $\alpha(t)$ によって決まる空力係数 $C_L(\alpha)$、$C_D(\alpha)$ を用いて、運動方程式を解くことにより求められる。ただし、$\alpha(t)$ の取り得る範囲は、次式のように主翼翼型のゼロ揚力迎角 $\alpha_0(=-6.8\text{deg})$ から揚力係数が 2.0 となる迎角 $\alpha_{C_L=2.0}$ とした。

$$\alpha_0 \leq \alpha \leq \alpha_{C_L=2.0} \tag{38}$$

実際の数値計算においては、迎角を適当な時間間隔で離散化し、各時刻における迎角を線形補間することで運動方程式を解いている。

ハンググライダーの縦平面内の運動方程式を以下に示す。

$$\dot{V} = -(1/2)\rho V^2 C_D^* S^m - g\sin\gamma \tag{39}$$

$$\dot{\gamma} = (1/2m)\rho V C_L S^m - (g/V)\cos\gamma \tag{40}$$

$$\dot{x} = V\cos\gamma \tag{41}$$

$$\dot{z} = V\sin\gamma \tag{42}$$

ここに、V: 速度、γ: 飛行経路角、x: 位置（水平方向）、z: 位置（高度）、m: 質量、ρ: 空気密度、S^m: 主翼面積、C_D^*: 抗力係数(地面効果を含む)、C_L: 揚力係数、g: 重力加速度、である。

ただし、m は機体とパイロットの質量の合計であり、C_D^* は地面効果を考慮した式(43)で表される抗力係数である。また、A^m は主翼のアスペクト比であり、式(43)中の $A_{g.e.}^m$ は式(44)で与えられるように、高度 z と主翼翼幅 b^m で表される地面効果を考慮したアスペクト比である。

$$C_D^* = C_{D0} + C_{Di}(A^m / A_{g.e.}^m) \tag{43}$$

$$A_{g.e.}^m = \frac{33(z/b^m)^{1.5}+1}{33(z/b^m)^{1.5}} \tag{44}$$

また、初期条件と終端条件は以下のようである。

初期条件：速　度　$V_0 = \sqrt{2000/m}$　m/s
　　　　　高　度　$z_0 = 12$　m
　　　　　経路角　$\gamma_0 = -3.5$　deg
終端条件：高　度　$z_f = 2$　m

5.4.6 評価関数と拘束条件の取り扱い

機体に関する拘束条件については、今回は、これを満たさない解を棄却する方法で取り扱う。したがって、機体を乱数によって生成する際には、その全ての拘束条件を満たすまで解を生成し続ける。

また、状態量に関する拘束条件にはペナルティー法を用い、拘束を破った場合には本来の評価関数値にペナルティー値を足し合わせるものとする。

したがって、ここで用いる評価関数は、式(45)および(46)のように、飛行距離 x_f の絶対値の逆数にペナルティー関数として各翼桁パイプに働くそれぞれの応力の拘束超過量を規格化して足し合わせたものとした。

$$I = 1/\left|x_f\right| + penalty \tag{45}$$

$$penalty = \sum_{\tau_{al}/\tau_j^{aero}<1.5}\left(\tau_j^{aero}/\tau_{al}\right) + \sum_{\sigma_{zl}/\sigma_j^{aero}<1.5}\left(\sigma_j^{aero}/\sigma_{al}\right) \quad (j=1,2,3,4) \tag{46}$$

5.4.7 適用結果

計算の終了条件として、飛行経路最適化計算打ち切り回数 K_{max}^u=5,000、統合的最適化計算打ち切り回数 K_{max}=15,000 を指定して計算を行った。すなわち、15000 機の機体とそれらの各機体に対して 5000 本の操縦履歴（飛行経路）を用意した。本アルゴリズムによって得られた機体の機体設計変数値と機体質量および飛行距離を表 2 に示す。また、機体形状を図 14 に示す。そして、飛行距離に対する迎角変化を図 15（a）に、また飛行距離に対する速度変化を図 15（b）に、さらに飛行距離に対する高度変化を図 15（c）に示す。図 15（d）には、各パイプ付け根に働く曲げ応力比 $\sigma_{al}/\sigma_i^{aero}(i=1,2,3,4)$ の変化を示す。

また、過去に Suzuki 等によって本手法とは異なる最適化手法で得られた最適化計算の結果[6]では、滑

表 2　計算結果（設計変数値）

変数名	変数	単位	計算結果
主翼面積	S^m	m^2	16.2
主翼縦横比	A^m	－	25.4
主翼テーパー比	λ^m	－	0.470
水平尾翼面積	S^h	m^2	1.47
水平尾翼縦横比	A^h	－	4.97
水平尾翼テーパー比	λ^h	－	0.659
第 1 パイプ径	D_1	m	0.0413
第 2 パイプ径	D_2	m	0.0716
第 3 パイプ径	D_3	m	0.0971
第 1 パイプ長	Y_1	m	7.73
第 2 パイプ長	Y_2	m	4.41
胴体パイプ長	L_t	m	3.39
機体質量	m_b	kg	20.3
滑空距離	x_f	m	357.6

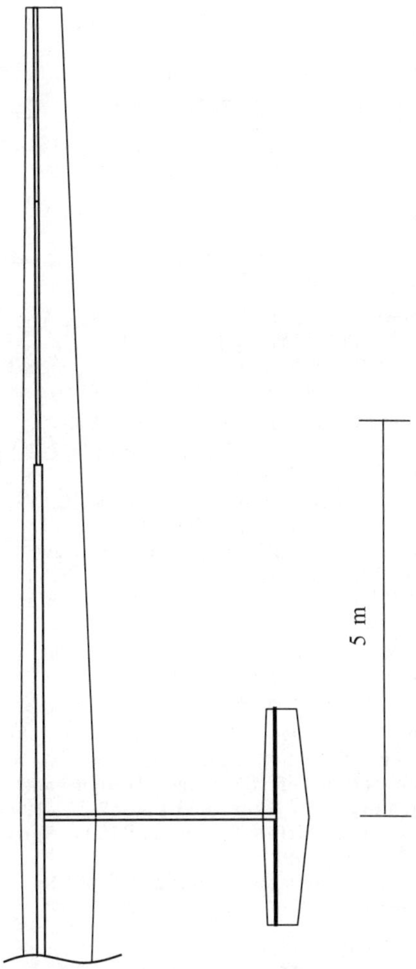

図 14　最適化された機体構造

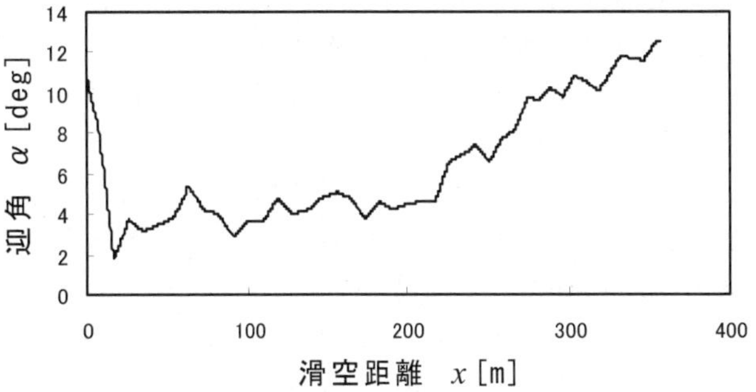

(a) 滑空距離に対する迎角変化

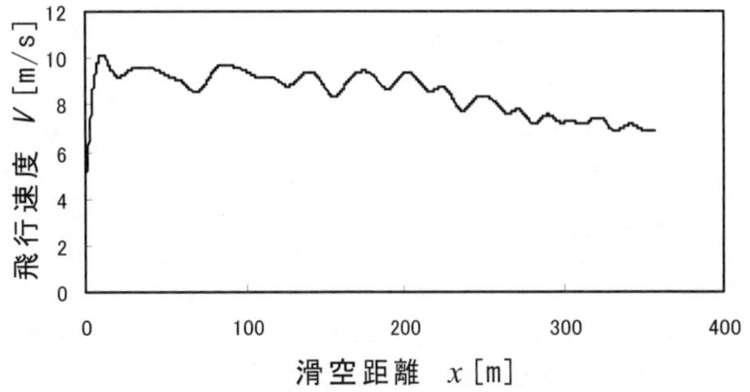

(b) 滑空距離に対する飛行速度変化

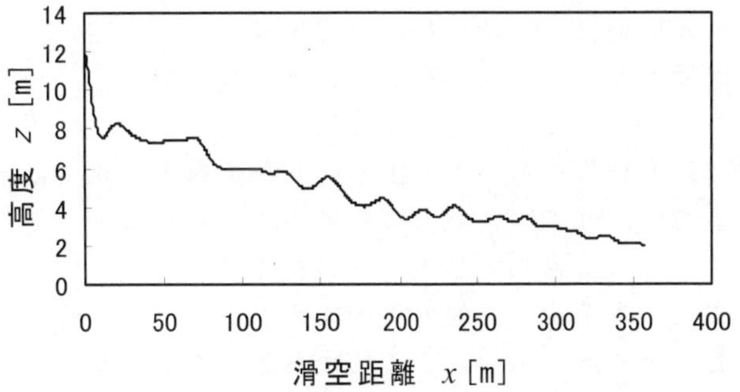

(c) 滑空距離に対する高度変化

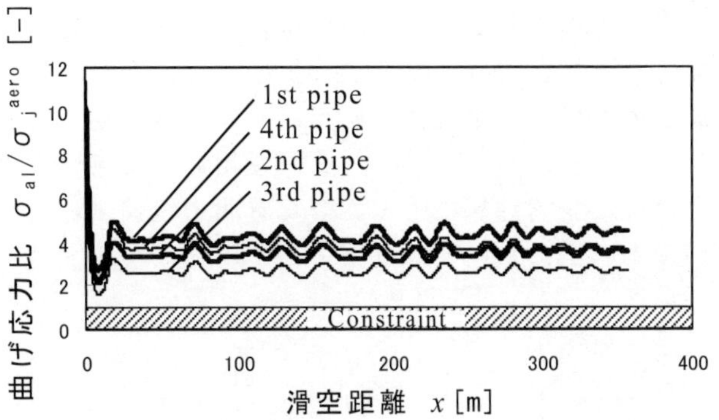

(d) 滑空距離に対する曲げ応力比の変化

図 15　計算結果（飛行経路と曲げ応力）

空開始高度を 10m、終端高度を 0m としているため計算条件は異なるが、滑空開始直後の挙動とその後の滑空経路、速度の傾向は本手法の結果とよく一致しており、第 1 次近似解としては十分な精度の解が求められた。

ここで取り扱ったような滑空機では、高い滑空性能を持たせるために誘導抗力の小さい高アスペクト比の主翼を採用することが一般的であるが、今回の計算で得られた機体は、図 14 より分かるように、これを実現している。

機体設計変数に対する拘束条件は、これを満たすように解を生成しているため全て満たされている。また、状態量に対する拘束条件すなわち飛行中に翼の各パイプ付け根に働く曲げ応力と剪断応力についての拘束条件（式(37)）に対しては、ペナルティー法を用いて拘束を破る解も許容しているが、図 15（d)に示す曲げ応力の時間履歴から分かるように全て拘束条件を満たしている。剪断応力に対する時間履歴は示していないが､同様に拘束を満たしている。すなわち、構造に関する状態量拘束条件を合理的に満たすためには、飛行状態つまり操縦操作の時間履歴を適切に設定することが不可欠であるが、ここに得られた結果によれば、機体強度に関する拘束条件が操縦操作に反映されていることが分かる。

本問題は、12 個の静的な機体設計変数と迎角の時間履歴という 1 つの動的な設計変数を持ち、かつこれらが相互に干渉し合う複雑な問題である。しかし、以上の結果から、本手法とそれを実現する非常に単純で汎用性の高い数値計算アルゴリズムによって、これらの統合的最適化が行われていることが分かる。また、本手法は、他の手法に比べて長い計算時間を必要とする手法のように見えるが、本手法ではパラメーターチューニングのための試行錯誤的な計算を必要としないため、問題の定式化を行ってから解を得るまでのトータルの時間では他の手法より短い可能性がある。また、乱数による機体設計変数と操縦履歴の生成は、単純確率過程（マルコフ過程）であるため、複数のコンピューターを用いた文字どおりの単純な並列計算によって計算時間を短縮することが、本手法においては可能である。

６． おわりに

確率論の考え方を導入した新しい最適化手法の解説とその具体的な適用例を示した。

SPOT は、従来の最適化手法とは異なり、解の探索を行わないため、任意に設定すべきパラメーターがゆらぎのパラメーター1 つであり、また、数値計算過程では確率過程を利用するために、非常に単純なアルゴリズムであることが特徴である。ただし、SPOT では期待値として最適解を求めていることから、得られる最適解は原理的に近似解である。しかし、期待値を最適解としていることから、得られる解の数学的背景が明確であることも特徴である。そして、数値計算の過程をヒストグラムによって記録することで､解空間の概要を掴むことができるため、複数の最適解を持つような、期待値が最適解とは大幅に異なる場合でも、設計変数の取り得る値に制限を設けて解を絞り込むような対策を講じることができる。ただし、期待値を最適解の近似解としていることから、巡回セールスマン問題のような組み合わせ問題へ適用することは困難である。

SPOT は、確率過程を利用して多重積分を行っているため、解空間内の解探索によって最適解を発見しようとする手法では適用が困難な、設計変数の多いすなわち多次元の問題への適用も可能である。

参考文献

1) R.P.ファインマン、A.R.ヒッブス、北原和夫訳 ：量子力学と経路積分、みすず書房、1995
2) 神山真一、 佐藤明 ：モンテカルロ・シミュレーション、 朝倉書店、pp.28-66、1997
3) 吉田洋明、近藤理良、山口雄仁、石川芳男 ：確率過程を用いた新たな最適化手法によるハンググライダーの機体設計と飛行経路の統合的最適化、第 13 回設計工学・システム部門講演会講演論文集、pp.102-105、2003
4) Terasaki, M., Kondo, M., Yoshida, H., Yamaguchi, K. and Ishikawa, Y. : Integrated Optimization of Airplane Design and Flight Trajectory by New Optimization Method Using a Stochastic Process, CONPUTATIONAL MECHANICS WCCM VI in conjunction with APCOM'04, Tsinghua University Press & Springer-Verlag, Beijing、pp.328、2004
5) 吉田洋明、山口雄仁、石川芳男 ：新たな最適化手法を用いた工学システム設計ツールの提案、日本航空宇宙学会論文集、Vol. 53、No. 620、pp. 398-407、2005
6) Suzuki, S. and Kawamura, N. : Simultaneous Optimization of Sailplane Design and Its Flight Trajectory, J. of Aircraft,33 - 3,567-571,1996
7) Eppler, R. : Airfoil Design and Data, Springer-Verlag, pp. 378-379, 1990
8) Eppler, R. : Airfoil Design and Data, Springer-Verlag, pp. 488-489, 1990

用　語　集

あ

アクチュエーター

モーター、エアシリンダーなどの様に電気、空気圧などのエネルギー源から駆動力を得て機械的な運動を行う装置。

遺伝的アルゴリズム

生物の進化の過程を模した最適化手法。解（数値列）を遺伝子に見立て、生物の世代交代に相当する交差（2 つの解をミックスして新しい解を生成すること）や、突然変異（解のランダムな変更）などを行うことによって、広く解空間を探索することで最適解を発見しようとする方法。

エアシリンダー（空気圧シリンダー）

圧縮空気を作動流体としてバルブで開閉して駆動力を得る装置。

NP 困難(NP-hard)

NP とは Non-deterministic Polynomial time(多項式時間で決定できない)の略。例えば、一筆書きで回れる経路を見つけ出す巡回セールスマン問題のように、検討すべき巡回経路の組み合わせ数が多すぎて実際的な時間で解けないような問題。実際的時間で解ける限界は問題の解法がベキ乗である多項式で表される時間とされている。指数時間になると計算量が爆発的に増加し実際的な時間で解けない。

応答塑性率

地震応答解析における最大応答変位を降伏変位で割った値で、構造物の損傷の程度を表す指標として利用されている。

か

解析接続

ある定義域で定義された関数があり、この関数と部分的に重なる定義域を持つ別の関数がこの部分的に重なった定義域で一致するとき、もとの関数の定義域をこの別の定義域を持つ関数を使って拡張すること。

確率過程

時間と共に変化する確率変数の集合。A から B、B から C へと状態が変化する際、その状態変化が確率で定義される現象。特に、現在の状態が 1 つ前の状態にのみ依存する確率過程を単純マルコフ過程と呼ぶ。

確率振幅

波動を表す複素数で、量子力学的粒子がある点に到達する確率は確率振幅の絶対値の 2 乗となる。

期待値

確率変数の平均値。期待値は、確率変数の値とその値が得られる確率との積を全て加え合わせることで求められる。また、確率現象に対して、1 回の試行で得られる値を表す。例えば宝くじでは、期待値はくじ 1 本あたりの賞金額を示す。

逆運動学

多体システム（マルチボディーダイナミックス）で連なった剛体（ボディー）の先端での位置や速度などから、各剛体の関節位置で必要な位置や力を究明するための問題。

局所最適解(local optimal solution)

大域的最適解でない極値を有する解を指す。

局所作用則

システム内において、対象とする要素の近辺のみに作用するルールのこと。転じて、システム全体を律するルールのではなく、対象の周辺の状況によって変化するルールのこと。

局所パレート解

大域的最適解と局所最適解の関係に対応するパレート最適解の対語である。

極相期

生態系構成種の変遷によって生まれる最終定常期。

グレード

ファジィ推論で使う、要素の値が集合に属する割合。例えば、「距離 200m」が要素の値で、「遠い」という集合に対し 50%の割合で属していれば、グレードは 0.5 である。

クロックアップ

コンピューターは発信子の出すパルスに合わせて仕事をする。このパルスの周波数を上げれば、上げただけ計算は速くなる。しかし、熱が出る、電気も食う。今の材料と技術では 2GHz から 3GHz が妥協できる線。

継代培養

既存の生態系あるいはその一部を、新しい培地に移し替えて増殖、維持すること。「植え継ぎ」ともいう。

迎角

流れ（あるいは進行方向）と翼がなす角。迎角が増えるにしたがって翼が発生する揚力と抗力は増加して行くが、ある角度に達すると翼の周りの流れが剥離して揚力が減少する。この現象を失速と呼び、このときの迎角を失速角という。また、揚力が発生しない迎角をゼロ揚力角と呼ぶ。

コア

コンピューターの心臓部である CPU（セントラル・プロセッシング・ユニット）の中にある演算回路。1CPU に複数のコアを持つものが、主流。コアは独立して働くので、並列処理が効率よくできる。

行動の動機

人の心の中というよりも、右に行くのか左に行くのかを決める数式の中の要因、要素。

さ

作用積分

ラグランジアン（運動エネルギーからポテンシャルエネルギーを引いたもの）を時間積分したもの。解析力学では、作用積分を最小とする運動として、運動方程式が導出される。

地震応答解析

地震動（地震による地表面の振動）を建築物に与えて、時々刻々変化する各層の変位、速度、加速度を計算する方法である。

シミュレーションモデル

避難や行動シミュレーショの場合、現実とバーチャルの間の隔たりが大きく、物理実験のようなシミュレーションとは若干意味あいが異なる。どちらかと言えば「モデル実験」に近い。モデル化の方法で結果が大きく変わる。

シミュレーテッドアニーリング

金属の焼きなまし、すなわち内部にひずみのある金属に熱を加え（金属原子にエネルギーを与え）、金属原子がある程度自由に活動できる状態にしたうえで、徐々に温度を下げてゆくと、内部のひずみが取り除かれ、エネルギーの低い整った結晶構造に変わる。これを模して、最適値の探索過程で局所最適解から脱出するために、確率的に評価値の悪化（焼きなましで熱を加えることに相当）を許す温度パラメーターを導入し、大域的最適解を探索しようとする方法。

周期境界条件

計算の境界において、一方の端と他方の端が繋がっているとする境界条件。1次元計算ならば円、2次元計算ならばトーラスの表面のような空間となる。

自由曲面 (Free Surface)

3次元コンピューターグラフィクスで作成する曲面のうち、立方体や球や円筒などのような幾何学的に単純明快な形態ではなく、くねくねした不定型な形態の曲面。ベジェ曲面(Bezier Surface)、スプライン曲面(Spline Surface)、ナーブス曲面(Nurbs Surface)といった多次元の関数をつないで作る方法と、メタボール(Metaball)のように複数の点から距離に応じて低減する濃度の和が等しい値となる面のように物理モデルを用いて作成する方法とがある。

順運動学

多体システム（マルチボディーダイナミックス）で各剛体（ボディー）に力が加わった場合、各剛体がどの様に運動するのかを究明する問題。

自律移動ロボット

自分で考え移動するロボット

シンクノード

ベースステーションともいう。大規模領域の環境観測を実現する無線センサーネットワークなどにおいて、各センサー端末が計測したセンシング情報を(ネットワーク経由で)収集する端末を一般にシンクノードと呼ぶ。これに関連して、センサーネットワークの分野で頻繁に用いられる「複数シンク無線センサーネットワーク」とは、センシング情報を収集する端末であるシンクノードが同一ネットワーク内に複数(2 端末以上)存在する無線センサーネットワークのことである。

スーパーコンピューター

普通のコンピューターより大規模で処理能力の高いコンピューター。昔は、計算速度が速かったが、最近は、並列処理で計算量の大きいものが主流。並列処理のできない計算では、PC もスーパーコンピューターも大差はない。

設計変数空間

目的関数を構成する変数を設計変数といい、その設計変数を基準軸にした空間をいう。

絶対座標系

ワールド座標系、固定座標系などとも言い、地面に固定された運動する物体の基準となる座標系。

セルオートマトン

格子状の空間のそれぞれに、非常に単純なルールを適用することによって、様々な空間模様を得ることができる数学モデルのこと。非常に単純化されたモデルであるが、様々な自然現象を模した多くの結果が得られる。また、初期の模様が少し違うだけで、まったく異なった結果が得られる。

創発

システムを構成する複数の部品が互いに協調することによって、部品単体の足し合わせでは持ち得なかった機能がシステム全体として発現すること。生態系でいえば、各生物は各々、自己が生き延び、種が保存される機能しか持ち合わせないが、生態系となることで、多種多様の生物が共存する安定な環境を作り出す。

た

大域的最適解

個々の工学設計問題を定式化して得られた上下限制約条件付の目的関数(評価関数)に対して、全解探索空間内で最も目的関数に合致した解を大域的最適解という。ここで、評価関数値の最小化が目的であれば、全解探索空間内で最も評価関数値を最小にする解が大域的最適解となる。

代謝均衡能

システムにおいて、物質やエネルギーの流入と流失がほぼ一定となること。
生体や生態系において、内部の状況を一定に保とうとする機能(ホメオスタシス)の基礎になる。

縦横比

アスペクト比ともいう。翼の細長さを表す値。翼幅を翼弦長（翼の流れ方向の長さ）の平均値で割った値。翼弦長が翼幅方向に変化する場合は、翼幅の2乗を翼面積で割った値が用いられる。グライダーのように細長い翼では縦横比は大きくなる。

統合的最適化

1つの評価関数で最適化を行う場合で、複数の分野にまたがる設計変数を含んで最適化を行うこと。この章のハンググライダーの最適化では、滑空距離（評価関数）が最大となるハンググライダーを求める際、機体形状と構造という時間に依存しない設計変数と操縦操作という時間に依存する設計変数の両者を含んで最適化が行われている。

な

ネットワークとメッシュ

点と線、ノードとリンクで繋がりを表すと、道路網や煙の拡散経路など、網や経路で表現できる形態の解析が簡単になる。ノードを縦横に整列させ、リンクを縦横だけに張ったものが、メッシュと言える。

は

パレート・ランキング方式

個体 Xi が ni 個の個体に優越されているとき、Xi のランク r を次式で定義する。
繰り返し計算を終えた段階で r = 1 を満たす Xi がパレートフロント上の解と見なす計算手順を取り入れた方式をいう。

パレート最適解

目的関数が複数ある最適化問題（多目的最適化問題）で優劣が付けられない解の集合をいう。妥協解集合あるいは非劣解集合ともいう。

汎関数

関数を与えることで値が定まる関数。関数は変数の値を定めると値が定まるが、汎関数は関数を定めると値が定まる。例として、質点が重力のみである点からある点まで最も早く滑り落ちる経路を求める問題（最速降下線問題）では、質点が滑り降りる経路（時間の関数）を定めると、降下時間が定まる。この降下時間を表す関数が汎関数。

PSD 距離センサー

半導体でできた位置検出素子（Position Sensitive Device，PSD）を用いて LED の投光器から対象物に赤外光を当てて反射して帰ってきた光を受光し、出力された電圧により対象物までの距離を測定するセンサー。

ヒューリスティック(Heuristic)

論理的に正解を保証する方法ではないが、経験的に正解もしくは正解に近い解を得ることが知られている方法。ダイクストラ法のように、正しいと思われる選択肢を順にたどっていくことで正解を得ようとする方法などが例である。ヒューリスティックよりも方法が高度で適用できる問題の範囲が広いものはメタヒューリスティック(Metaheuristic)と呼ばれ、遺伝的アルゴリズムやニューラルネットワークなどがある。

複雑適応系

システムが多様で複数の相互接続された要素からなる､いわゆる複雑系であり、さらにその要素の能力が変化し経験から学ぶという意味で適応的であるシステム。

輻射熱

放射熱と同じ。特に人の感じる可視光線や赤外線近辺の周波数の電磁波の持つエネルギーを指す事が多い。火災を扱う分野では、火災が出す波長以外は考えていない。単位 cal（カロリー）は 4.184 倍して J(ジュール)に置き換えられる。

プログラミング言語

機械と人を結ぶ中間言語。英語や日本語のようなもの。プログラミング言語を機械語に翻訳するのがコンパイラー。機械語とは、最終的に機械が理解する数値の羅列。この機械語にも幾つかあり､CPU が違えば言葉も変わる。JAVA や B#など、機械語にしないで、中間言語のまま代理人に実行してもらうタイプが流行。

壁面境界条件

計算の境界において、そこに壁があるという条件で作成した境界条件。物質等の移動はできず、流れの速度もゼロとなる。

変分法

汎関数の最大値あるいは最小値を求める問題を扱う方法。関数は変数の値を定めると値が定まるものであり、関数を微分することで関数の極大値あるいは極小値を求めることができる。変分法は、汎関数に対して、関数の微分に相当する変分を行うことで汎関数の極大値や極小値を求める。

歩行ロボット（脚機構ロボット）

生物の足（脚）と同様の機構で歩行を行うロボット。

ま

マトリックス法

コンピューターの利用を前提にした汎用性の高い構造解析法の 1 つである。実務で使われている構造計算プログラムは、このマトリックス法の理論に基づいている。構造物の応力や変位をマトリックス演算によって求めることからマトリックス法あるいはマトリックス構造解析法と呼ばれている。

マルチエージェントシステム

システムを構成する部品ひとつひとつを、独立した 1 つの行動主体（エージェント）とみなし、それらの相互作用により運用されるシステム。ひとつひとつのエージェントは個々に状況を判断し、行動するといった自律機能を有することが条件になることが多い。

マルチエージェントモデル

たくさんの人を動かす時に、それぞれが、独自の判断で行動できるように仕組まれたモデル。判断基準がすべて同じものは個体数が多くてもマルチではない。また、エージェントは人である必要はない。

メンバーシップ関数

要素の値とグレードの関係式。客観的に決められるものは少なく、ほとんど主観的に決定される。逆にこの主観的な部分が工学的な応用に重要になる。

無線マルチホップ通信

大規模ネットワークでは、ネットワークを構成する任意の端末間で直接情報(データ)をやり取りすることが困難である。一般的には、いくつかの中継端末を介してデータをやり取りする。ここで、情報通信の分野では、データの中継回数をホップという単位で表す。無線マルチホップ通信では、無線による複数回(マルチ)のデータ中継によって任意の端末間の通信が実現する。

メトロポリス法

モンテカルロ法の一種で、乱数を利用して解をサンプリングする際、計算の効率を高めるために、影響の大きい解を重点的にサンプリング(加重サンプリング)する方法の 1 つ。

メンバーシップ関数とグレード

ファジィ推論で使う、それらしさの程度を求める関数。それらしさをグレードと呼び、0 から 1 までの値を与える。

目的関数空間

目的関数値を座標軸に取った空間をいう。

モンテカルロシミュレーション

入力値に乱数を利用して数多くの数値実験を行うことである。出力結果を統計的に処理することで、事象を確率的にとらえることができる。

モンテカルロ法

確率論的あるいは決定論的な問題に対して､乱数を利用して大量の解を生成(サンプリング）することで、一定のルールを用いて求めたい解を推定する方法。

や

有顔ベクトル

3 次元空間で 3 つのパラメーターを持つベクトルは、方向を表すことはできるが回転を表すことができない。主軸と副軸の 2 つの単位ベクトルを用いて方向と回転を表す数学的表記法。

揚力係数、抗力係数

翼に働く空気合力のうち、流れに直角な成分を揚力､平行な成分を抗力と呼ぶ。この揚力と抗力を動圧（1/2×空気密度×速度の 2 乗×翼面積）で割って無次元化したものをそれぞれ揚力係数、抗力係数という。

ら

離散化(Discretization)

例えば、連続した実数区間[0.0,10.0]を10 等分して{1,2,3,4,5,6,7,8,9,10}といった非連続の離散値に分割すること。実数のように連続した値を持った変数を計算するのは関数式で表される場合を除いて一般に困難である。そこで、連続値を離散化して有限個の離散値に置き換えることで、近似的な解を数値計算で求める。

Runge-Kutta 法

1 階の常微分方程式の近似解を求める数値計算法である。地震応答解析では 2 階の常微分方程式を解くことから、これを 1 階の連立常微分方程式に置き換えて利用する。

レーザーレンジファインダー

回転ミラーなどによりレーザー光線を照射し、直線状にスキャンする出力光と反射して帰ってきた光との位相差や時間差を用いて距離を算出する装置。

連結グラフ(Connected Graph)

ノードとリンクでできているグラフのうち、任意に選んだ 2 つのノード同士をリンクをたどって結ぶことができるグラフ。つまり、どのノードも他のノードとつながっているグラフ。なお、任意の 2 つのノード同士が直接 1 つのリンクでつながっている場合を完全グラフという。

ロバスト性（強健性）が高い解

解の微小な変動を与えたとき、評価値がそれに伴って大きく変動しない解のことをいう。

ロボット

(a)生体（人間・動物）に似た運動機能を持つもので知的機能を備えているもの。
(b)自分で環境を認識して、判断・行動するシステム。

索　引

う

え

お

か

き

く

け

こ

さ

し

す

せ

そ

た

ち

て

と

な

に

ね

の

は

ひ

ふ

へ

ほ

ま

む

め

も

や

ゆ

よ

ら

り

る

れ

ろ

わ

建築・都市・環境デザインのためのモデリングと最適化技術

2015年3月1日　第1版第1刷

編　集
著作人　一般社団法人　日本建築学会

印刷所　株式会社　愛　甲　社

発行所　一般社団法人　日本建築学会
108-8414　東京都港区芝5-26-20
電　話・(03) 3456－2051
ＦＡＸ・(03) 3456－2058
http://www.aij.or.jp/

発売所　丸善出版株式会社
101-0051 東京都千代田区神田神保町2-17
神田神保町ビル
電　話・(03) 3512－3256

ISBN978-4-8189-2758-2 C3052